Das

Zivilprozeß- und Zwangsvollstreckungsverfahren.

Ein Grundriß mit zahlreichen Beispielen

von

Willenbücher,
weil. Geh. Justizrat und Oberlandesgerichtsrat.

Dritte, neu bearbeitete Auflage

von

Dr. A. Nöldeke,
Landrichter in Hamburg.

Berlin 1909.
Verlag von H. W. Müller.
W. 35, Potsdamerstraße 121k.

Vorwort zur dritten Auflage.

Diese Auflage des Willenbücherschen Grundrisses erscheint kurz nach der Veröffentlichung der Novelle zur Zivilprozeßordnung vom 1. Juni 1909, welche an unserem Zivilprozeßverfahren die einschneidendsten Änderungen seit seinem Bestehen vornimmt. Ich habe diese Novelle in der vorliegenden Auflage vollständig verarbeitet, mich im übrigen aber wesentlich an die zweite Auflage angeschlossen. Insbesondere habe ich die bisherige Anordnung des Stoffes beibehalten und nur in einzelnen Kapiteln, insbesondere in denjenigen, die von dem Beweise und dem Urteil handeln, Umstellungen und Neuordnungen vorgenommen, die mir der Sache zu entsprechen schienen. Dabei habe ich mit dem Verfasser der früheren Auflagen als Aufgabe des Buches betrachtet, „ein kurzgefaßtes, die korrekte Handhabung des praktischen Dienstes ins Auge fassendes Lehrbuch des Prozeßverfahrens darzustellen und insbesondere den in die Praxis tretenden jungen Kollegen als Ratgeber zur Seite zu stehen". Ich bin deshalb abgesehen von einzelnen Hauptfragen auf Kontroversen nicht eingegangen, habe mich aber bemüht, die Rechtsprechung der höchsten Gerichtshöfe möglichst bis in die neueste Zeit zu verwerten und anzuführen.

Neben dem alphabetischen habe ich ein Gesetzesregister angefügt, weil ich glaube, daß ein solches für die praktische Verwendung des Buches von besonderem Nutzen sein wird.

Bei dem Gebrauch des Buches möge beachtet worden, daß es den Rechtszustand so darstellt, wie er nach dem Inkrafttreten der oben erwähnten Novelle, d. h. vom 1. April 1910 ab, gelten wird.

Hamburg, Ende August 1909.

Dr. A. Nöldeke.

Vorwort zur zweiten Auflage.

Die notwendig gewordene neue Auflage ist nach der Zivilprozeßordnung in ihrer neuen Fassung, in der sie vom 1. Januar 1900 an in Kraft tritt, ausgearbeitet. Das Ziel der Arbeit ist das der ersten Auflage geblieben. Das Werkchen soll ein kurzgefaßtes, die korrekte Handhabung des praktischen Dienstes ins Auge fassendes Lehrbuch des Prozeßverfahrens darstellen und insbesondere den in die Praxis tretenden jungen Kollegen als Ratgeber zur Seite stehen.

Der Stoff ist insofern vermehrt, als von den Vorschriften der Zivilprozeßordnung nur der Abschnitt über das — der eigentlichen prozeßrichterlichen Tätigkeit fernliegende — Aufgebotsverfahren ausgeschlossen ist. Auch sind, den aus den Kreisen der Praktiker ausgesprochenen Wünschen entsprechend, die Entscheidungen des Obersten Landesgerichts für Bayern in größerem Umfange berücksichtigt und die über den Abschnitt vom „Tatbestand, Bericht und Gutachten" von der preußischen Justizprüfungskommission und ihrem Präsidenten erteilten Belehrungen ihrem wesentlichen Inhalte nach mitgeteilt. Trotz der Vermehrung des Stoffes ist die Darstellung, die in der ersten Auflage 530 Seiten umfaßte, auf 421 Seiten zusammengedrängt.

Die Darstellung selbst ist bestrebt gewesen, mit möglichster Vollständigkeit aller maßgebenden Grundsätze tunliche Kürze und bequeme Übersichtlichkeit zu verbinden. Die Ergebnisse der Rechtsprechung und der Rechtswissenschaft sind sorgfältig verwertet.

Wie in der ersten Auflage, ist auch in der vorliegenden zur Veranschaulichung des Verfahrens der systematischen Darstellung eine Reihe von Beispielen angehängt. Die meisten dieser Beispiele sind frisch ausgewählt. Allen sind diejenigen Formalien zugrunde gelegt, die in der neuesten Auflage des „Formularbuchs für die Deutschen Prozeßordnungen" von Vierhaus-Weizsäcker angewendet sind.

Stettin, Weihnachten 1899.

Willenbücher.

Inhaltsübersicht.

Erster Teil. Prozeßverfahren.

Erster Abschnitt. Darstellung des Verfahrens.

Seite

§ 1. Einleitung 3

Erstes Kapitel. Verfahren in erster Instanz 8

A. Verfahren vor den Landgerichten 8
§ 2. Erhebung der Klage 8
§ 3. Terminsbestimmung 16
§ 4. Zustellung der Klage. Rechtshängigkeit 18
§ 5. Vorbereitende Schriftsätze 20
§ 6. Mündliche Verhandlung 25
I. Vorbereitung 25
II. Besetzung des Gerichts 25
III. Gerichtssprache. Dolmetscher 25
IV. Oeffentlichkeit 27
V. Gang der Verhandlung 28
VI. Beratung und Abstimmung 31
VII. Verkündung des Urteils oder Beschlusses 32
VIII. Sitzungsprotokoll 33
§ 7. Beweisverfahren 35
I. Befreiung vom Beweise 35
II. Beweislast 36
III. Beweisbeschluß 39
IV. Beweisverfahren 40
§ 8. Beweis durch Augenschein 43
§ 9. Zeugenbeweis 44
§ 10. Beweis durch Sachverständige 50
§ 11. Beweis durch Urkunden 53
§ 12. Beweis durch Eid 58
§ 13. Sicherung des Beweises 65
§ 14. Weitere mündliche Verhandlung nach der Beweisaufnahme 67
§ 15. Urteil 69
A. Allgemeine Grundsätze 69
B. Die einzelnen Arten der Urteile 81
I. Endurteile 81
II. Zwischenurteile 82
III. Bedingte Urteile 84
IV. Versäumnisurteile 86
§ 16. Vorbereitendes Verfahren in Rechnungssachen, Auseinandersetzungen und ähnlichen Prozessen . . 92

Seite
B. Verfahren vor den Amtsgerichten. Parteiprozeß 94
§ 17. Vorbereitung der mündlichen Verhandlung . . . 94
I. Fortfall der Klage 94
II. Die Klage 96
III. Terminsbestimmung und Ladung 96
IV. Zustellungen 97
V. Andere vorbereitende Schriftsätze 97
VI. Nebenintervention und Streitverkündung 98
§ 18. Weiteres Verfahren. Urteil 98
I. Parteien, deren Vertreter und Beistände 98
II. Die mündliche Verhandlung 99
III. Verweisung des Rechtsstreits vom Amtsgericht an ein anderes Gericht 102
IV. Verweisung vom Landgericht an das Amtsgericht 103
C. Verfahren vor der Kammer für Handelssachen. § 19 104

Zweites Kapitel. Verfahren in der Rechtsmittelinstanz 106
§ 20. Berufung 106
I. Zulässigkeit 106
II. Einlegung 108
III. Anschlußberufung 110
IV. Verfahren vor dem Berufungsgericht 111
V. Versäumnisverfahren 118
VI. Verzicht und Zurücknahme 120
§ 21. Revision 121
I. Zulässigkeit 121
II. Revisionsgrund 123
III. Verfahren 124
§ 22. Beschwerde 128
I. Zulässigkeit 128
II. Berechtigung zur Beschwerde 128
III. Beschwerdegericht 128
IV. Verfahren 129
V. Sofortige Beschwerde 132
VI. Weitere Beschwerde 132
VII. Beschwerde gegen Entscheidungen des Richterkommissars oder des Gerichtsschreibers 133
VIII. Aufschiebende Wirkung 134
IX. Zurücknahme 135
X. Kosten 135

Drittes Kapitel. § 23. Tatbestand, Bericht und Gutachten . . 136
A. Tatbestand 136
B. Bericht (Referat) 151
C. Gutachten (Votum) 154

Viertes Kapitel. § 24. Wiederaufnahme des Verfahrens . . . 162
I. Zulässigkeit 162
II. Frist 163
III. Zuständigkeit 163
IV. Erfordernisse der Klage 164
V. Verfahren 164
VI. Aufschiebende Wirkung 165

Fünftes Kapitel. § 25. Urkunden- und Wechselprozeß 167
I. Zulässigkeit 167
II. Klageschrift 168

Seite
III. Verteidigung des Beklagten 169
IV. Umleitung in das ordentliche Verfahren 169
V. Entscheidung im Urkundenprozeß 170
A. Zum Nachteil des Klägers 170
B. Zum Nachteil des Beklagten 171
VI. Nachverfahren 172
VII. Wechselprozeß 173

Sechstes Kapitel. § 26. **Verfahren in Ehesachen** 175
I. Ehesachen, Begriff 175
II. Prozeßfähigkeit 175
III. Sühneversuch 176
IV. Mitwirkung der Staatsanwaltschaft 177
V. Zuständiges Gericht 177
VI. Klageänderung 178
VII. Klageantrag 178
VIII. Mündliche Verhandlung 179
IX. Beweiswürdigung 181
X. Urteil 181
XI. Tod eines Ehegatten 182
XII. Einstweilige Verfügung 182
XIII. Nichtigkeitsklage 183

Siebentes Kapitel. § 27. **Verfahren in Kindschaftssachen** . . . 185

Achtes Kapitel. § 28. **Verfahren in Entmündigungssachen** . . 187
I. Verfahren vor dem Amtsgericht 187
II. Verfahren vor dem Landgericht 190

Neuntes Kapitel. § 29. **Mahnverfahren** 194
I. Gegenstand 194
II. Zuständiges Gericht 195
III. Antrag 195
IV. Prüfung des Antrags 196
V. Erlaß des Zahlungsbefehls 196
VI. Zustellung des Zahlungsbefehls 197
VII. Widerspruch des Schuldners 198
VIII. Ueberleitung in das ordentliche Verfahren 199
IX. Vollstreckungsbefehl 201
X. Einspruch 203

Zehntes Kapitel. **Allgemeine Bestimmungen** 204
§ 30. Zuständigkeit der Gerichte 204
§ 31. Ausschließung und Ablehnung der Gerichtspersonen 206
§ 32. Parteifähigkeit. Prozeßfähigkeit 208
§ 33. Streitgenossenschaft 211
§ 34. Beteiligung Dritter am Rechtsstreit 214
I. Hauptintervention 214
II. Nebenintervention 215
III. Streitverkündung 218
§ 35. Prozeßbevollmächtigte und Beistände 221
I. Anwaltszwang 221
II. Prozeßvollmacht 222
§ 36. Prozeßkosten 225
I. Arten 225
II. Kostenpflicht 226
1. Erstattungspflicht 226
2. Festsetzungsverfahren 227

Seite

§ 37. Sicherheitsleistung 229
I. Bewirkung 229
II. Rückgabe 229
III. Kaution der Ausländer 230

§ 38. Armenrecht 231

§ 39. Zustellungen 235
A. Zustellungen auf Betreiben der Parteien 235
I. Zustellungsempfänger 235
II. Zustellungsort 236
III. Zustellungszeit 238
IV. Zustellungen im Inlande 238
V. Zustellungen im Auslande 241
VI. Oeffentliche Zustellung 241
B. Zustellungen von Amts wegen 243

§ 40. Fristen. Terminsverschiebung 244

§ 41. Folgen der Versäumung. Wiedereinsetzung in den vorigen Stand 247

§ 42. Ruhen, Unterbrechung und Aussetzung des Verfahrens 250
I. Ruhen 250
II. Unterbrechung 250
1. Tod einer Partei 250
2. Konkurseröffnung 252
3. Verlust der Prozeßfähigkeit 252
4. Wegfall des Anwalts 253
5. Gerichtsstillstand 253
III. Aussetzung 254

Elftes Kapitel. § 43. **Schiedsrichterliches Verfahren** 256
I. Schiedsvertrag 256
II. Schiedsrichter 257
III. Erlöschen des Schiedsvertrages 258
IV. Verfahren 259
V. Schiedsspruch 260
VI. Aufhebungsklage 261
VII. Vollstreckungsurteil 262
VIII. Zuständiges Gericht 263

Zweiter Abschnitt. **Beispiele.**

1. Erhebung einer Klage zu Protokoll des Gerichtsschreibers des Amtsgerichts 264
2. Zustellung der Klage im Auslande 265
3. Oeffentliche Zustellung der Klage 265
4. Nebenintervention aus §§ 66, 246 267
5. Streitverkündung aus §§ 72, 73 268
6. Streitverkündung aus § 75 269
7. Streitverkündung aus § 76 270
8. Berichtigung eines Beweisbeschlusses 271
9. Protokoll über eine Beweisaufnahme an Ort und Stelle 271
10. Beweisaufnahme im Auslande 272
11. Festsetzung der Strafe gegen einen ausgebliebenen Zeugen 274
12. Zeugnisverweigerung. Entscheidung über deren Berechtigung 274
13. Ablehnung eines Sachverständigen 276

Seite

14. Verweisung des Rechtsstreits vom Amtsgericht an das Landgericht . . 276
   a) Die Unzuständigkeit ist von vornherein begründet 276
   b) Die Unzuständigkeit tritt erst im Laufe des Rechtsstreits ein 277
15. Berichtigungsverfahren 278
   a) Berichtigung eines Rechnungsfehlers 278
   b) Berichtigung der Unterschrift eines Richters 278
   c) Berichtigung des Rubrums 279
   d) Berichtigung des Tatbestandes 280
16. Protokolle über die mündliche Verhandlung in 1. Instanz 282
   1. Eingang 282
   2. Versäumnisverfahren gegen den Beklagten 282
   3. Versäumnisverfahren gegen den Kläger 283
   4. Einspruch des Beklagten gegen das wider ihn ergangene Versäumnisurteil 283
   5. Anerkenntnis 283
   6. Vertagung 284
   7. Es wird Vorlegung einer beglaubigten Vollmacht verlangt 284
   8. Vergleich vor dem Prozeßgericht 284
   9. Verhandlung über eine prozeßhindernde Einrede 285
   10. Beschluß auf vorbereitendes Verfahren 285
   11. Verhandlung nach Schluß des vorbereitenden Verfahrens 285
   12. Verhandlung im Wechselprozesse. Abnahme eines Eides 285
   13. Ausschluß der Oeffentlichkeit 286
   14. Verhandlung über Sicherheitsleistung seitens des klagenden Ausländers 286
   15. Erlaß des Beweisbeschlusses 287
   16. Beschluß auf Erfordern eines schriftlichen Gutachtens 287
   17. Erledigung des Beweisbeschlusses und weitere mündliche Verhandlung 288
17. Urteil über die Klageforderung unter Vorbehalt der Entscheidung über eine Aufrechnung 289
18. Zwischenurteil aus § 304 289
19. Ergänzung des Urteils 290
20. Bedingtes Zwischenurteil über einen selbständigen Klagegrund aus § 461 291
21. Läuterungsverfahren 291
22. Aussetzung des Verfahrens im Falle des Todes einer Partei 294
23. Aufnahme des durch Konkurs unterbrochenen Prozeßverfahrens 295
24. Verhandlung des Rechtsstreits in der Berufungsinstanz 296
25. Verfahren nach erfolgter Zurückweisung durch Revisionsurteil 298
26. Rubrum eines Urteils in 1. und 2. Instanz 298
27. Urteilsformeln in 1. Instanz 299
28. Urteilsformeln in 2. Instanz 304
29. Urteil im Wiederaufnahmeverfahren 307
30. Urteil im Wiedereinsetzungsverfahren 309
31. Zurückweisung des Antrags auf Erteilung des Rechtskraftattestes. § 705 311
32. Verwerfung der weiteren Beschwerde 311
33. Verfügungen in Ehesachen 312
34. Mahnverfahren 313
   1. Das Gesuch auf Erlaß des Zahlungsbefehls wird zurückgewiesen . . 313
   2. Zahlungsbefehl mit Vollstreckungsbefehl 314
   3. Nachträgliche Aufnahme der Kosten des Mahnverfahrens in den Vollstreckungsbefehl 315
   4. Benachrichtigung von der Erhebung des Widerspruchs gegen einen Zahlungsbefehl und Bescheinigung darüber 316
   5. Zurückweisung des Antrags auf Erlaß des Vollstreckungsbefehls . . 316
   6. Urteil auf Zulässigkeit des Einspruchs 317
   7. Einstweilige Einstellung der Zwangsvollstreckung nach Einlegung des Einspruchs 317
35. Beschlüsse betreffend die Bewilligung des Armenrechts 317

Zweiter Teil. Die gerichtliche Zwangsvollstreckung in das bewegliche Vermögen.

Erster Abschnitt. Darstellung des Verfahrens.

Seite

§ 44. **Voraussetzungen der Zwangsvollstreckung** . . . 321
A. Materielle Voraussetzungen . . . 321
I. Vollstreckungstitel . . . 321
II. Vollstreckbare Urteile . . . 321
III. Sonstige vollstreckbare Titel . . . 328
B. Formelle Voraussetzungen . . . 329
I. Vollstreckbare Ausfertigung . . . 329
II. Zustellung des Schuldtitels . . . 334

§ 45. **Organe der Zwangsvollstreckung** . . . 335
I. Gerichtsvollzieher . . . 335
II. Vollstreckungsgericht . . . 338

§ 46. **Einwendungen im Vollstreckungsverfahren** . . . 339
I. Einwendungen gegen die Art der Zwangsvollstreckung . . . 339
II. Einwendungen gegen den Anspruch selbst . . . 340
III. Ansprüche Dritter. Exekutionsintervention . . . 342

§ 47. **Einstellung oder Beschränkung der Zwangsvollstreckung** . . . 344

§ 48. **Einfluß des Todes des Schuldners auf die Zwangsvollstreckung** . . . 345

§ 49. **Zwangsvollstreckung wegen Geldforderungen** . . . 347
A. Zwangsvollstreckung in das bewegliche Vermögen . . . 347
I. Allgemeine Bestimmungen . . . 347
II. Zwangsvollstreckung in körperliche Sachen . . . 349
III. Zwangsvollstreckung in Forderungen und andere Vermögensrechte 354
1. Zwangsvollstreckung in Geldforderungen . . . 354
2. Zwangsvollstreckung in Ansprüche auf Herausgabe oder Leistung körperlicher Sachen . . . 363
3. Mehrfache Pfändungen desselben Anspruchs . . . 364
4. Zwangsvollstreckung in andere Vermögensrechte des beweglichen Vermögens . . . 366
B. Zwangsvollstreckung in das unbewegliche Vermögen 367
C. Verteilungsverfahren . . . 369

§ 50. **Zwangsvollstreckung zur Erwirkung der Herausgabe von Sachen und zur Erwirkung von Handlungen oder Unterlassungen** . . . 373
I. Leistung einer Menge vertretbarer Sachen oder Wertpapiere . 373
II. Ueberlassung oder Räumung von Grundstücken und bewohnten Schiffen . . . 374
III. Sachen im Gewahrsam Dritter . . . 374
IV. Erwirkung von Handlungen . . . 374
V. Erwirkung einer Willenserklärung . . . 377
VI. Erwirkung von Unterlassungen oder Duldungen . . . 377

§ 51. **Offenbarungseid und Haft** . . . 380

§ 52. **Sicherung der Zwangsvollstreckung** . . . 385
A. Arrest . . . 385
I. Voraussetzungen . . . 385
II. Anordnung . . . 387
III. Aufhebung der Anordnung . . . 392
IV. Vollziehung . . . 394
B. Einstweilige Verfügung . . . 397
I. Voraussetzungen . . . 397
II. Verfahren . . . 398

Zweiter Abschnitt. **Beispiele.**

Seite

1. Einstellung der Zwangsvollstreckung nach Einlegung der Berufung. §§ 719, 707 400
2. Vollstreckungsurteil bei Urteilen ausländischer Gerichte. §§ 722, 723, 328 400
3. Urteil auf Erteilung der Vollstreckungsklausel. § 731 402
4. Entscheidung des Vollstreckungsgerichts im Wege der Gegenvorstellung. § 766 402
5. Sofortige Beschwerde gegen die Entscheidung des Vollstreckungsgerichts. §§ 766, 793 403
6. Einwendung gegen die Zwangsvollstreckung nach § 766, erhoben im öffentlichen Interesse von der zuständigen Behörde 404
7. Einwendungen, die den durch das Urteil festgestellten Anspruch selbst betreffen. § 767 407
8. Einstellung der Zwangsvollstreckung auf Antrag des Intervenienten. §§ 771, 769 408
9. Regulierung der Hinterlegung des Erlöses, wenn der Vermieter sein Pfandrecht geltend macht. §§ 805, 769, 770 410
10. Außergerichtliche Vorpfändung nach § 845 411
11. Pfändung eines Anspruchs, der eine bewegliche körperliche Sache betrifft. § 847 411
12. Pfändung und Ueberweisung eines Vermögensrechts nach § 857 . . . 412
    A. Wenn ein Drittschuldner vorhanden ist 412
    B. Wenn ein Drittschuldner nicht vorhanden ist 412
13. Zwangsvollstreckung zur Erwirkung einer Handlung, deren Vornahme durch einen Dritten erfolgen kann. § 887 413
14. Zwangsvollstreckung zur Erwirkung einer Handlung, die durch einen Dritten nicht vorgenommen werden kann. § 888 414
15. Zwangsvollstreckung zur Erwirkung der Verpflichtung des Schuldners, eine Handlung zu unterlassen. § 890 415
16. Abnahme eines durch Urteil auferlegten Offenbarungseides. § 889 . . 416
17. Leistung des Offenbarungseides wegen Unpfändbarkeit. §§ 807, 900 . 417
18. Abnahme des Offenbarungseides wegen Herausgabe beweglicher Sachen. § 883 418
19. Der Schuldner bestreitet die Verpflichtung zur Leistung des Offenbarungseides. §§ 900, 903 420
20. Arrestbefehl und Pfändungsbeschluß. §§ 916 ff., 830 421
21. Einstweilige Verfügung. §§ 940—942 421

A. **Gesetzesregister** 423
B. **Alphabetisches Sachregister** 431

Abkürzungen.

WO. = Wechselordnung.
AG. = Ausführungsgesetz.
AGO. = Preuß. Allg. Gerichtsordnung.
Bayr. ObLG. = Oberstes Landesgericht für Bayern.
BGB. = Bürgerliches Gesetzbuch.
BGBl. = Bundesgesetzblatt.
Bolze = Bolze, die Praxis des Reichsgerichts in Zivilsachen.
EG. = Einführungsgesetz zur Zivilprozeßordnung.
GBO. = Grundbuchordnung v. 24. März 1897.
Gesch.A. = Geschäftsanweisung.
Gesch.O. = Geschäftsordnung.
GKG. = Gerichtskostengesetz.
GO. = Gebührenordnung (für Rechtsanwälte, für Gerichtsvollzieher usw.).
Gruch. = Gruchot's Beiträge zur Erläuterung des Deutschen Rechts.
GVG. = Gerichtsverfassungsgesetz.
HGB. = Handelsgesetzbuch v. 10. Mai 1897.
JMBl. = Justiz-Min.-Blatt.
JMV. = Justiz-Min.-Verfügung.
JW. = Juristische Wochenschrift.
KB. II. = Bericht der Reichstagskommission (1898) über die Änderungen der ZPO.
KO. = Konkursordnung.
LG. = Landgericht.
M. = Motive zur ZPO. v. 30. Jan. 1877.
M. II. = Motive zum Abänderungsgesetz v. 17. Mai 1898.
OTr. = Entscheidungen des Preuß. Ober-Tribunals.
OLG. = Oberlandesgericht.
Proberel. = Über Proberelationen. Eine Mitteilung aus der Justizprüfungskommission.
Prot. = Protokolle der Justizkommission des Reichstags.
RA. = Rechtsanwalt.
RAO. = Rechtsanwaltsordnung.
RG. = Entscheidungen des Reichsgerichts (in Zivilsachen).
RGBl. = Reichsgesetzblatt.
RGes. = Reichsgesetz.
ROHG. = Entscheidungen des Reichs-Oberhandelsgerichts.
Seuff. = Seuffert's Archiv für Entscheidungen.
StGB. = Strafgesetzbuch.
Stölzel = Stölzel, Schulung für die zivilistische Praxis.
Strieth. = Striethorst's Archiv für Rechtsfälle.
StrPO. = Strafprozeßordnung.
VB. = Vollstreckungsbefehl.
ZB. = Zahlungsbefehl.
ZPO. = Zivilprozeßordnung.
Ztschr. f. DZP. = Zeitschrift für Deutschen Zivilprozeß.
ZwVG. = Ges. über die Zwangsversteig. u. Zwangsverw. v. 24. März 1897.

Erster Teil.

Prozeßverfahren.

Erster Abschnitt.

Darstellung des Verfahrens.

---

§ 1. Einleitung.

I. Das Verfahren bei der Verhandlung und Entscheidung der zum Schutze gegen Verletzungen des Privatrechts den ordentlichen Staatsgerichten unterbreiteten bürgerlichen Rechtsstreitigkeiten, in denen eine Person, der Kläger, gegen eine andere Person, den Beklagten, einen privatrechtlichen Anspruch geltend macht (Prozeßverfahren), ist durch die ZPO.[1] für den ganzen Umfang des Deutschen Reichs einheitlich geregelt.[2] Neben der ZPO. sind die prozeßrechtlichen Vorschriften der Reichsgesetze, auch der älteren, soweit sie nicht durch die Reichsjustizgesetze aufgehoben oder durch jüngere Reichsgesetze beseitigt sind, aufrecht erhalten.[3] Dagegen sind die prozeßrechtlichen Vorschriften der Landesgesetze für die nach der ZPO. zu entscheidenden Rechtsstreitigkeiten außer Kraft gesetzt, soweit nicht in der ZPO. auf sie verwiesen oder soweit nicht bestimmt ist, daß sie nicht berührt werden.[4]

Bezüglich der Landesherren, der Mitglieder der landesherrlichen Familien, der Mitglieder der Fürstlichen Familie Hohenzollern, der Mitglieder des vormaligen Hannoverschen Königshauses, des vormaligen Kurhessischen, des vormaligen Herzoglich Nassauischen und des Herzoglich Holsteinischen Fürstenhauses finden die Bestimmungen der ZPO., der übrigen Reichsjustizgesetze und des BGB. nur insoweit Anwendung, als nicht besondere Vorschriften der Hausverfassungen oder der Landesgesetze abweichende Bestimmungen enthalten.[5]

---

[1] Die ZPO. v. 30. Jan. 1877 ist abgeändert durch Ges. v. 30. April 1886, 29. März 1897, 17. Mai 1898, 5. Juni 1905, 1. Juni 1909, welch letzteres am 1. April 1910 in Kraft tritt. Durch Bek. v. 20. Mai 1898 (RGBl. S. 410) ist sie unter neuer Numerierung der Paragraphen neu veröffentlicht worden. [2] § 3 EG. z. ZPO. [3] § 13 EG. z. ZPO. [4] § 14 EG. z. ZPO. [5] § 5 EG. z. ZPO.; § 5 EG. z. GVG.; Art. 57 EG. z. BGB.; Ges. v. 25. März 1904. In Preußen besteht für Klagen gegen die Mitglieder der kgl. Familie und der fürstl. Familie Hohenzollern ein Sondergericht aus Mitgliedern des Kammergerichts, der Geh. Justizrat, der sich in 2 Instanzen gliedert und über dem als dritte das Reichsgericht steht; § 18 AG. z. GVG. v. 24. April 1878.

Für die Geltungszeit und das Geltungsgebiet der ZPO. finden die für Prozeßgesetze im allgemeinen geltenden Grundsätze Anwendung, wonach regelmäßig Prozeßhandlungen zeitlich und räumlich nach dem Gesetz zu beurteilen sind, unter dessen Herrschaft sie vorgenommen werden, d. h. nach den zur Zeit und am Ort ihrer Vornahme bestehenden Gesetzen des Prozeßgerichts, also inländische Prozeßhandlungen nach inländischem, ausländische nach ausländischem Recht.[6]) Für die Erledigung der vor dem Inkrafttreten des neuen Prozeßrechts anhängig gewordenen Prozesse sind nach Maßgabe gewisser Übergangsbestimmungen [7]) die bisherigen Prozeßgesetze aufrecht erhalten.

II. Die **Gerichtsbarkeit** als „die Summe der Rechtspflegefunktionen“ [8]) wird geübt durch Richter und Gerichtsschreiber. Neben sie treten als vollziehendes Organ die Gerichtsvollzieher und die Gerichtsdiener.[9]) Die inländische Gerichtsbarkeit erstreckt sich auf alle Personen, die sich im Inlande, d. h. im Deutschen Reiche, aufhalten, gleichviel welchem deutschen Staate sie angehören, auch auf Ausländer. Ausgenommen sind die sog. Exterritorialen, nämlich die Chefs und Mitglieder der bei dem Deutschen Reiche oder einem Bundesstaate beglaubigten Missionen, ihre Familienmitglieder, ihr Geschäftspersonal und ihre nicht deutschen Bediensteten. Dem ausschließlich dinglichen Gerichtsstande sind aber auch die Exterritorialen unterworfen.[10])

Zur Vornahme von Amtshandlungen ist jedes Gericht regelmäßig nur innerhalb der Grenzen seiner räumlichen Zuständigkeit befugt.[11]) Bedarf es der Vornahme von Amtshandlungen in dem Bezirk eines anderen Gerichts, so hat dieses nach Maßnahme der §§ 157 ff. GVG. Rechtshilfe zu leisten.

III. Die **ordentlichen Gerichte** sind die Amtsgerichte, Landgerichte, Oberlandesgerichte, das Reichsgericht und das in Bayern errichtete Oberste Landesgericht.[12]) Die Amtsgerichte entscheiden durch Einzelrichter, die übrigen Gerichte durch ein Richterkollegium, u. zw. die Landgerichte durch die Zivilkammern und die Kammern für Handelssachen (drei Mitglieder), die Oberlandesgerichte, das Reichsgericht und das Oberste Landesgericht durch die Zivilsenate (fünf und sieben Mitglieder). Die Bildung der Kammern und Senate, sowie die Verteilung der Geschäfte unter sie erfolgt für jedes Geschäftsjahr vor dessen Beginn durch das Präsidium. Dieses bilden der Präsident, die Direktoren oder Senatspräsidenten und bei Landgerichten das dem Dienstalter nach älteste Mitglied, bei den Oberlandesgerichten die beiden, beim Reichsgericht die vier ältesten Mitglieder.[13])

Sachlich zuständig für das Verfahren ist als **Gericht 1. Instanz** nach Verschiedenheit der Fälle [14]) entweder das Amtsgericht oder das Landgericht. Gegen das Urteil 1. Instanz kann die dadurch verletzte Partei Berufung einlegen. Berufungsgerichte (**Gerichte 2. Instanz**)

---

[6]) Wach, Handb. S. 211 ff. [7]) §§ 18 ff. EG. z. ZPO.; Art. VIII, IX der Novelle von 1898, Art. III der Nov. v. 5. Juni 1905; nach Art. IX, X der Nov. v. 1. Juni 1909 ist dies aber nur in sehr beschränktem Maße der Fall. [8]) Wach, Handb. S. 313. [9]) § 212. [10]) §§ 18, 19, 20 GVG. [11]) S. § 30. [12]) § 12 GVG.; § 8 EG. z. GVG. [13]) §§ 63, 121, 133 GVG. [14]) §§ 23, 70 GVG.

sind gegen die Urteile der Amtsgerichte die Landgerichte, gegen die erstinstanzlichen Urteile der Landgerichte die Oberlandesgerichte. Mit dem vom Landgericht erlassenen Berufungsurteil ist der Instanzenzug für die Sache erschöpft. Gegen Berufungsurteile der Oberlandesgerichte ist unter gewissen Voraussetzungen noch die Revision zulässig. Revisionsgericht (Gericht 3. Instanz) ist das Reichsgericht, daneben in Bayern das Oberste Landesgericht.

IV. Der Prozeß wird beherrscht von dem Grundsatze der Mündlichkeit der Verhandlung. „Die Verhandlung der Parteien über den Rechtsstreit vor dem erkennenden Gericht ist eine mündliche.“ [15]) Nicht durch Vermittlung eines richterlichen Referats über den Inhalt der Akten, sondern durch den mündlichen Vortrag der Parteien soll das erkennende Gericht die den Prozeßstoff erbringenden Anführungen der Parteien kennen lernen. Die Heranziehung der Schriftform als eines Hilfsmittels bei Erledigung der Prozesse ist nicht ausgeschlossen. Die Aufnahme eines Protokolls ist regelmäßig vorgeschrieben, wie auch die schriftliche Abfassung des Urteils. Schriftsätze sind nicht nur zulässig, sondern werden im Anwaltsprozeß [16]) vorausgesetzt.[17]) Sie dienen aber regelmäßig nur zur Vorbereitung der mündlichen Verhandlung, indem sie die Anführungen, die in der mündlichen Verhandlung beabsichtigt werden, ankündigen und dem Gegner Gelegenheit geben, sich darüber vor der mündlichen Verhandlung zu informieren. Der Berücksichtigung unterliegt nur das mündlich Vorgetragene, auch wenn es nicht in den Schriftsätzen steht; nur die Anträge im landgerichtlichen Verfahren dürfen nicht berücksichtigt werden, wenn sie nicht schriftlich vorliegen, ja sie brauchen nach der neuen Fassung des Gesetzes überhaupt nicht verlesen zu werden, sondern es kann die Vorlesung durch eine Bezugnahme auf die die Anträge enthaltenden Schriftsätze ersetzt werden, soweit es das Gericht für ausreichend erachtet.[18]) Das nicht mündlich Vorgetragene muß in der Regel unbeachtet bleiben, auch wenn es in Schriftsätzen enthalten ist, nur im amtsgerichtlichen Prozeß ist eine Bezugnahme auf Schriftstücke zulässig.[19])

Neben dem von den Parteien durch den mündlichen Vortrag zu erbringenden Prozeßstoff besteht noch ein anderweiter Prozeßstoff. Zu ihm gehören die in gewissen Fällen vom Gesetze vorgeschriebenen bestimmenden Schriftsätze z. B. die Klage, die Berufungs-, die Revisionsschrift, die ihre Rechtswirkung mit der Zustellung an den Gegner oder mit der Einreichung bei Gericht äußern, also damit ohne weiteres Prozeßstoff werden. Ferner die Ergebnisse der Beweiserhebungen, die nicht vor dem erkennenden Gericht selbst vorgenommen sind. Endlich in höheren Instanzen die Urteile und sonstigen Entscheidungen der Vorinstanzen. Auch dieser weitere Prozeßstoff unterliegt der Berücksichtigung seitens des erkennenden Gerichts nur, wenn er von der Partei vorgetragen wird. Dieser Vortrag muß aber, da er nicht einen Prozeßstoff erbringt, sondern nur über einen bereits vorhandenen Prozeßstoff berichtet, das Material richtig und erschöpfend darstellen. Im Falle der Unrichtigkeit oder Unvollständigkeit

---

[15]) § 128. [16]) S. zu IX. [17]) § 129. [18]) § 297. [19]) §§ 501, 502 Abs. 2.

des Vortrags hat der Vorsitzende die Berichtigung oder Vervollständigung zu veranlassen.[20])

Die Vorträge sind in freier Rede zu halten. Das Ablesen vorbereitender Schriftsätze und die Bezugnahme auf Schriftstücke statt des Vortrags in freier Rede ist unzulässig, abgesehen vom amtsgerichtlichen Prozeß und der Bezugnahme auf die in den Schriftsätzen enthaltenen Anträge.[18]) Der zum Zwecke der Erläuterung des mündlichen Vortrags und zur Unterstützung des Gedächtnisses gemachten gelegentlichen Bezugnahme auf Schriftstücke — Zeichnungen, Rechnungen, Verzeichnisse usw. — steht nichts entgegen. Die Vorlesung von Schriftstücken ist gestattet, soweit es auf den Wortlaut ankommt.[21])

Wird die mündliche Verhandlung in einem neuen Termine fortgesetzt, so muß in diesem das früher Vorgetragene, soweit es noch erheblich ist, wiederholt werden. Hat kein Wechsel im Richterpersonal stattgefunden und ist den Richtern, die an der neuen Verhandlung teilnehmen, der frühere Vortrag und das Ergebnis der bisherigen, vor dem Prozeßgericht selbst erfolgten Beweisaufnahme erinnerlich, so genügt die Bezugnahme auf den früheren Vortrag und die frühere Beweisaufnahme. Zur Vermeidung von Wiederholungen empfiehlt es sich spruchreife Teile des Rechtsstreits durch Teilurteil oder Zwischenurteil[22]) — Begriff unten bei „Urteil" — zu erledigen. Der erledigte Streitstoff scheidet von der ferneren Verhandlung aus.

Der Grundsatz der Mündlichkeit gilt nur für die Verhandlung vor dem erkennenden Gericht, nicht z. B. für Prozeßakte, die vor einem beauftragten oder ersuchten Richter stattfinden. Er gilt ausnahmslos, wo durch Urteil zu entscheiden ist; er gilt in den Fällen, die der Entscheidung durch Beschluß unterliegen, überall, wo das Gesetz keine Ausnahme zugelassen hat, er findet dagegen keine Anwendung bei prozeßleitenden Verfügungen.[23]) Ein Verzicht der Parteien auf die Mündlichkeit ist rechtlich unwirksam.[24]) Eine Ausnahme vom Grundsatz der Mündlichkeit besteht für das Verfahren in Rechnungssachen, Auseinandersetzungen und ähnlichen Prozessen (§§ 348 ff.).

V. Mit dem Grundsatz der Mündlichkeit verwandt, aber nicht identisch ist derjenige der **Unmittelbarkeit**, nach welchem das Gericht selbst diejenigen Wahrnehmungen machen muß, auf welche es seine Entscheidungen stützt. Die Unmittelbarkeit hat besondere Bedeutung für die Beweisaufnahme, welche regelmäßig vor dem Prozeßgericht selbst erfolgen muß. Abweichungen hiervon sind nur in dringenden Fällen gestattet. Auch dürfen an der Entscheidung nur solche Richter mitwirken, die der mündlichen Verhandlung beigewohnt haben.

VI. **Verhandlungsmaxime**. Die Parteien sind Herren ihres Rechtsstreits. An ihre Vorträge und Anträge ist das Gericht bei der Urteilsfällung gebunden. Es darf nur diejenigen tatsächlichen Anführungen und Beweismittel berücksichtigen, welche die Parteien selbst, sei es aus eigenem Antriebe, sei es auf Anregung des Gerichts dem Gericht unter-

---

[20]) §§ 526, 669. [21]) § 137. [22]) §§ 301 ff. [23]) RG. 16 S. 141, 39 S. 404, 40 S. 375, 57 S. 417. [24]) RG. 54 S. 9.

breitet haben. Werden im Laufe des Rechtsstreits von Zeugen Angaben gemacht, die von den Parteien selbst nicht aufgestellt sind, so darf das Gericht diese Angaben nicht berücksichtigen, es sei denn, daß sie von den Parteien nachgeholt werden. Zugestandene oder nicht bestrittene Anführungen muß das Gericht als wahr annehmen. Es darf über den gestellten Antrag nicht hinausgehen und einer Partei weder Mehr noch Anderes, als von ihr beantragt ist, zuerkennen. Dies gilt insbesondere von Früchten, Zinsen und anderen Nebenforderungen. Nur über die Verpflichtung, die Prozeßkosten zu tragen, hat das Gericht auch ohne Antrag zu erkennen.[25])

Einer Beschränkung unterliegt die Verhandlungsmaxime in denjenigen Rechtsstreitigkeiten, an deren Entscheidung das öffentliche Interesse beteiligt ist, insbesondere in Ehesachen, Kindschaftssachen und Entmündigungen. Hier kommt es auf die Feststellung des wirklichen Sachverhalts an und deshalb ist das Gericht weder an das von den Parteien herbeigeschaffte Tatsachenmaterial, noch an die Geständnisse oder Anerkenntnisse der Parteien gebunden.[26])

VII. Die sog. Eventualmaxime, d. h. das Gebot, wonach die Parteien das gesamte Prozeßmaterial bei Vermeidung des Ausschlusses innerhalb bestimmter Prozeßabschnitte beibringen mußten, besteht nicht mehr. Die Parteien können regelmäßig ihre Angriffs- und Verteidigungsmittel bis zum Schlusse derjenigen mündlichen Verhandlung, auf die das Urteil ergeht, zu jeder Zeit anbringen, auch wenn die Verhandlung durch eine Beweisaufnahme unterbrochen ist. Zum Schutze gegen Prozeßverschleppungen ist das Gericht ermächtigt, der obsiegenden Partei, wenn sie durch nachträgliches Vorbringen eines Angriffs- oder Verteidigungsmittels die Erledigung des Rechtsstreits verzögert hat, die Prozeßkosten ganz oder teilweise aufzulegen. Nachträgliche Verteidigungsmittel des Beklagten, wenn sie nicht nur die Erledigung des Rechtsstreits verzögern, sondern auch in der Absicht, den Prozeß zu verschleppen oder doch aus grober Nachlässigkeit nicht früher vorgebracht sind, kann das Gericht auf den mündlichen Antrag des Klägers zurückweisen.[27])

Eine tatsächliche Ausschließung weiteren Parteivorbringens kann das Gericht dadurch herbeiführen, daß es durch Teilurteil oder Zwischenurteil einen gewissen Streitstoff festlegt.

VIII. Parteibetrieb. Das Verfahren liegt wesentlich in den Händen der Parteien. Der Regel nach ist es ihre Sache, die zur Einleitung und Durchführung des Rechtsstreits erforderlichen Ladungen und Zustellungen durch Gerichtsvollzieher, die im Auftrage der Parteien, aber kraft gesetzlicher Befugnis handeln, ausführen zu lassen.[28]) Diese Regel ist aber vielfach durchbrochen, namentlich für den amtsgerichtlichen Prozeß, in welchem jetzt der Amtsbetrieb überwiegt. Auch bei der Beweiserhebung herrscht vielfach der Amtsbetrieb und bei Einlegung des Einspruchs und der Rechtsmittel erfolgt nicht mehr wie früher die Ladung zum Termin durch die Parteien, sondern von Amts wegen.

IX. Anwaltszwang. Vor den Landgerichten und allen Gerichten

---

[25]) § 308. [26]) §§ 617, 622, 640, 641, 670, 679, 684, 686. [27]) §§ 278, 279, 374. [28]) §§ 166, 214.

höherer Instanz müssen die Parteien sich durch einen bei dem Prozeßgerichte zugelassenen Rechtsanwalt als Bevollmächtigten vertreten lassen: Anwaltsprozeß.[29]) Dies gilt für alle Parteien und deren gesetzliche Vertreter, also auch für Richter, Staatsanwälte, Rechtsanwälte und öffentliche Behörden.[30]) Nur diejenigen Rechtsanwälte, die bei dem Prozeßgericht zugelassen sind, können sich selbst vertreten, auch in den Fällen, wo sie nicht selbst Partei, sondern gesetzliche Vertreter (Vormund, Konkursverwalter) einer Partei sind.[31]) Der Anwaltszwang umfaßt das ganze Verfahren vor dem Prozeßgericht, mit Ausnahme des Verfahrens vor einem beauftragten oder ersuchten Richter[32]) und derjenigen Prozeßhandlungen, die vor dem Gerichtsschreiber oder schriftlich vorgenommen werden können.[33])

Im Verfahren vor den Amtsgerichten besteht kein Anwaltszwang: Parteiprozeß. Sowohl hier, wie in denjenigen Fällen des Anwaltsprozesses, in denen der Anwaltszwang ausgeschlossen ist, können die Parteien nach freier Wahl den Prozeß selbst oder durch einen Bevollmächtigten führen. Bevollmächtigte können alle prozeßfähige Personen (auch Ehefrauen und Hauskinder) und insbesondere alle bei irgendeinem deutschen Gerichte zugelassenen Rechtsanwälte sein.[34])

Erstes Kapitel.

Verfahren in erster Instanz.

A. Verfahren vor den Landgerichten.

§ 2. Erhebung der Klage. (§§ 253 ff. ZPO.)

Der Prozeß beginnt mit der Erhebung der Klage. Die Klageerhebung erfolgt durch Zustellung der Klageschrift an den Beklagten,[1]) in bestimmten Ausnahmefällen[2]) durch Antrag in der mündlichen Verhandlung.

I. Die Klageschrift muß von einem Rechtsanwalt unterschrieben sein, der bei dem Prozeßgerichte zugelassen ist[3]) und als bestimmender, den Rechtsstreit abgrenzender Schriftsatz enthalten: 1. die Bezeichnung der Parteien und des Gerichts; 2. die bestimmte Angabe des Klagegegenstandes und des Klagegrundes sowie einen bestimmten Antrag; 3. die Ladung des Beklagten vor das Prozeßgericht zur mündlichen Verhandlung des Rechtsstreits.[4])

A. Die Bezeichnung der Parteien und des Gerichts muß derart genau sein, daß jeder Zweifel über ihre Identität ausgeschlossen ist.

---

[29]) § 78 Abs. 1. [30]) RG. 14 S. 29. [31]) § 78 Abs. 3; RG. Gruch. 32 S. 1167. [32]) §§ 296, 348, 361, 362, 372, 375, 402, 434, 479, 619. [33]) § 78 Abs. 2, §§ 37, 44, 104, 118, 248, 386, 406, 486, 569, 920, 936, 947. [34]) § 79.

[1]) § 253. [2]) §§ 33, 268, 280, 281, 500, 510c. [3]) §§ 78 Abs. 1, 130 Nr. 6; RG. 31 S. 377. [4]) § 253.

Die Parteien sind nach Familien- und Vornamen, Stand oder Gewerbe und Wohnort zu bezeichnen, in größeren Städten unter Angabe der Wohnung. Der Name einer Handelsgesellschaft ist ihre Firma. Deshalb können Handelsgesellschaften unter ihrer Firma Prozesse führen. Zweckmäßig werden neben der Firma die einzelnen Inhaber in die Rubrik der Klage eingefügt. Einzelkaufleute können unter ihrer Firma oder unter ihrem Namen klagen und verklagt werden. Wenn ein gesetzlicher Vertreter auftritt, ist genau anzugeben, wen er vertritt. Zur Bezeichnung des Gerichts genügt die Angabe des angerufenen Landgerichts, doch empfiehlt sich mit Rücksicht auf eine schnelle Terminsanberaumung die Beifügung der Kammer. Die Landgerichte ordnen die Zuständigkeit ihrer Kammern durch eine besondere Geschäftsverteilung, welche sich nur auf das innere Verhältnis des Gerichts bezieht. Ist das erkennende Gericht als solches zuständig, so kommt nichts darauf an, ob nach der Geschäftsverteilung die erkennende oder eine andere Kammer zur Entscheidung berufen war. Ist in einer Sache versehentlich Verhandlungstermin vor einer Kammer anberaumt, die nach der Geschäftsverteilung dafür nicht zuständig ist, so wird die unzuständige Kammer nicht gehindert, im Falle der Versäumnis des vor ihr anstehenden Termins Versäumnisurteil zu erlassen.

B. Klagegegenstand ist dasjenige, was mit der Klage vom Gegner beansprucht wird. Dies muß aber regelmäßig schon im Klageantrage selbst enthalten sein, so daß sich eine besondere Angabe des Klagegegenstandes in den meisten Fällen erübrigt.

C. Klagegrund. Der Begriff ist bestritten. Von einer Seite wird im Anschluß an den früheren schriftlichen Prozeß des gemeinen und preußischen Rechts die Darlegung der rechtsbegründenden Tatsachen, also die sachliche Substantiierung des Anspruchs für erforderlich erachtet. Auf diesem Standpunkt stehen auch die Motive zur ZPO.: „Den Klagegrund bilden diejenigen Tatsachen, welche nach Maßgabe des bürgerlichen Rechts an sich genügend sind, den erhobenen Anspruch in der Person des Klägers entstanden und zugleich als durch den Beklagten verletzt erscheinen zu lassen.“ [5]) Von anderer Seite (Wach) wird die bestimmte Angabe des dem Anspruche zugrunde liegenden Rechtsverhältnisses (Individualisierung) für ausreichend erachtet, also nur die Angabe des individualisierten Rechtsgrundes gefordert. Die erstere Auffassung ist als die der historischen Entwicklung und dem Sinne der ZPO. entsprechende anzuerkennen. Dies ergibt sich vor allem daraus, daß nach § 331 beim Ausbleiben des Beklagten nur das tatsächliche Vorbringen des Klägers, nicht das Rechtsverhältnis selbst als zugestanden gilt. Würde die Angabe des Rechtsverhältnisses als Klagegrund genügen, so würde dies bei dem Ausbleiben des Beklagten als Grundlage eines Versäumnisurteils dienen müssen. [6]) Tatsächlich muß aber eine Klage wegen Mangels an tatsächlicher Begründung abgewiesen werden, wenn z. B. ohne Angabe des Erwerbsgrundes lediglich aus dem Eigentum geklagt wird. Für die Substantiierungstheorie hat sich auch überwiegend die Praxis ausgesprochen. [7])

---

[5]) M. S. 182. [6]) Vgl. Gaupp-Stein § 253 III 3 und die dort angeführte Literatur. [7]) RG. 22 S. 390, 23 S. 432, (Pl.) 27 S. 385, 48 S. 374, 58 S. 249.

Die Frage kommt übrigens wesentlich in Betracht nur für dingliche Klagen. Auch die Individualisierung eines obligatorischen Anspruchs wird regelmäßig ohne Darlegung der die Entstehung des Anspruchs begründenden Tatsachen sich nicht ausführen lassen. Es ist sicher keine genügende Bezeichnung des Klagegrundes, wenn „aus einem Kaufvertrage" auf Zahlung eines bestimmten Betrages geklagt werden sollte, vielmehr gehört hier zur Individualisierung die Darlegung der Tatsachen über den Abschluß des Kaufvertrags und die Übergabe der verkauften Sache. Bei der dinglichen Klage dagegen ist es ein Unterschied, ob lediglich aus dem dinglichen Recht geklagt werden kann, oder auch der Erwerbsgrund angegeben werden muß. Das „Eigentum" an einer bestimmten Sache, die „Grunddienstbarkeit" mit einem bestimmten Inhalt ist aber ohne Darlegung des Erwerbsgrundes kein ausreichender Klagegrund. Es genügt nicht, daß jemand klagt, er sei Eigentümer eines Grundstücks und erhebe daraus einen bestimmten Anspruch; vielmehr muß er die Tatsachen angeben, aus denen er sein Eigentum an dem Grundstück herleitet. Deshalb liegt eine Klageänderung nicht nur vor, wenn Kläger aus einem anderen Rechtsverhältnis, wenn er z. B. anstatt aus dem Eigentum, aus einer Grunddienstbarkeit nunmehr aus einem Miet- oder Pachtvertrage klagen wollte, sondern auch, wenn er an Stelle des ursprünglich angegebenen Erwerbsgrundes einen anderen Erwerbsgrund geltend macht, wenn er z. B. die von vornherein auf Kauf und Übergabe gestützte Eigentumsklage später auf Ersitzung stützt.

D. Der Klageantrag muß dem maßgebenden Rechtssatze entsprechend gefaßt und bestimmt sein, d. h. in zweifelsfreier Weise erkennen lassen, worüber der Kläger einen rechtlichen Ausspruch begehrt. Eine Klage kann nicht bedingt, d. h. für den Fall des Eintritts eines unbestimmten Ereignisses, erhoben werden.[8]) Die Formulierung des Klageantrages hat sich dem Inhalte des verfolgten Anspruchs anzuschließen und muß eine geeignete Grundlage für das Urteil schaffen. Verurteilung in die Prozeßkosten braucht nicht besonders beantragt zu werden, da der Richter nach § 308 Abs. 2 von Amts wegen hierüber zu entscheiden hat. Je nachdem der Anspruch den Schutz eines bereits verletzten oder eines erst gefährdeten Rechts begehrt, unterscheidet man Leistungsklagen und Feststellungsklagen.

1. Leistungsklagen sind diejenigen Klagen, in denen eine Verurteilung des Beklagten verlangt wird.

a) Bei ihnen muß der Klageantrag die geltend gemachten Haupt- und Nebenforderungen (Früchte, Zinsen u. dgl.) in der Weise bezeichnen, daß die zur Beitreibung im Wege der Zwangsvollstreckung erforderliche Bestimmtheit vorhanden ist. Die Angabe eines bestimmten Betrages ist nicht unbedingt notwendig, es genügt beispielsweise der Antrag auf Ersatz eines richterlich festzusetzenden Schadens,[9]) wenn nur in der Klage die für die quantitative Feststellung des Anspruchs erforderlichen tatsächlichen Grundlagen angegeben werden. Dagegen ist eine Klage auf Schadensersatz unter Feststellung des Betrages in einem be-

---

[8]) RG. 58 S. 249. [9]) RG. 10 S. 353, 431.

sonderen Verfahren nur beim Vorliegen einer Feststellungsklage zulässig.[10])

Die Grenzscheidungsklage hat die Natur eines judicium duplex. Das Urteil hat sich deshalb nicht auf die Entscheidung darüber zu beschränken, ob der vom Kläger behauptete Grenzzug als richtig anzuerkennen ist, sondern muß auch das Verlangen des Beklagten und die von diesem behauptete Grenzlinie berücksichtigen.[11]) Der Klageantrag darf aber der in § 253 allgemein gebotenen Bestimmtheit nicht entbehren und muß deshalb die Grenzlinie, die der Kläger als die richtige beansprucht, bezeichnen. Dies ist schon deshalb erforderlich um, wenn es zum Versäumnisurteil kommt, diesem die Möglichkeit der Vollstreckbarkeit zu sichern.

Modalitäten des Klagebegehrens müssen im Klageantrage Ausdruck finden. Werden Erben als solche verklagt, so ist zu beantragen: „Die Beklagten als Erben des N. N. unter Vorbehalt der Rechtswohltat des Inventars zur Zahlung von usw. zu verurteilen". Gegen Erben, die sich auf die Einrede aus §§ 2014, 2015 BGB. berufen, ist der Antrag zu richten auf „Verurteilung unter Vorbehalt der auf den Bestand des Nachlasses beschränkten Haftung". Dasselbe gilt, wenn bei fortgesetzter Gütergemeinschaft der überlebende Ehegatte die Einreden aus §§ 1489 Abs. 2, 2014, 2015 BGB. geltend macht.[12])

Für die Erbschaftsklage ist folgender Antrag empfohlen:

α) Festzustellen, daß eine Nachlaßschuld und Ausgleichungspflicht des Klägers nicht besteht.

β) Den Beklagten zu verurteilen: a) über den Nachlaß ein vollständiges Verzeichnis einzureichen und dessen Richtigkeit eidlich zu erhärten; b) über die Verwaltung des Nachlasses unter Beifügung von Belägen Rechnung zu legen und deren Richtigkeit zu beschwören; c) in die Teilung des Nachlasses unter die Parteien zu gleichen Teilen zu willigen, insbesondere von den durch die Offenlegung und Rechnungslegung zu ermittelnden Barmitteln dem Kläger die Hälfte herauszugeben und von der im Grundbuche des Grundstücks usw. für den Erblasser eingetragenen Hypothek die Hälfte mit usw. M dem Kläger zu gleichen Rechten mit dem Überreste abzutreten und in die Umschreibung dieses Betrages auf den Kläger im Grundbuch zu willigen.[13])

Die dingliche Klage wird durch den Antrag: „den Beklagten zur Vermeidung der Zwangsvollstreckung in das Grundstück usw. zur Zahlung von usw. zu verurteilen", oder „den Beklagten zu verurteilen, sich die Zwangsvollstreckung in das Grundstück usw. wegen usw. gefallen zu lassen", nicht genügend gekennzeichnet; derartige Anträge sind auch bei der persönlichen Klage statthaft. Richtig wird gesagt: „den Beklagten als Eigentümer des Grundstücks usw. zur Zahlung der in Abt III Nr. usw. des Grundbuchs eingetragenen Forderung von usw. zu verurteilen", oder „den Beklagten als Besitzer des unter Nr. usw. des Schiffsregisters des Königl. Amtsgerichts in usw. eingetragenen Schraubendampfschiffs usw. zur Zahlung von usw. zu verurteilen". Wird mit der dinglichen Klage die persönliche

---

[10]) RG. 21 S. 382 (VZS.), 23 S. 347. [11]) OTr. 56 S. 145. [12]) § 305.
[13]) Josef in Entsch. des Kammergerichts 15 S. 442.

Klage verbunden, so ist den Worten „den Beklagten als Eigentümer des Grundstücks" usw. (als Besitzer des usw. Schraubendampfschiffs usw.) der Zusatz beizufügen: „und mit persönlicher Haftung".

Der Verkäufer eines Grundstücks klagt gegen den säumigen Käufer nicht selten auf Zahlung des Kaufpreises gegen Entgegennahme der Auflassung des Grundstücks. Die dem Verkäufer gegen die Zahlung des Kaufpreises obliegende Gegenleistung ist aber nicht die Entgegennahme, sondern die Erteilung der Auflassung. Richtig ist also zu klagen auf Zahlung gegen Auflassung. Der Käufer, der die Auflassung des gekauften Grundstücks begehrt, hat zu klagen auf Auflassung des Grundstücks gegen Zahlung von usw.

b) **Fälligkeit.** Die vom Beklagten zu bewirkenden Leistungen müssen der Regel nach zur Zeit der Klageerhebung fällig sein und in der Klageschrift bestimmt angegeben werden.[14]) Dieser Grundsatz unterliegt aber folgenden Einschränkungen:

α) Wer mit der Klage auf Rechnungslegung, mag die Verpflichtung hierzu auf Gesetz oder Vertrag beruhen,[15]) auf Vorlegung eines Vermögensverzeichnisses oder auf Leistung des Offenbarungseides[16]) die Klage auf Herausgabe desjenigen verbindet, was der Beklagte aus dem zugrunde liegenden Rechtsverhältnisse schuldet, kann die bestimmte Angabe der Leistungen, die er beansprucht, sich vorbehalten, bis die Rechnung mitgeteilt, das Vermögensverzeichnis vorgelegt oder der Offenbarungseid geleistet ist.[17]) In einem solchen Falle ist dann zunächst durch Teilurteil[18]) über die Verpflichtung des Beklagten zur Rechnungslegung usw. zu entscheiden und erst, nachdem dieses Urteil, nötigenfalls im Wege der Zwangsvollstreckung,[19]) zur Ausführung gebracht ist, über den Anspruch auf Herausgabe der nunmehr bestimmt zu bezeichnenden Gegenstände zu verhandeln.[20]) Dabei braucht sich der Kläger keineswegs auf das zu beschränken, was die vom Beklagten gelegte Rechnung selbst für ihn ergibt, sondern er kann im Lauf des Rechtsstreits alles beanspruchen, was er seiner Meinung nach aus dem zugrunde liegenden Rechtsverhältnisse zu fordern hat,[21]) wozu aber nicht das Interesse daran gehört, daß der Beklagte dem Teilurteil nicht gehörig nachgekommen ist.[22])

β) Das BGB. gewährt in gewissen Fällen[23]) dem Gläubiger das Recht, zur Befriedigung seines Anspruchs dem Schuldner eine angemessene Frist zu bestimmen und nach deren Ablauf entweder Schadensersatz wegen Nichterfüllung zu verlangen oder die Aufhebung des Vertrages herbeizuführen. Ferner kann gemäß § 1052 (vgl. auch § 1054) BGB., wenn der Nießbraucher zur Sicherheitsleistung verurteilt ist und die Sicherheit nicht innerhalb einer ihm auf Antrag des Eigentümers von dem Gerichte zu bestimmenden Frist leistet, der Eigentümer verlangen, daß die Ausübung des Nießbrauchs für Rechnung des Nießbrauchers einem von dem Gerichte zu bestellenden Verwalter übertragen wird. Gleiche Vorschriften gelten in

---

[14]) § 253 Abs. 2 Nr. 2. [15]) RG. 53 S. 254. [16]) BGB. §§ 259, 260, 1890 ff., 2027, 2028. [17]) § 254. [18]) § 301. [19]) §§ 888, 889. [20]) M. II zu § 230 a. [21]) RG. 56 S. 47. [22]) RG. 61 S. 408; a. M. Gaupp-Stein § 254 III 4 a. [23]) §§ 283, 325 Abs. 2, 326, 527, 354, 542, 634 BGB.

betreff der Verpflichtung des Vorerben, dem Nacherben in Ansehung der Verwaltung des Nachlasses Sicherheit zu leisten.[24]) Endlich ist zufolge § 2193 BGB., wenn bei einer letztwilligen Auflage die Bestimmung der Person, an welche die Leistung erfolgen soll, dem Beschwerten überlassen ist und dieser nach rechtskräftiger Verurteilung die Auflage nicht vollzieht, der Kläger berechtigt, dem Beschwerten eine Frist zur Vollziehung mit der Wirkung zu bestimmen, daß nach deren Ablaufe das Bestimmungsrecht auf den Kläger übergeht. Um dem Kläger in allen diesen Fällen eine rasche Verwirklichung seines Rechts zu sichern, ist angeordnet, daß auf dessen Antrag die Frist schon im Urteil zu bestimmen ist.[25]) Die Frist ist keine prozessuale, sondern eine des bürgerlichen Rechts. Sie beginnt mit der Rechtskraft des Urteils; eine vorläufige Vollstreckbarkeit des Urteils ist für sie ohne Bedeutung. Ist die Setzung der Frist im Urteil übergangen, so kann nach § 321 die Ergänzung des Urteils beantragt werden.

γ) Für die Fälle, in denen die Geltendmachung einer nicht von einer Gegenleistung abhängigen Geldforderung (Darlehensklagen) oder die Geltendmachung des Anspruchs auf Räumung eines Grundstücks, eines Wohnraums oder eines anderen Raumes (Räumungsklagen) an den Eintritt eines Kalendertages geknüpft ist, ist dem Gläubiger die allgemeine Befugnis gegeben, Klage auf künftige Zahlung oder Räumung zu erheben, ohne daß es eines besonderen Interesses an der verfrühten Klage oder einer Veranlassung seitens des Beklagten bedarf.[26])

δ) Bei wiederkehrenden Leistungen, wie Leibrenten, Unterhaltungsrenten und sonstigen Geldrenten kann auch wegen der erst nach Erlassung des Urteils fällig werdenden Leistungen Klage auf künftige Entrichtung erhoben werden.[27]) Doch muß auch hier wie im Falle γ die Forderung lediglich vom Zeitablauf, nicht von einer Gegenleistung abhängen, so daß z. B. Miet- und Pachtzinsen nicht darunter fallen.[28]) Voraussetzung für die Erhebung der Klage ist nicht, daß bereits eine Leistung fällig ist.[29])

ε) Eine Klage auf künftige Leistung kann außer den Fällen zu γ und δ auch dann erhoben werden, wenn den Umständen nach die Besorgnis gerechtfertigt ist, daß der Schuldner sich der rechtzeitigen Leistung entziehen werde, insbesondere also dann, wenn der Schuldner die Verbindlichkeit schon, bevor sie fällig ist, ausdrücklich bestreitet.[30]) Hier ist die künftige Leistung nicht auf einseitige Ansprüche beschränkt, vielmehr genügt jeder Anspruch, der erst in Zukunft entsteht, auch ein bedingter.[31])

Ist in den Fällen zu γ—ε die Verurteilung zu einer künftigen Leistung erfolgt, so kann der Schuldner sachliche Einwendungen nur noch im Wege der Klage gemäß § 767 geltend machen. Gegen etwaige sich hieraus ergebende Nachteile gewährt Schutz der § 769, wonach das Prozeßgericht auf Antrag die Einstellung der Zwangsvollstreckung anordnen kann, bis über die Einwendung entschieden ist.[32])

c) **Klagenhäufung** ist gestattet, die persönliche nach §§ 59, 60, die sachliche nach § 260 u. z. auch wenn die Klagen auf verschiedenen

---

[24]) § 2128 Abs. 2 BGB. [25]) § 255. M. II zu § 230b. [26]) § 257. [27]) § 258. [28]) RG. 61 S. 334; a. M. Gaupp-Stein § 258 I. [29]) RG. 63 S. 406. [30]) § 259. [31]) RG. 51 S. 244, 58 S. 140, 61 S. 337. [32]) M. II zu §§ 231a—231c.

Gründen beruhen. So können auch die Besitzklage und die Klage aus dem Recht selbst in einer Klage verbunden werden.[33]) Die Zulässigkeit dieser Klagenverbindung ändert aber nichts an der Vorschrift des BGB. § 863, wonach gegenüber dem Besitzanspruch petitorische Einreden nicht geltend gemacht werden können.[34])

Werden mehrere Ansprüche desselben Klägers gegen denselben Beklagten in einem Antrage vereinigt, so ist ihr Verhältnis ein kumulatives, wenn der eine und der andere Anspruch erhoben wird, ein alternatives, wenn der Kläger dem Beklagten freistellt, statt der geschuldeten Leistung eine andere zu wählen, ein eventuelles, wenn der Kläger den zweiten — eventuellen — Anspruch nur für den Fall erhebt, daß der in erster Reihe aufgestellte unzulässig erscheint. Ein alternativer Klageantrag liegt z. B. vor, wenn der die Rückzahlung eines Darlehens begehrende Kläger dem Beklagten die Wahl zwischen Zahlung und Sicherstellung überläßt, also dahin klagt: „Den Beklagten zu verurteilen, nach seiner Wahl an Kläger 1000 Mk. zu zahlen oder darein zu willigen, daß für den Kläger eine Darlehensforderung von 1000 Mk. im Grundbuche des Grundstücks usw. eingetragen wird." Der alternative Klageantrag enthält stets eine Minderforderung. Ist der Anspruch auf die geschuldete Leistung begründet, so muß auch dem Antrage auf die dem Beklagten freigegebene Leistung stattgegeben werden. Klagt der Käufer eines Grundstücks gegen den Verkäufer auf Erfüllung des Kaufvertrags und für den Fall, daß dieser Antrag nicht begründet ist, auf Rückerstattung des gezahlten Kaufpreises — „den Beklagten zu verurteilen: princip. (in erster Reihe) dem Kläger das Grundstück usw. aufzulassen, event. (in zweiter Reihe) an den Kläger 1000 Mk. zu zahlen," so ist der zweite Antrag ein eventueller und darf nur dann in Betracht gezogen werden, wenn der erste, prinzipale Antrag erledigt ist. Ist auf Herausgabe einer Sache ev. Zahlung ihres Werts geklagt — „die Beklagte zur Herausgabe der ihr geliehenen Nähmaschine, ev. Zahlung ihres Werts mit 50 Mk. zu verurteilen" —, so bedarf es nicht der Feststellung, ob der Beklagte zur Herausgabe der Sache imstande ist, vielmehr ist, wenn der Kläger obsiegt, ohne weiteres auf Herausgabe oder Wertsersatz zu erkennen. Das übrige findet sich bei der Zwangsvollstreckung.[35])

2. Feststellungsklage. Neben den Leistungsklagen, die, wenn der Kläger mit ihnen durchdringt, zu einer der Zwangsvollstreckung unterliegenden Verurteilung des Beklagten führen, kennt die ZPO. die Feststellungsklagen, in denen nicht eine Verurteilung des Beklagten, sondern lediglich die richterliche Entscheidung über das Bestehen oder Nichtbestehen von Rechtsverhältnissen, sowie über die Echtheit oder Unechtheit von Urkunden begehrt wird.[36]) Die Feststellungsklage ist die behauptende (positive), wenn sie auf die Feststellung des Bestehens eines Rechtsverhältnisses oder der Echtheit einer Urkunde gerichtet ist, die verneinende (negative), wenn sie die Feststellung des Nichtbestehens eines Rechtsverhältnisses oder der Unechtheit einer Urkunde verlangt.

---

[33]) Früher war dies verboten; § 232 Abs. 2 der alten ZPO. [34]) M. II u § 232. [35]) Stölzel 1 S. 379. [36]) § 256.

Voraussetzung jeder Feststellungsklage ist ein rechtliches Interesse des Klägers an der alsbaldigen Feststellung dem Beklagten gegenüber, also eine schon vorliegende Gefährdung des Rechts des Klägers durch den Beklagten. Ist das Recht nicht nur gefährdet, sondern bereits verletzt, so daß die Möglichkeit der Anstellung der Leistungsklage vorliegt, so ist für die Feststellungsklage regelmäßig kein Raum und auf ihre Abweisung zu erkennen.[37]) Ein Übergang von der Feststellungsklage in die Leistungsklage ist zulässig.[38]) Ob ein rechtliches Interesse des Klägers an der alsbaldigen Feststellung besteht, ist von Amts wegen zu prüfen.

Der Klageantrag ist auf Feststellung, nicht, wie es häufig geschieht, auf Anerkennung zu richten. Der Antrag auf Verurteilung zur Anerkennung ist an sich Form einer Leistungsklage, doch wird damit häufig bloß eine Feststellung bezweckt. Ob in solchem Falle eine Leistungs- oder Feststellungsklage vorliegt, ist aus dem gesamten Klagevortrag zu entnehmen.

Die Beweislast bezüglich des Bestehens des Rechtsverhältnisses oder der Echtheit der Urkunde wird durch die Feststellungsklage nicht geändert. Bei der negativen Feststellungsklage hat also der Beklagte den Beweis für sein angebliches Recht zu führen,[39]) soweit der Kläger gegenüber dem beklagtischen Vorbringen nicht lediglich eine rechtshindernde oder rechtsvernichtende Tatsache geltend macht, die er dann zu beweisen hat.

Die sachliche und örtliche Zuständigkeit bestimmt sich nach den allgemeinen Grundsätzen. Besteht für die betreffende Leistungsklage ein besonderer Gerichtsstand, so gilt dieser auch für die Feststellungsklage. Für Klagen auf Feststellung des Bestehens oder Nichtbestehens eines Vertrages ist das Gericht des Ortes zuständig, aber nicht ausschließlich, wo die streitige Verpflichtung zu erfüllen ist.[40])

Das Urteil aus einer Feststellungsklage kann Grundlage einer Leistungsklage oder einer Einrede werden, unterliegt aber niemals der Zwangsvollstreckung im Sinne einer Beitreibung der Leistung vom Beklagten. Es kann ihm also auch keine Strafandrohung für den Fall der Zuwiderhandlung folgen.

Eine besondere Art der Feststellungsklage ist die Inzidentfeststellungsklage und -widerklage. Urteile sind der Rechtskraft nur insoweit fähig, als über den durch die Klage oder durch die Widerklage erhobenen, durch den Antrag erkennbar gemachten Anspruch entschieden ist.[41]) Sind z. B. Zinsen eingeklagt, so wird das Urteil nur rechtskräftig bezüglich dieser Zinsen, nicht auch bezüglich des Kapitals, wenngleich die Prüfung der Rechtmäßigkeit der Zinsen die Prüfung der Rechtmäßigkeit des Kapitals voraussetzt. Die Parteien sind aber befugt, in dem anhängigen Rechtsstreit auch ein im Laufe des Prozesses streitig gewordenes Rechtsverhältnis, von dessen Bestehen oder Nichtbestehen die Entscheidung des Rechtsstreits abhängt, zum Gegenstande einer der Rechtskraft fähigen Entscheidung zu machen. Dies kann geschehen bis zum Schlusse derjenigen mündlichen Verhandlung, auf die das Urteil ergeht, vom Kläger durch Erweiterung der Klage, vom Beklagten durch Erhebung

---

[37]) RG. 23 S. 232, 58 S. 61. [38]) § 268. [39]) RG. 9 S. 337. [40]) § 29.
[41]) § 322.

einer Widerklage.[42]) A. hat unter der Behauptung, daß er von der Kirchengemeinde in B. als Küster angestellt sei, gegen diese Gemeinde auf Zahlung seines rückständigen Küstergehalts geklagt. Die Kirchengemeinde tritt dem Klageanspruch entgegen, indem sie die Anstellung des Klägers als Küster bestreitet. Sie beantragt die Abweisung des Klägers und widerklagend, festzustellen, daß der Kläger nicht Küster der Kirchengemeinde B. sei. Kläger beantragt, die Widerklage abzuweisen und erweitert seinen Klageantrag dahin, festzustellen, daß Kläger rechtsgültig angestellter Küster der beklagten Gemeinde sei.

II. Als vorbereitender Schriftsatz soll die Klageschrift den allgemeinen Erfordernissen der vorbereitenden Schriftsätze[43]) entsprechen[44]) und den Wert des Streitgegenstandes angeben, wenn der Streitgegenstand nicht in einer bestimmten Geldsumme besteht und die Zuständigkeit des Gerichts von dessen Werte abhängt.[45]) Sachliche Nachteile hat der Mangel dieser Erfordernisse nicht zur Folge, kann aber Einfluß auf den Kostenpunkt haben, wenn dieserhalb der Termin vertagt werden muß.

§ 3. Terminsbestimmung. (§§ 261, 262, 216 ZPO.)

I. Die Urschrift der Klage sowie eine unbeglaubigte Abschrift der Klage und ihrer Anlagen ist von dem Anwalt des Klägers ohne Anschreiben bei der Gerichtsschreiberei des Prozeßgerichts einzureichen. Die Einreichung hat lediglich den Zweck der Anberaumung eines Termins zur mündlichen Verhandlung, d. h. des Zeitpunktes, an welchem die Verhandlung stattfinden soll. Anhängig wird dadurch der Rechtsstreit noch nicht.[1]) Der Gerichtsschreiber trägt die Sache in das Prozeßregister ein, versieht Urschrift und Abschrift mit dem Aktenzeichen — Buchstaben des Registers, Nummer der Sache im Register, Jahreszahl — und legt die Schriftstücke dem Vorsitzenden der Kammer zur Terminsbestimmung vor. Diese soll bei der Klageschrift sowohl wie bei allen von der Partei ausgehenden Ladungen binnen vierundzwanzig Stunden erfolgen. Sie besteht darin, daß der Vorsitzende Tag und Stunde des Termins auf die Urschrift setzt und den Vermerk unter Bezeichnung des Gerichts unterschreibt. „Verhandlungstermin am usw. . . . . Uhr. S. d. usw. Königl. Landgericht 1. Zivilkammer. Der Vorsitzende A."

II. Der Termin soll nur soweit hinausgerückt werden, als er zur Wahrung der Einlassungsfrist[2]) geboten erscheint.[3]) Diese Vorschrift gilt nicht in Ehe-, Kindschafts- und Entmündigungsprozessen.[4]) Die Einlassungsfrist beträgt — berechnet vom Tage der Zustellung — mindestens zwei Wochen, in Meß- und Marktsachen mindestens vierundzwanzig Stunden, im Wechselprozeß nach Verschiedenheit der Fälle mindestens vierundzwanzig Stunden oder drei Tage oder eine Woche.[5]) Die Einlassungsfrist kann auf Antrag abgekürzt werden.[6]) Zu diesem Zwecke hat der

---

[42]) § 280. [43]) S. S. 20. [44]) §§ 130, 131. [45]) § 253 Abs. 2, 3.

[1]) Gruch. 36 S. 236. [2]) § 262. [3]) § 261. [4]) §§ 618 Abs. 1, 640 Abs. 1, 641 Abs. 1, 670 Abs. 1, 679 Abs. 4, 684 Abs. 4, 686 Abs. 4. [5]) §§ 262, 604. [6]) § 226.

Kläger ein besonderes Gesuch an den Vorsitzenden zu richten. Der Beschluß, welcher ohne vorheriges Gehör des Gegners ergehen kann — „die Einlassungsfrist wird auf eine Woche abgekürzt" — wird mit der Terminsbestimmung verbunden und der beklagten Partei in der Weise mitgeteilt, daß er mit der Terminsnote auf die für den Beklagten bestimmte Abschrift der Klage übertragen und mit dieser zugestellt wird.[7]) Ist die Zustellung im Auslande vorzunehmen, so hat der Vorsitzende bei Festsetzung des Termins die Einlassungsfrist zu bestimmen. „Die Einlassungsfrist wird auf 3 Monate bestimmt." Die Einlassungsfrist gilt nur für die Klage selbst. Klageerweiterungen unterliegen der gewöhnlichen Zustellungsfrist für vorbereitende Schriftsätze.[8]) Die Einhaltung der Einlassungsfrist ist unbedingt vorgeschrieben („muß"). Ist die Frist nicht gewahrt, so kann der Beklagte die Vertagung der Verhandlung verlangen; erscheint der Beklagte im Termin nicht, so kann ein Versäumnisurteil gegen ihn nicht erlassen werden.[9])

III. Es empfiehlt sich, besondere Anträge neben der Klage — Gesuche um Bewilligung des Armenrechts,[10]) Bestellung eines Vertreters für den nicht prozeßfähigen Beklagten,[11]) Einstellung oder Aufhebung der Zwangsvollstreckung,[12]) Anordnung der Hinterlegung[13]) — nicht in die Klageschrift aufzunehmen, weil sie die Terminsbestimmung und Zustellung der Klage verzögern würden. Die Beschlüsse auf solche Anträge dürfen nicht auf die Klageurschrift gesetzt werden, sondern müssen entweder auf die für das Gericht bestimmte Abschrift geschrieben oder besonders gefertigt werden.

IV. Sobald die Urschrift der Klage vom Vorsitzenden mit der Terminsnote versehen ist, hat der Gerichtsschreiber die Sache in den Kalender für mündliche Verhandlungen einzutragen und eine Abschrift des Terminsvermerks auf die Abschrift zu übertragen. Die Übertragung muß vollständig, einschließlich des Namens des Vorsitzenden, erfolgen. Mit der Abschrift werden Prozeßakten angelegt, während die Urschrift mit dem Terminsvermerk an den Anwalt des Klägers zurückgeht, der sie sich aus der Gerichtsschreiberei abholen zu lassen hat.

V. Ablehnung der Terminsbestimmung. Eine sachliche Prüfung der Klage — oder sonstigen Ladungsschrift — zu dem Zwecke sie, falls sie unbegründet sein sollte, zurückzuweisen (Klageabweisung a limine), steht dem Vorsitzenden nicht zu; diese Prüfung würde dem Grundsatz der Mündlichkeit widerstreiten. Dagegen ist die Terminsbestimmung abzulehnen, wenn die Klage nicht von einem zugelassenen Anwalt unterschrieben ist, oder wenn die Ladung fehlt oder unvollständig, z. B. die Person des Ladenden oder des zu Ladenden nicht bestimmt angegeben ist. Ferner dann, wenn Kläger Ausländer ist und den für Ausländer vorgeschriebenen Vorschuß noch nicht eingezahlt hat, sofern nicht glaubhaft gemacht wird, daß die Verzögerung dem Ausländer einen nicht zu ersetzenden Nachteil bringen würde.[14]) Auch dann wird regelmäßig die Terminsbestimmung

---

[7]) § 226 Abs. 3. [8]) § 132. RG. 15 S. 392. [9]) § 335 Nr. 2. [10]) §§ 114 ff. [11]) § 57. [12]) §§ 767 ff. [13]) § 805. [14]) §§ 110—113. GKG. § 85.

abzulehnen sein, wenn der Geladene als Souverän oder Exterritorialer der hiesigen Gerichtsbarkeit nicht unterworfen ist.[15])

Aus anderen Gründen darf eine Ablehnung nicht erfolgen. Insbesondere steht dem Vorsitzenden nicht das Prüfungsrecht darüber zu, ob Klagegrund und Antrag zivilrechtlich möglich oder ob infolge der Ladung eine Verhandlung vor dem angegangenen Gerichte überhaupt denkbar sei. Die Prüfung derartiger Fragen muß der mündlichen Verhandlung überlassen bleiben. Gegen die Verweigerung der Terminsbestimmung findet die Beschwerde statt.[16]) Hat der Vorsitzende Termin anberaumt in einem Falle, in dem ein solcher nicht anberaumt werden durfte, so kann auch eine mündliche Verhandlung, als gesetzlich unstatthaft, nicht abgehalten werden und es ist Sache des Gerichtes die Verhandlung für unzulässig zu erklären. Auf eine weitere Entscheidung darf das Gericht sich nicht einlassen, auch nicht über den Kostenpunkt. Denn da das Verfahren gar nicht anhängig ist, können auch Kosten darin nicht entstehen. Wegen der Auslagen kann der zu Ungebühr Geladene sich nur an die ladende Partei und an den Gerichtsvorsitzenden halten.[17]) Eine Besonderheit gilt in Ehesachen.[18])

§ 4. Zustellung der Klage. Rechtshängigkeit. (§§ 261 ff. ZPO.)

I. Erhoben wird die Klage durch Zustellung. Diese erfolgt nach der Terminsbestimmung auf Betreiben der Partei.[1])

II. Rechtshängigkeit. Durch die Erhebung der Klage wird der in der Klage geltend gemachte Anspruch rechtshängig. Die Rechtshängigkeit hat neben den materiellen Folgen, die das bürgerliche Recht mit ihr verbindet, wie z. B. die Unterbrechung der Verjährung,[2]) nachstehende prozeßrechtliche Wirkungen:

1. Wenn vor der Erledigung des Rechtsstreits von einer der Parteien in derselben oder in umgekehrter Parteirolle dieselbe Streitsache anderweit geltend gemacht wird, so kann der Gegner dieser anderweiten Geltendmachung die prozeßhindernde Einrede der Rechtshängigkeit entgegensetzen.[3])

2. Die Zuständigkeit des Prozeßgerichts, die sachliche sowohl wie die örtliche, bestimmt sich nach dem Zeitpunkt der Klageerhebung. War damals die Zuständigkeit vorhanden, so bleibt sie während der ganzen Dauer des Rechtsstreits bestehen und wird durch spätere Umstände nicht berührt.[4]) Eine Besonderheit gilt für den amtsgerichtlichen Prozeß.[5])

3. Eine einseitige Änderung der in der zugestellten Klageschrift erhobenen Klage seitens des Klägers ist nur unter gewissen Bedingungen zulässig.[6]) Eine Änderung der Klage liegt vor, wenn entweder der Grund oder der Gegenstand der Klage geändert wird.[7]) Der Grund wird ge-

[15]) RG. in Seuff. 50 Nr. 49. [16]) § 567. [17]) Eccius in Gruch. 29 S. 23. [18]) § 608.

[1]) §§ 214, 261. [2]) BGB. §§ 209, 212, 267, 291, 292, 407 Abs. 2, 989, 994 Abs. 2, 1613. [3]) §§ 263 Nr. 1, 274 Nr. 4. [4]) § 263 Nr. 2. [5]) § 506. [6]) § 264. [7]) RG. 14 S. 428.

ändert, wenn der ursprüngliche Klagegrund durch einen anderen ersetzt oder ergänzt wird. Bez. des Klagegrundes s. S. 9. Danach liegt eine Klageänderung nicht nur vor, wenn das geltend gemachte Rechtsverhältnis geändert wird, sondern auch wenn die klagebegründenden Tatsachen geändert werden. Dagegen ist es als eine Klageänderung nicht anzusehen, wenn lediglich die rechtlichen oder tatsächlichen Anführungen ohne Änderung des Klagegrundes ergänzt oder berichtigt werden.[8] Eine Änderung des Klagegegenstandes liegt vor, wenn an Stelle des im Klageantrage erhobenen Anspruchs ein ganz anderer Anspruch erhoben wird. Die bloße Erweiterung oder Beschränkung des ursprünglichen Klageantrags in bezug auf Nebenforderungen[9] ist zulässig.[10] Auch ist es zugelassen, statt des ursprünglich geforderten Gegenstandes wegen einer später eingetretenen Veränderung einen anderen Gegenstand oder das Interesse zu fordern.[11] Hat der Käufer eines Grundstücks wegen eines Gewährsmangels die Wandlungsklage angestellt, so würde die Umwandlung dieser Klage in die Minderungsklage eine Klageänderung enthalten. Wird aber nach Zustellung der Wandlungsklage das Grundstück im Wege der Zwangsversteigerung einem Dritten zugeschlagen und damit dem Kläger die Möglichkeit der Rückgabe des Grundstücks, welche die Voraussetzung der Wandlungsklage bildet,[12] genommen, so ist die Umwandlung der Wandlungsklage in die Minderungsklage nach § 268 Nr. 3 gerechtfertigt.

Liegt eine Änderung der Klage vor, so ist sie vom Gericht nur zuzulassen, wenn der Beklagte einwilligt, oder wenn nach dem Ermessen des Gerichts durch die Änderung die Verteidigung des Beklagten nicht wesentlich erschwert wird.[13] Die letzte durch die Nov. von 1898 eingeführte Voraussetzung hat der Frage, ob eine Klageänderung vorliegt, einen großen Teil ihrer Bedeutung genommen. Diese Voraussetzung wird dann regelmäßig zutreffen, wenn der Beklagte die zur Begründung der geänderten Klage dienenden Tatsachen selbst zu seiner Verteidigung gegen die ursprüngliche Klage angeführt hat.[14] Eine stillschweigende Einwilligung des Beklagten in die Änderung der Klage ist anzunehmen, wenn er ohne der Änderung zu widersprechen sich in eine mündliche Verhandlung auf die geänderte Klage eingelassen, d. h. zur Hauptsache[15] verhandelt hat.[16] Widerspricht der Beklagte der Klageänderung, so ist über den Widerspruch zu entscheiden. Wird unzulässige Klageänderung angenommen, so ist die neue Klage durch Endurteil angebrachtermaßen abzuweisen. Hat der Kläger bei der Klageänderung auch den früher geltend gemachten Anspruch verzichtet und war er damals nicht mehr zur Zurücknahme der Klage befugt, so erfolgt die Abweisung auch der alten Klage. Sonst geht der alte Prozeß fort. Die Entscheidung, daß eine Änderung der Klage nicht vorliege oder daß die Änderung zuzulassen sei, ist von jeder Anfechtung ausgeschlossen, gleichviel ob die Entscheidung ausdrücklich — im Zwischenurteil oder Endurteil — oder durch Eingehen auf die geänderte Klage stillschweigend getroffen ist.[17]

---

[8]) § 268 Nr. 1. RG. 22 S. 390, 23 S. 432, 27 S. 385 (Pl.). [9]) § 4. [10]) § 268 Nr. 2. RG. 28 S. 425. [11]) § 268 Nr. 3. Vgl. hierzu RG. 64 S. 204. [12]) BGB. §§ 467, 346. [13]) § 264. [14]) M. II zu § 235 a. [15]) §§ 39, 271, 274. [16]) § 269. [17]) § 270.

III. Zurücknahme der Klage. Die Rechtshängigkeit dauert bis zur endgültigen Erledigung des Rechtsstreits durch rechtskräftiges unbedingtes Endurteil oder durch einen vor einem deutschen Gericht geschlossenen Vergleich. Sie kann aber beseitigt werden durch Zurücknahme der Klage. Diese ist mit Zustimmung des Beklagten immer, ohne diese Zustimmung nur bis zum Beginn der mündlichen Verhandlung des Beklagten zur Hauptsache zulässig.[18]) Sie kann auch noch in der Rechtsmittelinstanz erfolgen.[19]) Zur Zurücknahme genügt nicht die Anzeige zu den Akten, vielmehr bedarf es dazu entweder der Erklärung in der mündlichen Verhandlung oder der Zustellung eines Schriftsatzes an den Beklagten. Abschrift dieses Schriftsatzes ist nach erfolgter Zustellung auf der Gerichtsschreiberei niederzulegen. Der Verhandlungstermin bleibt bestehen, da es in der Hand der Parteien liegt, die Zurücknahme unbeachtet zu lassen und über den Rechtsstreit weiter zu verhandeln. Das Gericht darf die Zurücknahme auf Grund des niedergelegten Schriftsatzes nicht von Amts wegen feststellen. Auch kann, wenn nur eine Partei erscheint, Versäumnisurteil ergehen.[20])

Die Wirkung der Zurücknahme ist die, daß der Rechtsstreit als nicht anhängig geworden angesehen wird.[21]) Es fallen alle materiellen und prozessualen Wirkungen der Rechtshängigkeit fort. Die Zurücknahme steht also der Anstellung einer neuen Klage nicht entgegen. Die Verhandlung über die Widerklage wird durch die Zurücknahme der Klage nicht berührt, vorausgesetzt, daß sie erhoben, d. h. in der mündlichen Verhandlung geltend gemacht,[22]) nicht nur durch Schriftsatz angekündigt ist.[23])

Die Kosten des Rechtsstreits, soweit sie die zurückgenommene Klage betreffen und über sie noch nicht rechtskräftig erkannt ist, hat in Ermangelung abweichender Parteivereinbarungen[24]) der Kläger zu tragen. Auf Antrag des Beklagten ist diese Verpflichtung durch Urteil, auch im Versäumnisverfahren festzustellen. Wird die Klage von neuem angestrengt, so kann der Beklagte die Einlassung verweigern, bis die Kostenerstattung erfolgt ist.[25])

§ 5. Vorbereitende Schriftsätze. (§§ 272 ff. ZPO.)

I. Allgemeines. Zur Vorbereitung der mündlichen Verhandlung reicht die Klageschrift regelmäßig nicht aus. Deshalb ist für den Anwaltsprozeß die Vorbereitung durch weitere Schriftsätze vorgeschrieben.[1]) Die Nichterfüllung oder die mangelhafte Erfüllung dieser Vorschrift hat zwar Rechtsnachteile in der Sache selbst nicht zur Folge, insbesondere ist ein nicht angekündigtes Vorbringen nicht etwa von der Geltendmachung in der mündlichen Verhandlung auszuschließen. Wohl aber können der Partei, die durch Nichtbeachtung der Vorschrift die Vertagung der Verhandlung notwendig macht, die Kosten der Vertagung und daneben auch noch eine

---

[18]) § 271. [19]) So bayr. OLG. in Seuff. 50 Nr. 216; Gaupp-Stein § 271 II 1; Seuff. § 271 A 3 a; Schultzenstein in Gruch. 27 S. 236. A. M. RG. in Gruch. 27 S. 1116. [20]) Wach in Gruch. 36 S. 17. [21]) § 271. [22]) § 281. [23]) RG. 34 S. 366. [24]) RG. 6 S. 366. [25]) § 271 Abs. 4. RG. 24 S. 421, 31 S. 421.

[1]) § 272.

besondere Gerichtsgebühr auferlegt werden.[2]) Im Parteiprozeß ist der Wechsel vorbereitender Schriftsätze gestattet, aber nicht geboten. Ihre Nichteinreichung kann weder die Vertagung der Verhandlung noch eine Auferlegung von Kosten zur Folge haben. Sowohl im Anwaltsprozeß wie im Parteiprozeß ist die Erlassung eines Versäumnisurteils ausgeschlossen, wenn der nicht erschienenen Partei ein wesentliches tatsächliches Vorbringen oder ein Antrag nicht rechtzeitig mittels Schriftsatzes mitgeteilt war.[3])

Der Zweck der vorbereitenden Schriftsätze ist der, dem Gegner die Vorbereitung seines Gegenvorbringens, dem Gericht die Leitung der Verhandlung zu ermöglichen. Deshalb sollen die vorbereitenden Schriftsätze den im § 130 bezeichneten Inhalt haben, insbesondere die Sachanträge, tatsächlichen Anführungen und Beweismittel, deren Vorbringung in der mündlichen Verhandlung beabsichtigt wird, enthalten. Die in dem Schriftsatz in bezug genommenen, in den Händen der Partei befindlichen Urkunden sind dem Schriftsatze in Urschrift oder in Abschrift beizufügen. Sind die Urkunden dem Gegner bereits bekannt oder von bedeutendem Umfange, so genügt deren Bezeichnung mit dem Erbieten, Einsicht zu gewähren.[4]) Um dem Gegner die sofortige Erklärung über die Echtheit der Urkunden zu ermöglichen, ist jede Partei auf die rechtzeitige Aufforderung des Gegners verpflichtet, schon vor der mündlichen Verhandlung dem Gegner die Einsicht der in ihren Schriftsätzen in bezug genommenen Urkunden zu gewähren. Dies kann geschehen in allen Fällen dadurch, daß die Urkunden auf der Gerichtsschreiberei niedergelegt werden und der Gegner durch zuzustellenden Schriftsatz von der Niederlegung benachrichtigt wird, unter Anwälten auch durch Mitteilung der Urkunden von Hand zu Hand gegen Empfangsbescheinigung. Die Frist zur Einsicht ist auf drei Tage festgesetzt, kann aber vom Vorsitzenden verlängert oder abgekürzt werden.[5]) Notwendiges Erfordernis aller vorbereitenden Schriftsätze ist, daß sie im Anwaltsprozesse vom Anwalt, in anderen Prozessen von der Partei oder von demjenigen, der für sie als Bevollmächtigter oder als Geschäftsführer ohne Auftrag handelt, unterschrieben sind.[6])

Die vorbereitenden Schriftsätze und ihre Anlagen sind im Anwaltsprozesse dem Gegner zuzustellen. Die Zustellung muß zur Vermeidung der Vertagung auf Kosten der säumigen Partei oder der Zurückweisung ihres Antrags auf Erlassung eines Versäumnisurteils so zeitig vor der mündlichen Verhandlung geschehen, daß der Gegner noch die erforderlichen Erkundigungen über die angekündigten Behauptungen, Beweismittel und Anträge einzuziehen vermag.[7]) Unbedingt rechtzeitig ist es, wenn ein Schriftsatz, falls er neues Vorbringen (Behauptungen, Beweismittel, Anträge) enthält, mindestens eine Woche, falls er eine Gegenerklärung auf neues Vorbringen enthält, mindestens drei Tage vor der mündlichen Verhandlung zugestellt wird.[8]) Tritt eine Vertagung der mündlichen Verhandlung ein, so kann das Gericht die Fristen bestimmen, binnen welcher die noch erforderlichen vorbereitenden Schriftsätze mitzuteilen sind.[9])

---

[2]) §§ 129, 95. GKG. § 48. [3]) § 335 Nr. 3. [4]) § 131. [5]) §§ 134, 135. [6]) § 130 Nr. 6. RG. 27 S. 405, 31 S. 377. [7]) § 272. [8]) § 132. [9]) § 272 Abs. 2.

Im Parteiprozesse ist die Mitteilung vorbereitender Schriftsätze weder an bestimmte Fristen noch an eine bestimmte Form geknüpft. Die Mitteilung erfolgt von Amts wegen, auch durch Zustellung eines Protokolls des Gerichtsschreibers.[10])

In allen Prozessen ist zum Zwecke der Vorbereitung des Gerichts eine einfache Abschrift der vorbereitenden Schriftsätze und ihrer Anlagen auf der Gerichtsschreiberei niederzulegen und zwar mit der Überreichung der Urschrift, wenn diese zur Terminsbestimmung oder zum Erwirken der Zustellung unter Vermittlung des Gerichtsschreibers eingereicht wird, sonst sogleich nach Zustellung des Schriftsatzes.[11]) Die Nichtbefolgung dieser Vorschrift kann im Anwaltsprozesse, nicht auch im Parteiprozesse, die Vertagung der Verhandlung auf Kosten der zuwiderhandelnden Partei zur Folge haben. Die eingereichte Abschrift wird ohne weiteres zu den Akten genommen, wenn nicht besondere Anträge die Vorlegung an den Richter erfordern.

II. Die Klagebeantwortung, als derjenige Schriftsatz, in dem der Beklagte ankündigt, was er in der mündlichen Verhandlung auf die Klage vorbringen will, unterliegt den über die vorbereitenden Schriftsätze im allgemeinen aufgestellten Angaben.

1. Wenn der Beklagte sich nicht dem Klageantrage unterwerfen will, so kann er seine Verteidigung in der Weise führen, daß er der Zulässigkeit der Sachverhandlung widerspricht, indem er die Einrede des Mangels an den erforderlichen Prozeßvoraussetzungen erhebt. Zu den hierauf bezüglichen Einreden gehören die „prozeßhindernden Einreden“[12]):

a) die Einrede der Unzuständigkeit des Gerichts;
b) die Einrede der Unzulässigkeit des Rechtswegs;
c) die Einrede, daß die Entscheidung des Rechtsstreits durch Schiedsrichter zu erfolgen habe;
d) die Einrede der Rechtshängigkeit;
e) die Einrede der mangelnden Sicherheit für die Prozeßkosten;
f) die Einrede, daß die zur Erneuerung des Rechtsstreits erforderliche Erstattung der Kosten des früheren Verfahrens noch nicht erfolgt sei;
g) die Einrede der mangelnden Parteifähigkeit, der mangelnden Prozeßfähigkeit oder der mangelnden gesetzlichen Vertretung.

Bezüglich dieser sieben Einreden gelten folgende Besonderheiten:

Sie müssen gleichzeitig und vor der Verhandlung des Beklagten zur Hauptsache, d. h. nach dem Antrage, vor dem Vortrage vorgebracht werden. Später, auch in der Berufungs- und Revisionsinstanz, können zwar die unverzichtbaren Einreden, dagegen die verzichtbaren nur dann geltend gemacht werden, wenn der Beklagte glaubhaft macht, daß er ohne sein Verschulden nicht imstande gewesen sei, sie vor der Verhandlung zur Hauptsache geltend zu machen. Unverzichtbar sind die Einreden der Unzulässigkeit des Rechtsweges, der mangelnden Parteifähigkeit, der mangelnden Prozeßfähigkeit, der mangelnden gesetzlichen Vertretung und die Einrede der

---

[10]) § 496. [11]) § 133. [12]) § 274.

Unzuständigkeit des Gerichts, soweit als gemäß § 40 die Prorogation ausgeschlossen ist. Die übrigen prozeßhindernden Einreden sind verzichtbar.

Der Beklagte ist berechtigt, auf Grund der Einreden die Verhandlung zur Hauptsache zu verweigern. Macht er von diesem Rechte Gebrauch oder wird vom Gericht auf Antrag oder von Amts wegen die abgesonderte Verhandlung angeordnet, so ist über die Einrede abgesondert zu entscheiden. Ist die Einrede begründet, so ist die Klage abzuweisen. Ist die Einrede unbegründet, so ist auf deren Verwerfung zu erkennen. Dies Urteil, obwohl begrifflich nur ein Zwischenurteil,[13]) soll in betreff der Rechtsmittel als Endurteil angesehen werden. Um aber einer Prozeßverschleppung vorzubeugen, ist dem Gericht die Befugnis beigelegt, auf Antrag einer Partei, ungeachtet der dem Beklagten gegen das Urteil zustehenden Rechtsmittel, die Verhandlung zur Hauptsache anzuordnen.[14]) Geschieht dies und legt der Beklagte gegen das Verwerfungsurteil Berufung ein, so ist derselbe Rechtsstreit gleichzeitig in zwei Instanzen anhängig. Wird der Beklagte in der Verhandlung der Hauptsache verurteilt und erlangt er demnächst eine rechtskräftige Entscheidung, durch welche die prozeßhindernde Einrede für begründet erklärt und folglich die Klage abgewiesen wird, so wird damit die Verurteilung in der Hauptsache von selbst hinfällig.[15]) Gegen die Ablehnung des Antrages, die Verhandlung zur Hauptsache anzuordnen, ist ein Beschwerderecht nicht gegeben.[16])

Die sonstigen den Mangel einer Prozeßvoraussetzung rügenden Einreden, die unter die „prozeßhindernden Einreden" des § 274 nicht aufgenommen sind, z. B. die Einrede der mangelhaften Zustellung der Klage, sind von den oben mitgeteilten Besonderheiten befreit, führen aber, wenn sie begründet sind, ebenfalls zur Abweisung der Klage wegen Unzulässigkeit der Sachverhandlung ohne Prüfung der sachlichen Rechtmäßigkeit des Klageantrags. Doch kommt hier die Bestimmung wesentlich in Betracht, daß die Verletzung einer das Verfahren und insbesondere die Form einer Prozeßhandlung betreffenden Vorschrift, auf deren Befolgung die Partei verzichten kann, nicht mehr gerügt werden kann, wenn die Partei auf die Befolgung der Vorschrift verzichtet oder wenn sie bei der nächsten Verhandlung den ihr bekannten Mangel nicht gerügt hat.[17])

Vorschriften darüber, in welcher Reihenfolge über das Vorhandensein mehrerer die Zulässigkeit der Sachverhandlung betreffender Einreden zu entscheiden sei, enthält die ZPO. nicht. Es wird zunächst über diejenige Prozeßvoraussetzung zu erkennen sein, die als bedingend für jede weitere Entscheidung anzusehen ist. Insbesondere hat die Entscheidung über die Einrede der mangelnden Klageerhebung, z. B. der unrichtigen Zustellung der Klageschrift, der Entscheidung über die Einrede der Unzuständigkeit vorauszugehen.[18]) Die Frage der gehörigen Vertretung einer Partei ist vor der Frage der Zulässigkeit des Rechtsweges zu entscheiden.

2. Will der Beklagte sich auf die Sache selbst einlassen, so hängt der Inhalt der Klagebeantwortung ab von den gewählten Verteidigungsmitteln. Der Beklagte kann die Tatsachen, auf die der Klageanspruch

---

[13]) § 303. [14]) § 275. [15]) RG. 5 S. 422, 15 S. 348. [16]) RG. 57 S. 416. [17]) § 295. [18]) RG. 34 S. 394.

gegründet wird, oder die aus diesen Tatsachen abgeleiteten Folgen bestreiten: Klageverneinung. Negative Litiskontestation. Das Bestreiten kann ein unmittelbares oder ein mittelbares sein. Letzteres liegt vor, wenn der Beklagte einen geltend gemachten Tatbestand zugesteht, dabei aber Berichtigungen und Zusätze vorträgt, die den Tatbestand rechtlich zu einem anderen machen. Wenn z. B. bei einer Darlehensklage der Beklagte zwar den Empfang des eingeklagten Betrages zugibt, aber geltend macht, daß er ihn nicht als Darlehen, sondern als Geschenk erhalten habe, so liegt nicht ein Zugeständnis des Klagevorbringens in Verbindung mit einer vom Beklagten zu erweisenden Einrede, sondern ein Bestreiten des Klagevorbringens, ein qualifiziertes Leugnen, vor, so daß der Kläger beweispflichtig bleibt. Der Beklagte kann aber auch ohne die Klagetatsachen zu verneinen, dem Klageanspruch selbständige Tatsachen entgegenstellen: Einreden, exceptiones. Je nachdem diese Einreden darauf abzielen, das Recht des Klägers gänzlich und für immer (Beispiel: E. der Zahlung) oder nur zurzeit (Beispiel: E. der Stundung) auszuschließen, unterscheidet man zerstörende (exc. perpetuae, peremtoriae) oder verzögernde Einreden (exc. temporales, dilatoriae).

3. Widerklage. Der Beklagte kann endlich zum Gegenangriff übergehen und in demselben Verfahren eine Widerklage anstellen. Die Anstellung ist zulässig bis zum Schlusse derjenigen mündlichen Verhandlung, auf die das Endurteil ergeht, aber ohne Einwilligung des Klägers nur in 1. Instanz.[19]) Nicht erforderlich für die Zulässigkeit der Widerklage ist, daß der Gegenanspruch mit dem in der Klage geltend gemachten Anspruch oder mit den gegen ihn vorgebrachten rechtlich erheblichen Verteidigungsmitteln (Einreden, Dupliken) in Zusammenhang steht. Dies ist nur für die Zuständigkeit vorgeschrieben.[20]) Ausgeschlossen und von Amts wegen zurückzuweisen ist die Widerklage, wenn das Prozeßgericht für den Gegenanspruch unbedingt unzuständig ist.[21])

Erhoben wird die Widerklage nicht, wie die Klage, durch Zustellung der Klageschrift, sondern durch Geltendmachung in der mündlichen Verhandlung.[22]) Es fällt also das Erfordernis der Zustellung eines bestimmenden Schriftsatzes fort, wie denn auch für die Vorschriften über die Einlassungsfrist[23]) bei der Widerklage kein Raum ist.[24]) Dagegen ist die Ankündigung der mündlich zu erhebenden Widerklage durch Schriftsatz notwendig.[25]) Diese Ankündigung kann mit der Klagebeantwortung verbunden werden. Ist sie unterblieben, so findet gegen den ausgebliebenen Kläger kein Versäumnisverfahren statt,[26]) auch können dem Widerkläger die durch etwaige Vertagung erwachsenden Kosten auferlegt werden.[27])

Auf die Erfordernisse der Widerklage und deren prozessuale Behandlung finden die für die Klage geltenden Grundsätze entsprechende Anwendung.[28]) Die Erhebung einer eventuellen Widerklage, nämlich für den Fall, daß nicht nach dem prinzipalen Antrag des Beklagten auf Ab-

---

[19]) § 529 Abs. 2. [20]) RG. 46 S. 424 und die dort angeführten Zitate; 16 S. 118. A. M. RG. 11 S. 423, 23 S. 398. [21]) § 33 Abs. 2. [22]) § 281. [23]) §§ 261, 262. [24]) §§ 132, 272. [25]) § 272. [26]) § 335. [27]) § 95. [28]) § 301.

weisung der Klage erkannt wird, ist unzulässig. Denn der Anspruch der Widerklage wird rechtshängig in dem Zeitpunkt, in dem er in der mündlichen Verhandlung geltend gemacht wird,[29]) es muß deshalb von vornherein feststehen, ob eine Widerklage erhoben ist oder nicht.[30]) Die Zurücknahme der Widerklage ist nur unter denselben Voraussetzungen zulässig wie die Zurücknahme der Klage.[31]) Wenn der Beklagte aus dem nämlichen Streitstoff im Wege der Einrede die Abweisung der Klage beantragt und damit eine Widerklage verbindet, so muß zuerst über die Einrede entschieden werden, auch wenn der Beklagte erklärt haben sollte, daß er in erster Reihe Widerklage erhoben habe und nur ev. aus seinem Vorbringen eine Einrede gegen die Klageforderung geltend mache, denn ohne Prüfung der Einrede ist eine Prüfung der Klageforderung nicht möglich.[32])

III. Die Klagebeantwortung kann einen weiteren vorbereitenden Schriftsatz des Klägers, die Replik,[33]) diese einen weiteren vorbereitenden Schriftsatz des Beklagten, die Duplik usw., erfordern. Der gesamte Schriftenwechsel unterliegt den Vorschriften über die vorbereitenden Schriftsätze.

§ 6. Mündliche Verhandlung. (§§ 128 ff. ZPO.)

I. Zur Vorbereitung auf die mündliche Verhandlung fordert das Gesetz die Kenntnis der Akten nur von dem Vorsitzenden. Im übrigen wird die Frage des Aktenstudiums vor der Verhandlung in den verschiedenen Teilen Deutschlands ganz verschieden behandelt.[1])

II. Besetzung des Gerichts. Die mündliche Verhandlung kann nur vor vorschriftsmäßig besetztem Gerichte stattfinden. Zu einem solchen gehören a) als richterliche Personen im Verfahren vor der Zivilkammer des Landgerichts: drei Mitglieder einschließlich des Vorsitzenden,[2]) im Verfahren vor der Kammer für Handelssachen: ein Mitglied des Landgerichts und zwei Handelsrichter; b) ein Gerichtsschreiber.[3]) Bei Verhandlungen von längerer Dauer kann der Vorsitzende die Zuziehung von Ergänzungsrichtern anordnen, die der Verhandlung beizuwohnen und im Falle der Verhinderung eines Richters für ihn einzutreten haben.[4])

III. Gerichtssprache.[5]) Dolmetscher. Auf dem Gebiete der streitigen Gerichtsbarkeit ist die Gerichtssprache die deutsche.

1. Es ist also den Prozeßbeteiligten nicht gestattet, in ihrem schriftlichen Verkehr mit den Gerichten sich einer anderen Sprache als der deutschen zu bedienen. Schriftliche Erklärungen, die in einer anderen Sprache abgefaßt sind, gelten als nicht geschrieben und sind wirkungslos. Dies findet insbesondere auch Anwendung auf Ladungen, auf die Einlegung eines Rechtsmittels, auf die Erhebung eines Widerspruchs. Zweckmäßig werden derartige Schriftstücke urschriftlich der Partei zurückgegeben mit dem Anheimstellen, sie in deutscher Sprache einzureichen.

---

20) § 281. 30) RG. 40 S. 331. 31) § 271. 32) Stölzel 2 S. 67. 33) § 146.

1) Vgl. hierüber die Wach'sche Enquete in Ztschr. f. D. ZP. 11 S. 163 ff. und Nöldeke im Archiv f. öff. Recht 1900 S. 381 ff. 2) GVG. § 77. 3) ZPO. §§ 158, 165. 4) GVG. § 194 Abs. 2. 5) GVG. §§ 186 ff.

Werden **Urkunden** eingereicht, die in nicht deutscher Sprache abgefaßt sind, so kann das Gericht in allen Fällen — auch im Urkundenprozesse[6]) — von der Beibringung einer Übersetzung Abstand nehmen, wenn es selber der fremden Sprache mächtig ist. Das Gericht kann aber auch von der Partei die Einreichung einer durch einen beeidigten Dolmetscher angefertigten Übersetzung verlangen, auch, falls diese Einreichung unterbleibt, von Amts wegen diese Übersetzung anfertigen lassen.[7])

2. Wird unter Beteiligung von **Personen verhandelt, die der deutschen Sprache nicht mächtig sind,** so ist ein **Dolmetscher** zuzuziehen, als welcher auch der Gerichtsschreiber, nicht aber der Richter funktionieren kann.[8]) Diese Bestimmung gilt sowohl für Parteien als für Zeugen und Sachverständige und bezieht sich nicht bloß auf die mündliche Verhandlung, sondern auch auf Termine vor dem beauftragten oder ersuchten Richter. Ob jemand als der deutschen Sprache nicht mächtig anzusehen sei, unterliegt dem tatsächlichen Ermessen des Gerichts. Die Zuziehung eines Dolmetschers kann unterbleiben, wenn die Beteiligten und das Gericht sämtlich der fremden Sprache mächtig sind.[9])

Der Dolmetscher ist ein Sachverständiger, eine Hilfsperson des Gerichts, der von Amts wegen zuzuziehen ist und nicht selbst verhandelt, sondern nur als Vermittler für die Verhandlung dient. Die Vorschriften über Ausschließung und Ablehnung der Sachverständigen finden auf den Dolmetscher entsprechende Anwendung. Die Entscheidung erfolgt durch das Gericht oder den Richter, von dem der Dolmetscher zugezogen ist.[10])

Der Dolmetscher hat bei Beginn jeder Verhandlung einen Eid dahin zu leisten: „daß er treu und gewissenhaft übertragen werde." Ist er für Übertragungen der betreffenden Art im allgemeinen beeidet, so genügt die Berufung auf den geleisteten Eid. Ein Verzicht auf die Vereidigung ist unzulässig. Der als Dolmetscher funktionierende Gerichtsschreiber braucht nicht noch besonders beeidigt zu werden.

3. Das **Protokoll** ist stets in der deutschen Sprache aufzunehmen. Die Führung eines Nebenprotokolls in der fremden Sprache findet nicht statt. Doch sollen Aussagen und Erklärungen in fremder Sprache, wenn dies mit Rücksicht auf die Wichtigkeit der Sache — z. B. bei Geständnissen, Anerkenntnissen, Verzichtleistungen — nach richterlichem Ermessen für erforderlich erachtet wird, auch in der fremden Sprache in das Protokoll oder in einer Anlage niedergeschrieben werden. Diese Niederschrift ist durch den Dolmetscher zu bewirken. Er hat auch in den dazu geeigneten Fällen nach Anordnung des Richters dem Protokolle eine zu beglaubigende Übersetzung beizufügen. Bei der Ableistung von Parteieiden wird die Anfertigung einer Übersetzung der Eidesnorm in die fremde Sprache die Regel bilden.

Die Zuziehung des Dolmetschers ist im Protokoll zu beurkunden.

4. Verhandlungen mit **tauben** oder **stummen Personen** können mittels schriftlicher Verständigung vorgenommen werden. Ist eine solche

---

[6]) RG. 9 S. 436. [7]) §§ 142, 144. [8]) GVG. §§ 187, 192. [9]) GVG. § 187 Abs. 2. [10]) GVG. § 193.

nicht ausführbar, so ist ein Dolmetscher zuzuziehen, mit dessen Hilfe die Verständigung in anderer Weise erfolgen kann.[11])

IV. Öffentlichkeit. Die Verhandlung muß mündlich sein[12]) und öffentlich erfolgen.[13]) Ausgenommen sind folgende Fälle:

1. Wird durch Klage die Entmündigung einer Person wegen Geisteskrankheit oder wegen Geistesschwäche angefochten, so muß die Öffentlichkeit von Amts wegen ausgeschlossen werden während der Vernehmung des Entmündigten und kann auf Antrag einer der Parteien überhaupt ausgeschlossen werden.[14])

2. In Ehesachen ist die Öffentlichkeit auszuschließen, wenn eine Partei es beantragt.[15])

3. Von Amts wegen kann in allen Sachen für die Verhandlung oder für einen Teil der Verhandlung die Öffentlichkeit ausgeschlossen werden, wenn sie eine Gefährdung der öffentlichen Ordnung, insbesondere der Staatssicherheit oder der Sittlichkeit besorgen läßt.

Die Verhandlung über die Ausschließung der Öffentlichkeit findet in nicht öffentlicher Sitzung statt, wenn ein Beteiligter es beantragt oder das Gericht es für angemessen erachtet. Der Beschluß, der die Öffentlichkeit ausschließt, muß mit Angabe des Grundes der Ausschließung öffentlich verkündet werden.[16])

Die Verkündung des Urteils erfolgt in jedem Falle öffentlich. Durch Beschluß des Gerichtes kann für die Verkündung der Urteilsgründe die Öffentlichkeit ausgeschlossen werden, wenn sie eine Gefährdung der Staatssicherheit oder der Sittlichkeit besorgen läßt.[17])

Ist die Öffentlichkeit wegen Gefährdung der Staatssicherheit ausgeschlossen, so kann das Gericht den anwesenden Personen die Geheimhaltung von Tatsachen, die durch die Verhandlung oder durch amtliche Schriftstücke des Prozesses zu ihrer Kenntnis gelangen, zur Pflicht machen. Der Beschluß ist in das Sitzungsprotokoll aufzunehmen. Gegen den Beschluß findet Beschwerde statt. Die Beschwerde hat keine aufschiebende Wirkung.[18])

Der Zutritt zu öffentlichen Verhandlungen kann unerwachsenen und solchen Personen, die sich nicht im Besitze der bürgerlichen Ehrenrechte befinden, oder die in einer der Würde des Gerichts nicht entsprechenden Weise erscheinen, versagt werden. Umgekehrt kann das Gericht zu nichtöffentlichen Verhandlungen einzelnen Personen den Zutritt gestatten. Einer Anhörung der Beteiligten bedarf es weder in dem einen noch in dem anderen Falle. Der Anwesenheit der die Dienstaufsicht führenden Beamten der Justizverwaltung steht die Ausschließung der Öffentlichkeit nicht entgegen.[19])

Die Vorschriften über die Öffentlichkeit gehören dem öffentlichen Rechte an, sind also dem Parteiverzicht entzogen. Verletzungen dieser Vorschriften begründen die Revision.[20]) Sie beziehen sich aber bloß auf die mündliche Verhandlung vor dem erkennenden Gericht. Die Verhandlung

---

[11]) GVG. § 188. [12]) Oben S. 5. [13]) GVG. §§ 170, 176. [14]) GVG. § 172. [15]) GVG. § 171. [16]) GVG. § 175. [17]) GVG. § 174. [18]) GVG. § 175. [19]) GVG. § 176. [20]) § 551 Nr. 6.

vor dem beauftragten oder ersuchten Richter, sowie die Beratung und Abstimmung des Gerichts ist nicht öffentlich.[21])

V. **Gang der Verhandlung.** 1. **Im allgemeinen.** Die Sache wird aufgerufen.[22]) Die Parteien stellen ihre Anträge.[23]) Sachliche Anträge sind aus den vorbereiteten Schriftsätzen oder aus einem dem Protokoll als Anlage beizufügenden Schriftsatze zu verlesen, doch kann die Verlesung durch eine Bezugnahme auf die die Anträge enthaltenden Schriftsätze ersetzt werden, soweit das Gericht es für ausreichend hält.[24]) Anträge prozessualer Natur — z. B. auf Vertagung, auf Beweiserhebung, auf Erlaß eines Versäumnis- oder Anerkennungsurteils — bedürfen dieser Feststellung nicht. Der Stellung der Anträge folgt die Darstellung des Streitverhältnisses. Der Kläger hat seinen Anspruch zu begründen, der Beklagte sich darauf auszulassen. An die Auslassung des Beklagten schließt sich, falls nötig, die Replik des Klägers, an diese wieder die Duplik des Beklagten und so fort. Jede Partei hat sich über die tatsächlichen Anführungen des Gegners zu erklären. Nicht bestrittene Anführungen gelten als zugestanden, wenn nicht die Absicht, sie zu bestreiten, aus den übrigen in der mündlichen Verhandlung abgegebenen Erklärungen der Partei hervorgeht. Eine Erklärung mit Nichtwissen gilt als Bestreiten nur gegenüber der Behauptung von Tatsachen, die weder eigene Handlungen der Partei noch Gegenstand ihrer Wahrnehmung gewesen sind. Bei anderen Behauptungen ist solche Erklärung unzulässig und steht dem Nichtbestreiten gleich. Die zeitliche Grenze für die Zulässigkeit von Anführungen und Gegenerklärungen bildet der Schluß der Verhandlung, auf die das Urteil ergeht. Wird also ein neuer Termin anberaumt, so können auch noch in diesem Angriffs- und Verteidigungsmittel vorgebracht werden. Wenn aber hierdurch die Erledigung des Rechtsstreits verzögert wird, so kann das Gericht, falls seiner Überzeugung nach das Vorbringen früher hätte stattfinden können, der Partei, selbst wenn sie obsiegt, die Prozeßkosten ganz oder teilweise auferlegen, auch gegen sie eine Gebühr von $^1/_{10}$ bis zum vollen Betrage der Gerichtsgebühr beschließen.[25]) Verteidigungsmittel, die der Beklagte nachträglich vorbringt, können auf Antrag zurückgewiesen werden, wenn durch deren Zulassung die Erledigung des Rechtsstreits verzögert werden würde und das Gericht die Überzeugung gewinnt, daß der Beklagte in der Absicht, den Prozeß zu verschleppen, oder aus grober Nachlässigkeit die Verteidigungsmittel nicht früher vorgebracht hat.[26])

Die Leitung der mündlichen Verhandlung ist Sache des Vorsitzenden. Er erteilt das Wort und kann es demjenigen, der seinen Anordnungen nicht Folge leistet, entziehen.[27]) Im Anwaltsprozeß ist neben dem Anwalt auch der Partei selbst auf Antrag das Wort zu gestatten.[28]) Im Parteiprozeß kann der Partei auf Verlangen auch vor ihrem Anwalt das Wort erteilt werden. Ausnahme: GVG. § 189. In jedem Prozeß kann das Gericht durch unanfechtbaren Beschluß a) Bevollmächtigte und Beistände, die das mündliche Verhandeln vor Gericht geschäftsmäßig betreiben,

---

[21]) GVG. § 195. [22]) § 220. [23]) § 137. [24]) § 297. [25]) § 278. GKG. § 48. [26]) § 279. [27]) § 136. [28]) §§ 137 Abs. 4, 85.

zurückweisen, auch wenn sie einen eigenen, ihnen abgetretenen Anspruch geltend machen, falls nämlich diese Abtretung nur erfolgt ist, um die Zurückweisung zu vermeiden[29]); b) Parteien, Bevollmächtigten und Beiständen, denen die Fähigkeit zum geeigneten Vortrage mangelt, den weiteren Vortrag untersagen. Die Bestimmungen zu a) und b) finden auf Rechtsanwälte, die Bestimmung zu a) findet auf Personen, denen das mündliche Verhandeln vor Gericht von der Justizverwaltung gestattet ist, keine Anwendung, doch soll die Justizverwaltung eine solche Anordnung nicht treffen, falls ausreichend Rechtsanwälte vorhanden sind.[30]) Ist in dem einen oder dem anderen Falle dieselbe Person in einem späteren Verhandlungstermin wiederum vom Vortrage ausgeschlossen oder zurückgewiesen, so kann auf Antrag des Gegners gegen die Partei in gleicher Weise, als wenn sie freiwillig sich entfernt hätte, verfahren, also auch ein Versäumnisurteil erlassen werden.[31])

Der Vorsitzende hat für erschöpfende Erörterung der Sache zu sorgen, durch Ausübung des Fragerechts darauf hinzuwirken, daß unklare Anträge erläutert, ungenügende Angaben ergänzt und die Beweismittel bezeichnet, überhaupt alle für die Feststellung des Sachverhältnisses erhebliche Erklärungen abgegeben werden. Er hat auf die Bedenken aufmerksam zu machen, die bezüglich der von Amts wegen zu berücksichtigenden Punkte — Zulässigkeit des Rechtswegs, Unzuständigkeit des Gerichts, Mangel der Prozeßfähigkeit, der gesetzlichen Vertretung, Zulässigkeit des Einspruchs oder eines Rechtsmittels[32]) — obwalten. Er hat jedem Mitgliede des Gerichts auf Verlangen zu gestatten, Fragen zu stellen.[33]) Wird eine auf die Sachleitung bezügliche Anordnung des Vorsitzenden oder eine von diesem oder einem Gerichtsmitgliede gestellte Frage von einem Beteiligten als unzulässig beanstandet, so entscheidet das Gericht.[34])

2. Aufklärungsrecht. Zur Aufklärung des Sachverhältnisses kann das Gericht das persönliche Erscheinen einer Partei oder beider Parteien anordnen.[35]) Dies empfiehlt sich namentlich für Beweistermine. Die Parteien sind direkt vom Gericht zu laden, auch wenn sie einen Prozeßbevollmächtigten bestellt haben. Diese Ladung hat auch zu erfolgen, wenn der Beschluß, welcher das persönliche Erscheinen anordnet, ein verkündeter ist.[36]) Eine Verpflichtung zum Erscheinen besteht nur in den Fällen der §§ 619, 640, 641. Unentschuldigtes Nichterscheinen kann auf die Beweiswürdigung einen zum Nachteil der nicht erschienenen Partei ausschlaggebenden Einfluß üben.[37])

Ferner ist das Gericht zur Aufklärung des Sachverhältnisses befugt, anzuordnen, daß die Parteien die in ihren Händen befindlichen Urkunden, auf die sie sich bezogen, sowie Stammbäume, Pläne, Risse und Zeichnungen sowie die in ihrem Besitze befindlichen Akten, soweit sie die Verhandlung und Entscheidung der Sache betreffen, vorlegen, daß die vorgelegten Schriftstücke während einer von ihm zu bestimmenden Zeit auf der Gerichtsschreiberei verbleiben und daß von den in fremder Sprache abgefaßten

---

[29]) § 157. [30]) § 157. [31]) § 157. [32]) §§ 40, 56, 88, 338, 535, 562. RG. JW. 84 S. 86, 94 S. 63. [33]) §§ 136, 139. [34]) § 140. [35]) § 141. [36]) § 218. [37]) § 286.

Urkunden durch einen beeideten Dolmetscher Übersetzungen angefertigt werden.[38]) Das Gericht kann von Amts wegen sowohl zum Verständnis als zur Prüfung der Richtigkeit des Parteivorbringens die Einnahme des Augenscheins sowie die Begutachtung durch Sachverständige anordnen.

3. Trennungsrecht. Zur Förderung der Übersichtlichkeit hat das Gericht ein Trennungsrecht. Es kann anordnen, daß mehrere in einer Klage erhobene Ansprüche in getrennten Prozessen verhandelt werden. Alsdann ist über jeden dieser Ansprüche durch Teilurteil besonders zu entscheiden.[39]) Dasselbe gilt, wenn der Beklagte eine Widerklage aus einem Gegenanspruch erhoben hat, der mit dem in der Klage geltend gemachten Anspruch nicht in rechtlichem Zusammenhange steht.[40]) Macht der Beklagte einen Gegenanspruch der bezeichneten Art zum Zwecke der Aufrechnung geltend, so kann das Gericht anordnen, daß über die Klage und über die Aufrechnung getrennt verhandelt werde.[41]) Das Gericht kann aber auch in den bezeichneten Fällen die Verhandlung zunächst auf einen der mehreren Ansprüche oder auf die Forderung oder auf die Gegenforderung beschränken, dies selbst dann, wenn Forderung und Gegenforderung in rechtlichem Zusammenhange stehen.[42]) Ferner kann das Gericht anordnen, daß bei mehreren auf denselben Anspruch sich beziehenden selbständigen Angriffs- oder Verteidigungsmitteln (Klagegründen, Einreden, Repliken usw.) die Verhandlung zunächst auf eines oder einige dieser Angriffs- oder Verteidigungsmittel zu beschränken sei.[43])

4. Verbindungsrecht. Sind bei derselben Prozeßabteilung mehrere Prozesse derselben oder verschiedener Parteien anhängig, deren Gegenstand in rechtlichem Zusammenhange steht oder die in einer Klage hätten geltend gemacht werden können, so kann das Gericht die Verbindung dieser Prozesse zum Zwecke der gleichzeitigen Verhandlung und Entscheidung anordnen.[44]) Ist von diesen verbundenen Prozessen nur der eine zur Entscheidung reif, so ist über ihn das Endurteil zu erlassen.[45])

Sollen mehrere Sachen miteinander verbunden werden, so wird zunächst in jeder ein Protokoll aufgenommen, in dem registrirt wird: Es wurde folgender Beschluß verkündet: „Die Sachen (O. 23 usw., O. 24 usw., O. 25 usw.) sollen miteinander verbunden werden." Das weitere Protokoll wird dann nur in einer Sache (O. 23 usw.) weitergeführt. In den Protokollen, die in den anderen Sachen (O. 24 usw., O. 25 usw.) aufgenommen sind, wird vermerkt: „Die weitere Verhandlung ist in der Sache (O. 23 usw.) aufgenommen."

5. Aussetzungsrecht. Wenn die Entscheidung des Rechtsstreits ganz oder zum Teil von der Erledigung eines anderen anhängigen Rechtsstreits, eines Verwaltungsverfahrens oder eines Strafverfahrens abhängt, so kann das Gericht die Verhandlung bis zur Erledigung dieses anderen Verfahrens aussetzen.[46]) „Das Verfahren wird bis zur Beendigung des gegen den Zeugen N. N. wegen Meineids eingeleiteten Strafverfahrens ausgesetzt." Besondere Bestimmungen gelten, wenn die Entscheidung eines

---

[38]) §§ 142, 143. [39]) §§ 145 Abs. 1, 301. [40]) § 145 Abs. 2. [41]) § 145 Abs. 3. [42]) § 301. [43]) § 146. [44]) § 147. [45]) § 300 Abs. 2. [46]) §§ 148, 149.

Rechtsstreits davon abhängt, ob zwischen den Parteien eine Ehe oder ein Eltern- und Kindesverhältnis besteht oder nicht besteht, ob eine Ehe nichtig oder anfechtbar, ob ein Kind, dessen Ehelichkeit angefochten worden, ehelich ist.[47]

Abgesehen von den Fällen der §§ 151—155 kann das Gericht die bezüglich der Trennung, Verbindung oder Aussetzung getroffenen Anordnungen wieder aufheben.[48]

6. Das Gericht kann in jeder Lage des Rechtsstreits die gütliche Beilegung desselben oder einzelner Streitpunkte versuchen oder die Parteien zum Zwecke des Sühneversuches vor einen beauftragten oder ersuchten Richter verweisen. Auch kann es zum Zwecke des Sühneversuches das persönliche Erscheinen der Parteien anordnen. Dann sind die Parteien direkt zu laden.[49]

7. Ist nach Ansicht des Gerichts die Sache vollständig erörtert, so schließt der Vorsitzende die Verhandlung.[50] Ergibt sich demnächst, daß die Sache noch weiterer Erörterung bedarf, so kann das Gericht von Amts wegen die Wiedereröffnung der Verhandlung anordnen.[51] Die Anordnung erfolgt durch Beschluß, der zu verkünden ist. Sind bei der Verkündung beide Parteien oder eine Partei nicht anwesend, so muß von Amts wegen ein neuer Verhandlungstermin anberaumt werden, dessen Verkündung die Ladung ersetzt.[52] Ausnahmen finden nur dann statt, wenn sie wie in §§ 335, 337 besonders festgesetzt sind. Ein Versäumnisurteil gegen eine zum Termin nicht geladene Partei ist auch dann zulässig, wenn dieser Termin durch eine Entscheidung bestimmt ist, deren Verkündung in einem früheren Termin, zu dem die Partei geladen, aber nicht erschienen war, stattgefunden hatte.

Die die Prozeßleitung betreffenden Bestimmungen haben den Charakter eines zwingenden Rechts und sind der Abänderung durch Parteiabreden entzogen.[53]

VI. Auf die Verhandlung folgt die **Beratung und Abstimmung**, beides nicht öffentlich. Neben den zur Entscheidung berufenen Richtern dürfen nur die bei dem Gericht zur Ausbildung beschäftigten Personen zugegen sein, soweit der Vorsitzende ihre Anwesenheit gestattet.[54] Gegenstand der Beratung und Abstimmung ist alles, was Gegenstand der Entscheidung ist, nicht aber die Gründe, die den einzelnen Richter zu seiner Entscheidung bestimmen. Sind diese Gründe bei den einzelnen Richtern verschieden, so können sie alle in der Entscheidung aufgeführt werden. Die Leitung der Beratung, Stellung der Fragen und Sammlung der Stimmen ist Sache des Vorsitzenden. Sobald jedoch Meinungsverschiedenheiten über den Gegenstand, die Fassung und die Reihenfolge der Fragen oder über das Ergebnis der Abstimmung entstehen, hat das Gericht zu entscheiden. Die Reihenfolge bei der Abstimmung richtet sich nach dem Dienstalter, mit der Maßgabe, daß der Berichterstatter zuerst, der Vorsitzende zuletzt stimmt.[55] Als Entscheidung gilt diejenige, für welche die Mehrheit

---

[47]) §§ 151—155. [48]) § 150. [49]) § 296. [50]) § 136 Abs. 4. [51]) § 156. [52]) §§ 218, 220, 312. [53]) JW. 93 S. 538. [54]) GVG. §§ 194—199. [55]) GVG. § 199.

stimmt.[56]) Bilden sich in Beziehung auf Summen, über die zu entscheiden ist, mehr als zwei Meinungen, deren keine die Mehrheit für sich hat, so werden die für die größere Summe abgegebenen Stimmen den für die zunächst geringere abgegebenen so lange hinzugerechnet, bis sich eine Mehrheit ergibt.[57]) Jeder Richter ist verpflichtet, über alle zur Abstimmung gelangenden Fragen seine Stimme abzugeben, auch wenn er bei der Abstimmung über eine vorhergegangene Frage in der Minderheit geblieben ist, und wird bei der Abstimmung über eine nachfolgende Frage an die durch Stimmenmehrheit gewonnene Entscheidung der Vorfrage gebunden.[58])

VII. Die **Verkündung des Urteils oder Beschlusses** erfolgt in dem Termin, in dem die mündliche Verhandlung geschlossen wird, oder in einem sofort anzuberaumenden Termine, der nicht über eine Woche hinaus angesetzt werden soll.[59]) Die Aussetzung der Entscheidung erfolgt zweckmäßig durch Verkündung der allgemeinen Formel: „Die Entscheidung soll am usw. . . . . Uhr verkündet werden." Dadurch behält das Gericht sich freie Hand für den Fall vor, daß auf Grund späterer Erwägungen an Stelle der von vornherein in Aussicht genommenen Entscheidung eine andere Entscheidung, an Stelle des Urteils ein Beweisbeschluß oder umgekehrt, beschlossen werden sollte. An dem Erlasse des Urteils, der Fassung des Beschlusses können nur die Richter teilnehmen, die an der Verhandlung teilgenommen haben. Daß dieselben Richter auch an der Verkündung der Entscheidung teilnehmen, ist nicht vorgeschrieben. Doch muß ein Urteil von denjenigen Richtern unterschrieben werden, welche bei der Entscheidung mitgewirkt haben. Ist dies nicht zu erreichen, so bleibt, wenn ein Urteil verkündet werden soll, nur eine neue Verhandlung übrig. Für Beschlüsse ist die Unterschrift aller Richter, die bei ihrer Fassung mitgewirkt haben, nicht vorgeschrieben. Eine inzwischen eingetretene Unterbrechung des Verfahrens hindert die Verkündung nicht. Die Anwesenheit der Parteien ist zur Verkündung nicht erforderlich. Bleiben sie aus, so haben sie sich nach der verkündeten Entscheidung zu erkundigen. Wird also im Verkündungstermin ein neuer Termin bestimmt, so ist eine Ladung dazu nicht erforderlich.

Die Verkündung erfolgt mündlich durch den Vorsitzenden, die Verkündung des Beweisbeschlusses durch Mitteilung seines Inhalts, die Verkündung des Urteils durch Verlesung der Urteilsformel. Versäumnisurteile, Urteile, die auf Grund eines Anerkenntnisses erlassen werden, sowie Urteile, welche die Folge der Zurücknahme der Klage oder des Verzichts auf den Klageanspruch oder die den Eintritt der in einem bedingten Endurteil ausgedrückten Folgen aussprechen, können verkündet werden, auch wenn die Urteilsformel noch nicht schriftlich abgefaßt ist; es genügt die Verkündung, daß ein Urteil nach dem Antrage erlassen sei. Ob die Urteilsgründe mitverkündet werden sollen, ist dem Ermessen des Vorsitzenden überlassen.[60])

Soll die **Beweisaufnahme** vor dem Prozeßgericht erfolgen, so hat der Vorsitzende den Termin gleich zu verkünden. Dieser Termin ist zu-

---

[56]) GVG. § 198 Abs. 1. [57]) GVG. § 198 Abs. 2. [58]) GVG. § 197.
[59]) §§ 310, 329. [60]) § 311.

gleich zur mündlichen Verhandlung bestimmt. Ist Beweisaufnahme vor einem beauftragten oder ersuchten Richter beschlossen, so kann der Vorsitzende sofort den Termin zur Fortsetzung der mündlichen Verhandlung bestimmen.[61]) Die Bestimmung des neuen Termins kann aber auch bis nach Eingang der Beweisverhandlungen ausgesetzt werden.

VIII. Das Sitzungsprotokoll.[62]) Über die Verhandlung ist ein Protokoll aufzunehmen, auch dann wenn keine Parteiverhandlung stattgefunden hat, z. B. wenn beide Parteien ausgeblieben sind oder wenn nur eine Entscheidung verkündet ist. Die Aufnahme erfolgt seitens des Gerichtsschreibers unter Mitwirkung und Kontrolle des Vorsitzenden. Der Gerichtsschreiber hat die Aufnahme selbständig zu bewirken, insbesondere auch die Aussagen der Zeugen und Sachverständigen niederzuschreiben. Das Diktat des Richters darf nur zum Zwecke der Ergänzung oder Berichtigung eintreten. Die sofortige Fertigstellung im Termine muß die Regel bilden.

1. Das Protokoll soll enthalten: a) Ort und Tag der Verhandlung; b) die Namen der Richter, des Gerichtsschreibers und des etwa zugezogenen Dolmetschers, in Ehe-, Kindschafts- und Entmündigungssachen auch des Staatsanwalts; c) die Bezeichnung des Rechtsstreits; d) die Namen der erschienenen Parteien, gesetzlichen Vertreter, Bevollmächtigten und Beistände. Erklärt der Bevollmächtigte, daß er nur als Substitut eines anderen Bevollmächtigten auftrete, so ist diese Erklärung im Protokoll zu vermerken, da im Urteile die Bevollmächtigten, nicht deren Substituten benannt werden sollen; e) die Angabe, daß öffentlich verhandelt oder die Öffentlichkeit ausgeschlossen ist.[63])

Der Gang der Verhandlung ist nur im allgemeinen anzugeben.

2. Durch Aufnahme in das Protokoll sind festzustellen:

a) Die Anerkenntnisse, Verzichtleistungen und Vergleiche, durch die der geltend gemachte Anspruch ganz oder teilweise erledigt wird. Verzicht und Anerkenntnis müssen in der mündlichen Verhandlung abgegeben werden, wenn darauf hin der Kläger (Widerkläger) abgewiesen oder der Beklagte (Widerbeklagte) verurteilt werden soll. Sie sind in allen Fällen im Protokoll festzustellen.[64]) Die Legitimation zum Anerkenntnis und Verzicht seitens des Prozeßbevollmächtigten ist trotz § 83 dem Gericht gegenüber immer vorhanden, da dieses wie die Vollmacht so auch deren etwaige Beschränkungen nicht von Amts wegen zu prüfen hat. Die dem Antrage entsprechenden Urteile sind Endurteile, unterliegen bezüglich der Form, Verkündung, Zustellung und Anfechtbarkeit den allgemeinen Grundsätzen und müssen, wenn sie auf Anerkenntnis ergehen, von Amts wegen für vorläufig vollstreckbar erklärt werden.[65])

b) Die Anträge und Erklärungen, deren Feststellung vorgeschrieben ist. Die Feststellung von Anträgen ist aber — abgesehen vom vorbereitenden Verfahren[66]) — nur vorgeschrieben im amtsgerichtlichen Verfahren.[67]) Im Anwaltsprozeß sind also die Anträge in das Protokoll nicht aufzunehmen, sie können aber, soweit sie von den in den vorbereitenden Schriftsätzen

---

[61]) § 370. [62]) §§ 145—151, 297, 298. Vgl. hierzu Formular Nr. 16.
[63]) § 159. [64]) § 160. [65]) § 708. [66]) § 350 Nr. 1. [67]) § 510a.

enthaltenen Anträgen abweichen, in einem besonderen Schriftsatz dem Protokoll als Anlage beigefügt werden.

Auch sonstige wesentliche Erklärungen, die in vorbereitenden Schriftsätzen nicht enthalten sind, oder wesentliche Abweichungen von dem Inhalte solcher Schriftsätze, mögen die Abweichungen in Zusätzen, Weglassungen oder sonstigen Änderungen bestehen, sind auf Antrag durch Schriftsätze, die dem Protokoll als Anlage beizufügen sind, festzustellen. In gleicher Weise sind auf Antrag auch Geständnisse, sowie die Erklärungen über Annahme oder Zurückschiebung zugeschobener Eide festzustellen.[68])

c) Die Aussagen der Zeugen und Sachverständigen, sofern sie früher nicht gehört waren oder von ihrer früheren Aussage abweichen. Die Feststellung dieser Aussagen kann unterbleiben, wenn die Vernehmung vor dem erkennenden Prozeßgericht erfolgt und das Endurteil der Berufung nicht unterliegt, also in der Berufungsinstanz sowie in 1. Instanz im Falle des § 99 Abs. 1, 3. In diesem Falle ist in dem Protokoll nur zu vermerken, daß die Vernehmung (und Beeidigung) stattgefunden hat. Die Aussagen sind aber in den Tatbestand des Urteils aufzunehmen.[69])

d) Das Ergebnis eines Augenscheins. Dessen Protokollierung ist niemals entbehrlich.

e) Die Entscheidungen (Urteile, Beschlüsse und Verfügungen) des Gerichts.

f) Die Verkündung der Entscheidungen.

Auch die Normen der Eide und die Vermerke über die geschehene oder verweigerte Leistung der Eide sind in das Protokoll aufzunehmen. Dabei ist es üblich, zur Feststellung der Identität des Schwörenden dessen Personalien (Vor- und Familiennamen, Alter, Religion) anzugeben.

Endlich sind auch die etwa wegen Ungebühr verfügten Ordnungsstrafen im Protokoll festzustellen.[70])

Der Aufnahme in das Protokoll steht die Aufnahme in eine Schrift gleich, die dem Protokoll schriftlich beigefügt und als solche darin bezeichnet ist.[71])

Auch die gerichtlichen Entscheidungen (Beweisbeschlüsse, Urteile) können in schriftlicher Fassung dem Protokoll beigefügt werden. Die Anlagen sind aber, da die Entscheidungen durch Verkündigung zur Kenntnis der Parteien gebracht werden sollen,[72]) vor der Vollziehung des Protokolls fertig zu stellen und vom Vorsitzenden und Gerichtsschreiber oder von den sämtlichen mitwirkenden Richtern zu unterschreiben. Das Protokoll schließt dann mit dem Vermerk: „Es wurde das anliegende Urteil — der anliegende Beschluß — verkündet." Unstatthaft ist es, die Anlage nachträglich zu den Akten zu bringen und das Protokoll dahin zu schließen: „Es wurde der Beschluß verkündet, daß Beweis nach besonders zu erlassendem Beschluß erhoben werden soll."

Das Protokoll und die Anlagen sind, soweit sie die Nummern a—d betreffen, den Beteiligten, d. h. den Parteien und bezüglich der Nummer c auch den Zeugen und Sachverständigen vorzulesen oder zur Durchsicht

---

[68]) § 298. [69]) § 161. [70]) GVG. § 184. [71]) § 160. [72]) § 160 Nr. 6.

vorzulegen. In dem Protokoll ist zu bemerken, daß dies geschehen und die Genehmigung erfolgt sei oder welche Einwendungen erhoben sind.[73]) Die Unterzeichnung seitens der Parteien, deren Vertreter, der Zeugen und Sachverständigen ist nicht erforderlich.

Vollzogen wird das Protokoll durch die Unterschrift des Vorsitzenden und des Gerichtsschreibers. Bei Verhinderung des Vorsitzenden unterschreibt für ihn der älteste beisitzende Richter. Die Unterschriften werden unmittelbar unter das Protokoll gesetzt; die Vorausschickung von Vermerken wie „v. w. o." (verhandelt wie oben), „g. w. o." (geschehen wie oben), „a. u. s." (actum ut supra), „Geschlossen", „Zur Beglaubigung" ist überflüssig.

Das Sitzungsprotokoll ist eine öffentliche Urkunde. Die Beobachtung der für die mündliche Verhandlung vorgeschriebenen Förmlichkeiten kann nur durch dasselbe bewiesen werden. Gegen den diese Förmlichkeiten betreffenden Inhalt des Protokolls ist nur der Nachweis der Fälschung zulässig,[74]) d. h. der wissentlich falschen Beurkundung oder nachträglichen Veränderung. Bez. des sonstigen Inhalts des Protokolls ist der Gegenbeweis nicht beschränkt.

§ 7. Beweisverfahren.

I. Befreiung vom Beweise. Des Beweises bedürfen nur streitige Tatsachen. Nichtstreitig ist nicht nur, was gerichtlich zugestanden ist, sondern alles, was nicht ausdrücklich bestritten ist, wenn nicht die Absicht, bestreiten zu wollen, aus den übrigen Erklärungen der Partei hervorgeht.[1]) Das gerichtliche Geständnis, d. h. das in der mündlichen Verhandlung oder zum Protokoll eines beauftragten oder ersuchten Richters abgegebene Geständnis, das der Annahme von Seite der Gegenpartei nicht bedarf, zeichnet sich vor dem einfachen Nichtbestreiten durch verschärfte Voraussetzungen für den Widerruf aus. Während die unterlassene Bestreitung bis zum Schlusse der mündlichen Verhandlung ohne weiteres mit der Wirkung nachgeholt werden kann, daß die bestrittene Behauptung nunmehr des Beweises bedarf, ist der Widerruf eines gerichtlichen Geständnisses nur wirksam, wenn die widerrufende Partei beweist nicht nur, daß das Geständnis der Wahrheit nicht entspreche, sondern auch, daß es durch Irrtum veranlaßt sei.[2]) Unbestritten sind ferner diejenigen Tatsachen, die bei Gericht offenkundig sind. Die Offenkundigkeit bei Gericht kann sich auf alle Tatsachen beziehen, die in größeren oder kleineren Kreisen allgemein bekannt sind, nicht aber auf solche Tatsachen, die nur einzelnen Richtern vermöge ihrer amtlichen Tätigkeit z. B. durch die Einsicht von Akten zugänglich werden. Insbesondere folgt aus der Öffentlichkeit des Handelsregisters und des Grundbuchs noch nicht die Offenkundigkeit der darin enthaltenen Eintragungen.[3]) Die Offenkundigkeit befreit von der Beweispflicht aber nur in der Instanz, in der die Tatsachen offenkundig sind.

---

[73]) § 162. [74]) § 164.

[1]) § 138. [2]) §§ 288—290. [3]) OTr. 38 S. 352. RG. 13 S. 371, JW. 88 S. 178, 95 S. 200; Seuff. 59 Nr. 193.

II. Beweislast.[4])

1. **Beweispflichtig** ist jede Partei bezüglich der für ihren Anspruch maßgebenden rechtsbegründenden Tatsachen, während dem Gegner nur der Beweis der rechtshindernden oder rechtsaufhebenden Tatsachen obliegt und zwar ohne Unterschied, ob es sich um positive oder um negative Tatsachen handelt. Die Beweislast trifft den Kläger bezüglich derjenigen Anführungen, die zur Begründung der Klage gehören, den Beklagten bezüglich der Anführungen, die zur Begründung seiner Verteidigung erforderlich sind: Actori incumbit probatio; reus excipiendo fit actor.

Der Kläger, welcher seinen Anspruch auf einen Vertrag gründet, hat dessen Inhalt zu beweisen, wenn der Beklagte ihn bestreitet. Behauptet der Beklagte abweichende Abreden, macht er also geltend, daß Kläger den Inhalt des Vertrages unrichtig oder unvollständig angegeben habe, so erhebt er nicht etwa eine Einrede, sondern er leugnet das Vorbringen des Klägers und es trifft den Kläger die Beweislast bezüglich seiner Angaben.[5]) Insbesondere hat der Kläger diejenigen Tatumstände zu beweisen, die das Gesetz als wesentliche Erfordernisse des betreffenden Vertrages bezeichnet. Klagt der Verkäufer auf Zahlung des angemessenen Kaufpreises, so hat er die nicht erfolgte Abrede eines Preises zu beweisen, wenn der beklagte Käufer die Abrede eines geringeren Preises als des angemessenen behauptet, denn der Vertrag, auf Grund dessen eine ihrem Umfang nach angemessene Leistung gefordert wird, ist wesentlich verschieden von einem Vertrage, durch den die Vergütung ihrer Höhe nach vereinbart worden ist.[6]) Wenn aber der Käufer auf Lieferung der Ware unter dem Erbieten zur Zahlung eines angemessenen Preises klagt, so hat er die nicht erfolgte Abrede eines Preises zu beweisen, wenn der beklagte Verkäufer behauptet, daß ein höherer Preis als der angemessene vereinbart sei.[7]) Der Lieferant, der den Preis eines gelieferten Werkes einklagt, hat, wenn der Besteller geltend macht, daß bezüglich der Herstellung des Werkes eine besondere Vereinbarung getroffen sei, zu beweisen, daß nicht mit dieser besonderen Vereinbarung bestellt sei.[8])

Zweifelhafter ist es, wen die Beweislast trifft, wenn der eine Teil sich auf die **gesetzlichen** Rechtsfolgen eines Rechtsgeschäfts stützt, der Gegner aber behauptet, daß diese Folgen durch eine abweichende Vereinbarung ausgeschlossen seien. Das BGB. enthält teils Bestimmungen, die die Beweislast ausdrücklich regeln, teils solche, die durch ihre Ausdrucksweise erkennen lassen, wen die Beweislast bei gesetzlichen Dispositivregeln des Vertragsverhältnisses treffen soll. Diese Regelung ergibt zugleich, daß der Gesetzgeber dann, wenn jemand sich auf eine solche Regel stützt, während der Gegner sich auf eine die Wirkung dieser Rechtsnorm ausschließende oder modifizierende Vereinbarung beruft, diesem letzteren die Beweislast auflegt, da es eben einer Vereinbarung über den betreffenden Punkt nach dem Gesetz nicht bedarf, und die behauptete Vereinbarung daher dem Gesetz gegenüber als etwas außerhalb des zu vereinbarenden Vertragsinhaltes

---

[4]) Hierüber besteht eine sehr umfangreiche Literatur. Bez. der neuesten Literatur vgl. Daubenspeck, Referat, Votum, Urteil (9. Aufl.) S. 98 Anm. 1.
[5]) ROHG. 3 S, 176. RG. 29 S. 119, 57 S. 48. Gruch. 29 S. 730. [6]) RG. 57 S. 49. Seuff. 58 Nr. 137 (RG.). [7]) Stölzel 1 S. 86/87. [8]) Stölzel 1 S. 202.

Liegendes und mithin als ein selbständiger Einwand erscheint. Stützt daher jemand einen Anspruch auf den Ablauf einer gesetzlichen Kündigungsfrist, so hat er zur Begründung nicht noch zu behaupten, daß diese Kündigungsfrist vereinbart oder keine besondere Kündigungsfrist vereinbart worden sei, vielmehr hat der Gegner die Vereinbarung einer anderen als der gesetzlichen Frist zu behaupten und zu beweisen.[9])

An der Beweislast des Klägers wird dadurch nichts geändert, daß der Beklagte seine Angabe in der Form eines Zugeständnisses gemacht hat, sofern nur die Angabe selbst als Bestreiten des Klagevortrags aufzufassen ist, denn das Zugeständnis bezieht sich auf ein Geschäft mit einem anderen, den Klageanspruch nicht rechtfertigenden Inhalt.[10]) Wenn beispielsweise der Beklagte auf eine Klage, die auf ein unbedingtes oder unbefristetes Geschäft gegründet ist, zwar den Abschluß des Geschäftes einräumt, aber geltend macht, daß bei dem Abschluß eine aufschiebende Bedingung oder Zeitbestimmung vereinbart sei, so leugnet er das vom Kläger behauptete reine Geschäft, nötigt also den Kläger, den reinen Abschluß des Geschäfts zu beweisen.[11]) Anders, wenn nach Angabe des Beklagten die aufschiebende Bedingung oder die Befristung erst nach dem Abschluß des Geschäfts vereinbart ist. Dann liegt eine Änderung des ursprünglichen Geschäfts vor und es ist Sache des Beklagten, die nachträgliche Vereinbarung zu beweisen, wie er denn auch, wenn er die Beifügung einer auflösenden Bedingung behauptet, deren Erfüllung nachzuweisen hat.[12])

Ein obligatorischer Anspruch ist solange als fortbestehend anzusehen bis seine Aufhebung nachgewiesen ist. Deshalb muß derjenige, der die Aufhebung, eine rechtsvernichtende Tatsache (Zahlung usw.) behauptet, diese beweisen.[13]) Auch dann ist der Beweis der Erfüllung vom Verpflichteten zu führen, wenn sich an die Nichterfüllung einer Verbindlichkeit eine ungünstige Folge knüpft.[14]) Hat der Kläger dem Beklagten den Gebrauch von Sachen gegen Entgelt und gegen die Verpflichtung überlassen, bei nicht pünktlicher Zahlung des vereinbarten Entgelts die sofortige Zurücknahme der Sachen zu dulden, so hat, wenn der Kläger die Zurückgabe der Sache wegen Nichterfüllung seitens des Gegners fordert, nicht der Kläger die Nichterfüllung, sondern der Beklagte die Erfüllung zu beweisen. Wenn der Pächter bei nicht pünktlicher Pachtzahlung zur sofortigen Räumung verpflichtet ist, ebenso wenn einem Vertrage eine kassatorische Klausel oder die Verabredung einer Konventionalstrafe hinzugefügt ist, so hat nicht derjenige, der die Räumung oder die Konventionalstrafe fordert oder Rechte aus der kassatorischen Klausel geltend macht, die Nichterfüllung seitens des Gegners zu beweisen, vielmehr liegt letzterem der Nachweis der Erfüllung ob, wenn er solche behauptet.[15]) Das BGB. regelt die Beweislast für die Fälle, daß eine Konventionalstrafe ausbedungen ist oder dem Gläubiger bei der Nichterfüllung das Recht des Rücktritts zustehen soll, in den §§ 345,

---

[9]) RG. 57 S. 50 und die dort. Zitate; a. M. Stölzel S. 159. [10]) Stölzel 1 S. 192. [11]) ROHG. 23 S. 52; RG. 18 S. 157; Seuff. 45 Nr. 165, 58 Nr. 136; Windscheid I § 96 Anm. 2; Dernburg, Bürg. Recht I § 159. [12]) RG. 28 S. 145; Seuff. 49 Nr. 150. [13]) RG. 41 S. 220. [14]) Seuff. 43 Nr. 13. Eccius 1 § 54 A. 12, § 106 Nr. VI, § 107 A. 29, 30. [15]) RG. 41 S. 220. Seuff. 43 Nr. 13.

358 und bestimmt, daß der Schuldner die behauptete Erfüllung zu beweisen hat, sofern nicht die geschuldete Leistung in einem Unterlassen besteht.

Wenn jemand seinem an sich beweispflichtigen Vertragsgegner die Führung des Beweises schuldhafterweise unmöglich macht, so kann sich unter Umständen die Beweislast umkehren, wenn z. B. der Verkäufer gegenüber dem Käufer, der die Ware als nicht probemäßig zurückgewiesen hat, die Probemäßigkeit der Ware zu beweisen hat und der Käufer trotz seiner Verpflichtung zur Aufbewahrung die Probe nicht verweisen kann.[16])

Läßt das einfache Bestreiten den Inhalt der bestreitenden Erklärung nicht genügend erkennen, so hat der Richter durch Ausübung des Fragerechts auf Vervollständigung hinzuwirken. Wird auch dadurch nicht ganz klar, wieweit der Beklagte hat bestreiten wollen, so entscheidet hierüber das Gericht auf Grund der freien Beweiswürdigung. Unter Umständen kann ein ganz allgemein gehaltenes Bestreiten dazu führen, daß es nicht zu beachten ist.

2. Das Gesetz regelt die Beweislast selbst, indem es **Rechtsvermutungen** (praesumtiones juris) aufstellt, welche dem Gegner die Pflicht auflegen, den Gegenbeweis zu führen. Hat derjenige, der sich auf Ersitzung einer beweglichen Sache beruft, diese am Anfang und am Ende eines Zeitraums im Eigenbesitze gehabt, so wird vermutet, daß sein Eigenbesitz auch in der Zwischenzeit bestanden habe.[17]) Es ist alsdann Sache des Gegners den Verlust des Eigenbesitzes nachzuweisen. Nur da fällt der Gegenbeweis fort, wo er vom Gesetz ausdrücklich ausgeschlossen ist (praesumtio juris et de jure). Beispiel: HGB. § 344 Abs. 2; ZPO. §§ 39, 269, 755. Dagegen hat die **tatsächliche Vermutung** (praesumtio facti s. hominis) keinen Einfluß auf die Beweislast. Es ist dies ein einfacher Erfahrungssatz, auf Grund dessen der Richter beim Vorliegen einer Tatsache eine andere als mehr oder weniger wahrscheinlich ansehen kann.

3. Die anzuwendenden **Rechtssätze** hat das Gericht **von Amts wegen** zu ermitteln. Jura novit curia. Die Pflicht der Rechtskenntnis erstreckt sich aber nur auf das Reichsrecht und die in dem eigenen Bundesstaat (oder in den mehreren Bundesstaaten, die der Gerichtssprengel umfaßt) geltenden Rechte, mit Ausschließung der Gewohnheitsrechte und statutarischen Rechte. Das in einem anderen Staat geltende Recht sowie Gewohnheits- und statutarische Rechte braucht der Richter nicht zu kennen. Sind sie ihm unbekannt, so müssen sie erwiesen werden. Eine beweislose Behauptung solcher Normen ist der Richter nicht verpflichtet zu berücksichtigen. Beweispflichtig ist diejenige Partei, welche den dem fremden Rechte unterworfenen Tatbestand behauptet. Das Gericht ist aber bei Ermittlung dieser Rechtsnormen auf die von den Parteien beigebrachten Nachweise nicht beschränkt, vielmehr befugt, auch andere Erkenntnisquellen — Zeugnisse und Gutachten von Behörden, Rechtslehrern, Universitäten, Schriftstellern usw. — zu benutzen und zum Zwecke einer solchen Benutzung das Erforderliche anzuordnen.[18]) Wird dem Gericht die Kenntnis des

---

[16]) RG. 20 S. 5. [17]) BGB. § 938; vgl. z. B. ferner BGB. §§ 16, 18—20, 484, 1117, 1154 usw. [18]) § 293; ROHG. 25 S. 53; RG. 21 S. 177; Seuff. 54 Nr. 58.

betr. fremden Rechts nicht beschafft, so ist nicht das einheimische Recht an die Stelle zu setzen, sondern der betr. Anspruch (Klage, Einrede) als unbegründet zu erachten.[19])

4. Eine besondere Art der Beweisführung ist die **Glaubhaftmachung**, welche den Richter nicht von der Wahrheit einer Behauptung überzeugen, sondern ihm nur eine gewisse Wahrscheinlichkeit erbringen soll. Wer etwas glaubhaft zu machen hat, ist im Gesetz genau bestimmt.[20]) Er kann sich aller Beweismittel, mit Ausnahme der Eideszuschiebung, bedienen, auch zur Versicherung an Eides Statt zugelassen werden.[21])

III. **Beweisbeschluß.** Erachtet das Gericht auf Grund der mündlichen Verhandlung eine Beweiserhebung für notwendig und erfordert diese ein besonderes Verfahren, so wird sie durch Beweisbeschluß angeordnet. Der Beweisbeschluß muß enthalten: a) den Beweissatz, d. h. die Bezeichnung der streitigen tatsächlichen Behauptung, über die der Beweis zu erheben ist, b) die Beweismittel unter Benennung der zu vernehmenden Zeugen und Sachverständigen, c) den Beweisführer, d. h. diejenige Partei, die sich auf das Beweismittel berufen hat. Ist die Abnahme eines Eides angeordnet, so muß der Beweisbeschluß auch die Eidesformel angeben.

Eine Beweisaufnahme darf nur angeordnet werden über die erheblichen, d. h. über diejenigen tatsächlichen Anführungen, deren Feststellung zur Entscheidung des Rechtsstreits innerhalb des Rahmens der gestellten Anträge erforderlich ist. Die Streitfragen brauchen sich nicht notwendig dem Wortlaut der Parteianführung anzuschließen. Häufig wird es praktisch sein, ihnen eine Fassung zu geben, durch die der erläuterte Sinn, in dem die Anführung erheblich erscheint, zum Ausdruck gebracht wird. Streitfragen, in denen Beweis und Gegenbeweis angetreten ist, sind in eine Frage zusammen zu fassen. Dadurch wird die Übersichtlichkeit und das Verständnis für die Zeugen gefördert. Der Beweisbeschluß hat aber lediglich die Natur einer prozeßleitenden Entscheidung; er enthält keine Bindung für das Gericht, weder in bezug auf die Erheblichkeit der angeordneten Beweise, noch auf die Verteilung der Beweislast, wenn auch das Gericht sich vor Erlaß des Beweisbeschlusses über die Beweislast notwendigerweise klar geworden sein muß. Das Gericht ist nicht verpflichtet, den erlassenen Beweisbeschluß unter allen Umständen zu erledigen, vielmehr ist jeder Beweisbeschluß mit der Einschränkung zu verstehen, daß der Beweis nur soweit erhoben werden soll, als er nicht nachträglich überflüssig wird.[22]) Überflüssiger Beweis ist niemals zu erheben. Erledigen sich Streitfragen vor der Beweiserhebung, so bleibt der Beweis unerhoben. Solche Erledigung liegt vor, wenn eine streitig gewesene Anführung nachträglich zugegeben wird. Wird eine Einrede erwiesen, die den Klageanspruch ausschließt, so bedarf es nicht mehr der Erhebung des Beweises über die Klageanführungen, sofern die Einrede nicht bloß eventuell, d. h. für den Fall des Nichtbestehens des Klageanspruchs geltend gemacht wird. Ist das Klagevorbringen widerlegt, so erübrigt sich der Beweis über die Einreden. In solchen

---

[19]) ROHG. 25 S. 53; Zitelmann, Internationales Privatrecht I S. 281 ff.
[20]) Z. B. in den §§ 44, 71, 105, 224, 236, 274 usw. [21]) § 294. [22]) Stölzel 2 S. 23.

Fällen ist die fernere Erledigung des Beweisbeschlusses, ohne daß es der vorgängigen Anhörung der Parteien bedarf, einzustellen und zur weiteren mündlichen Verhandlung zu schreiten. Es kann deshalb unter Umständen praktisch sein, in dem Beweisbeschlusse eine Anordnung dahin zu treffen: „Es soll zunächst der Beweis über die Fragen usw. erhoben, die Beweiserhebung über die anderen Fragen aber der besonderen Beschlußfassung vorbehalten bleiben." Oder: „Es soll Beweis erhoben werden über die folgenden Fragen, vorbehaltlich der Anberaumung eines Verhandlungstermins nach Erhebung des Beweises über die Fragen usw." Von der Fassung eventueller Beschlüsse in der Form: „Der Beweis über die Fragen usw. soll nur erhoben werden, wenn der Beweis über die Fragen usw. geführt (oder mißlungen) ist", wird abgeraten,[23]) weil eine solche Anordnung für den ersuchten oder beauftragten Richter bestimmt ist, diesem aber eine Entscheidung darüber, ob der erhobene Beweis geführt oder mißlungen sei, nicht zusteht. Jedenfalls hat der in der bezeichneten Art requirierte Richter sich darauf zu beschränken, den in erster Reihe angeordneten Beweis zu erheben und die Beschlußfassung über die Fortsetzung oder Einstellung der weiteren Beweiserhebung dem Prozeßgericht zu überlassen. Unbedenklich zulässig ist ein eventueller Beweisbeschluß in folgender Form: „Dem Kläger wird folgender Eid auferlegt: usw. Für den Fall daß dieser Eid geleistet (oder verweigert) wird, soll Beweis erhoben werden über folgende Fragen usw."

Außer dem sachlichen Inhalt muß der Beweisbeschluß auch die Anordnungen für die Ausführung angeben, z. B. die Erhebung des Beweises an Ort und Stelle, die Übertragung der Beweisaufnahme an einen beauftragten oder ersuchten Richter.

Der Beschluß ist in das Sitzungsprotokoll oder in eine Anlage aufzunehmen und entweder am Schlusse der mündlichen Verhandlung oder in einem späteren Termin, der am Schlusse der Verhandlung anberaumt wird, zu verkünden, braucht aber nicht verlesen oder vorher festgestellt zu werden.[24]) Eine Abschrift wird den Parteien nur auf Antrag erteilt.

Dem Antrage, den Beweisbeschluß auf neue Beweismittel auszudehnen, pflegt die Praxis nach Analogie des Verfahrens zur Sicherung des Beweises[25]) ohne mündliche Verhandlung durch Beschluß dann stattzugeben, wenn der Gegner sich einverstanden erklärt. „In usw. ist auf den mit Zustimmung des Klägers gestellten Antrag des Beklagten beschlossen: Über die Frage 1 des Beweisbeschlusses vom usw. soll außer den daselbst benannten Zeugen auch noch der N. N. als Zeuge des Beklagten vernommen werden." Beim Widerspruche des Gegners kann über den Antrag nur auf Grund mündlicher Verhandlung entschieden werden. Es ist aber dabei festzuhalten, daß vor Erledigung des Beweisbeschlusses keine Partei eine Änderung desselben auf Grund der früheren Verhandlung verlangen darf.[26])

IV. **Beweisverfahren.** 1. Die Beweisaufnahme ist der Amtstätigkeit des Gerichts unterstellt. Sie soll der Regel nach **vor dem**

---

[23]) Stölzel 2 S. 48. [24]) S. Formular 16 Nr. 15. [25]) §§ 485 ff. Unten § 13. [26]) § 360.

Prozeßgericht erfolgen. Für die Beweisaufnahme ist maßgebend der Grundsatz der freien Beweiswürdigung, d. h. das Gericht hat nach freier Überzeugung zu entscheiden, ob eine tatsächliche Behauptung für wahr oder für nicht wahr zu erachten sei. An gesetzliche Beweisregeln ist das Gericht nur in den durch das Gesetz bezeichneten Fällen gebunden.[27]) Diese Freiheit bezieht sich aber nur auf die Würdigung der erhobenen Beweise, nicht etwa auch auf die Verteilung der Beweislast.

Die Beweisaufnahme kann, wenn angängig, sofort im Anschluß an die mündliche Verhandlung ausgeführt werden. So z. B. wenn es sich um Abnahme eines Eides seitens einer anwesenden Partei handelt, oder wenn Zeugen, die zur Stelle sind, vernommen werden sollen. In derartigen Fällen bedarf es keines förmlichen Beweisbeschlusses, weil die Beweisaufnahme kein besonderes Verfahren erfordert.[28]) Das Gericht muß aber auch in diesen Fällen seinen Entschluß, zur Beweisaufnahme zu schreiten, durch einen im Protokoll festzustellenden Beschluß kundgeben. Nur braucht dieser Beschluß, der im weiteren Sinne auch Beweisbeschluß genannt wird, nicht den Erfordernissen des § 359 zu entsprechen.

Steht der Beweisaufnahme ein Hindernis entgegen, dessen Hebung ungewiß ist, so ist zu dessen Beseitigung auf Antrag des Beweisführers vom Prozeßgericht eine Frist zu bestimmen.[29]) Der Antrag kann nur in der mündlichen Verhandlung gestellt werden. Der Beweisführer muß also, wenn nicht schon Verhandlungstermin ansteht, den Gegner zur Verhandlung laden. Fruchtloser Ablauf der Frist hat den Verlust des Beweismittels für die Instanz[30]) zur Folge, sofern nicht die Benutzung keine Verzögerung des Verfahrens herbeiführen würde.[31])

Erfolgt die Beweisaufnahme nicht sofort, so wird hierzu ein neuer Termin bestimmt und mit dem Beweisbeschluß verkündet, es sei denn, daß ein der Beweisaufnahme entgegenstehendes Hindernis die Aussetzung der Terminsbestimmung erfordert. Ist der Termin verkündet, so bedarf es einer Ladung der Parteien nicht. Ist der Termin nachträglich anberaumt und nicht verkündet, so sind die Prozeßbevollmächtigten der Parteien zu laden. Das Gericht kann auch zu jedem Beweistermin die Parteien persönlich laden.[32]) Zeugen und Sachverständige sind auch zu verkündeten Terminen zu laden. Die Ladung erfolgt von Amts wegen durch den Gerichtsschreiber, der die Ladungen ohne richterliche Verfügung zu veranlassen hat.

2. Kommissarische Beweisaufnahme. In den Fällen der §§ 372, 375, 382, 402, 405, 434, 479 kann die Beweisaufnahme einem Mitgliede des Prozeßgerichts (beauftragter Richter) oder einem inländischen Amtsgericht (ersuchter Richter) übertragen werden. Die Übertragung erfordert einen Gerichtsbeschluß, der mit dem Beweisbeschluß zu verkünden ist. „Der Beweis soll zu 1 durch beauftragten Richter, im übrigen durch Ersuchen der zuständigen Amtsgerichte erhoben werden." Der beauftragte Richter wird bei Verkündung des Beweisbeschlusses durch den Vorsitzenden bezeichnet. „Als beauftragten Richter ernennt der Vorsitzende

---

[27]) § 286. [28]) § 358. [29]) § 356. [30]) § 529. [31]) RG. 7 S. 391.
[32]) § 141.

den N. N." Ist die Bezeichnung unterblieben, so erfolgt sie nachträglich durch eine von Amts wegen zuzustellende Verfügung des Vorsitzenden. Dasselbe muß geschehen im Falle einer Behinderung des ursprünglich beauftragten Richters. Der Beweistermin wird entweder bei Verkündung des Beschlusses bestimmt oder vom beauftragten Richter nachträglich festgesetzt. Im letzteren Falle sind neben den Zeugen, Sachverständigen usw. auch die Prozeßbevollmächtigten von Amts wegen zu laden.

Ersuchter Richter kann jedes inländische Amtsgericht sein, auch das Amtsgericht am Sitze des Prozeßgerichts.[33]) Das Ersuchungsschreiben ist von dem Vorsitzenden zu erlassen, in der Regel unter Übersendung der Akten. „Urschriftlich mit den Akten an das Königl. Amtsgericht in A. mit dem ergebenen Ersuchen, um Erledigung des Beweisbeschlusses durch Vernehmung des Zeugen B. und des Sachverständigen C. und Abgabe der Akten an das Königl. Amtsgericht in D., welches um Vernehmung der Zeugen E. und F. ersucht wird." Das Amtsgericht A. verfügt: „Termin zur Beweisaufnahme d. usw." Die Ausführung der Verfügung ist Sache des Gerichtsschreibers, der von Amts wegen gegen Zustellungsurkunde die Prozeßbevollmächtigten der Parteien sowie die Zeugen und Sachverständigen zu laden hat. Den beiden letzteren ist auf der Rückseite der Ladung eine Abschrift des in ihre Wissenschaft gestellten Beweissatzes — nicht auch des Beweisführers — mitzuteilen. Nach Vernehmung des B. und C. sendet das Amtsgericht A. das Protokoll urschriftlich mit den Akten an das Amtsgericht in D., welches die Vernehmung der Zeugen E. und F. zu veranlassen hat. Nachdem dies geschehen, schickt das Amtsgericht D. das Protokoll mit den Akten an die Gerichtsschreiberei des Prozeßgerichts. Diese legt die Beweisverhandlungen sowohl des ersuchten wie des beauftragten Richters dem Berichterstatter vor, der die Vollständigkeit der Erledigung des Beweisbeschlusses zu prüfen, nötigenfalls die Vervollständigung herbeizuführen hat und, wenn alles in Ordnung ist, den „Termin zur Fortsetzung der mündlichen Verhandlung" verfügt, falls dieser Termin nicht schon mit dem Beschlusse verkündet sein sollte. Die Bestimmung des Termins geschieht durch den Vorsitzenden und ist vom Gerichtsschreiber den Prozeßbevollmächtigten gegen Zustellungsurkunde bekannt zu machen.

Machen veränderte Umstände — z. B. die Verlegung des Aufenthalts des Zeugen — die Änderung der über die Erhebung des Beweises getroffenen Anordnung notwendig, so pflegt die Praxis für diese Änderungen regelmäßig die Form des Beschlusses ohne mündliche Verhandlung, nötigenfalls nach Einholung der schriftlichen Erklärungen der Prozeßvertreter, für ausreichend zu erachten.[34]) „Der Zeuge A., der von B. nach der hiesigen Stadt verzogen ist, soll nicht durch Ersuchen des Königl. Amtsgerichts in B., sondern in dem zur Fortsetzung der mündlichen Verhandlung anberaumten Termine vor dem Prozeßgericht vernommen werden." „Der Zeuge A., der aus der hiesigen Stadt nach B. verzogen ist, soll nicht vor dem Prozeßgericht, sondern durch Ersuchen des Königl. Amts-

---

[33]) GVG. § 159. In Preußen ist im Aufsichtswege seitens der Justizverwaltung angeordnet, daß in diesem Falle von dem Ersuchen um Rechtshilfe abgesehen werden solle. [34]) RG. 16 S. 412.

gerichts in B. vernommen werden." Auch ist sowohl der beauftragte als der ersuchte Richter ermächtigt, falls sich Gründe ergeben, welche die Beweisaufnahme durch ein anderes Gericht notwendig oder zweckmäßig erscheinen lassen, dieses Gericht um die Aufnahme des Beweises zu ersuchen. Die Prozeßvertreter sind von dieser Verfügung zu benachrichtigen.[35])

Um Beweisaufnahmen im Auslande ist, wenn sie durch den Reichskonsul erfolgen können, dieser, anderenfalls die nach dem ausländischen Rechte zuständige Behörde durch Schreiben des Vorsitzenden zu ersuchen.[36]) Alle Anordnungen hinsichtlich der Art der Beweisaufnahme, soweit sie vom Ermessen des Gerichts abhängen, sind unanfechtbar.

Die Parteien sind berechtigt, der Beweiserhebung beizuwohnen. Es muß also den Anwälten der Beweistermin mitgeteilt werden. Ist dies unterblieben, ist beispielsweise ein Zeuge vor oder nach dem den Anwälten mitgeteilten Termin vernommen, so werden zweckmäßig die Parteivertreter befragt, ob sie wegen dieses prozessualen Mangels die nochmalige Vernehmung der Zeugen verlangen, und ist dann der Zeuge eventuell nochmals zu vernehmen.

Zwischenstreit während der kommissarischen Beweisaufnahme. Durch die Übertragung der Beweisaufnahme wird der beauftragte und ersuchte Richter zur Vornahme derjenigen Maßregeln ermächtigt, welche die Art und Weise des Auftrags oder Ersuchens betreffen. Außerdem ist er in gewissen Fällen[37]) zur selbständigen Entscheidung berechtigt. Erhebt sich aber während der Beweisaufnahme ein auf Grund mündlicher Verhandlung zu entscheidender Zwischenstreit, sei es der Parteien untereinander, sei es zwischen den Parteien und Dritten,[38]) von dessen Erledigung die Fortsetzung der Beweisaufnahme abhängt, so hat der beauftragte oder ersuchte Richter die Beweisaufnahme abzubrechen und unter Benachrichtigung der Parteien die Akten dem Prozeßgericht zu übersenden. Von dem letzteren ist von Amts wegen Termin zur mündlichen Verhandlung anzuberaumen und hierzu zu laden.[39])

§ 8. Beweis durch Augenschein. (§§ 371, 372 ZPO.)

I. Die Einnahme des Augenscheins, d. h. die sinnliche Wahrnehmung eines Gegenstandes oder Vorganges seitens des Richters, kann, ohne daß es einer Beweisaufnahme bedarf, vom Prozeßgericht von Amts wegen angeordnet werden, wenn dies zur Aufklärung oder Würdigung von Parteiangaben, streitigen oder unstreitigen, nötig oder nützlich erscheint.[1]) Macht das Gericht von dieser Amtsbefugnis keinen Gebrauch, so bleibt es den Parteien überlassen, im Wege des Beweisantritts die Einnahme des Augenscheins zu beantragen. Über diesen Beweisantrag

---

[35]) § 365. [36]) Konf.G. v. 8. Nov. 1867 § 20. G. über die Konf.=Gerichtsbarkeit v. 7. April 1900, §§ 1, 7, 18. S. Formular Nr. 9. [37]) §§ 229, 400, 406 Abs. 4. [38]) §§ 214, 303. [39]) § 366.

[1]) § 144.

muß alsdann das Gericht wie über jeden Beweisantrag befinden. Zur Antretung des Beweises gehört: 1. die Bezeichnung des Gegenstandes des Augenscheins. Als solcher kann jede bewegliche oder unbewegliche körperliche Sache in Frage kommen (Urkunden: unten § 11); 2. die Angabe der zu beweisenden tatsächlichen Behauptung.[2]) Die Augenscheinseinnahme kann durch das Gericht selbst oder durch einen beauftragten oder ersuchten Richter erfolgen.

Bei jeder Augenscheinseinnahme, gleichviel ob sie auf Antrag oder von Amts wegen erfolgt, können nach dem Ermessen des Prozeßgerichts auf dessen Anordnung Sachverständige zugezogen werden. Im Falle der Beweisaufnahme durch beauftragten oder ersuchten Richter ist gestattet, diesen die Ernennung der Sachverständigen zu überlassen.[3])

Über das Ergebnis des Augenscheins ist ein Protokoll aufzunehmen.[4]) Handelt es sich um Gegenstände, die mit dem Auge wahrnehmbar sind, so wird der Regel nach die Aufnahme einer Handzeichnung zweckmäßig sein. Sie ist dem Protokoll als Anlage beizufügen.

II. Für die Pflicht zur Vorweisung des Augenscheingegenstandes oder zur Duldung der Besichtigung ist dem Dritten gegenüber das bürgerliche Recht entscheidend. Die Erfüllung dieser Verpflichtung kann nur im Wege eines besonderen Prozesses, durch Klage und Zwangsvollstreckung, herbeigeführt werden.[5]) Auch für die Parteien besteht keine Verpflichtung zur Vorzeigung des ihrer Verfügung unterliegenden Streitgegenstandes, insbesondere auch sich körperlich besichtigen zu lassen.[6]) Doch zieht natürlich, wenn der Beweisführer die Vorweisung des Augenscheingegenstandes verweigert, dies den Verlust des Beweismittels nach sich.[7]) Weigert der Gegner aber die Vorweisung, so tritt freie Beweiswürdigung ein, die dahin führen kann, die durch Augenschein zu erweisende Tatsache ohne weiteres als wahr anzunehmen. Ist die Einnahme des Augenscheins von Amts wegen angeordnet, so findet die freie Beweiswürdigung gegen beide Parteien Anwendung.

§ 9. Zeugenbeweis. (§§ 373—401 ZPO.)

I. Die Antretung des Zeugenbeweises erfolgt durch Benennung der Zeugen und Bezeichnung der tatsächlichen Behauptungen, über die ihre Vernehmung erfolgen soll.[1]) Zeugen können nur sein dritte Personen, die zur Zeit ihrer Vernehmung am Rechtsstreit als Partei oder als gesetzliche Vertreter einer Partei nicht beteiligt sind, also auch die ausgeschiedene Partei,[2]) Mitberechtigte oder Mitverpflichtete, der streitgenössische Nebenintervenient,[3]) der Hauptintervenient im Erstprozesse, Streitverkündete, Rechtsvorgänger (z. B. der Zedent),[4]) der Gemeinschuldner in Prozessen der Konkursmasse,[5]) Prozeßbevollmächtigte und Beistände,

---

[2]) § 371. [3]) § 372. [4]) § 160 Nr. 4. [5]) Seuff. 56 Nr. 115. Vgl. BGB. §§ 809, 811. [6]) Seuff. 53 Nr. 127. [7]) §§ 230, 367. Seuff. 53 Nr. 127.

[1]) § 373. [2]) RG. 13 S. 115, 29 S. 370, 35 S. 389. Seuff. 38 Nr. 352. [3]) RG. 20 S. 390. [4]) RG. 44 S. 374; vgl. wegen der Beeidigung § 393 Nr. 4. [5]) RG. 8 S. 413, 29 S. 29; JW. 94 S. 315; Seuff. 44 Nr. 265.

nicht aber der Vater, Vormund,[6]) Pfleger, die Vorsteher von Korporationen, Gesellschaften oder Genossenschaften in Prozessen der von ihnen Vertretenen,[7]) die geschäftsführenden Gesellschafter oder Liquidatoren von offenen Handels- und von Kommanditgesellschaften, die Kommanditisten,[8]) die Mitglieder der den Staat vertretenden Behörden,[9]) der als Beistand mitklagende oder mitbeklagte Ehemann in Prozessen einer Ehefrau.[10])

Im Falle der Benennung einer großen Zahl von Zeugen ist das Gericht nicht befugt, von vornherein einen Teil der Zeugen als überflüssig abzulehnen, aber auch nicht verpflichtet, alle Zeugen zu vernehmen, kann vielmehr die Vernehmung abbrechen, sobald es die betreffende Tatsache, für erwiesen oder widerlegt erachtet.[11])

Die Vernehmung der Zeugen, die verspätet, nämlich erst nach Verkündung eines Beweisbeschlusses über eine darin bezeichnete Tatsache, benannt sind, ist auf den in mündlicher Verhandlung zu stellenden Antrag zurückzuweisen, wenn durch die Vernehmung die Erledigung des Rechtsstreits verzögert werden würde und das Gericht die Überzeugung gewinnt daß die frühere Benennung in der Absicht, den Prozeß zu verschleppen, oder aus grober Nachlässigkeit unterlassen ist.[12]) Die Zurückweisung erfolgt durch Zwischenurteil oder im Endurteil.

II. Die Ladung der Zeugen erfolgt von Amts wegen auf Grund des Beweisbeschlusses von dem Gerichtsschreiber[13]) u. z. vor das Prozeßgericht. Ausnahmsweise kann die Aufnahme des Zeugenbeweises einem Mitgliede des Prozeßgerichts oder einem anderen Gericht übertragen werden, wenn die Vernehmung der Zeugen an Ort und Stelle dienlich erscheint, wenn die Beweisaufnahme vor dem Prozeßgericht erheblichen Schwierigkeiten unterliegen würde, wenn der Zeuge verhindert ist, vor dem Prozeßgerichte zu erscheinen oder in großer Entfernung von dem Sitze des Gerichts sich aufhält. Die Landesherrn und die Mitglieder der landesherrlichen Familien und die Mitglieder einiger anderen diesen gleichgestellten Familien sind durch ein Mitglied des Prozeßgerichts oder durch ein anderes Gericht in ihrer Wohnung zu vernehmen.[14])

Das Prozeßgericht kann die Ladung davon abhängig machen, daß der Beweisführer einen Vorschuß zur Deckung der Staatskasse wegen der durch die Vernehmung des Zeugen erwachsenden Auslagen hinterlegt.[15]) Bei Ladung einer dem aktiven Heere oder der aktiven Marine angehörenden Person des Soldatenstandes ist die Tätigkeit des Gerichtsschreibers ausgeschlossen, vielmehr erfolgt die Ladung in der Weise, daß der Vorsitzende des Prozeßgerichts die ausgefertigte Ladung der Militärbehörde zusendet und um deren Übermittlung ersucht. Die Ausführung liegt dann der Militärbehörde ob und ihre Mitteilung, daß die Ladung erfolgt sei, erbringt deren Nachweis.[16])

Öffentliche Beamte, auch wenn sie nicht mehr im Dienste sind, dürfen

[6]) RG. 12 S. 188. [7]) RG. 2 S. 400, 12 S. 188, 17 S. 367; Gruch. 29 S. 1080; Seuff. 40 Nr. 252; JW. 92 S. 180. [8]) RG. 17 S. 366, 35 S. 388; vgl. aber auch bez. des ausgeschiedenen Gesellschafters RG. 49 S. 425. [9]) RG. 45 S 427, 46 S. 318. [10]) RG. 34 S. 237. [11]) RG. 4 S. 81, 375. [12]) § 374. RG. Gruch. 30 S. 1128; JW. 93 S. 17, 234. [13]) § 377. [14]) § 375. [15]) § 379. [16]) § 378.

über Umstände, auf die sich ihre Pflicht zur Amtsverschwiegenheit bezieht, als Zeugen nur mit Genehmigung ihrer vorgesetzten Dienstbehörde oder der ihnen zuletzt vorgesetzt gewesenen Dienstbehörde vernommen werden.[17]) Ist z. B. beschlossen, über eine Frage den Notar A. durch Ersuchen des zuständigen Amtsgerichts als Zeugen zu vernehmen, so erläßt das Prozeßgericht auf dem Protokoll folgende Verfügung: „Urschriftlich mit den Akten an den Herrn Präsidenten des K. Landgerichts in usw. mit dem ergebenen Ersuchen, gemäß § 376 ZPO. über die Genehmigung der Vernehmung des Notars A. zu befinden und im Falle der Erteilung der Genehmigung die Akten an das K. Amtsgericht in usw. zur Erledigung des Beweisbeschlusses abzusenden."

III. Zeugnispflicht. Es besteht eine allgemeine Verpflichtung als Zeuge vor Gericht zu erscheinen und auszusagen für alle, die sich im Reiche aufhalten, gleichviel ob sie Inländer oder Ausländer sind.

Die Verletzung dieser Pflicht zieht Strafen nach sich.

1. Zeugen, die ohne glaubhaft gemachten Entschuldigungsgrund ausbleiben, sind von Amts wegen in die durch das Ausbleiben verursachten Kosten, sowie zu einer Geldstrafe bis zu 300 M. und für den Fall, daß diese nicht beigetrieben werden kann, zu einer — unabhängig von den Regeln der §§ 28 ff. StGB. — nach freiem Ermessen des Gerichts festzusetzenden Haftstrafe bis zu 6 Wochen zu verurteilen. Bleibt der Zeuge nach der Verurteilung von neuem aus, so ist für jeden Fall wiederholten Ausbleibens die Strafe noch einmal zu erkennen,[18]) auch kann die zwangsweise Vorführung des Zeugen angeordnet werden.[19])

Die Entscheidung ergeht durch Beschluß des ladenden Gerichts, also auch des beauftragten oder ersuchten Richters.[20]) Der Beschluß ist dem Zeugen immer, den Parteien dann, wenn sie bei der Verkündung nicht zugegen gewesen sind, von Amts wegen zuzustellen. Gegen den Beschluß steht dem Zeugen sowie der an der Vernehmung interessierten Partei[21]) die einfache Beschwerde mit aufschiebender Wirkung zu.[22]) Die Vollziehung des Beschlusses erfolgt durch das anordnende Gericht von Amts wegen, die Einziehung der Geldstrafe nach § 495 StPO., die Vollstreckung der Haftstrafe nach § 18 StGB., jedoch unter Ausschluß der §§ 904—913 ZPO., die Vorführung des Zeugen durch Beauftragung des Gerichtsvollziehers.[23])

Erfolgt nachträglich genügende Entschuldigung des Zeugen, so werden die getroffenen Anordnungen ohne mündliche Verhandlung durch Beschluß, der von Amts wegen zuzustellen ist, wieder aufgehoben. Anordnungen des beauftragten oder ersuchten Richters können sowohl von diesem als vom Prozeßgericht aufgehoben werden.[24])

Beim Ausbleiben einer Militärperson ist das Zivilgericht nur für die Auferlegung der Terminskosten zuständig. Wegen der Festsetzung und

---

[17]) § 376. [18]) M. II zu § 345. [19]) § 380. [20]) S. Formular Nr. 11. [21]) Gruch. 35 S. 1193. [22]) §§ 380 Abs. 3, 572. [23]) Pr. GeschA. f. GerVollz. § 104. [24]) §§ 381, 400, 576.

Vollstreckung der Strafe sowie wegen der Vorführung hat das Zivilgericht unter Mitteilung der Sachlage das Militärgericht zu ersuchen.[25])

2. Der erschienene Zeuge muß über den Gegenstand der Vernehmung aussagen. Jedoch besteht in gewissen Fällen ein Recht des Zeugen, allgemein oder auf bestimmte Fragen das Zeugnis zu verweigern.

Allgemein sind zur Verweigerung des Zeugnisses berechtigt[26]): der Verlobte einer Partei, der Ehegatte derselben, auch wenn die Ehe nicht mehr besteht, gewisse nahe Verwandte und Verschwägerte, Geistliche in Ansehung desjenigen, was ihnen bei der Ausübung der Seelsorge anvertraut ist, sowie Personen, denen kraft ihres Amtes, Standes oder Gewerbes Tatsachen anvertraut sind, deren Geheimhaltung geboten ist, bez. dieser Tatsachen, z. B. Rechtsanwälte, Notare, Ärzte. Der Verlobte, Ehegatte und die Verwandten dürfen jedoch das Zeugnis in gewissen in § 385 aufgezählten Fällen nicht verweigern, z. B. über Geburten, Verheiratungen und Sterbefälle von Familiengliedern, die übrigen Kategorien nicht, wenn sie von der Verpflichtung zur Verschwiegenheit entbunden sind.

Jeder Zeuge kann ferner die Aussage verweigern[27]) über Fragen, deren Beantwortung ihm oder gewissen Angehörigen einen unmittelbaren vermögensrechtlichen Schaden verursachen oder zur Unehre gereichen, oder die Gefahr strafgerichtlicher Verfolgung zuziehen würde sowie über Fragen, die er nicht würde beantworten können, ohne ein Kunst- oder Gewerbegeheimnis zu offenbaren.

3. Verfahren bei Zeugnisverweigerung.[28]) Über die Rechtmäßigkeit der mit Angabe von Gründen versehenen Zeugnisverweigerung ist von dem Prozeßgericht nach Anhörung der Parteien zu entscheiden.[29])

Die Parteien des Zwischenstreits sind die Parteien als notwendige Streitgenossen[30]) einerseits und der Zeuge andererseits.[31]) Die Entscheidung ergeht durch Zwischenurteil.[32])

a) Ist der Zeuge vor das Prozeßgericht geladen, so hat er die Tatsachen, auf welche er die Weigerung gründet, anzugeben und glaubhaft zu machen. Diese Erklärung kann vor dem Termin schriftlich oder zu Protokoll des Gerichtsschreibers oder im Termin mündlich abgegeben werden. Wird die Angabe vor dem Termine gemacht, so ist der Zeuge nicht verpflichtet, im Termine zu erscheinen. Der Gerichtsschreiber hat von dem Eingange der Erklärung die Parteien zu benachrichtigen. Erkennen die Parteien die Rechtmäßigkeit der Weigerung an, so fällt die Zeugenvernehmung fort.[33]) Anderenfalls ist zwischen den Parteien und dem Zeugen mündlich zu verhandeln. Der Zeuge, für den ein Anwaltszwang nicht besteht, kann seine Weigerung, die widersprechende Partei kann ihren Widerspruch näher begründen. Die Entscheidung ergeht in allen Fällen, auch beim Ausbleiben eines Teils oder beider Teile, nach Lage der Sache, ein Versäumnisurteil findet nicht statt. Bleibt der Zeuge aus, so hat ein Mitglied des Prozeßgerichts über die Sachlage zu berichten.[34]) Vor der Entscheidung kann das Gericht gemäß § 294 Beweis erheben.

[25]) § 380 Abs. 4. [26]) § 383. [27]) § 384. [28]) §§ 386—390. [29]) § 387. [30]) § 62. [31]) § 387. Gruch. 39 S. 1143. [32]) S. Formular Nr. 12. [33]) RG. Gruch. 30 S. 1128. [34]) § 388.

Gegen das Zwischenurteil findet sofortige Beschwerde mit aufschiebender Wirkung bez. des Verfahrens gegen den Zeugen statt.[35]) Sie steht dem Zeugen und den Parteien zu, den letzteren aber nur dann, wenn die Weigerung für berechtigt erklärt ist.[36])

b) Ist der Zeuge vor den beauftragten oder ersuchten Richter geladen, so hat er seine Weigerung vor dem Termine schriftlich oder zu Protokoll des Gerichtsschreibers vorzubringen oder in dem Termine zu Protokoll zu geben. Auch die Parteien, wenn sie zugegen sind, haben sich zu Protokoll zu erklären. Der beauftragte oder ersuchte Richter sendet die Akten an das Prozeßgericht. Dieses ladet von Amts wegen den Zeugen und die Parteien zur mündlichen Verhandlung über das Recht des Zeugen zur Zeugnisverweigerung. Im Termine hat ein Mitglied des Prozeßgerichts auf Grund der von dem Zeugen und den Parteien abgegebenen Erklärungen Bericht zu erstatten. Nach diesem Vortrage können der Zeuge und die Parteien zur Begründung ihrer Anträge das Wort nehmen; neue Tatsachen und Beweismittel dürfen nicht geltend gemacht werden.[37]) Im übrigen folgt das Verfahren den Grundsätzen zu a.

Ist die Weigerung des Zeugen rechtskräftig verworfen, so ergeht an ihn von Amts wegen eine neue Ladung. Die Rechtskraft des Zwischenurteils ist von der Partei, die an der Fortsetzung des Verfahrens ein Interesse hat, nachzuweisen. Wenn auch nunmehr der Zeuge das Zeugnis verweigert oder wenn er es von vornherein ohne Angabe eines Grundes verweigert hat, so ist er von Amts wegen in die durch die Weigerung verursachten Kosten sowie zu einer Geldstrafe bis zu 300 Mk. und für den Fall, daß diese nicht beigetrieben werden kann, zur Strafe der Haft bis zu 6 Wochen zu verurteilen.[38]) Neue Weigerungsgründe bleiben unberücksichtigt, sofern sie nicht erst nachträglich entstanden sind.[39]) Die Entscheidung ergeht durch Beschluß und bedarf keiner mündlichen Verhandlung. Zuständig ist das Gericht, das die Beweisaufnahme vorzunehmen hat, also auch der beauftragte oder ersuchte Richter.

Bleiben die verhängten Strafen ohne Erfolg, so hat das mit der Beweisaufnahme betraute Gericht auf Antrag als Zwangsmittel zur Herbeiführung des Zeugnisses die Haft anzuordnen. Der Haftbeschluß wird dem Antragsteller herausgegeben und ist von diesem gemäß § 750 dem Zeugen zuzustellen. Auf die Vollstreckung finden die §§ 901—913 entsprechende Anwendung.[40]) Der Antragsteller hat also auch die Kosten vorzuschießen. Die Zwangshaft dauert nicht über den Zeitpunkt der Beendigung des Prozesses in der Instanz hinaus. Sie darf in höherer Instanz zwar erneuert werden, aber in allen Instanzen zusammen die Zeitdauer von 6 Monaten nicht übersteigen.

Gegen die Beschlüsse, durch die ein Straf- oder Zwangsmittel angeordnet ist, steht dem Zeugen die gewöhnliche Beschwerde mit aufschiebender Wirkung zu.[41])

---

[35]) §§ 387, 390. [36]) RG. 20 S. 378; Gruch. 34 S. 750, 39 S. 1143; IW. 95 S. 165. [37]) § 389. [38]) § 390. [39]) IW. 89 S. 169. [40]) § 390 Abs. 2. [41]) §§ 390 Abs. 3, 572.

Gegen Militärpersonen erfolgt die Festsetzung und Vollstreckung der Strafe auf Ersuchen des Zivilgerichts durch das Militärgericht.[42]) Die Zwangshaft wird vom Zivilgericht festgesetzt und von der Militärbehörde vollstreckt.[43])

IV. Beeidigung. Grundsätzlich ist jeder Zeuge zu beeidigen und zwar hat die Beeidigung[44]) jedes einzelnen Zeugen nach seiner Vernehmung zu erfolgen. (Nacheid, assertorischer Eid.)[45]) Die Eidesformel enthält § 392, das Verfahren bei der Eidesabnahme regeln die §§ 478—484. Mehrere Zeugen können gleichzeitig beeidigt werden. Bei wiederholter Vernehmung eines beeideten Zeugen in derselben oder in höherer Instanz kann der Richter den Zeugen die Aussage auf den geleisteten Eid versichern lassen.[46]) In allen übrigen Fällen ist die Leistung des Eides notwendig. Die in früheren Prozeßrechten für Beamte gestattete Versicherung der Richtigkeit der Aussage auf einen geleisteten Diensteid ist — bis auf den besonderen Fall des § 386 Abs. 2 — fortgefallen.

Die Beeidigung unterbleibt, wenn beide Teile darauf verzichten.[47]) Der Prozeßbevollmächtigte ist durch die Vollmacht zum Verzicht berechtigt.[48]) Der Verzicht ist nur für die erste Instanz wirksam[49]) und ausgeschlossen, wo das öffentliche Interesse mit in Frage kommt, wie in Ehe- und Entmündigungssachen.[50])

Unbeeidigt sind zu vernehmen:[51]) Personen unter 16 Jahren oder, welche wegen mangelnder Verstandesreife oder wegen Verstandesschwäche von dem Wesen und der Bedeutung des Eides keine genügende Vorstellung haben, Personen, die strafgerichtlich für unfähig erklärt sind, als Zeugen eidlich vernommen zu werden, gewisse Angehörige, die zur Verweigerung des Zeugnisses berechtigt sind und Personen, welche ein rechtliches Interesse daran haben, daß in dem Rechtsstreite die eine Partei obsiege, Personen, welche einen in dem Prozeß geltend gemachten Anspruch übertragen haben, auch dann, wenn sie zur Gewährleistung nicht verpflichtet sind. Das Prozeßgericht kann aber die Beeidigung der beiden letzten Kategorien von Zeugen anordnen. Ist die uneidliche Vernehmung durch beauftragten oder ersuchten Richter erfolgt, so ist der Beschluß über die Beeidigung von dem Prozeßgericht nach vorgängiger mündlicher Verhandlung zu erlassen.

Weigert ein zur Eidesleistung verpflichteter Zeuge sich, den Eid zu leisten, so kommen die Vorschriften über die Verweigerung des Zeugnisses zur Anwendung.[52])

V. Vernehmung. Jeder Zeuge ist einzeln und in Abwesenheit der später abzuhörenden zu vernehmen. Die Anwesenheit bereits gehörter Mitzeugen ist zulässig, kann aber — nach Lage des Falls — ausgeschlossen werden. Bei Zeugen, deren Aussagen sich widersprechen, ist die Gegenüberstellung statthaft.[53]) Die Abhörung beginnt mit der Vernehmung

---

[42]) § 390 Abs. 4. [43]) §§ 912, 913. Prot. S. 131, 132. [44]) § 391. [45]) § 392. [46]) § 398. RG. 9 S. 377; JW. 94 S. 589. [47]) § 391 Abs. 2. [48]) § 81. [49]) RG. JW. 93 S. 306. [50]) §§ 617, 670, 679, 684, 686. [51]) § 393. [52]) § 390. [53]) § 394.

über Vor- und Zunamen, Alter, Religionsbekenntnis, Stand oder Gewerbe und Wohnort. Hieran sind Fragen über die Glaubwürdigkeit zu knüpfen, jedoch nur dann, wenn die Sachlage hierzu Anlaß gibt.[54]) Bei der darauf folgenden Vernehmung zur Sache soll der Zeuge veranlaßt werden, dasjenige was ihm von dem Gegenstande seiner Vernehmung bekannt ist, im Zusammenhang anzugeben. Zur Aufklärung oder Vervollständigung der Aussage, sowie zur Erforschung des Grundes der Wissenschaft der Zeugen sind nötigenfalls weitere Fragen zu stellen. Die Vernehmung erfolgt durch den Vorsitzenden. Er hat den Beisitzern und Anwälten unmittelbare Fragen an den Zeugen zu gestatten. Den Parteien kann er das unmittelbare Fragerecht einräumen, muß aber, wenn er dies versagt, die von ihnen gewünschten Fragen seinerseits den Zeugen vorlegen. Zweifel über die Zulässigkeit einer Frage entscheidet das Gericht.[55]) Das Prozeßgericht kann nach seinem Ermessen die wiederholte Vernehmung eines Zeugen und wenn ein beauftragter oder ersuchter Richter die Stellung einer von einer Partei angeregten Frage abgelehnt hat, die nachträgliche Vernehmung des Zeugen anordnen.[56])

Die Aussagen der Zeugen sind zu protokollieren.[57]) Die Protokollierung kann unterbleiben, wenn die Vernehmung vor dem Prozeßgericht erfolgt und das Endurteil der Berufung nicht unterliegt. In diesem Falle ist im Protokoll zu bemerken, daß die Vernehmung stattgefunden habe.[58]) Der Inhalt der Zeugenaussagen muß dann in den Tatbestand des Urteils aufgenommen werden.

VI. Verzicht. Jede Partei kann auf einen von ihr vorgeschlagenen Zeugen, solange seine Vernehmung noch nicht stattgefunden hat, verzichten, ohne daß es der Zustimmung des Gegners bedarf. Erfolgt jedoch der Verzicht erst im Vernehmungstermin und ist der Zeuge erschienen, so kann die Gegenpartei die Vernehmung oder deren Fortsetzung verlangen.[59])

VII. Zeugengebühren. Jeder Zeuge hat Anspruch auf Entschädigung für Zeitversäumnis und auf Entstattung von Reise- und Zehrungskosten nach Maßgabe der Geb.-Ordn. für Zeugen und Sachverständige vom 30. Juni 1878.

§ 10. Beweis durch Sachverständige. (§§ 402—414 ZPO.)

I. Sachverständige sind Dritte, die über einen als feststehend angenommenen Tatbestand auf Grund besonderer Sachkunde Auskunft geben. Sie sind Gehilfen des Richters, indem sie ihm ein zur Vorbereitung der Entscheidung dienendes Gutachten liefern. Der Richter kann bei Bildung des Urteils die auf Grund seiner allgemeinen Lebenserfahrung und Bildung gewonnene Sachkunde verwenden, u. z. ohne die praktisch undurchführbare und wissenschaftlich unhaltbare Unterscheidung von allgemeiner Bildung und besonderer Sachkunde.[1])

---

[54]) § 395. [55]) §§ 396, 397. [56]) § 398. [57]) § 160 Nr. 3. [58]) § 161. [59]) § 399.

[1]) Gaupp-Stein, Vorbem. zu Titel VIII.

II. Beweisantritt. Das Gericht kann zur Aufklärung streitiger oder unstreitiger Parteianführungen in jeder Lage des Rechtsstreits die Begutachtung durch Sachverständige von Amts wegen anordnen.[2]) Daneben ist den Parteien die Antretung des Beweises durch Sachverständige gestattet.[3]) Der Beweisantritt ist beschränkt auf die Bezeichnung der zu begutachtenden Punkte.[4]) Die Auswahl der Sachverständigen ist Amtspflicht des Gerichts. Vorschläge der Parteien können eingeholt werden, sind aber mit Vorsicht zu benutzen, da vorgeschlagene Sachverständige nicht selten, wenn auch unbewußt, zugunsten des vorschlagenden Teils Partei nehmen. Sind die Parteien über bestimmte Sachverständige innerhalb einer vom Gericht zu bestimmenden Anzahl einig, so ist das Gericht an diese Einigung gebunden.[5]) Die Ernennung der Sachverständigen kann dem mit der Beweisaufnahme betrauten Richter überlassen werden.[6])

III. Ablehnung. Der ernannte Sachverständige kann von den Parteien aus denselben Gründen abgelehnt werden, die zur Ablehnung eines Richters berechtigen[7]) — Parteilichkeit —, sofern der Ablehnungsgrund vor Abgabe des Gutachtens entstanden ist, doch kann ein Sachverständiger nicht deshalb abgelehnt werden, weil er als Zeuge in derselben Sache vernommen worden ist. Mangelnde Sachkunde ist als Ablehnungsgrund nicht anerkannt,[8]) das Gericht wird aber in solchem Falle von seiner Befugnis Gebrauch machen, den Sachverständigen von der Erstattung des Gutachtens zu entbinden.[9]) Der Ablehnungsgrund muß glaubhaft gemacht werden; zur Versicherung an Eides Statt darf die Partei nicht zugelassen werden.[10]) Der Antrag ist vom Anwaltszwange befreit. Zuständig zur Entscheidung ist das Gericht oder der Richter, von dem der Sachverständige ernannt ist. Mündliche Verhandlung oder Anhörung der Beteiligten ist nicht erforderlich, aber auch nicht ausgeschlossen. Die Entscheidung ergeht durch besonderen Beschluß, sie darf nicht erst in dem Urteil erfolgen.[11]) Dieser ist unanfechtbar, wenn er die Ablehnung für begründet erklärt. Wird die Ablehnung für unbegründet erachtet, so steht der ablehnenden Partei, nicht auch dem Sachverständigen die sofortige Beschwerde zu.[12]) An Stelle des abgelehnten Sachverständigen kann das Gericht einen anderen ernennen.[13])

Ablehnung eines Dolmetschers: GVG. § 193.

IV. Eine Sachverständigenpflicht besteht nur,[14]) wenn der Betreffende zur Erstattung von Gutachten der erforderten Art öffentlich bestellt ist oder wenn er die Wissenschaft, die Kunst oder das Gewerbe, deren Kenntnis Voraussetzung der Begutachtung ist, öffentlich zum Erwerbe ausübt oder wenn er zur Ausübung derselben öffentlich bestellt oder ermächtigt ist. Auch muß derjenige ein Gutachten erstatten, der sich dazu vor Gericht bereit erklärt hat. Die dieser Pflicht unterworfenen Personen können ihr Gutachten nur aus den Gründen verweigern, die nach §§ 383—385 einen Zeugen zur Verweigerung des Zeugnisses berechtigen.[15]) Über die Rechtmäßigkeit der Weigerung ist nach den im Falle der Zeugnis-

[2]) § 144. [3]) § 402. [4]) § 403. RG. Gruch. 31 S. 876. [5]) § 404. [6]) § 405. [7]) § 406. RG. JW. 94 S. 574. [8]) M. S. 259. RG. Gruch. 30 S. 1028. [9]) § 408. [10]) § 406 Abs. 3. [11]) RG. 60 S. 110. [12]) RG. 35 S. 420. [13]) §§ 406, 412. [14]) § 407. [15]) § 408.

weigerung geltenden Grundsätzen[16]) zu entscheiden. Verweigert der der Sachverständigenpflicht unterliegende Gutachter[17]) das Gutachten oder bleibt er im Termin ohne genügende Entschuldigung aus, so ist er von Amts wegen zum Ersatz der Kosten und zu einer Geldstrafe bis zu 300 Mk. zu verurteilen. Bei wiederholtem Ungehorsam kann noch einmal eine Geldstrafe bis zu 600 Mk. festgesetzt werden. Bleibt auch die zweite Ladung erfolglos, so ist von weiteren Versuchen Abstand zu nehmen. Umwandlung der Geldstrafe in Haft, zwangsweise Vorführung und Zwangshaft sind unstatthaft. Gegen den Beschluß findet Beschwerde mit aufschiebender Wirkung statt.[18]) Die Festsetzung und Vollstreckung der Strafe gegen eine dem aktiven Heere oder der aktiven Marine angehörige Militärperson erfolgt auf Ersuchen durch das Militärgericht.[19])

Ein öffentlicher Beamter darf als Sachverständiger nicht vernommen werden, wenn seine vorgesetzte Behörde erklärt, daß seine Vernehmung den dienstlichen Interessen Nachteil bereiten würde. Die Einholung ist aber nicht — wie bei Zeugen — Amtspflicht des Gerichts, sondern bleibt dem Beamten überlassen. Wer bei einer richterlichen Entscheidung mitgewirkt hat, soll über Fragen, die den Gegenstand der Entscheidung gebildet haben, nicht als Sachverständiger vernommen werden.[20])

Die Einholung des Gutachtens von Fachbehörden oder Vereinen ist in der ZPO. — abweichend von der StPO. § 83 — zwar nicht erwähnt, doch folgt daraus nur, daß die Parteien kein prozessuales Recht auf Herbeiziehung solcher Gutachten durch den Richter haben. Der Richter kann solche beigebrachte Gutachten benutzen, auch sie selbst einziehen, selbst wenn dies nicht ausdrücklich durch andere Reichsgesetze gestattet ist, wie[21]) bei Rechtsstreitigkeiten über Verletzung des Urheberrechts[22]) oder in Rechtsstreitigkeiten über Verletzung des Patentrechts.[23])

V. **Beeidigung.** Jeder Sachverständige ist zu beeidigen. Dies gilt allgemein, also auch für die in § 393 Nr. 3, 4 Genannten.[24]) Die Beeidigung unterbleibt, wenn beide Parteien darauf verzichten, was auch bei der von Amts wegen angeordneten Vernehmung, nicht aber in Ehe- und Entmündigungssachen[25]) zulässig ist. Bei Sachverständigen, die für die Erstattung von Gutachten im allgemeinen beeidigt sind, genügt die Berufung auf den geleisteten Eid. Gutachten von Fachbehörden sind als amtliche Äußerungen von Behörden zu beschwören.[26]) Bei der wiederholten Vernehmung kann der Richter sich mit der Versicherung auf den früher geleisteten Eid begnügen.[27]) Eidesunfähige[28]) sind als Sachverständige ausgeschlossen, es sei denn, daß die Parteien sich über sie geeinigt hätten.[29])

Der Eid wird vor oder nach der Erstattung des Gutachtens geleistet.[30]) Durch den Zeugeneid wird der Sachverständigeneid nicht gedeckt.[31])

---

[16]) Oben S. 47. [17]) RG. 23 S. 337. [18]) §§ 409, 572. [19]) § 409. [20]) § 408. [21]) RG. 44 S. 151. [22]) § 14 G. v. 11. Jan. 1876; § 49 Urheberrechtsg. v. 19. Juni 1901; § 46 G. v. 9. Jan. 1907. [23]) § 18 Patentges. v. 7. April 1891. Vgl. Gruch. 30 S. 44; RG. 6 S. 337, 9 S. 380; JW. 89 S. 285; Seuff. 43 S. 484; RG. Straff. 3 S. 326. [24]) Seuff. 20 S. 394, 39 S. 256. [25]) §§ 617, 670. [26]) RG. 6 S. 338. [27]) §§ 398, 402. RG. 9 S. 377,17 S. 95. [28]) § 393 Nr. 1, 2. [29]) § 404 Abs. 4. [30]) § 410. [31]) RG. 6 S. 3, 9 S. 378.

VI. Die Erstattung des Gutachtens kann mündlich oder schriftlich erfolgen. Die Bestimmung darüber, ob das eine oder das andere geschehen soll, steht dem Beweisgericht — Prozeßgericht, beauftragter oder ersuchter Richter — zu.[32]) Der Sachverständige ist wegen der erforderlichen Beeidigung zum Beweistermin zu laden, falls nicht die Parteien von vornherein auf die Beeidigung verzichten und schriftliche Begutachtung angeordnet wird. Soll schriftliche Begutachtung erfolgen, so ist der Sachverständige aufzufordern, ein von ihm unterschriebenes Gutachten innerhalb einer bestimmten Frist auf der Gerichtsschreiberei des Beweisgerichts niederzulegen. Der ersuchte Richter kann die Aufforderung auch dahin stellen, daß das Gutachten auf der Gerichtsschreiberei des Prozeßgerichts niedergelegt wird. Verzögerungen können die Verhängung der Ungehorsamsstrafen[33]) nach sich ziehen. Zum Zwecke der Information können die Akten dem Sachverständigen in der Gerichtsschreiberei vorgelegt oder zugesendet werden.[34]) Zur Erläuterung des schriftlichen Gutachtens kann sowohl das Prozeßgericht wie der beauftragte oder ersuchte Richter[35]) das Erscheinen des Sachverständigen anordnen. Das Prozeßgericht ist befugt, wenn es das Gutachten für ungenügend erachtet, eine neue Begutachtung durch dieselben oder andere Sachverständige anzuordnen.[36]) Der Beschluß kann außerhalb der mündlichen Verhandlung gefaßt werden.

Die für den Zeugenbeweis ergangene Vorschrift, daß jeder Zeuge einzeln und in Abwesenheit der anderen vernommen werden muß,[37]) ist für den Sachverständigenbeweis nicht aufgenommen. Deshalb ist auch eine gemeinschaftliche Vernehmung mehrerer Sachverständigen für statthaft zu erachten,[38]) ebenso wie die Sachverständigen der ganzen Beweisaufnahme beiwohnen können.

VII. Sachverständige Zeugen sind solche Personen, welche aus eigener Wissenschaft für den Prozeß erhebliche vergangene Tatsachen oder Zustände bekunden können, zu deren Wahrnehmung eine besondere Sachkunde erforderlich ist. Diese sind grundsätzlich als Zeugen zu behandeln,[39]) auch als solche zu beeidigen.

VIII. Sachverständigengebühren. Der Sachverständige hat nach Maßgabe der Gebührenordnung vom 30. Juni 1878 Anspruch nicht nur auf Entschädigung für Zeitversäumnis, sondern auch für angemessene Vergütung seiner Mühewaltung.[40])

§ 11. Beweis durch Urkunden. (§§ 415—444 ZPO.)

I. Begriff der Urkunden. Urkunden im weiteren Sinne sind alle Zeichen, welche einen Gedanken verkörpern, im engeren Sinne solche, welche den Gedanken durch Schriftzeichen verkörpern. Die ZPO. enthält Vorschriften nur für schriftliche Urkunden. Sie unterscheidet mit Rücksicht auf die Beweiskraft öffentliche und private Urkunden.

---

[32]) RG. 69 S. 376. [33]) § 409. [34]) RG. JW. 95 S. 519. [35]) Planck 2 S. 282 A. 82. [36]) § 412. [37]) § 359. [38]) RG. 8 S. 343. [39]) § 414. [40]) § 413.

1. Öffentliche Urkunden sind solche, welche von einer öffentlichen Behörde innerhalb der Grenzen ihrer Amtsbefugnisse oder von einer mit öffentlichem Glauben versehenen Person innerhalb des ihm zugewiesenen Geschäftskreises in der vorgeschriebenen Form aufgenommen sind.[1])

2. Privaturkunden sind alle übrigen Urkunden.

II. Beweisantritt. 1. Befindet sich die Urkunde im Besitze des Beweisführers, so erfolgt der Antritt des Beweises durch Vorlegung der Urkunde in der mündlichen Verhandlung.[2]) Unterbleibt die Vorlegung, so steht die betreffende Behauptung beweislos da. Ein Beschluß auf Vorlegung ergeht nicht. Nur dann findet eine Ausnahme statt, wenn die Vorlegung in der mündlichen Verhandlung wegen erheblicher Hindernisse nicht erfolgen kann oder doch, sei es wegen der Wichtigkeit der Urkunde, sei es wegen Besorgnis des Verlustes oder der Beschädigung bedenklich erscheint. In solchem Falle erfolgt der Beweisantritt durch Bezeichnung der Urkunde, ihres Inhalts und der zu beweisenden Tatsache, mit dem Antrage, die Vorlegung vor einem beauftragten oder ersuchten Richter anzuordnen.[3]) S. auch HGB. § 46.

2. Befindet sich die Urkunde in der Hand des Gegners, so geschieht der Beweisantritt durch den Antrag, dem Gegner die Vorlegung aufzugeben. Der Antrag ist in der mündlichen Verhandlung zu stellen und durch einen Schriftsatz vorzubereiten, der enthalten muß a) die Bezeichnung der Urkunde; b) die Bezeichnung der Tatsachen, die durch die Urkunde bewiesen werden sollen; c) die Bezeichnung des Inhalts der Urkunde; d) die Angabe der Umstände, auf welche die Behauptung sich stützt, daß die Urkunde sich im Besitze des Gegners befindet; e) die Angabe des Grundes, der die Verpflichtung zur Vorlegung der Urkunde ergibt. Die Verpflichtung des Gegners ist vorhanden: a) wenn der Beweisführer nach dem bürgerlichen Rechte die Herausgabe oder Vorlegung der Urkunde verlangen kann. In Betracht hierfür kommen neben § 810 BGB. die Vorschriften, vermöge deren auf Grund eines besonderen Rechtsverhältnisses (Eigentum, Auftrag, Geschäftsführung, Gesellschaft, Zession usw.) die Herausgabe einer Urkunde verlangt werden kann;[4]) b) wenn der Gegner als Inhaber der Urkunde selbst in dem Prozesse auf sie als Beweismittel Bezug genommen hat, wenn auch nur in einem vorbereitenden Schriftsatze.[5]) Der Grund der Vorlegungspflicht ist glaubhaft zu machen.

Erachtet das Gericht die zu beweisende Tatsache für erheblich und den Antrag für begründet, so ordnet es, wenn der Gegner den Besitz der Urkunde zugesteht, oder sich über den Antrag nicht erklärt, durch Beweisbeschluß die Vorlegung der Urkunde an. Bestreitet der Gegner die Vorlegungspflicht, so ist über diese zu entscheiden. Die Entscheidung ergeht, wenn die Vorlegungspflicht verneint wird, durch Zwischenurteil oder im Endurteil. In beiden Fällen ist die Entscheidung erst mit dem Endurteil anfechtbar.[6]) Wird die Vorlegungspflicht bejaht, so ist dies durch Zwischenurteil festzusetzen und die Vorlegung der Urkunde durch Beweisbeschluß anzuordnen. Bestreitet der Gegner den Besitz der Urkunde, so hat das Gericht ihm den Editionseid (Vorlegungseid) in der Norm des § 426 von Amts wegen

---

[1]) § 415. [2]) § 420. [3]) § 434. [4]) § 422. [5]) § 423. [6]) § 512.

abzufordern. Der Editionseid ist das einzige Mittel, die Tatsache des Besitzes oder Nichtbesitzes der Urkunde festzustellen.[7]) Einer Erklärung über die Annahme bedarf es nicht; die Zurückschiebung ist unstatthaft. Die Anordnung der Eidesleistung erfolgt durch Beschluß.

Kommt der Gegner der Anordnung, die Urkunde vorzulegen oder den Eid zu leisten, nicht nach, so ist eine vom Beweisführer beigebrachte Abschrift der Urkunde als richtig anzusehen. Ist keine Abschrift beigebracht, so können nach freier Beweiswürdigung die Behauptungen des Beweisführers über die Beschaffenheit und den Inhalt der Urkunde als bewiesen angenommen werden.[8])

Im Urkundenprozesse kann die Antretung des Urkundenbeweises lediglich durch Vorlegung der Urkunden erfolgen.[9]) In Ehe-, Kindschafts- und Entmündigungssachen ist dieser Antrag nur beschränkt zulässig.[10])

3. Befindet sich die Urkunde in der Hand eines Dritten, u. z. einer Privatperson, so erfolgt der Beweisantritt durch den Antrag, zur Herbeischaffung der Urkunde eine Frist zu bestimmen. Der Antrag ist in der mündlichen Verhandlung zu stellen. Zur Begründung hat der Beweisführer den Erfordernissen zu 2, a, b, c, e zu genügen und glaubhaft zu machen, daß die Urkunde sich in der Hand des Dritten befinde.[11]) Der Dritte ist aus denselben Gründen wie der Gegner des Beweisführers zur Vorlegung einer Urkunde verpflichtet. Er kann zur Vorlegung nur im Wege der Klage genötigt werden.[12]) Erachtet das Gericht die zu erweisende Tatsache für unerheblich oder den Antrag für unbegründet, so lehnt es den letzteren in den Entscheidungsgründen des Endurteils oder durch Beschluß ab. Anderenfalls wird ein Beschluß dahin erlassen, daß über die streitige Tatsache Beweis zu erheben und dem Beweisführer für die Vorlegung der Urkunde eine bestimmte Frist zu setzen sei. Die letztere ist eine richterliche, also verlängerungsfähig.[13]) Sie muß so bemessen werden, daß es dem Beweisführer möglich ist, gegen den Dritten durch Beschreiten des Rechtsweges die Herausgabe der Urkunde zu erwirken. Die Fristbestimmung hemmt nur die Verhandlung oder Beweisaufnahme, soweit sie durch die Erledigung des Editionsantrages bedingt ist, bewirkt aber nicht die Aussetzung des Verfahrens und ist deshalb unanfechtbar. Zur Wahrung der Frist genügt es, wenn der Beweisführer vor deren Ablauf oder doch so zeitig, daß keine Verzögerung des Verfahrens entsteht,[14]) die Urkunde auf der Gerichtsschreiberei niederlegt. Ist dies geschehen, so hat er im Parteibetriebe den Gegner zur Vorlegung der Urkunde zu laden.[15]) Ist der Dritte nur zur Vorlegung außerhalb des Amtssitzes des Prozeßgerichts verpflichtet, so kann auf Antrag des Beweisführers das Prozeßgericht die Vorlegung vor einem beauftragten oder ersuchten Richter anordnen.[16])

Der Gegner kann nach Ablauf der Frist ohne weiteres zur Fortsetzung der Verhandlung laden, aber auch schon vorher, wenn die Klage gegen den Dritten erledigt ist, oder wenn der Beweisführer die Erhebung

---

[7]) RG. 16 S. 395. [8]) §§ 421, 424—427. [9]) § 595 Abs. 3. [10]) §§ 617, 640, 641, 670, 679, 684, 686. [11]) §§ 428, 430. [12]) § 429. [13]) §§ 224, 225. [14]) § 356. [15]) § 431. [16]) § 434.

der Klage oder die Betreibung des Prozesses oder der Zwangsvollstreckung verzögert. Auch der Beweisführer kann, wenn er die Edition nicht verfolgen will, jederzeit den Gegner zur Verhandlung laden.

4. Befindet sich die Urkunde bei einer öffentlichen Behörde oder einem öffentlichen Beamten, die dem Beweisführer nicht als Prozeßgegner gegenüberstehen, so erfolgt der Beweisantritt durch den Antrag, die Behörde oder den Beamten um die Mitteilung der Urkunde zu ersuchen. Dem Antrage ist stattzugeben, sofern es sich nicht um Urkunden handelt, welche die Partei ohne Mitwirkung des Gerichts zu beschaffen imstande ist, wie z. B. Geburts- und Sterbeurkunden.[17]) Das Ersuchen um Vorlegung hat der Vorsitzende zu erlassen.[18])

Kommt die Behörde dem Ersuchen nach, so hat das Gericht von Amts wegen zur Vorlegung der Urkunde und mündlichen Verhandlung Termin anzuberaumen, sofern ein solcher nicht schon mit dem Beweisbeschluß verkündet ist. Wird die Vorlegung der Urkunde von der Behörde verweigert, so muß der Beweisführer, wenn er die Behörde, die als Dritter nur aus denselben Gründen wie der Gegner selbst zur Vorlegung der Urkunde verpflichtet ist, zur Vorlegung für verpflichtet hält, gegen die Behörde entweder durch Beschwerde oder durch Klage vorgehen. In diesem Falle ist in Gemäßheit der Grundsätze zu 3 eine Frist zu erwirken.[19])

Um Verschleppungen vorzubeugen, bestimmt § 433, daß beim Vorlegungsverfahren gegen Dritte ein nach Erlaß des Beweisbeschlusses erfolgter Beweisantritt auf Antrag zurückzuweisen ist, wenn durch das Vorlegungsverfahren die Erledigung des Rechtsstreites verzögert werden würde, und das Gericht die Überzeugung gewinnt, daß die Partei in der Absicht, den Prozeß zu verschleppen, oder aus grober Nachlässigkeit den Beweis nicht früher angetreten hat.

III. Beweis der Echtheit der Urkunden. 1. Öffentliche inländische Urkunden haben die Vermutung der Echtheit für sich. Es ist Sache des Gegners, die Unechtheit zu beweisen. Hält das Gericht die Echtheit für zweifelhaft, so kann es, auch von Amts wegen, durch zu verkündenden, vom Vorsitzenden auszuführenden Beschluß von der ausstellenden Behörde eine Erklärung über die Echtheit einholen.[20])

2. Die Prüfung der Echtheit öffentlicher ausländischer Urkunden unterliegt der freien Beweiswürdigung.[21]) Ausländische Urkunden, die durch einen Konsul oder Gesandten des Reichs legalisiert sind,[22]) stehen den inländischen gleich.

3. Privaturkunden.[23]) Wird eine Privaturkunde vorgelegt, so muß der Gegner über deren Echtheit sich gemäß § 138 erklären und zwar — abgesehen vom amtsgerichtlichen Prozesse und vom vorbereitenden Verfahren,[24]) — ohne Aufforderung. Unterläßt er dies, so ist die Urkunde als anerkannt anzusehen, sofern nicht die Absicht, die Echtheit zu bestreiten, aus den übrigen Erklärungen der Partei hervorgeht.[25]) Ausnahmen: §§ 617,

---

[17]) § 432. [18]) § 362. [19]) § 432. [20]) § 437. [21]) § 438. [22]) BGes. v. 8. Nov. 1867 § 14. [23]) § 416. [24]) §§ 510, 354. [25]) § 439. RG. Gruch. 26 S. 128.

670, 679, 684, 686. Wird die Urkunde nicht anerkannt, so muß der Beweisführer die Echtheit beweisen. Bei unterschriebenen Urkunden ist die Beweispflicht auf die Unterschrift beschränkt. Steht diese fest, oder ist das unter der Urkunde befindliche Handzeichen gerichtlich oder notariell beglaubigt, so hat der Text die Vermutung der Echtheit für sich. Bei andern Urkunden ist deren ganzer Inhalt zu beweisen.[26]) Der Beweis sowie der dem Gegner zustehende Gegenbeweis kann durch alle Beweismittel, auch durch zuzuschiebenden oder richterlicherseits aufzulegenden Eid [27]) geführt werden. Der Diffessionseid des gemeinen Prozesses ist in die ZPO. nicht aufgenommen.

Ein besonderes Beweismittel ist die Schriftvergleichung. Zu ihrer Vornahme hat der Beweisführer geeignete, als echt zu erweisende Vergleichungsschriften vorzulegen. Befinden sich solche nicht in seinem Besitze, sondern bei dem Gegner, einem Dritten oder einer öffentlichen Behörde, so hat er sie nach den oben S. 54 ff. zu II 2, 3, 4 entwickelten Grundsätzen zu beschaffen. Kommt der Gegner der Anordnung, die in seiner Hand befindlichen Vergleichungsschriften vorzulegen, oder den Editionseid zu leisten, nicht nach, so soll der Beweis der Echtheit oder Unechtheit ohne weiteres als geführt gelten.[28]) Die Schriftvergleichung selbst erfolgt durch das Prozeßgericht, welches über das Ergebnis nach freier Überzeugung, geeignetenfalls nach Anhörung von Sachverständigen (Schreibkundigen) zu entscheiden hat.[29])

Dem Beweisführer gegenüber muß die von ihm vorgelegte Urkunde immer als echt gelten, da in der Vorlegung auch die Behauptung der Echtheit enthalten ist.

IV. Beweisführung und Beweiskraft der Urkunden. Der Inhalt der vorgelegten Urkunde, soweit er bei der richterlichen Beweiswürdigung berücksichtigt werden soll, ist von dem Beweisführer in der mündlichen Verhandlung vorzutragen. Ein Verzicht des Beweisführers auf den Urkundenbeweis ist nach Vorlegung der Urkunde nur mit Zustimmung des Gegners zulässig.[30]) Hat eine Partei eine Urkunde, die der Gegner in dem Rechtsstreit als Beweismittel hätte benutzen können, arglistigerweise beseitigt oder zur Benutzung untauglich gemacht, so können die Behauptungen des Gegners über die Beschaffenheit und den Inhalt der Urkunde auch dann als bewiesen angesehen werden, wenn eine Abschrift nicht beigebracht ist.[31])

Bez. der Beweiskraft der Urkunden ist zu unterscheiden zwischen öffentlichen und privaten Urkunden. Öffentliche Urkunden über vor einer Behörde oder Urkundsperson abgegebene Erklärungen erbringen vollen Beweis des beurkundeten Vorganges, vorbehaltlich des Gegenbeweises, öffentliche Urkunden von Behörden, die amtliche Anordnungen, Verfügungen oder Entscheidungen enthalten, vollen Beweis ihres Inhalts, sonstige öffentliche Urkunden vollen nicht widerlegbaren Beweis der in ihnen bezeugten Tatsachen, doch ist auch hier der Gegenbeweis zulässig, soweit ihn die Landesgesetze nicht ausschließen.[32]) Unterschriebene Privaturkunden er-

---

[26]) § 440. [27]) RG. Gruch. 32 S. 452. [28]) § 441. [29]) § 442. [30]) § 436. [31]) § 444. [32]) §§ 415, 417, 418.

bringen gleichfalls vollen Beweis, daß die in ihnen enthaltene Erklärungen von den Ausstellern abgegeben sind, nicht aber auch wie bei der öffentlichen Urkunde für die die Erklärung begleitenden Umstände, insbesondere Zeit und Ort derselben;[33]) der Gegenbeweis kann sich nur gegen die Echtheit der Urkunde richten.

Nach Erledigung des Beweisverfahrens sind die vorgelegten Urkunden an den Vorlegenden zurückzugeben. Ist aber die Echtheit bestritten, oder soll der Inhalt der Urkunde verändert sein, so ist sie zur Verhütung von Mißbrauch bis zur endgültigen Erledigung des Rechtsstreits auf der Gerichtsschreiberei zu verwahren, oder, wenn es das Interesse der öffentlichen Ordnung erfordert, einer anderen Behörde auszuliefern, z. B. der Staatsanwaltschaft, dem Strafrichter, der Aufsichtsbehörde des Ausstellers, bei einer Stempelhinterziehung der Steuerbehörde.[34])

Unabhängig von dem Beweisantritt der Parteien ist die dem Prozeßgericht zustehende Befugnis, von Amts wegen einer Partei die Vorlegung der in ihren Händen befindlichen Urkunden, auf die sie sich bezogen hat, wenn sie zum Verständnis der Sache wichtig sind, aufzugeben.[35])

§ 12. Beweis durch Eid. (§§ 445—484 ZPO.)

Der Eid ist die feierliche Wahrheitsversicherung unter Anrufung Gottes. Man unterscheidet den zugeschobenen (**Schiedseid**) und den vom Gericht auferlegten (**richterlichen Eid**), je nachdem eine Partei den Eid zugeschoben oder das Gericht denselben einer Partei auferlegt hat.

I. Der **Schiedseid**. Das Ergebnis seiner Leistung zwingt das Gericht ohne Rücksicht auf seine Überzeugung eine streitige Behauptung als erwiesen oder als widerlegt anzunehmen.[1]) Deshalb ist für die Eideszuschiebung kein Raum, wo das Verfügungsrecht der Parteien ausgeschlossen ist, also in Ehesachen über Tatsachen, welche die Trennung, Ungültigkeit oder Nichtigkeit der Ehe begründen sollen,[2]) in Kindschaftssachen,[3]) in Entmündigungssachen,[4]) sowie beim Streit über das Vorhandensein derjenigen Erfordernisse, die das Gericht von Amts wegen zu prüfen hat, z. B. der Partei- und Prozeßfähigkeit, der Legitimation des Vertreters, der ordnungsmäßigen Einlegung eines Rechtsmittels.[5]) Versagt ist ferner die Eideszuschiebung über Tatsachen, deren Gegenteil das Gericht als voll erwiesen erachtet.[5a]) Ob der Vollbeweis auf einer gesetzlichen Beweisregel, die den Gegenbeweis ausschließt,[6]) beruht, oder ob er von dem Gericht nach dem Inhalt der Verhandlung oder dem Ergebnis der Beweisaufnahme als geführt angenommen ist, macht keinen Unterschied.[7]) Immer aber erstreckt sich der Ausschluß der Eideszuschiebung nur auf den Fall, wenn das Gegenteil der durch Eid unmittelbar zu erweisenden Tatsache anderweit erwiesen ist, deckt also den Fall nicht, wenn der Eid über eine Tatsache zugeschoben

---

33) § 416. 34) Preuß.AG. z. GVG. § 106. ZPO. § 443. 35) § 142. S. hierüber oben S. 29.

1) §§ 463, 464. 2) § 617. 3) § 640. 4) § 670. 5) Planck 2 S. 300. 5a) § 446. 6) § 286 Abs. 3. 7) RG. 15 S. 378, 18 S. 163; JW. 93 S. 560.

wird, von der auf das Gegenteil der im Hauptbeweise unter Beweis gestellten Tatsache zu schließen ist.[8])

1. Der **Beweisantritt** erfolgt durch Eideszuschiebung. Sie setzt voraus:

a) Die **Beweispflicht des Beweisführers.** Eine nicht beweispflichtige Partei übernimmt durch die Eideszuschiebung nicht die Beweispflicht.[9]) Die Eideszuschiebung, die von der nicht beweispflichtigen Partei ausgeht, ist als nicht geschehen zu erachten und darf nicht berücksichtigt werden.[10])

b) Die **Zuschiebung oder die Zurückschiebung an die Partei**, nicht an Dritte. Ist die Partei nicht prozeßfähig, so kann die Zuschiebung oder Zurückschiebung des Eides nur an ihren gesetzlichen Vertreter erfolgen. Diese Regel ist aber dahin eingeschränkt, daß Minderjährigen, die das sechszehnte Lebensjahr vollendet haben, sowie Volljährigen, die wegen Geistesschwäche, Verschwendung oder Trunksucht entmündigt sind, über Tatsachen, die in ihren Handlungen bestehen oder Gegenstand ihrer Wahrnehmung gewesen sind, der Eid zugeschoben oder zurückgeschoben werden kann, sofern dies vom Gericht auf Antrag des Gegners nach den Umständen des Falls für zulässig erklärt wird. Dasselbe gilt von einer prozeßfähigen Partei, die in dem Rechtsstreit durch einen Pfleger vertreten wird und deshalb nach § 53 einer nicht prozeßfähigen Person gleichsteht.[11]) Auf Volljährige, deren Entmündigung beantragt ist und die demgemäß nach § 1906 BGB. unter vorläufige Vormundschaft gestellt sind, finden in betreff der Eidesfähigkeit dieselben Vorschriften Anwendung, die bei eingetretener Entmündigung gelten.[12])

c) Einen **ordnungsmäßigen Eidessatz.** α) Die Eideszuschiebung ist beschränkt auf Tatsachen.[13]) Zwischen äußeren — sinnlich wahrnehmbaren — und inneren — durch innerliche Beobachtung erkennbaren — Tatsachen ist nicht zu unterscheiden. Deshalb kann einer Partei auch darüber der Eid zugeschoben werden, daß sie etwas geglaubt, gewollt, gewußt habe.[14]) Rechtsbegriffe, Urteile, die Beurteilung technischer Fragen, bloße Schlußfolgerungen sind von der Eideszuschiebung ausgeschlossen, es sei denn, daß sie in der Verkehrssprache die Bedeutung begrifflich fester Tatsachen erlangt haben und dem Schwurpflichtigen die erforderliche Kenntnis und Unterscheidungsfähigkeit zuzutrauen ist. Beispielsweise hat die Praxis anerkannt die Zulässigkeit der Eideszuschiebung über Kauf,[15]) Wert,[16]) Einkommen,[17]) Zahlungseinstellung,[18]) Auftrag,[19]) Absicht,[20]) Zweck eines Rechtsgeschäfts,[21]) Darlehn, Verzicht.[22])

β) Die Tatsachen, auf welche die Eideszuschiebung sich bezieht, müssen bestimmt, nicht allgemein gehalten sein[23]) und bestehen in **Handlungen**

---

[8]) RG. JW. 89 S. 306, 93 S. 560; Gruch. 30 S. 736, 31 S. 100. [9]) § 447. [10]) M. S. 278. RG. 53 S. 39. [11]) § 473 Abs. 1, 2. [12]) § 473 Abs. 3. [13]) § 445. [14]) RG. 3 S. 398, 430, 10 S. 323, 12 S. 329, 21 S. 402; Gruch. 30 S. 1138, 31 S. 101. [15]) RG. 10 S 323. [16]) RG. 15 S. 337. [17]) RG. JW. 88 S. 12. [18]) RG. 3 S. 398. [19]) RG. JW. 95 S. 295. [20]) RG. Gruch. 30 S. 1138. [21]) RG. Gruch. 31 S. 101. [22]) Seuff. 59 Nr. 47. [23]) RG. JW. 94 S. 197, 518; 95 S. 325; Seuff. 41 Nr. 240; 45 Nr. 190; 46 Nr. 64. S. aber auch Seuff. 45 Nr. 55; 46 Nr. 230 59 Nr. 205.

oder Wahrnehmungen des Schwörenden selbst. Handlungen und Wahrnehmungen Dritter unterliegen der Eideszuschiebung nur dann, wenn der Dritte Rechtsvorgänger oder Vertreter des Schwörenden gewesen ist,[24]) z. B. Erblasser, Zedent, Geschäftsherr, Gemeinschuldner.

γ) Ein Eid ist nur dann anzuordnen, wenn die Eidestatsache rechtlich erheblich ist.

2. Erklärung über den Eid. Die Partei, welcher der Eid zugeschoben ist, hat in der mündlichen Verhandlung sich zu erklären, ob sie den Eid annehme oder zurückschiebe.[25]) Die Zurückschiebung des Eides ist nur insofern zulässig, als die Zuschiebung zulässig sein würde. Sie ist ausgeschlossen, wenn die Partei, welcher der Eid zugeschoben ist, nicht aber die Gegenpartei über ihre eigene Handlung oder Wahrnehmung zu schwören haben würde.[26]) Die Erklärung über den Eid muß auch dann abgegeben werden, wenn die Partei gegen die Zulässigkeit der Eideszuschiebung Einwendungen vorbringt oder Gegenbeweis antritt.[27]) Die Geltendmachung der Einwendungen oder des Gegenbeweises wird durch die abgegebene Erklärung nicht ausgeschlossen. Endlich muß die Erklärung über den zugeschobenen Eid unbedingt sein. Nur in einem Falle ist die bedingte Annahme des Eides gestattet: der zurückgeschobene Eid kann vom Zurückschiebenden für den Fall angenommen werden, daß die Zurückschiebung unzulässig sein sollte.[28]) Der zurückgeschobene Eid gilt auch ohne ausdrückliche Erklärung als angenommen.[29])

Eine Verletzung der Erklärungspflicht hat die Folge, daß der Eid als verweigert angesehen wird. Diese Folge tritt ein kraft Gesetzes, aber nur dann, wenn die Partei vom Gericht zur Erklärung über den Eid aufgefordert ist.[30]) Die unterlassene oder verweigerte Erklärung kann aber nicht nur in 1. Instanz bis zum Schlusse der Verhandlung, auf die das Urteil ergeht, sondern auch noch in der Berufungsinstanz nachgeholt werden.[31])

3. Jede Zuschiebung, Annahme oder Zurückschiebung des Eides gilt als nur bedingt erfolgt. Bis zur Erledigung der durch Beweisbeschluß angeordneten Eidesleistung[32]) kann jede Partei neben oder nach der Eideszuschiebung andere Beweismittel geltend machen. Geschieht dies, so bleibt die Eideszuschiebung bis zur Erledigung der anderen Beweismittel außer Betracht. Wird durch das Ergebnis dieses Beweises die unter den Eid gestellte Tatsache erwiesen oder widerlegt, so wird die Eideszuschiebung im ersten Falle gegenstandslos, im zweiten Falle unzulässig.[33]) Kommt das Gericht auf Grund des Beweisergebnisses zur Auferlegung eines richterlichen Eides, so muß diesem gegenüber die Eideszuschiebung zurücktreten.[34]) Kann und will der Beweisführer nach Erledigung der anderen Beweismittel auf die Eideszuschiebung zurückgreifen, so muß er sie wiederholen. Erst wenn dies geschieht, braucht die Gegenpartei sich über die Eideszuschiebung zu erklären. Die etwa vorher ab-

---

[24]) § 445. RG. 8 S. 343, 13 S. 91, 357; 9 S. 84, 15 S. 370, 53 S. 8.
[25]) § 452. [26]) § 448. [27]) §§ 452, 453. [28]) § 452 Abs. 2. [29]) § 456.
[30]) §§ 451, 455. [31]) § 531. [32]) RG. 17 S. 334. [33]) § 446. [34]) M. S. 287. RG. Gruch. 29 S. 403.

gegebene Erklärung bleibt zwar wirksam, kann aber widerrufen werden.[35]) Abgesehen hiervon ist die Annahme des Eides niemals, die Zurückschiebung nur dann widerruflich, wenn der Schwurpflichtige wegen wissentlicher Verletzung der Schwurpflicht[36]) verurteilt und diese Verurteilung oder deren Rechtskraft nach der Zurückschiebung des Eides eingetreten oder dem Gegner bekannt geworden ist.[37]) Dagegen ist die Zuschiebung des Eides bis zum Schlusse der mündlichen Verhandlung, auf Grund deren das Urteil ergangen ist, immer widerruflich, auch wenn darauf eine Erklärung abgegeben ist.[38]) Wegen des Widerrufs der Zuschiebung oder Zurückschiebung des durch Urteil auferlegten Eides: Unten § 15.

4. Freiheit beim Schiedseide. Von den Beschränkungen für die Zuschiebung oder Zurückschiebung des Eides[39]) kann das Gericht nach freiem Ermessen absehen, wenn die Parteien in der mündlichen Verhandlung über die Eidesnorm und die Person des Schwörenden einig sind.[40]) Die Anordnung ergeht durch Beweisbeschluß oder bedingtes Urteil. Wird Eidesleistung durch einen Dritten angeordnet, so ist es Sache des Beweisführers den Dritten zu gestellen. Die Folgen der Leistung, Erlassung oder Verweigerung des Eides finden auch dann Anwendung, wenn der Eid dem Dritten auferlegt ist.

5. Eidesnorm. a) Der Eid wird entweder als Wahrheitseid oder als Überzeugungseid geleistet (juramentum de veritate, de credulitate).[41]) Über eine Tatsache, welche in einer Handlung des Schwurpflichtigen besteht oder Gegenstand seiner Wahrnehmung gewesen ist, wird der Eid in Wahrheitsform geleistet. Kann dem Schwurpflichtigen nach den Umständen des Falles nicht zugemutet werden, daß er die Wahrheit oder Nichtwahrheit einer solchen Tatsache beschwöre, und über andere Tatsachen wird der Eid in der Überzeugungsform auferlegt. Über Handlungen oder Wahrnehmungen von Rechtsvorgängern oder Vertretern kann der Eid nur in der Überzeugungsform geleistet werden.

Bei der Fassung des Wahrheitseides sind die Worte: „daß die Tatsache wahr oder nicht wahr sei" nicht als notwendiger oder gar als sakramentaler Bestandteil der Eidesnorm aufzufassen. Sie bedeuten nur, daß die Tatsache direkt bejaht oder verneint werden muß und werden der Regel nach fortgelassen werden können. Auch die stilistische Unbequemlichkeit, die durch Häufung des Wortes „daß" entsteht, ist zu meiden und durch die indirekte Rede zu ersetzen.

b) Die Eidesnorm hat sich der entsprechenden Parteibehauptung möglichst genau anzuschließen, muß die Eidestatsache erschöpfen, darf aber auch nichts Überflüssiges enthalten. Liegt der Fall des substanziierten Leugnens vor, gehört also zum Bestreiten einer Behauptung die Aufstellung einer positiven Gegenbehauptung, so ist die Tatsache des Gegenbeweises in den Eid über den Hauptbeweis aufzunehmen.[42]) Wird z. B. die Behauptung der reinen Schenkung dadurch bestritten, daß der Gegner belohnende Schenkung behauptet, so ist der dem Gegner zugeschobene Eid dahin zu normieren: „Ich schwöre usw.: Der usw. (Geschenkgeber) hat mir die For-

---

[35]) § 454. [36]) §§ 153—158 StGB. [37]) §§ 457, 458. [38]) Prot. S. 170, 689, 733. [39]) §§ 445, 448, 449. [40]) § 450. [41]) § 459. [42]) Stölzel 1 S. 126, 190.

derung über die im Grundbuche von usw. eingetragene Post von usw. mit der ausgesprochenen Absicht abgetreten, mich dadurch für die ihm bis dahin gewährte Pflege zu entschädigen. So wahr usw." Die Parteien haben mündlich einen Pachtvertrag über ein Grundstück geschlossen. Der auf Zahlung von 100 Mk. rückständigen Pachtzins klagende Verpächter behauptet, daß ein Pachtzins von jährlich 1000 Mk. vereinbart sei. Der Beklagte hat die Vereinbarung über den Pachtzins dahin angegeben: Er habe den Kläger gefragt, welchen Pachtzins er fordere. Kläger habe erwidert: „Sie sollen nur ebensoviel Pacht zahlen, als der Vorpächter A. gezahlt hat". Auf die fernere Frage des Beklagten, wieviel A. gezahlt habe, sei vom Kläger erwidert: „1000 Mk." Unstreitig ist, daß A. nur 900 Mk. Pachtzins gezahlt hat. Kläger hat die Angaben des Beklagten bestritten und ihm über die Klagebehauptung, daß ein Pachtzins von 1000 Mk. vereinbart sei, den Eid zugeschoben. Der Eid ist vom Beklagten angenommen. Eidesnorm: „Ich (Bekl.) schwöre usw.: Bei der Verhandlung mit dem Kläger über die Pachtung des Grundstücks usw. auf das Jahr usw. hat der Kläger nur verlangt, daß ich denselben Pachtzins zahlen soll, den der frühere Pächter A. gezahlt habe und dieses Angebot habe ich, nachdem Kläger den von A. gezahlten Betrag auf 1000 Mk. angegeben hatte, angenommen. In anderer Weise habe ich einen Pachtzins nicht versprochen. So wahr usw."

Wenn jemand eidlich ablehnen soll, ein gewisses Quantum schuldig zu sein, so muß er entweder schwören, daß er gar nichts schuldig sei, oder wenn er ein geringeres Quantum eingesteht, daß er dem Gegenteile nicht mehr, als er zugegeben hat, schuldig geworden sei. Hat der auf Rückzahlung eines Darlehns von 2000 Mk. in Anspruch genommene Beklagte in Höhe von 1000 Mk. die Einrede der Zahlung erhoben, so darf der über diese Einrede vom Kläger angenommene Eid nicht auf die bestimmte Summe von 1000 Mk. gerichtet werden. Durch die Leistung solches Eides würde die Zahlung nicht negiert werden. Sind statt der behaupteten 1000 Mk. nur 999 Mk. gezahlt, so würde der Kläger schwören können, daß er 1000 Mk. nicht gezahlt erhalten habe. Wer schwören soll, daß er nicht 1000 Mk. gezahlt erhalten habe, muß auch schwören, daß er nicht einen Pfennig gezahlt erhalten habe. Der Eid ist also dahin zu fassen, daß nicht 1000 Mk., auch nicht weniger gezahlt sei. Dem Schwörenden steht es alsdann frei, den etwa gezahlten Betrag anzugeben und die Worte „auch nicht weniger" durch die Worte „nicht mehr als usw." zu ersetzen.

Tritt der Beklagte einer Klage, die ein unbedingtes oder unbefristetes Geschäft geltend macht, mit der Behauptung entgegen, daß bei dem Abschluß des Geschäfts eine aufschiebende Bedingung oder Zeitbestimmung vereinbart sei, so ist, falls sich der Kläger der Eideszuschiebung bedient, der Eid für den Beklagten über seine Gegenbehauptung, also dahin zu normieren, daß die von ihm behauptete Bedingung oder Befristung vereinbart sei.

6. Anordnung und Abnahme des Eides. Auf die Leistung eines zugeschobenen oder zurückgeschobenen Eides ist der Regel nach durch bedingtes Endurteil zu erkennen. Die Abnahme des Eides darf erst nach Rechtskraft des Urteils erfolgen.[43]) Im Urkunden- und Wechselprozeß

[43]) § 460.

darf der Eid nur durch Beweisbeschluß auferlegt werden.[44]) Die Wahl zwischen bedingtem Endurteil und Beweisbeschluß hat das Gericht a) wenn die Parteien über Norm und Erheblichkeit des Eides einverstanden sind. Einverständnis liegt auch dann vor, wenn ein Widerspruch gegen den verkündeten Beweisbeschluß unterbleibt und der Eid geleistet oder verweigert wird.[45]) Das Einverständnis muß im Urteils-Tatbestande festgestellt werden. Die Feststellung im Protokoll ist nicht vorgeschrieben, aber auch nicht ausgeschlossen; b) wenn der Eid zur Erledigung eines Parteien-Zwischenstreits, z. B. über ein Beweismittel, insbesondere über die Echtheit von Urkunden, dient; c) wenn die abgesonderte Entscheidung über einzelne Angriffs- oder Verteidigungsmittel[46]) von einem Eide abhängt. Im Falle zu c kann der Eid auch durch bedingtes Zwischenurteil auferlegt werden.[47]) Letzteres wird nur zu wählen sein, wenn es darauf ankommt, den abgesonderten Streitstoff unter Abschneidung neuer Anführungen und Beweismittel festzulegen. Die Abnahme des Eides aus dem Zwischenurteil — das selbständig mit Rechtsmitteln nicht angefochten werden kann — ist bis zum Endurteil in der Sache selbst auszusetzen. Kommt es nach dem Endurteil auf den Eid des Zwischenurteils nicht mehr an, so fällt das Zwischenurteil von selbst fort. Ist aber der Eid nicht nur für das abgesonderte Angriffs- oder Verteidigungsmittel, sondern für den Anspruch selbst entscheidend, so ist das bedingte Zwischenurteil in das Endurteil aufzunehmen. Die Eidesleistung erfolgt erst nach Rechtskraft des letzteren. Eine Verbindung von bedingten Zwischen- und Endurteilen ist unzulässig.[48])

Ist die schwurpflichtige Partei im Verhandlungstermine anwesend und zum Schwur bereit, so kann der Eid nach Verkündung des Beweisbeschlusses sofort abgenommen werden. Sonst ist ein Termin für die Eidesleistung von Amts wegen anzuberaumen. Wenn der Schwurpflichtige am Erscheinen vor dem Prozeßgericht verhindert ist, oder in weiter Entfernung vom Sitze des Prozeßgerichts sich aufhält, kann die Eidesleistung vor einem beauftragten oder ersuchten Richter angeordnet werden.[49])

Der Eid wird in der Weise geleistet, daß der Richter die Eidesnorm vorspricht und der Schwurpflichtige mit erhobener Rechten die Worte spricht: „ich schwöre es, so wahr mir Gott helfe.“ [50])

7. Versäumung des Schwurtermins. Wenn der Schwurpflichtige in dem zur Eidesleistung bestimmten Termine nicht erscheint oder keine Erklärung abgibt,[51]) so ist, gleichviel ob die Eidesleistung durch Beweisbeschluß oder durch Urteil angeordnet ist, auf Antrag der Eid als verweigert anzusehen und zur Hauptsache zu verhandeln.[52]) Der Schwurpflichtige kann aber binnen einer Notfrist von einer Woche nach dem Termin nachträglich die Abnahme des Eides beantragen, dies Verlangen jedoch bei neuer Versäumnis nicht wiederholen. Der Antrag kann zum Protokolle des Gerichtsschreibers erfolgen, unterliegt mithin nicht dem Anwaltszwange. Im Falle einer unverschuldeten Versäumung der Antragsfrist kann der Schwurpflichtige, da es sich um eine Notfrist handelt,

---

[44]) § 595 Abs. 4. [45]) RG. 3 S. 367, JW. 94 S. 13. [46]) § 146. RG. 29 S. 116, 60 S. 368. [47]) § 461. [48]) RG. 5 S. 347, 16 S. 329. [49]) § 479. [50]) § 481. [51]) RG. JW. 89 S. 206. [52]) §§ 465 ff.

gemäß §§ 233 ff. die Wiedereinsetzung in den vorigen Stand beantragen. Hierüber gelten einige besondere Bestimmungen.[53])

Wenn der Eid gemäß dem vom Gegner gestellten Antrage als verweigert gilt, so ist, sofern der Schwurtermin vor dem Prozeßgericht anberaumt ist und beide Parteien vertreten sind, in dem Termine sofort zur Hauptsache zu verhandeln. Die Entscheidung ist aber, falls ein Urteil oder ein Beweisbeschluß ergeht, in einem besonderen Termine zu verkünden und dieser Termin ist abweichend von § 310 über eine Woche hinaus anzusetzen. Für den Fall eines rechtzeitigen Antrags auf Eidesabnahme ist dieser Termin zugleich zur Eidesleistung und weiteren mündlichen Verhandlung bestimmt und kann alsdann auch ein Versäumnisurteil in der Hauptsache[54]) ergehen. Hat die Verhandlung die Erlassung eines Urteils oder eines Beweisbeschlusses nicht zur Folge, so ist bei rechtzeitigem Antrage auf Abnahme des Eides der nächste Termin zur mündlichen Verhandlung auch zur Eidesleistung bestimmt.

Steht der Schwurtermin vor dem Prozeßgericht an und fehlen sowohl der Schwurpflichtige wie dessen Anwalt, so muß der Kläger zunächst ebenfalls beantragen, den Eid als verweigert zu erklären, und dann kann er zur Hauptsache verhandeln und das Versäumnisurteil beantragen, welches aber erst in einem weiter als eine Woche hinausliegenden Termin verkündet werden darf.[55])

Ist die Abnahme des Eides einem Mitgliede des Prozeßgerichts oder einem anderen Gericht übertragen, so ist, wenn innerhalb der Notfrist die Abnahme des Eides beantragt wird, zu diesem Zwecke ein neuer Termin anzuberaumen.[56])

8. Änderung der Eidesnorm. Sowohl bei dem durch Beweisbeschluß angeordneten als bei dem durch bedingtes Urteil auferlegten Eide kann auf Antrag des Schwurpflichtigen die Eidesnorm durch Beschluß geändert werden, wenn der Schwurpflichtige frühere Behauptungen zurücknimmt oder früher bestrittene Tatsachen zugesteht und sich zur Leistung eines beschränkten Eides erbietet.[57]) Auch können unerhebliche Umstände aus der Eidesnorm beseitigt werden.[58]) Über den Antrag ist vor dem Prozeßgericht mündlich zu verhandeln. Der beauftragte oder ersuchte Richter muß sich darauf beschränken, den Antrag zu Protokoll zu nehmen und dieses an das Prozeßgericht abzugeben. Die Entscheidung ergeht durch zu verkündenden Beschluß,[59]) der nicht für sich, wohl aber durch Einlegung des Rechtsmittels gegen das demnächst ergangene Läuterungsurteil anfechtbar ist.[60]) Offenbare Unrichtigkeiten aus Versehen des Gerichts unterliegen dem Berichtigungsverfahren aus § 319.[61])

Über den Fall, wenn der Schwurpflichtige stirbt, wenn er zur Leistung

---

[53]) §§ 237 Abs. 2, 238 Abs. 4. [54]) §§ 330 ff. [55]) Die Frage ist streitig wegen einer Bemerkung eines Regierungsvertreters in der Reichstagskomm. von 1898, nach welcher der Kläger in solchem Falle auch sofort ein Versäumnisurteil erwarten könne. Vgl. Gaupp-Stein § 465 III. [56]) §§ 465—468. M. II zu §§ 430—430 c. [57]) RG. Gruch. 29 S. 1119, 31 S. 1000; JW. 86 S. 73, 93 S. 18, 94 S. 141. [58]) § 469. RG. 30 S. 360. [59]) RG. 10 S. 169. [60]) Gruch. 33 S. 1173. [61]) RG. 8 S. 390.

des Eides unfähig wird oder wenn er aufhört gesetzlicher Vertreter zu sein: unten bei „Bedingtes Endurteil" s. § 15.

II. Der **richterliche** Eid wird vom Richter einer Partei auferlegt, wenn das Ergebnis der Verhandlungen und einer etwaigen Beweisaufnahme nicht ausreichend ist, um die Überzeugung des Gerichts von der Wahrheit oder Unwahrheit der zu beweisenden Tatsache zu begründen.[62]) Der Eid kann vom Richter ohne Rücksicht auf die Beweislast auferlegt werden, doch wird man von diesem Rechte erst dann Gebrauch machen, wenn die von den Parteien angetretenen Beweismittel erschöpft sind, besonders aber, wenn die beweispflichtige Partei dem Gericht schon eine gewisse Wahrscheinlichkeit für ihre Behauptung erbracht hat und durch Eid die fehlende Lücke des Beweises ergänzt werden soll. Bei Streitgenossen oder bei einer Mehrheit gesetzlicher Vertreter einer prozeßunfähigen Partei kann der richterliche Eid allen, einigen oder einem auferlegt werden, mag die Streitgenossenschaft eine notwendige oder eine gewöhnliche sein.[63]) Das aus dem Eide der einzelnen sich ergebende Beweismaterial ist für oder wider alle zu verwerten. Auf die Anordnung, Fassung und Abnahme des Eides finden im allgemeinen die Vorschriften über den Schiedseid Anwendung.[64]) Doch kann der richterliche Eid nur durch bedingtes Urteil auferlegt werden. Auch die Beschränkung des § 445 besteht für den richterlichen Eid nicht. Dem Richter steht es frei, wenn er das Glauben, das Nichtwissen oder das Nichtglauben einer Partei für die Erlangung der Überzeugung von der Wahrheit oder Unwahrheit einer Tatsache für erheblich erachtet, von dieser Partei einen Eid in der Form des Überzeugungseides zu fordern, selbst wenn es sich hierbei nicht um die Handlung oder Wahrnehmung eines Rechtsvorgängers oder Vertreters handelt.[65])

Eine besondere Art des richterlichen Eides ist der **Schätzungseid**. Das Gericht kann anordnen, daß der Beweisführer einen geltend gemachten Schaden eidlich schätze. Die Anordnung kann nur durch bedingtes Urteil getroffen werden. In dem Urteil ist der Betrag zu bestimmen, den die eidliche Schätzung nicht übersteigen darf.[66]) Die Partei hat lediglich ihre Überzeugung zu beschwören, einen Schaden in dem betreffenden Betrage erlitten zu haben, keineswegs aber auch darzulegen, auf welchem Wege und auf Grund welcher Tatsachen sie diese Überzeugung gewonnen habe. Deshalb sind auch desfallsige nähere Angaben in den Eid nicht aufzunehmen.[67]) „Ich schwöre usw.: Ich schätze das Interesse, welches der Beklagte mir dafür zu ersetzen hat, daß er das durch den Vertrag vom usw. an mich vertauschte Gut mir bis zum usw. nicht aufgelassen hat, mindestens auf den Betrag von usw. ℳ. So wahr usw."

§ 13. Sicherung des Beweises. (§§ 485—494 ZPO.)

I. **Zulässigkeit.** Zur Sicherung künftiger Beweisführung ist die einseitige Durchführung einer Beweisaufnahme gestattet. Das Verfahren

---

[62]) § 475. [63]) § 476. [64]) § 477. [65]) M. S. 287; RG. Gruch. 27 S. 1102. [66]) § 287. [67]) RG. Bolze 10 Nr. 814.

ist beschränkt auf die Einnahme des Augenscheins und die Vernehmung von Zeugen und Sachverständigen. Liegt nach dem Ermessen des Gerichts die Besorgnis vor, daß diese Beweismittel, die in einem anhängigen oder künftigen Prozesse benutzt werden könnten, verloren gehen, oder die Benutzung erschwert werde, so kann auf Antrag einer Partei diese Beweisaufnahme sofort erfolgen, auch wenn der Prozeß noch nicht bis zu dem regelmäßigen Beweisabschnitt gelangt ist, oder noch gar nicht begonnen hat.[1]) Mit Zustimmung des Gegners kann die beantragte Beweisaufnahme auch dann angeordnet werden, wenn die Besorgnis des Verlustes oder der erschwerten Benutzung des Beweismittels nicht vorliegt.[2]) Endlich ist die Beweisaufnahme auch ohne Vorliegen der Besorgnis, daß das Beweismittel verloren oder dessen Benutzung erschwert werde und ohne Zustimmung des Gegners zugelassen a) wenn Mängel einer Sache oder eines Werkes festzustellen sind, aus denen ein Recht gegen den Gegner hergeleitet werden soll; b) wenn der Zustand eines Gutes festzustellen ist, für dessen Beweis nach den Vorschriften des HGB.[3]) ein Kommissionär, Spediteur, Lagerhalter oder Frachtführer zu sorgen verpflichtet ist.[4]) Die Befugnis zu a ist von besonderer Wichtigkeit gegenüber den Vorschriften des BGB., nach denen der Erwerber einer Sache in der Lage ist, durch den Antrag auf gerichtliche Beweisaufnahme zur Sicherung des Beweises die Verjährung der Ansprüche wegen eines Mangels der Sache zu unterbrechen,[5]) sich die aus dem Mangel entspringenden Einreden zu erhalten[6]) oder beim Viehhandel die ihm wegen eines Hauptmangels zustehenden Rechte zu wahren.[7]) Nicht minder gehören hierher die Vorschriften, die § 639 BGB. hinsichtlich der wegen des Mangels eines Werkes dem Besteller zustehenden Ansprüche trifft.[8])

II. Zuständigkeit. Der Antrag ist bei dem Gerichte anzubringen, bei dem der Rechtsstreit schwebt[9]) oder wenn der Rechtsstreit noch nicht anhängig ist, bei dem Amtsgericht, in dessen Bezirke die zu vernehmenden Personen sich aufhalten oder der in Augenschein zu nehmende Gegenstand sich befindet. In Fällen dringender Gefahr kann der Antrag bei diesem Amtsgericht auch dann gestellt werden, wenn der Prozeß schon anhängig ist.[10])

III. Der Antrag ist vom Anwaltszwange befreit[11]) und muß den Erfordernissen des § 487 entsprechen. Die Erheblichkeit der Beweistatsachen bleibt außer Betracht.[12])

IV. Die Entscheidung über den Antrag kann ohne mündliche Verhandlung erfolgen und ergeht durch Beschluß. Wird ausnahmsweise mündliche Verhandlung beschlossen, so ist der Beschluß dem Antragsteller zuzustellen.[13]) Diesem bleibt es überlassen den Gegner zu laden.[14]) Der Beschluß hat, wenn dem Antrage stattgegeben wird, den Erfordernissen eines Beweisbeschlusses zu entsprechen und mit der Anordnung des Ver-

---

[1]) § 485. [2]) § 489. [3]) HGB. §§ 388, 407 Abs. 2, 417 Abs. 1, 438 Abs. 3. [4]) § 488. [5]) BGB. §§ 477, 493, 524 Abs. 2 S. 3. [6]) BGB. §§ 478, 479. [7]) BGB. § 485. [8]) M. II zu § 449a. [9]) Seuff. 57 Nr. 183, 58 Nr. 63. [10]) § 486. [11]) § 486 Abs. 1. [12]) RG. 49 S. 388; Seuff. 57 Nr. 183. [13]) § 329 Abs. 3. [14]) § 214.

fahrens die Bestimmung des Termins zur Beweisaufnahme oder den Beschluß wegen kommissarischer Beweiserhebung zu verbinden.[15]) Der Beschluß ist, wenn in mündlicher Verhandlung erlassen, zu verkünden, andernfalls dem Antragsteller zuzustellen. Der stattgebende Beschluß ist unanfechtbar, der ablehnende unterliegt der gewöhnlichen Beschwerde.[16])

V. Die Ladung des Beweisführers sowie der Zeugen und Sachverständigen zum Beweistermine erfolgt von Amts wegen[17]) Die Ladung des Gegners liegt dem Beweisführer ob, soweit nicht die Beweisaufnahme vor dem Amtsgericht stattfindet. Im landgerichtlichen Verfahren ist der Beweisführer verpflichtet, sofern es nach den Umständen des Falles geschehen kann, unter Zustellung des Beschlusses und einer Abschrift seines Antrags den Gegner zu dem Beweistermine so zeitig zu laden, daß er in dem Termine seine Rechte wahrzunehmen vermag. Ist der Gegner oder der dem unbekannten Gegner bestellte Vertreter im Beweistermine nicht erschienen, so darf beim Widerspruche des Gegners der Beweisführer die Beweisverhandlung nur benutzen, wenn er den Gegner oder dessen Vertreter rechtzeitig geladen hat oder wenn er glaubhaft macht, daß ohne sein Verschulden die Ladung unterblieben oder nicht rechtzeitig erfolgt sei. Im übrigen ist die Benutzung der Beweisaufnahme im Prozesse jeder Partei freigestellt.[18])

VI. Die Beweisaufnahme selbst erfolgt nach den für die Aufnahme des betreffenden Beweismittels geltenden Vorschriften. Die Beweisverhandlung ist bei dem Gerichte der Beweisanordnung aufzubewahren. Den Parteien steht es frei, von der Verhandlung Einsicht zu nehmen und sich aus ihr durch den Gerichtsschreiber Ausfertigungen, Auszüge und Abschriften erteilen zu lassen.[19])

VII. Ohne Bezeichnung eines Prozeßgegners ist die Beweissicherung dann zulässig, wenn der Beweisführer glaubhaft macht, daß er ohne sein Verschulden zu dieser Bezeichnung außerstande sei, z. B. bei Feststellung eines Schadens, dessen Urheber noch unbekannt ist. Geschieht dies, so kann das Gericht, wenn es dem Antrage stattgibt, dem unbekannten Gegner zur Wahrung seiner Rechte bei der Beweisaufnahme einen Vertreter bestellen. Die Ladung ist alsdann an diesen zu richten.[20])

VIII. Die Kosten hat vorläufig der Beweisführer zu tragen. Ihre Erstattung kann er, wenn es zum Hauptverfahren kommt und in diesem der Gegner unterliegt, im Wege des Kostenfestsetzungsverfahrens, wenn es nicht zum Hauptprozesse kommt, nur auf Grund eines nach dem materiellen Recht zu erwirkenden besonderen Titels herbeiführen.[21])

§ 14. Weitere mündliche Verhandlung nach der Beweisaufnahme. (§ 370 ZPO.)

I. Findet die Beweisaufnahme vor dem Prozeßgericht statt, so ist jeder hierzu anberaumte Termin, wenn nicht das Gegenteil

[15]) § 490. [16]) §§ 490, 567. [17]) § 492. [18]) §§ 491, 493. RG. 28 S. 413. [19]) §§ 492, 299. [20]) § 494. [21]) Prot. S. 194, 195. GKG. §§ 81, 84, 89. RG. 13 S. 325; Gruch. 32 S. 1168.

ausgesprochen ist, zugleich zur Fortsetzung der mündlichen Verhandlung bestimmt.[1]) Der Termin beginnt mit der Beweisaufnahme. Während dieser ist die Anwesenheit der Parteien nicht erforderlich, vielmehr ist auch beim Ausbleiben einer oder beider Parteien, ihre ordnungsmäßige Ladung vorausgesetzt, die Beweisaufnahme vorzunehmen, soweit sie nicht durch die Anwesenheit oder eine Prozeßhandlung der ausgebliebenen Partei bedingt ist.[2]) Eine Erneuerung der Beweisaufnahme ist an die Voraussetzungen des § 367 Abs. 2 geknüpft.

Eine Änderung oder Aussetzung des Beweisbeschlusses, als einer prozeßleitenden Anordnung, kann vom Prozeßgericht jederzeit veranlaßt werden. Wird dies beabsichtigt, so ist von Amts wegen zur mündlichen Verhandlung zu laden und die erforderliche Anordnung durch Beschluß auszusprechen. Die Parteien dagegen dürfen sachliche Änderungen des Beweisbeschlusses vor dessen Erledigung nur dann beantragen, wenn sich diese Anträge auf neues Tat- oder Beweisvorbringen gründen.[3]) Die Partei, die einen solchen Antrag stellen will, hat den Gegner durch Schriftsatz zur mündlichen Verhandlung zu laden.

II. An die Beweisaufnahme schließt sich die weitere mündliche Verhandlung an. In dieser müssen die Parteien vertreten sein, wenn sie nicht dem Versäumnisurteil ausgesetzt sein wollen. Ist eine Partei ausgeblieben, so wird auf Antrag des Gegners gegen sie Versäumnisurteil erlassen. Das Ergebnis der Beweisaufnahme bleibt dabei unberücksichtigt.[4]) Wird kein Versäumnisurteil beantragt, so ruht das Verfahren, bis es von einer Partei durch Ladung aufgenommen wird.[5]) Bei der weiteren mündlichen Verhandlung haben die Parteien über das Ergebnis der Beweisaufnahme sich auszulassen und das Streitverhältnis von neuem darzulegen.[6]) Ist eine kommissarische Beweisaufnahme erfolgt, so ist deren Ergebnis von den Parteien auf Grund der Beweisverhandlungen vorzutragen. Unvollständigkeiten sind durch das richterliche Fragerecht zu heben. Nichtvorgetragenes darf nicht berücksichtigt werden; eine Ergänzung des Parteivortrags durch den Vortrag eines Richters ist unstatthaft. Ist die Beweisaufnahme vor dem Prozeßgericht erfolgt, so ist ihr Vortrag entbehrlich, es sei denn, daß die Verhandlung vertagt wird und ein Wechsel im Kollegium eintritt.[7]) Die Darlegung des Streitverhältnisses ist nicht auf die früheren Anführungen beschränkt. Die Parteien können neue Angriffs- und Verteidigungsmittel geltend machen und neuen Beweis antreten.[8]) Es kann auch demzufolge eine neue Beweiserhebung oder eine Ergänzung der früheren Beweisaufnahme angeordnet werden. Nachträgliches neues Vorbringen kann als verspätet nicht zurückgewiesen werden, sondern nur auf den Kostenpunkt Einfluß üben.[9]) Nur Verteidigungsmittel des Beklagten oder Widerbeklagten, nicht auch seine Beweismittel oder Beweiseinreden, können auf Antrag unter den Voraussetzungen des § 279 zurückgewiesen werden. Unter denselben Voraussetzungen können Beweisanträge beider Parteien zurückgewiesen werden, wenn nach Erlaß eines Beweisbeschlusses bezüglich der darin bezeichneten Anführungen neue

[1]) § 370. [2]) § 367. [3]) § 360. [4]) §§ 330—332. [5]) § 251. [6]) § 285. [7]) RG. 6 S. 194. [8]) §§ 278, 283. [9]) §§ 278, 283.

Zeugen oder Sachverständige benannt, oder Urkunden, die sich im Besitze eines Dritten oder einer öffentlichen Behörde befinden, in bezug genommen werden.[10]) Die Zurückweisung erfolgt im Falle des § 303 durch Zwischenurteil, sonst in den Entscheidungsgründen des Urteils.

§ 15. Urteil.

A. Allgemeine Grundsätze.

I. Erlaß und Verkündung.[1]) Hierüber vgl. oben S. 32.

II. Die Abfassung des Urteils nach Maßgabe der beschlossenen Entscheidung liegt dem Berichterstatter ob. Der Urteilsentwurf ist von sämtlichen Richtern, die bei der Entscheidung mitgewirkt haben, zu unterschreiben.[2]) Bedenken gegen die Fassung sind beim Widerspruche des Berichterstatters durch Kollegialbeschluß in beratender Sitzung zu erledigen.[3]) Vor der Unterschrift dürfen Ausfertigungen, Auszüge und Abschriften des Urteils nicht erteilt werden.[4]) Ist ein Richter verhindert, seine Unterschrift beizufügen, so wird dies unter Angabe des Behinderungsgrundes von dem Vorsitzenden, bei dessen Behinderung von dem ältesten der nicht behinderten beisitzenden Richter bewirkt. War das Urteil bei der Verkündung noch nicht abgefaßt, so soll es vor Ablauf einer Woche in vollständiger Abfassung dem Gerichtsschreiber übergeben werden.[5])

III. Inhalt.[6]) Das Urteil muß enthalten 1. das Rubrum, 2. den Tatbestand, 3. die Entscheidungsgründe, 4. die Urteilsformel.

1. Das Rubrum. Die Erfordernisse ergibt das Formular.[7]) Dabei ist zu bemerken:

Die Ausfertigung und Vollstreckung der Urteile erfolgt in den monarchischen Bundesstaaten im Namen des Landesherrn, beim Reichsgericht im Namen des Reichs, in den Hansestädten ohne besondere Formel.

Als Parteien sind diejenigen zu bezeichnen, die als solche in der Klage benannt oder im Laufe des Rechtsstreits an ihre Stelle oder neu hinzugetreten sind.[8]) Die Bezeichnung muß bestimmt sein. Es ist z. B. keine genügende Bezeichnung, wenn als Partei aufgeführt ist „der Schiffsmakler A. V. in Hamburg in Vollmacht der Reederei des englischen Dampfers Alton“.[9]) Streitgenossen sind sämtlich aufzuführen. Auch ein Nebenintervenient, der seinen Beitritt gehörig erklärt hat und nicht rechtskräftig zurückgewiesen ist, muß hinter der Partei, die er unterstützt, genannt werden, weil die Kostenentscheidung sich auch auf die Kosten der Nebenintervention zu erstrecken hat.[10]) Dagegen sind Dritte, denen der Streit verkündet ist, die aber dem Streitverkünder nicht beigetreten sind, nicht zu erwähnen. Die Veräußerung der in Streit befangenen Sache oder die Abtretung des geltend gemachten Anspruchs hat auf den Prozeß keinen Einfluß. Der

---

[10]) §§ 374, 402, 433.

[1]) §§ 309—312. [2]) § 315. [3]) Gesch.O. des RG. § 18. [4]) § 317. [5]) § 315. [6]) § 313. [7]) S. Formular Nr. 26. [8]) §§ 69, 75, 76, 239ff., 265 266. [9]) RG. Seuff. 54 S. 102. [10]) § 101.

Rechtsnachfolger wird nur dann aufgeführt, wenn er als Nebenintervenient aufgetreten ist oder mit Zustimmung des Gegners den Prozeß als Hauptpartei an Stelle des Rechtsvorgängers übernommen hat.[11]) Bei prozeßunfähigen Parteien sind auch deren gesetzliche Vertreter[12]) zu bezeichnen und zwar hinter der Partei. Auch die Bezeichnung der Prozeßbevollmächtigten ist vorgeschrieben.[13])

Ein Mitbeklagter, gegen den die Klage zurückgenommen ist, braucht, da gegen ihn der Rechtsstreit als nicht anhängig geworden anzusehen ist,[14]) weder im Rubrum noch überhaupt im Urteil aufgeführt zu werden. Ist er aber aufgeführt, so muß die Zurücknahme der Klage im Tatbestand erwähnt und in der Urteilsformel zum Ausdruck gebracht werden, etwa durch die Sätze: „Der Rechtsstreit gegen den Beklagten usw. ist als nicht anhängig geworden anzusehen", oder „Bei der Zurücknahme der Klage gegen den Beklagten usw. hat es sein Bewenden".[15])

Die Parteistellung betreffend, so wird in 1. Instanz der Kläger zuerst, der Beklagte zuletzt genannt. Im Anschluß an den Brauch des Reichsgerichts, an erster Stelle den Revisionskläger aufzuführen, pflegt auch in Berufungsurteilen der Berufungskläger vorangestellt zu werden. Doch kann auch der Kläger in der Berufungsinstanz an erster Stelle aufgeführt werden.

Für die Bezeichnung des erkennenden Gerichts und der mitwirkenden Richter herrscht der Brauch, daß der Vorsitzende zuerst, die übrigen Richter nach ihrem Dienstalter genannt werden. Wird die Verkündung des Urteils ausgesetzt und sind im Verkündungstermin andere Richter zugegen, als diejenigen, welche die Entscheidung beschlossen haben, so sind nur die letzteren aufzuführen. Der Tag der Verkündung wird nicht in das Urteil eingetragen, aber am Rande des Urteils von dem Gerichtsschreiber vermerkt.[16])

2. Tatbestand: Unten § 23.

3. Die Entscheidungsgründe[17]) haben eine doppelte Aufgabe zu erfüllen. Sie sollen die Urteilsformel erläutern und begründen.

Dem zu behandelnden Gegenstande nach fallen die Entscheidungsgründe mit dem Rechtsgutachten[18]) zusammen. Dennoch sind beide im wesentlichen grundverschieden. Während dem Rechtsgutachten die Aufgabe zufällt, die Entscheidung vorzubereiten und zu finden, haben die Entscheidungsgründe die gefundene Entscheidung darzulegen. Der verschiedene Zweck bestimmt die verschiedene Art der Darstellung. Beim Gutachten hat der Berichterstatter alles zu erörtern, was seiner Annahme nach bei der Entscheidung der Sache überhaupt in Betracht kommen kann. Er hat also die Sache nach allen Seiten zu prüfen, auch nach der Richtung hin, wie sich die rechtliche Beurteilung in dem Falle gestalten würde, wenn das Kollegium der aufgestellten Rechtsansicht nicht beitreten sollte. Der Urteilsfasser hat bei Absetzung der Entscheidungsgründe nicht mehr mit Möglichkeiten zu rechnen, sondern hat es nur noch mit der Gewißheit zu tun, die bestimmte vom Kollegium beschlossene Entscheidung den vom Kollegium angenommenen Grundsätzen entsprechend darzulegen.

---

[11]) § 265. [12]) § 51. [13]) § 313 Nr. 1. [14]) § 271 Abs. 3. [15]) Proberel. S. 53. [16]) § 315. [17]) § 313 Nr. 4. [18]) Unten § 23.

Abgesehen von der verschiedenen Art der Darstellung wird der Gang der Entscheidunggründe dem des Rechtsgutachtens zu entsprechen haben. Es ist also auch bei den Entscheidungsgründen mit den Prozeßvoraussetzungen zu beginnen. Fehlen diese, mangelt z. B. die Legitimation des gesetzlichen Vertreters, ist das angerufene Gericht unzuständig, sind die Förmlichkeiten der Berufung nicht innegehalten, so sind durch die Feststellung dieses Mangels die Entscheidungsgründe erschöpft. Ein Eingehen auf die Sache selbst ist in diesem Falle ausgeschlossen. Sind die Prozeßvoraussetzungen vorhanden, was der Feststellung nur bedarf, wenn Zweifel bestehen oder wenn darüber gestritten wird, so ist in die materielle Prüfung der Sache einzutreten.

Folgerechte Anordnung der Erörterungen ist wie beim Gutachten auch bei den Entscheidungsgründen geboten. Der Regel nach wird die Erörterung der Klage der Erörterung der Einreden vorauszuschicken, bei beiden aber mit der Darlegung der in Betracht kommenden Rechtssätze zu beginnen, hieran die Frage der Beweisbedürftigkeit und der Beweispflicht zu knüpfen und an diese die Prüfung des Beweisergebnisses zu schließen sein. Kein Urteil darf mit der Darlegung des Beweisergebnisses beginnen. Bevor das Beweisergebnis dargestellt wird, muß ausgeführt werden, weshalb die Beweisaufnahme erheblich war.

Der Richter ist wie an die Klageanträge selbst, auch an deren Reihenfolge gebunden. Eventuelle Anträge dürfen erst nach Erledigung (und unter Abweisung) des prinzipalen Antrags in Betracht gezogen werden.[19]) Kläger hat princ. auf Auflassung eines Grundstücks, ev. auf Rückzahlung von usw. M. Klage erhoben. Ist der princ. Antrag gerechtfertigt, so wird erkannt: „Der Beklagte wird verurteilt, das Grundstück usw. dem Kläger aufzulassen." Eine Entscheidung über den eventuellen Antrag ergeht überhaupt nicht. Ist nur der eventuelle Antrag gerechtfertigt, so lautet die Entscheidung: „Der Beklagte wird verurteilt, dem Kl. usw. ℳ zu zahlen. Im übrigen wird der Kläger mit der Klage abgewiesen."

Die Entscheidungsgründe müssen über den vollen Inhalt der Entscheidung Aufschluß geben, sind aber auf dasjenige zu beschränken, wodurch die Entscheidung beeinflußt wird. Ist ein Klagevorbringen unbewiesen geblieben und dieserhalb die Klage abgewiesen, so bedarf es nicht der Prüfung, ob anderweites Klagevorbringen erwiesen ist oder nicht. Sind die vom Beklagten erhobenen Einreden an sich hinfällig, so ist es überflüssig, die zu ihrer Entkräftung aufgestellten Angaben des Klägers in den Kreis der Erörterung zu ziehen. Ist auf Grund einer für durchgreifend erachteten Einrede auf Abweisung der Klage erkannt, so bedarf es nicht der Ausführung, daß den übrigen Einreden der Erfolg zu versagen ist. Hat eine Einrede die Abweisung des Klägers zur Folge, so kann die Erörterung des Klagegrundes auf sich beruhen bleiben. Sind mehrere Gründe vorhanden, welche die Entscheidung rechtfertigen, so kann, wenn die Entscheidung einem Rechtsmittel unterliegt, es sich empfehlen, sie alle aufzuführen.

Die Parteien haben lediglich die tatsächlichen Unterlagen des Rechts-

[19]) Stölzel 2 S. 17.

streits zu erbringen. Das Finden der anzuwendenden Rechtsätze ist Sache des Gerichts. Die Parteien brauchen Rechtssätze, auf die sie ihre Ansprüche gründen, überhaupt nicht aufzustellen. Tun sie es, so braucht das Gericht auf die aufgestellten Rechtssätze nicht einzugehen.[20])

Ebensowenig können die Parteien dem Gericht darüber Vorschriften machen, in welcher Reihenfolge es die vorgebrachten Rechtsbehelfe prüfen soll. Die Aufgabe des Gerichts geht dahin, über die Rechtsbeziehungen der Parteien im Rahmen der gestellten Anträge zu entscheiden. Um zu dieser Entscheidung zu gelangen, wird es denjenigen Weg einschlagen, der am sichersten zum Ziele führt. Mehrere Klagegründe, auf die der Kläger die Klage gestützt hat, verfolgen den einen Zweck, den Antrag auf Verurteilung zu rechtfertigen. Greift also ein Klagegrund durch, so ist aus ihm auf Verurteilung zu erkennen, auch wenn er erst an letzter Stelle geltend gemacht sein sollte. Die Rechtmäßigkeit der übrigen Klagegründe kann ungeprüft bleiben. Sie muß ungeprüft bleiben, wenn der durchgreifende Klagegrund feststeht, während die übrigen Klagegründe der Beweiserhebung bedürfen würden. Mehrere Verteidigungsmittel des Beklagten richten sich nur auf das eine Ziel der Begründung des Antrags auf Abweisung des Klägers. Wird dieses Ziel von einem Verteidigungsmittel erreicht, so ist die Klage abzuweisen, auch wenn der Beklagte erklärt hat, daß er sich auf das betreffende Verteidigungsmittel nur für den Fall der Erfolglosigkeit der übrigen Verteidigungsmittel berufe.

Einreden kommen regelmäßig nur in dem Fall in Betracht, wenn das Klagevorbringen sich als richtig erweist. Führt aber bei bestrittenem Klagevorbringen eine feststehende Einrede zur Abweisung der Klage, so ist ohne weiteres auf Abweisung zu erkennen, da in diesem Falle eine Beweiserhebung über die Klage überflüssig sein würde. Greift von mehreren Einreden eine durch, so ist auf sie das Urteil auf Klageabweisung zu stützen, ohne Rücksicht auf die vom Beklagten aufgestellte Reihenfolge der Einreden.[21])

Nur dann findet eine Abweichung statt, wenn Einreden, welche die Prozeßvoraussetzungen betreffen, insbesondere prozeßhindernde Einreden mit anderen Einreden zusammentreffen. Über solche Einreden ist, gleichviel ob es vom Beklagten beantragt ist oder nicht, immer in erster Reihe zu entscheiden, denn wenn es an einer Prozeßvoraussetzung fehlt, darf auf die Sache selbst nicht eingegangen werden.[22]) Oben S. 22 ff.

Aber nur im Rahmen der gestellten Anträge ist über die Rechtsbeziehungen der Parteien zu entscheiden. Ist der Antrag spruchreif, so ist zu erkennen. Lediglich zu dem Zwecke, die Rechtsbeziehungen der Parteien erschöpfend zu regeln und einem künftigen Prozesse vorzubeugen, darf kein Beweis erhoben werden. Der Beklagte hat die eingeklagte Forderung bestritten und die Einrede der Stundung erhoben. Giebt Kläger die Stundung zu, so ist ohne weiteres die Klage abzuweisen, denn mag die Klage begründet sein oder nicht, der Klageantrag, der die sofortige Zahlung begehrt, ist in keinem Falle gerechtfertigt: Alternative

---

[20]) Stölzel 2 S. 18. [21]) Stölzel 2 S. 22. [22]) Ztschr. für DZP. 24 S. 107.

Begründung. Bestreitet der Kläger die Stundung, so ist sowohl über die Klage, als über die Einrede Beweis anzuordnen. Wird der Beweis der Stundung erbracht, so ist der Beweis über die Klageforderung, sofern er nicht bereits erhoben ist, auszusetzen und auf Klageabweisung bezüglich der keinenfalls fälligen Forderung zu erkennen. Bei der Klageabweisung bleibt es natürlich auch dann, wenn der Beweis über die Klageforderung erhoben und diese erwiesen oder nicht erwiesen ist. Doch muß alsdann in den zur Erläuterung der Urteilsformel heranzuziehenden Gründen ausgeführt werden, ob die Klageforderung selbst begründet ist oder nicht, da im ersteren Falle der wiederholten Geltendmachung nach Eintritt der Fälligkeit nichts entgegensteht, während im letzteren Falle der neuen Klage die Einrede der entschiedenen Sache entgegengestellt werden kann.

Der Antrag auf Verurteilung ist regelmäßig dahin zu verstehen, daß der Beklagte zur sofortigen Leistung verurteilt werden soll. Ist dies Verlangen nicht gerechtfertigt, so ist die Klage abzuweisen. Für die Prüfung der Frage, ob etwa der Beklagte zu einer späteren Leistung verpflichtet ist, bietet das Urteil keinen Raum.[23]) Ein Unterschied zwischen der gänzlichen Abweisung und der Abweisung zur Zeit besteht nicht. Wird im Falle erwiesener Stundung über die streitig gebliebene Einrede der Zahlung der Eid zugeschoben, so darf auf den Eid nicht eingegangen werden, denn die Prüfung der Frage, ob zur Zeit oder gänzlich abzuweisen, ist nur für die Begründung der Entscheidung, nicht für diese selbst erheblich.[24])

Ist die eingeklagte Leistung von einer Zug um Zug zu erfüllenden Gegenleistung abhängig, so ist nicht auf Abweisung, sondern auf Erfüllung Zug um Zug zu erkennen. Kläger verlangt die Auflassung eines vom Beklagten verkauften Grundstücks. Beklagter wiederspricht dem Klageantrage, weil der Kläger noch 500 Mk. Kaufgeld schulde. Ist die Einrede des Beklagten richtig, so kann nicht auf Abweisung des Klägers, sondern nur dahin erkannt werden: „Der Beklagte wird verurteilt, dem Kläger gegen Zahlung von 500 ℳ das Grundstück usw. aufzulassen."

Streitig ist die Frage, wie zu verfahren sei, wenn der auf Zahlung gerichteten bestrittenen Klageforderung die Einrede der Aufrechnung entgegengesetzt wird. Von der einen Seite ist die Meinung vertreten, es sei in diesem Falle eine Beweisauflage über die Klageforderung unerläßlich, weil über diese stets endgültig entschieden werden müsse, so daß rechtskräftig feststehe, ob sie begründet sei oder nicht (Beweiserhebungstheorie). Von der anderen Seite (Stölzel) wird geltend gemacht, es müsse, sobald die zur Aufrechnung gestellte Gegenforderung bewiesen sei, die auf Zahlung gerichtete Klage ohne Eingehen auf den Streit über das Bestehen der eingeklagten Forderung abgewiesen werden. Doch könne die Abweisung vermieden und der Streit über die Klageforderung zum Austrage gebracht werden, dadurch, daß der Kläger die Leistungsklage in eine Feststellungsklage mit dem Antrage: „festzustellen, daß die Klageforderung entstanden gewesen, oder daß die Gegenforderung in Höhe von usw. durch Aufrechnung getilgt sei", ändert, oder daß der Beklagte auf Zahlung seiner Forderung Widerklage erhebt (Klageänderungstheorie). Die Praxis und die Theorie stehen

---

[23]) Ztschr. f. DZP. 24 S. 82. [24]) Stölzel 2 S. 37ff.

überwiegend auf dem ersteren Standpunkt.[25]) Einmal wird angenommen, daß die Aufrechnungserklärung in der Regel nur als eine eventuelle gemeint, d. h. für den Fall erhoben ist, daß die Forderung des Klägers vom Richter festgestellt werden sollte, da nicht davon auszugehen ist, daß der Beklagte eine von ihm bestrittene Schuld hat tilgen wollen. Dann aber muß über die Klageforderung zuerst entschieden werden, da das die Klage abweisende Urteil, wenn dem Kläger eine Forderung nicht zustand, andere Wirkungen hat, als im Falle der Tilgung dieser Forderung durch Aufrechnung.

Das Zurückbehaltungsrecht schützt zwar gegen eine unbedingte Verurteilung zur Herausgabe der zurückbehaltenen Sache, es muß aber dessen Umfang vom Richter ermittelt und der Zurückbehaltungsberechtigte zur Herausgabe gegen Befriedigung seines festgestellten Gegenanspruchs verurteilt werden.[26])

Bei der Darlegung der Rechtssätze, die der Entscheidung zugrunde gelegt sind, ist im Auge zu behalten, daß der Richter nach dem Gesetz, nicht nach Präjudizien oder Lehrbüchern zu entscheiden hat. Die angewandten Rechtssätze müssen also aus dem Gesetze entwickelt werden. Eine Bezugnahme auf anderweite Entscheidungen oder Ansichten von Rechtslehrern kann die gesetzliche Begründung nicht ersetzen und nur als Belag für die Richtigkeit der aufgestellten Rechtssätze gestattet werden. Der Entwicklung der maßgebenden Rechtssätze folgt die Feststellung der Tatsachen, die und aus welchen Gründen als erwiesen oder nicht erwiesen angenommen sind. Als Regel für die Tatfeststellung gilt der Grundsatz der freien Würdigung. Das Gericht hat nach seiner Überzeugung zu entscheiden, ob bestrittene Tatsachen für wahr oder für nicht wahr zu erachten seien. Es muß aber zu der positiven Überzeugung der Wahrheit oder Nichtwahrheit einer Tatsache kommen. Als Quellen für die richterliche Überzeugung dienen das Ergebnis der Beweisaufnahme, sofern sie zulässig war und in formell tadelloser Weise ausgeführt ist, und der Gesammtinhalt der Sachverhandlung. Das Gericht ist befugt, seine Überzeugung lediglich auf die Sachverhandlung zu stützen und die Erhebung der angebotenen Beweismittel abzulehnen.[27]) Die Gründe, die zu dieser Überzeugung geführt haben, müssen im Urteil dargelegt werden. Hat das Gericht die Überzeugung von der Wahrheit oder Unwahrheit einer Tatsache gewonnen, so braucht es auf weitere Beweisanträge nicht einzugehen und kann selbst Beweisanerbieten für das Gegenteil ablehnen, wenn seine Überzeugung eine derart begründete ist, daß sie auch durch den Gegenbeweis nicht erschüttert werden kann. Solange dagegen eine Tatsache nicht für erwiesen oder widerlegt erachtet wird, muß jedem Beweisangebot für und gegen stattgegeben werden, falls nicht die Tatsache rechtlich unerheblich ist.[28]) Hieran knüpft sich die Ausführung, mittels welcher Schlußfolgerungen durch Unterordnung des Tatbestandes unter die Rechtssätze das

---

[25]) RG. 37 S 403, 42 S. 320, 362. Vgl. auch die Zitate bei Daubenspeck, Referat usw. (9. Aufl.) S. 209 Anm. 1. [26]) BGB. §§ 273, 274. Gruch. 29 S. 1088. [27]) M. S. 207. RG. 4 S. 377, 5 S. 429, 17 S. 425; Gruch. 32 S. 419. [28]) § 259. RG. 2 S. 385, 4 S. 212, 6 S. 170, 8 S. 14, 11 S. 412. Gruch. 26 S. 1132, 29 S. 1101, 30 S. 159, 1024, 1033, 1121, 1128; 31 S. 909, 32 S. 415, 1186. JW. 93 S. 234, 345, 94 S. 180, 240, 363; 95 S. 293. —

Gericht zu der gefällten Entscheidung gelangt ist. Der Vortrag muß entsprechend der Bedeutung des richterlichen Urteils als eines Staatsakts würdig und gemessen, klar und bestimmt sein. Der Grundsatz, den sich das Reichsgericht in § 18 seiner Geschäftsordnung gesetzt hat: „Die Entscheidungsgründe sind in bündiger Kürze, unter strenger Beschränkung auf den Gegenstand der Entscheidung und tunlicher Vermeidung von Fremdwörtern und nicht allgemein üblichen Ausdrücken abzufassen," ist auch den Instanzgerichten zur Nachahmung zu empfehlen.

4. Die **Urteilsformel** (Tenor),[29]) als der Ausspruch über Anerkennung oder Aberkennung des geltend gemachten Anspruchs, muß den gesamten zur Entscheidung gestellten Rechtsstoff erledigen, also alle Anträge, die der Entscheidung bedürfen, erschöpfen, und zwar in der im Klageantrag von der Partei aufgestellten Reihenfolge, so daß der eventuelle Klageantrag erst nach Erledigung des prinzipalen in Betracht gezogen werden darf. Wird dem Klageantrage nur beschränkt stattgegeben, so genügt es nicht, den Beklagten nach Maßgabe dieser Beschränkung zu verurteilen, sondern es muß auch die Klage im übrigen abgewiesen werden. Andererseits hat das Urteil auch auf diese Anträge sich zu beschränken. Erledigte Ansprüche sind von der Entscheidung ausgeschlossen. Ist der Kläger im Laufe des Rechtsstreits befriedigt und nur noch der Kostenpunkt streitig, so kann auch nur über diesen entschieden werden. Die Erklärung der stattgehabten Erledigung in der Urteilsformel ist bedeutungslos und überflüssig, aber nicht unzulässig, kann daher abgegeben werden, wenn die Parteien zur Klarstellung der Sachlage darauf Gewicht legen. „Der Rechtsstreit ist in der Hauptsache erledigt. Die Kosten des Rechtsstreits werden dem usw. auferlegt." Eine Besonderheit gilt in Ehesachen. Wenn in einer solchen im Laufe des Rechtsstreits ein Ehegatte stirbt, so kann das Urteil nur dahin gehen, daß der Rechtsstreit in Ansehung der Hauptsache als erledigt anzusehen sei.[30])

Der Abweisung des Klägers pflegen nach Lage des Falls Maßgaben wie „zur Zeit", „in der angebrachten Art" beigefügt zu werden. Die Statthaftigkeit solcher Maßgaben soll nicht bestritten werden.[31]) Sie erscheinen aber entbehrlich und sind als Vermischung der Urteilsformel mit den Urteilsgründen besser fortzulassen. Die Abweisung mit der angedeuteten Maßgabe soll erkennbar machen, daß nur die vorliegende Klage, nicht der Klageanspruch selbst zurückgewiesen werde, daß also das Urteil einer neuen Klage gegenüber nicht die Einrede der rechtskräftig entschiedenen Sache begründe. Indessen können über die Frage, ob und inwieweit aus dem früheren Urteil die bezeichnete Einrede hergeleitet werden könne, nur die Urteilsgründe Aufschluß geben.[32])

Auf **Feststellungsklagen** ist entweder ohne weiteres die Feststellung auszusprechen: „Das Testament des N. N. ist ungültig", oder es kann auch erkannt werden: „Es wird festgestellt, daß das Testament des N. N. ungültig ist."

Fälle, in denen die freie Beweiswürdigung beschränkt ist, enthalten die §§ 138, 239, 164, 198, 202, 314, 331, 351, 427, 437, 438, 440, 441, 452, 463, 464, 465, 475, 477. § 16 Nr. 1, 2, § 17 Abs. 2 des EG. z. ZPO. [29]) § 313 Nr. 5. S. Formulare Nr. 27. [30]) § 628. [31]) RG. 2 S. 243, 3 S. 290. [32]) Ztschr f. DZP. 24 S. 82.

Neben der Entscheidung über die Hauptsache muß die Urteilsformel auch eine Bestimmung über die Prozeßkosten enthalten und diejenige Anordnung aussprechen, die über die vorläufige Vollstreckbarkeit zu treffen ist.[33])

Jedes Urteil muß in sich selbst vollständig und verständlich sein. Kommt es auf die Bezeichnung von Örtlichkeiten an, so genügt es nicht, auf eine in den Akten befindliche Handzeichnung zu verweisen, denn ein solches Urteil wird für die Beteiligten fast wertlos, sobald die Akten nicht mehr vorhanden sind. Solchen Urteilen ist vielmehr eine Kopie der Handzeichnung anzuhängen. Man kann wohl im Protokoll und in der Urschrift des Urteils sagen: „der Beklagte wird verurteilt die Linie usw. der Klagezeichnung als Grenze usw. anzuerkennen", da Protokoll, Urschrift des Urteils und Klagezeichnung bei den Akten bleiben. In den Ausfertigungen des Urteils ist aber das Wort „Klagezeichnung" zu ersetzen durch die Worte „angehängte Zeichnung" und ist jeder Ausfertigung eine Kopie der Zeichnung anzuhängen. Die betreffende Anordnung ist vom Richter auf der Urschrift des Urteils zu erlassen.

5. Eine abgekürzte Form hat die Novelle von 1909 für Versäumnisurteile und Anerkenntnisurteile eingeführt, welche dem Antrag des Klägers entsprechen. Bei diesen kann das Urteil ohne Tatbestand, Entscheidungsgründe und Bezeichnung der mitwirkenden Richter auf die Urschrift oder Abschrift der Klage oder ein damit zu verbindendes Blatt gesetzt werden; der Bezeichnung der Parteien und der gesetzlichen Vertreter und Prozeßbevollmächtigten bedarf es nur insoweit, als von den Angaben der Klageschrift abgewichen wird.[34]) An Stelle der Klage kann hierzu auch ein vorher ergangener Zahlungsbefehl benutzt werden.[35])

IV. Aushang. Das Urteil wird von dem Gerichtsschreiber mit dem Verkündungsvermerke versehen und in das Verzeichnis der auszuhängenden Urteile gebracht. Das Verzeichnis wird auf die Dauer einer Woche in der Gerichtsschreiberei ausgehängt. Es enthält nur die Bezeichnung der Sache und die Angabe des Verkündungstages. Der Gerichtsschreiber hat auf dem Urteile den Tag des Aushangs zu bemerken und diese Bemerkung zu unterschreiben. Dies findet aber keine Anwendung auf die unter III 5 erwähnten Urteile.[36])

Abschriften und Ausfertigungen des Urteils, welche letztere vom Gerichtsschreiber vollzogen und mit dem Gerichtssiegel versehen werden, erhalten die Parteien nur auf Antrag, der an die Gerichtsschreiberei zu richten ist, und nicht vor der Vollziehung und Verkündung. Die Ausfertigung der amtsgerichtlichen Urteile erfolgt, wenn von den Parteien nicht ein anderes beantragt wird, unter Weglassung des Tatbestandes und der Entscheidungsgründe. Über die Ausfertigung der in abgekürzter Form erlassenen Urteile (III, 5) vgl. § 317 Abs. 4.

V. Zustellung.[37]) Die Wirksamkeit des Urteils tritt schon mit dessen Verkündung ein.[38]) Zum Eintritt der Rechtskraft bedarf es aber der Zustellung, weil erst mit dieser der Lauf der Notfrist für das Rechtsmittel beginnt[39]) und die Rechtskraft regelmäßig nicht vor Ablauf der

---

[33]) §§ 91 ff., 708 ff. [34]) § 313 l. Abs. [35]) § 696 Abs. 3. [36]) § 316. [37]) § 317. [38]) § 312. [39]) §§ 516, 339.

Notfrist eintritt.[40]) Auch kann die Zwangsvollstreckung aus dem Urteil erst beginnen, wenn es zugestellt ist.[41])

Die Zustellung ist dem Parteibetriebe überlassen.[42]) Amtszustellung findet nur statt in Ehesachen bei Urteilen, durch die auf Scheidung oder Nichtigkeit der Ehe erkannt ist,[43]) in Kindschafts-,[44]) in Entmündigungssachen,[45]) in Gewerbestreitigkeiten[46]) und im schiedsrichterlichen Verfahren.[47]) Zur Zustellung im Parteibetriebe ist jede Partei berechtigt. Im amtsgerichtlichen Prozesse erfolgt die Zustellung der Urteile (betr. Versäumnisurteil s. § 508) auch im Parteibetriebe, doch kann sich die Partei der Vermittlung des Gerichtsschreibers bedienen.[48])

VI. Berichtigung von Schreib- und Rechnungsfehlern, Tatbestandsberichtigung und Ergänzung des Urteils.

Mit der Verkündung wird das Urteil für den Richter, der es erlassen hat, unabänderlich.[49]) Das Gericht ist an sein Urteil gebunden. Das Urteil kann nur im Rechtsmittelzuge angefochten werden. Nur in einzelnen Fällen kann das Gericht selbst sein Urteil widerrufen, z. B. das Versäumnisurteil. Keinen Widerruf des Urteils enthält die Berichtigung desselben in einzelnen formellen Punkten. Das Gesetz unterscheidet hierin drei verschiedene Fälle:

1. Handelt es sich um Schreibfehler, Rechnungsfehler oder ähnliche Unrichtigkeiten,[50]) so ist, gleichviel ob der Fehler in der Urteilsformel oder an einer anderen Stelle des Urteils vorgekommen ist, die Berichtigung statthaft, ohne daß es eines Rechtsmittels bedarf. Es kann aber nur dasjenige berichtigt werden, was sich als das nicht Gewollte ergibt, und nur in dasjenige, was sich als das Gewollte darstellt.[51]) Die Berichtigung kann zu jeder Zeit, auch nach Rechtskraft des Urteils, von dem erkennenden Gericht selbst und von der höheren Instanz, auf Antrag und von Amts wegen, erfolgen. Der Antrag hat nur die Bedeutung der Anregung einer Tätigkeit von Amts wegen. Ist der Fall einer Berichtigung von Amts wegen nicht gegeben, so besteht für den Antrag auf Berichtigung Anwaltszwang.[52])

Die Entscheidung ergeht durch Beschluß, der ohne mündliche Verhandlung erlassen werden kann. Der Beschluß ist, wenn er den Berichtigungsantrag einer Partei zurückweist, dem Antragsteller, wenn er eine Berichtigung ausspricht, beiden Parteien von Amts wegen zuzustellen.[53]) Wird mündliche Verhandlung angeordnet, so müssen, da eine Amtstätigkeit in Frage steht, beide Teile von Amts wegen geladen werden. Ein Versäumnisverfahren ist ausgeschlossen. Beim Ausbleiben eines Teils oder beider Teile ist nach Lage der Sache zu entscheiden. Der in der mündlichen Verhandlung ergehende Beschluß ist zu verkünden; die Wirksamkeit der Verkündung ist von der Anwesenheit der Parteien unabhängig. Die Berichtigung braucht nicht notwendig von denselben Richtern zu erfolgen, die das Urteil gefällt haben.

---

[40]) § 705. [41]) § 750. [42]) § 317. [43]) § 625. [44]) § 640. [45]) §§ 659, 678, 687, 686. [46]) § 30 RGes. v. 29. Juli 1890. [47]) § 1039. [48]) § 166. [49]) § 318. S. Formulare Nr. 15. [50]) Beispiele: RG. 23 S. 399, 25 S. 404, 55 S. 279; Seuff. 48 Nr. 144, 53 Nr. 193, 57 Nr. 165, 59 Nr. 164. [51]) § 319. RG. 23 S 399. JW. 88 S. 96. [52]) RG. 25 S. 404. [53]) § 329.

Der Berichtigungsbeschluß ist auf der Urschrift des Urteils urschriftlich durch den oder die beschließenden Richter, auf den Ausfertigungen von dem Gerichtsschreiber zu vermerken. Zu diesem Zwecke sind die bereits erteilten Ausfertigungen von dem Gerichtsschreiber von Amts wegen zurückzufordern.[54]) Wenn die Rückreichung nicht erfolgt, so muß, da ein Zwangsmittel zu ihrer Erwirkung nicht besteht, die Zustellung besonderer Ausfertigungen des Berichtigungsbeschlusses für statthaft erachtet werden.[55])

Gegen den Beschluß, der eine Berichtigung ausspricht, findet unabhängig von sonstigen Rechtsmitteln[56]) sofortige Beschwerde statt. Der Beschluß, der ein Berichtigungsgesuch zurückweist, ist unanfechtbar.[57])

2. **Berichtigung des Tatbestandes.** **Mängel des Tatbestandes** können, soweit das Verfahren zu 1 versagt, auf Parteiantrag berichtigt werden. Dies bezieht sich auch auf tatsächliche Feststellungen, die sich in den Entscheidungsgründen finden. Der im Anwaltsprozeß dem Anwaltszwange unterliegende Antrag muß den zu hebenden Mangel bezeichnen und die Ladung des Gegners zur mündlichen Verhandlung enthalten. Die Frist zur Zustellung des Antrags beträgt eine Woche und beginnt mit dem Tage des Aushangs des Urteilsverzeichnisses, falls jedoch das Urteil innerhalb zweier Monate seit diesem Tage zugestellt wird, mit der Zustellung des Urteils. Der Antrag kann schon vor dem Beginne der Frist gestellt werden.[58])

Auf den Antrag wird ein Termin angesetzt, in dem mündlich verhandelt wird. Die **Entscheidung** ergeht auf Grund der etwaigen Feststellungen im Sitzungsprotokoll, in deren Ermangelung auf Grund des Gedächtnisses der Richter. Eine Beweisaufnahme ist ausgeschlossen, weil die Richter nur eigene Wahrnehmungen zu bezeugen haben. Aus dem nämlichen Grunde dürfen auch nur diejenigen Richter an der Entscheidung mitwirken, die an der dem Urteil zugrunde liegenden mündlichen Verhandlung teilgenommen haben. Bei Behinderung eines oder mehrerer Richter entscheiden die übrigen, u. z. so, daß bei Stimmengleichheit die Stimme des Vorsitzenden, bei dessen Behinderung die Stimme des ältesten Richters den Ausschlag gibt. Ob die Richter noch derselben Kammer oder demselben Senat angehören, ist unerheblich.[59]) Sind alle Richter — im amtsgerichtlichen Prozesse der Amtsrichter — behindert, so ist das Berichtigungsverfahren ausgeschlossen; die Parteien sind hiervon durch Beschluß des Prozeßgerichts zu benachrichtigen. Für das Versäumnisverfahren ist kein Raum, da es sich nicht um ein Urteil handelt. Die Entscheidung ergeht auch beim Ausbleiben eines Teils oder beider Teile nach Lage der Sache durch Beschluß, der der Anfechtung entzogen ist. Wegen der formellen Behandlung gelten dieselben Grundsätze wie bei der Berichtigung von Schreibfehlern usw.

Mit dem Rechtsmittelverfahren hat das Berichtigungsverfahren nichts zu schaffen. Die Notfrist des ersteren ist von dem letzteren unabhängig. Treffen beide Verfahren zusammen, so muß das Berichtigungsverfahren

---

[54]) § 320 Abs. 4. [55]) Gruch. 25 S. 866. [56]) RG. 29 S. 403, 30 S. 324; Gruch. 29 S. 1091; JW. 92 S. 94, 332; 95 S. 380. [57]) § 319 Abs. 3. [58]) § 320. [59]) §§ 64, 121, 133 GVG.

zunächst zum Austrage gebracht werden, weil anderenfalls der höheren Instanz die Grundlage für die Entscheidung fehlen würde.

Wird der berichtigte Tatbestand durch die Entscheidungsgründe nicht gedeckt, so müssen diese gemäß § 319 von Amts wegen ergänzt werden.[60])

3. Ergänzung des Urteils. Sind in der Formel des Endurteils Ansprüche, über die nach dem ursprünglichen oder berichtigten Tatbestande entschieden werden mußte, oder der Kostenpunkt übergangen, so ist auf Parteiantrag das unvollständige Urteil durch eine nachträgliche Entscheidung zu ergänzen. Der im Anwaltsprozeß dem Anwaltszwange unterliegende Antrag muß neben der Bezeichnung der verlangten Ergänzung die Ladung des Gegners zur mündlichen Verhandlung enthalten und dem Gegner binnen einer Woche von der Zustellung des Urteils zugestellt sein.

Die Verhandlung ist auf den übergangenen Anspruch beschränkt, insoweit aber eine neue selbständige, es ist also auch neues Parteivorbringen zulässig und die Entscheidung durch andere Richter als die, welche an dem zu ergänzenden Urteil mitgewirkt haben, nicht ausgeschlossen.[61]) Beim Ausbleiben einer Partei treten die Versäumnisfolgen ein. Erscheinen beide Parteien nicht, so ruht das Verfahren, bis eine Partei von neuem ladet. Ist der Antrag nicht frist- oder formgerecht, so wird er als unzulässig verworfen. Die Entscheidung ist ein Endurteil und unterliegt den gewöhnlichen Rechtsmitteln.

Ist der Antrag auf Ergänzung versäumt, so kann der übergangene Anspruch nur durch eine neue Klage geltend gemacht werden, nicht aber mittels eines Rechtsmittels, soweit nicht in der Berufungsinstanz die Geltendmachung neuer Ansprüche ausnahmsweise gestattet ist.[62]) Bezüglich des Anspruchs auf Ersatz der Prozeßkosten ist die Geltendmachung durch neuen Prozeß zu versagen, weil dieser Anspruch ein Zubehör des Rechtsstreits bildet, über das lediglich im Zusammenhang mit der Hauptsache entschieden werden kann.[63])

Auch wenn der Punkt der vorläufigen Vollstreckbarkeit des Urteils übergangen ist, findet eine Ergänzung nach § 321 statt, aber nur wenn das Urteil von Amts wegen für vorläufig vollstreckbar zu erklären war oder wenn ein auf die Anordnung, Ausschließung oder Einschränkung der vorläufigen Vollstreckbarkeit abzielender Antrag unbeachtet geblieben ist. Ein Antrag, der nicht schon vor dem Schlusse der mündlichen Verhandlung, auf die das Urteil ergangen ist, zugestellt war, kann im Ergänzungsverfahren keine Berücksichtigung finden.[64])

VII. Rechtskraft des Urteils. Man unterscheidet die formelle und materielle Rechtskraft. Erstere bedeutet die Unanfechtbarkeit des Urteils und wird unten im Eingang des Abschnittes über die Zwangsvollstreckung behandelt werden; letztere betrifft die Wirkung des Urteils für einen neuen Prozeß über dieselbe Streitfrage; sie hat zur Folge, daß der Richter, wenn der Beklagte es verlangt (exceptio rei

---

[60]) S. Formular Nr. 15d. [61]) M. S. 224. [62]) RG. 11 S. 409, 23 S. 422, 59 S. 130. [63]) RG. 10 S. 310, 22 S. 423. Planck 1 S. 480. Gaupp A. I, 3. Reincke A. b. Seuff. ZPO. A. 4 zu § 292. [64]) §§ 714, 716.

judicatae), sich an die getroffene Entscheidung gebunden halten muß und nicht von neuem entscheiden darf.

1. Die Rechtskraft *erstreckt sich nur* soweit, als durch das Urteil über den durch die Klage oder durch die Widerklage erhobenen *Anspruch entschieden* ist.[66]) Maßgebend ist der Tenor des Urteils, die Entscheidungsgründe gehen nicht in Rechtskraft über. Nur wenn über eine Aufrechnungseinrede entschieden ist, ist die Entscheidung, daß die Gegenforderung nicht besteht, bis zur Höhe des Betrages, für welchen die Aufrechnung geltend gemacht worden ist, der Rechtskraft fähig;[67]) ist die Forderung des Klägers aus anderen Gründen abgewiesen, so liegt bez. der Gegenforderung keine der Rechtskraft fähige Entscheidung vor. In den Urteilstenor braucht die Entscheidung über die Gegenforderung nicht aufgenommen zu werden.

2. Die Rechtskraft wirkt nur unter *denselben Parteien*, d. h. für und gegen diese. In gewissen Fällen erstreckt sich die Wirkung aber weiter, so auf die Rechtsnachfolger der Parteien oder solche Personen, welche den Besitz der Streitsache derart erlangt haben, daß eine der Parteien oder ihr Rechtsnachfolger mittelbarer Besitzer der Sache geworden ist,[68]) es sei denn, daß der Erwerber der Sache durch den guten Glauben geschützt wird. Ferner wirkt ein Urteil, das jemand kraft besonderen Rechts, als Vorerbe oder Testamentsvollstrecker, über Rechte erstritten hat, welche der Substanz nach völlig oder teilweise anderen zukommen, für und gegen diese anderen.[69]) Urteile in Ehe- und Statussachen wirken grundsätzlich für und gegen alle.[70])

3. Eine Ausnahme von dem Grundsatze, daß der abgeurteilte Tatbestand dem Richter nicht nochmals unterbreitet werden darf, ist für solche Fälle aufgestellt, in welchen die *tatsächlichen Unterlagen des Urteils sich geändert haben*. Wenn bei einer Verurteilung zu künftig fällig werdenden, wiederkehrenden Leistungen eine wesentliche Änderung derjenigen Verhältnisse eintritt, welche für die Verurteilung zur Entrichtung der Leistungen, für die Bestimmung der Höhe der Leistungen oder der Dauer ihrer Entrichtung maßgebend waren, so ist jeder Teil berechtigt, im Wege der Klage eine entsprechende Abänderung des Urteils zu verlangen; doch müssen die Gründe dieser Klage erst nach der letzten mündlichen Verhandlung entstanden sein und darf die Abänderung des Urteils nur für die Zeit nach der Erhebung der Klage erfolgen.[70]) Auch kann bei gewissen Verurteilungen zur Entrichtung einer Geldrente nachträglich auf Sicherheitsleistung oder auf Leistung höherer Sicherheit erkannt werden, wenn sich die Vermögensverhältnisse des Verpflichteten erheblich verschlechtert haben.[71])

4. Auch *ausländische Urteile* erwirken grundsätzlich im Bereiche unserer ZPO. Rechtskraft. Nur in gewissen, im § 328 aufgezählten Fällen wird ihnen die Anerkennung versagt.

---

[65]) Streitig ist allerdings, ob die Einrede der Rechtskraft eine Einrede im eigentlichen Sinne ist oder ob die Rechtskraft von Amts wegen berücksichtigt werden muß. [66]) § 322. [67]) § 322 Abs. 2. [68]) § 325. [69]) §§ 326, 327. [70]) §§ 629, 643, 976. [71]) § 323. [72]) § 324.

B. Die einzelnen Arten der Urteile.

I. Endurteile. Das Endurteil ist die die Instanz abschließende Entscheidung über den Rechtsstreit.[1])

Voll- und Teilurteile. Je nachdem über den gesamten Streitstoff oder nur über einzelne Teile des Streitstoffs entschieden wird, liegt ein Vollurteil oder ein Teilurteil vor. Ein Vollurteil ist auch dasjenige, das einen von mehreren auf Anordnung des Gerichts verbundenen Prozessen entscheidet.[2]) Durch diese Entscheidung wird die angeordnete Verbindung wieder aufgehoben, es muß deshalb auch über die Kosten des einzelnen Prozesses besonders entschieden werden.

Ein Teilurteil ist zu erlassen, a) wenn von mehreren in einer Klage geltend gemachten Ansprüchen nur der eine, b) wenn von dem Klageanspruch nur ein Teil, c) wenn bei erhobener Widerklage nur die Klage oder nur die Widerklage zur Endentscheidung reif ist.[3]) Jedes Teilurteil ist für den dadurch entschiedenen Teil des Rechtsstreits bezüglich der Rechtsmittel und der Zwangsvollstreckung Endurteil. Für die Entscheidung des Kostenpunkts ist im Teilurteil kein Raum, da nach §§ 91, 92 über die Kosten als Ganzes entschieden werden soll.[4])

Liegen die Voraussetzungen eines Teilurteils vor, so ist es auch zu erlassen,[5]) sofern nicht der Erlaß für nicht angemessen erachtet wird, z. B. wegen Verlustes des revisibeln Objekts.[6]) Die Ablehnung des Erlasses eines Teilurteils ist unanfechtbar.[7]) In den Fällen des teilweisen Verzichts des Klägers auf seine Forderung oder des teilweisen Anerkenntnisses seines Anspruchs durch den Beklagten muß das Teilurteil erlassen werden, aber nur auf Antrag der Partei.[8]) Sonst ist zum Erlasse eines Teilurteils ein besonderer, hierauf gerichteter Parteiantrag nicht erforderlich.

Hat der Beklagte die Aufrechnung einer Gegenforderung geltend gemacht, die mit der in der Klage gemachten Forderung nicht in rechtlichem Zusammenhange steht, d. h. nicht aus demselben Rechtsverhältnisse stammt oder mit ihr in einem Bedingungsverhältnisse steht,[9]) so kann, wenn nur die Verhandlung über die Klageforderung u. z. im Sinne ihrer Rechtmäßigkeit zur Endentscheidung reif ist, diese unter Vorbehalt der Entscheidung über die Aufrechnung erfolgen.[10]) Enthält das Urteil keinen Vorbehalt, so kann seine Ergänzung nach § 321 beantragt werden. Das Urteil ist in betreff der Rechtsmittel und der Zwangsvollstreckung als Endurteil anzusehen, es ist aber nicht materiell rechtskräftig, da es keine endgültige Feststellung schaffen will und kann.[11]) Doch bleibt in betreff der Aufrechnung der Rechtsstreit anhängig. Ergibt sich in dem Nachverfahren, daß zufolge der Aufrechnung die Forderung des Klägers ganz oder teilweise erloschen war, so ist insoweit das frühere Urteil aufzuheben,

---

[1]) § 300. [2]) § 300 Abs. 2. [3]) § 301 s. aber RG. 58 S. 309. [4]) Reincke § 301 A. 3; Gaupp-Stein § 91 Nr. 16; AM. Wex in Gruch. 33 S. 281. Dagegen: Jastrow a. a. O. S. 810. [5]) RG. 21 S. 342. [6]) RG. 6 S. 418, 13 S. 354, 17 S. 47. [7]) § 567. RG. Gruch. 30 S. 1151; Seuff. 47 Nr. 231. [8]) §§ 306, 307. [9]) S. dazu RG. 57 S. 268. [10]) S. Formular Nr. 17. [11]) Seuff. 60 Nr. 63.

der Kläger mit der Klage abzuweisen und über die Kosten anderweit zu entscheiden. Auch ist der Kläger zum Ersatze des Schadens verpflichtet, der dem Beklagten durch die Vollstreckung des Urteils oder durch Leistungen zur Abwendung der Vollstreckung entstanden ist. Der Beklagte kann diesen Ersatzanspruch in dem anhängigen Rechtsstreit geltend machen. Geschieht dies, so ist der Anspruch als zur Zeit der Zahlung oder Leistung rechtshängig geworden anzusehen.[12])

Ist die Klageforderung an sich ungerechtfertigt, so ist sie ohne weiteres abzuweisen. Über die Gegenforderung ist nur dann zu entscheiden, wenn sie im Wege der Widerklage, nicht auch, wenn sie bloß durch Einrede geltend gemacht ist.

II. Zwischenurteile. Sie entscheiden entweder einen Zwischenstreit der Parteien mit Dritten oder einen Zwischenstreit unter den Parteien selbst über das Verfahren oder über selbständige Angriffs- und Verteidigungsmittel.

1. Beim Zwischenstreit mit einem Dritten[13]) sind die Zwischenurteile selbständige Entscheidungen, die das Rechtsverhältnis der Parteien zu dem Dritten unabhängig von der Hauptsache regeln. Sie bedürfen nicht der mündlichen Verhandlung,[14]) außer wo dies ausdrücklich vorgeschrieben ist.[15]) Ergeht die Entscheidung auf Grund mündlicher Verhandlung, so wird sie verkündet,[16]) anderenfalls muß sie den Beteiligten von Amts wegen zugestellt werden.[17]) Aber auch die verkündeten Urteile bedürfen der Zustellung, weil sie mit der sofortigen Beschwerde anfechtbar sind und die für letztere bestimmte Notfrist mit der Zustellung der Entscheidung beginnt.[18]) Ein Versäumnisverfahren findet nicht statt, weil es sich um einen außerhalb des Parteiprozesses stehenden Streit handelt.

2. Ein Zwischenstreit der Parteien kann vorkommen beim Streit über das Verfahren (z. B. über Zulässigkeit von Beweismitteln, Beweiseinreden, Vorlegung oder Echtheit von Urkunden, Zuschiebung oder Zurückschiebung von Eiden, Abnahme von Parteieiden), oder wenn einzelne selbständige Angriffs- oder Verteidigungsmittel zur Entscheidung reif sind, während im übrigen der Rechtsstreit noch weiterer Verhandlung bedarf.[19])

a) Das Zwischenurteil dient nur zur Vorbereitung des Endurteils, indem es bestimmte für das letztere maßgebende Streitpunkte erledigt. Es ist selbst niemals ein Endurteil, sondern nur ein vorweg genommener Bestandteil des Endurteils. Daraus folgt, daß darin nicht über den Kostenpunkt entschieden werden darf und daß es weder vollstreckbar noch der Anfechtung durch selbständige Rechtsmittel zugänglich ist, sondern nur mit dem Hauptturteil angegriffen werden kann.[20])

Notwendig ist ein Zwischenurteil nur in den Fällen der §§ 275 Abs. 1, 347 Abs. 2, 366. Im übrigen hat das Gericht nach freiem Ermessen und nach Gründen der Zweckmäßigkeit zu bestimmen, ob ein Zwischenurteil zu erlassen sei. Ist es aber erlassen, so hat es für die

---

[12]) § 302. [13]) §§ 71, 102, 135, 387, 402. [14]) § 102. [15]) §§ 71, 135. [16]) §§ 311 Abs. 1, 329 Abs. 1. [17]) § 329 Abs. 3. [18]) § 577 Abs. 2. [19]) § 303. [20]) § 512.

Instanz bindende Kraft, aber nur insoweit, als sich der Tenor des Urteils erstreckt.[21])

Das Verfahren über den Zwischenstreit bildet einen Teil der Verhandlung der Hauptsache, erfordert daher immer eine mündliche Verhandlung.[22]) Diese kann auf den Streitpunkt beschränkt werden,[23]) es kann aber das Zwischenurteil auch auf Grund der Verhandlung der Hauptsache ergehen. In der Form folgt das Zwischenurteil den Vorschriften über das Endurteil, muß also Tatbestand, Urteilsformel und Entscheidungsgründe enthalten.[24])

b) Den Charakter des Endurteils haben und sind damit der Rechtskraft fähig Zwischenurteile über einzelne selbständige Angriffs- und Verteidigungsmittel in den Fällen der §§ 275, 304. Das Gericht muß über prozeßhindernde Einreden,[25]) wenn der Beklagte auf Grund einer solchen die Verhandlung zur Hauptsache verweigert oder wenn das Gericht die abgesonderte Verhandlung darüber angeordnet hat, nicht nur besonders verhandeln, sondern auch besonders entscheiden.[26]) Es kann ferner, wenn ein durch Klage oder Widerklage erhobener Anspruch nach Grund und Betrag streitig ist, über den Grund vorab Entscheidung treffen,[27]) es muß aber über den Grund vollständig, insbesondere über alle gegen den Klagegrund gerichteten Einreden entscheiden.[28])

Wird die prozeßhindernde Einrede für begründet erachtet, oder der Grund des Anspruchs verneint, so ist die Klage hinfällig, also durch Endurteil abzuweisen. Wird dagegen die prozeßhindernde Einrede verworfen oder der Grund des Anspruchs anerkannt, so ist das Urteil ein Zwischenurteil, weil es keine Endentscheidung gibt, sondern nur einen sie vorbereitenden Streitpunkt erledigt. Es ist aber bezüglich der Rechtsmittel den Endurteilen gleichgestellt, muß also, damit der Lauf der Berufungsfrist beginnen und die Rechtskraft eintreten kann, zugestellt werden.[29]) Im übrigen folgt das Urteil den allgemeinen Vorschriften über Zwischenurteile. Ob ein Zwischenurteil nach § 303 oder nach § 304 vorliegt, ist nicht aus der Absicht des Richters, sondern aus dem Inhalt der Entscheidung zu entnehmen.[30])

Das Gericht kann aber auf Antrag durch Beschluß anordnen, daß zur Hauptsache oder über den Betrag weiter zu verhandeln sei. Wird bei der weiteren Verhandlung durch Endurteil der Kläger abgewiesen, so erledigt sich hierdurch die Verhandlung über das Zwischenurteil. Enthält das Endurteil eine Verurteilung, so hängt seine Wirksamkeit, gleichviel ob die Verurteilung auf Grund kontradiktorischer Verhandlung oder im Versäumnisverfahren erfolgt ist,[31]) von der Rechtskraft des Zwischenurteils ab, da letzteres die notwendige Voraussetzung des ersteren bildet. Es muß also auch nach Rechtskraft des Endurteils die Verhandlung über das Zwischenurteil fortgesetzt und dessen Rechtskraft herbeigeführt werden. Wird

---

[21]) RG. 13 S. 413; Gruch. 29 S. 1065, 34 S. 1147, 1157; 36 S. 1185; JW. 95 S. 6. [22]) § 128. [23]) § 146. [24]) § 313. [25]) § 274. [26]) § 275. [27]) § 304. [28]) RG. 31 S. 361, 45 S. 316, 58 S. 232; Seuff. 46 Nr. 228. [29]) RG. 11 S. 391, 15 S. 398, 16 S. 335, 33 S. 431; Gruch. 30 S. 735, 32 S. 1183, 33 S. 1065; JW. 89 S. 138, 305; 93 S. 537. [30]) RG. 42 S. 349, 395, 54 S. 342. [31]) A. M. RG. 14 S. 344.

in höherer Instanz das Zwischenurteil geändert und die prozeßhindernde Einrede für begründet erklärt oder der Grund des Anspruchs verworfen, so wird das rechtskräftige Endurteil hierdurch ohne weiteres hinfällig, auch wenn es einen Vorbehalt nicht enthält, da es die Vorentscheidung über die streitige Prozeßvoraussetzung zur Voraussetzung hat. Immerhin bleibt es empfehlenswert, in das Endurteil einen ausdrücklichen Vorbehalt, der die Entscheidung von der Rechtskraft des Zwischenurteils abhängig macht, aufzunehmen, damit die Nichtübereinstimmung zweier gleichzeitig vorliegender, einander widersprechender Urteile auch der äußeren Erscheinung nach beseitigt wird.[32])

Wird nicht vor der Rechtskraft des Zwischenurteils weiterverhandelt, so wird die Verhandlung auf Antrag der Parteien nach Rechtskraft fortgesetzt. Der Klageanspruch kann dann erweitert werden, aber die Entscheidung des Zwischenurteils erstreckt sich nicht auf den später erhobenen Anspruch.[33])

III. Bedingte Urteile. Hängt der Erlaß eines End- oder Teilurteils von einem zu- oder zurückgeschobenen Eide, dessen Leistung nicht gemäß § 461 durch Beweisbeschluß angeordnet ist, oder von einem richterlichen Eide ab, so ist auf die Leistung durch bedingtes End- oder Teilurteil zu erkennen.[34]) Auch ein bedingtes Zwischenurteil kann erlassen werden, wenn die Entscheidung über ein einzelnes selbständiges Angriffs- oder Verteidigungsmittel von der Eidesleistung abhängt oder soweit das Zwischenurteil der Rechtskraft fähig ist.

1. Die Urteilsformel muß die Person des Schwurpflichtigen und die Eidesnorm angeben, auch die Folgen sowohl der Leistung als der Verweigerung des Eides festsetzen. Diese Festsetzung muß beim bedingten Endurteil eine den Rechtsstreit erledigende, endgültige sein. Es genügt nicht, die Folge nur für den einen Fall zu bestimmen und für den anderen Fall noch eine weitere Verhandlung oder Beweisaufnahme vorzubehalten. Ist die Sache nur für den einen Fall spruchreif und setzt die Entscheidung für den anderen Fall noch anderweite Verhandlungen oder Beweisaufnahmen voraus, so müssen diese zunächst erfolgen, bevor das bedingte Endurteil erlassen wird.[35]) Erscheint eine erschöpfende Festsetzung aller möglichen Folgen unausführbar, so sind die Folgen in der Urteilsformel so genau, als die Sachlage es gestattet, festzustellen. Die Entscheidungsgründe müssen alsdann die Grundsätze entwickeln, nach denen die Endentscheidung für alle möglichen Fälle erlassen werden kann.[36])

Die Aufgabe, die Folgen der Leistung und der Verweigerung des Eides festzusetzen, fällt dem Läuterungsurteil zu. Das bedingte Urteil hat die Festsetzung dieser Folgen nur anzukündigen.

2. Die Leistung des Eides darf erst nach der Rechtskraft des Urteils erfolgen.[37]) Ist ein bedingtes Zwischenurteil über ein einzelnes selbständiges Angriffs- oder Verteidigungsmittel erlassen worden, so muß die Abnahme des Eides so lange ausgesetzt bleiben, bis durch das Endurteil

---

[32]) RG. 5 S. 426, 15 S. 349. [33]) RG. 28 S. 425, 58 S. 40; Seuff. 50 Nr. 52. [34]) §§ 475, 477. [35]) RG. 5 S. 347, 6 S. 423, 427; 7 S. 421. [36]) § 462. RG. (Pl.) 7 S. 426, 16 S. 286, 20 S. 395; Gruch. 32 S. 1194; 34 S. 1164; JW. 91 S. 88. [37]) § 460.

in der Sache selbst entschieden wird. Kommt es danach auf den Eid nicht mehr an, so fällt die bloß vorbereitende Entscheidung von selbst fort. Andernfalls ist das bedingte Zwischenurteil in das Endurteil selbst aufzunehmen und erfolgt die Abnahme, wenn letzteres selbst rechtskräftig geworden ist. Berufung kann erst gegen das bedingte Endurteil eingelegt werden.[38])

Darüber, ob die Leistung des Eides erfolgen soll und der Erlaß eines Läuterungsurteils begehrt wird, haben die Parteien zu befinden. Ein Termin zur Eidesleistung ist lediglich auf Antrag der Parteien anzuberaumen.

In dem Termin ist die Rechtskraft des bedingten Endurteils nachzuweisen. Sind die Parteien über die Rechtskraft einig, so bedarf es eines weiteren Nachweises nicht, da die Parteien auf die Anfechtung verzichten können. Wird der Nachweis nicht erbracht, so ist der Antrag auf Abnahme des Eides durch unanfechtbaren[39]) Beschluß zurückzuweisen. Wohnt der Schwurpflichtige nicht im Bezirke des Prozeßgerichts oder ist er am Erscheinen vor dem Prozeßgericht verhindert, so kann sein Vertreter im Termin den Antrag stellen, den Eid durch einen ersuchten oder beauftragten Richter abnehmen zu lassen und hat sich alsdann die mündliche Verhandlung auch auf diesen Antrag zu erstrecken.[40]) Der Schwurpflichtige kann aber auch, ohne daß eine Ladung vor das Prozeßgericht erfolgt, unter den angegebenen Voraussetzungen schriftlich die Abnahme des Eides durch ersuchten oder beauftragten Richter beantragen. Ein derartiger Antrag ist durch den Nachweis der Rechtskraft des Urteils zu begründen. Es bedarf aber nicht der mündlichen Verhandlung darüber.[41]) Über den Antrag hat das Gericht nach Einholung der schriftlichen Erklärung des Gegners frei zu befinden. Zu berücksichtigen sind lediglich Zweckmäßigkeitsgründe, namentlich das Erfordernis einer weiteren und mit größeren Kosten verknüpften Reise nach dem Orte des Prozeßgerichts. Der Beschluß des Prozeßgerichts ist den Parteien von Amts wegen zuzustellen. Im Falle des Einverständnisses der Parteien pflegt die Praxis von einem Beschlusse ganz abzusehen, vielmehr ohne weiteres die Abnahme des Eides durch ersuchten oder beauftragten Richter anzuordnen.

Für das weitere Verfahren kommen die folgenden Möglichkeiten in Betracht:

a) Der Eid wird geleistet (erlassen) oder verweigert. Dann ist im Läuterungsurteil die für den einen oder anderen Fall bestimmte Folge auszusprechen.[42]) Es geschieht dies auf Grund mündlicher Verhandlung, die sich jedoch auf die Fragen zu beschränken hat, ob die Eidesleistung dem Gesetze gemäß stattgefunden hat, oder ob sie aus gesetzlichen Gründen nicht stattfinden kann oder darf und was aus der Leistung oder Verweigerung des Eides für das Läuterungsurteil folgt. Ein Eingehen auf sachliche Anträge oder Einreden ist ausgeschlossen. Es sind vielmehr die nach der Rechtskraft des bedingten Urteils entstandenen Einreden zu denjenigen zu zählen, die den durch das Urteil festgestellten Anspruch selbst betreffen, und gemäß §§ 767 ff. geltend zu machen sind.[43])

---

[38]) § 461. RG. 5 S. 347, 16 S. 329. [39]) § 567. [40]) §§ 479, 362, 355. [41]) RG. JW. 86 S. 443. [42]) § 462. [43]) RG. 17 S. 343.

Von der Anwesenheit des Gegners der schwurpflichtigen Partei ist die Abnahme des Eides und der Erlaß des Läuterungsurteils unabhängig. Hat das Prozeßgericht die Abnahme des Eides durch ersuchten oder beauftragten Richter beschlossen, so ist die Abnahme des Eides im Amtsbetriebe zu erwirken und nach Erledigung des Ersuchens von Amts wegen Termin zur Läuterung anzuberaumen.[44])

b) Über die Behandlung des Falls, wenn der Schwurpflichtige den Termin zur Eidesleistung versäumt, und über die Änderung der Eidesnorm s. oben S. 63f.

c) Das Läuterungsverfahren wird unmöglich, wenn die Schwurpflicht vor der Eidesleistung wegfällt, nämlich:

α) wenn der Schwurpflichtige stirbt, oder für tot erklärt,[45]) wenn er zur Leistung des Eides unfähig wird oder wenn er, z. B. wegen Großjährigkeit der Partei, aufhört gesetzlicher Vertreter zu sein.[46])

β) wenn ein zu- oder zurückgeschobener, zum Erkenntnis gestellter Eid widerrufen wird.[47]) Vermöge der Eventual-Natur des Eides ist der zugeschobene Eid immer, der zurückgeschobene in den Fällen der §§ 454 Abs. 2, 457 widerruflich. Dies gilt auch für den durch bedingtes Urteil auferlegten Eid bis zur Rechtskraft des Urteils.[48]) Nach der Rechtskraft kann die Zuschiebung sowie die Zurückschiebung des Eides nur dann widerrufen werden, wenn der Schwurpflichtige nach der Zu- oder Zurückschiebung wegen wissentlicher Verletzung der Eidespflicht[49]) rechtskräftig verurteilt, oder wenn glaubhaft gemacht wird, daß der Gegner erst nach erfolgter Zu- oder Zurückschiebung des Eides von einer solchen Verurteilung Kenntnis erlangt habe.[50]) Der richterliche Eid ist auf Antrag zurückzunehmen, wenn der Gegner auch schon vor der Auferlegung des Eides von der Verurteilung des Schwurpflichtigen wegen wissentlicher Verletzung der Eidespflicht Kenntnis hatte.[51])

In den Fällen zu α und β wird das bedingte Urteil aufgehoben und in der Sache anderweit erkannt. Das Erkenntnis ergeht durch Endurteil, das auch Versäumnisurteil sein kann. Das Verfahren unterliegt dem Parteibetriebe.

Bei der nicht notwendigen Streitgenossenschaft erfolgt die Aufhebung des bedingten Urteils nur bezüglich derjenigen schwurpflichtigen Streitgenossen, bei denen die Umstände zu α oder β eintreten.[52])

d) Jedes Läuterungsurteil muß von Amts wegen für vorläufig vollstreckbar erklärt werden.[53]) Umgekehrt kann ein bedingtes Endurteil niemals für vorläufig vollstreckbar erklärt werden, weil die Vollstreckung vor erfolgter Läuterung unmöglich ist und die für die letztere maßgebende Eidesleistung erst nach der Rechtskraft des bedingten Urteils erfolgen darf.[54])

IV. Versäumnisurteile.[55])

1. Bleiben im Termine zur mündlichen Verhandlung beide Teile aus, so ruht das Verfahren, bis eine Partei eine neue Ladung zustellen läßt.[56]) Ausbleiben des Klägers gilt als Verzicht

[44]) § 370. [45]) RG. 32 S. 426. [46]) §§ 51, 241, 246, 471. [47]) § 470. [48]) RG. JW. 96 S. 73. [49]) §§ 153—158 StGB. [50]) § 470. [51]) § 477. [52]) § 61. [53]) § 708 Nr. 2. [54]) § 460. [55]) §§ 330—347. [56]) § 251.

auf den Klageanspruch. Kläger ist also auf Antrag mit der Klage abzuweisen, ohne daß auf deren Rechtsmäßigkeit eingegangen werden darf. Bei der notwendigen Streitgenossenschaft werden die säumigen Streitgenossen durch die nicht säumigen vertreten;[57]) ein Versäumnisurteil kann also nur erlassen werden, wenn alle die mündliche Verhandlung versäumen. Ausbleiben des Beklagten gilt als Verzicht auf die Verteidigung. Beantragt der Kläger das Versäumnisurteil, so sind die zur Begründung des Klageanspruchs vorgebrachten tatsächlichen Anführungen als zugestanden anzunehmen. Soweit diese Anführungen den Klageantrag rechtfertigen, ist gegen den Beklagten durch Versäumnisurteil nach dem Antrage zu erkennen. Soweit dies nicht der Fall, ist die Klage abzuweisen; dies Urteil ist aber, da es gegen den nicht säumigen Kläger ergeht, kein Versäumnisurteil, unterliegt also nicht dem besonderen Rechtsbehelf für Versäumnisurteile (Einspruch), sondern dem ordentlichen Rechtsmittel (Berufung). Ist die Klage aus verschiedenen Bestandteilen zusammengesetzt, so kann ein Versäumnisurteil gegen den Beklagten mit dem Urteil auf Abweisung des Klägers zusammentreffen.[58])

Bei der Widerklage finden diese Grundsätze entsprechende Anwendung. Hier kommt jedoch in Betracht, daß die Widerklage erst durch den Vortrag in der mündlichen Verhandlung erhoben wird.[59]) Der Beklagte kann also bei Versäumnis des Klägers die Widerklage erheben und gegen den Kläger Versäumnisurteil auch bezüglich der Widerklage beantragen, vorausgesetzt, daß er diese rechtzeitig angekündigt hat. Dagegen kann im Falle der Versäumnis des Beklagten der Kläger die Abweisung der Widerklage durch Versäumnisurteil nur dann erwirken, wenn die Widerklage in einem früheren Verhandlungstermin durch mündlichen Vortrag erhoben war.[60])

Auch dann, wenn der Termin lediglich zur Verhandlung über einen Zwischenstreit bestimmt ist, haben die angegebenen Grundsätze Geltung. Auf Antrag der erschienenen Partei muß das Versäumnis-Zwischenurteil erlassen werden.[61])

Sachliche Voraussetzung jedes Versäumnisurteils ist die gänzliche Versäumung der mündlichen Verhandlung.[62]) Verhandlungstermin ist jeder zur mündlichen Verhandlung bestimmte Termin, gleichviel ob es der erste oder ein späterer, ob er zur Fortsetzung der Verhandlung vor oder nach Erlaß eines Beweisbeschlusses bestimmt ist.[63]) Alles, was in einem früheren Termine verhandelt ist, muß zuungunsten der im späteren Termine ausbleibenden Partei unberücksichtigt bleiben, insbesondere die früheren Erklärungen des Säumigen, seine Zugeständnisse und Anerkenntnisse, das Ergebnis einer Beweisaufnahme. Vor Beendigung einer Beweisaufnahme darf aber ein Versäumnisurteil nicht erlassen werden, es sei denn, daß das Gericht den Beweisbeschluß wieder aufhebt.[64]) Teilurteile werden durch die spätere Säumnis nicht berührt. Zwischenurteile bleiben nur bestehen, wenn sie gegenüber dem Versäumnisurteil noch von

---

[57]) § 62. [58]) §§ 330, 331. [59]) § 281. [60]) § 347 Abs. 1. [61]) § 347 Abs. 2. [62]) RG. 28 S. 393, 35 S. 347. [63]) § 332. RG. 31 S. 423. [64]) Seuff. 56 Nr. 232.

Bedeutung sind. Ist also ein nach Grund und Betrag streitiger Anspruch durch Zwischenurteil für begründet erklärt,[65]) so wird dieses hinfällig, wenn in dem Termine zur mündlichen Verhandlung über den Betrag der säumige Kläger abgewiesen wird. Nichtverhandeln steht dem Nichterscheinen gleich. Zum „Verhandeln" gehört auf seiten des Klägers der Vortrag der Klage, auf Seiten des Beklagten die Einlassung zur Hauptsache oder das Vorbringen prozeßhindernder Einreden. Bloßes Verlesen des mit Gründen nicht unterstützten Antrags ist regelmäßig kein Verhandeln. Ob die Verlesung eines durch sachliche Einschiebungen begründeten Antrags als Verhandeln anzusehen, ist Tatfrage.[66]) Anträge auf Vertagung, Ablehnung eines Richters, Geltendmachung nicht ordnungsmäßiger Ladung[67]) sind kein Verhandeln, sondern Ablehnen des Verhandelns. Im Amtsgerichtsprozesse gilt eine Partei auch dann als nicht verhandelnd, wenn sie gemäß § 138 GVG. vom Orte der Verhandlung entfernt, oder wenn ihr in einem früheren Termin der Vortrag untersagt ist.[68]) Hat die Verhandlung zur Hauptsache begonnen, so darf ein Versäumnisurteil nicht mehr ergehen. Es kommen dann die Vorschriften über unvollständiges Verhandeln zur Anwendung.[69]) Dies gilt auch dann, wenn mehrere selbständige Ansprüche eingeklagt sind und der Beklagte einige von ihnen nicht bestreiten will. Soll bezüglich der letzteren ein Versäumnisurteil erwirkt werden, so ist das nur möglich, wenn die abgesonderte Verhandlung der betreffenden Punkte herbeigeführt wird.

Eine weitere Voraussetzung jedes Versäumnisurteils ist ein darauf gerichteter Antrag des Gegners der säumigen Partei.[70]) Der Antrag ist in mündlicher Verhandlung zu stellen und kann auf einen Teil des Streitgegenstandes beschränkt werden. Die Versäumnisfolgen sind dann auch nur für diesen Teil auszusprechen; im übrigen bleibt das Verfahren ruhen.

Über die Form der Versäumnisurteile s. oben S. 76.

2. Ablehnung des Versäumnisurteils. a) Wann muß sie erfolgen? α) Die von Amts wegen zu berücksichtigenden Punkte sind auch im Versäumnisverfahren zu prüfen, nämlich: die ordnungsmäßige Klageerhebung,[71]) die dem Parteiverzicht nicht unterliegenden prozeßhindernden Einreden[72]) und im amtsgerichtlichen Prozesse der Mangel der Vollmacht.[73]) Fehlt eine solche Prozeßvoraussetzung und vermag sie die erschienene Partei auf Erfordern nicht nachzubringen, so ist der Antrag auf Erlassung des Versäumnisurteils zurückzuweisen.[74]) Ein sachlich oder örtlich unzuständiges Gericht kann gegen den ausgebliebenen Beklagten niemals ein Versäumnisurteil erlassen, auch wenn Prorogation zulässig sein sollte, da aus dem Nichterscheinen des Beklagten nicht geschlossen werden darf, daß er mit dem Gerichtsstande einverstanden sei.[75])

β) Ebenso wenn die nicht erschienene Partei nicht ordnungsmäßig oder nicht rechtzeitig geladen war, sofern der Termin nicht ein verkündeter

[65]) § 304. [66]) RG. 10 S. 386, 31 S. 424. [67]) § 335 Nr. 2. [68]) § 158.
[69]) §§ 85, 427, 439, 452, 464, 465, 472. [70]) §§ 330, 331. [71]) § 253.
[72]) § 274 Nr. 1, 2, 6. [73]) § 88 Abs. 2. [74]) § 335 Nr. 1. [75]) §§ 38, 39. RG. 1 S. 438, 2 S. 408.

ist.[76]) Beim Nichterscheinen der ladenden Partei braucht der Gegner nur seine Ladung nachzuweisen, da der Ladende durch Ladung des Gegners auch sich selbst geladen hat.[77])

γ) Endlich ist das Versäumnisurteil gegen den Beklagten auch dann unzulässig, wenn ihm ein tatsächliches mündliches Vorbringen oder ein Antrag des Klägers nicht rechtzeitig durch Schriftsatz angekündigt war.[78]) Die Vorschrift gilt auch für den Parteiprozeß. Durch das in einer früheren Verhandlung erfolgte mündliche Vorbringen oder Stellen eines mündlichen Antrags wird das Erfordernis der schriftlichen Ankündigung ersetzt.[79])

b) Verfahren im Falle der Ablehnung. Vertagung. Beantragt die erschienene Partei Vertagung, so muß diesem Antrage entsprochen werden. Von Amts wegen kann das Gericht eine Vertagung dann beschließen, wenn in denjenigen Fällen, in denen die Einlassungs- und Ladungsfrist vom Vorsitzenden bestimmt wird,[80]) das Gericht dafür hält, daß diese Frist zu kurz bemessen ist oder wenn nach der Überzeugung des Gerichtes die Partei durch Naturereignisse oder durch andere unabwendbare Zufälle am Erscheinen verhindert ist. Mit dem Vertagungsbeschlusse, gegen den es ein Rechtsmittel nicht gibt,[81]) ist gleichzeitig der neue Termin zu verkünden. Zu diesem ist die säumige Partei unter Mitteilung des Verhandlungsprotokolls im Parteibetriebe zu laden.[82]) In dem neuen Termine kommt nicht die frühere, wohl aber die etwa alsdann eintretende Säumnis in Betracht.

Zurückweisung. Wird in den Fällen zu a nicht vertagt, so ist der Antrag auf Erlaß des Versäumnisurteils zurückzuweisen. Die Zurückweisung erfolgt im Falle zu 2 a α, wenn die Beseitigung des Mangels nicht möglich ist (z. B. bei Unzulässigkeit des Rechtsweges), durch Urteil, das, da es nicht in Verwirklichung der Versäumnisfolge ergeht, als ein dem kontradiktorischen gleichstehendes zu erachten ist, also nicht dem Einspruch, sondern der Berufung unterliegt. In den übrigen Fällen erfolgt die Zurückweisung des Antrags auf Erlassung des Versäumnisurteils durch Beschluß, der, auch wenn er versehentlich in Urteilsform erlassen sein sollte, der sofortigen Beschwerde unterliegt.[83]) Die Notfrist der letzteren beginnt ausnahmsweise mit der Verkündung des Beschlusses.[84]) Wird der Beschluß in der Beschwerdeinstanz aufgehoben, so wird dadurch derselbe Zustand hergestellt, der bei Stellung des Antrags auf Erlassung des Versäumnisurteils bestand.[85]) Der Prozeßrichter muß also einen neuen Termin von Amts wegen bestimmen und zu diesem den früheren Antragsteller laden.[86]) Bleibt der letztere bei dem Antrage auf Versäumnisurteil, so ist dieses zu erlassen. Bleibt der Antragsteller aus, so ruht das Verfahren. Die säumige Partei ist zu dem neuen Termin nicht nur nicht zu laden, sondern auch, wenn sie ohne Ladung erscheinen sollte, nicht zur Verhandlung zuzulassen.[87]) Das Beschwerdegericht kann das Versäumnisurteil nicht erlassen, auch nicht der Prozeßrichter ohne Anberaumung eines neuen Termins, der als Fort-

[76]) § 335 Nr. 2. [77]) § 214. [78]) § 335 Nr. 3. [79]) Struckm.-Koch A. 4; Gaupp III Nr. 3. [80]) §§ 226, 262, 520, 555. [81]) § 567. M. S. 233. [82]) § 335 Abs. 2. [83]) § 336. RG. 15 S. 392. Gruch. 36 S. 887. JW. 92 S. 333. [84]) § 577 Abs. 2. [85]) Prot. S. 557. [86]) § 329 Abs. 3. RG. 20 S. 384. [87]) § 336.

setzung des früheren Termins anzusehen ist. Wird die Beschwerde zurückgewiesen oder nicht eingelegt, so ruht das Verfahren, bis eine Partei eine neue Ladung zustellen läßt.

3. **Einspruch.** a) **Frist.** Der alleinige Rechtsbehelf gegen das Versäumnisurteil ist für die Partei, gegen die es ergangen ist, der Einspruch. Ob ein Versäumnisurteil, gegen welches nur der Einspruch, nicht die Berufung, zulässig ist, vorliegt, entscheidet sich lediglich danach, ob nach Maßgabe der Gründe des Erkenntnisses die getroffene Entscheidung auf der Annahme beruht, daß eine totale Versäumnis bestanden hat.[88]) Der Einspruch ist binnen einer Notfrist von zwei Wochen einzulegen. Die Frist beginnt mit der Zustellung des Versäumnisurteils. Muß die Zustellung im Auslande oder durch öffentliche Bekanntmachung erfolgen, so hat das Gericht die Einspruchsfrist im Versäumnisurteil zu bestimmen. Ist dies nicht geschehen oder ergibt sich die Notwendigkeit der erwähnten Zustellung erst später, so erfolgt die Bestimmung durch besonderen Beschluß, der ohne vorgängige mündliche Verhandlung erlassen werden kann und, wenn er nicht verkündet wird, von Amts wegen zuzustellen ist. Im letzteren Falle läuft die Einspruchsfrist erst von der Zustellung.[89]) Die Einlegung vor Zustellung des Versäumnisurteils ist — abweichend von der Berufung und Revision — zulässig.[90])

b) **Die Einlegung des Einspruchs** erfolgt durch Einreichung der Einspruchsschrift bei dem Prozeßgericht. Die Einspruchsschrift muß enthalten: α) die Bezeichnung des Urteils, gegen das der Einspruch gerichtet wird; β) die Erklärung, daß gegen dies Urteil Einspruch eingelegt werde. Diese Erfordernisse sind wesentlich. Fehlt es daran, so ist der Einspruch als unzulässig zu verwerfen.[91]) Die Einspruchsschrift soll zugleich dasjenige enthalten, was zur Vorbereitung der Verhandlung über den Rechtsstreit erforderlich ist. Diese Bestimmung ist nur instruktionell; ihre Nichtbeobachtung kann nur Kostennachteile zur Folge haben. Der Termin zur Verhandlung über den Einspruch und die Hauptsache ist von Amts wegen zu bestimmen und den Parteien bekannt zu machen. Mit der Terminsbestimmung ist der Gegenpartei die Einspruchsschrift von Amts wegen zuzustellen.[92]) Ist sie durch einen Prozeßbevollmächtigten vertreten, so kann nur an diesen gültig zugestellt werden.[93])

c) **Verfahren auf den Einspruch.** Der Termin beginnt damit, daß die Statthaftigkeit des Einspruchs und die Wahrung der gesetzlichen Form und Frist von Amts wegen geprüft wird. Sache der verhandelnden Partei ist es, die Zustellung des Urteils nachzuweisen, falls sich nicht schon aus den Akten ergibt, daß der Einspruch rechtzeitig eingelegt ist. Das Gericht kann die Verhandlung durch zu verkündenden Beschluß auf die Statthaftigkeit des Einspruchs beschränken.[94]) Stellt sich der Mangel eines gesetzlichen Erfordernisses heraus, so wird, ohne daß es einer Verhandlung über die Hauptsache bedarf, der Einspruch durch Urteil als unzulässig verworfen, auch wenn der Gegner der den Einspruch ein-

---

[88]) Seuff. 60 Nr. 131. [89]) § 339. [90]) RG. 3 S. 408, 9 S. 421, 29 S. 341, 40 S. 391. Seuff. 54 Nr. 257. [91]) §§ 340, 341. [92]) § 340 a. [93]) § 176. [94]) § 146.

legenden Partei nicht erschienen ist. Das Urteil unterliegt der Berufung.[95]) Ist die Frist noch nicht abgelaufen, so kann neuer Einspruch eingelegt werden. Diese Möglichkeit bleibt insbesondere dann bestehen, wenn das Versäumnisurteil weder vor noch nach der ersten Einspruchseinlegung zugestellt ist. Es kann also auch nach Verwerfung eines Einspruchs gemäß § 341 die Rechtskraft des Versäumnisurteils nur bescheinigt werden, wenn das Urteil zugestellt und seitdem eine Frist von zwei Wochen abgelaufen ist.

Wird der Einspruch als zulässig, frist- und formgerecht anerkannt, so wird, ohne daß es eines besonderen — an sich zulässigen — Zwischenurteils hierüber bedarf, die Verhandlung des Rechtsstreits fortgesetzt, als wenn das Versäumnisurteil nicht erlassen wäre. Alle durch dieses beseitigte Erklärungen, Verhandlungen, Beweisergebnisse und Zwischenurteile treten wieder in Kraft.[96]) Das neue Urteil hat, je nachdem die Entscheidung mit der im Versäumnisurteil enthaltenen übereinstimmt oder nicht, die letztere aufrecht zu erhalten oder aufzuheben und anderweit zu erkennen.[97]) Wird nach dem Einspruch die Klage zurückgenommen, so ist gemäß § 271 Abs. 3 nur über die Kosten zu erkennen. Die durch die Säumnis veranlaßten Kosten sind in allen Fällen der säumigen Partei aufzuerlegen, auch wenn sie obsiegt, sofern nur das Versäumnisurteil in gesetzlicher Weise ergangen ist und soweit die Kosten nicht durch einen unbegründeten Widerspruch des Gegners, z. B. gegen die Zulässigkeit des Einspruchs, entstanden sind.[98])

d) Wiederholter Einspruch. Wenn die Partei, die den Einspruch eingelegt hat, in dem ersten Verhandlungstermin oder in derjenigen Sitzung, auf die dieser Termin ohne Verhandlung vertagt ist, nicht erscheint oder nicht zur Hauptsache verhandelt, so wird auf Antrag des Gegners der Einspruch durch Versäumnisurteil verworfen. Gegen dies Urteil steht der Partei ein weiterer Einspruch überhaupt nicht, die Berufung nur insoweit zu, als sie darauf gestützt wird, daß eine Versäumung nicht vorgelegen habe.[99]) Wenn jedoch die Einspruchspartei in dem ersten Verhandlungstermin erscheint und zur Hauptsache verhandelt, hierauf aber einen weiteren Verhandlungstermin versäumt, so hat sie gegen das zweite wider sie erlassene Versäumnisurteil den Einspruch. Dieser Fall kann sich wiederholen. Jedoch muß jedes zweite und fernere in derselben Instanz gegen dieselbe Partei ergangene Versäumnisurteil von Amts wegen für vorläufig vollstreckbar erklärt werden.[100])

e) Ein Verzicht auf die Einlegung des Einspruchs bedarf, wenn er vor der Erlassung des Versäumnisurteils erklärt wird, zur Rechtswirksamkeit der Annahme vom Gegner. Der nach der Erlassung gegenüber dem Gerichte oder dem Gegner erklärte Verzicht ist auch ohne Annahme vom Gegner verbindlich. Die Zurücknahme des eingelegten Einspruchs ist ohne Einwilligung des Gegners nur so lange, als dieser seine mündliche Verhandlung noch nicht begonnen hat, nachher nur noch mit seiner Einwilligung statthaft. Sie erfolgt durch mündliche Erklärung im Ver-

---

[95]) §§ 341, 335. [96]) § 342. [97]) § 343. [98]) § 344. [99]) §§ 513, 345. [100]) § 708 Nr. 3.

handlungstermin oder durch Zustellung eines Schriftsatzes an den Gegner und zieht den Verlust des Einspruchs sowie die Verpflichtung zur Tragung der durch den Einspruch veranlaßten Kosten nach sich. Auf Antrag des Gegners sind diese Wirkungen durch Urteil auszusprechen.[101])

§ 16. Vorbereitendes Verfahren in Rechnungssachen, Auseinandersetzungen und ähnlichen Prozessen. (§§ 348—354 ZPO.)

I. Anordnung. Im Landgerichts-Prozesse kann in denjenigen Sachen, welche die Richtigkeit einer Rechnung, eine Vermögensauseinandersetzung oder ähnliche Verhältnisse (z. B. Bausachen) zum Gegenstand haben, das Prozeßgericht ein vorbereitendes Verfahren vor einem beauftragten Richter anordnen, sobald sich nach kontradiktorischer Verhandlung eine die Übersicht und kollegialische Behandlung erschwerende erhebliche Zahl von streitigen Ansprüchen oder von streitigen Erinnerungen gegen eine Rechnung oder gegen ein Inventar usw. herausstellt. Die Anordnung kann auf Antrag oder von Amts wegen, in 1. und in 2. Instanz, in jeder Lage der Sache bis zum Schlusse der Instanz erfolgen, aber nur durch Beschluß auf Grund mündlicher Verhandlung. Etwaige prozeßhindernde Einreden sind vorher zu erledigen.[1]) Bei der Verkündung des Beschlusses ist durch den Vorsitzenden der beauftragte, aus den Mitgliedern des Prozeßgerichts zu wählende Richter zu bezeichnen und der Termin zur Erledigung des Beschlusses zu bestimmen. Ist die Terminsbestimmung unterblieben, so erfolgt sie durch den beauftragten Richter. Wird dieser an der Vollziehung des Auftrages verhindert, so ernennt der Vorsitzende ein anderes Mitglied.[2]) Soweit der Beschluß nicht verkündet ist, ist er von Amts wegen den Parteien zuzustellen.[3]) Der Beschluß ist stets unanfechtbar, auch wenn er die beantragte Anordnung eines vorbereitenden Verfahrens zurückweist.[4])

Im amtsgerichtlichen Prozesse ist ein vorbereitendes Verfahren ausgeschlossen.[5])

II. Verfahren vor dem beauftragten Richter. Der Zweck des vorbereitenden Verfahrens ist der, den Streitstoff einschließlich der Beweisantretung und der Beweiseinreden soweit zu instruieren, daß er zur Endentscheidung (Urteil oder Beweisbeschluß) reif ist.[6]) Dementsprechend sind im gerichtlichen Protokoll die im § 350 vorgeschriebenen Feststellungen zu treffen. Die Form des Verfahrens ist die des amtsgerichtlichen Prozesses, Anwaltszwang fällt also fort. Der beauftragte Richter hat dahin zu wirken, daß die Parteien über alle erheblichen Tatsachen sich vollständig erklären und sachdienliche Anträge stellen.[7]) Sind beide Teile anwesend, so ist über die einzelnen Ansprüche der Reihe nach in der Weise zu verhandeln, daß erst nach vollständiger Erörterung des einen Anspruchs auf den nächsten übergegangen wird. Bleiben beide Teile im Termin aus, so

---

[101]) §§ 346, 515.

[1]) §§ 277, 274 Abs. 3, 348. [2]) § 349. [3]) § 329 Abs. 3. [4]) § 567. M. S. 240. [5]) § 507. [6]) M. S. 241. [7]) §§ 354, 502.

ruht das Verfahren bis zur Zustellung einer Ladung der einen oder anderen Partei zu einem neuen Termin vor dem beauftragten Richter.[8]) Beim Ausbleiben einer Partei hat der Richter mit der erschienenen Partei allein zu verhandeln, deren Erklärungen zu Protokoll zu nehmen und einen neuen Termin anzuberaumen. Der Termin ist der erschienenen Partei zu verkünden. Die nicht erschienene Partei ist zu dem neuen Termin unter Mitteilung einer Abschrift des Protokolls von Amts wegen zu laden. Erscheint die ausgebliebene Partei auch in dem neuen Termin nicht, so ist sie bezüglich der im zugestellten Protokoll enthaltenen tatsächlichen Anführungen des Gegners, sowie mit ihrem eigenen Vorbringen[9]) für die Instanz ausgeschlossen.[10]) Das Verfahren ist fortzusetzen, bis der Rechtsstreit selbst oder ein Zwischenstreit zur Erlassung des Urteils oder eines Beweisbeschlusses reif erscheint.[11]) Erachtet der beauftragte Richter diesen Zeitpunkt für gekommen, so schließt er das vorbereitende Verfahren und gibt die Akten an das Prozeßgericht. Dieses hat, wenn es eine Ergänzung des vorbereitenden Verfahrens für erforderlich erachtet, dessen Fortsetzung zu beschließen, anderenfalls aber Termin zur mündlichen Verhandlung zu bestimmen und den Anwälten von Amts wegen bekannt zu machen.[12]) Die Einrückung des Termins erfolgt durch den Vorsitzenden.

III. Die mündliche Verhandlung vor dem Prozeßgericht findet auf der Grundlage des im vorbereitenden Verfahren festgestellten Sach- und Streitstandes statt. Das Ergebnis des vorbereitenden Verfahrens ist von den Parteien auf Grund des Protokolls vorzutragen. Die Richtigkeit und Vollständigkeit des Vortrags unterliegt der Kontrolle des Gerichts.[13]) Ist eine Partei nicht erschienen, so sind Ansprüche, die sich in dem vorbereitenden Verfahren als unstreitig ergeben haben, d. h. anerkannt sind, durch Teilurteil zu erledigen. Dies Teilurteil gilt als kontradiktorisches und unterliegt den gewöhnlichen Rechtsmitteln. Bezüglich der streitigen Ansprüche finden die Grundsätze über das Versäumnisverfahren Anwendung. Es ist also gegen den säumigen Kläger auf Antrag des erschienenen Beklagten auf Abweisung, gegen den säumigen Beklagten auf Antrag des erschienenen Klägers auf Verurteilung, soweit die als zugestanden anzusehenden Tatsachen den Klageantrag rechtfertigen, zu erkennen.[14]) Gegen das Versäumnisurteil ist der Einspruch zulässig. Bleiben beide Teile im Verhandlungstermin aus, so ruht das Verfahren.[15])

Eine vor dem beauftragten Richter unterbliebene oder verweigerte Erklärung über tatsächliche Anführungen, Urkunden oder Eideszuschiebungen kann in der mündlichen Verhandlung nicht mehr nachgeholt werden, insofern gilt für dieses Verfahren die Eventualmaxime. Erklärungen einer vor dem beauftragten Richter erschienenen Partei sind nur insoweit als unterblieben anzusehen, als die Partei von dem Richter zur Abgabe einer Erklärung aufgefordert ist.[16]) Ansprüche, Angriffs- und Verteidigungsmittel, Beweismittel und Beweiseinreden, die zum Protokoll des beauftragten Richters nicht festgestellt sind, können in der mündlichen Verhand-

---

[8]) § 251. M. S. 241. [9]) RG. JW. 93 S. 16. [10]) § 351. [11]) § 350 Abs. 2. [12]) § 352. [13]) RG. 4 S. 371. [14]) §§ 330, 331. [15]) § 251. [16]) § 354 Abs. 1.

lung nur geltend gemacht werden, wenn glaubhaft gemacht wird, daß sie erst später entstanden oder der Partei bekannt geworden seien.[17]) Über das Zutreffen dieser Voraussetzungen ist kontradiktorisch zu verhandeln. Ein — auch stillschweigender[18]) — Verzicht des Gegners auf den Ausschluß wird mit Recht von der herrschenden Praxis zugelassen, weil er dem Interesse der öffentlichen Ordnung nicht zuwiderläuft.[19]) In allen Fällen wirkt der Ausschluß nur für die Instanz. Wird gegen das Urteil ein Rechtsmittel eingelegt, so können in der höheren Instanz neue Anführungen in dem überhaupt zulässigen Umfange geltend gemacht werden.[20])

B. Verfahren vor den Amtsgerichten. Parteiprozeß.

(§§ 495—510c ZPO.)

Das Verfahren vor den Amtsgerichten ist durch die Novelle zur ZPO. v. 1. Juni 1909 erheblich abgeändert worden, insbesondere im Sinne einer Beschränkung des Parteibetriebes zugunsten des Amtsbetriebes. Auf dies Verfahren finden die Vorschriften über das Verfahren vor den Landgerichten Anwendung, soweit nicht aus den allgemeinen Bestimmungen des ersten Buchs, aus den besonderen Bestimmungen des zweiten Buchs[1]) und aus der Verfassung der Amtsgerichte[2]) sich Abweichungen ergeben.[3]) Diese Abweichungen sind die folgenden:

§ 17. Vorbereitung der mündlichen Verhandlung.

I. Fortfall der Klage.

Die Vorbereitung der mündlichen Verhandlung durch Klage ist im amtsgerichtlichen Prozesse kein unbedingtes Erfordernis.

1. Die Parteien oder deren legitimierte Vertreter können ohne weiteres an einem ordentlichen Gerichtstage vor dem Prozeßrichter des zuständigen Amtsgerichts erscheinen und den Rechtsstreit sofort mündlich verhandeln.[4]) Dies setzt aber den übereinstimmenden Willen der Parteien voraus, den Rechtsstreit sofort zur Entscheidung zu bringen, und kommt deshalb in der Praxis nur selten vor. Die Wirkungen, die sonst mit der Klageerhebung verbunden sind, treten hier mit dem mündlichen Vortrag der Klage ein.[5])

Entfernt sich der Beklagte vor oder bei dem Klagevortrage, so bleibt dem Kläger nur die Anbringung der Klage übrig; entfernt sich ersterer nach dem Vortrage der Klage, oder verweigert er die mündliche Verhandlung, so bleibt die Sache zwar rechtshängig, doch ist der Erlaß eines

---

17) § 354 Abs. 2. 18) § 295. 19) Vgl. die Literatur in Reincke zu § 348. 20) § 529.

1) §§ 496—510c. 2) GVG. §§ 22—24, 71, 102, 157—169. 3) § 354. 4) § 500. 5) § 500 Abs. 2.

sofortigen Versäumnisurteils unzulässig, da die Voraussetzungen des § 335 Nr. 3 fehlen, während dem Vertagungsantrage der einen oder der anderen Partei stattzugeben ist.[6]) In allen Fällen ist, wenn die Sache nicht im ersten Termin entschieden wird, sondern streitig bleibt, die Klage zu Protokoll zu nehmen.

2. Beabsichtigt die Partei, welche eine Klage erheben will, vorerst den Versuch einer gütlichen Einigung vor Gericht zu machen, so kann sie zu diesem Zwecke bei demjenigen Amtsgericht, bei dem der Gegner seinen allgemeinen Gerichtsstand hat, beantragen, daß zum Zwecke eines Sühneversuches Termin anberaumt werde.[7]) Dies geschieht durch Einreichung eines Schriftsatzes, in welchem der Gegenstand des Anspruchs enthalten und die Absicht, einen Vergleich herbeizuführen, ausgesprochen wird, oder durch Abgabe einer derartigen Erklärung zu Protokoll des Gerichtsschreibers.

Erscheinen in dem Termin die Parteien überhaupt nicht, oder erscheint nur eine Partei, so wird kein Protokoll aufgenommen, das Ergebnis vielmehr nur im Sühneregister vermerkt. Erscheinen beide Parteien oder deren legitimierte Vertreter und kommt ein Vergleich zustande, so wird der Vergleich zu Protokoll festgestellt.[8]) Der Vergleich gewährt einen Titel zur Zwangsvollstreckung.[9]) Kommt ein Vergleich nicht zustande, so bedarf es ebenfalls keines Protokolls. Die Parteien können aber den Rechtsstreit sofort mündlich verhandeln und zur Entscheidung bringen, wenn sie beide damit einverstanden sind. Es gelten dann hier dieselben Grundsätze wie im Falle zu 1. Falls die Sache streitig bleibt, ist auch hier die Klage zu Protokoll zu nehmen.

In beiden Fällen können auch solche Sachen verhandelt werden, die an sich nicht zur Zuständigkeit des Amtsgerichts gehören, soweit die Prorogation gemäß §§ 38—40 in sachlicher Beziehung zulässig ist.

3. Hat eine Partei ihren Anspruch im Mahnverfahren geltend gemacht und der Schuldner Widerspruch gegen den Zahlungsbefehl erhoben, so bedarf die mündliche Verhandlung des Rechtsstreits, sofern der Anspruch zur Zuständigkeit der Amtsgerichte gehört, ebenfalls keiner weiteren Vorbereitung als eines Antrags auf Bestimmung eines Termins zur mündlichen Verhandlung. Der Zahlungsbefehl vertritt die Stelle der Klage; mit seiner Zustellung treten die Wirkungen der Rechtshängigkeit ein und bleiben auch nach der Erhebung des Widerspruchs bestehen.[10]) Zum Zwecke der Terminsbestimmung, die auf Antrag jeder Partei erfolgen kann,[11]) ist ein Schriftsatz, der nur die Bezeichnung der Parteien und den Antrag auf Terminsbestimmung nebst einem Hinweise auf die Mahnsache zu enthalten braucht, demjenigen Amtsgericht, das den Zahlungsbefehl erlassen hat, einzureichen. Mit dem Schriftsatz ist eine für das Gericht bestimmte Abschrift und eine der Zahl der zu ladenden Gegner entsprechende Anzahl von Abschriften zu übergeben.[12]) Im übrigen erfolgt die Terminsbestimmung und die Ladung in derselben Weise wie bei einer amtsgerichtlichen Klage.[13])

---

[6]) §§ 228, 335. [7]) § 510c. [8]) § 510c Abs. 2. [9]) § 794 Nr. 2.
[10]) §§ 693, 695, 696. [11]) § 696 Abs. 2. [12]) § 496. [13]) Unten S. 96.

II. Die Klage.

Sie kann schriftlich eingereicht oder mündlich zu Protokoll des Gerichtsschreibers erklärt werden.[14]) Da die Klage die Grundlage des Rechtsstreits bildet, so muß sie mindestens den durch § 253 Abs. 2 vorgeschriebenen Inhalt haben. Außerdem soll sie, wie alle vorbereitenden Schriftsätze, den Erfordernissen der §§ 253 Abs. 3, 130, 131 genügen. Wesentlich sind jedoch nur die Erfordernisse des § 253 Abs. 2. Die Aufforderung an den Gegner, einen Anwalt zu bestellen, fällt fort.

Die Klage kann von der Partei selbst, oder von einem Vertreter unterzeichnet sein.[15]) Der Vertreter soll seine Vollmacht beifügen. Doch ist der Mangel der Vollmacht nicht schon im Vorverfahren, sondern erst in der mündlichen Verhandlung zu berücksichtigen.[16])

Mit der Klageschrift sind so viele Abschriften zu überreichen, als Beklagte, denen die Klage zugestellt werden soll, vorhanden sind.[17]) Dies ist aber bloß eine Ordnungsvorschrift, deren Nichtbefolgung prozessuale Nachteile nicht zur Folge hat. Wenn die Partei die Abschriften nicht auf Aufforderung des Gerichts nachträglich einreicht, sind sie auf Kosten der Partei anzufertigen.[18])

Wird die Klage zu Protokoll des Gerichtsschreibers erklärt, so läßt dieser die erforderlichen beglaubigten Abschriften fertigen und behält die Urschrift des Protokolls als Gerichtsexemplar zurück.

III. Terminsbestimmung und Ladung.

Die Termine werden im amtsgerichtlichen Verfahren abweichend vom landgerichtlichen von Amts wegen bestimmt.[19]) Sobald die Klage beim Gericht eingereicht oder zum Protokoll des Gerichtsschreibers angebracht ist, findet die Anberaumung des Termins statt. Auch im amtsgerichtlichen Verfahren soll der Termin nur soweit hinausgerückt werden, als es zur Wahrung der Einlassungsfrist geboten erscheint. Ladungen durch die Parteien finden im amtsgerichtlichen Verfahren überhaupt nicht statt. Die Termine werden den Parteien von Amts wegen bekanntgegeben, die Ladungen werden durch den Gerichtsschreiber veranlaßt. Die Ladung einer Partei ist nicht erforderlich, wenn der Termin der Partei bei Einreichung oder Anbringung der Klage oder des Antrags, auf Grund dessen die Terminsbestimmung stattfindet, mitgeteilt worden ist. Die erfolgte Mitteilung ist zu den Akten zu vermerken.

Die Einlassungsfrist beträgt mindestens drei Tage, wenn die Zustellung an einem Orte erfolgt, der Sitz des Prozeßgerichts ist oder im Bezirke des Prozeßgerichts liegt oder von dem ein Teil zu diesem Bezirke gehört, mindestens eine Woche, wenn sie sonst im Inlande erfolgt, in Meß- und Marktsachen mindestens vierundzwanzig Stunden.[20]) Ist die Zustellung im Auslande vorzunehmen, so hat das Gericht die Einlassungsfrist bei der Terminsbestimmung festzusetzen.[20])

---

[14]) § 496. [15]) § 79. [16]) § 88 Abs. 2. [17]) § 496 Abs. 2. [18]) Mot. zur Nov. vom 1. Juni 1909 S. 32. [19]) § 497. [20]) § 499.

Für die Ladung nach stattgehabtem Mahnverfahren ist nur eine dreitägige Ladungsfrist vorgeschrieben.[21])

Durch die Anberaumung von Terminen von Amts wegen wird das Recht der Parteien, das Verfahren ruhen zu lassen, nicht berührt; in solchem Falle hat die Partei, die das Verfahren wieder aufnehmen will, die Ansetzung eines neuen Verhandlungstermins zu beantragen.[22])

IV. Zustellungen.

Die Zustellungen erfolgen von Amts wegen. Nur die Zustellung der Urteile (vgl. jedoch § 508) erfolgt im Parteibetriebe.[23])

Mit der Ladung ist dem Beklagten die Klageschrift oder das die Klage enthaltende Protokoll zuzustellen.[24]) Eines besonderen Antrages auf Zustellung bedarf es nicht. Die Verpflichtung der Zustellung liegt dem Gerichtsschreiber bei jeder Klage ob. Der Gerichtsschreiber hat die Abschrift der Klage oder des Protokolls einem Gerichtsdiener oder der Post zur Zustellung zu übergeben.[25]) Die Beglaubigung der Abschrift erfolgt durch den Gerichtsschreiber. Im übrigen siehe über die Zustellung von Amts wegen unten § 39 II. Wird eine Partei durch einen Anwalt vertreten, so genügt zum Nachweise der Zustellung das mit Datum und Unterschrift versehene schriftliche Empfangsbekenntnis des Anwalts.[26])

Auf Bestimmung des Gerichts kann die Mitteilung von Anträgen und Erklärungen ohne besondere Form erfolgen.[27]) Dies bezieht sich auf Erklärungen aller Art, nicht bloß auf solche zum Protokoll des Gerichtsschreibers.

Die Klage gilt wie im landgerichtlichen Prozeß erst mit der Zustellung als erhoben.[28]) Wenn aber durch die Zustellung eine Frist gewahrt oder die Verjährung unterbrochen werden soll, so tritt die Wirkung, sofern die Zustellung demnächst erfolgt, bereits mit der Einreichung oder Anbringung des Antrags oder der Erklärung ein.[29]) Die Wirkung tritt also nicht ein, wenn die Zustellung nicht erfolgt, z. B. weil der Antragsteller keine oder eine falsche Adresse angegeben hat.

V. Andere vorbereitende Schriftsätze.

Im Gegensatz zur Klage, die, mit Ausnahme der S. 94 f. erwähnten Fälle, den notwendigen Anfang des Prozesses bildet und daher nicht in das Belieben der Partei gestellt ist, ist die schriftliche Klagebeantwortung sowie jeder weitere vorbereitende Schriftsatz (Replik, Duplik usw.) dem Ermessen der Parteien überlassen. Ihre unterlassene Anbringung hat keine Rechtsnachteile zur Folge, weder in der Sache selbst noch bezüglich der Kosten. Auch wenn der Mangel vorbereitender Schriftsätze eine Vertagung der mündlichen Verhandlung zur Folge hat, ist dies für die Kostenfrage ohne Einfluß.[30])

---

[21]) § 696 Abs. 2. [22]) § 503. [23]) § 496 Abs. 1. [24]) § 498. [25]) §§ 210 ff. [26]) § 496 Abs. 4. [27]) § 496 Abs. 5. [28]) § 498 Abs. 2. [29]) § 496 Abs. 3. [30]) § 129.

Reicht die Partei den Schriftsatz mit den erforderlichen Abschriften dem Gericht ein, so hat der Gerichtsschreiber die Zustellung an den Gegner zu besorgen.[31]) An Stelle des Schriftsatzes kann jede Partei ihre vorbereitenden Anträge und Ausführungen ebenfalls zu Protokoll des Gerichtsschreibers erklären.[32]) Der Gerichtsschreiber hat dann eine Abschrift des Protokolls dem Gegner zustellen zu lassen.

Für die neue Ladung in einer anhängigen Sache ist eine dreitägige, bei Meß- und Marktsachen eine 24stündige Ladungsfrist vorgeschrieben, doch kann diese auf Antrag abgekürzt werden.[33]) Die Erklärung zu Protokoll des Gerichtsschreibers und die Zustellung der Erklärung durch ihn gilt auch für diese Ladung.

VI. Nebenintervention und Streitverkündung.

Die erforderlichen Schriftsätze können zu Protokoll des Gerichtsschreibers erklärt oder privatschriftlich eingereicht werden. Sie sind den Parteien von Amts wegen zuzustellen.

§ 18. Weiteres Verfahren. Urteil.

Die mündliche Verhandlung im amtsgerichtlichen Verfahren unterliegt im allgemeinen denselben Grundsätzen wie im Anwaltsprozesse. Die Vorschriften der §§ 128 ff., 253 ff. ZPO.; 170 ff., 186 ff. GVG. finden ebenfalls Anwendung. Im einzelnen bestehen jedoch folgende Abweichungen.

I. Parteien, deren Vertreter und Beistände.

Eine Vertretung durch Rechtsanwälte ist nicht geboten. Die Parteien können nicht nur selbst die Klage erheben, sondern auch persönlich mündlich verhandeln: Parteiprozeß.[1]) Es ist also in die Ladung zur mündlichen Verhandlung nicht die Aufforderung an den Gegner aufzunehmen, einen bei dem Prozeßgericht zugelassenen Anwalt zu bestellen.[2])

Die prozeßfähige Partei und der Vertreter einer prozeßunfähigen Partei können Prozeßbevollmächtigte zu ihrer Vertretung in der Prozeßführung bestellen, und zwar nicht nur einen Anwalt, sondern jede prozeßfähige Person.[3]) Der Prozeßbevollmächtigte muß sich durch schriftliche Vollmacht legitimieren, die, wenn sie nicht schon vorher mit den Schriftsätzen überreicht ist, im Termin vorgelegt und zu den Gerichtsakten genommen werden muß.[4]) Das Gericht hat den Mangel der Vollmacht von Amts wegen zu berücksichtigen, kann zwar den Prozeßbevollmächtigten auch ohne Vollmacht zur Verhandlung zulassen, muß aber dann das Endurteil solange aussetzen, bis die Vollmacht beigebracht oder die hierzu bestimmte Frist verstrichen ist.[5]) Wird die Vollmacht nicht beigebracht,

---

[31]) § 496 Abs. 2. [32]) 496 Abs. 2. [33]) §§ 217, 226.
[1]) §§ 78, 79. [2]) § 215. [3]) § 79. [4]) § 80. [5]) §§ 88, 89.

so ergeht gegen die betreffende Partei auf Antrag des Gegners ein Versäumnisurteil.

Die Vollmacht kann entweder auf die ganze Prozeßführung (Prozeßvollmacht), oder auf einzelne Prozeßhandlungen, insbesondere auf die Vertretung im Termin (Terminsvollmacht), lauten. Weitere Beschränkungen der Vollmacht haben dem Gegner gegenüber nur Wirkung, wenn sie sich auf die Befugnis des Prozeßbevollmächtigten zum Vergleiche, Verzichte und Anerkenntnis beziehen.[6])

Der Partei, die im Termine zur mündlichen Verhandlung persönlich erscheint, steht es frei, einen Beistand mitzubringen. Beistand kann jede prozeßfähige Person sein,[7]) auch ein Rechtsanwalt.[8]) Dem Beistande kann die Partei die mündliche Verhandlung überlassen, und es gelten die Erklärungen des Beistandes als Erklärungen der Partei, wenn sie nicht von dieser sofort widerrufen werden.[9])

Die Bestimmung des § 157 (s. oben S. 28) über die Befugnis des Gerichts, Parteien, Bevollmächtigte und Beistände, denen die Fähigkeit zum geeigneten Vortrage mangelt, den weiteren Vortrag zu untersagen oder Bevollmächtigte und Beistände, welche das mündliche Verhandeln vor Gericht geschäftsmäßig betreiben, zurückzuweisen, ist für das amtsgerichtliche Verfahren von besonderer Bedeutung. Der Beschluß, durch welchen eine solche Maßnahme erfolgt, ist unanfechtbar. Gleichzeitig ist bei Zurückweisung von Bevollmächtigten und Beiständen ein neuer Termin anzuberaumen, falls nicht die Partei mit anwesend und bereit ist, selbst zu verhandeln. Zu dem neuen Termin braucht die Partei, deren Vertreter zurückgewiesen ist, nicht geladen zu werden, sobald der neue Termin in Gegenwart des Vertreters verkündet ist. Erscheint in dem neuen Termine wiederum der zurückgewiesene Vertreter oder die Partei, welcher der Vortrag untersagt ist, und zwar letztere ohne Vertreter, so ist auf Antrag des Gegners das Versäumnisurteil gegen die betreffende Partei zu erlassen.[10]) Hatte der zurückgewiesene Vertreter Prozeßvollmacht, so behält er, abgesehen von der Befugnis zur mündlichen Verhandlung, seine Eigenschaft als Prozeßbevollmächtigter und es müssen deshalb auch nach der Zurückweisung alle Zustellungen an ihn erfolgen, falls nicht die Partei von dem Erlöschen seiner Vollmacht Anzeige macht oder einen anderen Prozeßbevollmächtigten bestellt und dieser sich als solcher meldet.[11])

II. Die mündliche Verhandlung.

1. Schon vor der mündlichen Verhandlung kann das Gericht zur Vorbereitung derselben gewisse Anordnungen zur Aufklärung des Sachverhältnisses von Amts wegen treffen. Die Anordnungen müssen nach der Klageschrift oder den vorbereitenden Schriftsätzen als zur Aufklärung des Sachverhältnisses dienlich erscheinen. Durch diese Vorschrift soll in das Beweisrecht selbst nicht eingegriffen werden, insbesondere ist damit dem

---

[6]) § 83. [7]) § 90. [8]) § 26 RAO. [9]) § 90 Abs. 2. [10]) § 158. [11]) §§ 176, 87.

Gericht nicht die Befugnis gegeben, Beweise zu erheben, auf welche die Parteien sich nicht bezogen haben. In allen Fällen sind die Parteien von den getroffenen Anordnungen zu benachrichtigen.[12]) Eine Beweisgebühr wird für diese Anordnungen nur erhoben, wenn auf Grund der Anordnungen tatsächlich eine Beweisaufnahme stattgefunden hat.[13]) So kann das Gericht stets den Parteien die Vorlegung der in ihren Händen befindlichen Urkunden, auf welche sie sich bezogen haben, sowie die Vorlegung von Stammbäumen, Plänen, Rissen und sonstigen Zeichnungen aufgeben, öffentliche Behörden oder Beamte um Mitteilung von Urkunden, auf die sich eine Partei bezogen hat, ersuchen, und amtliche Auskünfte von öffentlichen Behörden oder Beamten einziehen.

Wenn schon eine mündliche kontradiktorische Verhandlung stattgefunden hat oder der Beklagte in einem vorbereitenden Schriftsatze dem Klageantrage widersprochen hat, so kann das Gericht ferner vor der Verhandlung Zeugen, auf welche eine Partei sich bezogen hat, sowie Sachverständige zur mündlichen Verhandlung laden, die Einnahme des Augenscheins sowie die Begutachtung durch Sachverständige und auch das persönliche Erscheinen der Parteien anordnen; in letzterem Fall sind die Parteien direkt zu laden.

2. Die mündliche Verhandlung soll damit beginnen, daß die Parteien ihre Anträge stellen. Hierzu sind aber die nicht rechtskundigen Parteien häufig nicht imstande. Deshalb ist dem Gericht zur Pflicht gemacht, das Sach- und Streitverhältnis mit den Parteien zu erörtern und dahin zu wirken, daß die Parteien über alle erheblichen Tatsachen sich vollständig erklären und die sachdienlichen Anträge stellen.[14]) An sich müssen, wenn Schriftsätze gewechselt und in diesen die Anträge enthalten sind, die Anträge aus den Schriftsätzen verlesen und der Inhalt der Schriftsätze vorgetragen werden. Doch ist im amtsgerichtlichen Verfahren eine Bezugnahme auf Schriftstücke aller Art, also auch auf Schriftsätze zulässig, falls keine Partei widerspricht und das Gericht sie für angemessen hält.[15])

Beschließt das Gericht eine Beweiserhebung, so soll die Aufnahme des Beweises, soweit dies tunlich ist, sofort erfolgen, insbesondere sollen Zeugen und Sachverständige, falls sie zur Stelle sind oder ihre unverzügliche Gestellung möglich ist, sofort vernommen werden.[16])

3. Die prozeßhindernden Einreden der Unzuständigkeit des Gerichts und des Schiedsvertrages sind vor der Verhandlung zur Hauptsache geltend zu machen, weil sonst Prorogation anzunehmen ist, sofern diese nicht gesetzlich ausgeschlossen ist.[17]) Im Falle einer sachlichen Unzuständigkeit hat das Gericht den Beklagten darauf aufmerksam zu machen.[18]) Die übrigen prozeßhindernden Einreden können bis zum Schlusse der letzten mündlichen Verhandlung jederzeit vorgebracht werden, auch ist die gleichzeitige Geltendmachung aller nicht erforderlich.[19]) Der Beklagte ist nicht berechtigt, auf Grund prozeßhindernder Einreden die Verhandlung zur Hauptsache zu verweigern, doch kann das Gericht die

---

[12]) § 501. [13]) § 22a Ger.Kostenges. [14]) § 502. [15]) § 502 Abs. 2. [16]) § 509. [17]) §§ 274, 504. [18]) § 504 Abs. 2. [19]) §§ 274, 504.

abgesonderte Verhandlung über diese Einreden auf Antrag oder auch von Amts wegen anordnen.[20])

4. Eine **Urkunde** ist wegen unterbliebener Erklärung nur dann als anerkannt anzusehen, wenn die Partei zur Erklärung über die Echtheit der Urkunde aufgefordert ist.[21]) Daß die erfolgte Aufforderung durch das Protokoll festgestellt werden müsse, ist nicht vorgeschrieben, es muß deshalb die Feststellung im Tatbestande des Urteils für ausreichend erachtet werden.

5. Den Vortrag der **Beweisergebnisse** bei der weiteren mündlichen Verhandlung wird der Richter, wenn er mit rechtsunkundigen Parteien verhandelt, in ihrem Namen vielfach selbst übernehmen müssen, weil die Parteien hierzu nicht imstande sind, doch wird häufig eine Bezugnahme auf die Vernehmungsprotokolle angebracht erscheinen.[22])

6. Das über jede mündliche Verhandlung und Beweiserhebung von dem Gerichtsschreiber aufzunehmende **Protokoll** braucht, abgesehen von den allgemeinen Formvorschriften der §§ 159, 162, 163, den Gang der Verhandlung nur im allgemeinen anzugeben.[23]) Es muß aber die Anträge sowie die Erklärungen über Annahme und Zurückschiebung zugeschobener Eide feststellen. Anstatt der Feststellung genügt die Bezugnahme auf den Inhalt eines vorbereitenden Schriftsatzes.[24]) Aufzunehmen sind ferner Verzichte und Vergleiche, die Aussagen der Zeugen und Sachverständigen, das Ergebnis des Augenscheins, die Normen der Eide und der Vermerk ihrer Leistung, die Entscheidungen und der Vermerk ihrer Verkündung.[25]) Sonstige Erklärungen einer Partei sind durch das Protokoll insoweit festzustellen, als das Gericht bei dem Schlusse der mündlichen Verhandlung die Feststellung für angemessen erachtet.[26])

7. Erscheinen beide Parteien nicht, so **ruht** das Verfahren im amtsgerichtlichen Prozeß ebenso wie im landgerichtlichen.[27])

8. Ein **vorbereitendes Verfahren**, wie es für Rechnungssachen, Auseinandersetzungen und ähnliche Rechtsstreitigkeiten im Anwaltsprozesse zugelassen ist, findet nicht statt.[28])

9. **Das Urteil.**

a) Die **Ausfertigung** der amtsgerichtlichen Urteile erfolgt, sofern nicht von der Partei ein anderes beantragt wird, unter Weglassung des Tatbestandes und der Entscheidungsgründe, es wird also außer dem Rubrum bloß die Urteilsformel mit den Unterschriften ausgefertigt. Die Zustellung einer solchen Ausfertigung steht in den Wirkungen der Zustellung des vollständigen Urteils gleich.[29]) Es kann mithin auf Grund einer solchen Ausfertigung nicht nur die Zwangsvollstreckung erfolgen, sondern es wird auch durch die Zustellung der Ausfertigung der Lauf der Berufungsfrist in Gang gesetzt. Eine solche Ausfertigung darf der Gerichtsschreiber erst erteilen, wenn das Urteil vollständig abgesetzt und unterschrieben ist.[30]) Jede Partei kann sich natürlich eine Abschrift des vollständigen Urteils bestellen.

---

[20]) § 504 Abs. 3. [21]) § 510. [22]) § 502 Abs. 2. [23]) § 160 Abs. 1. [24]) § 510a Abs. 1. [25]) § 160 Nr. 1, 3, 4, 5. [26]) § 510a Abs. 2. [27]) § 503. [28]) § 507. [29]) § 496 l. Abs. [30]) § 317 Abs. 2.

b) **Versäumnisurteile** werden wie alle Urteile im amtsgerichtlichen Verfahren an sich im Parteibetriebe zugestellt. Wenn aber die Partei, welche das Versäumnisurteil erwirkt hat, nicht schon bei der Stellung des Antrages auf Erlaß des Versäumnisurteils erklärt, daß sie selbst einen Gerichtsvollzieher mit der Zustellung beauftragen wolle, so hat der Gerichtsschreiber die Zustellung des Versäumnisurteils zu vermitteln.[31])

Die Einspruchsfrist beträgt eine Woche.

c) Erfolgt die **Verurteilung zur Vornahme einer Handlung**, so kann der Beklagte zugleich auf Antrag des Klägers für den Fall, daß die Handlung nicht binnen einer zu bestimmenden Frist vorgenommen ist, zur Zahlung einer Entschädigung verurteilt werden, welche das Gericht nach freiem Ermessen festzusetzen hat.[32]) Danach kann der Kläger den Anspruch auf Schadensersatz ohne Anstellung einer neuen Klage zur Durchführung bringen. Das Gericht hat aber nur die Befugnis, eine solche Anordnung zu treffen, es ist nicht dazu gezwungen, wie nach § 51 des Gewerbegerichtsges.

Ist eine solche Verurteilung erfolgt, so ist die Zwangsvollstreckung in Gemäßheit der §§ 887, 888 ZPO. ausgeschlossen,[33]) es kann also dann weder der Kläger sich ermächtigen lassen, die Handlung auf Kosten des Schuldners vornehmen zu lassen, noch kann ein direkter Zwang zur Vornahme der Handlung auf den Beklagten ausgeübt werden.

III. Verweisung des Rechtsstreits vom Amtsgericht an ein anderes Gericht.

1. Ist das **Amtsgericht von vornherein sachlich oder örtlich unzuständig**, so hat das Gericht sich **durch Beschluß** für unzuständig zu erklären und den Rechtsstreit an das zuständige Gericht zu verweisen, sofern dies Gericht bestimmt werden kann und der Kläger die Verweisung beantragt. Sind mehrere Gerichte zuständig, so erfolgt die Verweisung an das vom Kläger gewählte Gericht.[34]) Kann das zuständige Gericht nicht bestimmt werden oder beantragt der Kläger die Verweisung nicht, so muß die Klage wegen Unzuständigkeit durch Urteil abgewiesen werden. Dies bezieht sich aber nur auf das Verhältnis der ordentlichen Gerichte untereinander, die Amtsgerichte sind also nicht in der Lage, einen Rechtsstreit durch Beschluß an ein Gewerbe- oder Kaufmannsgericht zu verweisen, vielmehr haben sie, falls sie die Zuständigkeit eines solchen Gerichts für gegeben erachten, die Klage durch Urteil abzuweisen.[35])

2. Ebenso hat, wenn nachträglich durch Widerklage oder durch Erweiterung des Klageantrags ein Anspruch erhoben wird, der zur Zuständigkeit der Landgerichte gehört, oder wenn gemäß § 280 die Feststellung eines Rechtsverhältnisses beantragt wird, für welches die Landgerichte zuständig sind, das Amtsgericht sich für unzuständig zu erklären und den Rechtsstreit an das Landgericht zu verweisen.[36])

3. Im Fall ad 1 ist, falls es sich nicht um eine **unverzichtbare**

---

[31]) § 508. [32]) § 510 b. [33]) § 888 a. [34]) § 505 Abs. 1. [35]) Begr. zu Nov. v. 1. Juni 1909 S. 37. [36]) § 506.

Unzuständigkeitseinrede handelt, diese vor der Verhandlung zur Hauptsache vorzubringen, im Falle ad 2 vor der weiteren Verhandlung zur Hauptsache, d. h. bevor die Parteien nach der Erhebung des Anspruchs, der die Unzuständigkeit des Amtsgerichts herbeiführt, weiter zur Sache verhandeln, der Verweisungsantrag zu stellen. Unterbleibt die rechtzeitige Stellung dieser Anträge, so wird das Amtsgericht infolge stillschweigender Vereinbarung zuständig. Besteht dagegen für die Sache ein anderweitiger ausschließlicher Gerichtsstand, so können das Gericht und die Parteien in jedem Stadium des Prozesses hierauf zurückkommen.

4. Der Verweisungsbeschluß ist in allen Fällen unanfechtbar. Mit seiner Verkündung gilt der Rechtsstreit als bei dem im Beschlusse bezeichneten Gericht anhängig. Der Beschluß ist für dieses Gericht bindend.[37]) Der Prozeß geht an das andere Gericht in der Lage über, in der er sich gerade befindet. Abgegebene Erklärungen, Beweisaufnahmen usw. behalten ihre Bedeutung auch für das andere Gericht. Erfolgt die Verweisung an das Landgericht, so geht der Prozeß in den Anwaltsprozeß über. Es tritt dann vor allem der Parteibetrieb ein und hat die betreibende Partei den Gegner unter der Aufforderung zur Anwaltsbestellung vor das Landgericht zu laden.

5. Wird nach dem Erlaß eines Versäumnisurteils und nach der Einlegung des Einspruchs die Verweisung des Rechtsstreits an ein anderes Gericht beantragt, so tritt diese Verweisung nur ein,[38]) wenn das Amtsgericht den Einspruch für zulässig erachtet. Andernfalls wird der Einspruch durch ein der Berufung unterliegendes Urteil als unzulässig verworfen. Hält das Amtsgericht den Einspruch für zulässig und den Verweisungsantrag für begründet, so kann das Gericht die Verweisung aussprechen, ohne über den Einspruch ausdrücklich zu befinden. Der Verweisungsbeschluß enthält dann stillschweigend auch die Entscheidung, daß der Einspruch zulässig sei, und ist für das Gericht, an welches der Rechtsstreit verwiesen wird, bindend.

6. Kosten. Im Falle der Verweisung werden die vor dem ersten Gericht erwachsenen Kosten als ein Teil der bei dem anderen Gericht erwachsenen Kosten behandelt. Es ist also in dem Verweisungsbeschlusse über die Kosten nicht zu entscheiden. Dem Kläger sind die entstandenen Mehrkosten, weil er die Klage vor einem unzuständigen Gericht erhoben hat, auch dann aufzuerlegen, wenn er in der Hauptsache obsiegt.[39])

IV. Verweisung vom Landgericht an das Amtsgericht. (§ 276 ZPO.)

Ist ein Rechtsstreit beim Landgericht anhängig gemacht, obwohl er von vornherein zur sachlichen Zuständigkeit des Amtsgerichts gehört und macht der Beklagte die Unzuständigkeit geltend, so erfolgt die Verweisung an das Amtsgericht durch Urteil. Auf Verweisung kann aber nur erkannt werden, wenn der Kläger die Verweisung an ein bestimmtes Amtsgericht des Landgerichtsbezirks beantragt. Ist dies nicht geschehen, so hat das Landgericht sich darauf zu beschränken, wegen Unzuständigkeit die Klage abzuweisen.

---

[37]) §§ 505 Abs. 2, 506 Abs. 2. [38]) § 508 Abs. 3. [39]) § 505 Abs. 3.

Die Verweisung kann nur an das vom Kläger bezeichnete Amtsgericht erfolgen, ohne Prüfung darüber, ob es wirklich zuständig ist oder nicht. Ist das Urteil rechtskräftig, so gilt der Rechtsstreit als bei dem Amtsgericht anhängig, er verwandelt sich dann in den Parteiprozeß, der Anwaltszwang fällt fort. Das Amtsgericht ist an die Entscheidung über die sachliche, nicht auch an die Entscheidung über die örtliche Zuständigkeit gebunden.

C. Verfahren vor der Kammer für Handelssachen.

(§§ 100—118 GVG.)

§ 19.

1. Kammern für Handelssachen entscheiden in der Besetzung von einem Mitgliede des Landgerichts als Vorsitzendem und zwei Handelsrichtern. Ist der Sitz der Kammer nicht zugleich Sitz des Landgerichts, so kann ein Amtsrichter Vorsitzender sein.[1])

2. Die Zuständigkeit regeln §§ 101, 105a GVG. Die Kammer für Handelssachen tritt in Handelssachen an die Stelle der Zivilkammer in erster und zweiter Instanz.[2]) Sind Handelssachen und Zivilkammersachen miteinander vereinigt, so ist nur die Zivilkammer zuständig.[3])

3. In Wirksamkeit tritt die Kammer für Handelssachen, ihre Zuständigkeit vorausgesetzt, nur auf Antrag der Parteien; abgesehen von dem unter 8 erwähnten Fall. Der Antrag muß vom Kläger in der Klageschrift und in den Fällen der §§ 505, 506 ZPO. — nämlich wenn die Sache beim Amtsgericht geschwebt hat und dieses unzuständig ist oder unzuständig wird — in der mündlichen Verhandlung vor dem Amtsgericht von dem Beklagten, bevor er vor der Zivilkammer zur Sache verhandelt, gestellt werden. Wird der Antrag nicht oder nicht rechtzeitig gestellt, so gebührt die Verhandlung und Entscheidung der Zivilkammer.

4. Ist der Rechtsstreit bei der Zivilkammer anhängig, so darf diese weder von Amts wegen verweisen, noch einem verspäteten Verweisungsantrage entsprechen. Dem rechtzeitig gestellten Verweisungsantrage muß sie stattgeben, wenn die Sache wirklich vor die Kammer für Handelssachen gehört. Ist dies nicht der Fall, so ist die Verweisung unzulässig und kann auch durch Vereinbarung der Parteien nicht erzwungen werden.[4]) Ein Beklagter, der nicht in das Handelsregister eingetragen ist, kann den Verweisungsantrag nicht darauf stützen, daß er Kaufmann sei.

5. Hat eine Partei eine Sache vor die Kammer für Handelssachen gebracht, die nicht dahin gehört, so kann der Gegner Verweisung an die Zivilkammer beantragen. Der Antrag ist nur vor der Verhandlung des Antragstellers zur Sache zulässig. Das Gericht muß

---

[1]) GVG §§ 109, 110. [2]) GVG. § 100a. [3]) GVG. §§ 103 Abs. 2, 104 Abs. 2, 105. [4]) GVG. § 104 Abs. 4.

dem Antrage stattgeben.[5]) Wird eine Parteirüge nicht erhoben, so ist die Kammer für Handelssachen zur Entscheidung berechtigt, aber nicht verpflichtet. Sie ist befugt von Amtswegen die Sache an die Zivilkammer zu verweisen. Diese Befugnis kann durch eine entgegenstehende Vereinbarung der Parteien nicht ausgeschlossen, zeitlich aber nur so lange geübt werden, als nicht eine Verhandlung zur Hauptsache erfolgt und auf diese ein Beschluß verkündet ist.[6]) Die Verweisung von Amts wegen kann aber nicht aus dem Grunde erfolgen, daß der Beklagte nicht Kaufmann sei.

6. Über den Verweisungsantrag ist vorab zu verhandeln und zu entscheiden.[7]) Die Entscheidung über die Verweisung ergeht, falls dieselbe im Einverständnis der Parteien erfolgt, durch zu verkündenden unanfechtbaren Beschluß,[8]) falls die Parteien aber widersprechende Anträge stellen, durch ein zu verkündendes unanfechtbares Zwischenurteil.[9]) Erfolgt die Verweisung, so ist diese Entscheidung für die Kammer, an die der Rechtsstreit verwiesen ist, bindend. Es sind deshalb die Akten mit der Urschrift des Beschlusses an die Kammer abzugeben. Der Termin zur weiteren mündlichen Verhandlung wird von dem Vorsitzenden dieser Kammer von Amts wegen bestimmt und diese Verfügung den Parteien von Amts wegen zugestellt.[10])

7. Das Verfahren vor der Kammer für Handelssachen ist dasselbe wie das Verfahren vor der Zivilkammer. Die Reihenfolge bei der Abstimmung richtet sich nach dem Lebensalter mit der Maßgabe, daß der Berichterstatter zuerst, der Vorsitzende zuletzt stimmt.[11])

8. Wird die Kammer für Handelssachen als Beschwerdegericht mit einer vor diese nicht gehörigen Beschwerde befaßt, sei es, daß die Beschwerde bei der Kammer selbst eingelegt oder vom Amtsgericht der Kammer vorgelegt wird, so ist die Beschwerde von Amts wegen an die Zivilkammer zu verweisen. Ebenso hat die Zivilkammer Beschwerden in Handelssachen von Amts wegen an die Kammer für Handelssachen zu verweisen. Eine Verweisung an eine andere Kammer findet aber nicht statt, wenn bei der mit der Beschwerde zuerst befaßten Kammer die Hauptsache anhängig ist, oder diese Kammer bereits eine Entscheidung in der Hauptsache erlassen hat.[12])

[5]) GVG. §§ 103, 105, 106. [6]) GVG. §§ 103 Abs. 2, 105 Abs. 2. [7]) GVG. § 106. [8]) ZPO. §§ 329, 310, 312. [9]) ZPO. § 303. [10]) GVG. § 107. ZPO. § 294 Abs. 3. [11]) GVG. § 199. [12]) GVG. § 108a.

Zweites Kapitel.

Verfahren in der Rechtsmittelinstanz.

Rechtsmittel im Sinne der ZPO. sind prozessualische Rechtsbehelfe, durch die noch nicht rechtskräftige Entscheidungen vor einem höheren Richter (**Devolutiveffekt**) angefochten werden. Es gehören hierher nur die Berufung, die Revision und die Beschwerde, die beiden ersteren gegen Endurteile, die letztere gegen andere Entscheidungen und gegen gewisse Zwischenurteile. Alle drei hemmen die Rechtskraft, Berufung und Revision, der Regel nach auch die Vollstreckbarkeit der angegriffenen Entscheidung (**Suspensiveffekt**), wogegen die Beschwerde bezüglich der Vollstreckbarkeit nur ausnahmsweise aufschiebende Wirkung hat.

Einspruch,[1]) Wiedereinsetzung in den vorigen Stand,[2]) Nichtigkeits- und Restitutionsklage[3]) sowie die Anfechtungsklage[4]) fallen nicht unter die Rechtsmittel, weil zu ihrer Erledigung nicht ein höheres, sondern dasselbe Gericht berufen ist, das die angegriffene Entscheidung erlassen hat.

§ 20. Berufung. (§§ 511—544 ZPO.)

I. **Zulässigkeit.** Glaubt eine Partei durch ein in 1. Instanz ergangenes kontradiktorisches Endurteil beschwert zu sein, so kann sie gegen das Urteil Berufung einlegen.[1])

1. **Berechtigt zur Berufung** sind die Hauptparteien 1. Instanz sowie diejenigen, die in 1. Instanz oder im Laufe der Rechtsmittelfrist als Gesamtnachfolger oder Sondernachfolger in den Prozeß eingetreten sind.[2]) Von mehreren Streitgenossen[3]) kann jeder selbständig Berufung einlegen, aber nur für seine Person; den übrigen Streitgenossen kommt die Berufung nur zu gut im Falle der notwendigen Streitgenossenschaft.[4]) Dritte Beteiligte sind zur Berufung dann berechtigt, wenn sie neben einer oder für eine der Hauptparteien als Nebenparteien in den Prozeß eintreten, wie Nebenintervenienten im Falle des § 69, Litisdenunziaten im Falle des § 75, Urheber im Falle des § 76. Der gewöhnliche Nebenintervenient[5]) kann nur zugunsten der von ihm unterstützten Hauptpartei und nur dann, wenn diese keinen Widerspruch erhebt, Berufung einlegen.[6])

---

[1]) §§ 338 ff. [2]) §§ 233 ff. [3]) §§ 578 ff. [4]) §§ 664 ff., 957, 1041.

[1]) § 511. [2]) §§ 239, 265, 266. [3]) § 61. [4]) § 62. [5]) § 67.
[6]) RG. 10 S. 398, 17 S. 411, 34 S. 391; Seuff. 47 Nr. 153, 54 Nr. 50.

Zu richten ist die Berufung gegen die dem Berufungskläger gegenüberstehende Hauptpartei und deren Nachfolger.

2. Die Berufung ist zulässig gegen **Endurteile**, d. h. also Vollendurteile, Teilurteile, bedingte Urteile, Läuterungsurteile, Endurteile auf Grund eines Verzichts oder eines Anerkenntnisses.[7]) Von **Zwischenurteilen** unterliegen der Berufung nur diejenigen, die bezüglich der Rechtsmittel den Endurteilen gleichgestellt sind, also die Zwischenurteile aus den §§ 275, 276, 304, 505, 506, 599 Abs. 3.[8]) Andere Zwischenurteile sowie Beschlüsse sind der selbständigen Anfechtung durch Berufung entzogen, werden aber von der gegen das Endurteil gerichteten Berufung mit erfaßt, sofern sie nicht nach Vorschrift des Gesetzes unanfechtbar oder mit der Beschwerde anfechtbar sind.[9])

Für die Feststellung, ob ein Urteil vorliegt, ist der Umstand, ob das Urteil zulässig war, ohne Einfluß. Nur darauf kommt es an, ob das Gericht ein Urteil hat erlassen wollen. Daß die Entscheidung in der für Urteile üblichen Form ergangen, in „Tatbestand" und „Gründe" gesondert, der Ausdruck „erkennen" gebraucht, die Entscheidungsformel mit dem Abschluß „V. R. W." (Von Rechts wegen) versehen ist, entscheidet ebensowenig wie der Gebrauch der Eingangsformel „Im Namen des Königs". Hatte das Gericht eine Entscheidung zu treffen, die nach dem Gesetz als Beschluß, nicht als Urteil zu erfolgen hat, z. B. eine Entscheidung im Zwangsvollstreckungsverfahren gemäß §§ 890, 891, so muß auch angenommen werden, daß es eine diesem Verfahren entsprechende Entscheidung, also einen Beschluß, nicht ein Urteil hat erlassen wollen, sofern nicht die Entscheidung selbst eine entgegengesetzte Absicht feststellt. Steht aber die Absicht des Gerichts, durch Urteil zu entscheiden, fest, so ist gegen die Entscheidung die Berufung auch dann statthaft, wenn durch Beschluß hätte entschieden werden sollen. Wenn jedoch vom Gericht ausgesprochen ist, daß nicht ein Urteil, sondern nur ein Beschluß erlassen werden könne und solle, auch die äußere Form der Entscheidung diesem Willen entspricht, so kann nur von demjenigen Rechtsmittel Gebrauch gemacht werden, das für die allein vorliegende Art der Entscheidungen gegeben ist.[10])

Gegen ein **Versäumnisurteil** steht der säumigen Partei die Berufung nur dann zu, wenn der Einspruch gesetzlich unzulässig ist, also im Falle des zweiten Versäumnisurteils. Die Berufung kann aber nur darauf gestützt werden, daß der Fall der Versäumung nicht vorgelegen habe, daß also — beispielsweise — die säumige Partei nicht ordnungsmäßig geladen sei. Die nicht säumige Partei, von der das Versäumnisurteil erfolglos beantragt ist, hat gegen das diesen Antrag zurückweisende Urteil die Berufung.[11])

3. **Beschwert durch das Urteil** ist die Partei dann nicht, wenn vollständig ihren Anträgen entsprechend erkannt ist. Deshalb muß die Berufung zum Zweck der an sich statthaften Erweiterung der Anträge in

---

[7]) §§ 300—302, 306, 307, 321, 460—462, 477. [8]) RG. 13 S. 398, 401. [9]) § 512. [10]) RG. 6 S. 421, 7 S. 426 (Pl.), 8 S. 363, 13 S. 401, 16 S. 286, 336, 18 S. 361, 20 S. 395, 32 S. 380, 428, 42 S. 346, 394, 53 S. 2; Gruch. 35 S. 1195. [11]) §§ 338, 345, 513.

der Berufungsinstanz[12]) versagt werden. Da aber durch die Berufung die ganze Sache in die 2. Instanz gekommen ist, so steht es dem Berufungsbeklagten frei, zum Zwecke der Erweiterung von Ansprüchen Anschlußberufung einzulegen.[13]) Die Erledigung des Anspruchs nach dem 1. Urteil steht der Einlegung der Berufung nicht entgegen.[14]) Auch kann der Kläger dem zu Unrecht verurteilten Beklagten die Berufung nicht dadurch aus der Hand nehmen, daß er auf die zugesprochene Forderung verzichtet; denn nicht der einseitige Verzicht des Gläubigers, sondern erst die Annahme des Verzichts seitens des Schuldners bewirkt den Untergang der Forderung.[15])

Die Entscheidung über den Kostenpunkt ist nur dann anfechtbar, wenn ein Rechtsmittel auch gegen die Entscheidung in der Hauptsache eingelegt wird. Die Einlegung eines unzulässigen Rechtsmittels steht der Nichteinlegung eines Rechtsmittels gegen die Entscheidung in der Hauptsache gleich.[16]) Von dieser Regel sind zwei Ausnahmen zugelassen.[17]) a) Die selbständige Anfechtung der Entscheidung über den Kostenpunkt ist gestattet, wenn in der Hauptsache auf Grund eines Anerkenntnisses eine Verurteilung ausgesprochen ist. Das Anerkenntnisurteil muß auf Antrag der Partei ergangen sein.[18]) Auch muß in dem Anerkenntnisurteil über die Kosten entschieden sein; ist dies nicht der Fall und wird in einem Endurteil über die Kosten entschieden, so kommt die Bestimmung nicht zur Anwendung.[19]) b) Ist nur über den Kostenpunkt entschieden, während die Hauptsache durch Vergleich, durch nachträgliche Befriedigung oder Verzicht des Klägers oder in sonstiger Weise ihre Erledigung gefunden hat, so findet gegen die Entscheidung über den Kostenpunkt sofortige Beschwerde statt. Voraussetzung für die sofortige Beschwerde ist nach der reichsgerichtlichen Judikatur, daß an sich auch in der Hauptsache ein Rechtsmittel zulässig wäre, so daß eine sofortige Beschwerde gegen die in der landgerichtlichen Berufungsinstanz erlassenen Kostenurteile und eine weitere Beschwerde gegen die vom Landgericht in der Beschwerdeinstanz erlassenen Entscheidungen über den Kostenpunkt nicht zulässig ist.[20]) Vor der Entscheidung über die Beschwerde ist der Gegner schriftlich oder mündlich zu hören. Sobald aber Anerkenntnisurteil ergangen ist, ist nur das ordentliche Rechtsmittel, Berufung oder Revision, zulässig.[21])

II. Einlegung der Berufung. 1. Die Berufungsfrist beträgt für alle Prozesse einen Monat.[22]) Sie ist eine Notfrist und beginnt mit der Zustellung des Urteils. Die Zustellung des Urteils hat regelmäßig im Parteibetriebe, ausnahmsweise — in gewissen Ehesachen[23]) und bei Urteilen der Gewerbe- und Kaufmannsgerichte[24]) — von Amts wegen zu erfolgen. Eine nicht ordnungsmäßige Zustellung kann den Lauf der Berufungsfrist nicht eröffnen.[25]) Bei Streitgenossen beginnt die Frist für jeden mit der Zustellung an ihn, u. z. sowohl bei der gewöhn-

[12]) § 529. [13]) RG. 13 S. 390; JW. 92 S. 205. [14]) RG. 33 S. 383. [15]) Kammergericht, Jahrbuch 90 S. 17. [16]) RG. 31 S. 44, 59 S. 333. [17]) § 99 Abs. 2, 3. [18]) Seuff. 57 Nr. 45; s. auch Seuff. 56 Nr. 207, 60 Nr. 61. [19]) RG. 59 S. 333. [20]) RG. (Pl.) 57 S. 311. [21]) Seuff. 56 Nr. 114. [22]) § 516. [23]) § 625. [24]) RGes. v. 29. Sept. 1901 § 32. RGes. v. 6. Juli 1904 § 16. [25]) RG. 32 S. 419. Seuff. 38 S. 349.

lichen wie bei der notwendigen Streitgenossenschaft.[26]) Für den Nebenintervenienten im Sinne des § 67 kommt nur die Zustellung an die Hauptpartei in Betracht, während der Nebenintervenient im Sinne des § 69 als Streitgenosse gilt.[27]) Welche Partei zustellt, ist unerheblich; der Fristenlauf beginnt gleichzeitig gegen beide Parteien, auch gegen diejenige, welche die Zustellung hat bewirken lassen.[28]) Im Falle der Unterbrechung oder Aussetzung des Verfahrens hört der Lauf der Berufungsfrist auf. Nach Beendigung der Unterbrechung oder Aussetzung beginnt die volle Frist von neuem zu laufen.[29]) Wird die gleichzeitige öffentliche Zustellung des Urteils und der Berufungsschrift beantragt, so ist für die Bewilligung der öffentlichen Zustellung des Urteils nur das Gericht 1. Instanz zuständig.[30]) Die Einlegung vor Zustellung des Urteils ist wirkungslos,[31]) sie wird auch nicht dadurch wirksam, daß die Berufung nach Zustellung des Urteils nochmals eingelegt wird,[32]) doch kann sie dann natürlich neu erhoben werden.

Ergeht innerhalb der Berufungsfrist ein Ergänzungsurteil,[33]) so wird die noch nicht abgelaufene Berufungsfrist für das erste Urteil hinfällig. Mit der Zustellung des Ergänzungsurteils beginnt für beide Teile, mag gegen das erste Urteil Berufung eingelegt sein oder nicht, eine neue einmonatige Berufungsfrist, gleichzeitig für das erste und für das Ergänzungsurteil. Ergeht das Ergänzungsurteil erst nach Ablauf der Berufungsfrist für das erste Urteil, so wird dadurch die Berufungsfrist für das erste Urteil nicht berührt, die etwa eingetretene Rechtskraft nicht wieder aufgehoben. Ist rechtzeitig gegen beide Urteile Berufung eingelegt, so soll der Berufungsrichter beide Berufungen miteinander verbinden, also für beide denselben Verhandlungstermin bestimmen.[34]) Die Vorschrift ist nur instruktionell. Das Trennungsrecht des Gerichts[35]) bleibt bestehen.

2. Die Einlegung der Berufung erfolgt durch Einreichung der Berufungsschrift[36]) bei dem Berufungsgerichte. Die Berufungsschrift muß von einem bei dem Berufungsgericht zugelassenen Anwalt unterschrieben sein[37]) und als bestimmender Schriftsatz enthalten: die Bezeichnung des angefochtenen Urteils und die Erklärung der Einlegung der Berufung. Mangelt es an einem dieser Erfordernisse, so ist die Berufung als unzulässig zu verwerfen.[38]) Berufungseinlegung durch Telegramm ist jetzt für zulässig zu erachten.[39]) Die Berufungsschrift soll ferner den allgemeinen Erfordernissen vorbereitender Schriftsätze[40]) entsprechen und insbesondere die Berufungsanträge sowie die Angabe der neu vorzubringenden Tatsachen und Beweismittel enthalten.[41]) Die Vorschrift ist aber nur instruktionell, insbesondere sind für die Bestimmung der Grenzen des Berufungsstreits nicht die etwa schriftlich angekündigten, sondern nur die in der mündlichen

---

[26]) §§ 61, 62, 63. RG. JW. 87 S. 17; Gruch. 30 S. 727. [27]) RG. 18 S. 427, 34 S. 364. [28]) § 221 Abs. 2. [29]) § 249. [30]) RG. (Pl.) 41 S. 427. [31]) § 516 Abs. 2; RG. 4 S. 414, 12 S. 365. [32]) Seuff. 58 Nr. 222. [33]) § 321. [34]) § 517. [35]) § 145. [36]) S. Formular Nr. 24. [37]) RG. 27 S. 405, 31 S. 378. [38]) § 535. [39]) Früher, wo die Berufung durch Zustellung eingelegt wurde, war es anders; Bayr. ObLG. Seuff. 51 S. 263. [40]) §§ 130—133. [41]) § 519. JW. 95 S. 381.

Verhandlung gestellten Anträge maßgebend. Sind in der Berufungsschrift Anträge in beschränktem Umfange angekündigt, so dürfen sie bis zum Schlusse der mündlichen Verhandlung, auf die das Berufungsurteil ergeht, auf den vollen Inhalt des 1. Urteils erweitert werden. Wird aber die Berufung ganz allgemein angemeldet, so gilt das ganze Urteil, soweit es zum Nachteil des Berufungsklägers lautet, als angefochten und ist für die Berechnung der Prozeßgebühr der volle Wertsbetrag maßgebend.[42]) Mit der Berufungsschrift soll eine Ausfertigung oder beglaubigte Abschrift des Urteils, gegen welches die Berufung sich richtet, dem Berufungsgerichte vorgelegt werden. Dies geschieht, um dem Gericht zum Zweck einer sachgemäßen Terminsbestimmung eine Orientierung über Umfang und Bedeutung der Sache zu ermöglichen.

3. Berufungsgericht und Terminsbestimmung:

Als Berufungsgericht sind zuständig, a) sachlich: gegen die Urteile der Amtsgerichte die Landgerichte (Zivilkammern, in Handelssachen die Kammern für Handelssachen, 3 Mitglieder),[43]) gegen die Urteile der Landgerichte die Oberlandesgerichte (Zivilsenate, 5 Mitglieder); [44]) b) örtlich: das Landgericht oder Oberlandesgericht, in dessen Bezirke das urteilende Amtsgericht oder Landgericht liegt.

Der Termin zur Verhandlung ist von Amts wegen zu bestimmen und den Parteien bekannt zu machen. Mit der Terminsbestimmung ist die Berufungsschrift dem Berufungsbeklagten von Amts wegen zuzustellen. Die hierfür erforderliche Zahl von beglaubigten Abschriften soll der Beschwerdeführer mit der Berufungsschrift einreichen. In der Bekanntmachung des Termins soll der Berufungsbeklagte, soweit die Zustellung nicht an einen Rechtsanwalt erfolgt, auf die Notwendigkeit der Bestellung eines Rechtsanwalts als Prozeßbevollmächtigten hingewiesen werden.[45]) Bei der Terminsansetzung ist zu beachten, daß die Einlassungsfrist frei bleibt.[46])

III. Anschlußberufung. Der Berufungsbeklagte ist nicht beschränkt auf die Verteidigung gegen die Berufung, er kann sich auch der Berufung anschließen, selbst wenn er auf die Berufung verzichtet hat oder wenn die Berufungsfrist verstrichen ist.[47]) Die Anschließung ist nicht selbst ein Rechtsmittel, gibt vielmehr dem Berufungsbeklagten nur das Recht, auch seinerseits Anträge zu stellen, wenn er eine Änderung der Vorentscheidung in irgendeinem Punkte zu seinen Gunsten verlangt. Er kann, was dem Berufungskläger regelmäßig versagt ist, die Entscheidung auch nur im Kostenpunkt anfechten,[48]) wenn er durch das erste Urteil nicht beschwert war, in der Berufungsinstanz seinen Antrag in der durch die §§ 529, 268 Nr. 2, 3 gestatteten Weise erweitern[49]) und eine Anschließung auch eventuell, nämlich für den Fall erheben, daß dem Antrage auf Zurückweisung der Berufung nicht stattgegeben werden sollte. Doch kann eine Anschließung nur an die zulässigerweise erhobene Berufung erfolgen und

---

[42]) RG. 17 S. 374, 25 S. 230; JW. 83 S. 113, 94 S. 98; Gruch. 38 S. 168. [43]) GVG. §§ 71, 77, 100a, 101. [44]) GVG. §§ 123 Nr. 1, 124. [45]) § 520. [46]) S. S. 16. [47]) § 521. [48]) RG. 13 S. 432, 41 S. 383. [49]) RG. 29 S. 375.

auch nur bez. derjenigen Teile des Urteils, gegen welche Berufung eingelegt ist.[50])

Die Einlegung erfolgt durch die in der mündlichen Verhandlung vor dem Berufungsgericht von dem Berufungsbeklagten abgegebene Erklärung. Sie ist zulässig bis zum Schlusse derjenigen mündlichen Verhandlung, auf die das Urteil ergeht. Wird dieses in der Revisionsinstanz aufgehoben, so tritt die Zulässigkeit der Anschließung von neuem ein.[51]) Sie ist aber von der Berufung abhängig, verliert mithin ihre Wirkung, wenn die Berufung zurückgenommen oder als unzulässig verworfen wird.[52])

Ist die Anschließung innerhalb der Berufungsfrist erklärt, wenn auch nur durch Zustellung eines vorbereitenden Schriftsatzes an den Berufungskläger,[53]) so wird sie so angesehen, als wenn sie selbständig eingelegt worden wäre.[54]) Eine derartige Anschließung wird nicht unbedingt wirkungslos, wenn die Berufung des Gegners zurückgenommen oder als unzulässig verworfen wird, vielmehr kann der Berufungsbeklagte selbständig durch seine Anschließung eine Verhandlung in der Berufungsinstanz herbeiführen, aber nur insoweit, als eine selbständige Berufung von ihm eingelegt werden konnte, mithin nicht über Anträge, die nur im Wege der Anschlußberufung verfolgbar waren.[55])

Ein in 1. Instanz ergangenes Versäumnisurteil kann auch durch Anschlußberufung nur unter denselben Voraussetzungen angefochten werden, unter denen die Anfechtung durch selbständige Berufung gestattet ist.[56])

IV. Verfahren vor dem Berufungsgericht. 1. Innerhalb vierundzwanzig Stunden nach Einreichung der Berufungsschrift soll der Gerichtsschreiber 2. Instanz die Akten vom Gerichtsschreiber 1. Instanz einfordern. Ist die Berufung wegen eines Teil- oder Präjudizialurteils eingelegt, so muß sich das Gericht 1. Instanz bei der Verhandlung über die noch streitigen Punkte so gut wie möglich ohne die Gerichtsakten behelfen, etwa durch Einfordern der Anwaltsakten oder durch Zurückbehalten von Abschriften.[57])

2. Auf das Verfahren selbst finden die Vorschriften für das landgerichtliche Verfahren 1. Instanz entsprechende Anwendung, soweit nicht Abweichungen vorgeschrieben sind.[58]) Insbesondere folgt das schriftliche Vorverfahren den für die 1. Instanz vorgeschriebenen Grundsätzen. Danach hat jede Partei dem Gegner solche tatsächliche Behauptungen, Beweismittel und Anträge, auf welche dieser voraussichtlich ohne vorhergehende Erkundigung keine Erklärung abgeben kann, vor der mündlichen Verhandlung mittels vorbereitenden Schriftsatzes so zeitig mitzuteilen, daß der Gegner die erforderliche Erkundigung noch einzuziehen vermag. Tritt eine Vertagung der mündlichen Verhandlung ein, so kann das Gericht die Fristen bestimmen, binnen welcher die noch erforderlichen vorbereitenden Schriftsätze mitzuteilen sind.[59])

3. Mündliche Verhandlung. a) Förmlichkeiten. In der

---

[50]) RG. 55 S. 278. [51]) RG. 12 S. 410, 25 S. 309; JW. 93 S. 157; Seuff. 38 S. 280. [52]) § 522 Abs. 1. [53]) RG. 17 S. 45. [54]) § 522 Abs. 2. [55]) RG., Beil. z. Reichsanz. 98 S. 199. [56]) § 521 Abs. 1. [57]) M. S. 313. Prot. S. 247. [58]) § 523. [59]) § 272.

mündlichen Verhandlung müssen die Parteien durch Anwälte vertreten sein, die beim Berufungsgericht zugelassen sind, oder denen durch einen zugelassenen Anwalt die Vertretung mündlich oder schriftlich übertragen ist.[60]) Die Verhandlung beginnt mit der Prüfung der Förmlichkeiten. Das Berufungsgericht hat von Amts wegen festzustellen, ob die Berufung in rechter Form und Frist eingelegt, insbesondere also, wann das Urteil zugestellt und wann die Berufungsschrift eingereicht ist. Werden Zustellungsurkunden vorgelegt, so hat die Prüfungspflicht sich darauf zu beschränken, ob sie formell tadellos sind. Auf das Vorhandensein etwaiger innerer Mängel, z. B. materieller Unrichtigkeit, darf nur auf ausdrückliche Einwendung eingegangen werden.[61]) Das Datum der Urteilszustellung ist im Protokoll zu vermerken.

Ergibt die Prüfung der Förmlichkeiten keinen Anstand, so kann, wenn Streit darüber obgewaltet hat, die Zulässigkeit der Berufung durch Zwischenurteil ausgesprochen werden.[62]) Doch wird der Regel nach ein solches Zwischenurteil als entbehrlich unterbleiben können, es werden vielmehr die Parteivertreter zum Sachvortrage aufzufordern sein.

Sind die Förmlichkeiten nicht beobachtet, so ist, falls keine Vertagung erfolgt (s. den nächsten Absatz), die Berufung als unzulässig zu verwerfen.[63]) Die Verwerfung erfolgt durch Endurteil, das stets als kontradiktorisches gilt, auch wenn es in Abwesenheit einer Partei erlassen ist.[64]) Ist die Berufung als zu früh — vor ordnungsmäßiger Zustellung des Urteils — oder als nicht in gesetzlicher Form eingelegt verworfen, so steht ihrer Erneuerung, falls solche noch rechtzeitig möglich ist, nichts entgegen. In allen anderen Fällen ist durch Verwerfung der Berufung deren Wiederholung ausgeschlossen.[65])

Ist die Berufungsfrist noch nicht abgelaufen oder hat der Berufungsbeklagte seinerseits Einspruch gegen das Urteil erhoben, so muß die Verhandlung vertagt werden, im ersten Falle auf Antrag des Berufungsbeklagten bis zum Fristablauf, im zweiten Falle auch von Amts wegen bis zur Erledigung des Einspruchs.[66]) Durch die Vertagung der Verhandlung der Sache wird die Verhandlung über die vorläufige Vollstreckbarkeit des unangefochten gebliebenen Teils des Urteils 1. Instanz nicht ausgeschlossen.

b) Inhalt und Gegenstand der Verhandlung. α) Die Anwälte haben ihre Anträge aus den vorbereitenden Schriftsätzen oder aus einem anderen, dem Protokoll als Anlage beizufügenden Schriftsatze zu verlesen. An die Verlesung schließt sich der Vortrag der Sache durch die Anwälte. Der Vortrag hat sich zu erstrecken auf das angefochtene Urteil mit den Entscheidungsgründen sowie auf die dem Urteil vorausgegangenen Entscheidungen und Beweisverhandlungen u. z. insoweit als es zum Verständnisse der Berufungsanträge und zur Prüfung der Richtigkeit der angefochtenen Entscheidung erforderlich ist.[67]) An den Prozeßstoff 1. Instanz ist der Prozeßstoff der Berufungsinstanz anzuschließen.

---

[60]) § 27 Abs. 2 RAO. [61]) RG. 9 S. 366, 389, 412; JW. 92 S. 94. [62]) § 303. [63]) § 535. [64]) RG. 12 S. 364, 21 S. 375. [65]) RG. 4 S. 415, 10 S. 401, 12 S. 365, 19 S. 406; Gruch. 30 S. 384. [66]) § 524. [67]) § 526.

Die Pflicht zum Vortrage trifft den Berufungskläger. Eine anderweite Regelung, nach welcher der Berufungsbeklagte allein oder neben dem Berufungskläger den Vortrag übernimmt, ist nicht ausgeschlossen. Unzulässig ist aber, daß seitens des Vorsitzenden oder eines Berichterstatters der Vortrag erfolgt.[68]) Das Gericht hat lediglich für erschöpfende Erörterung der Sache zu sorgen,[69]) wie in 1. Instanz. Deshalb sind Berichtigungen und Vervollständigungen des Vortrags durch Ausübung des Fragerechts herbeizuführen. Berücksichtigt werden darf aber, wie in 1. Instanz, nur dasjenige, was die Parteien vorgetragen haben. Dies gilt ausnahmslos, also auch von dem Urteil 1. Instanz, dessen Inhalt nicht etwa, auch wenn er nicht vorgetragen ist, wegen der dem Gericht vorliegenden Prozeßakten als offenkundig gelten kann.

β) Durch die Einlegung der Berufung wird der Rechtsstreit, soweit darüber in 1. Instanz entschieden ist, bei dem Berufungsgericht anhängig, und ist hier innerhalb des Rahmens der Parteianträge von neuem zu verhandeln (Devolutiveffekt). Der Gegenstand der Verhandlung und Entscheidung des Berufungsgerichts ist aber auf diejenigen Ansprüche beschränkt, über die der Vorderrichter durch Zu- oder Aberkennung entschieden hat. Ist nur über einen Teil des Anspruchs oder bei Verbindung eines prinzipalen Anspruchs mit einem eventuellen nur über den ersteren entschieden, so ist die Berufung auch nur gegen das Teilurteil und gegen das Urteil über den prinzipalen Anspruch zulässig.[70]) Wegen des nicht entschiedenen Anspruchs muß die — nötigenfalls durch den Antrag aus § 321 zu erwirkende — Ergänzung der Entscheidung abgewartet werden.[71])

γ) Die Berufung ist nicht beschränkt auf eine Nachprüfung der vorausgegangenen Entscheidung, sondern gewährt ein neues Verfahren (novum judicium). Die Prüfung des Berufungsgerichts ist nicht darauf beschränkt, ob der Vorderrichter nach dem ihm vorliegenden Material richtig entschieden hat, sie muß sich auch auf die Frage erstrecken, ob die Entscheidung nach dem wahren Inhalt des Streitverfahrens, also nach Maßgabe des neu-erbrachten Prozeßstoffs gerechtfertigt ist. Die sachlichen Grenzen der Nachprüfung werden gebildet durch die Berufungsanträge und diese haben sich innerhalb der Anträge der 1. Instanz zu halten. Die neue Verhandlung umfaßt eine vollständige Erörterung und Würdigung des Rechtsstreits in tatsächlicher und rechtlicher Beziehung, aber auf der Grundlage der Verhandlung 1. Instanz und in deren Fortsetzung. Eine Änderung und Vermehrung des Prozeßstoffs 1. Instanz, das Geltendmachen neuer Angriffs- und Verteidigungsmittel, das Vorbringen neuer Tatsachen und Beweismittel ist zulässig,[72]) aber nur insoweit, als es in 1. Instanz zulässig gewesen wäre, wenn in dieser statt der Fällung des Urteils eine Fortsetzung der Verhandlung stattgefunden hätte.[73]) Soweit der Prozeßstoff für die 1. Instanz unabänderlich festgelegt ist, behält er seine Wirksamkeit auch für die Berufungsinstanz. So das rechtskräftige bedingte Endurteil bei der Berufung gegen das Läuterungsurteil, das rechtskräftige Zwischenurteil über den Grund des Klageanspruchs bei der Berufung gegen das Urteil, das über den

---

[68]) RG. 54 S. 7. [69]) § 136. [70]) RG. 18 S. 385. [71]) RG. 59 S. 130.
[72]) § 529. [73]) Planck 2 S. 458 ff.

Betrag entschieden hat. So ferner das in 1. Instanz abgegebene Anerkenntnis und gerichtliche Geständnis,[74]) die in 1. Instanz erfolgte Annahme oder Zurückschiebung eines Eides, sowie die Leistung, Verweigerung der Leistung und Erlassung eines Eides, vorausgesetzt, daß die die Eidesleistung anordnende Entscheidung gerechtfertigt ist.[75])

Verletzungen des Verfahrens 1. Instanz können dann nicht mehr gerügt werden, wenn gemäß § 295 das Rügerecht bereits in 1. Instanz verloren war.[76]) Die Folgen unvollständigen Verhandelns in 1. Instanz[77]) können die Parteien heilen. „Die in 1. Instanz unterbliebenen oder verweigerten Erklärungen über Tatsachen, Urkunden und Eideszuschiebungen können in der Berufungsinstanz nachgeholt werden."[78]) Aus der Zulässigkeit neuer Beweismittel ergibt sich die Zulässigkeit, die in 1. Instanz erfolgte Eideszuschiebung durch ein anderes Beweismittel zu ersetzen, selbst wenn der Eid angenommen oder zurückgeschoben sein sollte.[79])

d) Die Berufung hat Suspensiveffekt, d. h. die Einlegung der Berufung hemmt ausnahmslos den Eintritt der Rechtskraft, der Regel nach auch die Vollziehbarkeit des Urteils 1. Instanz. Die Vollziehbarkeit bleibt aber bestehen, wenn das Gericht sie dem Urteil 1. Instanz beigelegt hat, z. B. dadurch, daß das Urteil für vorläufig vollstreckbar erklärt oder daß bei Erlaß des Urteils, durch welches eine prozeßhindernde Einrede verworfen oder über den Grund eines Anspruchs vorab entschieden wird, die Verhandlung zur Hauptsache oder über den Betrag des Anspruchs angeordnet ist.[80])

Auf den Antrag der obsiegenden Partei ist derjenige Teil des Urteils, der von den in der mündlichen Verhandlung zunächst gestellten Anträgen nicht betroffen wird, für vorläufig vollstreckbar zu erklären. Über den in der mündlichen Verhandlung zu stellenden, bis zum Schlusse der Berufungsinstanz zulässigen Antrag ist mündlich zu verhandeln und durch zu verkündenden unanfechtbaren Beschluß zu entscheiden. Durch die etwaige spätere Ausdehnung der Berufung auf den für vorläufig vollstreckbar erklärten Teil wird die Erklärung der Vollstreckbarkeit nicht berührt.[81])

e) Eine Änderung der Klage sowie die Erhebung neuer Ansprüche ist nur mit Einwilligung des Gegners gestattet.[82]) Erweiterungen, Beschränkungen oder Änderungen des Klageantrags, die nach § 268 Nr. 2 und 3 in 1. Instanz zulässig sind, sind auch in der Berufungsinstanz gestattet. Die Geltendmachung des Zurückbehaltungsrechts bezweckt nur eine Abwehr, ist also in der Berufungsinstanz unbeschränkt zulässig.[83])

Die Aufrechnung neuer Gegenforderungen ist nur mit Einwilligung des Klägers und dann zugelassen, wenn der Beklagte glaubhaft macht, daß er ohne sein Verschulden außerstande gewesen sei, die Aufrechnung in 1. Instanz geltend zu machen. Die Zurückweisung des die Aufrechnung betreffenden Einwandes darf, entsprechend den §§ 145, 302, nur in der Weise erfolgen, daß das Urteil unter Vorbehalt der Geltendmachung des Einwandes ergeht. Wird aber das Urteil im Nach-

---

[74]) §§ 532, 288. [75]) § 533. [76]) § 530. [77]) § 334. [78]) § 531. [79]) Prot. S. 239, 733. [80]) §§ 704, 275, 304. [81]) § 534. [82]) §§ 527, 529 Abs. 2, 3. RG. 51 S. 112. [83]) RG. 8 S. 264, 15 S. 421.

verfahren aufgehoben, so kann der Beklagte die Erstattung des von ihm auf Grund des Urteils Gezahlten oder Geleisteten nach Maßgabe der Vorschriften über die ungerechtfertigte Bereicherung[84]) verlangen.[85])

Prozeßhindernde Einreden, auf welche die Partei wirksam verzichten kann,[86]) dürfen nur dann neu vorgebracht werden, wenn die Partei glaubhaft macht, sie sei an dem Vorbringen in 1. Instanz ohne ihr Verschulden außerstande gewesen. Das gleiche gilt von der Einrede der Unzuständigkeit des Gerichts in den Fällen, in denen bei vermögensrechtlichen Ansprüchen für die Klage ein ausschließlicher Gerichtsstand begründet ist, sofern der Beklagte in 1. Instanz zur Hauptsache mündlich verhandelt hat; eine Prüfung der Zuständigkeit von Amts wegen findet nicht statt.[87]) Das Vorbringen der übrigen, dem Parteiverzicht nicht unterliegenden prozeßhindernden Einreden ist bis zum Schlusse der dem Berufungsurteil vorausgehenden Verhandlung gestattet. In keinem Falle aber darf der Beklagte auf Grund prozeßhindernder Einreden die Verhandlung zur Hauptsache verweigern, muß sich vielmehr stets zur Hauptsache auslassen. Allerdings kann das Berufungsgericht von Amts wegen gesonderte Verhandlung über die Einreden anordnen, doch ist das die Einrede verwerfende Urteil nicht wie in 1. Instanz[88]) in betreff der Rechtsmittel als Endurteil anzusehen, sondern ein gewöhnliches, für sich nicht anfechtbares Zwischenurteil.[89])

ζ) Über die Verhandlung ist ein Protokoll aufzunehmen. Für dessen Erfordernisse finden die für das Sitzungsprotokoll der 1. Instanz getroffenen Bestimmungen entsprechende Anwendung. Werden Zeugen und Sachverständige vor dem Prozeßgericht vernommen, so bedarf es nicht der Feststellung ihrer Aussage im Protokoll, es genügt vielmehr der Vermerk, daß ihre Vernehmung stattgefunden habe. Doch müssen alsdann die Aussagen in den Tatbestand des Urteils aufgenommen werden. Ergeht ein Urteil, so ist die Urteilsformel in das Protokoll aufzunehmen. Ein Vermerk dahin: „Es wurde das anliegende Urteil verkündet," ist, abweichend von der 1. Instanz unstatthaft, da den Akten nicht die Urschrift, sondern beglaubigte Abschrift des Urteils beigefügt wird.

c) Entscheidung. Dem Schlusse der Verhandlung folgt die Beratung des Gerichts. Das Ergebnis der Beratung — Vertagung, Beweisbeschluß, Zwischenurteil, Endurteil — ist vom Vorsitzenden zu verkünden. Die Verkündung des Urteils erfolgt wie in 1. Instanz. Ebenso gelten für das Beweisverfahren und die Fortsetzung der mündlichen Verhandlung nach Erhebung des Beweises die für die 1. Instanz ergangenen Bestimmungen.

Erweist sich das angegriffene Urteil als richtig, so ist die Berufung zurückzuweisen, anderenfalls ist das unrichtige Urteil durch ein richtiges zu ersetzen. Eine bedingte Zurückweisung oder Änderung des Vorderurteils kennt das Gesetz nicht. Hat z. B. der Vorderrichter den Beklagten unbedingt zur Zahlung verurteilt, während der Berufungsrichter die Entscheidung von der Leistung eines dem Kläger auferlegten Eides abhängig

[84]) BGB. § 818. [85]) § 529 Abs. 3. [86]) § 274 Abs. 3. [87]) KB. II S. 29—31. [88]) § 275. [89]) § 528.

macht, so ist zu erkennen: „Das usw. Urteil usw. wird dahin geändert: dem Kläger wird folgender Eid auferlegt usw. Im Falle der Leistung des Eides soll der Beklagte verurteilt werden usw., im anderen Falle soll der Kläger mit der Klage abgewiesen werden." Es darf aber nicht erkannt werden: „dem Kl. wird folgender Eid auferlegt usw. Im Falle der Leistung soll die Berufung des Beklagten zurückgewiesen, im anderen Falle soll das Vorderurteil dahin geändert werden, daß der Kläger mit der Klage abgewiesen wird".[90])

Eine Änderung des Vorderurteils darf zum Nachteil des Berufungsklägers überhaupt nicht erfolgen. Dies die Bedeutung des Satzes: keine reformatio in pejus oder in melius. Hat der Gegner sich der Berufung angeschlossen, ist er also auch seinerseits als Berufungskläger aufgetreten, so gilt für ihn der gleiche Grundsatz. Die Änderung des Urteils zu seinen Gunsten schließt also die entsprechende Änderung zum Nachteil des Berufungsklägers in sich.

Der Regel nach hat der Berufungsrichter über den gesamten ihm vorliegenden Prozeßstoff selbst zu entscheiden, den Rechtsstreit vollständig zu erledigen. Die Sache darf nicht deshalb in die 1. Instanz zurückverwiesen werden, weil der Vorderrichter den ihm vorliegenden Prozeßstoff unrichtig oder nicht vollständig gewürdigt, beispielsweise neben dem für maßgebend erachteten Klagegrunde, der für durchgreifend angenommenen Einrede die übrigen Klagegründe und Einreden ungeprüft gelassen hat.

Wenn im Falle eines nach Grund und Betrag streitigen Anspruchs durch das angefochtene Urteil über den Grund des Anspruchs vorab entschieden, der Anspruch dem Grunde nach für nicht gerechtfertigt erklärt und deshalb die Klage abgewiesen ist, so muß der Berufungsrichter, wenn er im Widerspruch mit dem ersten Richter den Anspruch für begründet hält, die Sache zur Verhandlung und Entscheidung über den Betrag in die 1. Instanz zurückverweisen.[91])

Die Zurückverweisung ist überhaupt geboten in den im § 538 aufgeführten, einer entsprechenden Ausdehnung unzugänglichen fünf Fällen, in denen das erste Urteil die sachliche Entscheidung vermissen läßt. Sie ist gestattet, wenn das Verfahren erster Instanz an einem wesentlichen Mangel leidet.[92]) Von der Befugnis aus § 539 darf nur Gebrauch gemacht werden, wenn der Mangel dem Verfahren, nicht der Sachentscheidung, also nicht der Würdigung des Prozeßstoffs anhaftet und wenn er zugleich ein wesentlicher ist. Als wesentliche Mängel werden von der Praxis angesehen die Revisionsgründe des § 551, die Verletzungen von Prozeßvorschriften, auf deren Befolgung eine Partei wirksam nicht verzichten kann und die erheblichen Verletzungen von Prozeßvorschriften, deren Befolgung dem Parteiverzicht nicht unterliegt, sofern sie nicht nach § 530 geheilt sind.[93])

Liegen die Voraussetzungen des § 538 vor oder will der Berufungsrichter von der nach § 539 in sein Ermessen gestellten Befugnis der Zurückverweisung Gebrauch machen, so ist das Urteil 1. Instanz, im Falle des § 539 auch das etwa von dem Mangel betroffene Verfahren auf-

---

[90]) RG. 12 S. 358; JW. 95 S. 505. [91]) § 538 Nr. 3. [92]) § 539.
[93]) M. S. 311.

zuheben und die Sache in die 1. Instanz zurückzuverweisen. Die Entscheidung über die Kosten des Berufungsverfahrens ist dem künftigen Endurteil vorzubehalten. Das Urteil ist bezüglich der Rechtsmittel als Endurteil anzusehen. Die weitere Verhandlung in erster Instanz unterliegt dem Parteibetriebe, soweit nicht die Sache an das Amtsgericht übergeht; hier erfolgt die Terminsanberaumung und Ladung von Amts wegen.

Urteile der Oberlandesgerichte sind auf Antrag auch ohne Sicherheitsleistung für vorläufig vollstreckbar zu erklären, wenn die Voraussetzungen der §§ 546, 547 für die Zulässigkeit der Revision nach dem Ermessen des Gerichts unzweifelhaft nicht vorliegen.[94])

Für die Abfassung des Urteils und dessen Bestandteile gelten die allgemeinen Vorschriften. (S. § 23.) Bei der Darstellung des Tatbestandes ist eine Bezugnahme auf das Urteil der 1. Instanz nicht ausgeschlossen.[95])

Ein in 2. Instanz erlassenes bedingtes Urteil hat das Berufungsgericht selbst zu erledigen. Ein in 1. Instanz erlassenes bedingtes Urteil kann vom Berufungsgericht erledigt werden, wenn die Berufung zurückgewiesen ist.[96])

Wird das vom Oberlandesgericht erlassene Berufungsurteil in der Revisionsinstanz aufgehoben und die Sache an das Berufungsgericht zurückgewiesen, so ist sie in dieselbe prozessuale Lage gebracht, in der sie vor Erlaß des Urteils sich befunden hat. Es muß also die Partei, die dem Rechtsstreit Fortgang verschaffen will, zur mündlichen Verhandlung vor das Berufungsgericht laden. Das Genauere S. 127.

Ist die Berufung erledigt, so hat der Gerichtsschreiber 2. Instanz die Akten mit beglaubigter Abschrift des Berufungsurteils der Gerichtsschreiberei 1. Instanz zu übersenden. Die Urschrift des Berufungsurteils kommt zu den Sammelakten des Berufungsgerichts. Sind die Akten an den Gerichtsschreiber 1. Instanz zurückgesandt, so ist dieser zur Erteilung einer Ausfertigung des Urteils 2. Instanz befugt.[97])

d) Behandlung verspäteter Verteidigungsmittel.

α) Vorbehalt. Werden auf Grund von § 279 Verteidigungsmittel in der Berufungsinstanz zurückgewiesen, so ist dem Beklagten ihre Geltendmachung in einem weiteren Verfahren von Amts wegen vorzubehalten. Der Vorbehalt ist mit Angabe der vorbehaltenen Verteidigungsmittel in die Urteilsformel aufzunehmen: „Dem Beklagten wird die Einrede der Arglist, des Scheingeschäfts ꝛc. vorbehalten.“ Die tatsächlichen Anführungen, die den vorbehaltenen Verteidigungsmitteln zugrunde liegen, gehören in den Tatbestand. Ist der Vorbehalt unterblieben, so kann der Beklagte innerhalb einer Woche nach Zustellung des Berufungsurteils ein Ergänzungsurteil beantragen.[98]) Die Statthaftigkeit der Revision wird durch die Zulässigkeit des Ergänzungsurteils nicht berührt.[99]) In betreff der Rechtsmittel und der Zwangsvollstreckung ist das mit Vorbehalt ergangene Urteil als Endurteil anzusehen.

---

[94]) § 711. [95]) § 543. RG. 55 S. 412. [96]) § 537. [97]) Dies folgt aus §§ 299, 317 Abs. 3, 544 Abs. 2. RG. 11 S. 411. [98]) § 321. [99]) RG. 10 S. 348. JW. 88 S. 287.

β) Nachverfahren.[100]) In betreff der vorbehaltenen Verteidigungsmittel bleibt der Rechtsstreit in der Berufungsinstanz anhängig. Das weitere Verfahren unterliegt dem Parteibetriebe. Die Ladung steht nach Rechtskraft des Urteils jedem Teile zu. Die Parteirollen bleiben unverändert. Gegenstand des Nachverfahrens sind allein die vorbehaltenen Verteidigungsmittel. Diesen kann der Kläger neue Repliken, den letzteren der Beklagte neue Dupliken entgegenstellen. Neue Beweismittel bezüglich der vorbehaltenen Verteidigungsmittel sind unbeschränkt zulässig. Die Geltendmachung neuer, nicht vorbehaltener Verteidigungsmittel ist unbedingt ausgeschlossen.

Das Urteil des Nachverfahrens lautet, soweit der Klageanspruch sich als begründet erweist, auf Aufrechterhaltung des zunächst ergangenen Berufungsurteils. Führt das weitere Verfahren zur Aufhebung dieses Urteils, so ist der Kläger auf Antrag zur Erstattung des vom Beklagten auf Grund jenes Urteils Gezahlten oder Geleisteten zu verurteilen. Für die Art und den Umfang der Erstattungspflicht kommen die Vorschriften über die Herausgabe einer ungerechtfertigten Bereicherung[101]) zur Anwendung. Der Grund dieser Bestimmung ist der, daß lediglich das schuldhafte Verhalten des Beklagten die Ursache der Zurückweisung seiner Verteidigungsmittel ist. Immerhin aber muß der Kläger von vornherein mit der Möglichkeit rechnen, daß auf Grund der dem Beklagten vorbehaltenen Verteidigungsmittel das frühere Urteil wieder aufgehoben wird. Deshalb sollen, wenn der Antrag auf Erstattung im Nachverfahren gestellt ist, die prozessualischen Wirkungen der Rechtshängigkeit des Erstattungsanspruchs[102]) auf den Zeitpunkt zurückbezogen werden, in dem der Beklagte die Zahlung oder Leistung an den Kläger bewirkt hat. Auch wenn jener Antrag nicht gestellt ist, treten die durch die Vorschriften des bürgerlichen Rechts an die Rechtshängigkeit geknüpften Wirkungen, insbesondere die Steigerung der Haftung,[103]) schon mit dem bezeichneten Zeitpunkt ein.[104])

Über die Kosten des Rechtsstreits einschließlich der des Nachverfahrens ist auf Grund des Ergebnisses des Nachverfahrens nach den allgemeinen Bestimmungen[105]) zu entscheiden.

V. Versäumnisverfahren.[106]) 1. Der Berufungskläger ist ausgeblieben. Die Amtsprüfung der formellen Zulässigkeit der Berufung ist in § 535 für alle Fälle vorgeschrieben, kann also auch im Falle des Ausbleibens des Berufungsklägers nicht entbehrt werden.[107]) Der Berufungsbeklagte hat daher außer der ordnungsmäßigen Ladung zum Termin[108]) nachzuweisen, daß die Berufung an sich statthaft und daß sie in der gesetzlichen Form und Frist eingelegt ist. Der Nachweis der Zustellung des Urteils kann auch auf andere Weise als durch Vorlegung der Zustellungsurkunden geführt werden, z. B. durch Angabe des Tages der Zustellung in der Berufungsschrift und daraus folgendes Zugeständnis dieser Tatsache beim Ausbleiben des Gegners.[109]) Liegen die Voraussetzungen

[100]) § 541. [101]) BGB. § 818. [102]) § 263. [103]) BGB. §§ 291, 292.
[104]) M. II zu § 503. [105]) §§ 91 ff., 97 Abs. 2, 278 Abs. 2. [106]) § 542.
[107]) RG. JW. 93 S. 307, 94 S. 62; Gruch. 38 S. 167. [108]) § 535 Nr. 2.
[109]) RG. 46 S. 373.

für die Zulässigkeit der Berufung nicht vor, so kann — auf Antrag — nur auf Verwerfung der unzulässigen Berufung erkannt werden.[110]) Sind die erwähnten Voraussetzungen gegeben, so ist auf Antrag des Berufungsbeklagten durch Versäumnisurteil auf Zurückweisung der Berufung zu erkennen.[111]) Der Antrag bedarf nicht der vorgängigen Zustellung an den Berufungskläger; seine Zulässigkeit folgt ohne weiteres aus dem Gesetze. Hat der Berufungsbeklagte Anschlußberufung eingelegt, so kann er über diese, falls er sie rechtzeitig dem Gegner angekündigt hat, sofort ein Versäumnisurteil erwirken.[112]) Es gelten für diesen Fall die Grundsätze zu 2.

2. Der Berufungsbeklagte ist ausgeblieben. Der Berufungskläger hat wie im Falle zu 1 die formelle Zulässigkeit der Berufung nachzuweisen. Kann er diesen Nachweis nicht führen, so ist der Antrag auf Erlaß des Versäumnisurteils ausgeschlossen und zurückzuweisen. Anderenfalls hat der Berufungskläger den Antrag auf Erlaß des Versäumnisurteils zu stellen, die rechtzeitige Zustellung des Schriftsatzes, der die Ankündigung der neuen Anführungen und Beweismittel enthält, nachzuweisen, soweit diese nicht in der von Amts wegen zugestellten Berufungsschrift enthalten sind,[113]) und das angefochtene Urteil nach Maßgabe des § 526, sowie die angekündigten neuen Angriffs- und Verteidigungsmittel vorzutragen. Neue Anführungen gelten unbedingt, erstinstanzliche Anführungen nur, soweit sie nach dem Tatbestande des Vorderurteils und dem Sitzungsprotokolle 1. Instanz nicht bestritten sind, als zugestanden. Die in 1. Instanz bestrittenen Anführungen haben auch in der Berufungsinstanz als bestritten zu gelten. Doch kommt bezüglich ihrer dem Berufungskläger die Fiktion zustatten, daß von einer beantragten Beweisaufnahme angenommen werden soll, sie würde das in Aussicht gestellte Ergebnis gehabt haben.[114]) Ob der Beweis neu angetreten ist oder ob er bereits in 1. Instanz angetreten, aber nicht erhoben war, ist gleichgültig. Immer aber wird vorausgesetzt, daß sowohl der Beweisantritt, wie das Beweismittel zulässig ist. Beispielsweise würde ein Gegenbeweis gegen eine öffentliche Urkunde[115]) überhaupt nicht, die Eideszuschiebung nur dann, wenn sie über die in § 445 bezeichneten Tatsachen erfolgt ist, berücksichtigt werden können.[116]) Eine Beweisaufnahme im Versäumnisverfahren ist ausgeschlossen. War in einer früheren kontradiktorischen Verhandlung ein Beweisverfahren vor dem Berufungsgericht angeordnet, so muß der Beweis erhoben werden, da die Verhandlung erst nach der Erledigung der Beweisaufnahme beginnt.[117]) Es muß aber das Ergebnis sowohl dieser wie einer früheren Beweisaufnahme 2. Instanz unberücksichtigt bleiben, selbst wenn es der fingierten Beweisaufnahme widerspricht. Maßgebend für das richterliche Urteil ist das Ergebnis der wirklichen Beweisaufnahme 1. Instanz, das Ergebnis der fingierten Beweisaufnahme und das fingierte Geständnis 2. Instanz. Auf der Grundlage dieses Materials hat der Berufungsrichter das tatsächliche Vorbringen der

---

[110]) § 535. [111]) § 330. RG. 50 S. 387. [112]) §§ 542 Abs. 2, 335 Nr. 3. RG. 7 S. 345, 8 S. 380, 12 S. 364, 46 S. 372; JW. 92 S. 479. [113]) RG. 36 S. 427. Seuff. 62 Nr. 215. [114]) § 542. [115]) § 417. [116]) M. S. 313. [117]) §§ 523, 367, 370.

Berufungsinstanz zu würdigen. Soweit der danach festgestellte Prozeßstoff den Berufungsantrag rechtfertigt, ist nach diesem Antrage durch Versäumnisurteil zu erkennen, der nicht gerechtfertigte Antrag aber durch kontradiktorisches Urteil zurückzuweisen. Ergibt sich die Unzulässigkeit der Berufung, so ist sie zu verwerfen.

Verhandelt der Beklagte nur zum Teil, so ist im übrigen Versäumnisurteil zu erlassen.[118])

In allen Fällen ist das Urteil ein Versäumnisurteil nur gegenüber dem Berufungsbeklagten, von ihm also nur durch Einspruch anzufechten, dem Berufungkläger gegenüber ein kontradiktorisches und für ihn durch Revision angreifbar.[119])

VI. Verzicht auf die Berufung.[120]) 1. Vertrag. Es steht den Parteien frei, das Recht auf die Berufung schon vor Erlassung des 1. Urteils durch Vertrag auszuschließen. Ein solcher vertragsmäßiger Verzicht macht zwar nicht die Berufung formell unzulässig, kann aber dem Gegner eine Einrede dahin geben, daß nach Vereinbarung der Prozeß beendet sein solle.[121])

2. Verzicht. Ein nach Erlassung des 1. Urteils und vor Einlegung der Berufung erklärter Verzicht einer Partei auf das Recht der Berufung ist auch ohne Annahme der Verzichtleistung seitens des Gegners dann wirksam, wenn der Verzicht ausdrücklich in der mündlichen Verhandlung vor dem Prozeßgericht oder vor einem Richterkommissar oder durch Zustellung eines Schriftsatzes an den Gegner erklärt ist.[122]) Dem nur stillschweigend — z. B. durch Erfüllung des Urteils — erklärten Verzicht ist die gleiche Wirkung versagt.[123])

3. Zurücknahme der Berufung. Der Verzicht nach Zustellung des 1. Urteils und der Berufungsschrift ist mit Zustimmung des Berufungsbeklagten bis zur Erledigung der Berufungsinstanz, ohne diese Zustimmung nur bis zur Verhandlung des Berufungsbeklagten über die Berufungsanträge zur Hauptsache zulässig. Die Zurücknahme muß entweder in der mündlichen Verhandlung oder durch Zustellung eines Schriftsatzes an den Gegner erklärt werden. Die Zurücknahme hat den Verlust des Rechtsmittels für den Verzichtenden und dessen Verpflichtung zur Folge, die Kosten der Berufungsinstanz zu tragen. Auf Antrag des Gegners sind diese Wirkungen durch Urteil auszusprechen. Der Antrag kann sowohl im Verhandlungstermin über die Berufung, als auch in einem besonderen Termin, zu dem der Berufungsbeklagte den Berufungskläger zu laden hat, gestellt werden. Der vorgängigen Mitteilung des Antrags an den Gegner bedarf es nicht.[124]) Hat aber der Berufungsbeklagte einen beschränkteren Antrag, z. B. dem Berufungskläger die Kosten der Berufungsinstanz aufzuerlegen, angekündigt, so kann das Urteil nicht über diesen Antrag hinausgehen.

Der Berufungskläger, der die Berufung ohne Widerspruch des Gegners

---

[118]) Seuff. 61 Nr. 188. [119]) § 338. [120]) §§ 514, 515. [121]) RG. Gruch. 32 S. 1199. [122]) §§ 514, 271, 515. [123]) Prot. S. 232. RG. 5 S. 385, 16 S. 346. [124]) RG. 31 S. 405.

zurückgenommen hat, ist an seine Erklärung gebunden und kann die Zurücknahme nicht einseitig widerrufen.[125])

Von Amts wegen darf weder der Verzicht noch die Zurücknahme berücksichtigt werden. Wird trotz des Verzichts oder der Zurücknahme die Berufung fortgesetzt oder erneuert, so ist es Sache des Gegners, durch Einrede die Verwerfung der Berufung herbeizuführen. Dagegen steht der Erteilung des Attestes der Rechtskraft und der Vollstreckungsklausel nichts entgegen, sofern Verzicht oder Zurücknahme aktenmäßig festgestellt sind.

Das Recht der Anschließung an die Berufung des Gegners geht weder durch den Verzicht auf die eigene Berufung noch durch den Ablauf der Berufungsfrist noch dadurch verloren, daß der Anschließende die vorher von ihm selbständig eingelegte Berufung zurückgenommen hat und infolgedessen rechtskräftig der Berufung für verlustig erklärt ist.[126])

§ 21. Revision.[1]) (§§ 545—566 ZPO.)

I. Zulässigkeit. 1. Die Revision ist das ordentliche Rechtsmittel gegen die von den Oberlandesgerichten in der Berufungsinstanz oder doch als Berufungsgerichten erlassenen kontradiktorischen Endurteile.[2]) Den Endurteilen sind bezüglich des Rechtsmittels gleichgestellt die Zwischenurteile aus §§ 275, 304, die Vorbehaltsurteile aus §§ 302, 540, 599 und die Urteile, die gemäß §§ 538, 539 die Zurückverweisung in die 1. Instanz anordnen.[3]) Ausgeschlossen von der Revision sind die Berufungsurteile der Landgerichte im Amtsgerichtsprozeß und die Urteile der OLGerichte in 1. Instanz.[4]) Über die Anfechtbarkeit der Versäumnisurteile gelten die gleichen Bestimmungen wie für die Berufung.[5]) Dasselbe gilt von der Anfechtung der Entscheidung über den Kostenpunkt.[6])

2. Revisionssumme. In Rechtsstreitigkeiten über vermögensrechtliche Ansprüche ist die Revision dadurch bedingt, daß der Wert des Beschwerdegegenstandes den Betrag von 2500 Mk. übersteigt.[7]) Entscheidend für die Frage, ob ein Rechtsstreit über einen vermögensrechtlichen Anspruch vorliegt, ist, ob dasjenige Recht, für welches die Klagpartei richterlichen Schutz verlangt, ein Vermögensrecht ist.[8]) Den Wert des Beschwerdegegenstandes bildet der Betrag, um den der Revisionskläger durch das Berufungsurteil verkürzt ist, insoweit er diesen Betrag durch die Revision zu erreichen bezweckt.[9]) Maßgebend hierfür ist der von dem Revisionskläger in der Revisionsschrift gestellte Antrag. Anträge, die nur auf Umgehung der Rechtsmittelschranke abzielen, müssen unberücksichtigt bleiben,[10]) so ist z. B. der Wert desjenigen Teils des Beschwerdegegenstandes, bez. dessen die Revision unzulässig ist, nicht mitzurechnen.[11]) Eine

---

[125]) Seuff. 52 S. 359. [126]) § 521. RG. in Seuff. 52 S. 360.

[1]) Die Vorschriften über die Revision sind durch die Nov. v. 5. Juni 1905 geändert worden. [2]) §§ 545, 584, 943. RG. 5 S. 430. Bayr. Ob.LG. Seuff. 39 Nr. 61. [3]) RG. 17 S. 359, 24 S. 431. [4]) § 5 EG. z. GVG. § 5 EG. z. ZPO. Preußen: § 18 AG. z. GVG. (Geheimer Justizrat). [5]) §§ 566, 513, 512. [6]) § 99. [7]) § 546. Nov. v. 5. Juni 1905. [8]) RG. 61 S. 91. [9]) RG. 18 S. 373. [10]) RG. 34 S. 417. [11]) RG. 62 S. 18.

nach Zulassung der Revision erfolgte Ermäßigung des Antrags ist für den Revisionskläger unschädlich. Andererseits kann der Revisionsbeklagte durch Anerkenntnisse, Verzichte oder Zahlungen, die nach dem Erlasse des Berufungsurteils abgegeben oder geleistet sind, die Zulässigkeit der Revision nicht beeinflussen.[12])

3. Für die **Berechnung des Werts des Beschwerdegegenstandes** kommen die Vorschriften der §§ 3—9 zur entsprechenden Anwendung. Deshalb müssen Früchte, Nutzungen, Zinsen, Schäden und Kosten, wenn sie zur Zeit der Revisionseinlegung als Nebenforderungen beansprucht werden, bei der Feststellung der Revisionssumme unberücksichtigt bleiben.[13]) Mehrere Ansprüche, über die in Einem Berufungsurteil entschieden ist, werden zusammengerechnet und zwar nicht nur, wenn sie in Klage oder Widerklage geltend gemacht sind, sondern auch im Falle einer gemäß § 147 bewirkten Verbindung von Prozessen.[14]) Bei alternativer Verurteilung ist, wenn das Wahlrecht dem Beklagten zusteht, der Wert der geringeren Leistung als Wert des Beschwerdegegenstandes anzusehen.[15]) Betrifft die Beschwerde die Klage und die Widerklage, so ist der Gegenstand beider zusammenzurechnen,[16]) sofern nicht Klage und Widerklage denselben Streitgegenstand betreffen. Ein Teilurteil ist für sich zu würdigen. Eine Zusammenrechnung mehrerer Teilurteile ist nicht zulässig, auch dann nicht, wenn sie an demselben Tage erlassen sind und gegen alle in demselben Schriftsatze Revision eingelegt wird.[17]) Haben beide Teile Revision eingelegt, so ist die Revisionssumme für jede Revision besonders festzustellen. Findet gegen ein Anerkenntnisurteil wegen der Kosten eine nach § 99 Abs. 2 zulässige Revision statt, so ist die Revisionssumme nach dem Wert der Kosten zu berechnen.[18])

Das Revisionsgericht hat von Amts wegen den Revisionswert zu ermitteln und nach freiem Ermessen, ohne an die Feststellungen der Vorinstanzen oder das Einverständnis der Parteien gebunden zu sein, festzusetzen.[19]) Es ist Sache des Revisionsklägers, das Vorhandensein des Werts der Revisionssumme glaubhaft zu machen. Die Mittel der Glaubhaftmachung sind die in § 294 ausgeführten. Zur Versicherung an Eides Statt darf der Revisionskläger nicht zugelassen werden.[20])

4. In Rechtsstreitigkeiten über **nicht vermögensrechtliche Ansprüche**, also in Standes-, Ehe-, Kindschafts- und Entmündigungssachen ist die Revision unbeschränkt zulässig. In zwei Ausnahmefällen ist sie auch bei vermögensrechtlichen Ansprüchen ohne Rücksicht auf den Wert des Beschwerdegegenstandes statthaft,[21]) nämlich a) soweit das Berufungsgericht mit Unrecht die sachliche Zuständigkeit oder Unzuständigkeit des Gerichts, die Zulässigkeit oder Unzulässigkeit des Rechtsweges oder der Berufung angenommen hat; b) in den Rechtsstreitigkeiten über Ansprüche, für welche die Landgerichte ohne Rücksicht auf den Wert des Streitgegen-

---

[12]) RG. 5 S. 387. [13]) § 4. RG. 1 S. 218, 7 S. 327, 9 S. 410, 415, 11 S. 387, 29 S. 333. JW. 92 S. 273, 94 S. 364. [14]) § 5. RG. 5 S. 354, 6 S. 416. [15]) RG. 55 S. 81. [16]) RG. 7 S. 313, 383; 9 S. 416. [17]) RG. 13 S. 352. [18]) RG. 61 S. 195. [19]) § 554a. RG. 3 S. 96, 10 S. 95, Seuff. 38 S. 359. [20]) § 546 Abs. 3. RG. 10 S. 321; Gruch. 27 S. 1108. [21]) § 547.

standes ausschließlich zuständig sind. Hierher gehören die Ansprüche aus § 70 Abs. 2 GVG.[22] [23]) Im Falle zu a ist die Entscheidung auf die bezeichneten Punkte beschränkt, die Erörterung sonstiger Revisionsgründe aber von dem Vorhandensein der Revisionssumme abhängig.[24])

II. Revisionsgrund. 1. Während die Berufung die Nachprüfung des Rechtsstreits in tatsächlicher und rechtlicher Beziehung umfaßt, ist die Revision auf die Nachprüfung der Rechtsfrage beschränkt (revisio in jure). Sie kann deshalb nur darauf gestützt werden, daß das Berufungsgericht eine Rechtsnorm durch Nichtanwendung oder unrichtige Anwendung verletzt habe oder daß in bezug auf das Verfahren in 2. oder 1. Instanz verstoßen sei, bei Streitigkeiten über vermögensrechtliche Ansprüche aber nicht darauf, daß das Gericht seine örtliche Zuständigkeit mit Unrecht angenommen habe.[25]) Unrichtige tatsächliche Würdigung ist kein Revisionsgrund. An den Sachverhalt, den das Berufungsgericht festgestellt und seiner rechtlichen Beurteilung zugrunde gelegt hat, ist das Revisionsgericht gebunden, sofern nicht die Feststellung selbst auf der Verletzung einer Rechtsnorm, z. B. auf einem Verstoß gegen gesetzliche Beweisregeln, Rechtsvermutungen oder Auslegungsregeln, beruht.[26])

2. Aber nicht die Verletzung jedes Gesetzes begründet die Revision, sondern nur die Verletzung eines Reichsgesetzes oder eines Landesgesetzes, das im Bezirke des Berufungsgerichts und darüber hinaus Geltung hat (revisibles Recht).[27]) Mit Zustimmung des Bundesrats kann durch Kaiserliche Verordnung die Zulässigkeit der Revision wegen Verletzung von Gesetzen, die über den Bezirk des Berufungsgerichts hinaus Geltung haben, versagt und umgekehrt die Revision wegen Verletzung von Gesetzen, deren Geltungsbereich sich nicht über den Bezirk des Berufungsgerichts hinaus erstreckt, zugelassen werden. Diese Verordnungen sind dem Reichstage zur Genehmigung vorzulegen und erhalten durch diese die Kraft von Gesetzen.[28])

Gesetz ist jede Rechtsnorm.[29]) Es fallen also auch darunter das Gewohnheitsrecht und die auf Grund gesetzlicher Ermächtigung erlassenen Verordnungen der Verwaltungsbehörden, nicht aber die auf Verabredung oder Privatstatut beruhenden Vorschriften über Regelung der Rechtsverhältnisse der Beteiligten.[30])

Nicht revisibele Rechtsnormen können für die Begründung der Revision nur insoweit in Betracht kommen, als geltend gemacht wird, daß das Berufungsgericht bei ihrer Ermittlung oder Auslegung revisibele Rechtsnormen verletzt habe.[31])

3. Die Gesetzesverletzung begründet nur dann die Revision, wenn

---

[22]) Preußen: § 39 AG. z. GVG. [23]) RG. 29 S. 420, 32 S. 120, 56 S. 358, 58 S. 245, 59 S. 329. JW. 94 S. 193. [24]) RG. 3 S. 423, 6 S. 382, 23 S. 427. [25]) §§ 549, 550, 554 Nr. 2, 561. [26]) § 554 Nr. 3. RG. 51 S. 220, 321; 60 S. 35. [27]) § 549. [28]) § 6 EG. z. ZPO. [29]) § 550. [30]) RG. 2 S. 182, 7 S. 353, 13 S. 215, 16 S. 371, 53 S. 397, 55 S. 118, 247; 59 S. 27. JW. 83 S. 227, 86 S. 194, 92 S. 56, 270. Gruch. 27 S. 1109, 28 S. 890. Seuff. 36 S. 309, 38 S. 363. [31]) RG. 2 S. 182, 4 S. 202, 5 S. 367, 6 S. 390, 10 S. 124, 11 S. 209, 15 S. 23, 24 S. 391. JW. 84 S. 28, 91 S. 8. Gruch. 28 S. 889.

das Urteil auf dieser Verletzung beruht.[32]) Es genügt also nicht, daß die Verletzung überhaupt vorliegt, es ist vielmehr notwendig, daß zwischen der Verletzung und dem Urteil ein ursächlicher Zusammenhang besteht. Dieser Zusammenhang liegt stets vor im Falle der Verletzung einer Rechtsnorm des materiellen Rechts; er wird, wenn die Verletzung einer Norm des Verfahrens gerügt wird, fingiert in den in § 551 Nr. 1—7 aufgeführten Fällen und ist im übrigen in freier Nachprüfung festzustellen.

III. Das Verfahren stimmt im wesentlichen mit dem Berufungsverfahren überein,[33]) doch ist durch die Novelle v. 5. Juni 1905 ein amtliches Vorprüfungsverfahren bez. der Statthaftigkeit der Revision eingeführt worden.

1. Für die Frage, von wem und gegen wen Revision eingelegt werden darf, gelten dieselben Grundsätze wie bei der Berufung.

a) Die Revisionsfrist beträgt einen Monat; sie ist eine Notfrist und beginnt mit der Zustellung des Urteils. Die Einlegung kann nicht vor der Zustellung des Urteils geschehen.[34])

b) Revisionsgericht ist mit Ausnahme derjenigen Revisionen, die durch die Landesgesetzgebung einem obersten Landesgericht überwiesen sind, das Reichsgericht.

c) Die Einlegung erfolgt dadurch, daß der Revisionskläger die Revisionsschrift bei dem Revisionsgericht einreicht. Sie muß von einem beim Revisionsgericht zugelassenen Anwalt unterzeichnet sein und die Bezeichnung des angefochtenen Urteils sowie die Erklärung, daß gegen dies Urteil Revision eingelegt werde, enthalten.[35]) Mit der Revisionsschrift soll eine Ausfertigung oder beglaubigte Abschrift des angefochtenen Urteils sowie der Nachweis der Zustellung des Urteils vorgelegt werden. Die Revisionsschrift ist der Gegenpartei von Amts wegen zuzustellen.[36])

d) Die Revision muß entweder in der Revisionsschrift oder in einem besonderen Schriftsatz begründet werden, der binnen einer mit dem Ablauf der Revisionsfrist beginnenden, durch Parteiabrede nicht verlängerbaren einmonatigen Frist dem Revisionsgericht einzureichen ist.[37]) Die Revisionsbegründung muß die Revisionsanträge und die Revisionsgründe enthalten, u. z. die Bezeichnung der nicht oder nicht richtig angewandten Rechtsnorm oder die Tatsachen, aus denen sich eine Verletzung der Vorschriften über das Verfahren ergibt oder welche unter Verletzung des Gesetzes festgestellt, übergangen oder als vorgebracht angenommen sein sollen; auch soll der Wert des Beschwerdegegenstandes angegeben werden, wenn die Zulässigkeit der Revision davon abhängt. Ist in einem Urteil über mehrere selbständige Ansprüche entschieden, so unterliegt die Revision bez. jedes der von dem Revisionsantrage betroffenen Ansprüche dem Begründungszwange.[38]) Die Begründungsschrift ist von einem bei dem Revisionsgericht zugelassenen Rechtsanwalt zu unterzeichnen[39]) und der Gegenpartei von Amts wegen zuzustellen. Nach dem Ablauf der Begründungsfrist können neue Revisionsgründe nicht mehr geltend gemacht werden.

e) Das Revisionsgericht hat von Amts wegen zu prüfen,

---

[32]) § 549. [33]) § 566. [34]) § 552. [35]) § 553. [36]) § 553a. [37]) § 554. [38]) RG. 62 S. 15, 66 S. 179, 206. [39]) RG. 66 S. 81.

ob die Revision an sich statthaft und form- und fristgerecht eingelegt und begründet ist. Mangelt es an einem dieser Erfordernisse, so ist die Revision als unzulässig zu verwerfen u. z. kann dies ohne mündliche Verhandlung durch Beschluß geschehen.[40])

f) Besondere Bestimmungen gelten für Bayern, wo für die Entscheidung der Revision gegen die Urteile bayerischer Oberlandesgerichte in Sachen, die nicht reichsgesetzlich dem Reichsgericht vorbehalten sind, das Bayerische Oberste Landesgericht in München zuständig ist. Hier erfolgt die Einlegung der Revision durch Einreichung der von einem beliebigen, bei einem deutschen Kollegialgericht 1. oder 2. Instanz zugelassenen Rechtsanwalt unterzeichneten Revisionsschrift bei dem Bayerischen Obersten Landesgericht. Dieses hat eine Abschrift der Revisionsschrift der Gegenpartei von Amts wegen zuzustellen und ohne mündliche Verhandlung durch einen auch das Reichsgericht bindenden Beschluß zunächst über die Zuständigkeit der Revision zu entscheiden. Wird das Reichsgericht für zuständig erklärt, so sind an dieses die Akten abzugeben. Solange sich das Oberste Landesgericht nicht für unzuständig erklärt hat, ist es auch zuständig für die Entgegennahme der Revisionsbegründung, welche von jedem bei einem deutschen Kollegialgerichte zugelassenen Rechtsanwalte unterzeichnet sein kann. Erst nach der Entscheidung über die Zuständigkeit ist die Bestellung eines bei dem für zuständig erklärten Revisionsgericht zugelassenen Anwalts erforderlich.[41])

2. Wird die Revision nicht als unzulässig verworfen, so ist der Termin zur mündlichen Verhandlung von Amts wegen zu bestimmen und den Parteien bekannt zu machen. Hierbei sind die Vorschriften über die Einlassungsfrist zu berücksichtigen.[42]) Hierauf können zwischen den Parteien weitere vorbereitende Schriftsätze gewechselt werden.

Der Revisionsbeklagte kann sich bis zum Ablauf der Begründungsfrist der Revision anschließen. Die Anschließung erfolgt durch Einreichung der Revisionsanschlußschrift bei dem Revisionsgerichte. Die Zulässigkeit der Anschließung ist durch das Vorhandensein der Revisionssumme an sich nicht bedingt,[43]) es sei denn, daß es sich um eine selbständige, während der Revisionsfrist eingelegte Revision handelt.[44]) Die Anschlußrevision muß in der Anschlußschrift begründet werden. Dem Gegner ist die Anschlußrevision nebst Begründung von Amts wegen zuzustellen, auch hat das Gericht von Amts wegen über die Zulässigkeit der Anschlußrevision, wie über diejenige der Revision zu entscheiden.[45])

Die mündliche Verhandlung selbst gestaltet sich entsprechend der in der Berufungsinstanz. Soweit die Revision darauf gestützt war, daß das Gesetz in bezug auf das Verfahren verletzt sei, kommen nur die in der Revisionsbegründung geltend gemachten Revisionsgründe in Betracht. Bei der Prüfung, ob sonst das Gesetz verletzt sei, ist das Revisionsgericht an die von den Parteien geltend gemachten Revisionsgründe nicht gebunden.[46]) Der Rechtsstreit ist innerhalb der in der mündlichen Verhandlung gestellten Anträge neu zu verhandeln. Eine reformatio in

---

[40]) § 554 a. [41]) EG. z. ZPO. §§ 7, 8. RG. 65 S. 131. [42]) § 555. [43]) RG. 13 S. 432, 17 S. 47. Bayer. ObLG. Seuff. 41 S. 378. [44]) RG. 65 S. 78. [45]) § 556. [46]) § 559.

pejus kann nur durch Anschlußrevision herbeigeführt werden. Für die Prüfung der Rechtmäßigkeit der Revision sowie für die Entscheidung des Revisionsgerichts sind die in dem angefochtenen Urteil als Grundlage der Entscheidung festgestellten Tatsachen maßgebend.[47]) Außer ihnen dürfen nur die Tatsachen berücksichtigt werden, die nach § 554 Nr. 2, b, c zum Nachweise eines Verstoßes gegen eine Vorschrift über das Verfahren oder einer gesetzwidrigen Feststellung des Sachverhältnisses angeführt werden.[48]) Auch die Entscheidung des Berufungsgerichts über das Bestehen und den Inhalt solcher Gesetze, auf deren Verletzung die Revision nicht gestützt werden kann, ist für die Entscheidung des Revisionsgerichts maßgebend.[49]) Die Behandlung prozeßhindernder Einreden folgt den für die Berufung geltenden Vorschriften.[50]) Die Verletzung einer das Verfahren der Berufungsinstanz betreffenden Vorschrift kann in der Revisionsinstanz nicht mehr gerügt werden, wenn gemäß § 295 die Partei das Rügerecht bereits in der Berufungsinstanz verloren hat.[51]) War das Urteil des Berufungsgerichts nicht oder nur gegen vorgängige Sicherheitsleistung für vorläufig vollstreckbar erklärt, so ist der nicht angefochtene Teil auf Antrag für vorläufig vollstreckbar zu erklären.[52]) Ergeben die Entscheidungsgründe zwar eine Gesetzesverletzung, stellt sich aber die Entscheidung selbst aus anderen Gründen als richtig dar, so ist die Revision zurückzuweisen, sofern nicht einer der absoluten Nichtigkeitsgründe des § 551 vorliegt.[53])

Soweit die Revision für begründet erachtet wird, ist das angefochtene Urteil einschließlich der es beeinflussenden Zwischenurteile aufzuheben. Geschieht dies wegen eines Mangels des Berufungsverfahrens, so ist das letztere insoweit aufzuheben, als es durch den Mangel betroffen wird.[54]) Im Falle der **Aufhebung des Urteils** ist die Sache zu anderweiter Verhandlung und Entscheidung **an das Berufungsgericht zurückzuverweisen.** Die Zurückverweisung kann an einen anderen Senat des Berufungsgerichts erfolgen.[55]) Das **Revisionsgericht** selbst hat die neue **Entscheidung** dann **zu erlassen,** wenn sie ohne neue tatsächliche Feststellungen erfolgen kann. Dies trifft zu, a) wenn das Berufungsurteil wegen Unzuständigkeit des Gerichts oder wegen Unzulässigkeit des Rechtsweges aufgehoben wird, also ohne weiteres die Klage abzuweisen ist; b) wenn die Aufhebung des Urteils wegen Verletzung materieller Rechtsnormen erfolgt und nach der Tatfeststellung die Sache zum Erlasse eines unbedingten Endurteils reif ist.[56]) Es ist aber dem Revisionsrichter nicht gestattet, zum Zwecke der Selbstentscheidung Tatfeststellungen zu treffen, er darf insbesondere weder eine Beweisaufnahme noch eine Beweiswürdigung vornehmen.[57]) Kommt in einem der beiden Fälle zu a und b die Anwendung bestrittener oder zweifelhafter Bestimmungen solcher Gesetze in Frage, auf deren Verletzung die Revision nicht gestützt werden darf, so kann das Revisionsgericht die Sache zur anderweiten Verhandlung und Entscheidung an das frühere

---

[47]) RG. 51 S. 276. [48]) § 561. [49]) § 562. [50]) § 566. [51]) § 558. [52]) § 560. [53]) § 563. Beispiele aus der Praxis: RG. 1 S. 437, 2 S. 429, 3 S. 92, 108, 384, 427, 429; 4 S. 404, 5 S. 175, 415; 6 S. 206, 9 S. 216, 388; 18 S. 27, 182, 380, 400; 22 S. 119, 24 S. 118, 31 S. 295, 33 S. 121, 40 S. 63 usw. Gruch. 33 S. 1133. [54]) § 564. [55]) § 565. [56]) § 565 Abs. 3. [57]) RG. 3 S. 432. JW. 96 S. 248.

Berufungsgericht zurückverweisen.[58]) **Verzicht** auf die Revision und **Zurücknahme** der Revision regeln sich nach den für die Berufung geltenden Vorschriften.[59])

3. Bezüglich des **Versäumnisverfahrens** finden die Vorschriften über das Verfahren in erster Instanz entsprechende Anwendung.[60]) Wenn also der Revisionskläger ausbleibt oder nicht verhandelt, so ist auf Antrag die Revision zurückzuweisen, oder, falls sie vorher zurückgenommen, der Revisionskläger der Revision für verlustig zu erklären.[61]) Bleibt der Revisionsbeklagte aus, so werden, wenn der Revisionskläger Versäumnisurteil beantragt und die Revision zulässig ist, die statthaften neuen tatsächlichen Anführungen, die der Revisionskläger in der mündlichen Verhandlung vorträgt, sofern sie dem Revisionsbeklagten durch vorbereitenden Schriftsatz rechtzeitig angekündigt waren, für zugestanden angenommen. Auf Grund dieser Annahme und des im Berufungsurteil festgestellten Sachverhältnisses wird alsdann das Versäumnisurteil erlassen.[62])

Nach Erledigung der Revision hat der Gerichtsschreiber des Revisionsgerichts dem Gerichtsschreiber des Gerichts 1. Instanz die Prozeßakten mit beglaubigter Abschrift des Revisionsurteils zurückzusenden.[63])

4. **Neue Verhandlung vor dem Berufungsgericht.** Durch die Zurückverweisung in die Berufungsinstanz wird die Sache in dieselbe Lage gebracht, in der sie vor Erlaß des angefochtenen Urteils sich befunden hat.[64]) Es muß also diejenige Partei, die dem Prozeß Fortgang verschaffen will, zur mündlichen Verhandlung vor das Berufungsgericht laden.[65]) In diesem Termin ist der Streit von neuem zu verhandeln.[66]) Die Parteien können neue Tatsachen und Beweismittel beibringen, eine Anschlußberufung erklären, ihre früheren Anträge ändern, ein Versäumnisurteil erwirken. Der Berufungsrichter hat sich der neuen Prüfung und Entscheidung des Rechtsstreits zu unterziehen, ohne an seine frühere Entscheidung gebunden zu sein, und ohne Rücksicht darauf, ob dadurch der frühere Revisionskläger ungünstiger gestellt wird, als im früheren Berufungsurteil.[67]) Etwa früher erlassene Zwischenurteile, die von der Aufhebung nicht mit betroffen sind, binden den Berufungsrichter auch für die neue Verhandlung.[68]) Das Berufungsgericht muß die rechtliche Beurteilung des Revisionsgerichts, die der Aufhebung zugrunde gelegt ist, auch seiner Entscheidung zugrunde legen.[69]) Läßt es diese Vorschrift unbeachtet, so ist seine neue Entscheidung der abermaligen Aufhebung wegen Verletzung des § 565 ausgesetzt.[70]) Dadurch, daß das Revisionsgericht inzwischen in anderen Rechtssachen abweichende Rechtsgrundsätze aufgestellt hat, wird das Berufungsgericht von diesem Gebundensein nicht befreit, wie denn auch das Revisionsgericht im Falle erneuter Revision an seine früheren Rechtsgrundsätze gebunden bleibt.[71]) Solche Rechtsausführungen und tatsächliche Erwägungen, die für die Aufhebung des

---

[58]) § 565 Abs. 4. RG. 12 S. 239, 25 S. 26. [59]) § 566. [60]) § 557. [61]) § 330. [62]) § 331. M. S. 327. [63]) §§ 529, 506 Abs. 2. [64]) RG. 6 S. 376. [65]) § 214. [66]) § 525. [67]) RG. 12 S. 408, 26 S. 411. JW. 89 S. 514, 90 S. 372, 91 S. 8; Gruch. 29 S. 1122, 34 S. 755. [68]) §§ 318, 523. [69]) § 565. [70]) RG. Gruch. 28 S. 1121. JW. 95 S. 327. [71]) RG. 58 S. 289.

Berufungsurteils nicht ursächlich gewesen sind, binden das Berufungsgericht nicht.[72])

§ 22. Beschwerde. (§§ 567—577 ZPO.)

Es gibt zwei Arten der Beschwerde: die gewöhnliche (einfache) und die sofortige Beschwerde. Der Unterschied beider wird unten bei V. behandelt werden. Die sog. weitere Beschwerde ist keine besondere Art der Beschwerde, sondern nur die — gewöhnliche oder sofortige — Beschwerde gegen die Entscheidung des Beschwerdegerichts.

I. Zulässigkeit.[1]) 1. Die Beschwerde findet statt in den in der ZPO. besonders hervorgehobenen Fällen. Von einer bestimmten Beschwerdesumme ist die Zulässigkeit nur abhängig, wenn eine weitere Beschwerde gegen die Entscheidungen der Landgerichte in betreff der Prozeßkosten erhoben wird; dann muß die Beschwerdesumme den Betrag von 50 Mk. übersteigen. Gegen die über Prozeßkosten erlassenen Entscheidungen der Oberlandesgerichte ist eine Beschwerde überhaupt nicht zulässig.[2])

2. Die Beschwerde ist ferner zulässig gegen solche Entscheidungen, die ein das Verfahren betreffendes Gesuch zurückweisen, sofern sie eine mündliche Verhandlung nicht erfordern. Beispiele: Zurückweisung des Kostenfestsetzungsgesuchs, der Bewilligung der öffentlichen Zustellung, der Bestimmung eines Verhandlungstermins.[3]) Ob etwa tatsächlich eine — nicht gebotene — mündliche Verhandlung stattgefunden hat, ist unerheblich.[4]) Die Beschwerde versagt aber, wo eine mündliche Verhandlung erfordert wird, gleichviel ob der Beschluß auf Grund einer solchen oder ohne solche ergangen ist, beispielsweise also bei Entscheidungen, durch die Anträge auf Verbindung von Prozessen,[5]) auf Fortsetzung der mündlichen Verhandlung,[6]) auf Erlassung eines End- oder Teilurteils,[7]) auf nachträgliche Beeidigung eines Zeugen[8]) abgelehnt werden.[9])

II. Berechtigt zur Beschwerde sind alle, die durch die Entscheidung verletzt sind, also nicht nur die Parteien, sondern auch Dritte, wie Zeugen und Sachverständige, Gerichtsschreiber, gesetzliche Vertreter, Rechtsanwälte und andere Bevollmächtigte, Gerichtsvollzieher, wenn sie gemäß § 102 in die Kosten verurteilt sind, im Falle verweigerter Rechtshilfe das Gericht selbst.

III. Beschwerdegericht.[10]) Über die Beschwerde entscheidet das im Instanzenzuge zunächst höhere Gericht, also über die Entscheidung des Amtsgerichts das Landgericht, über die Entscheidung des Landgerichts das Oberlandesgericht, über die Entscheidung des Oberlandesgerichts das Reichsgericht oder das Oberste Landesgericht.[11]) Ferner entscheidet über Entscheidungen der Konsuln und der Konsulargerichte das Reichsgericht,[12]) über Entscheidungen der Gerichte oder Gerichtsbeamten in den Schutz-

[72]) RG. 4 S. 375, 6 S. 371, 7 S. 389. JW. 87 S. 228.

[1]) § 567. [2]) § 567. [3]) §§ 105, 204, 261. [4]) RG. 23 S. 369. [5]) § 147. RG. 24 S. 367. [6]) RG. 23 S. 369. [7]) RG. Gruch. 30 S. 1150. [8]) RG. 34 S. 359. [9]) Vgl. aber RG. 31 S. 400. [10]) § 568. [11]) GVG. §§ 71, 77, 135, 140. [12]) G. v. 7. April 1900 § 18.

gebieten das in § 6 Nr. 6 des Schutzgebietsges. v. 25. Juli 1900 (Fassung v. 10. Sept. 1900) bezeichnete Gericht. In den Fällen der §§ 160 und 183 GVG.[13]) ist stets das Oberlandesgericht, in höherer Instanz das Reichsgericht oder das Oberste Landesgericht zuständig.

IV. Verfahren. 1. Die Einlegung erfolgt durch Einreichung einer Beschwerdeschrift.[14]) Eine Frist ist — abgesehen von dem Falle des § 183 GVG. (Ordnungsstrafe), eine Woche — nur für die sofortige Beschwerde vorgeschrieben.[15]) Die Beschwerde unterliegt dem Anwaltszwange. Dieser fällt aber fort:

a) wenn es sich in der Beschwerdeinstanz um eine Entscheidung handelt, die in 1. Instanz von einem Amtsgericht ergangen ist.[16]) Ist der Rechtsstreit vom Amtsgericht an das Landgericht verwiesen[17]) und demnächst eine Entscheidung erlassen, so liegt ein Beschluß vor, der in 1. Instanz vom Landgericht ergangen ist, es kann also daraus, daß die Sache von vornherein beim Amtsgericht anhängig gewesen ist, ein Grund, den Anwaltszwang für die Beschwerde auszuschließen, nicht entnommen werden.[18])

b) im landgerichtlichen Prozeß, wenn die Beschwerde das Armenrecht oder die Beiordnung eines Anwalts betrifft oder von einem Zeugen oder Sachverständigen erhoben wird,[19]) oder wenn es sich um Gerichtskosten und Gebühren handelt.[20])

In den beiden Fällen zu a und b genügt eine privatschriftliche Eingabe oder die Erklärung zu Protokoll des Gerichtsschreibers. Richtet sich aber in diesen Fällen die Beschwerde gegen die Entscheidung eines Oberlandesgerichts, so kann die Einlegung nur durch Erklärung zum Protokoll des Gerichtsschreibers des Oberlandesgerichts oder durch Einreichung einer zum Protokoll des Gerichtsschreibers eines Amtsgerichts erklärten oder von einem Rechtsanwalt unterzeichneten Beschwerdeschrift erfolgen.[21])

Über den notwendigen Inhalt der Beschwerdeschrift sind Vorschriften nicht gegeben. Es muß daher die Kundgebung des Willens, Beschwerde zu erheben, für genügend erachtet und im Falle des Mangels eines bestimmten Antrags der Wille des Beschwerdeführers, den gesamten ihn benachteiligenden Inhalt des Beschlusses anfechten zu wollen, unterstellt werden.[22]) Auf die besondere Bezeichnung der Eingabe als „Beschwerde" kommt es nicht an.[23]) Notwendig ist aber die Unterschrift.[24]) Der Beifügung einer Abschrift bedarf es nicht. Neue Anführungen und Beweismittel sind unbeschränkt für jeden Beschwerdeführer und für jede, auch die sofortige und die weitere Beschwerde zulässig.[25]) Sie werden zweckmäßig in die Beschwerdeschrift selbst aufgenommen, weil für ihre an

[13]) Rechtshilfe und Ordnungsstrafe. [14]) § 569 Abs. 2. [15]) Unten S. 132. [16]) § 569. RG. 12 S. 354. [17]) §§ 505, 506. [18]) RG. 35 S. 384. [19]) § 569. [20]) GKG. § 4 Nr. 2. RG. 16 S. 69. GO. f. Gerichtsvollz. § 22, für Zeugen und Sachverständige § 17 Nr. 3 (nicht aber im Falle des § 12 der GO. f. RA., RG. 10 S. 374), § 55 des Gewerbegerichtsges. v. 30. Juni 1901. [21]) § 569 Abs. 2. RG. 3 S. 372, 6 S. 392, 12 S. 356, 35 S. 384. JW. 93 S. 268, 349. [22]) RG. 24 S. 395. Seuff. 42 Nr. 267. [23]) RG. 43 S. 416; 54 S. 431. [24]) RG. 31 S. 379. [25]) § 570.

sich statthafte Nachbringung kein Raum übrig bleibt, wenn sofort auf Grund der Beschwerde Entscheidung ergeht.

2. Die Einlegung hat bei dem **Vorderrichter** zu erfolgen. Beschwerden gegen Entscheidungen der Amts- und Landgerichte können in dringenden Fällen auch bei dem Beschwerdegericht eingelegt werden.[26]) Waltet Anwaltszwang ob, so kann die Beschwerde nur durch einen Anwalt, der bei dem Gerichte der Einlegung zugelassen ist, eingereicht werden. Beispielsweise würde also die Unterzeichnung der beim Oberlandesgericht eingereichten Beschwerde über einen Beschluß des Landgerichts durch einen nur bei dem letzteren zugelassenen Anwalt unzulässig sein.[27])

3. **Der Vorderrichter** hat die Beschwerde, wenn sie eine sofortige ist, ohne Prüfung dem Beschwerdegericht zu überreichen. Die Zustellungsurkunden, die sich auf den angegriffenen Beschluß beziehen, sind stets beizufügen. Die Mitsendung der Akten darf nur dann unterbleiben, wenn deren Einsicht für die Prüfung der Beschwerde entbehrlich ist. Liegt eine gewöhnliche — erste oder weitere [28]) — Beschwerde vor, so hat der Vorderrichter, wenn er die Beschwerde für begründet erachtet, ihr durch einen von Amts wegen zuzustellenden Beschluß abzuhelfen.[29]) Damit wird die Beschwerde gegenstandslos. Will der Vorderrichter seine Entscheidung aufrecht erhalten, so muß er die Beschwerde dem Beschwerdegericht einreichen.[30]) Durch die Einreichung wird die Absicht des Vorderrichters, bei seiner Entscheidung zu verharren, ohne weiteres kenntlich gemacht. Eine besondere Hervorhebung und Begründung dieser Absicht ist also nicht notwendig, aber auch nicht ausgeschlossen. Die Auskunftserteilung über bestimmte, vom Beschwerdegericht für erheblich erachtete Tatumstände darf der Vorderrichter niemals verweigern.[31]) Die Akten sind beizufügen, sofern sie zur Prüfung der Beschwerde erforderlich scheinen. Die Einreichung der Beschwerdeschrift soll vor Ablauf einer Woche erfolgen. Die Benachrichtigung der Parteien von der Abgabe der Beschwerde ist nicht erforderlich. Wird die Beschwerde dem Beschwerdegericht eingereicht, so hat der Gerichtsschreiber dieses die Akten zu erfordern.

4. **Das Beschwerdegericht** hat von Amts wegen zu prüfen, ob die Beschwerde an sich statthaft und ob sie in der gesetzlichen Form — bei der sofortigen Beschwerde auch, ob sie in der gesetzlichen Frist[32]) — eingelegt ist. Mangelt es an einem dieser Erfordernisse, so ist die Beschwerde auf Kosten des Beschwerdeführers als unzulässig zu verwerfen. Ist gegen die Entscheidung eines Oberlandesgerichts Beschwerde eingelegt, so steht die Prüfung und Entscheidung über die Zulässigkeit der Beschwerde dem Oberlandesgericht zu. Wird die Beschwerde von dem Oberlandesgericht als unzulässig verworfen, so kann der Beschwerdeführer binnen einer Woche auf die Entscheidung des Beschwerdegerichts antragen. Die Frist ist eine Notfrist und beginnt mit der Zustellung des Beschlusses.[33]) Ergibt die formelle Prüfung keinen Anstand, so erfolgt die Prüfung der Sache selbst. Die Grenzen dieser Prüfung bilden die Anträge der Parteien. Es kann

---

[26]) § 569 Abs. 1. [27]) RG. (Pl.) 1 S. 431, 7 S. 403. [28]) RG. 33 S. 90. [29]) § 571. RG. 33 S. 377. [30]) § 571. [31]) GVG. § 157. [32]) Unten S. 132. [33]) § 574.

weder der nicht angegriffene Teil der Entscheidung zugunsten, noch der angegriffene Teil zuungunsten des Beschwerdeführers geändert werden.[34]) Innerhalb der Anträge entscheidet der Beschwerderichter frei und selbständig, ohne an die Angriffe des Beschwerdeführers gebunden zu sein. Auch beschränkt sich seine Prüfungspflicht nicht auf die Würdigung des Rechtsstoffs, der dem Vorderrichter vorgelegen hat, sondern sie umfaßt auch die Ermittlung und Richtigstellung des Rechtsstoffs selbst, unter Benutzung und Prüfung der neuen Anführungen und Beweismittel. Wird dem Entscheidungsgrunde des Vorderrichters nicht beigetreten, die Entscheidung aber durch einen anderen Grund getragen, so ist die Beschwerde zurückzuweisen.

Die Entscheidung kann lediglich auf Grund der Beschwerdeschrift und der Akten erfolgen. Das Gericht kann aber auch

a) den Gegner unter Mitteilung einer Abschrift der Beschwerde zu einer schriftlichen Gegenerklärung binnen einer bestimmten Frist auffordern. Ein Präjudiz wird nicht gestellt. „Abschrift der Beschwerdeschrift erhält der Kläger zur Gegenerklärung binnen 14 Tagen." Die vom Beschwerdegericht angeordnete schriftliche Erklärung kann durch einen Anwalt abgegeben werden, der bei dem Gericht zugelassen ist, von welchem oder von dessen Vorsitzenden die angefochtene Entscheidung erlassen ist. Vom Anwaltszwange befreit sind die erforderten Parteierklärungen in den Fällen, in denen die Beschwerde selbst dem Anwaltszwange nicht unterliegt.[35])

b) Das Gericht kann aber auch — bei verwickeltem Sachverhältnis — mündliche Verhandlung anordnen. Der Anordnungsbeschluß („In Sachen usw. wird mündliche Verhandlung angeordnet.") wird nach der vorherrschenden, auf § 214 gestützten Praxis dem Beschwerdeführer zugestellt. Diesem bleibt es überlassen, die Terminsbestimmung seitens des Vorsitzenden zu erwirken und den Gegner zu laden.[36]) In der mündlichen Verhandlung müssen sich die Beteiligten durch einen beim Beschwerdegericht zugelassenen Anwalt vertreten lassen.[37]) Auf das Verfahren finden die Grundsätze über das Verfahren in 1. Instanz Anwendung. Ein Versäumnisverfahren ist ausgeschlossen, da der Streit nicht durch Urteil, sondern durch Beschluß erledigt wird. Beim Ausbleiben eines Teils oder beider Teile entscheidet das Gericht auf Grund des vorliegenden Stoffs, nötigenfalls nach Beweisaufnahme.

Die **Entscheidung** ergeht in allen Fällen durch Beschluß, der, wenn er in mündlicher Verhandlung gefaßt wird, zu verkünden, und auf Parteibetrieb, anderenfalls von Amts wegen den Beteiligten zuzustellen ist. Die Beifügung von Gründen ist als wesentlich nicht vorgeschrieben, aber nicht nur im Hinblick auf eine etwa zulässige weitere Beschwerde, sondern auch im Parteiinteresse zu empfehlen. Der Beschluß bedarf, abweichend von Urteilen, weder der Mitteilung der Namen der mitwirkenden Richter, noch der Unterschrift der sämtlichen Richter, vielmehr genügt die Unterschrift des Vorsitzenden.[38])

[34]) RG. 14 S. 354. JW. 87 S. 247. [35]) § 573 Abs. 2. Oben S. 129. [36]) Nach anderer Meinung soll Amtsbetrieb und Ladung von Amts wegen erfolgen. Reincke A. zu § 573. [37]) RG. JW. 87 S. 353. [38]) §§ 329, 313, 315, RG. 3 S. 400.

Erscheint die Beschwerde unbegründet, so ist sie zurückzuweisen. Anderenfalls hat das Beschwerdegericht die angefochtene Entscheidung aufzuheben und selbst anderweit zu entscheiden oder die anderweite Entscheidung dem Vorderrichter zu übertragen. Im letzteren Falle ist die Entscheidung über die Kosten der Beschwerdeinstanz der Endentscheidung vorzubehalten. „Der angefochtene Beschluß wird aufgehoben und die Sache zur anderweiten Beschlußfassung und zur Entscheidung über die Kosten der Beschwerdeinstanz an das usw. Gericht zurückverwiesen." Der Vorderrichter ist bei der ihm übertragenen Entscheidung an die dem Beschlusse des Beschwerdegerichts zugrunde liegende rechtliche Beurteilung gebunden.[39])

V. Die sofortige Beschwerde,[40]) welche nur da Anwendung findet, wo ihre Zulässigkeit ausdrücklich angeordnet ist, unterliegt den Regeln der gewöhnlichen Beschwerde[41]) mit folgenden Besonderheiten.

1. Die Einlegung ist an eine Notfrist von zwei Wochen gebunden. Die Frist beginnt regelmäßig bei allen Entscheidungen, auch bei verkündeten, mit der Zustellung[42]) und nur ausnahmsweise mit der Verkündung, nämlich in den Fällen der §§ 336 und 952 Abs. 4, ferner in den Fällen des § 112 des Genoss.G. v. 1. Mai 1889,[43]) des § 55 des Ges. über die Gewerbegerichte vom 30. Juni 1901 und des § 16 des Kaufm.Gerichtsges. v. 6. Juli 1904. Der Ablauf der Frist zieht den Verlust des Rechtsmittels nach sich. Wiedereinsetzung in den vorigen Stand ist zulässig.[44]) In den Fällen, in denen die Beschwerde auf die Voraussetzungen der Nichtigkeits- oder der Restitutionsklage gestützt wird, kann die Beschwerde auch nach Ablauf der Notfrist innerhalb der für diese Klagen geltenden Fristen erhoben werden.[45]) Die Einlegung vor der Zustellung ist nicht unwirksam, da nur der Lauf der Notfrist von der Zustellung abhängt.[46])

2. Das Gericht ist zur Änderung seiner der Beschwerde unterliegenden Entscheidung nicht befugt. Das Gebot der Unabänderlichkeit tritt sofort mit dem Erlasse der Entscheidung, nicht erst mit der Einlegung der Beschwerde, in Wirksamkeit und ist ein unbedingtes, so daß auch eine nachträgliche Änderung der Tatumstände, die der Entscheidung zugrunde liegen, eine Änderung der Entscheidung nicht rechtfertigen kann.[47])

VI. Weitere Beschwerde. 1. Zulässigkeit.[48]) Ist über denselben Streitpunkt in zwei Instanzen zuungunsten des Beschwerdeführers entschieden (duae conformes), so findet eine weitere Beschwerde nur dann statt, wenn in der Entscheidung des Beschwerdegerichts ein neuer selbständiger Beschwerdegrund enthalten ist. Ein neuer Beschwerdegrund ist nur derjenige, der sämtlichen Vorentscheidungen gegenüber sich als neu darstellt. Ein selbständiger Beschwerdegrund ist nur dann vorhanden, wenn die Beschwerde-Entscheidung auf einem anderen Grunde beruht als die angefochtene.[49])

a) Hat die erste Beschwerde Erfolg gehabt, so steht dem Gegner immer

---

[39]) § 575. RG. 53 S. 318. [40]) § 577. [41]) RG. 15 S. 432. [42]) RG. 3 S. 376; Gruch 33 S. 1189. [43]) RGBl. 1898 S. 810. [44]) RG. 42 S. 367. [45]) § 577 Abs. 2. [46]) RG. 3 S. 408, 9 S. 386. Seuff. 39 S. 362. [47]) RG. 20 S. 408. [48]) § 568 Abs. 2. [49]) RG. 5 S. 432, 60 S. 407.

die weitere Beschwerde zu, da ihm gegenüber ein neuer selbständiger Beschwerdegrund vorliegt.[50])

b) Ist die erste Beschwerde auf Grund sachlicher Prüfung als unbegründet zurückgewiesen, so ist für den ersten Beschwerdeführer die weitere Beschwerde ausgeschlossen, da beide Entscheidungen sachlich übereinstimmen. Daraus, daß etwa das Beschwerdegericht seine Entscheidung anders begründet hat, wie das erste Gericht, erwächst dem Beschwerdeführer kein Nachteil, folglich auch nicht ein Grund zu weiterer Beschwerde.[51]) Anders dann, wenn die Gründe ergeben, daß der Beschwerderichter durch seine Entscheidung nicht die des Vorderrichters bestätigt hat, sondern eine andere, dem Beschwerdeführer ungünstigere, oder doch in anderer Weise ungünstige Rechtswirkung hat herbeiführen wollen. Alsdann liegt ein die weitere Beschwerde gestattender neuer selbständiger Beschwerdegrund vor.[52])

Dagegen steht dem unterlegenen ersten Beschwerdeführer dann die weitere Beschwerde zu, wenn die erste Beschwerde unter Ablehnung sachlicher Prüfung als formell unzulässig verworfen,[53]) oder wenn die zurückgewiesene erste Beschwerde zwar sachlich geprüft ist, bei der Prüfung jedoch Rechtsnormen über das Verfahren verletzt sind, wenn z. B. die unzulässige Beschwerde für zulässig erachtet, ein geltend gemachter Beschwerdegrund ungewürdigt, neues Vorbringen unberücksichtigt geblieben ist.[54])

Die weitere Beschwerde ist keine Oberbeschwerde sondern nichts anderes, als wieder eine erste Beschwerde gegen die Entscheidung des Gerichts, welches über die vorhergehende Beschwerde entschieden hat. Daher muß als Voraussetzung für die weitere Beschwerde dasselbe gelten wie für die vorhergehende Beschwerde, soweit nicht etwas anderes ausdrücklich bestimmt ist.[55])

Die weitere Beschwerde gegen die Entscheidungen der Oberlandesgerichte ist ausgeschlossen.[56])

2. **Das Verfahren bei der weiteren Beschwerde** folgt den Regeln für die erste Beschwerde. Je nachdem also die weitere Beschwerde die gewöhnliche (einfache) oder die sofortige ist, finden die Grundsätze zu IV oder V Anwendung.[57]) Neue Tatsachen und Beweismittel können nur soweit Berücksichtigung finden, als sie zur Unterstützung eines neuen Beschwerdegrundes dienen.[58])

VII. **Gegen die Entscheidungen des beauftragten oder ersuchten Richters** oder des **Gerichtsschreibers** findet eine unmittelbare Beschwerde nicht statt. Der Verletzte hat vielmehr die Entscheidung des Prozeßgerichts anzurufen, d. h. desjenigen ordentlichen Gerichts, von dem der Auftrag oder das Ersuchen erteilt ist, oder dem der Gerichtsschreiber angehört. Erst gegen die Entscheidung des Prozeßgerichts

[50]) RG. 14 S. 391. [51]) RG. 1 S. 223, 2 S. 414, 4 S. 362, 5 S. 432, 14 S. 387, 30 S. 395. [52]) Andere Beispiele: RG. 13 S. 225, 16 S. 318, 21 S. 334. JW. 86 S. 314, 93 S. 348, 561. Gruch. 29 S. 1127. [53]) RG. 1 S. 431, 4 S. 362, 5 S. 432, 12 S. 355, 14 S. 388, 15 S. 391, 16 S. 317, 18 S. 425, 24 S. 396, 56 S. 269, 311. JW. 87 S. 41, 93 S. 158, 94 S. 181. Gruch. 30 S. 1150. [54]) RG. 17 S. 371, 18 S. 427, 30 S. 338, 32 S. 56, 42 S. 352. JW. 85 S. 27, 93 S. 59, 98 S. 356. Gruch. 30 S. 1154. [55]) RG. 57 S. 318. [56]) § 568 Abs. 4. [57]) RG. 8 S. 336. [58]) RG. JW. 88 S. 110.

ist Beschwerde gegeben, sofern sie nach den Grundsätzen zu I überhaupt statthaft ist.[59])

1. Für die Anrufung des Prozeßgerichts ist eine bestimmte Form oder Frist nicht vorgeschrieben.[60]) Es finden bezüglich der Form, insbesondere auch wegen des Anwaltszwangs, die all emeinen Regeln für die betreffende Prozeßhandlung Anwendung. Dieselben Regeln werden auch für die Entscheidung des Prozeßgerichts — z. B. darüber, ob in beratender Sitzung oder auf Grund mündlicher Verhandlung zu entscheiden — maßgebend sein. In dem Beschlusse des Prozeßgerichts ist die Entscheidung entweder zu ändern oder aufrecht zu erhalten. Die Beschwerde, die gegen die Entscheidung des Prozeßgerichts gerichtet wird, ist eine erste Beschwerde, also nicht gebunden an die beschränkenden Voraussetzungen der weiteren Beschwerde.[61])

2. Wenn die angerufene Entscheidung des Prozeßgerichts der sofortigen Beschwerde unterliegt — z. B. die Entscheidung des Gerichts im Falle der Versagung der Vollstreckungsklausel durch den Gerichtsschreiber —,[62]) so gilt die Anrufung des Prozeßgerichts gleichzeitig als Beschwerde für den Fall, daß das Prozeßgericht dem Antrage nicht stattgibt. Es muß also das Gesuch den Erfordernissen einer Beschwerdeschrift über die Entscheidung des Prozeßgerichts genügen.[63]) Die Notfrist läuft von der Zustellung der Entscheidung des Richterkommissars oder Gerichtsschreibers. Die Einlegung kann wirksam nur beim Prozeßgericht erfolgen. Dieses hat, wenn es dem Gesuche stattgeben will, einen eigenen Beschluß zu erlassen, gegen welchen den Beteiligten die Beschwerde zusteht, anderenfalls aber das Gesuch dem Beschwerdegericht vorzulegen.[64])

3. Die Grundsätze zu 1 und 2 finden keine Anwendung bei Beschwerden gemäß §§ 160, 183 GVG.,[65]) § 4 GKG.[66]) und § 17 GO. für Zeugen und Sachverständige. In diesen Fällen ist gegen die Anordnung des Richterkommissars die Beschwerde unmittelbar gegeben. Es entscheidet also über Entscheidungen des ersuchten Richters (des Amtsgerichts) das Landgericht, über Entscheidungen des beauftragten Richters, je nachdem er Mitglied des Landgerichts oder des Oberlandesgerichts ist, das Oberlandesgericht oder das Reichsgericht.[67])

VIII. Aufschiebende Wirkung (Suspensiveffekt) hat die Beschwerde, die gewöhnliche und die sofortige, nur in den Fällen der §§ 109, 380, 390, 409, 619, 656, 678; §§ 180, 182, 183 GVG.; §§ 80 Abs. 2, 112 Abs. 2 Genoss.G. v. 1. Mai 1889.[68]) Geht in solchen Fällen eine Beschwerdeschrift ein und ist auf Grund der angefochtenen Entscheidung bereits mit der Zwangsvollstreckung begonnen, so muß das Gericht von Amtswegen die Einstellung der Zwangsvollstreckung anordnen. In allen übrigen Fällen kann das Gericht oder der Vorsitzende, dessen Entscheidung angefochten wird, eine Anordnung dahin treffen, daß die Vollziehung auszu-

---

[59]) § 576. [60]) Ausnahme: Unter 2. [61]) RG. 9 S. 384, 25 S. 389. JW. 89 S. 20. [62]) §§ 732, 793. [63]) Oben S. 129. [64]) § 577 Abs. 4. [65]) Ablehnen der Rechtshilfe. Festsetzung einer Ordnungsstrafe. [66]) Ansatz von Gebühren und Auslagen. [67]) RG. 17 S. 351. JW. 88 S. 167. [68]) RGBl. 1898 S. 810.

setzen, oder die bereits begonnene Vollstreckung einzustellen sei. Das Beschwerdegericht hat vor der Entscheidung selbst die gleiche Befugnis, kann auch eine anderweite einstweilige Anordnung erlassen, z. B. daß die Vollziehung nur gegen Sicherheitsleistung einzuleiten oder fortzusetzen oder einzustellen sei.[69]) Diese einstweiligen Anordnungen sind angezeigt, sobald die Sachlage der Auffassung Raum gibt, daß die Beschwerde einen günstigen Erfolg erwarten lasse. Sie können auf Antrag oder von Amts wegen erlassen werden, sind, weil sie auf freiem Amtsermessen beruhen, der Anfechtung entzogen[70]) und müssen von Amts wegen zugestellt werden.

IX. Die Zurücknahme der eingelegten Beschwerde muß bis zum Abschluß der Beschwerdeinstanz zu jeder Zeit und in jeder Form, die in der Beschwerdeinstanz überhaupt rechtswirksam ist, für zulässig erachtet werden. Für den Verzicht auf die noch nicht eingelegte Beschwerde finden die für die Berufung gegebenen Grundsätze[71]) entsprechende Anwendung.

X. Für die Kosten sind die allgemeinen Grundsätze der §§ 91 ff. maßgebend. Es sind also die Kosten der erfolglosen Beschwerde dem Beschwerdeführer, die Kosten der begründeten Beschwerde dem Gegner aufzuerlegen. Bei teilweisem Erfolg der Beschwerde bildet das Verhältnis der Sachfälligkeit der Parteien den Maßstab für die Verteilung der Kosten.[72])

---

[69]) §§ 572, 707. [70]) RG. 35 S. 341. [71]) § 514. [72]) Vgl. auch §§ 6 und 45 des GKG.

Drittes Kapitel.

§ 23. Tatbestand, Bericht und Gutachten (Referat und Votum).[1]

A. Tatbestand.

I. Begriff. Unter Tatbestand versteht das Gesetz „eine gedrängte Darstellung des Sach- und Streitstandes auf Grundlage der mündlichen Vorträge der Parteien unter Hervorhebung der gestellten Anträge".[2] Der Tatbestand ist also eine logisch und übersichtlich geordnete Darstellung des von den Parteien vorgetragenen tatsächlichen Prozeßstoffs.

1. Die Grundlage für den Tatbestand bildet lediglich die letzte der Entscheidung vorangegangene mündliche Verhandlung. Wie in der Mündlichkeit die alleinige Quelle der Erkenntnis für das Gericht zu suchen ist, so darf auch im Tatbestande nur dasjenige berücksichtigt werden, was mündlich dem Gerichte vorgetragen ist. Schriftliches Vorbringen unterliegt der Beachtung nur soweit, als dessen mündliche Wiederholung stattgefunden hat oder § 297 Abs. 3 eine Ausnahme gestattet.

2. Innerhalb des Rahmens der mündlichen Verhandlung muß die Darstellung eine vollständige sein, das gesamte tatsächliche Vorbringen der Parteien umfassen. Der Tatbestand hat nicht nur das Material zu enthalten, welches das Gericht für seine Entscheidung erheblich erachtet, sondern auch dasjenige, das bei einer abweichenden Beurteilung, sei es in tatsächlicher, sei es in rechtlicher Beziehung erheblich werden kann. Erachtet das Gericht die Klage nicht für begründet, oder den Klagegrund nicht für bewiesen und gelangt es zur Abweisung, ohne auf die Klagebeantwortung einzugehen, so bedarf es nichtsdestoweniger deren Darstellung im Tatbestande. Ebensowenig wird dadurch, daß das Gericht Eine Einrede für durchgreifend erachtet, die Darstellung der vorgebrachten mehreren Einreden entbehrlich gemacht. Auch vorgetragene Nebenumstände dürfen nicht fortgelassen werden, da sie zur Klarlegung der Hauptpunkte geeignet sein und insbesondere zur Grundlage eines der Partei aufzuerlegenden richterlichen Eides dienen können. Nur zweifellos der Sache fern liegende, für den Prozeß völlig unerhebliche „für jedermann zweifellos

---

[1] Vgl. hierzu die Werke a) Daubenspeck (Reichsgerichtsrat), Referat, Votum und Urteil, 9. Aufl. 1905; b) Über Proberelationen. Eine Mitteilung aus der Justizprüfungskommission, 4. Aufl. 1902. [2] § 313 Nr. 3.

unwesentliche" tatsächliche Anführungen[3]) sind vom Vortrage des Tatbestandes auszuschließen.

3. Unbeschadet des Erfordernisses der Vollständigkeit darf sich aber der Tatbestand nur auf dasjenige Prozeßmaterial erstrecken, das den Gegenstand der vorliegenden Entscheidung bildet. Alles, was nicht mit den gegenwärtig zu entscheidenden Fragen im Zusammenhang steht, gehört auch nicht in den Tatbestand.

Der Prozeßstoff, der in einem früheren Teil- oder Zwischenurteil seine Erledigung gefunden hat, darf in dem Tatbestande des Endurteils nicht wiederholt werden. Ebensowenig darf in den Tatbestand eines Teilurteils derjenige Streitstoff aufgenommen werden, welcher der späteren Entscheidung vorbehalten ist.

„Durch das Teilurteil vom usw. sind dem Kläger auf seine Klage 10000 Mk. zugesprochen. Es bleibt nur noch zu entscheiden,

a) auf die Klage über einen Betrag von 2000 Mk.,
b) auf die Widerklage über einen Betrag von 1000 Mk.

Mit Rücksicht hierauf hat der Kläger jetzt beantragt:

den Beklagten zu verurteilen, an ihn weitere 2000 Mk. zu zahlen und die Widerklage abzuweisen.

Der Antrag des Beklagten geht dahin:

den Kläger mit der Klageforderung von 2000 Mk. abzuweisen und ihn zur Zahlung von 1000 Mk. zu verurteilen.

Von den beiden noch vorliegenden Streitpunkten ist jetzt der über die Klage zur Entscheidung reif. Es handelt sich dabei um folgendes usw."

Ansprüche, die im Laufe des Rechtsstreits zurückgenommen sind. scheiden von der Darstellung ganz aus und sind nur dann, wenn es sich um den Kostenpunkt handelt, kurz zu erwähnen. Dasselbe gilt von Einreden, welche die Partei hat fallen lassen. Wird die Klage gegen einen von mehreren Mitbeklagten zurückgenommen, ohne daß dieser seinerseits Anträge gestellt hat, so ist er weder im Tatbestande noch sonst im Urteil zu erwähnen. Wird ein anfänglich bestrittener Anspruch später anerkannt, so ist die Mitteilung des tatsächlichen Vorbringens, das zu seiner Begründung oder Bekämpfung vorgebracht ist, überflüssig. Hat das Gericht gemäß § 275 die abgesonderte Verhandlung über eine prozeßhindernde Einrede des Beklagten beschlossen, so hat der Tatbestand des Urteils, in dem über diese Einrede entschieden wird, sich lediglich auf das Vorbringen zu beschränken, das die Einrede betrifft, darf aber nicht darüber hinaus auch dasjenige umfassen, was zur Hauptsache verhandelt ist. Ebenso darf, wenn bei Schadensklagen nur über den Grund des Anspruchs entschieden wird, auch nur das hierauf bezügliche Material vorgetragen werden, während die Angaben, die sich auf den Betrag beziehen, wegbleiben müssen.

II. Inhalt. Innerhalb der durch die allgemeinen Grundsätze zu I gezogenen Grenzen gehört in den Tatbestand das gesamte tatsächliche

[3]) Stölzel 1 S. 236.

Material des Rechtsstreits. Der Tatbestand muß also enthalten: Die Sachvorträge und die Anträge der Parteien, die Ergebnisse der Beweisaufnahme, aber nur deren tatsächliche Mitteilung, nicht deren Würdigung,[4]) die Beweismittel, soweit sie nicht bereits zur Beweiserhebung geführt haben, die Beweiseinreden, d. s. die gegen die Statthaftigkeit, Wirksamkeit oder Glaubwürdigkeit der Beweismittel erhobenen tatsächlichen Ausstellungen, die Erklärungen über Annahme und Zurückschiebung von Eiden, gerichtliche Geständnisse, die Angabe, daß das richterliche Fragerecht erfolglos ausgeübt sei. Von den prozessualen Vorgängen, der Prozeßgeschichte, sind nur die für die Entscheidung erheblichen mitzuteilen, z. B. wenn über die Förmlichkeiten bei Einlegung von Rechtsmitteln gestritten wird, die Daten der Zustellung des angefochtenen Urteils und der Einreichung der Rechtsmittelschrift. Für die Mitteilung einer Hauptintervention ist im Tatbestande kein Raum. Dagegen ist eine Nebenintervention einschließlich der Erklärungen des Nebenintervenienten immer, eine Streitverkündung dann zu erwähnen, wenn der Dritte dem Streitverkünder beitritt, da in diesem Falle sein Verhältnis zu den Parteien sich nach den Grundsätzen über die Nebenintervention bestimmt.[5]) Rechtsausführungen gehören in den Tatbestand nur insoweit, als sie zum Verständnis des tatsächlichen Vorbringens und zur Kennzeichnung des Rechtsstandpunktes der Partei notwendig sind.

III. Ordnung des Stoffes. 1. Die Sachvorträge der Parteien. Der Tatbestand hat nicht einen der Zeitfolge nach geordneten Auszug aus der mündlichen Verhandlung, sondern eine korrekte logisch gegliederte Sachdarstellung zu enthalten, so daß der Hörer oder Leser in den Stand gesetzt wird, ohne besondere Anstrengung die Sachlage zu übersehen und festzuhalten. Was sachlich zusammengehört, ist auch im Zusammenhang darzustellen, gleichviel wo es vorgebracht ist, sachlich Verschiedenes aber auch im Vortrag auseinander zu halten. Deshalb sind Klagebegründung und Klageerwiderung, Replik und Duplik, als innerlich verschieden, auch äußerlich zu sondern. Ebendasselbe muß geschehen mit jedem der mehreren Klagegründe und mit jeder der mehreren Einreden. Dagegen ist jeder dieser Abschnitte als ein in sich geordnetes Ganzes im Zusammenhang darzustellen, unter Weglassung aller derjenigen Tatumstände die nicht dahin gehören. Hat der Kläger seine anfänglich mangelhafte oder unrichtige Klagebegründung erst nach dem Vortrage des Beklagten, vielleicht nur infolge der von diesem gegebenen Anregung ergänzt oder berichtigt, so wäre es fehlerhaft, zunächst die unvollständigen oder unrichtigen Klageangaben vorzutragen, auf diese die Bemängelungen des Beklagten folgen zu lassen und dann erst den ergänzenden oder berichtigenden Klagevortrag anzureihen; es muß vielmehr der ganze Klagevortrag, ohne Einschiebung des Vortrags des Beklagten, zusammenhängend dargestellt werden. Umgekehrt können Repliken, die der Kläger bereits im Klagevorbringen vorweg vorgetragen hat, erst nach der Darstellung der Angaben des Beklagten ihren Platz finden. Derselbe Grundsatz gilt für

[4]) Es darf also nicht gesagt werden: „Das Ergebnis der Beweisaufnahme ist im wesentlichen folgendes." Vorzutragen ist die Beweisaufnahme selbst, nicht dasjenige daraus, das der Urteilsfasser als das Wesentliche ansieht. Proberel. S. 25.
[5]) § 74.

die Verteidigung des Beklagten. Die tatsächlichen Angaben, auf die er seine Einreden stützt, sind im Zusammenhange vorzutragen, gleichviel ob sie in der Klagebeantwortung oder erst in der Duplik aufgestellt sind.

Wie an der Stelle der Replik nur diejenigen Angaben des Klägers Aufnahme finden können, die den selbständigen Einreden des Beklagten entgegengestellt werden, so sind an der Stelle der Duplik nur diejenigen Anführungen des Beklagten aufzunehmen, welche dieser gegen die selbständige Replik des Gegners geltend macht. Es ist aber unzulässig, an der Stelle der Replik die Darlegung des Klagegrunds, an der Stelle der Duplik die Darlegung der Einreden des Beklagten nachzuholen oder zu ergänzen.

Macht der Kläger aus demselben Klagegrunde mehrere Ansprüche geltend, so ist zuvörderst alles dasjenige zusammenzustellen, was über den Klagegrund im allgemeinen verhandelt ist und hieran der Vortrag der einzelnen Ansprüche — jeder gesondert von dem anderen und das gesamte darauf bezügliche Parteivorbringen umfassend — anzuknüpfen. Sind die mehreren Ansprüche auf verschiedene Klagegründe gestützt, so wird jeder Anspruch in sich abgeschlossen und völlig getrennt von den anderen vorzutragen sein. Ebenso wird es sich, wenn für einen Anspruch mehrere Klagegründe herangezogen werden, der Regel nach empfehlen, jeden Klagegrund besonders und als ein geschlossenes Ganzes zu behandeln.[6])

Macht der Beklagte mehrere Einreden geltend, so muß die Lage des Falls darüber entscheiden, ob die sämtlichen Einreden der Reihe nach aufzuführen und dann erst die Repliken des Klägers anzuschließen sind oder ob jede Einrede selbständig, also unter Verarbeitung des ganzen sie betreffenden Materials, zu behandeln ist. Es muß jedesmal diejenige Methode angewandt werden, die das beste Verständnis vermittelt.

Ob ein Vorbringen streitig oder unstreitig ist, muß erkennbar gemacht werden. Ebenso ob das Vorbringen dadurch unstreitig geworden ist, daß der Gegner es gerichtlich zugestanden oder dadurch, daß er es nicht bestritten hat. Ist eine Tatsache anfänglich streitig gewesen und erst im Verlaufe des Prozesses unstreitig geworden, so ist sie ohne weiteres als unstreitig zu bezeichnen. Die Angabe, wann und auf welchem Wege die Unstreitigkeit eingetreten, ist nur dann erforderlich, wenn dies für den Kostenpunkt von Bedeutung erscheint, z. B. wenn das Zugeständnis erst nach geschehener Beweisaufnahme erfolgt ist. Das betreffende Beweisergebnis selbst ist für den Prozeß bedeutungslos geworden und deshalb vom Vortrage auszuschließen.

Es empfiehlt sich, die unstreitigen Tatsachen, soweit sie sich nicht auf Einreden oder Nebendinge beziehen, aus den Verhandlungen herauszuziehen und an die Spitze des Tatbestandes zu stellen. Das erleichtert nicht nur dem Urteilsverfasser den Überblick über das Tatsachenmaterial, sondern macht auch den Tatbestand für den Leser übersichtlich.[7])

2. Die von den Parteien **gestellten Anträge** sind der Regel nach vollständig und wörtlich so, wie sie in der mündlichen Verhandlung verlesen worden, aus den Schriftsätzen wiederzugeben. Auch der Antrag auf Voll-

---

[6]) Punktensachen. Unten S. 145. [7]) Daubenspeck S. 193; Proberel. S. 10, 12.

streckbarkeitserklärung ist mit aufzunehmen. Eine Bezugnahme auf die Schriftsätze ist nicht zu billigen.

Der Klageantrag wird für gewöhnlich an den Schluß des Klagevortrags zu setzen sein, da der Antrag die Schlußfolgerung aus dem Vortrage und dessen praktisches Endziel darstellt. Indessen auch hier gibt die Regel, daß alles auf die schnellste Vermittlung des besten Verständnisses ankommt, den alleinigen Ausschlag. Hat der Kläger Einen Anspruch auf mehrere Klagegründe gestützt, so wird es oft die Übersichtlichkeit fördern, wenn man den Antrag an die Spitze stellt und erst hierauf die Klagegründe der Reihe nach folgen läßt. Werden aus demselben Fundamente mehrere Ansprüche verfolgt, so kann es praktisch erscheinen, zunächst dasjenige aufzuführen, was zur gemeinschaftlichen Begründung aller Ansprüche gemacht ist, hierauf den Antrag folgen zu lassen und an diesen das für einen jeden einzelnen Anspruch geltende besondere Material anzuschließen, so daß der Antrag in die Mitte des Tatbestandes zu stehen kommt.

Der Beklagte richtet sich zuerst gegen das Klageziel und dann erst gegen die Klagetatsachen. Es wird also der Regel nach der Antrag des Beklagten seinem Vortrag vorauszuschicken sein.

3. Die Beweismittel werden zweckmäßig denjenigen Tatumständen angeschlossen, zu denen sie gehören. Zunächst ist die Behauptung, dann der Beweisantritt dafür anzugeben. Es ist wenig geschickt ausgedrückt, wenn man sagt, Kläger behauptet, der Zeuge N. N. werde bekunden, daß dies oder jenes geschehen sei. Damit ist noch nicht behauptet, daß dies oder jenes geschehen sei, sondern es ist der Beweisantritt selbst als Behauptung vorgetragen. Beweiseinreden werden regelmäßig bei den Beweismitteln, gegen die sie sich richten, zu erwähnen sein.

4. Die Beweisergebnisse müssen vollständig und unmittelbar dargestellt werden. Es ist nicht statthaft, daß der Urteilsfasser statt der Beweisergebnisse selbst nur das daraus — seiner persönlichen Auffassung nach — zu ziehende Schlußresultat bringt. Ebensowenig darf beim Tatbestande 2. Instanz an Stelle des Beweisergebnisses die Auffassung des Gerichts von dem Beweisergebnis vorgetragen werden. Es ist also unrichtig, wenn gesagt wird: „Auf Grund der Beweisaufnahme u. z. der Zeugen usw. hat der Vorderrichter folgendes für erwiesen erachtet usw."

Auch muß erkennbar gemacht werden, ob die Beweisaufnahme erschöpft ist, oder welche Beweismittel unerledigt geblieben sind.

a) Aussagen der Zeugen und Sachverständigen sind ihrem Inhalt nach wiederzugeben. Das wörtliche Abschreiben ist nur bezüglich solcher Stellen gestattet, bei denen es auf den Wortlaut ankommt. Im letzteren Falle ist die Wiedergabe in direkter Rede selbverständlich, während in anderen Fällen die Wiedergabe in indirekter Rede zu erfolgen hat. Ob die Vernehmung eidlich oder uneidlich geschehen ist, muß stets angegeben werden; auch sind diejenigen Tatumstände, die für die Beweiskraft der Aussagen von Bedeutung sein können,[8]) hervorzuheben.

Das Ergebnis einer Augenscheinseinnahme ist vollständig und in der Weise, daß die Örtlichkeit klargestellt wird, in den Tatbestand auf-

[8]) § 395.

zunehmen, nötigenfalls unter Bezugnahme auf die bei den Akten befindlichen Protokolle und Handzeichnungen. Die Aufnahme von Zeichnungen im Tatbestande selbst ist regelmäßig zu vermeiden.

Urkunden, welche die Parteien vorgelegt und zum Gegenstand der Verhandlung gemacht haben, bilden einen Teil der Verhandlung selbst. Deshalb darf der Tatbestand sich nicht auf die Bemerkung beschränken, daß die Urkunden vorgelegt und anerkannt seien, sondern er muß auch den vollen entscheidenden Inhalt aufnehmen, und zwar wörtlich, soweit der Wortlaut zum Verständnis der Sache notwendig ist, im übrigen auszugsweise. Im Zweifel ist die Mitteilung des Wortlauts vorzuziehen, immer aber unter Weglassung derjenigen Teile, die für das Verständnis der Sache und die Beurteilung unerheblich sind. Da auch bei Urkunden nur dasjenige in Betracht gezogen werden darf, was in der Verhandlung mündlich vorgetragen ist,[9]) so muß festgestellt werden, welche Teile der Urkunden, oder welche Tatsachen aus ihnen vorgetragen sind. Auch darf die geschehene Vorlegung der Urkunde sowie die Erklärung über deren Echtheit nicht unerwähnt bleiben.

Den Urkunden sind die als Beweismittel vorgelegten Beiakten gleich zu behandeln; auch bei ihnen ist stets der Inhalt mitzuteilen, soweit er zum Vortrag gelangt ist.

Sind Eide im Laufe der Instanz abgenommen oder verweigert, so ist deren Norm der Regel nach wörtlich aufzunehmen. Auch ist anzugeben, ob gemäß § 461 die Parteien über die Echtheit und die Norm des Eides einverstanden waren. Denn wenn diese Voraussetzungen fehlen, kann die beweispflichtige Partei neue Beweismittel vorbringen, und der Berufungsrichter steht bei Würdigung dieser Beweise so frei da, als wenn keine Eide in der Vorinstanz geschworen wären.[10])

b) Was die Frage anbetrifft, an welcher Stelle des Tatbestandes das Beweisergebnis mitzuteilen ist, so läßt sich hierüber nur der allgemeine Grundsatz aufstellen, daß die Mitteilung da zu erfolgen hat, wo sie am meisten zum Verständnisse der Sachlage beiträgt. In vielen Fällen wird es sich empfehlen, das Beweisergebnis unmittelbar hinter der zu erweisenden Tatsache aufzunehmen. Würde aber durch die Einreihung der Beweisergebnisse in die Parteivorträge der Zusammenhang der letzteren aufgehoben und ihr Verständnis erschwert werden, so wird zweckmäßig das Beweisergebnis am Schlusse des Tatbestandes vorzutragen sein. Hat sich die Beweisaufnahme auf mehrere Punkte erstreckt, so wird auch das Beweisergebnis nach Gruppen getrennt vorzutragen sein. Sind über einen Streitpunkt mehrere Beweise erhoben, so sind die mehr erheblichen Beweise den weniger erheblichen voranzustellen.

Der Beweisbeschluß kann in einfachen Sachen, in denen der Beweissatz sich ohne weiteres aus der Beweisaufnahme ergibt, ganz wegbleiben. Wo seine Mitteilung nicht entbehrt werden kann, — wie der Regel nach in umfangreichen Sachen — ist er, wenn auch in gekürzter und zusammengedrängter Form, doch entsprechend dem vom Gerichte festgestellten Wortlaut unter Vermeidung willkürlicher Änderungen, die den

---

[9]) RG. 4 S. 37. [10]) RG. 9 S. 343.

wahren Sinn verdunkeln, wiederzugeben.[11]) Zweckmäßig wird bei jeder Frage des Beweisbeschlusses sogleich das dazu gehörige Beweisergebnis vorgetragen. Schlußvermerke dahin: „Der Tatbestand ist mündlich vorgetragen. Die Anträge sind aus den vorbereitenden Schriftsätzen verlesen" sind überflüssig, weil selbstverständlich.

IV. Art und Weise der Darstellung. 1. Das Gesetz gibt hierfür nur eine Vorschrift: die Darstellung soll eine gedrängte sein.[12]) Es sind also die Tatanführungen in möglichster Kürze wiederzugeben, unstreitige Tatsachen zusammenzufassen, Wiederholungen zu vermeiden. Wo tatsächliche Angaben nicht gekürzt oder zusammengedrängt werden, hat sich der Tatbestand genau an den — vorgetragenen — Wortlaut der schriftlichen Unterlagen (in den Schriftsätzen, Beweisbeschlüssen, Zeugenaussagen, Augenscheinsprotokollen, Urkunden) zu halten. Willkürliche Abänderungen der vom Richter oder von den Parteien festgestellten Tatsachen sind zu vermeiden.[13])

Erleichtert wird die Möglichkeit einer gedrängten Darstellung durch die Bestimmung, daß bei der Darstellung eine Bezugnahme auf den Inhalt der vorbereitenden Schriftsätze und zum Sitzungsprotokoll erfolgten Feststellungen nicht ausgeschlossen sein solle.[14]) Es waltet kein Zweifel darüber ob, daß das Gesetz die „vorbereitenden Schriftsätze und Feststellungen zum Sitzungsprotokoll" nur als Beispiele aufgeführt hat und daß die Bezugnahme auf alle Bestandteile der Prozeßakten, also auch auf die Beweishandlungen des beauftragten oder ersuchten Richters, auf sonstige Urkunden, auf Handzeichnungen, insbesondere auch auf den Tatbestand der in derselben Sache ergangenen Teil- und Zwischenurteile zulässig ist; dagegen ist es unzulässig, auf die Sachdarstellung eines Beweisbeschlusses zu verweisen, da das Gesetz den Tatbestand eines Beweisbeschlusses nicht kennt.[15])

Die Bezugnahme soll aber, wie schon der Wortlaut des § 313, der sie für „nicht ausgeschlossen" erklärt, zeigt, nur ausnahmsweise und nur zur Ergänzung, niemals aber zur Ersetzung des Tatbestandes verwendet werden. Jedenfalls darf dadurch die Verständlichkeit des Tatbestandes nicht leiden und der Zusammenhang der tatsächlichen Unterlagen des Rechtsstreits mit der rechtlichen Beurteilung der Sache nicht verloren gehen.[16]) Deshalb ist in allen Fällen der Tatbestand in der Weise darzustellen, daß durch diese Darstellung allein, unabhängig von den in bezug genommenen Aktenstellen, das mündliche Vorbringen erkennbar, eine zweifelsfreie Übersicht des Sach- und Streitstandes geboten wird. Die Aufnahme der rechtserzeugenden, rechtshindernden und rechtsvernichtenden Tatsachen kann niemals entbehrt werden. Nur zur Ergänzung der an sich verständlichen Darstellung und zu dem Zwecke, die für die Darstellung selbst entbehrliche Kenntnis von Einzelheiten zu vermitteln, ist die Bezugnahme auf die Akten zulässig. Sie wird also vornehmlich ihre Stelle finden bei der Mitteilung von umfangreichen Vertragsbestimmungen und Geschichtserzählungen, bei Ortsbeschreibungen, bei der Zusammenstellung

---

[11]) Proberel. S. 14. [12]) § 313 Nr. 3. [13]) Proberel. S. 24. [14]) § 313 Abs. 2. [15]) RG. 56 S. 29, 57 S. 150. [16]) Wegen der für das Berufungsurteil geltenden Abweichung: unten S. 145.

verschiedener Rechnungsposten, bei dem Wortlaut von Urkunden, bei den Aussagen von Zeugen und Sachverständigen. Jedoch ist stets der Gesichtspunkt festzuhalten, daß die Bezugnahme überall da vermieden werden muß, wo durch sie die Verständlichkeit des Urteils in dem die Grundlage des ganzen Rechtsstreits bildenden Tatbestandsteile erschwert oder gänzlich aufgehoben werden würde.

Die Bezugnahme muß immer eine bestimmte, also derartige sein, daß kein Zweifel besteht, welche Tatumstände durch die Bezugnahme haben festgestellt werden sollen. Eine Bezugnahme auf die Akten im allgemeinen ist unzulässig, es müssen vielmehr die in bezug genommenen Stellen deutlich hervorgehoben werden.[17]) Beweisverhandlungen sind nicht nach dem Blatte der Akten, auf dem sie sich befinden, sondern nach dem Datum des Protokolls zu bezeichnen. Sonst können die Parteien nicht prüfen, was angezogen ist. Sollen Urkunden in bezug genommen werden, so müssen sie sich wenigstens in Abschrift bei den Prozeßakten befinden. Deshalb ist der Inhalt der Eintragungen in das Handelsregister, wenn ein Auszug nicht zu den Akten genommen ist, im Wortlaut mitzuteilen. Ebenso bedarf es der Regel nach der Mitteilung des Inhalts solcher Verhandlungen, die sich in fremden Akten — Grundakten, Vormundschaftsakten, Untersuchungsakten — befinden.[18])

Ein Übermaß von Vorsicht verleitet wohl dazu, in einem völlig ausgearbeiteten Tatbestand zum Schlusse noch allgemein auf den Inhalt der vorbereitenden Schriftsätze zu verweisen, um ein etwaiges Übersehen von Einzelheiten unschädlich zu machen. Ein derartiges Verfahren ist nicht zulässig. Es ist müßig, wenn der Tatbestand mit den Schriftsätzen übereinstimmt, und macht den Tatbestand unklar, wenn die in ihm gegebene Darstellung von dem Inhalt der Schriftsätze abweicht.

Es versteht sich, daß immer nur diejenigen Aktenstellen in bezug genommen werden können, die in der mündlichen Verhandlung von den Parteien vorgetragen sind, denn der nicht vorgetragene Inhalt ist für den Richter überhaupt nicht vorhanden. In der Bezugnahme liegt die Erklärung, daß der Inhalt mündlich vorgetragen sei.[19])

2. Die Darstellung muß **sachlich, ohne Einmischung des eigenen Urteils** gegeben werden und durchweg wahrhaft und genau sein. Die vorgetragenen Tatsachen müssen streng dem Parteivorbringen entsprechen. Angaben, die einer verschiedenen Auslegung fähig sind, dürfen nicht willkürlich in einem bestimmten Sinne gedeutet werden, sondern sind wortgetreu wiederzugeben.

Der Vortrag muß sachlich gegliedert, die Anordnung eine innerlich folgerichtige sein, so daß jede Tatsache ihre Stelle da findet, wo sie ihrer Bedeutung nach hingehört. Äußere Hilfsmittel — z. B. die Kennzeichnung durch Zahlen und Buchstaben — können zur Durchführung und Erkennbarmachung der einzelnen Abschnitte zweckentsprechend mitwirken. Doch muß die Gliederung auch durch sich selbst hervortreten und wird häufig durch Hervorhebung der Disposition in das richtige Licht gestellt werden.

---

[17]) RG. im JMBl. 85 S. 154. [18]) RG. 16 S. 19. [19]) RG. 5 S. 404.

Die Darstellung darf an die Fassungskraft und das Gedächtnis der Hörer oder Leser keine übermäßigen Anforderungen stellen. Bei Zahlenaufstellungen werden der Regel nach nur die Grundsätze der Berechnung und deren Ergebnis mitzuteilen sein. Handelt es sich um einen Inbegriff von Gegenständen, so wird es für gewöhnlich genügen, wenn sie ohne spezielle Aufzählung ihrer Art, Zahl und dem Werte nach unter Bezugnahme auf die Akten bezeichnet und nur diejenigen Stücke besonders bestimmt werden, über die besondere Erklärungen abgegeben sind.

Die Sprache sei die des gewöhnlichen Lebens. Fremdwörter müssen überall da vermieden werden, wo deutsche Wörter, die den gleichen Begriff bezeichnen, vorhanden sind. Die gebrauchten Ausdrücke müssen sachlich richtig sein.[20])

Die Schreibweise sei flott und lebendig, die Aufmerksamkeit des Hörers oder Lesers fesselnd, nicht ermüdend, der Vortrag von abgerundeter Form, leicht verständlich und durchsichtig — also ohne unübersichtliche Perioden und schwerfällige Einschachtelungen, der Ausdruck ruhig und würdig, die Sprache scharf und klar, so daß auch die Möglichkeit eines Mißverständnisses ausgeschlossen bleibt.[21])

Die Parteien werden durchweg nur als Kläger und Beklagter, in der Berufungsinstanz als Berufungskläger und -beklagter[21a]) bezeichnet. Dies gilt auch dann, wenn die Partei mehrere Rollen hat, z. B. der Kläger auch als Widerbeklagter auftritt.

Unstreitige Tatsachen sind im Imperfektum oder Perfektum[22]) in direkter, streitige — mit der sie beherrschenden Einleitung — in indirekter Rede zu geben. Wird bei bestrittenen Anführungen die direkte Redeweise gewählt, so muß durch eine Wendung wie „nach der Behauptung des Klägers" erkennbar gemacht werden, daß es sich um Bestrittenes handelt.

Einleitungs- und Schlußbemerkungen sind überflüssig und daher wegzulassen.

V. **Besondere Arten.** Die obigen Grundsätze gelten für alle Urteile — auch für Teil-, Zwischen-, Läuterungs- und Versäumnisurteile — und in allen Sachen — gewöhnlichen und sog. Punktensachen.

Überall ist daran festzuhalten, daß der Tatbestand stets unentbehrlich ist, daß er immer das gesamte Parteivorbringen enthalten muß, aber nur innerhalb des Rahmens des zur Entscheidung stehenden Rechtsstreits.

1. Beim **Teil- und Zwischenurteil** hat der Tatbestand alle

---

[20]) Es darf nicht davon geredet werden, daß eine Partei durch ihr Vorbringen nicht genügenden „Beweis" geliefert habe, während gemeint ist, die Partei habe es an der genügenden tatsächlichen Begründung oder Darlegung fehlen lassen. Von Zeugen darf nicht gesagt werden, daß sie „behauptet" hätten, da Behauptungen im Prozesse nur von den Parteien aufgestellt werden. Proberel. S. 21.

[21]) Unklare Wendungen wie z. B. „der Beklagte bestreitet nicht" sind zu vermeiden. Räumt der Beklagte eine Tatsache ein, so ist zu sagen „der Beklagte räumt ein (gesteht zu, gibt zu)", anderenfalls aber „der Beklagte hat darüber, ob usw. keine Erklärung abgegeben" oder „der Beklagte hat erklärt, er wisse nicht, ob usw., er wolle nicht bestreiten, daß usw."

[21a]) S. S. 70.

[22]) Das Imperfektum wird gebraucht für Tatsachen, die abgeschlossen in der Vergangenheit liegen, das Perfektum für vollendete Tatsachen in ihrer Beziehung zur Gegenwart.

diejenigen Tatangaben der Parteien zu bringen, die auf den zur Entscheidung gebrachten Punkt Bezug haben, während das übrige Streitmaterial, auch wenn darüber verhandelt ist, nur soweit dargestellt werden darf, als zum Verständnis des Teil- oder Zwischenurteils erforderlich ist.

Für das Endurteil scheidet der durch das Teil- oder Zwischenurteil erledigte Prozeßstoff aus. Eine Wiederholung des früheren Tatbestandes in dem späteren Urteil kann nur insoweit zugelassen werden, als das Verständnis des neuen Tatbestands es notwendig macht.

Bei dem Endurteil ist eine Bezugnahme auf den Tatbestand des Teil- oder Zwischenurteils nicht ausgeschlossen, sofern nicht die Rücksicht auf das bessere Verständnis eine neue, selbständige Darstellung des früher Verhandelten in Verbindung mit dem neu Verhandelten gebietet.

2. Das Läuterungsurteil. Der Tatbestand erfordert nur die Formel des bedingten Endurteils, die Erwähnung der Rechtskraft dieses Urteils, die Mitteilung, das der Eid geleistet oder nicht geleistet sei, die Hervorhebung des Antrags auf Läuterung.

3. Das Versäumnisurteil. Zum Tatbestande gehört:

a) die Angabe, daß die Partei, gegen die das Versäumnisurteil ergeht, in dem Schlußtermine nicht erschienen ist, oder nicht verhandelt hat;
b) der Antrag der erschienenen Partei, durch Versäumnisurteil zu erkennen;
c) der Antrag, wie in der Sache selbst erkannt werden soll;
d) der Vortrag der den Antrag zu c begründenden Tatsachen.

Die Tatsachen zu d können auf das Notwendigste beschränkt werden. Es genügt, wenn das Versäumnisurteil gegen den Beklagten ergeht, daß sich aus dem Tatvorbringen ersehen läßt, ob es den Sachantrag des Klägers rechtfertigt. Beim Versäumnisurteil gegen den Kläger ist es hinreichend, wenn erkennbar gemacht wird, um welchen Anspruch es sich handelt; die Individualisierung des — abzuweisenden — Klageanspruchs kann aber schon im Hinblick auf die res judicata nicht entbehrt werden. Die Möglichkeit, daß man aus der Klageschrift ersehen könne, welche Klage abgewiesen sei, berechtigt nicht dazu, von der Fertigung eines in sich verständlichen Tatbestandes abzusehen. Auch trifft diese Möglichkeit nicht immer zu. Man denke z. B. an den Fall, daß der Kläger gegen den Beklagten mehrere Klagen, vielleicht gar unter demselben Datum angestellt hat.

Im Urkunden- und Wechselprozesse muß das gegen den Beklagten ergehende Versäumnisurteil auch erkennbar machen, daß die zur Begründung des Anspruchs erforderlichen Tatsachen vorschriftsmäßig durch Urkunden unter Beweis gestellt sind. Denn wenn dies nicht geschehen sein sollte, müßte erkannt werden, „daß die Klage als in der gewählten Prozeßart unstatthaft abzuweisen.“ [23])

4. Punktensachen. Ist ein Streitstoff in einer Sache umfangreich, so daß, wenn man das gesamte Vorbringen einer jeden Partei

---

[23]) § 597.

zusammenfassen und abwechselnd vortragen wollte, der Überblick erschwert werden würde, so erscheint es geboten, den Streitstoff gruppenweise — nach Punkten — zu bearbeiten. Derartige Sachen werden Punktensachen genannt. Es gehören zu ihnen alle Sachen, die eine Mehrheit von Punkten in sich schließen, von denen zur Herbeiführung einer klaren Übersicht des Ganzen ein jeder für sich der besonderen Darstellung bedürftig ist.

Ob die mehreren Punkte in den geltend gemachten Ansprüchen selbst, ob sie in der Begründung der Klage oder ob sie in dem Vorbringen der Verteidigungsmittel ihre Stelle haben, gilt gleich.

a) Bei der sachlichen Klagenhäufung enthält die Klage eine Vereinigung von mehreren Klagen. Es wird also auch der Tatbestand in mehrere selbständige Darstellungen zerfallen. Ist zwischen den einzelnen Ansprüchen ein tatsächlicher oder rechtlicher Zusammenhang vorhanden (z. B. eine einheitliche Erwerbungsart), so ist dieser vorweg darzustellen. Daran schließen sich die besonderen Darstellungen der einzelnen Ansprüche und wird es sich regelmäßig empfehlen, jeder einzelnen Darstellung auch das Ergebnis der sie betreffenden Beweisaufnahme anzuschließen.

b) Bei der persönlichen Klagenhäufung oder Streitgenossenschaft kommt es darauf an, ob der Fall des § 59 oder der Fall des § 60 vorliegt. Im Falle des § 59, also bei Rechtsgemeinschaft der Streitgenossen oder bei Einheit des tatsächlichen und rechtlichen Klagegrundes wird regelmäßig die Rechtsverfolgung oder Rechtsverteidigung der Streitgenossen eine gemeinsame, also für eine getrennte Darstellung kein Raum sein. So besonders bei der notwendigen Streitgenossenschaft.[24]) Anders im Falle des § 60, also wenn gleichartige und auf einem im wesentlichen gleichartigen tatsächlichen und rechtlichen Grunde beruhende Ansprüche oder Verpflichtungen den Gegenstand des Rechtsstreits bilden. Hier wird regelmäßig das Streitverhältnis bezüglich eines jeden Streitgenossen verschieden sein und es muß das der Rechtsverfolgung oder Rechtsverteidigung Gemeinsame vorangestellt, die Erörterung der einzelnen Streitpunkte, jeder gesondert und einheitlich behandelt, angeschlossen werden.

c) Bei der Klagenkonkurrenz, also wenn derselbe Anspruch auf verschiedene Rechtsgründe gestützt wird, ist jeder einzelne Klagegrund besonders zu behandeln.

d) Bei der Häufung von Einreden gelten die Grundsätze zu c. Betrifft eine Einrede den gesamten Klaganspruch, so ist sie vorweg darzustellen, weil, wenn sie durchgreift, die weitere Verhandlung entbehrlich ist.

e) Wird über einen nach Grund und Betrag streitigen Anspruch gestritten, so sind beide Punkte gesondert darzustellen, zumal über den ersteren Punkt durch Zwischenurteil entschieden werden kann.

f) Beim Streit über Klage und Widerklage ist eine einheitliche Darstellung am Platze, wenn beide Ansprüche konnex sind.

g) Bei prozeßhindernden Einreden wird sich eine getrennte Darstellung dann empfehlen, wenn das Durchgreifen einer Einrede ein Abschneiden der weiteren Verhandlung erwarten läßt.[25])

---

[24]) § 62. [25]) Grünhut Zeitschrift 24 S. 375.

VI. **Tatbestand des Berufungsurteils.** 1. In der Berufungsinstanz ist es gestattet, keinen besonderen Tatbestand zu geben, sondern auf den Tatbestand des Vorderurteils, soweit er vorgetragen ist, Bezug zu nehmen und nur festzustellen, inwiefern die Parteien dabei stehen geblieben, oder davon abgewichen sind.[26]) Die Bezugnahme setzt jedoch voraus, daß der erstinstanzliche Tatbestand selbst brauchbar, also vollständig und klar ist und daß das Sachverhältnis in zweiter Instanz sich nicht wesentlich geändert hat oder daß doch die eingetretenen Änderungen sich bequem und übersichtlich darstellen lassen.

In jedem Falle muß die Bezugnahme eine derartige sein, daß kein Zweifel darüber obwaltet, was von der Bezugnahme getroffen werden soll. Es darf keine Unklarheit darüber obwalten, ob der gesamte Inhalt des ersten Tatbestandes oder nur ein bestimmter Teil — und welcher? — aufrecht erhalten ist. Deshalb kann es nicht gebilligt werden, wenn das Berufungsurteil einen selbständigen Tatbestand aufstellt, daneben aber noch auf den Tatbestand der 1. Instanz verweist, weil diese Verknüpfung zweier verschiedener Tatbestände leicht zu Widersprüchen zwischen den Darstellungen der beiden Instanzen und zur Verwirrung des Sachverhalts führen kann.

Wenn nach den obigen Grundsätzen die Bezugnahme auf den Tatbestand des Vorderurteils statthaft ist, so wird schon die Rücksicht auf möglichste Verminderung des Schreibwerks dahin führen, von dieser Befugnis Gebrauch zu machen und an die Bezugnahme das Vorbringen der Partei in 2. Instanz anzuschließen. **Beispiel:** (Kläger hat auf Zahlung von 4000 Mk. geklagt. In 1. Instanz ist der Beklagte zur Zahlung von 2000 Mk. verurteilt, Kläger mit der Mehrforderung abgewiesen. Von den Kosten sind die gerichtlichen jeder Partei zur Hälfte auferlegt, die außergerichtlichen gegeneinander aufgehoben.) „Gegen das bezeichnete landgerichtliche Urteil hat der Kläger in rechter Form und Frist Berufung eingelegt und beantragt, unter Änderung des angefochtenen Urteils den Beklagten zur Zahlung von noch weiteren 2000 Mk. zu verurteilen. Der Beklagte hat sich der Berufung angeschlossen und um gänzliche Abweisung der Klage gebeten. Beide Teile haben beantragt, die Berufung des Gegners zurückzuweisen und ihm die sämtlichen Kosten aufzuerlegen.

Der Tatbestand des angefochtenen Urteils und das Ergebnis der darin in bezug genommenen Beweisaufnahme 1. Instanz ist vorgetragen.

Der Kläger hat ferner vorgetragen usw.

Der Beklagte hat dagegen behauptet usw.

Über die neuen Anführungen der Parteien ist nach Maßgabe des Beschlusses vom usw. Beweis erhoben. Das vorgetragene Ergebnis der Beweisaufnahme enthalten die Verhandlungen von usw."

Ist in der Berufungsinstanz das Berufungsurteil aufgehoben und die Sache zur anderweiten Verhandlung und Entscheidung an das Berufungsgericht zurückverwiesen, so kann der Tatbestand des neuen Berufungsurteils folgendermaßen eingeleitet werden: „Das am usw. verkündete Urteil des Oberlandesgerichts ist durch das am usw. verkündete Urteil des Reichsgerichts

---

[26]) § 543.

insoweit aufgehoben, als es das Urteil 1. Instanz zum Nachteil des Beklagten geändert hat. Insoweit ist die Sache zur anderweiten Verhandlung und Entscheidung an das Berufungsgericht zurückverwiesen. Die Entscheidung über die Kosten der Revisionsinstanz ist dem künftigen Endurteil vorbehalten. (Nach den Gründen des reichsgerichtlichen Urteils ist die Aufhebung deshalb erfolgt, weil usw.)

Der Kläger und Berufungskläger hat nunmehr beantragt: usw.

Der Beklagte hat um Zurückweisung der Berufung gebeten.

Der Tatbestand des erstinstanzlichen Urteils und des früheren Berufungsurteils ist vorgetragen, aber durch neue Anführungen ergänzt und berichtigt. Der Kläger behauptet jetzt usw.

Der Beklagte hat dagegen behauptet usw."

2. Ist der Tatbestand der 1. Instanz unbrauchbar oder durch das Vorbringen der Berufungsinstanz wesentlich verändert, so bedarf es der Anfertigung eines neuen selbständigen Tatbestandes.

Die Darstellung kann eine verschiedene sein.

a) Einmal so, daß auf der Grundlage der neuen Verhandlung der Streitstoff neu und einheitlich geordnet wird, ohne Rücksicht darauf, ob das Vorbringen in 1. oder 2. Instanz erfolgt ist.

Dieser Tatbestand würde sich auf dem folgenden Gedankengange aufbauen lassen:

1. Bezeichnung der wesentlichen Grundlage des Rechtsstreits;
2. die Parteianträge aus erster Instanz;
3. Urteilsformel erster Instanz;
4. Bezeichnung des Berufungsklägers;
5. Anträge der Parteien in der Berufungsinstanz;
6. Darstellung der Klagetatsachen; die unstreitigen (Geschichtserzählung) werden vorangestellt, gleichviel ob sie jetzt oder in der ersten Instanz unbestritten geblieben sind;
7. Klagebeantwortung;
8. Entgegnung des Klägers (Replik) bezw. des Beklagten (Duplik);
9. Beweisaufnahme aus beiden Instanzen.

b) Die zweite Methode ist die, daß historisch die zweite Instanz aus der ersten entwickelt wird, also das Vorbringen jeder Instanz besonders zur Darstellung gelangt.

Die Disposition zu solchem Tatbestande könnte die folgende sein:

1. Darstellung der Klagetatsachen, zuerst die unstreitigen (Geschichtserzählung), dann die bestrittenen;
2. Klageantrag erster Instanz;
3. Klagebeantwortung und Antrag des Beklagten aus erster Instanz;
4. Entgegnung des Klägers (Replik);
5. Entgegnung des Beklagten (Duplik);
6. Beweisaufnahme erster Instanz;
7. Entscheidung erster Instanz;
8. Angabe der Partei, welche die Berufung eingelegt hat;
9. Mitteilung, in welchem Umfange das erste Urteil angefochten wird;
10. Antrag des Berufungsklägers;

11. Berufungsrechtfertigung;
12. Antrag des Berufungsbeklagten;
13. Beantwortung der Berufungsrechtfertigung;
14. Erwiderung des Berufungsklägers oder des Berufungsbeklagten;
15. Beweisaufnahme zweiter Instanz.

Welche von den beiden Methoden zu wählen sei, ist nach der Lage des Falles zu bestimmen. Im allgemeinen wird man davon ausgehen können, daß die erste Methode den Vorzug verdiene, da sie es ermöglicht, die Aufmerksamkeit auf die Sache selbst zu beschränken, und nicht dazu nötigt, daneben auch den Entwicklungsgang, den die Sache genommen hat, zu beachten.

Die zweite Methode kann dann praktisch werden, wenn dem Entwicklungsgange des Prozesses eine hervorragende Bedeutung zukommt, wenn es sich also beispielsweise darum handelt, ob eine unstatthafte Änderung der Klage vorliegt,[27]) oder ob ein neues Vorbringen geltend gemacht wird, das für den Kostenpunkt maßgebend ist.[28]) Doch sind derartige Umstände für die Wahl der zweiten Methode nicht unbedingt zwingend. Auch trotz solcher Umstände kann die erste Methode am Platze sein; doch muß alsdann dem Tatbestand am Schlusse oder an sonst geeigneter Stelle dasjenige, was aus dem Entwicklungsgang des Prozesses wichtig ist, hinzugefügt werden.[29])

3. Bei der Darstellung des Tatbestands, gleichviel nach welcher Methode, ist — wie in erster Instanz — vor allem die Rücksicht auf das beste Verständnis entscheidend. Diejenigen Gesichtspunkte, die auf dies Ziel hin bei der ersten Instanz ins Auge zu fassen sind, bleiben auch für die zweite Instanz bestimmend.

Daneben sind folgende allgemeine Grundsätze der Beachtung anzuempfehlen.

a) Die Parteien werden zweckmäßig nur nach ihrer ursprünglichen Parteirolle in erster Instanz, also als Kläger und Beklagter, ohne Zusatz, aufgeführt. Ihre sonstige Parteistellung erhellt genügend aus dem Rubrum und den Anträgen. Die letzteren sind der Regel nach wörtlich aufzunehmen.

b) Zu bezeichnen sind das Gericht, das in 1. Instanz erkannt hat, und der Tag des Urteils. Die Formel des Urteils 1. Instanz ist wörtlich oder durch Bezugnahme auf den übereinstimmenden Antrag zu geben. Richtet sich die Berufung nur gegen einen Teil des ersten Urteils, so ist auch nur der angegriffene Teil der Urteilsformel mitzuteilen, vorausgesetzt, daß er in sich selbstverständlich ist. Wenn ein Teil- oder Zwischenurteil zugleich mit dem Endurteile in die Berufungsinstanz gelangt, so wird der Tatbestand für die mehreren Ansprüche zusammen aufgestellt werden, also auch die gemeinschaftliche Aufführung der mehreren Urteilsformeln erfolgen können.

c) Das Gericht, dessen Urteil angefochten worden, ist nach dessen Benennung als „das Königl. Amtsgerichts in A.", „das Königl. Land-

---

[27]) § 527. [28]) § 97 Abs. 2. [29]) Vgl. Meyer, Protokoll und Urteil S. 75 f.

gericht in B." oder einfach als „das Gericht erster Instanz", „der erste Richter", „der Vorderrichter" zu bezeichnen.

d) Die Angabe der Tage, an denen die Zustellung des angegriffenen Urteils und die Einreichung der Berufungsschrift stattgefunden hat, sowie Bemerkungen über die Formen und Fristen der Berufung sind nur dann von Interesse, wenn in dieser Beziehung Zweifel von den Parteien geltend gemacht werden oder von Amts wegen anzuregen sind.

e) Ist die Berufung ohne Beschränkung eingelegt und erst im Laufe des Verfahrens eingeschränkt worden, so ist dies hervorzuheben, da es für die Entscheidung des Kostenpunkts interessiert.

f) Über die Verhandlung erster Instanz ist in der Berufungsinstanz nur dasjenige vorzutragen und in den Tatbestand aufzunehmen, was zum Verständnis der Berufungsanträge und zur Prüfung der Richtigkeit der angefochtenen Entscheidung erforderlich ist. Klageansprüche und Einreden, die fallen gelassen oder durch Teilurteil erledigt sind, sind gänzlich auszulassen, oder doch nur, wenn es für das Verständnis unentbehrlich ist, kurz anzudeuten. Anführungen, die erst in der Berufungsinstanz unstreitig geworden, sind als unstreitig aufzuführen. Wiederholungen: „Kläger wiederholt die An- und Ausführungen 1. Instanz" sind zu vermeiden.

g) Die Gründe des angefochtenen Urteils sind nur soweit vorzutragen, daß sie das Verstehen des Inhalts und der Bedeutung dieses Urteils ermöglichen. Ist der Beklagte nach dem Klageantrage verurteilt, so genügt diese Angabe. Weshalb die Verurteilung erfolgt ist, interessiert den Berufungsrichter nicht. Eine Anfechtung der Gründe gibt es nicht. Die Gründe mögen noch so unrichtig sein, — zur Aufrechterhaltung der Entscheidung genügt es, wenn das Urteil selbst richtig ist, wenn auch aus anderen Gründen. Ist der Kläger abgewiesen, so muß angegeben werden, ob die Abweisung wegen mangelnder Prozeßvoraussetzungen oder aus sachlichen Gründen ausgesprochen ist. Ist teils verurteilt, teils abgewiesen, dann muß erhellen, worauf sich die Verurteilung und worauf die Abweisung erstreckt. Unter Umständen wird dies ohne weiteres aus der Mitteilung der Entscheidung hervorgehen. Ist z. B. auf Herausgabe mehrerer bestimmter Sachen geklagt, der Beklagte zur Herausgabe einzelner Sachen verurteilt, Kläger mit dem Antrage auf Verurteilung des Beklagten zur Herausgabe der übrigen Sachen abgewiesen, so wird durch Mitteilung der Entscheidung Inhalt und Bedeutung des Urteils ohne weiteres klar. Ist dagegen von einem eingeklagten Geldbetrag ein Teil zu-, ein Teil aberkannt, so ist der eine wie der andere Teil erkennbar zu machen. Ebenso wenn geforderte Zinsen nicht für die ganze beanspruchte Zeit, sondern nur für einen Teil der Zeit zugesprochen werden. Jeder Teil wird durch seine Erledigung im Urteil individualisiert.

h) Haben beide Teile Berufung eingelegt, oder ist eine Anschlußberufung erfolgt, so empfiehlt es sich, die für die andere präjudizielle oder die umfassendere zuerst vorzutragen und erst nach deren Darstellung — einschließlich der Beweisaufnahme — die Berufung des anderen Teils anzureihen.

i) Für die Zulässigkeit der Bezugnahme auf die Akten unterliegt der Berufungsrichter — abgesehen von der Bezugnahme auf den Tatbestand des Vorderurteils — denselben Beschränkungen wie der erste Richter. Er darf hinsichtlich des Parteivorbringens nur in einzelnen, bestimmt hervorzuhebenden Beziehungen auf die Schriftsätze verweisen; es steht ihm aber nicht frei, statt der Aufstellung eines Tatbestands sich lediglich auf den Inhalt der vorbereitenden Schriftsätze zu beziehen.[80])

B. Der Bericht (das Referat).

I. Der Vortrag des Streitmaterials ist Sache der Parteien. Ein von einem Mitgliede des Kollegiums, dem Berichterstatter (Referent), ausgearbeitetes Referat, wie es im früheren, von der Schriftlichkeit beherrschten Verfahren üblich war, ist damit fortgefallen. Aber als Übungsstück für Referendare ist es beibehalten. Das Preuß. Regul. v. 1. Mai 1883, betr. die jurist. Prüfungen und die Vorbereitung zum höheren Justizdienst in Verbindung mit der Allg. Verfüg. v. 30. März 1908 verlangt für die schriftliche (zweite) Prüfung neben vier Arbeiten[1]) „eine Relation aus Prozeßakten" und bestimmt in § 34, daß diese Relation „eine vollständige und wohlgeordnete Darstellung des Sach- und Rechtsverhältnisses, ein begründetes Gutachten und einen Urteilsentwurf enthalten muß".

„Das Referat soll das tatsächliche Material liefern, auf Grund dessen der Referent seine Entscheidung vorschlägt, es soll den Hörer oder Leser in die Lage setzen, die vom Referenten vorgeschlagene Entscheidung zu kontrollieren und selbst zu entscheiden. Deshalb muß sich das Referat auf den Zeitpunkt stellen, in welchem die Entscheidung zu erfolgen hat. Wie in diesem Momente der Rechtsstreit liegt, ist er sachgemäß verarbeitet und einheitlich gestaltet so darzustellen, wie einem Mitgliede des Gerichts das volle Ergebnis der mündlichen Verhandlung zugänglich gemacht werden kann."[2])

Das Referat hat also im wesentlichen dem „Tatbestande" im Urteile zu entsprechen und finden die Grundsätze, die für den Tatbestand aufgestellt sind, auch auf das Referat entsprechende Anwendung. Die Justizprüfungskommission hebt ausdrücklich hervor, „daß je nach Lage der Sache mannigfach nichts dagegen zu erinnern sein wird, wenn der Kandidat das Referat als Urteilstatbestand einrückt. Namentlich ist im Tatbestande eine nochmalige Abschrift der Beweisaufnahme nicht nötig, die Bezugnahme genügt". Dagegen dient das Gutachten (Votum)[3]) ganz anderen Zwecken als die Urteilsbegründung. Beide weichen nach Form und Inhalt wesentlich voneinander ab und bedürfen unter allen Umständen ein jedes der besonderen Darstellung.[3a])

II. Nur folgende, durch die verschiedene Natur des Referats und des Tatbestands begründete Besonderheiten sind hervorzuheben.

1. Wie dem Tatbestand das mündliche Parteivorbringen, so ist dem Referate der Inhalt der Akten — und zwar der gesamte Inhalt — zu-

[80]) RG. in Gruch. 26 S. 737.
[1]) Vgl. hierzu Striemer, Anleitg. zur Anfertigg. der schriftlichen Arbeiten f. d. Referendariatsexamen. 4. Aufl. 1908. [2]) Proberel. S. 8. [3]) Unten S. 154.
[3a]) Proberel. S. 25. 94.

grunde zu legen. Es soll von der Annahme ausgegangen werden, daß die Parteien den gesamten Inhalt der Akten zum Gegenstand der mündlichen Verhandlung gemacht haben. Keine der vorgetragenen Tatsachen darf im Referate unerwähnt bleiben, und es ist fehlerhaft, irgendwelches tatsächliches Material in das Votum zu verweisen.[4])

Deshalb muß im Referate Aufnahme finden:

a) Der Inhalt der sämtlichen Schriftsätze. Wenn in dem letzten Schriftsatze von derjenigen Partei, die ihn eingebracht hat, einseitige Behauptungen aufgestellt sind, so darf nicht unerwähnt bleiben, daß eine Erklärung darauf (nach der Aktenlage) nicht erfolgt ist. Doch wird zu prüfen sein, ob aus dem späteren Inhalt der Akten, z. B. aus dem Beweisbeschlusse nicht zu entnehmen ist, daß diese Behauptungen bestritten sind.[5]) Bei der Mitteilung der feststehenden Tatsachen ist mit Rücksicht auf §§ 531, 532 erkennbar zu machen, ob sie vom Gegner zugestanden oder nur unbestritten geblieben sind. Dabei ist in Proberelationen sowohl für das Referat als für den Tatbestand des Urteils jedes in einem Schriftsatz abgegebene Geständnis als ein gerichtliches im Sinne des § 288 anzusehen, weil unterstellt wird, daß der gesamte Akteninhalt Gegenstand der mündlichen Verhandlung gewesen sei.[6])

Befinden sich in den Akten Handzeichnungen zur Beschreibung von Örtlichkeiten usw., so sind dem Referate Kopien beizufügen. Bei Familien- und Erbschaftssachen empfiehlt es sich, eine Stammtafel zu entwerfen.[7]) Bei Verzeichnissen, Rechnungen u. dgl. wird in der Regel eine zusammenfassende Darstellung der Streitpunkte oder der Streitposten genügen und die Mitteilung von Abschriften nur ausnahmsweise erforderlich sein. Eine Bezugnahme auf die Akten ist, wie überhaupt,[8]) auch hier unbedingt unzulässig.[9])

Sind den Schriftsätzen Urkunden oder Akten beigefügt und zum Gegenstande der Verhandlung gemacht, so genügt es nicht, auf sie Bezug zu nehmen und ihren Inhalt im Gutachten zu besprechen, sondern es ist ihr maßgebender Inhalt in das Referat aufzunehmen und im Zweifelsfalle davon auszugehen, das alles für den Rechtsstreit Erhebliche vorgetragen sei. Ob die Mitteilung des Inhalts ausreicht oder ob der Wortlaut anzugeben ist, hängt von der Lage der Sache ab. Jedenfalls ist der zweifellos unerhebliche Inhalt von der Aufnahme in das Referat auszuschließen.[10])

Es ist ein grober Fehler, wenn im Gutachten Tatumstände gewürdigt werden, die im Bericht nicht enthalten sind, denn in solchem Falle wird geurteilt ohne Anhörung der Parteien. Liegen z. B. den Prozeßakten Grundakten bei, die Tatsachen enthalten, welche für die Sache erheblich, aber von den Parteien nicht vorgetragen sind, so kann nicht ohne weiteres auf diese Tatsachen im Gutachten zurückgegriffen werden, es ist vielmehr im Bericht der betreffende Inhalt, vielleicht in Form einer Anmerkung, mitzuteilen, mit dem Hervorheben, daß die Parteien nichts darüber angeführt haben.

---

[4]) Proberel. S. 17. [5]) Proberel. S. 8. [6]) Proberel. S. 10. [7]) Proberel. S. 60. [8]) Unten zu 5. [9]) Proberel. S. 11. [10]) Proberel. S. 18 ff.

b) Die in dem Verhandlungsterminsprotokoll vorgebrachten Tatsachen oder Anträge, soweit sie das Vorbringen der Schriftsätze ergänzen oder ändern.

c) Die Beweisanträge, Beweissätze und das Beweisergebnis.

Enthalten die Akten ein Beweisverfahren, so müssen der Beweisbeschluß und das Beweisergebnis unter allen Umständen in den Sachbericht aufgenommen werden. Es ist nicht statthaft, die Aufnahme deshalb zu unterlassen, weil nach der Ansicht des Berichterstatters das Beweisverfahren überflüssig gewesen ist, vielmehr ohne Beweiserhebung zu erkennen gewesen war.[11])

d) Bei dem Referat in der Berufungsinstanz bleiben die Anführungen der Schriftsätze 1. Instanz insoweit außer Betracht, als der Tatbestand des Vorderurteils sie nicht enthält oder nicht auf sie verweist, denn was im Tatbestande nicht steht, ist auch nicht vorgetragen. Dagegen sind die Anführungen aus den Schriftsätzen 2. Instanz vollständig zu berücksichtigen; es ist zu unterstellen, daß die angekündigten Anführungen auch wirklich gemacht sind.

2. Wie jedes Urteil nur Einen Tatbestand, so hat jede Relation auch nur Ein Referat zu enthalten. Geht die Aufgabe des Tatbestands dahin, das gesamte mündliche Parteivorbringen als ein einheitliches Ganzes darzustellen, so hat das Referat die nämliche Aufgabe bezüglich des Akteninhalts. An welcher Stelle der Akten sich der Inhalt befindet, gilt gleichviel. Deshalb würde es fehlerhaft sein, den Akteninhalt in zwei Referate — das eine über den Inhalt der Schriftsätze, das zweite (Nachtragsreferat) über das Beweisverfahren — zu zerlegen.[12])

3. Verlegenheiten können dem Referenten, der allein auf den Inhalt der Akten angewiesen ist, dann entstehen, wenn er a) formelle Mängel findet, die er — wenn er als Richter tätig zu sein hätte — durch eine Vorauflage beseitigen würde, oder b) die Aufklärung des Sachverhalts im Wege der Ausübung des richterlichen Fragerechts für geboten erachtet. Die Justizprüfungskommission empfiehlt für Proberelationen im Falle zu a die Vorauflage zu formulieren und bei weiterer Prüfung der Sache zu unterstellen, sie sei erledigt, — im Falle zu b, sofern nicht die unklare Parteibehauptung wegen ihrer Unklarheit verworfen werde, eine geeignet scheinende, durch Ausübung des Fragerechts hervorgerufene erläuternde Parteibehauptung zu fingieren.[13])

4. Eine fernere Verlegenheit kann dem Referenten, der nach dem Preuß. Regulativ v. 1. Mai 1883 als Teil der Relation auch einen Urteilsentwurf fertigen muß, dann erwachsen, wenn seiner Ansicht nach die Sache noch nicht spruchreif ist, sondern noch eine Beweiserhebung erfordert.

Soviel bekannt, werden der Justizprüfungskommission als zu Proberelationen geeignet von den Gerichten nur solche Prozeßakten übersendet, in denen der Rechtsstreit durch Endurteil beendigt worden ist. Damit ist nicht gesagt, daß in der Sache nicht auch aus gleichwertigen — vielleicht besseren — Gründen der Erlaß eines Beweisbeschlusses sich recht-

[11]) Proberel. S. 9. [12]) Proberel. S. 13. [13]) Proberel. S. 20.

fertigen ließe. Deshalb erkennt auch die Prüfungskommission an, es könne dem Kandidaten daraus, daß seine Arbeit mit einem Beweisbeschluß abschließe, kein Vorwurf gemacht werden. Dennoch wird es für wünschenswert erachtet, daß der Kandidat den Beweis liefere, daß er auch einen ordnungsmäßigen Urteilsentwurf anzufertigen verstehe, und es wird empfohlen, in Ergänzung des Aktenmaterials zu unterstellen, der erforderte Beweis sei geführt oder er sei nicht geführt worden.[14])

5. Soll das Referat seiner Aufgabe gerecht werden, das tatsächliche Material zu liefern, auf Grund dessen der Hörer oder Leser die Entscheidung der Sache zu finden vermag, so muß es dieses Material in dem Texte des Referates selbst bringen. Deshalb ist eine Bezugnahme auf den Inhalt der Akten — wie sie für den Urteilstatbestand gestattet ist — bei dem Referate unbedingt untersagt. Jede Bezugnahme, gleichviel auf welchen Teil der Akten, würde das Referat unvollständig machen.

Ebensowenig erscheint es zulässig, Teile des Referats in Anmerkungen zu verweisen, da Anmerkungen zum Vortrag nicht geeignet sind. Nur dann, wenn der Referent in den zu 3 und 4 erwähnten Fällen in das Referat fingierte Tatsachen eingeschoben hat, wird er diese als solche in besonderen Anmerkungen am Schlusse der Seite oder am Rande zu bezeichnen haben.

6. Zur Vorbereitung des Referats hat der Referent den Stoff zu sammeln und einen bestimmten Plan für die schriftliche Darstellung zu entwerfen.

Er muß also die Akten aufmerksam und genau durchlesen. In Berufungssachen wird es sich empfehlen, mit den Schriftsätzen der zweiten Instanz zu beginnen, um zu übersehen, welche Punkte in die Berufungsinstanz gelangt sind und worauf es noch in der Sache ankommt.

In verwickelten Rechtsstreitigkeiten wird häufig die Anfertigung von Auszügen gute Dienste leisten.

Mit dem Niederschreiben des Referates darf erst begonnen werden, wenn man nicht nur den Plan zum Vortrag entworfen hat, sondern auch über das abzugebende Gutachten mit sich einig geworden ist.

Die äußere Form anlangend, so ist das Referat auf die rechte Seite eines halbgebrochenen Bogens zu schreiben, oder doch ein breiter Rand linker Hand frei zu lassen. Der Rand ist nur zur Bezeichnung der Aktenblätter, die niemals fehlen darf, zu verwenden; außerdem dient er zur Aufnahme von Bemerkungen für den Korreferenten oder Zensor.

Die Überschrift muß das Prozeßrubrum angeben u. z. ebenso vollständig wie das Rubrum des Urteils.

Den Schluß bildet die Angabe des Orts und Datums, sowie die Unterschrift des Referenten.

C. Gutachten (Votum).

I. An den Bericht schließt sich das Gutachten des Berichterstatters an, d. h. sein Vorschlag, wie nach Lage seines Vortrages zu entscheiden

[14]) Proberel. S. 26.

sei. Die Aufgabe des Gutachtens geht dahin, durch kritische Beleuchtung des Rechtsstreits die Entscheidung vorzubereiten. Es ist darin also nicht nur die nach der Ansicht des Berichterstatters zu fällende Entscheidung vorzuschlagen und zu begründen, sondern es sind auch diejenigen Umstände, die zu einer abweichenden Entscheidung führen könnten, darzulegen und zu prüfen.

Das Gutachten muß — rechtlich und tatsächlich — das ganze Streitmaterial erschöpfen. Kein Anspruch, kein Klagegrund, keine Einrede, keine Replik darf unerörtert, kein Streitpunkt unentschieden bleiben, auch wenn er dem Berichterstatter unerheblich erscheint.

Liegen mehrere Ansprüche vor, so sind sie alle zu prüfen, gleichviel ob sie kumulativ — sowohl der eine wie der andere —, alternativ — der eine oder der andere nach Wahl des Beklagten —, oder eventuell — der zweite nur für den Fall, daß der erste unbegründet erscheint — gestellt sind. Außer dem Hauptanspruch ist auch der Nebenanspruch — z. B. wegen der Zinsen —, der Antrag wegen vorläufiger Vollstreckbarkeit und der — von Amts wegen zu regelnde — Kostenpunkt zur Erörterung zu ziehen. Bei mehreren Klägern oder mehreren Beklagten ist die Zulässigkeit des Anspruchs für und gegen jeden einzelnen zu untersuchen.

Hält der Berichterstatter einen Klagegrund für entscheidend, eine Einrede oder Replik für durchgreifend, den prinzipalen Klageantrag — im Gegensatze zum eventuellen — für begründet, so befindet er sich in der Lage, hiernach seine Entscheidung vorzuschlagen. Er darf sich aber hierauf nicht beschränken, muß vielmehr die Möglichkeit ins Auge fassen, daß seine Auffassung vom Kollegium nicht geteilt wird. Deshalb muß er seinem prinzipalen Gutachten auch noch ein eventuelles Gutachten darüber beifügen, wie zu entscheiden wäre, wenn der ausgesprochenen Ansicht nicht beigetreten werden sollte. In diesem eventuellen Gutachten ist das gesamte übrige Streitmaterial — die übrigen Klagegründe, die anderen Einreden und Repliken, der eventuelle Klageantrag — der Erörterung zu unterziehen.

Über die Art und Weise, in der das Gutachten seine Aufgabe zu erfüllen hat, lassen sich feste Regeln ebensowenig geben, wie für die Anfertigung des Tatbestands und des Referates. Die Regel unseres großen Lehrers Suarez: „Suche die Wahrheit auf dem nächsten und sichersten Wege!" diese Regel — die man mit Recht den ganzen Inbegriff der Prozeßordnung nennen kann [1]) — muß auch hier als leitender Gesichtspunkt im Auge behalten werden.

Im allgemeinen lassen sich nur die folgenden, durch den Zweck des Gutachtens bestimmten Grundsätze aufstellen; die Anwendung dieser Grundsätze und die Methode des Votierens im einzelnen Falle hat sich den Besonderheiten des vorliegenden Rechtsstreits anzuschließen.

II. Das Gutachten beginnt mit der Prüfung der Förmlichkeiten und prozeßrechtlichen Voraussetzungen.

Die materielle Beurteilung des Streitgegenstandes ist erst dann möglich und zulässig, wenn die Prozeßvoraussetzungen vorliegen. Deshalb hat der Berichterstatter zunächst auf diesen Punkt sein Augenmerk zu richten.

---

[1]) Stölzel, Suarez S. 201.

Abgesehen von den wesentlichen Förmlichkeiten hat der Berichterstatter auch den übrigen Vorgängen in den Akten seine Aufmerksamkeit zuzuwenden und die daraus sich ergebenden Umstände, gleichviel ob sie von den Parteien gerügt sind oder nicht, hervorzuheben. So beispielsweise die irrtümliche Berechnung des Streitobjekts, die Stempelpflichtigkeit eingereichter Urkunden (auch Vollmachten), formelle Verstöße bei Zustellungen, mangelhafte Unterschriften u. dgl.

Desgleichen werden Äußerungen darüber, ob Anlaß vorliegt, von den Ermächtigungen Gebrauch zu machen, die dem Gericht in den §§ 139 bis 155 gegeben sind, insbesondere bezüglich des Fragerechts [2]) und des Trennungsrechts [3]) hier ihre Stelle finden.

Haben die Parteien bezüglich der Formalien bestimmte Rügen erhoben, so müssen diese stets, auch wenn sie nicht begründet erscheinen, geprüft werden. Im übrigen aber sind nur die wirklich vorliegenden Bedenken zu erledigen und die ermittelten Mängel, unter Feststellung der daraus sich ergebenden rechtlichen Folgen, hervorzuheben. Wird alles in guter Ordnung befunden, so genügt die Bemerkung des Referenten:

daß sich bei den Förmlichkeiten kein Anstand ergeben habe. [4])

III. Der Prüfung der Förmlichkeiten und Prozeßvoraussetzungen folgt die materielle Prüfung der Ansprüche.

Die Aufgabe dieser Prüfung ist eine dreifache: sie soll die in der Sache zu gebende Entscheidung vorschlagen, begründen und formulieren.

1. Der Vorschlag. Soll der Hörer oder Leser die Ausführungen des Gutachtens richtig würdigen, so muß er von vornherein wissen, auf welches Endziel sie gerichtet sind. Der Referent wird also zweckmäßig mit dem Vorschlag darüber beginnen, was in der Sache materiell geschehen soll. Doch muß sich dieser Vorschlag, entsprechend dem Zwecke der nur vorläufigen Information, auf die kurze Angabe des Inhalts der empfohlenen Entscheidung beschränken. Sog. Kollektiv-Votum. Beispielsweise:

Ich würde den Beklagten nach dem Klageantrag verurteilen, — oder: zur Zahlung von — M. verurteilen, die weitergehende Klage dagegen abweisen.

M. E. ist der Klageanspruch unbegründet, oder: ist der Klagevortrag unerwiesen geblieben.

---

[2]) § 139. [3]) §§ 148 ff.

[4]) Dieser Auffassung Daubenspeck's — S. 86 — muß beigetreten werden, „da sich ein negativer Befund doch niemals erschöpfen läßt". Andere begnügen sich hiermit nicht, sondern verlangen, daß der Berichterstatter über die hierher gehörigen Punkte spezielle Rechenschaft ablege, so daß der Hörer oder Leser zu einem selbständigen Urteil befähigt wird. Der Berichterstatter wird sich der herrschenden Gerichtspraxis zu fügen haben. Verlangt diese eine begründete Beurteilung der Förmlichkeiten auch bei negativem Befunde, so wird sich die Erörterung auf folgende Hauptpunkte zu erstrecken haben:

a) die Zulässigkeit des Rechtswegs;
b) die Zuständigkeit des Gerichtes;
c) die Prozeßfähigkeit der Parteien, die Legitimation ihrer gesetzlichen Vertreter, die Vollmachten der gewählten Vertreter;
d) die Zulässigkeit der eingelegten Berufung;
e) die gesetzlichen Formen und Fristen der Berufung bzw. des Einspruchs.

Ich würde den Kläger über das behauptete Kaufgeschäft zum richterlichen Eide zulassen.

Ich halte den prinzipalen Klageanspruch auf Auflassung für unbegründet; auf den eventuellen Antrag würde ich den Beklagten zur Rückzahlung des Kaufgeldes nebst Zinsen verurteilen, dagegen den Anspruch auf Konventionalstrafe abweisen.

Ich würde die Berufung des Beklagten zurückweisen und ihn auf die Anschlußberufung des Klägers zur Zahlung der eingeklagten Zinsen verurteilen.

Wird Beweisaufnahme beschlossen, so ist erkennbar zu machen, nach welcher Richtung hin sie erfolgen soll, z. B.:

Ich würde Beweis erheben über die Richtigkeit der vom Kläger behaupteten Abtretung und über die vom Beklagten eingewendete Vergleichsabrede.

2. Die Begründung. Die Ausführungen des Gutachtens müssen ein klares Erkennen des Ziels ergeben.

a) „Hierbei sind Folgerichtigkeit, d. h. diejenige logisch richtige Ordnung, welche die am weitesten gehenden Fragen voranstellt und die untergeordneten und eventuellen folgen läßt, Übersichtlichkeit und Klarheit, welche den vorzutragenden Stoff nach dieser Anordnung richtig verteilt und verwendet, die ersten und hauptsächlichsten Erfordernisse. Danach wird in der Regel, sobald nur irgendein Bedenken dabei stattfinden kann, mit der Prüfung der Legitimation der Parteien zur Sache, d. h. mit der Frage begonnen, ob der Kläger für seine Person befugt erscheint, die Klage anzustellen, und ob der Beklagte derjenige ist, gegen den die Klage anzustellen war.“ [5]) Es ist eine voreilige Entscheidung, wenn gesagt wird, die Aktivlegitimation des Klägers oder die Passivlegitimation des Beklagten könne dahin gestellt bleiben, da jedenfalls der Anspruch unbegründet sei.[6]) Hierbei bleibt zu beachten, daß die Aktivlegitimation zur Begründung der Klage gehört, also zur Zeit der Klageerhebung, nicht erst zur Zeit der Urteilsfällung vorhanden sein muß.[7])

„Entscheidet eine Frage den ganzen Streit, so muß sie vorweg erörtert, bei Punktensachen daher wird der präjudiziellsten, bei wechselseitigen Berufungen mit der umfassendsten begonnen werden. Erörtert eine Frage die andere, so wird sie zuerst vorgetragen.“ [8])

Das Zusammengehörige ist auch im Zusammenhang zu behandeln. Bei jedem Punkte muß sich der Erörterung der Gründe die der Gegengründe, der Ausführung der Entscheidungsgründe die Beleuchtung der Zweifelsgründe anschließen und zu einem einheitlichen Ganzen verwoben werden. Bei der Prüfung der Klagebegründung ist auch die Beurteilung derjenigen Anführungen mit aufzunehmen, die der Beklagte dieser Begründung entgegenstellt. Dasselbe gilt für die Erörterung der Einreden, der Repliken usw. Desgleichen ist mit der Prüfung der Beweismittel die Prüfung der erhobenen Beweiseinreden zu verbinden.

Umgekehrt ist das innerlich Verschiedene äußerlich voneinander getrennt

---

[5]) Naumburger Anweis. in Proberel. II 5. [6]) RG. Gruch. 30 S. 440.
[7]) RG. Seuff. 53 Nr. 229, 54 S. 100. [8]) Naumburger Anweis. in Proberel. II 5.

zu halten. Wenn beispielsweise die Anführungen des Beklagten gegen die Klagebegründung sich als Einreden charakterisieren, so dürfen sie nicht in die Klagebegründung hineingezogen, müssen vielmehr abgesondert von dieser und nach ihr erörtert werden.[9])

b) Der Regel nach wird mit der Prüfung des Klagegrundes zu beginnen und erst demnächst auf das Einredevorbringen einzugehen sein. Ist die Prüfung des Klagegrundes von einer Vorfrage abhängig, so muß zunächst diese erörtert werden. Führt eine Einrede schneller und leichter zum Ziel, so ist mit ihr zu beginnen und nur im eventuellen Gutachten auf die Prüfung der Klageforderung einzugehen. Ebenso gestaltet sich die Sache, wenn eine Einrede durch eine Replik entkräftet wird, in welchem Falle von der Prüfung der Einrede, die der Regel nach vor der Replik zu erörtern ist, abgesehen werden kann.

c) Bei der Prüfung sowohl der Klage wie der Einrede ist mit der Erörterung der in Betracht kommenden Rechtssätze zu beginnen. Bevor es darauf ankommt festzustellen, ob die zur Begründung des Klageanspruchs vorgetragenen Tatsachen richtig sind, muß auf die Prüfung darüber eingegangen werden, ob diese Tatsachen den Klageanspruch rechtfertigen und nach welchem Rechtssatze. In gleicher Weise ist mit der Erörterung der Einrede zu verfahren. Erst nach beendigter rechtlicher Prüfung sämtlicher Parteibehauptungen ist ein Schluß darüber möglich und gestattet, ob man ohne Beweisverfahren zu einem Endurteil gelangen könne oder ob und worüber Beweis zu erheben sei. Hieran ist die Erörterung zu schließen, ob der erhobene Beweis erbracht oder nicht erbracht sei. Glaubt der Berichterstatter ohne Beweisverfahren zum Endurteil zu kommen, so erfordert doch seine Pflicht, die Sache nach allen Richtungen erschöpfend zu behandeln, daß er nach Begründung der von ihm vorgeschlagenen Endentscheidung in einem eventuellen Gutachten den Beweisbeschluß und das Beweisergebnis in den Kreis seiner Erörterung zieht und die daraus sich ergebenden Folgerungen herleitet.[10])

Die Pflicht der Parteien beschränkt sich auf die Anführung und den Beweis der Tatsachen. Die Anwendung des richtigen Rechtssatzes auf den vorgetragenen Tatbestand ist Sache des Richters. Er hat nicht nur die von den Parteien in bezug genommenen Rechtssätze auf ihre Richtigkeit und Anwendbarkeit zu prüfen, gleichviel ob die Parteien selbst diese Rechtssätze bestritten oder zugegeben haben, sondern es liegt ihm auch ob, von Amts wegen denjenigen Rechtssatz zu ermitteln, der auf den vorliegenden Tatbestand Anwendung findet. Wenn das Parteivorbringen den Parteiantrag rechtfertigt, so muß der Richter ihm Folge geben, einerlei ob der den Antrag stützende Rechtssatz von der Partei richtig oder unrichtig oder gar nicht angegeben ist.[11]) In welcher Weise die Parteien das in Betracht kommende Rechtsgeschäft in der Vertragsurkunde oder sonst bezeichnet haben, ist nicht von entscheidender Bedeutung. Sache des erkennenden Gerichts ist es vielmehr, wenn die Parteien über die rechtliche Bedeutung des Vertrags streiten, den darin zum Ausdruck gelangten

---

[9]) Proberel. S. 36. [10]) Präs. der Preuß. Justiz-Prüfungskomm. v. 7. Juli 1898. [11]) Planck, Lehrb. S. 444 ff.

übereinstimmenden Willen der Kontrahenten zu ermitteln und auf das gewonnene Ergebnis die entsprechenden gesetzlichen Bestimmungen anzuwenden.[12])

Die Auslegung der zur Anwendung gelangenden Rechtssätze[13]) muß nach denjenigen Grundsätzen, die Praxis und Wissenschaft als Mittel zur Erforschung des wahren Inhalts des Gesetzes aufgestellt haben, aus dem Gesetze selbst entnommen werden. Die sorgfältige Kenntnis und Benutzung der Rechtsprechung und Rechtswissenschaft ist zur Beherrschung des Materials unentbehrlich. Auch die sog. Materialien der Gesetze können für die Auslegung von Bedeutung sein, vornehmlich deshalb, weil sie die geschichtliche Entwicklung des Gesetzes vergegenwärtigen. Nur darf man nicht soweit gehen, durch die in den Materialien enthaltenen Ausführungen die Auslegung der Gesetze ersetzen zu wollen. Denn der Gesetzeswille ist lediglich in dem Gesetzestext, nicht in den ihm zugrunde liegenden Materialien zum Ausdrucke gelangt, und deshalb kann auch nur jenem, niemals aber diesen rechtsverbindliche Kraft beigemessen werden.[14]) Die kritiklose Unterwerfung unter die Aussprüche höchster Gerichtshöfe oder anerkannter Autoritäten kann ebensowenig gebilligt werden, als es angemessen erscheinen würde, sie gänzlich unbeachtet zu lassen oder kurz abzufertigen. Richtig verwertet, werden diese Aussprüche bei selbständiger Nachprüfung als die von hervorragend geeigneter Seite im Wege der Auslegung gefundenen Ergebnisse des Gesetzes dem Berichterstatter die eigene Auslegung erleichtern und deren Richtigkeit verbürgen. Der Richter würde aber seinen Richterberuf verleugnen, wenn er, statt selbst sein Urteil sich zu bilden, lediglich dem Urteile anderer folgen wollte.

Bezüglich der Anwendung fremden Rechts s. oben S. 38.

d) Tatsächliche Erörterungen.

α) Beweiserhebung. Durch die Erörterung des rechtlichen Materials wird klargestellt, welche Tatsachen für den vorliegenden Anspruch in Klage und Einrede nach der Rechtsordnung erheblich sind. Mangelhafte tatsächliche Begründung zieht ohne weiteres die Abweisung der Klage, die Zurückweisung der Einrede nach sich. Ist dagegen die tatsächliche Begründung eine vollständige, jedoch wegen Bestreitens erheblicher und ungewisser Tatsachen des Beweises bedürftig, so ist zunächst die Beweislast zu bestimmen[15]) und ihr entsprechend der Beweisbeschluß zu entwerfen.

β) Feststellung der Tatsachen.

Wie oben[16]) ausgeführt, ist die Entscheidung über die Wahrheit streitiger Tatsachen der Regel nach in die freie Überzeugung des Gerichts gestellt und dieses nur ausnahmsweise an bestimmte Beweisregeln gebunden erklärt. Das Gericht hat aber die Verpflichtung, die Gründe, die für seine Überzeugung leitend gewesen sind, im Urteil, also auch in dem das Urteil vorbereitenden Gutachten anzugeben, damit eine sorgfältige Abwägung der Gründe gesichert[17]) und dem Richter der höheren Instanz die Nachprüfung darüber ermöglicht wird, ob die Überzeugungsgründe des Vorderrichters

---

12) RG. JW. 93 S. 490. 13) In Probesachen sind die einschlagenden Gesetzesstellen der Regel nach in korrekter Abschrift mitzuteilen. Naumburger Anweis. II, 7. 14) RG. 16 S. 298. 15) Vgl. hierüber oben S. 36. 16) S. 74. 17) M. S. 207.

nicht auf einem rechtlichen oder tatsächlichen Irrtum, oder auf einer unvollständigen Beachtung der tatsächlichen Grundlage beruhen.

Die Zusammenfassung des Gesamtergebnisses der erwiesenen oder nicht erwiesenen Tatumstände in eine sogenannte — positive oder negative — tatsächliche Feststellung nach der Analogie der im § 266 StPO. vorgeschriebenen, würde dieser Aufgabe nicht gerecht werden, denn sie besagt nur, daß, nicht aber wie der Richter die Überzeugung erlangt habe. Es bedarf vielmehr des Eingehens auf die einzelnen Tatumstände und die Klarstellung der Überzeugungsgründe für jeden von ihnen. Hat das Gericht seine Überzeugung auf den Inhalt der Verhandlung gegründet, so ist die allgemeine Verweisung auf die letztere unzureichend, vielmehr bedarf es der Hervorhebung der einzelnen bestimmenden Verhandlungsmomente und der Entwicklung der aus ihnen hergeleiteten Schlußfolgerungen.[18]) Stützt sich das Gericht auf das Ergebnis der Beweisaufnahme, so sind die für maßgebend erachteten Beweismittel anzugeben und zu würdigen. Dies gilt insbesondere auch für die Auslegung einer Urkunde. Es ist nicht genügend, daß das Gericht das durch die Auslegung gewonnene Schlußergebnis mitteilt, es muß auch die Gründe, die zu dieser Auslegung geführt haben, offen legen. Die Prüfung darüber, ob ein Zeuge glaubwürdig oder nicht glaubwürdig sei, kann nur vom Prozeßgericht vorgenommen werden. Bemerkungen des ersuchten oder beauftragten Richters, daß er den Zeugen für glaubwürdig oder nicht glaubwürdig halte, sind wertlos und zu unterlassen.

Die etwaige Ablehnung oder Beschränkung einer Beweisaufnahme ist besonders zu begründen, und zwar entweder durch den Nachweis der Unerheblichkeit des Beweissatzes oder durch die Darlegung, daß das als beigebracht gedachte Beweismittel ohne Einfluß auf die bereits gewonnene Überzeugung bleiben werde.[19]) Wegen voraussichtlicher Ergebnislosigkeit darf ein Beweisantrag nicht abgelehnt werden[20].)

Das Ergebnis der tatsächlichen Feststellung kann ein dreifaches sein: es wird eine Tatsache für wahr, oder für unwahr oder für unerwiesen erachtet. Die für wahr oder für unwahr angenommenen Tatsachen sind rechtlich gewiß, können also nicht Gegenstand weiterer Beweisaufnahme sein und ist insbesondere auch die Eideszuschiebung bezüglich solcher Tatsachen unzulässig.[21]) Tatsachen, die das Gericht für unerwiesen ansieht, hat es zu verwerfen; das Recht der beweispflichtigen Partei, sich noch der Eideszuschiebung zu bedienen, wird dadurch nicht ausgeschlossen. Wenn aber das Gericht bezüglich der unerwiesenen Tatsachen annimmt, daß die Partei wenigstens einiges Material zur Begründung seiner Überzeugung beigebracht habe, so kann es der einen oder der anderen Partei über diese Tatsache einen richterlichen Eid auferlegen.[22])

Über die **Fassung der Beweisbeschlüsse oder Urteile** sind bestimmte Vorschläge zu machen.

Handelt es sich um anhängige Sachen, so werden die Beweisbeschlüsse zweckmäßig auf einem besonderen Bogen angefertigt, damit sie, sofern das

---

[18]) RG. Gruch. 27 S. 933. [19]) RG. Gruch. 26 S. 1132. [20]) RG. 4 S. 375, 6 S. 170, 8 S. 14, 11 S. 412. [21]) § 446. [22]) S. S. 65.

Gericht dem Votum des Referenten beitritt, sofort dem Sitzungsprotokolle als Anlage beigefügt werden können.

Wegen der Urteilsformel s. Urteil, oben S. 75.

IV. Art der Abfassung.

Das Gutachten soll den Hörer oder Leser in die Lage setzen, die Richtigkeit der vorgeschlagenen Entscheidung zu prüfen und sich sein eigenes Urteil in der Sache zu bilden. Es sind deshalb nicht nur die Entscheidungsgründe, sondern auch die Zweifelsgründe, gleichviel, ob die Parteien sie vorgebracht haben oder nicht, zur Erörterung zu ziehen. Doch dürfen die Rechtsausführungen sich nicht ins Ungemessene verlieren. Der Referent muß sich bewußt bleiben, daß seine Ausführungen lediglich auf die Erreichung praktischer Zwecke abzielen. Deshalb dürfen auch die Ausführungen nicht über den Rahmen einer praktischen Arbeit hinausgehen und nicht zu rechtswissenschaftlichen Abhandlungen werden. Sie haben sich also auf die Darlegung der leitenden Hauptgedanken zu beschränken. Auf der anderen Seite muß aber die Sprache des Gutachtens eine andere sein als die der Urteilsgründe. Im Gutachten redet ein Mitglied des Gerichts zu seinesgleichen; im Urteil redet das Gericht knapp und bestimmt, kraft seiner öffentlichen Autorität zu den Parteien. Darum müssen die Urteilsgründe es mehr als die Gutachten vermeiden, überflüssige Rechtsanschauungen auszusprechen.[23])

Ob der Beurteilung eines Streitpunktes die kurz zusammengedrängte Darstellung der ihm zugrunde liegenden Tatumstände vorauszuschicken ist, hängt von der Lage der Sache ab. Ausnahmsweise mag in weitläufigen und verwickelten Sachen eine solche Vorausschickung am Platze sein,[24]) der Regel nach wird sie bei korrekter Darstellung des Referats oder Tatbestands sich erübrigen.

In der Form des Ausdrucks ist, der richterlichen Würde entsprechend, alles Anstößige zu vermeiden, die Kritik bei der Nachprüfung der Ausführungen der Parteien oder der Gründe des Vorderrichters nicht herb und verletzend, sondern sachgemäß ruhig und bescheiden zu üben.

Das Niederschreiben wird zweckmäßig so lange ausgesetzt, bis der Referent die ganze Sache durchdacht hat und in allen wesentlichen Punkten zu einem festen Ergebnisse gelangt ist. Voreiliges Niederschreiben einzelner Bruchstücke wird nicht selten eine Umarbeitung notwendig machen.

Die äußere Form betreffend ist jedes Votum auf einen ganzen Bogen, der am linken Rande breit zu brechen ist, zu schreiben. Das Votum ist mit dem Rubrum der Sache, zu der es gefertigt ist, zu überschreiben und unter Beifügung des Datums zu unterschreiben. Werden dem Votum besonders gefertigte Beweisbeschlüsse beigefügt, so ist die Anlage zu überschreiben: „Anlage zum Protokoll von usw. in Sachen A und B (Aktenzeichen)."

---

[23]) Proberel. S. 25. [24]) Naumburger Anweis. II, 5.

Viertes Kapitel.

§ 24. Wiederaufnahme des Verfahrens.

(§§ 578—591 ZPO.)

Zur Wiederaufnahme eines durch rechtskräftiges Endurteil geschlossenen Verfahrens dienen die Nichtigkeitsklage (querela insanabilis nullitatis) und die Restitutionsklage (in integrum restitutio).[1]) Beide, in ihren Voraussetzungen verschieden, haben einen gemeinsamen Zweck, nämlich die Aufhebung eines rechtskräftigen Urteils und anderweite Entscheidung des Rechtsstreits, die erstere wegen unheilbarer Nichtigkeit, die letztere aus Billigkeitsrücksichten. Beide sind außerordentliche Rechtsbehelfe,[2]) aber keine eigentlichen Rechtsmittel, denn sie richten sich stets gegen rechtskräftige Urteile und gehören nicht zur Zuständigkeit eines höheren Richters. Treffen sie zusammen, so ist von Amts wegen die Verhandlung und Entscheidung über die Restitutionsklage bis zur rechtskräftigen Entscheidung der Nichtigkeitsklage auszusetzen, da die Wirkung der letzteren weiter reicht, als die der ersteren.[3]) Ihre prozessuale Behandlung ist die gleiche.

I. Zulässigkeit. Die Nichtigkeitsklage ist nur zulässig aus den vier Revisionsgründen des § 551 Nr. 1, 2, 3 und 5, aus den Gründen der Nr. 1 und 3 aber nur dann, wenn die Nichtigkeit nicht durch ein Rechtsmittel geltend gemacht werden konnte.[4]) Die Restitutionsklage ist beschränkt auf die sieben Fälle der §§ 580, 581 und in allen diesen Fällen nur dann gegeben, wenn die Partei ohne ihr Verschulden außerstande war, den Restitutionsgrund in dem früheren Verfahren, insbesondere durch Einspruch, Berufung oder Anschlußberufung geltend zu machen.[5]) Der Nachweis dieses Umstandes gehört zur Klagebegründung.

Der dem Restitutionskläger obliegende Beweis der Tatsachen, welche die Restitutionsklage begründen, kann durch Eideszuschiebung nicht geführt werden.[6]) Andere Beweismittel sind nicht ausgeschlossen, auch nicht das Geständnis.[7]) Auch die Auferlegung eines richterlichen Eides ist statthaft.[8]) Die Beweispflicht erstreckt sich in den Fällen des § 580 Nr. 1 bis 4 auch auf den ursächlichen Zusammenhang zwischen Urteil und Straftat, während im Falle der Nr. 5 dieser Zusammenhang gesetzlich unterstellt wird.[9])

---

[1]) § 578. [2]) RG. 57 S. 233. [3]) § 578. [4]) § 579. [5]) § 582. Seuff. 56 Nr. 95. [6]) § 581. [7]) M. S. 338. [8]) RG. 14 S. 328; JW. 84 S. 47. [9]) RG. 10 S. 384.

Mit beiden Klagen können auch Anfechtungsgründe geltend gemacht werden, durch die eine dem angefochtenen Urteil vorausgegangene Entscheidung (Zwischenurteil, Beweisbeschluß) derselben oder einer unteren Instanz betroffen wird, aber nur, wenn das angefochtene Urteil auf dieser Entscheidung beruht.[10])

II. Frist. Die Klage ist an eine einmonatige Notfrist gebunden. Die Frist beginnt mit dem Tage, an dem die Partei von dem Anfechtungsgrunde derartige Kenntnis erhalten hat, daß sie in den Stand gesetzt wurde, die Klage mit Aussicht auf Erfolg anzustellen,[11]) niemals aber früher als mit dem Eintritt der Rechtskraft des Urteils.[12]) Gegen die Versäumung der Frist findet nur die Wiedereinsetzung aus § 235 statt. Der Erhebung der Klage vor Beginn der Notfrist steht nichts entgegen.[13])

Nach Ablauf von 5 Jahren, von der Rechtskraft des Urteils an, ist die Klage, mag die Partei inzwischen von dem Anfechtungsgrunde Kenntnis erlangt haben oder nicht, unstatthaft.[14]) Die fünfjährige Frist ist eine Ausschlußfrist, die weder durch die Gerichtsferien unterbrochen wird, noch der Verlängerung oder Verkürzung unterliegt.

Eine Ausnahme gilt für die Nichtigkeitsklage wegen mangelnder Vertretung.[15]) Hier läuft die einmonatige Notfrist von dem Tage, an dem der im Hauptprozeß nicht gehörig vertreten gewesenen Partei oder deren gesetzlichem Vertreter das Urteil ordnungsmäßig zugestellt ist. Bis zum Zeitpunkt dieser Zustellung fehlt es an jeder Beziehung zwischen der Partei und dem Urteil und findet deshalb die fünfjährige Ausschlußfrist auf diesen Nichtigkeitsgrund keine Anwendung.[16]) Wenn die Partei auf andere Weise als durch die Zustellung von dem bezeichneten Anfechtungsgrunde Kenntnis erhält, so steht ihr zwischen der Nichtigkeitsklage und dem Rechtsmittel[17]) die Wahl zu. Der Rechtsmittelweg kann nicht vor Beginn der Notfrist beschritten werden. Die Nichtigkeitsklage ist schon vorher zulässig.

III. Ausschließlich zuständig ist dasjenige Gericht, welches das aufzuhebende Urteil erlassen hat.[18]) Hat das Amtsgericht entschieden und liegt der Anfechtungsgrund aus § 579 Nr. 2 oder § 580 Nr. 5 vor, so darf nicht derselbe Amtsrichter entscheiden, sondern es ist das zuständige Gericht gemäß § 36 Nr. 1 zu bestimmen.

Die Regel erleidet eine doppelte Ausnahme:

1. Ist in der Berufungsinstanz entschieden, so ist das Berufungsgericht nicht nur dann zuständig, wenn das Berufungsurteil allein angefochten wird, sondern auch wenn die Anfechtung sich gegen die Urteile beider Instanzen richtet. Bei dieser Bestimmung, die eine gleichzeitige Verhandlung der Wiederaufnahme in zwei Instanzen verhüten soll, sind hauptsächlich die Fälle ins Auge gefaßt, in denen die Berufung als unzulässig verworfen oder die Sache in die 1. Instanz zurückgewiesen und in dieser ein neues Urteil erlassen ist.[19]) In beiden Fällen liegen zwei

---

[10]) § 583. [11]) RG. 8 S. 395. [12]) § 586. RG. JW. 93 S. 501, 94 S. 142. [13]) RG. JW. 87 S. 352. [14]) § 586 Abs. 2. RG. 15 S. 383. [15]) § 579 Nr. 4. [16]) M. S. 342. [17]) § 551 Nr. 5. [18]) § 584 Abs. 1. [19]) §§ 535, 538, 539.

selbständige Urteile vor, die für sich rechtskräftig werden, so daß die Anfechtung beider Urteile möglich ist.[20])

2. Für die in der Revisionsinstanz erlassenen Urteile gilt die Maßgabe, daß das Revisionsgericht nur dann zuständig ist, wenn das Urteil auf Grund der den Rechtspunkt berührenden §§ 579, 580 Nr. 4, 5 angefochten wird, während bei Anfechtung auf Grund des lediglich die Tatfrage betreffenden § 580 Nr. 1—3, 6, 7 das Berufungsgericht zuständig sein soll.[21]) Wird mit dem Revisionsurteil zugleich das Berufungsurteil angefochten, so ist jedes Urteil in der Instanz anzufechten, in der es erlassen ist.[22])

Die Klagen zur Anfechtung eines im Mahnverfahren erlassenen Vollstreckungsbefehls unterliegen der ausschließlichen Zuständigkeit desjenigen Gerichts, das im Falle des Widerspruchs gegen den Zahlungsbefehl zuständig gewesen sein würde,[23]) also bei amtsgerichtlicher Zuständigkeit desjenigen Amtsgerichts, dessen Gerichtsschreiber den Befehl erlassen hat.

IV. Erfordernisse der Klage. Die Klage muß enthalten außer der Bezeichnung der Parteien und des Gerichts die Bezeichnung des anzufechtenden Urteils, die Erklärung, welche Wiederaufnahmeklage erhoben werde,[24]) wobei ein Irrtum in der Wahl des Ausdrucks ohne Einfluß ist,[25]) und die Ladung des Gegners zur mündlichen Verhandlung, in Anwaltsprozessen mit der Aufforderung aus § 215, sofern nicht die Zustellung an einen Rechtsanwalt erfolgt;[26]) im Amtsgerichtsprozeß fällt die Ladung durch die Parteien fort und ist dieselbe von Amts wegen zu bewirken.

Als vorbereitender Schriftsatz soll die Klage enthalten die Bezeichnung des Anfechtungsgrundes, die Angabe der Beweismittel für die Tatsachen, die den Grund und die Einhaltung der Notfrist ergeben, und die Erklärung, inwieweit die Beseitigung des angefochtenen Urteils und welche andere Entscheidung in der Hauptsache beantragt werde.

Der Restitutionsklage sind die Urkunden, auf die sie gestützt wird, in Urschrift oder in Abschrift beizufügen. Befinden sich die Urkunden nicht in den Händen des Klägers, so hat er zu erklären, welchen Antrag er wegen deren Herbeischaffung zu stellen beabsichtigt.[27])

Tatsachen für die Wahrung der Notfrist sind nur glaubhaft zu machen.[28])

Die zur Vorbereitung der Verhandlung vorgeschriebenen Erfordernisse sind nicht wesentlich. Es können deshalb im Laufe der Verhandlung neue Anfechtungsgründe vorgebracht werden, vorausgesetzt, daß für sie die Notfrist gewahrt ist.[29]) Auch ist die wiederholte Erhebung einer der Klagen aus neuen Gründen nicht ausgeschlossen.[30])

V. Das Verfahren folgt den für die zuständige Instanz geltenden allgemeinen Vorschriften.

---

[20]) M. S. 340. [21]) § 584 Abs. 1. [22]) RG. 8 S. 395, 15 S. 388. JW. 91 S. 331. [23]) § 584. M. S. 340. [24]) § 587. [25]) Prot. S. 280. [26]) § 284. [27]) § 588. [28]) § 589 Abs. 2. RG. Gruch. 33 S. 1196. [29]) RG. 14 S. 332, 23 S. 434. [30]) M. S. 342.

Die für den wiederaufzunehmenden Prozeß ausgestellte Vollmacht legitimiert den Vertreter auch für das Wiederaufnahmeverfahren.[31]) Deshalb muß die Klagezustellung an den Prozeßbevollmächtigten des Gegners der wiederaufzunehmenden Instanz erfolgen, nicht an die Partei selbst.[32])

Die Verhandlung besteht aus zwei Hauptteilen, nämlich aus der Verhandlung über den Grund und die Zulässigkeit der Wiederaufnahme (judicium rescindens) und über die Hauptsache (judicium rescissorium). Beide Verhandlungen bilden aber ein Ganzes und sind durch Ein Endurteil zu erledigen. Zwar kann über den ersteren Punkt die Vorabverhandlung durch Beschluß angeordnet werden, doch hat in diesem Falle die Entscheidung, durch die der Wiederaufnahme Folge gegeben wird, nur die Kraft eines Zwischenurteils, ist also nur mit dem Endurteil angreifbar.

Die formalen Voraussetzungen der Klage hat das Gericht in der mündlichen Verhandlung von Amts wegen zu prüfen. Die Prüfungspflicht erstreckt sich darauf, ob die Klage an sich statthaft und ob sie in der gesetzlichen Form und Frist erhoben sei. Die unzulässige Klage wird verworfen, die unbegründete zurückgewiesen, beides durch Endurteil. Wird die Anfechtung für begründet erachtet, so ist das angefochtene Urteil aufzuheben. Die Aufhebung kann durch Zwischenurteil ausgesprochen werden, das Gericht kann aber auch ohne weiteres in die Verhandlung über die Hauptsache eintreten.[33]) Diese Verhandlung wird soweit wieder aufgenommen, als der Wiederaufnahmegrund dazu Veranlassung gibt.[34]) Innerhalb dieses Rahmens der neuen Verhandlung können die Parteien neue Angriffs- und Beweismittel ebenso vorbringen, wie ihnen dies in dem betreffenden Abschnitte des früheren Prozesses gestattet gewesen wäre.[35]) Die von dem Wiederaufnahmegrund nicht betroffenen Ergebnisse der früheren Verhandlung bleiben unberührt stehen.[36])

Das Versäumnisverfahren folgt den allgemeinen Regeln.[37]) Es ist also, die Zulässigkeit der Klage vorausgesetzt, auf Antrag des Gegners im Falle der Säumnis des Wiederaufnahmeklägers die Wiederaufnahmeklage abzuweisen,[38]) im Falle der Säumnis des Wiederaufnahmebeklagten der Tatvortrag des Wiederaufnahmeklägers für zugestanden zu erachten und dementsprechend zur Hauptsache zu erkennen.[39]) Für die Berufungs- und die Revisionsinstanz sind die dort bezüglich des Versäumnisverfahrens entwickelten Grundsätze maßgebend.

Auf den Verzicht auf die Wiederaufnahmeklage findet § 514 entsprechende Anwendung.

Das Urteil unterliegt denselben Rechtsmitteln wie das angefochtene Urteil.[40]) Auch ist gegen das neue Urteil ein neues Wiederaufnahmeverfahren zulässig.

VI. Aufschiebende Wirkung (Suspensiveffekt) haben die Wiederaufnahmeklagen nicht. Das Gericht der Hauptsache kann aber, sobald die

---

[31]) § 81. [32]) RG. Gruch. 27 S. 1074. [33]) RG. 9 S. 359, 10 S. 382, 30 S. 362. [34]) RG. 10 S. 384. [35]) RG. 30 S. 362. [36]) Mt. S. 343. RG. Gruch. 31 S. 105. [37]) § 585. Mt. S. 340. [38]) § 30. [39]) §§ 331, 542 Abs. 2. RG. 13 S. 385, 23 S. 359. [40]) § 591.

Wiederaufnahmeklage dem Gegner zugestellt ist, auf Antrag ohne mündliche Verhandlung und ohne Anhörung des Gegners nach freiem Ermessen durch Beschluß die Aussetzung der Vollstreckung aus dem früheren Urteil oder die Aufhebung der erfolgten Aussetzung der Vollstreckungsmaßregeln gemäß § 707 anordnen. Der Beschluß ist im Falle der Ablehnung dem Antragsteller, im anderen Falle beiden Parteien von Amts wegen zuzustellen.[41]) Er ist stets unanfechtbar.[42]) Wird die Einstellung oder Aussetzung der Zwangsvollstreckung versagt, so kann der Wiederaufnahmekläger sich nur durch Erwirkung eines Arrestes oder einer einstweiligen Verfügung schützen.

[41]) § 329. [42]) § 707.

Fünftes Kapitel.

§ 25. Urkunden- und Wechselprozeß.

(§§ 592—605 ZPO.)

Für die Geltendmachung von Ansprüchen, die auf einer Urkunde beruhen, sich also von vornherein als liquid darstellen, ist ein vereinfachtes Verfahren und eine vorläufige Rechtshilfe insofern gegeben, als dem liquiden Anspruch nur eine liquide Verteidigung entgegengestellt werden darf, während nichtliquide Verteidigungsmittel einem Nachverfahren vorzubehalten sind. Diese Prozeßart ist nicht geboten. Kläger hat die Wahl zwischen ihr und dem ordentlichen Verfahren. Ausländer brauchen als Kläger im Urkunden- und Wechselprozesse keinen Gebührenvorschuß zu zahlen, auch dem Beklagten keine Sicherheit wegen der Prozeßkosten zu leisten.[1])

I. Zulässigkeit. Voraussetzungen des Urkundenprozesses sind:

1. Ein Anspruch auf Zahlung einer bestimmten Geldsumme oder auf Leistung einer bestimmten Menge anderer vertretbarer Sachen oder Wertpapiere.[2]) Der Begriff der Vertretbarkeit bestimmt sich nach bürgerlichem Recht.[3]) Auf den Entstehungsgrund des Anspruchs kommt nichts an. Es sind also durch Urkundenprozeß verfolgbar Ansprüche sowohl persönlicher als dinglicher Natur, Ansprüche aus Verträgen und aus anderen Rechtstiteln, auch solche Ansprüche, die von einer Gegenleistung, Vorleistung, einer Leistung Zug um Zug,[4]) dem Eintritt einer Bedingung, einer Kündigung[5]) abhängen. Auch der Anspruch aus einer Hypothek, einer Grundschuld oder einer Rentenschuld kann im Urkundenprozesse geltend gemacht werden.[6]) Bloße Feststellungsansprüche[7]) sind vom Urkundenprozeß ausgeschlossen, insbesondere auch die Ansprüche gegen den Konkursverwalter, weil gegen ihn nicht auf Zahlung, sondern nur auf Feststellung der Forderung zum Zwecke der verhältnismäßigen Befriedigung aus der Konkursmasse geklagt werden kann.[8]) Dagegen ist eine Klage auf künftige Zahlung auch im Urkundenprozesse zulässig.[9])

2. Die tatsächlichen Angaben, die zur Begründung des Anspruchs erforderlich sind, müssen durch Urkunden bewiesen werden.[10])

a) Zur Begründung des Anspruchs erforderliche Tatsachen

---

[1]) § 110 Nr. 2. GKG. § 85 Nr. 2. [2]) § 592. RG. 18 S. 413. [3]) BGB. § 91. RG. 10 S. 340. [4]) RG. 56 S. 303. Seuff. 59 Nr. 196. [5]) Kündigungsklage. [6]) § 592. M. II zu § 555. [7]) §§ 256, 280. [8]) § 146 KO. [9]) Seuff. 58 Nr. 151. [10]) § 592.

sind alle diejenigen, aus denen folgt, daß der erhobene Anspruch diesem Kläger gegen diesen Beklagten in dem geltend gemachten Umfange zur Zeit der Erhebung zusteht.[11]) Welche Tatsachen hierzu gehören, bestimmt sich nach dem bürgerlichen Rechte. Regelmäßig gehören hierher die Aktiv- und die Passivlegitimation,[12]) der Eintritt der Bedingung, die Fälligkeit des Klageanspruchs,[13]) nicht auch die Prozeßlegitimation, wie die Prozeßfähigkeit, die gesetzliche Vertretungsbefugnis.[14])

b) Urkunden in dem in Rede stehenden Sinne sind nur die schriftlichen:[15]) inländische und ausländische, öffentliche und private, unterschriebene und nicht unterschriebene,[16]) auch Akten und Handelsbücher.

c) Die Antretung des Urkundenbeweises kann nur durch Vorlegung der Urkunde erfolgen. Ein Editionsverfahren gegen den Gegner oder gegen Dritte ist unstatthaft.[17]) Urkunden, die sich bei dem erkennenden Gericht befinden, sind bereite Beweismittel, ihre Inbezugnahme ist also zulässig.[18])

d) Der Urkundenbeweis muß vollständig erbracht werden, gleichviel ob er unmittelbar oder mittelbar (durch Indizien) geführt wird. Ergänzung durch einen richterlichen (Erfüllungs- oder Reinigungs-) Eid ist ausgeschlossen.[19]) Inwieweit Mängel der Form, Durchstreichungen, Radierungen, Einschaltungen u. dgl., die Beweiskraft einer Urkunde aufheben oder mindern, entscheidet das Gericht nach freier Überzeugung.[20])

3. Als Beweismittel bezüglich der Echtheit oder Unechtheit einer Urkunde, sowie bezüglich anderer als der anspruchbegründenden Anführungen — Einreden, Repliken — sind nur Urkunden und Eideszuschiebung zulässig.[21]) Bezüglich des Urkundenbeweises gelten die Grundsätze zu 2 b, c, d. Die Zulässigkeit der Zuschiebung und Zurückschiebung des Eides folgt den Vorschriften der §§ 445 ff. Gewissensvertretung durch Geltendmachung anderer Beweismittel ist ausgeschlossen. Die Leistung des — zulässigerweise — zu- oder zurückgeschobenen Eides darf nur durch Beweisbeschluß, nicht durch Urteil angeordnet werden.[22])

Andere Beweismittel, z. B. Zeugen, Sachverständige, Handschriftenvergleichung, sind unstatthaft.

II. Erfordernisse der Klageschrift. Die Klage muß die Erklärung enthalten, daß im Urkundenprozeß geklagt werde. Die Urkunden sind in Urschrift oder Abschrift der Klage oder einem vorbereitenden Schriftsatze beizufügen; im letzteren Falle muß zwischen der Zustellung des Schriftsatzes und dem Termine zur mündlichen Verhandlung ein der Einlassungsfrist gleicher Zeitraum liegen.[23]) Beide Vorschriften sind zwingend und öffentlichen Rechtes, können also durch Parteivereinbarung weder ausgeschlossen noch eingeschränkt werden. Die Nachholung der angegebenen Erklärung in der mündlichen Verhandlung ist unstatthaft, da von der gewählten Prozeßart die Verteidigung des Beklagten abhängt. Ebenso-

---

[11]) RG. 5 S. 381. [12]) RG. 13 S. 370. [13]) RG. 3 S. 379, 23 S. 297. Seuff. 46 S. 16, 225. JW. 91 S. 90. [14]) RG. JW. 88 S. 424. [15]) §§ 415 ff. [16]) RG. 2 S. 415, 8 S. 45. [17]) § 558 Abs. 3. [18]) RG. 8 S. 42, 45. [19]) §§ 597, 598. RG. 8 S. 45. JW. 94 S. 364. Bayr. ObLG. Seuff. 42 S. 336. [20]) § 419. [21]) § 595 Abs. 2. [22]) § 558 Abs. 4. RG. JW. 88 S. 13. [23]) § 593. Seuff. 54 S. 114.

wenig kann die Niederlegung der Urkunden auf der Gerichtsschreiberei oder ihre Vorlegung im Verhandlungstermin den Mangel der unterlassenen Beifügung in der Klageschrift ersetzen.[24]) Sind die Urkunden mitgeteilt, aber in fehlerhaften Abschriften, so kann der hierin liegende Mangel auch durch stillschweigenden Verzicht[25]) geheilt werden.[26]) Zur Zustellung der Urschriften wird sich der Kläger nur ausnahmsweise entschließen. Hält der Beklagte die Einsicht der Urschrift noch vor dem Verhandlungstermin für erforderlich, so kann er gemäß §§ 134, 135 Niederlegung auf der Gerichtsschreiberei verlangen.

III. Die Verteidigung des Beklagten ist beschränkt. Als Beweismittel für sein Vorbringen sind nur zugelassen Urkunden und Eideszuschiebung und gelten hierüber die Grundsätze zu I. Von den prozeßhindernden Einreden ist die der mangelnden Sicherheit für die Prozeßkosten[27]) ganz ausgeschlossen.[28]) Auf Grund der übrigen[29]) darf, abweichend von dem Regelrecht,[30]) die Verhandlung zur Hauptsache nicht verweigert werden. Doch kann das Gericht, auf Antrag und von Amts wegen, die abgesonderte Verhandlung über diese Einreden anordnen.[31]) Das auf Verwerfung der Einreden lautende Zwischenurteil ist in betreff der Rechtsmittel als Endurteil anzusehen.[32]) Widerklagen sind unstatthaft, selbst wenn sie auf Urkunden beruhen, ebenso ist eine Entscheidung unter Vorbehalt der Entscheidung über einzelne Verteidigungsmittel nicht zulässig.[33])

IV. Umleitung in das ordentliche Verfahren. Durch die Erhebung der Klage im Urkundenprozeß wird der Rechtsstreit selbst, nicht nur im Urkundenprozeß anhängig gemacht.[34]) Deshalb kann der Kläger, ohne daß es der Einwilligung des Beklagten bedarf, von dem Urkundenprozeß in der Weise abstehen, daß der Rechtsstreit im ordentlichen Verfahren anhängig bleibt. Die hierauf gerichtete Erklärung kann aber nur bis zum Schlusse der dem Urteil voraufgehenden mündlichen Verhandlung 1. Instanz, nur bezüglich des ganzen Anspruchs und nur ausdrücklich und vorbehaltlos abgegeben werden.[35]) Sobald ein Urteil in 1. Instanz ergangen ist, sei es auch nur ein Zwischenurteil,[36]) ist die Abstandnahme unzulässig. Auch dann, wenn gegen den Beklagten ein Versäumnisurteil erlassen und dagegen Einspruch erhoben ist, ist, weil dadurch das Recht des Beklagten verletzt werden würde, das vorläufig vollstreckbare Urteil[37]) endgültig schon durch den Nachweis zu beseitigen, daß die Klage im Urkundenprozeß unzulässig sei. Dagegen kann, wenn ein Versäumnisurteil gegen den Kläger ergangen ist, nach Beseitigung des Urteils durch Einspruch die Abstandnahme nicht versagt werden.[38])

Die Fortsetzung des Prozesses im ordentlichen Verfahren zieht den Wegfall der Beschränkungen des Urkundenprozesses sowohl in Angriff als in Verteidigung nach sich. Die bis zur Abstandnahme abgegebenen bindenden Erklärungen — Geständnisse, Verzichte, Eidesleistungen, Eides-

---

[24]) RG. 3 S. 377, 5 S. 351, 9 S. 431, 41 S. 408, 56 S. 305. [25]) § 295. [26]) RG. 9 S. 432, 12 S. 133. [27]) § 274 Nr. 4. [28]) § 110 Nr. 2. [29]) § 274 Nr. 1—3, 5, 6. [30]) § 275. [31]) § 594. [32]) § 275 Abs. 2. [33]) §§ 595, 601. [34]) RG. Gruch. 38 S. 178. [35]) § 596. RG. 4 S. 350, 5 S. 351. [36]) Gruch. 26 S. 1176. [37]) § 708 Nr. 4. [38]) § 342.

verweigerungen — wirken auch für das ordentliche Verfahren fort.[39]) Wird die Abstandnahme vom Kläger in der mündlichen Verhandlung erklärt, so steht der sofortigen Fortsetzung der Verhandlung im gewöhnlichen Verfahren nichts entgegen. Doch kann ein Vertagungsantrag der einen oder anderen Partei nicht abgelehnt werden. Ist der Beklagte in dem Verhandlungstermin, in dem der Kläger die Erklärung der Abstandnahme abgibt, nicht erschienen, so ist ein Versäumnisverfahren ausgeschlossen. Kläger hat vielmehr Vertagung zu erwirken und den Beklagten unter Mitteilung der Abstandnahme zu einem neuen Termine zu laden. Die neue Ladung kann auch vom Beklagten ausgehen. Da es einer neuen Klage nicht bedarf, so ist für die neue Ladung nur die Innehaltung der Ladungsfrist,[40]) nicht auch die der Einlassungsfrist[41]) erforderlich.[42])

V. **Bleibt es beim Urkundenprozeß**, so kommen für das Urteil die folgenden Möglichkeiten in Betracht.

(**Entscheidung zum Nachteil des Klägers.**)

1. Wird der **Klageanspruch aus sachlichen Gründen ungerechtfertigt** gefunden, sei es an sich oder infolge einer Einrede des Beklagten, so ist der Kläger abzuweisen.[43]) Diese Abweisung, ihre Rechtskraft vorausgesetzt, ist eine endgültige.[44]) Dasselbe gilt, wenn der Kläger in der mündlichen Verhandlung ausbleibt und der Beklagte Abweisung durch Versäumnisurteil beantragt, sowie im Falle des Verzichts des Klägers[45]) oder der Zurücknahme der Klage.[46]) Hat aber der Kläger gegen den Beklagten bereits ein Versäumnisurteil erlangt, so kann er den Einspruch des Beklagten nicht ohne weiteres durch Zurücknahme der Klage, sondern nur durch Verzicht auf den Anspruch wirksam machen, da anderenfalls die Rechte gegen den Beklagten aus dem vollstreckbaren Versäumnisurteil[47]) bestehen bleiben würden.[48])

2. **Fehlen die besonderen Voraussetzungen des Urkundenprozesses**, so wird die Klage „als in der gewählten Prozeßart unstatthaft" abgewiesen.[49]) Das Vorhandensein der Voraussetzungen des Urkundenprozesses hat der Richter von Amts wegen zu prüfen, es sei denn, daß der Beklagte das Klagevorbringen zugesteht oder nicht bestreitet[50]) oder daß er der Klage nur auf Grund von Einwendungen widersprochen hat, die rechtlich unbegründet oder im Urkundenprozeß unstatthaft sind.[51]) Anders wenn der Beklagte den Anspruch anerkennt, denn das Anerkenntnis erledigt den Rechtsstreit ohne jede Prüfung.[52]) Bleibt der Beklagte aus und beantragt der Kläger Erlaß des Versäumnisurteils, so greift die Amtspflicht zur Prüfung der Voraussetzungen des Urkundenprozesses gleichfalls Platz. Der Kläger hat also die zur Begründung der Klage erforderlichen Urkunden in Urschrift vorzulegen, auch deren Zustellung an den Beklagten nachzuweisen. Geschieht dies, so

---

[39]) RG. 13 S. 399. [40]) § 217. [41]) § 262. [42]) M. S. 353. [43]) § 597 Abs. 1. [44]) M. S. 353. RG. Seuff. 37 S. 472. [45]) § 306. [46]) § 271. [47]) § 708 Nr. 4. [48]) Stein § 33 A. 43. [49]) § 597 Abs. 2. [50]) RG. 12 S. 133, 13 S. 372, 30 S. 408; Seuff. 53 Nr. 130. A. M. Gaupp-Stein § 597 I B 1. [51]) § 597 Abs. 2. [52]) M. S. 353. RG. 5 S. 352, 9 S. 434.

gilt die Echtheit der vorgelegten Urkunden als zugestanden. Anderenfalls ist der Erlaß des Versäumnisurteils zum Nachteil des Beklagten ausgeschlossen.

Auch die Abweisung in der gewählten Prozeßart wirkt als Endurteil und schließt das Nachverfahren aus. Dagegen bleibt die Erhebung einer neuen Klage zulässig, sowohl im ordentlichen Prozesse als auch — unter Beseitigung der früheren Mängel — im Urkundenprozeß.

(Entscheidung zum Nachteil des Beklagten.)

3. **Erkennt der Beklagte den Klageanspruch an**, oder ergeht gegen ihn Versäumnisurteil, so hat das Erkenntnis, seine Rechtskraft vorausgesetzt, die Wirkungen eines im ordentlichen Verfahren erlassenen Endurteils. Das Urteil muß von Amts wegen für vorläufig vollstreckbar erklärt werden, auch wenn es ein erstes Versäumnisurteil ist,[53]) und ergeht nicht unter Vorbehalt. Ein Nachverfahren steht dem Beklagten nicht zu.[54]) Legt der Beklagte gegen das Versäumnisurteil den Einspruch ein, so wird dadurch die Zulässigkeit der Zwangsvollstreckung nicht ohne weiteres gehemmt, das Gericht kann aber auf Antrag des Beklagten die Einstellung gegen Sicherheitsleistung oder die Fortsetzung nur gegen Sicherheitsleistung anordnen.[55])

4. **Wenn der Beklagte dem Anspruch widerspricht**, so wirkt dieser Widerspruch für den ganzen Prozeß, da durch die Klage im Urkundenprozeß der Hauptstreit selbst anhängig gemacht ist. Die Verurteilung ist daher nur eine vorläufige und es muß dieserhalb von Amts wegen dem Beklagten die Ausführung seiner Rechte vorbehalten werden. Infolge dieses Vorbehalts bleibt der Rechtsstreit im ordentlichen Verfahren (Nachverfahren) anhängig. Fehlt der Vorbehalt, so ist die Rechtshängigkeit erloschen und der Rechtsstreit endgültig erledigt.

Es genügt, daß der Beklagte ganz allgemein widerspricht, d. h. verhandelt und den Anspruch bestreitet, mag er auch seiner Verurteilung im Urkundenprozeß sich unterwerfen, also einen Antrag auf Abweisung nicht stellen.

Der Vorbehalt erhält dem Beklagten alle Einreden, die nicht bereits im Urkundenprozeß als rechtlich unbegründet oder als tatsächlich widerlegt verworfen sind. Es bleiben also vorbehalten die Einreden, über die ein im Urkundenprozeß zulässiger Beweis überhaupt nicht angetreten ist oder die nur wegen Mißlingens des im Urkundenprozeß statthaften Beweises verworfen oder die im Urkundenprozeß überhaupt nicht vorgebracht sind.[56]) Hat der Beklagte rechtlich erhebliche und des Beweises bedürftige Anführungen gemacht, aber deren Beweis nicht mit den im Urkundenprozeß zulässigen Beweismitteln angetreten oder mit solchen Beweismitteln nicht vollständig geführt, so sind diese Anführungen zurückzuweisen.[57]) Durch die — in den Entscheidungsgründen auszusprechende — Zurückweisung erlangt der Beklagte das Recht, auf diese Anführungen im Nachverfahren zurückzukommen.

---

[53]) § 708 Nr. 4. [54]) §§ 599, 600. [55]) §§ 719, 707. [56]) RG. 14 S. 105, 323. [57]) § 598.

Der Vorbehalt ist in allgemeiner Fassung und von Amts wegen in die Urteilsformel aufzunehmen, nicht auf bestimmte Rechtsbehelfe zu beschränken. „Dem Beklagten wird die Ausführung seiner Rechte vorbehalten.“[58]) Fehlt der Vorbehalt, so kann der Beklagte gemäß § 321 Ergänzung des Urteils beantragen oder im Falle der Versäumung der für diesen Antrag vorgeschriebenen einwöchigen Frist das Urteil auf dem Rechtsmittelwege anfechten.[59]) Gegen Fehlerhaftigkeit des Vorbehalts ist durch Einlegung des Rechtsmittels Abhilfe zu suchen.[60]) Der Vorbehalt kann also auch in höherer Instanz ausgesprochen werden.

Das unter Vorbehalt der Rechte ergehende Urteil ist ein Endurteil, kann selbständig durch Rechtsmittel angefochten werden und ist auch ohne Antrag für vorläufig vollstreckbar zu erklären.[61]) Im Nachverfahren ist das Gericht an das erste Urteil bezüglich derjenigen Streitpunkte gebunden, die unabhängig von den Besonderheiten des Urkundenprozesses entschieden sind,[62]) doch ist das Urteil nicht als Zwischenurteil anzusehen.

VI. Nachverfahren. 1. Wird dem Beklagten die Ausführung seiner Rechte vorbehalten, so bleibt der Rechtsstreit im ordentlichen Verfahren bei dem Gerichte, welches den Vorbehalt ausgesprochen hat, anhängig.[63]) Die Parteistellung ändert sich nicht. Jede Partei hat das Recht unter Innehaltung der Ladungsfrist[64]) den Gegner zur mündlichen Verhandlung zu laden. Das Recht der Ladung beginnt mit dem Erlaß des Vorbehaltsurteils, nicht erst mit der Rechtskraft desselben.[65]) Die vorläufige Vollstreckbarkeit des Vorbehaltsurteils wird durch die Ladung nicht aufgehoben.

2. Das Nachverfahren ist nur die Fortsetzung des Urkundenprozesses, es ist weder als ein Einspruch, noch als ein Rechtsmittel anzusehen.[66]) Die Verhandlung beginnt mit der Verlesung der Anträge. Daran schließt sich die Mitteilung des Urteils im Urkundenprozeß und an dieses das neue Vorbringen. Gegenstand der Nachverhandlung ist derjenige Streitstoff, auf den sich der Vorbehalt zur Ausführung der Rechte des Beklagten bezieht. Die Verhandlungen des Urkundenprozesses behalten ihre Wirkung auch für das ordentliche Verfahren, soweit sie überhaupt im Prozesse aus einer mündlichen Verhandlung zur anderen fortwirken.[67]) Dies gilt sowohl von Erklärungen wie von Unterlassungen, z. B. Geständnis, Annahme oder Zurückschiebung von Eiden, Anerkenntnis der Echtheit von Urkunden, mangelnde Erklärung über tatsächliche Anführungen oder über Eideszuschiebung.[68]) Änderung oder Zurücknahme der Klage ist nur in Gemäßheit der allgemeinen Grundsätze zulässig.[69])

Das Urteil des Urkundenprozesses ist im ordentlichen Verfahren insoweit unanfechtbar, als es rein sachlich ist und nicht nur auf den eigentümlichen Beschränkungen des Urkundenprozesses beruht. Einreden, die

---

[58]) M. S. 354. RG. 14 S. 323. Seuff. 36 Nr. 168. [59]) § 599 Abs. 2. RG. 10 S. 348. [60]) RG. 10 S. 348. [61]) §§ 599 Abs. 3, 708 Nr. 4. [62]) Gaupp § 599 III. [63]) § 600. RG. 29 S. 368, 57 S. 186. [64]) § 217. [65]) Rehbein, WO. 8. Aufl. 1908 S. 198 Nr. 11, Gaupp § 600 II. [66]) RG. 54 S. 306. [67]) RG. 14 S. 219. [68]) RG. 13 S. 399, 14 S. 323, 18 S. 378. Gruch. 30 S. 1158. [69]) §§ 263, 264, 271.

im ersten Urteil aus rechtlichen oder tatsächlichen, von der Prozeßart unabhängigen Gründen verworfen sind, können auch im zweiten Urteil nicht geltend gemacht werden.[70]) Neue Verteidigungsmittel, insbesondere auch Widerklagen, neue Einreden und neue Beweismittel bezüglich solcher Einreden, die nur wegen unzulässigen Beweisantritts oder wegen unvollständiger Beweisführung verworfen sind,[71]) sind zulässig.[72])

3. Urteil im Nachverfahren. a) Ist der Widerspruch des Beklagten unbegründet, so wird das frühere Urteil vorbehaltlos aufrecht erhalten.

b) Ergibt sich im Nachverfahren, daß der Anspruch des Klägers unbegründet war, so ist das Vorbehaltsurteil aufzuheben, der Kläger mit seinem Anspruch abzuweisen und über die Kosten anderweit zu erkennen. Auch ist der Kläger zum Ersatze des Schadens verpflichtet, der dem Beklagten durch die Vollstreckung des Urteils oder durch eine zur Abwendung der Vollstreckung gemachte Leistung entstanden ist. Der Beklagte kann diesen Anspruch in dem anhängigen Rechtsstreit geltend machen. Geschieht dies, so ist der Anspruch als zur Zeit der Zahlung oder Leistung rechtshängig geworden anzusehen.[73])

c) Das Versäumnisverfahren ergeht gegen den Beklagten auf Aufrechterhaltung der früheren Entscheidung mit Wegfall des Vorbehalts. Dem säumigen Kläger gegenüber sind die gegen das frühere Urteil vorgebrachten Einwendungen als zugestanden anzunehmen und ist dementsprechend das Versäumnisurteil zu erlassen.

d) Im Sinne der Kostengesetze gilt das ordentliche Verfahren als besondere Instanz.[74]) Über die Kosten des Urkundenprozesses wird zweckmäßig gleich dort entschieden. Die Entscheidung über die Kosten des Nachverfahrens folgt den gewöhnlichen Regeln.[75])

VII. Wechselprozeß.[76]) Als Unterart des Urkundenprozesses aufrecht erhalten, folgt der Wechselprozeß im allgemeinen den Regeln des Urkundenprozesses. Doch gelten für ihn die nachstehenden, den eigentümlichen Verhältnissen des Wechselrechts entstammenden Besonderheiten.

1. Statthaft ist der Wechselprozeß nur aus Wechseln, inländischen und ausländischen, aber für alle Wechselansprüche, denen eine wechselmäßige Haftung des Verpflichteten gegenübersteht.[77]) Deshalb findet die Beschränkung des Urkundenprozesses, wonach die Klage nur wegen vertretbarer Leistungen angestrengt werden kann, im Wechselprozeß keine Anwendung, vielmehr kann hier nicht nur auf Zahlung, sondern auch auf Sicherstellung wegen nicht erhaltener Annahme oder wegen Unsicherheit des Akzeptanten[78]) geklagt werden.[79]) Andererseits ist der Wechselprozeß wegen Mangels der wechselmäßigen Haftung des Verpflichteten zu versagen für die Bereicherungsklage,[80]) für Ansprüche auf Herausgabe oder Ungültigkeitserklärung des Wechsels,[81]) für die Ausgleichungsansprüche des Akzeptanten gegen den Aussteller[82]) oder des einen Ausstellers gegen den anderen, für die Klage

---

[70]) § 318. [71]) § 598. [72]) RG. 13 S. 400, 14 S. 105, 220, 322. [73]) § 600. [74]) GKG. § 33. GO. f. RA. § 28. [75]) §§ 91 ff. [76]) §§ 602—605. [77]) § 602. WO. Art. 4, 85, 96. RG. 9 S. 437. [78]) WO. Art. 25, 29, 98 Nr. 4. [79]) § 13 Abs. 1 EG. z. ZPO. Stein S. 88. [80]) WO. Art. 83. [81]) WO. Art. 39, 68, 74. ROHG. 12 S. 211. [82]) WO. Art. 23 Abs. 3.

auf Hinterlegung nach Einleitung des Aufgebots des Wechsels, für die Ansprüche aus dem Vergleiche über eine Wechselforderung. Den Ansprüchen aus Wechseln stehen die Ansprüche aus Wechselurteilen gleich.[83]) Aus kaufmännischen Anweisungen und Verpflichtungsscheinen[84]) findet wohl der Urkundenprozeß, aber nicht der Wechselprozeß statt. Gelangt der Kläger im Laufe des Prozesses zu der Ansicht, daß der eingeklagte Wechsel zwar nicht als solcher, aber als Urkunde, z. B. als Schuldschein oder als Anweisung gelten könne, so steht kein Hindernis entgegen, auf seinen Antrag statt im Wechselprozeß im Urkundenprozeß zu verhandeln.

2. Welche klagebegründenden Tatsachen durch Urkunden zu erweisen sind, bestimmt sich nach bürgerlichem Rechte, also nach der WO. Als Beweismittel bezüglich der Präsentation des Wechsels ist Eideszuschiebung zulässig, soweit es zur Erhaltung des wechselmäßigen Anspruchs der rechtzeitigen Protesterhebung nicht bedarf. Zur Berücksichtigung von Nebenforderungen (Protestkosten, Provision, Auslagen) genügt, daß sie glaubhaft gemacht sind.[85])

3. Die Klage muß die Erklärung enthalten, daß im Wechselprozeß geklagt werde.[86])

4. Der Kläger hat die Wahl zwischen dem Gerichtsstande des Zahlungsorts[87]) und dem allgemeinen Gerichtsstande des Beklagten. Werden aus demselben Wechsel mehrere Verpflichtete zusammen verklagt, so ist außer dem Gerichte des Zahlungsorts jedes Gericht zuständig, bei dem einer der Beklagten seinen allgemeinen Gerichtsstand hat.[88])

Ob die Beklagten In- oder Ausländer sind, macht keinen Unterschied. Die einmal begründete Zuständigkeit wird durch die Umleitung des Wechselprozesses in den Urkundenprozeß oder in den ordentlichen Prozeß nicht wieder aufgehoben.[89]) Wird aber sofort im Urkunden- oder ordentlichen Prozeß geklagt, so findet § 603 keine Anwendung.

5. Die Einlassungsfrist beträgt, wenn die Klage am Orte, der Sitz des Prozeßgerichts ist, zugestellt wird, mindestens 24 Stunden; wenn sie an einem anderen Orte, der im Bezirk des Prozeßgerichts oder, falls dieses ein Amtsgericht ist, im Bezirk des übergeordneten Landgerichts liegt, oder von dem ein Teil zu diesem Bezirke gehört, zugestellt wird, mindestens 3 Tage; wenn sie sonst im Inlande zugestellt wird, mindestens 1 Woche. Die Dauer der Ladungsfrist, soweit sie nicht nach den allgemeinen Bestimmungen kürzer ist als die Einlassungsfrist, ist der Dauer der letzteren gleichgestellt. In den höheren Instanzen beträgt die Einlassungs- und Ladungsfrist mindestens 24 Stunden, wenn die Zustellung der Rechtsmittelschrift oder der Ladung an dem Ort erfolgt, der Sitz des höheren Gerichts ist; mindestens 3 Tage, wenn die Zustellung an einem anderen Orte erfolgt, der in dem Landgerichtsbezirk des höheren Gerichts liegt; mindestens eine Woche, wenn die Zustellung sonst im Inlande erfolgt.[90]) Für Zustellungen im Auslande gelten §§ 262 Abs. 2, 498 Abs. 2.

6. Auf den Wechselprozeß sind die Ferien ohne Einfluß. Auch während der Ferien sind Termine abzuhalten und Entscheidungen zu erlassen.[91])

---

[83]) ROHG. 11 S. 69. [84]) HGB. § 363. [85]) § 605. [86]) § 604 Abs. 1. [87]) WO. Art. 4 Nr. 8, 24, 97. [88]) § 603. JW. 95 S. 597, vgl. auch RG. 51 S. 175 [89]) § 596. [90]) § 604. [91]) § 202 Nr. 5 GVG.

Sechstes Kapitel.

§ 26. Verfahren in Ehesachen.

(§§ 606—639 ZPO.)

I. Ehesachen im Sinne der ZPO. sind diejenigen Rechtsstreitigkeiten, welche die Scheidung,[1]) Nichtigkeit[2]) oder Anfechtung einer Ehe[3]) oder die Feststellung des Bestehens oder Nichtbestehens einer Ehe zwischen den Parteien oder die Herstellung des ehelichen Lebens zum Gegenstande haben.[4]) Unter „Scheidung" ist auch „die Aufhebung der ehelichen Gemeinschaft"[5]) zu verstehen.[6]) Nicht als Ehesachen gelten also Klagen auf Eingehung der Ehe, auf Erteilung der Genehmigung zur Eheschließung, auf Beseitigung des Einspruchs gegen eine Ehe, auf Anerkennung der Auflösung der Ehe infolge von Todeserklärung.

Das Verfahren folgt im allgemeinen den Vorschriften über das Verfahren im landgerichtlichen Prozesse, ist aber wegen des eingreifenden öffentlichen Interesses innerhalb gewisser Grenzen der Verfügungsfreiheit der Parteien entzogen. Hervorzuheben sind folgende Besonderheiten.

II. Prozeßfähigkeit. Ein Ehegatte, der wegen Minderjährigkeit oder aus anderen Gründen[7]) in der Geschäftsfähigkeit beschränkt ist, bedarf zur Anfechtung der Ehe nicht der Zustimmung seines gesetzlichen Vertreters,[8]) ist vielmehr durch § 612 ZPO. für prozeßfähig erklärt. Eine Ausnahme ist nur für den Fall festgesetzt, daß die Ehe um deswillen anfechtbar ist, weil der Ehegatte zur Zeit der Eheschließung oder zur Zeit der Bestätigung der Ehe[9]) in der Geschäftsfähigkeit beschränkt war und die Eheschließung oder die Bestätigung ohne Einwilligung des gesetzlichen Vertreters erfolgt ist.[10]) Hier ist, solange der anfechtungsberechtigte Ehegatte die unbeschränkte Geschäftsfähigkeit noch nicht erlangt hat, nur der gesetzliche Vertreter befugt, die Ehe anzufechten oder sie zu genehmigen.[11]) Dementsprechend ist während dieser Zeit dem Ehegatten auch die Prozeßfähigkeit für den Rechtsstreit entzogen, der eine solche Anfechtung zum Gegenstande hat.[12])

Der Rechtsstreit für einen geschäftsunfähigen, z. B. wegen Geisteskrankheit entmündigten Ehegatten wird durch den gesetzlichen Vertreter

---

[1]) BGB. §§ 1564 ff. [2]) BGB. §§ 1324—1329. [3]) BGB. §§ 1331—1335. [4]) § 606. [5]) BGB. §§ 1575, 1586. [6]) § 639. [7]) BGB. §§ 106, 114. [8]) BGB. § 1336 Abs. 1. [9]) BGB. § 1325 Abs. 2. [10]) BGB. § 1331. [11]) BGB. § 1336 Abs. 2 Satz 2. [12]) § 612 Abs. 1. M. II zu § 573a.

geführt. Dieser bedarf zur Erhebung der Scheidungsklage oder der Anfechtungsklage der Genehmigung des Vormundschaftsgerichts. Die Erhebung der Klage auf Herstellung des ehelichen Lebens ist ihm ausdrücklich versagt.[13])

Der Bevollmächtigte des klagenden oder widerklagenden Ehegatten bedarf einer besonderen, auf den Rechtsstreit gerichteten Vollmacht. Auch der Armenanwalt bedarf einer Vollmacht.[14]) Das Gericht hat den Mangel der Vollmacht von Amts wegen zu berücksichtigen.[15])

III. Sühneversuch.[16]) Sofern es sich um eine Ehescheidungs- oder Wiederherstellungsklage handelt, muß dem Verfahren ein gerichtlicher Sühneversuch vorausgehen.[17]) Zu diesem Zwecke hat der Kläger bei dem — ausschließlich zuständigen — Amtsgericht, bei dem der Ehemann zur Zeit des Antrags[18]) seinen allgemeinen Gerichtsstand hat, die Anberaumung eines Sühnetermins zu beantragen. Der Antrag kann privatschriftlich oder zum Protokoll des Gerichtsschreibers gestellt werden und muß das Gesuch auf Ansetzung des Termins den Zweck des Sühnetermins und die Begründung der Zuständigkeit des Gerichts enthalten. Der Angabe bestimmter einzelner Klagegründe bedarf es nicht, auch nicht, wenn die Absicht obwaltet, eine Unterbrechung der Verjährung dieses Klagegrundes herbeizuführen, da der Ladung an sich diese Wirkung beigelegt ist.[19])

Das Amtsgericht hat den Termin anzuberaumen. Hierbei finden die Vorschriften über die Innehaltung der Ladungs- und Einlassungsfrist[20]) keine Anwendung.[21]) Die Ladung erfolgt, wie stets beim Amtsgericht, von Amts wegen.

In dem Sühnetermin müssen die Parteien persönlich erscheinen. Stellvertretung ist ausgeschlossen. Beistände können vom Gericht zurückgewiesen werden, falls ihre Gegenwart eine Schädigung des Terminszwecks besorgen läßt. Beim Ausbleiben des Klägers oder beider Teile verliert die Ladung ihre Wirkung.[22]) Der Kläger hat, wenn er bei der Absicht der Klageerhebung stehen bleibt, die Anberaumung eines neuen Sühnetermins zu beantragen. Bleibt allein der Beklagte aus, so gilt der Sühneversuch als mißlungen. Die Anwendung von Zwangsmitteln sowie die Zuziehung eines Seelsorgers sind ausgeschlossen.[23]) Über das Ergebnis des Termins wird ein Protokoll aufgenommen.

Der Sühneversuch ist nicht erforderlich a) wenn der Aufenthalt des Beklagten unbekannt oder im Auslande ist, b) wenn dem Sühneversuch ein anderes schwer zu beseitigendes Hindernis, z. B. Krankheit, entgegensteht, c) wenn mit Rücksicht auf die Umstände des Falles die Erfolglosigkeit des Sühneversuchs mit Bestimmtheit vorauszusehen ist.[24]) Behauptet der Kläger, daß einer dieser Ausnahmefälle vorliege, so hat er den Antrag, ihn vom Sühneversuch zu entbinden, bei Einreichung der Klage oder schon vorher zu stellen. Das Gesuch geht an den Vorsitzenden der mit Ehesachen befaßten Zivilkammer, unterliegt also dem Anwalts-

[13]) § 612 Abs. 2. [14]) Seuff. 56 Nr. 169. [15]) § 613. RG. 45 S. 419, 58 S. 227. [16]) S. Formular Nr. 33. [17]) § 608. [18]) RG. 18 S. 364. [19]) BGB. § 1571 Abs. 1, 3. Seuff. 58 Nr. 10. [20]) §§ 217, 498. [21]) RG. Gruch. 27 S. 959. [22]) BGB. § 1571 Abs. 3. [23]) § 610. Prot. S. 289, 290. [24]) § 611.

zwange. Der Vorsitzende entscheidet über das Gesuch ohne vorgängiges Gehör des Beklagten.[25]) Der Termin zur mündlichen Verhandlung darf erst nach Erfüllung der Vorschriften über den Sühneversuch festgesetzt werden.[26])

Die Zulässigkeit der wiederholten Vornahme des Sühneversuchs vor dem Prozeßgericht ist durch den gebotenen Sühneversuch vor dem Amtsgericht nicht ausgeschlossen.[27])

IV. In dem Verfahren selbst ist die Staatsanwaltschaft zur Mitwirkung befugt und zwar in allen Ehesachen. Wirkliche Partei-Rechte und -Pflichten sind ihr aber nur bei der Nichtigkeitsklage[28]) beigelegt. Im übrigen ist ihre Mitwirkung darauf beschränkt, daß sie den Verhandlungen sowohl vor dem erkennenden Gericht als auch vor dem beauftragten oder ersuchten Richter beiwohnen, sich über die zu erlassende Entscheidung gutachtlich äußern und zum Zwecke der Aufrechterhaltung einer Ehe neue Tatsachen und Beweismittel vorbringen kann. Die Staatsanwaltschaft ist deshalb von allen Terminen in Kenntnis zu setzen. Im Protokoll, nicht auch im Urteil, ist der Name des Staatsanwalts anzugeben, auch sind darin die von dem Staatsanwalt gestellten Anträge aufzunehmen. Dem Anwaltszwange ist der Staatsanwalt nicht unterworfen.

V. Zuständig ist in allen Fällen die Zivilkammer desjenigen Landgerichts, bei dem der Ehemann seinen allgemeinen Gerichtsstand hat. Ein doppelter Wohnsitz begründet auch einen doppelten Gerichtsstand.[29]) Der Gerichtsstand ist ein ausschließlicher.[30])

Wenn der Ehemann ein Deutscher ist, aber im Inlande keinen allgemeinen Gerichtsstand hat, so kann die Klage von beiden Teilen bei dem Landgericht, in dessen Bezirke der Ehemann den letzten inländischen Wohnsitz hatte und in Ermangelung eines solchen Wohnsitzes nach näherer Maßgabe des § 15 Abs. 1 Satz 2, 3 bei dem Landgerichte der Hauptstadt des Heimatstaats oder, wenn er keinem Bundesstaate angehört, bei dem Landgericht in Berlin erhoben werden. Das gleiche gilt, mit Rücksicht auf Art. 14 Abs. 2, Art. 17 Abs. 3 EG. z. BGB., wenn der Ehemann im Inlande keinen allgemeinen Gerichtsstand hat, auch für den Fall, daß er die Reichsangehörigkeit verloren, die Ehefrau sie aber behalten hat, sowie mit Rücksicht auf Art. 29 EG. z. BGB. für den Fall, daß beide Ehegatten die Reichsangehörigkeit verloren haben, seitens des Ehemanns jedoch eine andere Staatsangehörigkeit nicht erworben ist.[31]) Diese Vorschriften finden auf die Bestimmung des für den Sühnetermin zuständigen Amtsgerichts entsprechende Anwendung.[32])

Eine Deutsche, die einen Ausländer geheiratet hat, kann, wenn dieser im Inlande keinen allgemeinen Gerichtsstand hat, die Nichtigkeits- und die Anfechtungsklage bei dem Landgericht erheben, in dessen Bezirke sie den letzten Wohnsitz im Inlande hatte. In Ermangelung eines solchen Wohnsitzes finden die Vorschriften des § 15 Abs. 1 Satz 2, 3 ZPO. entsprechende Anwendung. Das gleiche gilt, soweit nicht schon

[25]) § 611. [26]) § 608. [27]) § 296. [28]) Unten S. 183. [29]) RG. Gruch. 34 S. 1141, 39 S. 1131. [30]) § 606 Abs. 1. RG. 11 S. 29. [31]) § 606 Abs. 2. [32]) § 609 Abs. 2.

nach dem vorhergehenden Absatz ein Gerichtsstand begründet ist, auch dann, wenn eine Ehe zwischen zwei Deutschen eingegangen ist, der Ehemann aber später die deutsche Staatsangehörigkeit verloren hat und im Inlande keinen allgemeinen Gerichtsstand besitzt.[33])

Wenn beide Ehegatten Ausländer sind, so kann die Scheidungsklage im Inlande nur erhoben werden, wenn das inländische Gericht auch nach den Gesetzen des Landes zuständig ist, dem der Ehemann angehört.[34])

Die Ausübung einer geistlichen Gerichtsbarkeit ist ohne bürgerliche Wirkung.[35])

VI. Das Verbot der Klageänderung fällt fort. Durch Klage sowohl wie durch Widerklage können bis zum Schlusse derjenigen mündlichen Verhandlung, auf die das Urteil ergeht, neben dem ursprünglichen Klagegrunde und an dessen Stelle neue Klagegründe geltend gemacht werden, gleichviel ob sie zur Zeit der Klageerhebung entstanden waren oder sich auf nachträgliche Vorgänge gründen.[36]) Diese Vorschrift gilt auch für die Berufungsinstanz.[37])

Ist der Kläger mit der Scheidungsklage oder der Anfechtungsklage abgewiesen, so kann er das Recht, die Scheidung zu verlangen oder die Ehe anzufechten, nicht mehr auf Tatsachen gründen, die er in dem früheren Rechtsstreit geltend gemacht hat oder die er in dem früheren Rechtsstreit oder durch Verbindung der Klagen geltend machen konnte. Das gleiche gilt im Falle der Abweisung der Scheidungsklage oder der Anfechtungsklage für den Beklagten in Ansehung der Tatsachen, auf die er eine Widerklage zu gründen imstande war,[38]) findet aber keine Anwendung bei der Erledigung der Klage oder Widerklage durch Zurücknahme. Die Wirkung der Klageabweisung ist von Amts wegen zu berücksichtigen.[39])

Die Geltendmachung der Tatsachen, auf die eine Scheidungsklage nicht mehr gegründet werden kann, zur Unterstützung einer auf andere Tatsachen gegründeten Scheidungsklage oder zur Erhebung einer Einrede ist nicht ausgeschlossen.[40])

Unberührt von den Wirkungen der Ausschließung bleiben die Tatsachen, die erst nach der letzten Verhandlung im Vorprozeß entstanden oder der Partei bekannt geworden sind oder die sie damals nicht mit Beweismitteln zu unterstützen vermochte.[41])

VII. Die Klage darf nur das Eheverfahren selbst betreffen, der Klageantrag also nur auf Herstellung des ehelichen Lebens, Scheidung oder Anfechtung der Ehe gerichtet sein. Die Verhandlung und Entscheidung über die Schuldfrage gehört zum Eheverfahren.[42]) Dagegen kann die Entscheidung über die Ehe-

---

[33]) § 606. [34]) § 606 Abs. 3. [35]) § 15 Abs. 3 GVG. [36]) § 614. RG. 42 S. 372. Bolze 5 Nr. 1355. JW. 92 S. 334. [37]) M. S. 364. Prot. S. 291, 601. RG. 5 S. 378, 8 S. 350, 9 S. 393, 11 S. 354, 15 S. 288, 25 S. 339, 31 S. 9 (Pl.). Seuff. 38 S. 480. Bayr. Ob.LG. Seuff. 37 Nr. 352. [38]) § 616. RG. 53 S. 336, 59 S. 412. Beweislast: RG. 42 S. 384. [39]) RG. JW. 87 S. 353. [40]) BGB. § 1573. RG. 19 S. 410, 42 S. 412. JW. 89 S. 257, 95 S. 146. Gruch. 35 S. 1206. [41]) RG. 5 S. 377, 19 S. 410, 35 S. 443. JW. 91 S. 9. Gruch. 35 S. 1206. [42]) RG. 27 S. 195, 33 S. 202.

scheidungsstrafe, auf Herausgabe oder Sicherstellung des eingebrachten Vermögens, auf Entziehung des Nießbrauchs und der Verwaltung, auf Herausgabe und Erziehung der Kinder nur in einem besonderen Prozesse im gewöhnlichen Verfahren herbeigeführt werden.[43])

Die Verbindung der Klage auf Herstellung des ehelichen Lebens, der Ehescheidungsklage und der Anfechtungsklage ist bis zum Schlusse der mündlichen Verhandlung, auf die das Urteil ergeht, sowohl in 1. als 2. Instanz zugelassen. Daraus folgt, daß einzelne Klagen oder Widerklagen auch eventuell erhoben werden können.[44]) Dagegen ist die Verbindung dieser Klagen mit der — besonders gearteten — Klage auf Nichtigkeit der Ehe ausgeschlossen.[45])

VIII. Die mündliche Verhandlung hat folgende Besonderheiten:

1. Die Öffentlichkeit ist auszuschließen, wenn eine Partei es beantragt.[46])

2. Das Gericht ist befugt, das persönliche Erscheinen einer Partei zur Vernehmung über die von ihr, von dem Gegner oder von dem Staatsanwalt behaupteten Tatsachen in der Sitzung oder, wenn sie zu weit wohnt oder sonst behindert ist, vor einem beauftragten oder ersuchten Richter[47]) anzuordnen und durch Geldstrafe bis zu 300 Mk., bei wiederholtem Ungehorsam auch durch Vorführung zu erzwingen. Die Vorführung erfolgt auf schriftlichen Befehl des Gerichts. Gegen die Anwendung von Zwangsmaßregeln findet Beschwerde mit aufschiebender Wirkung statt. Die Haft als Zwangsmittel ist ausgeschlossen.[48])

3. Aussetzung des Verfahrens.[49]) Im Falle der Scheidungsklage ist der Kläger berechtigt, die Aussetzung des Verfahrens zu verlangen. Ist der Antrag gestellt, so darf das Gericht vor erfolgter Aussetzung auf Scheidung nicht erkennen. Die Aussetzung von Amts wegen ist beschränkt auf den Fall, daß die Scheidung wegen eines sog. relativen Scheidungsgrundes[50]) beantragt ist und die Aussicht auf Aussöhnung der Parteien nicht ausgeschlossen erscheint, ist aber hier dem Gerichte zur Pflicht gemacht. Gründet sich die Scheidungsklage auf einen sog. absoluten Scheidungsgrund,[51]) so ist es unzulässig, das Verfahren von Amts wegen auszusetzen.

Ist auf Herstellung des ehelichen Lebens geklagt, so kann das Gericht die Aussetzung des Verfahrens von Amts wegen stets dann anordnen, wenn eine Aussöhnung der Parteien nicht unwahrscheinlich ist.

In allen Fällen darf die Aussetzung im Laufe des Rechtsstreits nur einmal und im Scheidungsverfahren höchstens auf zwei Jahre, im Verfahren auf Herstellung des ehelichen Lebens höchstens auf ein Jahr angeordnet werden.

Rechtsmittel gegen den Beschluß: § 252.

---

[43]) § 615. M. S. 364. RG. 5 S. 166, 198, 415; 6 S. 370, 9 S. 381, 15 S. 288, 31 S. 281. Gruch. 26 S. 1178, 27 S. 1117. JW. 92 S. 238, 95 S. 328.
[44]) RG. 59 S. 410. [45]) § 615. [46]) GVG. § 171. [47]) RG. JW. 92 S. 301.
[48]) §§ 619, 572. [49]) §§ 620, 621. RG. 58 S. 315, Seuff. 59 Nr. 95, 242.
[50]) BGB. § 1568. [51]) BGB. §§ 1561—1567, 1569.

4. **Zum Zwecke der Erhaltung der Ehe darf** das Gericht **Tatsachen**, die von den Parteien **nicht vorgebracht sind, berücksichtigen** und die Aufnahme von Beweisen von Amts wegen anordnen.[52]) Liegt Anlaß zu solcher Amtsprüfung vor, so muß sie vom Gericht geübt werden.[53])

Auf welche Weise das Gericht zur Kenntnis der Tatsachen oder Beweismittel gelangt, ist gleichgültig.[54]) Vor der Entscheidung des Gerichts sind die Parteien zu hören. Dies geschieht in mündlicher Verhandlung durch Mitteilung der Tatsachen oder Beweismittel und Ausübung des Fragerechts.[55])

Bei einem Rechtsstreit, der die Nichtigkeit der Ehe oder die Feststellung des Bestehens oder Nichtbestehens einer Ehe zwischen den Parteien zum Gegenstand hat, greift die bezeichnete Befugnis des Gerichts auch zu dem Zwecke Platz, um zu ermitteln, ob die Ehe nichtig ist oder nicht besteht.[56])

5. Um eine Gewähr dafür zu schaffen, daß bei der Klage auf Scheidung wegen **Geisteskrankheit**[57]) die Dauer und der Grad der Krankheit in zuverlässiger Weise festgestellt wird, ist bestimmt, daß auf diese Scheidung nicht erkannt werden darf, bevor das Gericht einen oder mehrere Sachverständige über den Geisteszustand des Beklagten gehört hat.[58])

6. Mit Bezug auf BGB. § 1312 ist angeordnet, daß, wenn wegen **Ehebruchs** auf Scheidung erkannt wird und sich aus den Verhandlungen ergibt, mit welcher Person der Ehebruch begangen ist, diese Person in dem Urteil festzustellen ist.[59]) Diese Vorschrift hat lediglich reglementäre Natur.[60]) Die Feststellung braucht nicht notwendig im Urteilstenor zu erfolgen.[61])

7. Die Zurückweisung nachträglich vorgebrachter Verteidigungsmittel[62]) ist nur in 1., nicht auch in 2. Instanz zulässig.[63])

8. **Säumnis des Klägers** und Widerklägers zieht die Anwendung der Regelbestimmungen[64]) nach sich.[65]) Dagegen ist die Behandlung der **Säumnis des Beklagten** und Widerbeklagten abweichend vom Regelrecht geordnet. Wenn in erster Instanz der Beklagte oder Widerbeklagte im ersten Verhandlungstermine nicht erscheint, d. h. nicht durch einen Anwalt vertreten ist oder nicht verhandelt, so tritt eine Säumnisfolge gegen ihn nicht ein. Es wird nur sein Ausbleiben im Protokoll vermerkt. Will der Kläger verhandeln und ein Urteil erwirken, so muß er einen neuen Termin beantragen und zu diesem neuen Termine den Beklagten laden. Erscheint der Beklagte auch in dem neuen Termine nicht, so kann der Kläger einseitig verhandeln. Die Verhandlung gilt aber als eine kontradiktorische. Das tatsächliche mündliche Vorbringen des Klägers ist nicht als zugestanden anzunehmen,[66]) sondern das Gericht hat gemäß §§ 286, 617 zu würdigen,

---

[52]) § 622 Abs. 1. [53]) RG. 20 S. 215, 23 S. 142. JW. 87 S. 352, 89 S. 257, 90 S. 274. [54]) Prot. S. 604, 725. RG. JW. 92 S. 463. [55]) RG. JW. 87 S. 41. Bayr. ObLG. Seuff. 40 S. 46. [56]) § 622 Abs. 2. [57]) BGB. § 1569. [58]) § 623. M. II zu § 581a. [59]) § 624. [60]) RG. 55 S. 245. [61]) KB. II S. 159. [62]) § 279. [63]) § 626. [64]) §§ 330—347. [65]) M. S. 366. RG. 28 S. 393. JW. 95 S. 224. [66]) § 331.

ob das Vorbringen erwiesen oder noch zum Beweise zu stellen ist.[67]) Zu jedem ferneren Termine, der nicht in Gegenwart des Beklagten verkündet ist, muß Kläger den Beklagten laden. Ohne den Nachweis dieser Ladung darf nicht verhandelt werden. Ist der Beklagte durch öffentliche Zustellung geladen und nicht erschienen, so kann auf Antrag des Klägers sogleich im ersten Termine in die — als kontradiktorisch geltende — Verhandlung eingetreten werden, auch ist nach einmal geschehener öffentlicher Ladung die Ladung des Beklagten zu einem neuen verkündeten Termine nicht erforderlich.[68]) Ein Versäumnisurteil gegen den Beklagten ist unzulässig. Dem Beklagten steht also, trotz seines Ausbleibens, gegen das Urteil nicht der Einspruch, sondern nur Berufung und Revision zu.

In den höheren Instanzen kann auch dann zur Verhandlung geschritten werden, wenn der rechtzeitig geladene Beklagte im ersten Termine ausbleibt.[69]) Das Urteil gilt aber als kontradiktorisches. Die Erlassung eines Versäumnisurteils gegen den Beklagten ist nur dann zugelassen, wenn er als Rechtsmittelkläger auftritt.[70]) Gegen den Kläger findet das Versäumnisverfahren immer statt, auch wenn er in der höheren Instanz Rechtsmittelbeklagter geworden ist.[71])

IX. Beweiswürdigung. Die Befugnis, den Anspruch mit der Wirkung des § 307 anzuerkennen, ist dem Beklagten versagt.[72])

Bei Rechtsstreitigkeiten, welche die Nichtigkeit der Ehe oder die Feststellung des Bestehens oder Nichtbestehens einer Ehe zwischen den Parteien zum Gegenstande haben, bleiben die Vorschriften über die Folge der unterbliebenen oder verweigerten Erklärung über Tatsachen oder über die Echtheit von Urkunden, die Vorschriften über den Verzicht der Parteien auf die Beeidigung von Zeugen und Sachverständigen, über die Wirkung eines gerichtlichen Geständnisses und der Erlassung eines Eides, über die Eideszuschiebung und den Antrag, dem Gegner die Vorlegung einer Urkunde aufzugeben, außer Anwendung. Bei den übrigen Rechtsstreitigkeiten in Ehesachen sind die bezeichneten Vorschriften nur ausgeschlossen bezüglich solcher Tatsachen, welche die Scheidung oder die Anfechtung der Ehe oder das Recht, die Herstellung des ehelichen Lebens zu verweigern, begründen sollen, nicht aber bezüglich solcher Tatsachen, die auf die Aufrechterhaltung einer bestehenden Ehe abzielen.[73])

X. Urteil. Wenn Klage und Widerklage erhoben ist, so kann an sich ein Teilurteil erlassen werden, z. B. wenn klageweise Herstellung des ehelichen Lebens verlangt, widerklagend die Scheidung beantragt wird und erstere Klage sich als grundlos erweist, während es in Ansehung der Widerklage noch einer Beweiserhebung bedarf. Dagegen ist ein Teilurteil nicht möglich, wenn Klage und Widerklage auf Scheidung gerichtet sind.[74])

Die Urteile dürfen nicht für vorläufig vollstreckbar erklärt werden[75]) und sind in allen Fällen, auch wenn unter Ausschluß der Öffentlichkeit verhandelt ist, öffentlich zu verkünden.[76])

---

[67]) § 618. M. S. 366. [68]) §§ 618 Abs. 3, 218. [69]) RG. 9 S. 393. [70]) RG. 27 S. 360. [71]) RG. 28 S. 393. [72]) § 617 Abs. 1. [73]) § 617. M. II zu § 577. [74]) RG. 58 S. 309; vgl. auch 58 S. 318. [75]) § 704. [76]) § 174 GVG.

Diejenigen **Urteile**, durch die unbedingt auf **Scheidung oder Nichtigkeit der Ehe** erkannt ist, sind **von Amts wegen zuzustellen**.[77]) Diese Vorschrift findet auch dann Anwendung, wenn das Urteil noch einen anderen Ausspruch enthält, der, wenn er allein den Inhalt eines Urteils bildete, dessen Zustellung auf Parteibetrieb notwendig machen würde.[78]) Ferner gilt die Vorschrift für Urteile höherer Instanz, wodurch ein Rechtsmittel gegen ein die Scheidung oder Nichtigkeit der Ehe aussprechendes Urteil verworfen oder zurückgewiesen wird.[79]) Die Frist zur Einlegung des zulässigen Rechtsmittels läuft für jede Partei besonders vom Tage der Zustellung an sie. Zustellungen, die auf Parteibetrieb erfolgen, können die Rechtsmittelfrist nicht in Lauf setzen. Für alle bedingten, sowie für solche unbedingten Urteile, in denen auf Abweisung der Klage erkannt oder nur über die Schuldfrage entschieden ist, bleibt es bei dem Regelrecht, wonach die Zustellung im Parteibetriebe zu erfolgen hat und nur in diesem wirksam geschehen kann.[80])

XI. **Stirbt einer der Ehegatten** vor der Rechtskraft des Urteils, so ist der Rechtsstreit in Ansehung der Hauptsache als erledigt anzusehen.[81]) Etwaige Nachwirkungen der Ehe sind in einem neuen besonderen Prozesse geltend zu machen.[82])

Wird das Urteil, das auf eine Nichtigkeitsklage oder eine Anfechtungsklage ergeht oder durch welches das Bestehen oder Nichtbestehen einer Ehe festgestellt wird, bei Lebzeiten beider Ehegatten rechtskräftig, so wirkt es nicht nur unter den Parteien, sondern für und gegen alle. Eine Ausnahme besteht für den Fall, daß die Nichtigkeitsklage auf das Bestehen einer früheren Ehe gegründet wird.[83]) Hier hat das Urteil, durch das die Nichtigkeitsklage abgewiesen wird, gegen den Dritten, mit dem die frühere Ehe geschlossen war, nur dann Wirksamkeit, wenn er an dem Rechtsstreit teilgenommen hat.[84])

Ist ein gemeinschaftliches minderjähriges Kind der Ehegatten vorhanden, so hat das Prozeßgericht auch im Falle der Klageabweisung nach der Rechtskraft des Urteils im Eheprozesse dem Vormundschaftsgericht Mitteilung zu machen, damit dieses gemäß §§ 1635, 1636, 1699 ff. BGB. zum Schutze des Kindes einschreiten kann.[85])

XII. **Einstweilige Verfügung.**[86]) Hat der Rechtsstreit die Scheidung, Nichtigkeit oder Anfechtung der Ehe zum Gegenstande, so kann das Gericht auf Antrag eines der Ehegatten durch einstweilige Verfügung für die Dauer des Rechtsstreits das Getrenntleben der Ehegatten gestatten, die gegenseitige Unterhaltungspflicht der Ehegatten nach Maßgabe des § 1361 BGB. anordnen, wegen der Sorge für die Person der gemeinschaftlichen minderjährigen Kinder, soweit es sich nicht um die gesetzliche Vertretung handelt, Anordnungen treffen und die Unterhaltungspflicht der Ehegatten den Kindern gegenüber im Verhältnisse der Ehegatten zueinander regeln.

---

[77]) § 625. [78]) RG. Seuff. 54 S. 115. [79]) RG. 7 S. 363. [80]) § 625. RG. 3 S. 375, 4 S. 393, 7 S. 362. Gruch. 29 S. 1131. JW. 84 S. 48, 87 S. 113, 95 S. 82. Bayr. Ob.LG. Bl. f. Rechtsanwendung 53 S. 153. [81]) § 628. [82]) M. II zu § 584a. [83]) BGB. § 1326. [84]) § 629. [85]) § 630. M. II zu § 584c. [86]) § 627. Seuff. 56 Nr. 120, 58 Nr. 22, 223, 252; 59 Nr. 277.

Die einstweilige Verfügung ist zulässig, sobald der Termin zur mündlichen Verhandlung oder im Falle einer Scheidungsklage der Termin zum Sühneversuch bestimmt oder im Wege der Widerklage die Scheidung beantragt oder die Ehe angefochten ist.

Von der einstweiligen Verfügung hat das Prozeßgericht, wenn ein gemeinschaftliches minderjähriges Kind der Ehegatten vorhanden ist, dem Vormundschaftsgericht Mitteilung zu machen.

Im übrigen gelten für die einstweilige Verfügung die Bestimmungen der §§ 936—944. Der § 935 findet keine Anwendung.

XIII. Für die Nichtigkeitsklage[87]) gelten die folgenden Besonderheiten.

1. Die Nichtigkeit einer nach den §§ 1325—1328 BGB. nichtigen Ehe kann, solange nicht die Ehe für nichtig erklärt oder aufgelöst ist, nur im Wege der Nichtigkeitsklage, nicht auch bei Gelegenheit eines anderen Prozesses geltend gemacht werden. Das gleiche gilt von einer nach § 1324 BGB. nichtigen Ehe, wenn sie in das Heiratsregister eingetragen ist.[88]) Kommt in einem neueren Prozesse, z. B. bei einem Erbschaftsstreit, die Nichtigkeit einer Ehe in Frage, so ist dieser Prozeß bis zur Entscheidung über die — besonders anzustellende — Nichtigkeitsklage auszusetzen.

2. Mit der Nichtigkeitsklage kann nur eine Klage auf Feststellung des Bestehens oder des Nichtbestehens einer Ehe zwischen den Parteien verbunden werden. Eine Widerklage ist nur statthaft, wenn sie eine Nichtigkeitsklage oder eine Feststellungsklage der in Satz 1 bezeichneten Art ist.[89]) Diese Vorschrift findet auf die Klage wegen Feststellung des Bestehens oder Nichtbestehens einer Ehe zwischen den Parteien entsprechende Anwendung.[90])

3. Die Staatsanwaltschaft ist auf die zu III bezeichneten Befugnisse nicht beschränkt, sondern auch berechtigt, die Rolle einer Partei zu übernehmen. In diesem Falle kann sie, solange beide Eheleute leben,[91]) selbständig Klage erheben. Sie kann, auch wenn sie die Klage nicht erhoben, dem von einem Ehegatten oder Dritten eingeleiteten Nichtigkeitsprozeß in allen Instanzen als Partei, nicht nur als Nebenintervenient beitreten und selbständig, auch unter beliebigem Wechsel der Parteirolle, sowohl gegen als für die Ehe Anträge stellen und Rechtsmittel selbst dann einlegen, wenn ihren Anträgen entsprechend erkannt ist.[92]) Beim Unterliegen der Staatsanwaltschaft sind die dem obsiegenden Gegner erwachsenen Kosten der Staatskasse aufzuerlegen.[93]) Zuständig zur Vertretung der Staatsanwaltschaft ist in 1. Instanz der Erste Staatsanwalt, in 2. Instanz der Oberstaatsanwalt, in 3. Instanz der Oberreichsanwalt. Der Vertretung durch einen Anwalt bedarf der Staatsanwalt nicht.[94])

4. Berechtigt zur Erhebung der Klage ist außer jedem der Ehegatten und dem Staatsanwalt im Falle des § 1326 BGB. auch der Dritte, mit dem die frühere Ehe geschlossen war. Im übrigen kann die Klage von einem Dritten nur erhoben werden, wenn für ihn von der

[87]) Oben S. 175. [88]) BGB. § 1329. [89]) § 633. [90]) § 638. [91]) RG. 28 S. 290. [92]) § 634. [93]) § 637. [94]) M. S. 369.

Nichtigkeit der Ehe ein Recht, z. B. ein Erbrecht, oder von der Gültigkeit der Ehe eine Verpflichtung, z. B. zur Aussteuer, abhängt.[95])

5. Die von dem Staatsanwalt oder einem Dritten erhobene Klage ist gegen beide Ehegatten, als notwendige Streitgenossen, die von einem Ehegatten erhobene Klage ist gegen den anderen Ehegatten zu richten.[96])

6. Das Versäumnisurteil gegen den im Termine zur mündlichen Verhandlung nicht erschienenen Kläger ist dahin zu erlassen, daß die Klage als zurückgenommen gelte.[97]) Diese Vorschrift findet auf die Klage wegen Feststellung des Bestehens oder Nichtbestehens einer Ehe zwischen den Parteien entsprechende Anwendung.[98])

7. Für das Rechtsmittelverfahren sind als Gegner anzusehen, wenn das Rechtsmittel vom Staatsanwalt eingelegt wird, alle Privatparteien, wenn es von einer Privatpartei eingelegt wird, die übrigen Privatparteien und der Staatsanwalt, sofern er als Partei aufgetreten ist.[99]) Die Gegner erscheinen stets als notwendige Streitgenossen im Sinne des § 62.[100])

---

[95]) § 632 Abs. 1. [96]) § 632 Abs. 2. [97]) § 635. [98]) § 638. [99]) § 636. [100]) RG. 40 S. 349.

Siebentes Kapitel.

§ 27. Verfahren in Rechtsstreitigkeiten, welche die Feststellung des Rechtsverhältnisses zwischen Eltern und Kindern zum Gegenstande haben.

(§§ 640—644 ZPO.)

Bei diesen Rechtsstreitigkeiten muß wegen des eingreifenden öffentlichen Interesses ebenso wie bei den Ehesachen der Gegenstand des Prozesses in gewissem Umfange der Verfügung der Parteien entzogen bleiben. Das Verfahren ist dem Verfahren in Ehesachen nachgebildet. In Betracht kommen folgende Fälle:

I. Der § 640 betrifft das Verfahren in einem Rechtsstreite, der die Feststellung des Bestehens oder Nichtbestehens eines Eltern- und Kindesverhältnisses zwischen den Parteien oder die Feststellung des Bestehens oder Nichtbestehens der elterlichen Gewalt der einen Partei über die andere zum Gegenstand hat. Es handelt sich hierbei besonders um die Fälle, in denen Streit darüber besteht, ob ein Kind untergeschoben, an Kindes Statt angenommen oder legitimiert ist, oder in denen jemand das uneheliche Kind einer bestimmten Frau zu sein behauptet.

Das Verfahren ist nach Maßgabe derjenigen Vorschriften geregelt, die für das Verfahren in einem Rechtsstreite gelten, der die Feststellung des Bestehens oder Nichtbestehens einer Ehe zwischen den Parteien zum Gegenstande hat.[1]) Mit einer der bezeichneten Klagen kann eine Klage anderer Art nicht verbunden werden, auch ist eine Widerklage anderer Art unstatthaft.[2])

II. In Rechtsstreitigkeiten, durch welche die Ehelichkeit des Kindes oder die Anerkennung seiner Ehelichkeit seitens des Ehemanns angefochten wird, finden die für die Anfechtung einer Ehe geltenden Vorschriften der §§ 607, 613, 617 Abs. 1, 2, 618, 619, 622 Abs. 1, 625, 626, 628 entsprechende Anwendung. Die Anwendung der allgemeinen Verfahrensvorschriften ist nur in Ansehung solcher Tatsachen, welche die Unehelichkeit des Kindes, nicht aber in Ansehung solcher, welche seine Ehelichkeit begründen sollen, ausgeschlossen.[3])

Der Ehemann ist prozeßfähig, auch wenn er in der Geschäftsfähigkeit

---

[1]) §§ 607, 613, 617 Abs. 1, 3, 618, 619, 622, 625, 626, 628, 635. [2]) N. II zu § 592a. [3]) § 641 Abs. 1.

beschränkt ist. Der Rechtsstreit wird für den geschäftsunfähigen Ehemann durch den gesetzlichen Vertreter geführt. Dieser kann aber die Anfechtungsklage nur mit Genehmigung des Vormundschaftsgerichts erheben. Mit der einen Anfechtungsklage kann nur die andere Anfechtungsklage verbunden werden. Die Erhebung einer Widerklage ist ausgeschlossen.[4])

III. In den Art. 18—20 des EG. z. BGB. sind Bestimmungen über das internationale Privatrecht getroffen. Soweit danach für das Rechtsverhältnis zwischen Eltern und Kindern die deutschen Gesetze maßgebend sind, müssen die Beteiligten auch in der Lage sein, ein deutsches Gericht anzugehen. Dementsprechend ist in § 642 eine Erweiterung des Gerichtsstandes vorgesehen.[5])

IV. In den Fällen zu 1 und 2 wirkt das Urteil, sofern es bei Lebzeiten der Parteien rechtskräftig wird, für und gegen alle. Nimmt aber ein Dritter das elterliche Verhältnis oder die elterliche Gewalt für sich in Anspruch, so wirkt ihm gegenüber ein Urteil, welches das Bestehen des Eltern- und Kindesverhältnisses oder der elterlichen Gewalt feststellt, nur dann, wenn er an dem Rechtsstreite teilgenommen hat.[6])

V. Auf einen Rechtsstreit, der die Feststellung des Bestehens oder Nichtbestehens der unehelichen Vaterschaft zum Gegenstande hat, finden die Vorschriften zu 1—4 keine Anwendung.[7])

---

[4]) § 641 Abs. 2, 3. M. II zu § 592b. BGB. § 1595. [5]) M. II zu § 592c. [6]) § 643. [7]) § 644.

Achtes Kapitel.

§ 28. Verfahren in Entmündigungssachen.

(§§ 645—687 ZPO.)

Eine Entmündigung kann erfolgen: 1. wegen Geisteskrankheit oder wegen Geistesschwäche, 2. wegen Verschwendung, 3. wegen Trunksucht.[1]) Der wegen Geisteskrankheit Entmündigte ist geschäftsunfähig, der wegen Geistesschwäche, wegen Verschwendung oder wegen Trunksucht Entmündigte steht in Ansehung der Geschäftsfähigkeit einem Minderjährigen gleich, der das siebente Lebensjahr vollendet hat.[2]) Die Entmündigung ist wieder aufzuheben, wenn der Grund der Entmündigung wegfällt.[3])

Beim Entmündigungsverfahren wegen Geisteskrankheit oder wegen Geistesschwäche ist die Staatsanwaltschaft zur Mitwirkung berufen, während bei dem Entmündigungsverfahren wegen Verschwendung oder wegen Trunksucht eine Mitwirkung der Staatsanwaltschaft nicht stattfindet. Im übrigen ist das Verfahren in beiden Fällen im wesentlichen dasselbe. Darüber, ob eine Entmündigung einzutreten hat oder wieder aufzuheben ist, hat das Amtsgericht durch Beschluß zu entscheiden. Ist vom Amtsgericht die Entmündigung ausgesprochen oder deren Wiederaufhebung abgelehnt, so kann dieser Beschluß durch Klage beim Landgericht angefochten werden.

I. Verfahren vor dem Amtsgericht. 1. Die Einleitung erfolgt nur auf Antrag. Er kann bei dem Gerichte schriftlich eingereicht oder zum Protokolle des Gerichtsschreibers angebracht werden und soll eine Angabe der ihn begründenden Tatsachen und die Bezeichnung der Beweismittel enthalten.[4])

2. Antragsberechtigt ist für die Einleitung des Entmündigungsverfahrens der Ehegatte, ein Verwandter oder derjenige gesetzliche Vertreter des zu Entmündigenden, dem die Sorge für die Person zusteht, für die Entmündigung wegen Geisteskrankheit oder Geistesschwäche auch der Staatsanwalt des übergeordneten Landgerichts, für die Wiederaufhebung der Entmündigung nur der Entmündigte oder derjenige gesetzliche Vertreter des Entmündigten, dem die Sorge für die Person zusteht, wenn die Entmündigung wegen Geisteskrankheit oder Geistesschwäche erfolgt war, auch der bezeichnete Staatsanwalt.[5])

3. Ausschließlich zuständig ist das Amtsgericht, bei dem der

---

[1]) BGB. § 6. [2]) BGB. §§ 104, 114. [3]) BGB. § 6. [4]) § 647

[5]) Das Genauere: §§ 646, 680. BGB. §§ 1627, 1686, 1793, 1909, 1915.

zu Entmündigende oder **Entmündigte** seinen **allgemeinen Gerichtsstand** hat.[6]) Für die Entmündigung eines Reichsangehörigen, der im Inlande keinen allgemeinen Gerichtsstand hat, trifft § 648 Abs. 2 eine besondere Bestimmung. Ausländer können im Inlande nach den deutschen Gesetzen nur entmündigt werden, wenn sie ihren Wohnsitz oder, falls sie keinen Wohnsitz haben, ihren Aufenthalt im Inlande haben.[7]) Die Wiederaufhebung der Entmündigung eines Reichsangehörigen, der im Inlande keinen allgemeinen Gerichtsstand hat, oder eines Ausländers, der im Inland entmündigt ist, aber im Inland einen allgemeinen Gerichtsstand nicht mehr hat, kann bei dem Amtsgericht beantragt werden, das die Entmündigung ausgesprochen hat.[8])

Wenn im Falle der Entmündigung wegen Geisteskrankheit oder Geistesschwäche oder der Wiederaufhebung einer solchen Entmündigung der zu Entmündigende oder Entmündigte sich außerhalb des Bezirks des zuständigen Amtsgerichts befindet, so kann dieses nach der Einleitung des Verfahrens, falls es mit Rücksicht auf die Verhältnisse des zu Entmündigenden oder Entmündigten erforderlich ist, die Verhandlung und Entscheidung dem Amtsgericht überweisen, in dessen Bezirke der zu Entmündigende oder Entmündigte sich aufhält. Für den Fall des Aufenthaltswechsels ist auch eine weitere Überweisung gestattet. Die Überweisung verfolgt besonders den Zweck, eine Vernehmung des zu Entmündigenden oder Entmündigten durch das entscheidende Gericht zu sichern, und ist daher unstatthaft, wenn das Gericht, von dem die Überweisung auszugehen hätte, sich der Vernehmung bereits unterzogen hat. Lehnt ein Gericht die Übernahme des Verfahrens ab, so entscheidet das gemeinschaftliche übergeordnete Gericht.[9])

4. **Verfahren.** a) Im allgemeinen. Das **Gericht** hat unter Benutzung der in dem Antrag angegebenen Tatsachen und Beweismittel **von Amts wegen die erforderlichen Ermittelungen zu veranstalten und die erheblich erscheinenden Beweise aufzunehmen.** Zuvor ist dem zu Entmündigenden oder Entmündigten Gelegenheit zur Bezeichnung von Beweismitteln zu geben, ebenso demjenigen gesetzlichen Vertreter des zu Entmündigenden oder Entmündigten, dem die Sorge für die Person zusteht, sofern er nicht schon als Antragsteller an dem Verfahren beteiligt ist. Hält das Gericht die Anordnung einer Fürsorge für die Person oder das Vermögen des zu Entmündigenden oder Entmündigten für erforderlich, so hat es der Vormundschaftsbehörde zum Zwecke dieser Anordnung Mitteilung zu machen.[10])

b) Für das Verfahren bei der Entmündigung wegen Geisteskrankheit oder Geistesschwäche oder bei der Wiederaufhebung einer solchen Entmündigung sind noch folgende weitere Vorschriften gegeben. Das Gericht kann vor der Einleitung des Verfahrens die Beibringung eines **ärztlichen Zeugnisses** anordnen.[11]) Der Staatsanwalt ist befugt, das Verfahren durch Stellung von Anträgen zu betreiben und den Terminen beizuwohnen.

---

[6]) §§ 648 Abs. 1, 676 Abs. 1. [7]) Art. 8 EG. z. BGB. [8]) § 676 Abs. 2. [9]) §§ 650, 651, 671. Seuff. 56 Nr. 39, 59 Nr. 48. [10]) §§ 653, 657, 676, 680. BGB. § 1906. [11]) §§ 649, 676.

Er ist also von der Einleitung des Verfahrens, von der Überweisung an ein anderes Amtsgericht und von allen Terminen in Kenntnis zu setzen.[12])

Der zu Entmündigende oder Entmündigte ist unter Zuziehung eines oder mehrerer Sachverständigen persönlich zu vernehmen. Zu diesem Zwecke kann seine Vorführung angeordnet werden. Die Vernehmung kann auch durch einen ersuchten Richter erfolgen. Sie darf nur unterbleiben, wenn sie mit besonderen Schwierigkeiten verbunden oder nicht ohne Nachteil für den Gesundheitszustand des zu Entmündigenden oder Entmündigten ausführbar ist, nicht aber deshalb, weil das Gericht sie als unerheblich für die Entscheidung erachtet.[13])

Die Entmündigung sowohl wie ihre Wiederaufhebung darf nicht ausgesprochen werden, bevor das Gericht einen oder mehrere Sachverständige über den Geisteszustand des zu Entmündigenden oder Entmündigten gehört hat.[14])

Handelt es sich um Entmündigung, so kann das Gericht anordnen, daß der zu Entmündigende zur Beobachtung seines Geisteszustandes auf die Dauer von höchstens sechs Wochen in eine Heilanstalt gebracht werde. Diese Maßregel ist aber nur zulässig, wenn ein ärztliches Gutachten vorliegt, wonach die Unterbringung in die Heilanstalt zur Feststellung des Geisteszustandes geboten erscheint und ohne Nachteil für den Gesundheitszustand des zu Entmündigenden ausführbar ist. Auch darf die Anordnung nur mit Zustimmung des Antragstellers und, soweit tunlich, nach Anhörung der sonstigen Antragsberechtigten, insbesondere also auch des Staatsanwalts erfolgen.[15]) Ob die gerichtliche Vernehmung des zu Entmündigenden bereits stattgefunden hat, ist auf die Zulässigkeit der Maßregel ohne Einfluß. Die Anstalt selbst kann das Gericht nach seinem Ermessen auswählen; es ist nicht an die öffentlichen Irrenanstalten gebunden.[16]) Gegen den die Unterbringung anordnenden Beschluß findet die sofortige Beschwerde statt. Sie hat aufschiebende Wirkung und steht dem zu Entmündigenden, dem Staatsanwalt und den übrigen antragsberechtigten Personen zu. Für die letzteren ist dieselbe Frist maßgebend, die für den zu Entmündigenden läuft.[17])

c) Ist die Entmündigung wegen Trunksucht beantragt, so kann das Gericht die Beschlußfassung über die Entmündigung aussetzen, wenn Aussicht besteht, daß der Trunksüchtige sich bessern werde.[18])

5. Entscheidung. a) Der über die Entmündigung wegen Geisteskrankheit oder Geistesschwäche zu erlassende Beschluß ist von Amts wegen dem Antragsteller und dem Staatsanwalt zuzustellen.[19]) Wird die Entmündigung ausgesprochen, so ist der Beschluß von Amts wegen der Vormundschaftsbehörde mitzuteilen und, wenn der Entmündigte unter elterlicher Gewalt oder unter Vormundschaft steht, auch demjenigen gesetzlichen Vertreter, dem die Sorge für die Person des Entmündigten zukommt, im Falle der Entmündigung wegen Geistesschwäche auch dem Entmün-

[12]) §§ 652, 676. [13]) §§ 654, 676. Seuff. 56 Nr. 39, 59 Nr. 48. [14]) §§ 655, 676. [15]) § 656 Abs. 1. [16]) M. II zu § 599 a. [17]) § 656 Abs. 2. [18]) § 681. [19]) § 659.

digten selbst zuzustellen. Der die Entmündigung ablehnende Beschluß ist von Amts wegen auch demjenigen zuzustellen, dessen Entmündigung beantragt war.[20])

b) Der Beschluß über die Wiederaufhebung der Entmündigung ist dem Antragsteller und im Falle der Wiederaufhebung dem Entmündigten sowie dem Staatsanwalt von Amts wegen zuzustellen.[21])

c) Der Beschluß über die Entmündigung wegen Verschwendung oder Trunksucht ist von Amts wegen dem Antragsteller und dem zu Entmündigenden zuzustellen, auch, wenn er die Entmündigung ausspricht, der Vormundschaftsbehörde mitzuteilen.

d) Der Beschluß über die Wiederaufhebung der Entmündigung wegen Verschwendung oder Trunksucht ist von Amts wegen dem Antragsteller und, wenn er die Wiederaufhebung ausspricht, dem Entmündigten zuzustellen, im letzteren Falle auch der Vormundschaftsbehörde mitzuteilen.[22])

6. Die Entmündigung tritt ein a) wegen Geisteskrankheit, wenn der Entmündigte unter elterlicher Gewalt oder unter Vormundschaft steht, mit der Zustellung des Beschlusses an denjenigen gesetzlichen Vertreter, dem die Sorge für die Person zusteht, anderenfalls mit der Bestellung des Vormundes, b) wegen Geistesschwäche, Verschwendung oder Trunksucht mit der Zustellung des Beschlusses an den Entmündigten.[23])

7. Beschwerde. Lehnt das Amtsgericht die Einleitung des Entmündigungsverfahrens ab, so hat der Antragsteller gegen diesen Beschluß die einfache Beschwerde.[24]) Gegen den Beschluß, durch den die Entmündigung wegen Geisteskrankheit oder Geistesschwäche abgelehnt wird, steht dem Antragsteller und dem Staatsanwalte die sofortige Beschwerde zu.[25]) Wird die Entmündigung wegen Geisteskrankheit oder Geistesschwäche wieder aufgehoben, so hat gegen diesen Beschluß der Staatsanwalt die sofortige Beschwerde. Die rechtskräftig erfolgte Wiederaufhebung ist der Vormundschaftsbehörde mitzuteilen.[26]) Gegen den die Entmündigung wegen Verschwendung oder Trunksucht ablehnenden Beschluß steht dem Antragsteller die sofortige Beschwerde zu, dagegen ist gegen den Wiederaufhebungsbeschluß in diesen Fällen ein Beschwerderecht nicht gegeben.[27])

II. Verfahren vor dem Landgericht. 1. Klage. Hat das Amtsgericht die Entmündigung ausgesprochen, so kann der Beschluß **innerhalb eines Monats durch Klage** bei dem übergeordneten Landgericht **angefochten werden.**[28]) Klageberechtigt sind: a) bei der Entmündigung wegen **Geisteskrankheit oder Geistesschwäche** aa) **der Entmündigte.** Wenn er nicht selbst einen Anwalt bestellen will, so hat ihm auf seinen Antrag der Vorsitzende des Prozeßgerichts einen Rechtsanwalt als Vertreter beizuordnen.[29]) Es ist Sache des Entmündigten, diesem Vollmacht zu erteilen.[30]) bb) Derjenige **gesetzliche Vertreter**, dem die Sorge für seine Person zusteht, und die **übrigen** nach § 646 **antragsberechtigten Personen**, also auch der **Staatsanwalt.**[30a]) b) Bei

[20]) § 660. [21]) § 678 Abs. 1. [22]) §§ 685, 678. [23]) §§ 661, 683. [24]) § 567. [25]) § 663. [26]) § 678. [27]) §§ 685, 678 Abs. 1, 3. [28]) §§ 664 Abs. 1, 684. [29]) § 668. RG. 34 S. 386. [30]) RG. 35 S. 352. [30a]) § 664 Abs. 2.

der Entmündigung wegen Verschwendung oder Trunksucht nur der Entmündigte.[31]) Stirbt der Entmündigte vor Erhebung der Anfechtungsklage, so kann sie nicht mehr erhoben werden; stirbt er während des Prozesses, so ist dieser als gegenstandslos beendigt.[32])

2. Die Monatsfrist beginnt: a) bei der Entmündigung wegen Geisteskrankheit für den Entmündigten mit dem Zeitpunkt, in dem er von der Entmündigung Kenntnis erlangt, für die übrigen Klageberechtigten mit dem Zeitpunkt, in dem die Entmündigung in Wirksamkeit tritt;[33]) b) bei der Entmündigung wegen Geistesschwäche für den gesetzlichen Vertreter des unter elterlicher Gewalt oder unter Vormundschaft stehenden Entmündigten mit dem Zeitpunkt, in dem ihm der Beschluß zugestellt wird, für den Entmündigten selbst und die übrigen Antragsberechtigten mit der Zustellung des Beschlusses an den Entmündigten; c) bei der Entmündigung wegen Verschwendung oder Trunksucht mit der Zustellung des Beschlusses an den Entmündigten.[34])

Die Frist ist eine gesetzliche Ausschlußfrist. Als solche wird sie durch die Gerichtsferien unterbrochen und läßt die Wiedereinsetzung nicht zu.[35]) Ihre Innehaltung ist dem Parteiverzicht entzogen und von Amts wegen zu prüfen.[36])

3. Die Klage ist zu richten: a) Bei der Entmündigung wegen Geisteskrankheit oder Geistesschwäche gegen den Staatsanwalt und wenn dieser selbst Kläger ist, gegen denjenigen gesetzlichen Vertreter des Entmündigten, dem die Sorge für die Person zusteht. Ist die Entmündigung von einer berechtigten Privatperson beantragt, so ist sie vom Kläger unter Mitteilung der Klage zum Termin zur mündlichen Verhandlung zu laden und kann alsdann jeder Partei als notwendiger Streitgenosse beitreten.[37]) b) Bei der Entmündigung wegen Verschwendung oder Trunksucht gegen denjenigen, der die Entmündigung beantragt hatte, falls aber dieser verstorben oder sein Aufenthalt unbekannt oder im Auslande ist, gegen den Staatsanwalt.[38])

4. Die Klage ist darauf zu stützen, daß der Entmündigungsbeschluß nicht rechtmäßig erlassen worden sei, sie kann nicht auf nach der Entmündigung eingetretene Umstände gestützt werden.[39]) In letzterem Fall ist nur die Klage auf Wiederaufhebung der Entmündigung zulässig. S. Nr. 8.

5. Die Verbindung der Anfechtungsklage mit einer anderen Klage ist ausgeschlossen. Eine Widerklage ist unzulässig.[40])

6. Bei der mündlichen Verhandlung haben die Parteien die Ergebnisse des amtsgerichtlichen Verfahrens, soweit es zur Prüfung der Richtigkeit des angefochtenen Beschlusses erforderlich ist, vorzutragen. Die Richtigkeit und Vollständigkeit ist vom Vorsitzenden zu kontrollieren.[41])

Mit Rücksicht auf das vorwaltende öffentliche Interesse finden die für Ehesachen aufgestellten, das Verfügungsrecht der Parteien beschränkenden Vorschriften auch hier Anwendung.[42]) Wie dort soll auch hier der wirk-

---

[31]) § 684. [32]) Streitig. Vgl. Gaupp-Stein § 664 V. [33]) Oben S. 190. [34]) §§ 664 Abs. 3, 684 Abs. 2. [35]) §§ 223, 233. [36]) RG. 40 S. 393. [37]) § 666. [38]) § 684. [39]) Seuff. 57 Nr. 65. [40]) § 667. [41]) § 669. [42]) § 670.

liche Sachverhalt festgestellt werden. Es kommen also nicht zur Anwendung die Vorschriften über die Wirkung eines Anerkenntnisses oder eines gerichtlichen Geständnisses, über die Folgen der unterbliebenen oder verweigerten Erklärung über Tatsachen oder über die Echtheit von Urkunden, über den Verzicht der Parteien auf die Beeidigung von Zeugen oder Sachverständigen, über die Erlassung eines Eides, über die Eideszuschiebung und den Antrag, dem Gegner die Vorlegung einer Urkunde aufzugeben.[43]) Der Parteieid ist auch als richterlicher Eid ganz ausgeschlossen.[44]) Das Gericht ist befugt, Tatsachen, die von den Parteien nicht vorgebracht sind, zu berücksichtigen und die Aufnahme von Beweisen von Amts wegen anzuordnen.[45]) Im Falle des Ausbleibens des Beklagten im Verhandlungstermine wird ebenso verfahren, wie in Ehesachen.[46]) Gegen den ausgebliebenen Kläger ist auf Antrag des Gegners das Versäumnisurteil nach den gewöhnlichen Grundsätzen zu erlassen.

Im Falle der Entmündigung wegen Geisteskrankheit oder Geistesschwäche ist ebenso wie im amtsgerichtlichen Verfahren der Entmündigte unter Zuziehung eines oder mehrerer Sachverständigen zu vernehmen. Auch darf die Entmündigung nicht ausgesprochen werden, bevor das Gericht einen oder mehrere Sachverständige über den Geisteszustand des zu Entmündigenden gehört hat. Doch kann von der Vernehmung Sachverständiger dann Abstand genommen werden, wenn das Gericht das vor dem Amtsgericht abgegebene Gutachten für genügend erachtet.[47]) Auch in der Berufungsinstanz ist der Entmündigte persönlich zu hören.[48])

7. Das **Urteil** ergeht, wenn die Anfechtungsklage für begründet erachtet wird, **auf Aufhebung des Entmündigungsbeschlusses**. Wirksam wird die Aufhebung erst mit der Rechtskraft des Urteils. Doch können auf Antrag zum Schutze der Person oder des Vermögens des Entmündigten einstweilige Verfügungen nach §§ 936—944 getroffen werden.[49]) Die Wirkung der Aufhebung des Entmündigungsbeschlusses bestimmt BGB. § 115.

Erscheint die Anfechtungsklage nicht begründet, so ist sie abzuweisen.

Von jedem Endurteil hat das Prozeßgericht der Vormundschaftsbehörde und dem Amtsgericht Mitteilung zu machen.[50])

8. **Hat das Amtsgericht die Wiederaufhebung einer Entmündigung abgelehnt**, so kann der Ablehnungsbeschluß durch Klage bei dem übergeordneten Landgericht **angefochten werden**.

Klageberechtigt ist derjenige gesetzliche Vertreter des Entmündigten, dem die Sorge für die Person zusteht, im Falle der Entmündigung wegen Geisteskrankheit oder Geistesschwäche auch der Staatsanwalt. Will der gesetzliche Vertreter die Klage nicht erheben, so kann der Vorsitzende des Prozeßgerichts nach seinem Ermessen dem Entmündigten einen Rechtsanwalt als Vertreter beiordnen. Gegen die Ablehnung findet Beschwerde statt.[51]) Der beigeordnete Vertreter gilt als Litiskurator[52]) und wird,

---

[43]) § 617. [44]) § 670. [45]) §§ 670, 622. [46]) §§ 670, 618. [47]) §§ 671, 654, 655. [48]) RG. 57 S. 330. [49]) § 672. [50]) § 674. [51]) § 567. [52]) § 57.

ohne daß es der Vollmachtserteilung bedarf, durch die Beiordnung legitimiert, so daß er für das Prozeßverfahren einschließlich der Rechtsmittelinstanzen einen Bevollmächtigten bestellen kann.[53])

Bezüglich der Person des Beklagten und des Verfahrens finden die Vorschriften zu 1—3 entsprechende Anwendung.[54])

9. Bekanntmachung. Die Entmündigung einer Person wegen Verschwendung oder wegen Trunksucht, sowie die Wideraufhebung einer solchen Entmündigung, gleichviel ob die Wiederaufhebung durch Beschluß oder durch Urteil erfolgt, ist vom Amtsgericht von Amts wegen öffentlich bekannt zu machen.

10. Kosten. §§ 658, 673, 677, 682.

[53]) §§ 679, 686. RG. 21 S. 369, 35 S. 357. [54]) § 684.

Neuntes Kapitel.

§ 29. Mahnverfahren.[1]

(§§ 688—703 ZPO.)

Nicht alle an die Gerichte gebrachten Ansprüche sind unter den Parteien streitig. Häufig ist der Kläger nur deshalb genötigt das Gericht anzurufen, um durch Erwirkung eines vollstreckbaren Schuldtitels den säumigen Beklagten zur Erfüllung der unstreitigen Verpflichtung anhalten zu können. Diesem Zwecke dient das Mahnverfahren. Auf den Antrag des Gläubigers wird vom Amtsgericht an den Schuldner ein Zahlungsbefehl (ZB.) erlassen. Mit dessen Zustellung wird der Anspruch rechtshängig. Gegen den ZB. kann der Schuldner Widerspruch erheben. Unterläßt er dies, so kann der Gläubiger die Vollstreckbarkeit des ZB. erwirken. Im Falle der Erhebung des Widerspruchs erlöschen die Wirkungen des ZB. mit Ausnahme der Rechtshängigkeit und es erfolgt die Überleitung in das ordentliche Verfahren. Das Mahnverfahren, soweit es zulässig, ist nicht geboten, sondern steht nur zur Wahl des Gläubigers neben dem ordentlichen Prozesse.

I. Gegenstand.[2]) Dem Mahnverfahren unterliegen diejenigen Ansprüche, welche die Zahlung einer bestimmten Geldsumme oder die Leistung einer bestimmten Menge anderer vertretbarer Sachen[3]) oder Wertpapiere zum Gegenstande haben, sofern diese Ansprüche fällig und unbedingt sind. Wert und Rechtsgrund des Anspruchs sind einflußlos. Deshalb können sowohl persönliche als dingliche, insbesondere auch Wechselansprüche und Ansprüche aus einer Hypothek, einer Grundschuld oder einer Rentenschuld im Mahnverfahren verfolgt werden. Ebenso alternative Ansprüche, sofern beide Alternativen auf einen bestimmten und vertretbaren Gegenstand gerichtet sind. Eine Verbindung mehrerer Ansprüche ist gestattet, sowohl die sachliche, d. i. die Verbindung mehrerer Ansprüche gegen Einen Schuldner,[4]) als die persönliche, d. i. die Verbindung mehrerer Gläubiger oder Schuldner.[5]) Ansprüche, die von einer Vorleistung abhängen oder Zug um Zug erfüllt werden müssen, sind bedingt und für das Mahnverfahren nur dann geeignet, wenn die Gegenleistung bereits geschehen ist. Es muß deshalb in solchen Fällen behauptet werden, daß die Gegenleistung bereits erfolgt oder doch angeboten sei.[6])

---

[1]) Dieser Abschnitt ist durch die Novelle v. 1. Juni 1909 mehrfach abgeändert.
[2]) § 688. [3]) BGB. § 91. [4]) § 260. [5]) §§ 59, 60. [6]) § 688 Abs. 2.

Für Kündigungen läßt sich das Mahnverfahren niemals verwenden, weil der Mangel des Erfordernisses der Fälligkeit entgegensteht. Wohl aber kann der Antrag auf Erlaß des Zahlungsbefehls zur Unterbrechung der Klageverjährung benutzt werden, weil die Zustellung des ZB. die Wirkungen der Rechtshängigkeit, also auch die Unterbrechung der Verjährung nach sich zieht.[7])

Ausgeschlossen ist das Mahnverfahren, wenn die Zustellung des ZB. im Auslande oder durch öffentliche Bekanntmachung erfolgen müßte. Ergibt sich die Notwendigkeit solcher Zustellung erst nach Erlaß des ZB., so ist der letztere wieder aufzuheben.[8])

II. Zuständig ist in allen Fällen, auch bei Streitwerten von mehr als 600 Mk., das Amtsgericht, welches für die im ordentlichen Verfahren erhobene Klage zuständig sein würde, wenn die Amtsgerichte in erster Instanz sachlich unbeschränkt zuständig wären.[9]) Dem Gläubiger steht also, soweit nicht, wie z. B. bei dinglichen Ansprüchen, ein ausschließlicher Gerichtsstand gegeben ist (§ 24 ZPO.), die Wahl zwischen den verschiedenen Gerichten, die für die Zuständigkeit in Betracht kommen, zu. Insbesondere kommt neben dem allgemeinen persönlichen Gerichtsstand des Schuldners der Gerichtsstand des Erfüllungsortes (§ 29) in Frage. Die §§ 36, 37, betreffend die Bestimmung des zuständigen Gerichts durch das im Instanzenzuge zunächst höhere Gericht, finden auch auf das Mahnverfahren Anwendung.[10]) Desgleichen die Bestimmungen über Ausschließung und Ablehnung von Gerichtspersonen.

Ein von einem unzuständigen Gericht erlassener ZB. ist nicht schon aus diesem Grunde von Anfang an nichtig, sondern es ist Sache des Beklagten, die Unzuständigkeit nach Erhebung des Widerspruchs in der darauf folgenden mündlichen Verhandlung oder nach erhobenem Einspruch gegen den Vollstreckungsbefehl im Wege der Einrede zu rügen.

III. Das Gesuch muß enthalten die Bezeichnung der Parteien und ihrer gesetzlichen Vertreter, die Bezeichnung des Gerichts, die Angabe des Betrages oder Gegenstandes sowie des Grundes des Anspruchs und den Antrag auf Erlaß des ZB. Der Grund des Anspruchs ist, obwohl in tunlichster Kürze, doch derart anzugeben, daß die Statthaftigkeit des Anspruchs geprüft werden kann.[11]) Der Anspruch ist also nach dem materiellen Recht zu substantiieren. Einer Angabe der Beweismittel bedarf es nicht. Die Parteien sind so deutlich zu bezeichnen, daß eine Verwechslung ausgeschlossen ist. Die Bezeichnung des Gläubigers muß eine solche sein, daß der Schuldner weiß, von wem der im Zahlungsbefehl bezeichnete Anspruch gegen ihn erhoben wird.

Das Gesuch wird entweder schriftlich eingereicht oder mündlich vor dem Gerichtsschreiber erklärt. Über das mündliche Gesuch nimmt der Gerichtsschreiber ein Protokoll nur dann auf, wenn das Gesuch ihm unstatthaft erscheint und die Partei dabei beharrt. Anderenfalls fertigt er den Entwurf zum ZB. Es ist auch zulässig, daß der Gläubiger selbst sogleich den von ihm unter Benutzung des beim Amtsgericht ge-

[7]) §§ 693, 263, 267. RG. JW. 87 S. 198. [8]) § 688 Abs. 2. [9]) § 689.
[10]) RG. 39 S. 405. [11]) § 690.

bräuchlichen Formulars entworfenen ZB. an das Amtsgericht zur Vollziehung einreicht, woneben es dann eines besonderen Antrags oder Schriftsatzes nicht bedarf. Das Amtsgericht vollzieht den vom Gläubiger eingereichten Entwurf. Der Gebrauch dieser letzteren Form bietet für die Parteien den Vorteil der Beschleunigung des Verfahres sowie der Ersparung der Schreibgebühr und empfiehlt sich deshalb vorzugsweise.[12])

Zur Stellung des Antrags für einen anderen bedarf es nicht des Nachweises einer Vollmacht.[13]) Auch die gesetzlichen Vertreter brauchen ihre Legitimation und ihre Ermächtigung zur Prozeßführung nur zu behaupten, nicht zu beweisen. Doch wird die Prozeßfähigkeit der Vertreter[14]) geprüft.

Ausländer müssen einen Vorschuß zahlen.

Der Gerichtsschreiber trägt jede Sache in das Mahnregister ein, fertigt zu den schriftlich eingegangenen Gesuchen, soweit sie ihm unbedenklich erscheinen, die Entwürfe, versieht die letzteren mit dem Aktenzeichen und legt sie dem Richter vor.

IV. Prüfung. Der Richter hat sich der Vorprüfung des Gesuches zu unterziehen.[15]) Diese Vorprüfung erstreckt sich auf das Vorhandensein der oben unter I—III aufgestellten Erfordernisse, sowie darauf, ob unter Voraussetzung der Richtigkeit der behaupteten Tatsachen der Anspruch überhaupt und zurzeit begründet erscheint. Ergibt sich bei der Prüfung ein Mangel, so ist das ganze Gesuch zurückzuweisen, auch wenn der Mangel nur einen Teil des Anspruchs oder eine Nebenforderung betrifft;[16]) doch ist in letzterem Fall der Gläubiger vor der Zurückweisung zu hören. Dadurch soll ihm Gelegenheit gegeben werden, seinen Antrag unter Berücksichtigung der richterlichen Bedenken, z. B. durch Fallenlassen der Zuvielforderung, abzuändern. Die Gerichtskosten werden im Falle der Zurückweisung nur von dem unzulässigen Teile berechnet.[17]) Sind mehrere selbständige Anträge in demselben Gesuche gestellt, so wird, gleichviel ob es sich um sachliche oder persönliche Klagenhäufung handelt, der Fortgang der begründeten Ansprüche durch die Zurückweisung der nicht begründeten nicht berührt.

Die zurückweisenden Verfügungen sind von dem Richter auf die Urschrift des Mahngesuchs oder Protokolls zu setzen und mit diesem dem Antragsteller zu übersenden. Die Zurückweisungen werden im Mahnregister eingetragen.[18]) Ein Rechtsmittel gegen die Zurückweisung findet nicht statt.[19])

V. Erlaß des Zahlungsbefehls. Findet sich bei der Prüfung des Gesuchs kein Anstand, so vollzieht der Richter den ihm vorgelegten Entwurf und vermerkt die Vollziehung auf dem Gesuche. Ist kein Entwurf vorgelegt, obwohl das Gesuch zulässig ist, so ordnet der Richter die Fertigung des Entwurfs an.

Den Inhalt des ZB. bestimmen die §§ 690, 692. Die daselbst für die Befriedigung des Gläubigers oder die bei vorhandenen Einwendungen

---

12) § 702. Preuß. Gesch.O. f. AG. § 22. 13) § 703. 14) § 52. 15) § 691. 16) § 691. 17) GKG. § 37. 18) S. Form. Nr. 34 [1]. § 22 Abs. 4 Preuß. Gesch.O. f. AG. 19) § 691 Abs. 3.

gegen den Anspruch zulässige Widerspruchserhebung festgesetzte Frist von einer Woche ist eine gesetzliche, die zwar durch Vereinbarung der Parteien, nicht aber vom Richter verkürzt oder verlängert werden kann[20]) und durch die Gerichtsferien nicht gehemmt wird.[21]) Bei dinglichen Ansprüchen muß der Androhung der Zwangsvollstreckung die Beschränkung beigefügt werden, daß die Vollstreckung gegen den Schuldner als Besitzer des verpfändeten Grundstücks erfolgen soll.

Bei der Bezeichnung der Parteien werden auch deren Vertreter genannt. Auch der Name des Prozeßbevollmächtigten ist in den ZB. aufzunehmen. Doch bezieht sich dies nur auf den Fall, wenn eine wirkliche Prozeßvollmacht überreicht ist.[22]) Lautet die Vollmacht nur auf Nachsuchung des ZB. oder Anbringung des Mahngesuchs[23]) oder ist gemäß § 703 überhaupt keine Vollmacht überreicht, so ist die Tätigkeit und Befugnis des Bevollmächtigten mit Anbringung des Mahngesuchs beendigt.

In den Zahlungsbefehl werden auch die Kosten aufgenommen und zwar nicht nur die Gerichtskosten, sondern auch die bisherigen außergerichtlichen Kosten des Gläubigers (Portoauslagen und Anwaltsgebühren) und die Zustellungskosten, soweit sie sich im voraus berechnen lassen.

Im Falle der passiven Streitgenossenschaft ist in dem Zahlungsbefehl auch auszudrücken, ob die mehreren Schuldner für die Hauptsumme und die Kosten als Gesamtschuldner oder nur nach Kopfteilen verhaftet sind. Anderenfalls könnte der Gerichtsvollzieher nicht ermessen, welche Beträge von jedem einzelnen Schuldner einzuziehen er befugt ist.

Sind mehrere Gläubiger oder mehrere Schuldner vorhanden, so ist dennoch, wie im Prozesse nur Ein Urteil, nur Ein ZB. zu erlassen.

VI. Die Zustellung des Zahlungsbefehls erfolgt von Amts wegen.[24]) Es kommen die Vorschriften über die Zustellung von Amts wegen zur Anwendung (§§ 208—213), d. h. der Gerichtsschreiber hat den Zahlungsbefehl einem Gerichtsdiener oder der Post zur Zustellung auszuhändigen.

Bei der Zustellung des ZB. an den Schuldner wird dem letzteren eine Abschrift des Mahngesuchs nicht mitgeteilt.[25]) Dies schließt nicht aus, daß bei verwickeltem Sachverhalt (Rechnungen) Abschriften des Mahngesuchs oder seiner Anlagen dem Schuldner mit zugestellt werden.

Findet sich bei der Zustellung, daß der Schuldner nicht an dem angegebenen, sondern an einem anderen Orte wohnt, so darf der Gerichtsschreiber den ZB. an dem anderen Ort nur dann zustellen lassen, wenn auch trotz der Wohnsitzveränderung das betreffende Gericht zuständig bleibt. Sind mehrere Schuldner, z. B. Ehemann und Ehefrau vorhanden, so ist jedem einzelnen von ihnen der Zahlungsbefehl zuzustellen. Dies ist deshalb erforderlich, weil jeder von mehreren Schuldnern, auch die Ehefrau, selbständig Widerspruch erheben darf und eines solchen Wider-

[20]) § 224 Abs. 2. [21]) GVG. § 204. [22]) § 88 Abs. 2. [23]) § 83 Abs. 2. [24]) § 693. [25]) § 702.

spruchs ungeachtet, gegen die übrigen Schuldner Vollstreckungsbefehl erteilt werden kann.

Mit der Zustellung des ZB. an den Schuldner treten die Wirkungen der Rechtshängigkeit ein.[26]) Soll aber durch die Zustellung eine Frist gewahrt oder die Verjährung unterbrochen werden, so tritt die Wirkung, wenn die Zustellung demnächst erfolgt, bereits mit der Einreichung oder Anbringung des Gesuchs um Erlassung des Zahlungsbefehls ein. Diese Wirkung erlischt also, wenn eine Zustellung des Zahlungsbefehls überhaupt nicht erfolgt. Die Wirkungen der Rechtshängigkeit erlöschen ferner, wenn seit dem Ablaufe der darin bestimmten Frist eine weitere Frist von sechs Monaten abgelaufen ist, ohne daß der Schuldner Widerspruch erhoben [27]) oder der Gläubiger die Erlassung des Vollstreckungbefehls [28]) nachgesucht hat.

Von der erfolgten Zustellung hat der Gerichtsschreiber den Gläubiger zu benachrichtigen.[29])

Berichtigungen des Zahlungsbefehls sind nur so lange zulässig, als die Zustellung an den Schuldner noch nicht erfolgt ist. Das Gericht hat den Zahlungsbefehl entweder durch einen darauf zu setzenden Vermerk zu berichtigen, oder einen neuen ZB. zu erlassen.

Zur Zurücknahme des zugestellten Zahlungsbefehls ist, da mit der Zustellung die Wirkungen der Rechtshängigkeit eintreten,[30]) die Anzeige bei Gericht nicht genügend. Es muß vielmehr nach Analogie des § 271 Abs. 2 die bezügliche Erklärung in einem Schriftsatz dem Schuldner zugestellt und eine Abschrift des Schriftsatzes auf der Gerichtsschreiberei niedergelegt werden. Zulässig ist die Zurücknahme, wenn kein Widerspruch erhoben wird, auch nach Erlassung des Vollstreckungsbefehls,[31]) solange gegen diesen der Einspruch offen steht; wenn Widerspruch erhoben wird, bis zum Beginne der mündlichen Verhandlung des Beklagten zur Hauptsache.

Die Berechnung der Kosten erfolgt auf dem Gesuche um Erlaß des ZB. und, wenn ein solches Gesuch nicht vorhanden ist, weil der Antrag auf Erlaß des ZB. mündlich bei dem Gerichtsschreiber gestellt, oder der Entwurf zum ZB. mit der Bitte um Vollziehung eingereicht ist, auf einem besonderen Blatte.

VII. Der Widerspruch des Schuldners gegen den Zahlungsbefehl ist bei dem Gericht, das den letzteren erlassen hat, schriftlich oder mündlich anzubringen. Über den mündlichen Widerspruch nimmt der Gerichtsschreiber ein Protokoll nur auf, wenn der Widerspruch verspätet ist.[32]) Anderenfalls genügt der Vermerk im Mahnregister.

Von der Erhebung des Widerspruchs benachrichtigt der Gerichtsschreiber den Gläubiger oder dessen Prozeßbevollmächtigten und erteilt dem Schuldner auf dessen Verlangen eine Bescheinigung darüber, daß er rechtzeitig Widerspruch erhoben hat.[33]) Eine Abschrift der Widerspruchsschrift wird dem Gläubiger nicht mitgeteilt.[34])

Rechtzeitig ist der Widerspruch nicht nur, wenn er innerhalb der im

---

[26]) BGB. § 209 Nr. 1. ZPO. § 693. [27]) Unten VII. [28]) Unten IX [29]) § 693 Abs. 4. [30]) § 693. [31]) § 700. [32]) § 702. § 22 Abs. 2 Preuß. Gesch.O. f. AG. [33]) § 694 Abs. 2. § 22 Abs. 2 Preuß. Gesch.O. f. AG. [34]) § 702.

ZB. bestimmten Frist von einer Woche, sondern sobald er angebracht wird,[35]) bevor der Vollstreckungsbefehl durch Unterschrift des Gerichtsschreibers vollzogen ist. Als Widerspruch gilt jede Erklärung, die erkennen läßt, daß der Schuldner mit dem Anspruch nicht einverstanden ist. Jeder Widerspruch, selbst wenn er ausdrücklich nur gegen einen Teil der Forderung oder eine Nebenforderung (Zinsen) gerichtet ist, entkräftet den ganzen ZB.[36]) Wenn jedoch mehrere selbständige Ansprüche in einem ZB. geltend gemacht sind und der Widerspruch ausdrücklich auf einzelne Ansprüche beschränkt wird, so behält der ZB. bezüglich der übrigen seine Wirkung und kann insoweit für vollstreckbar erklärt werden. Dasselbe trifft zu, wenn von mehreren Schuldnern nur einzelne Widerspruch erheben, es sei denn, daß eine notwendige Streitgenossenschaft vorliegt, in welchem Falle der Widerspruch des einen auch für die übrigen Wirkung hat.[37])

Verspätete Widersprüche werden nicht besonders zurückgewiesen.[38]) Die Wiedereinsetzung in den vorigen Stand ist ausgeschlossen.[39]) Der Schuldner kann nur gegen den Vollstreckungsbefehl Einspruch einlegen.[40])

Wird der Widerspruch zurückgenommen, bevor darauf etwas veranlaßt, also weder die Eintragung in das Mahnregister geschehen, noch die Mitteilung an den Gläubiger erfolgt ist, mithin der Schuldner noch die freie Verfügung darüber hat, so bleibt er unbeachtet. Dagegen ist die Zurücknahme des eingetragenen oder dem Gläubiger mitgeteilten Widerspruchs nicht geeignet, den außer Kraft gesetzten ZB. wieder in Kraft zu setzen. Es ist deshalb unrichtig, infolge einer an das Gericht gelangten Zurücknahme des Widerspruchs irgendeine Eintragung in das Mahnregister zu bewirken. Ebensowenig kann nach Zurücknahme des Widerspruchs der Vollstreckungsbefehl erteilt werden. Auch ist nicht gutzuheißen, wenn von der Zurücknahme des Widerspruchs dem Gläubiger durch das Gericht Nachricht gegeben wird. Vielmehr werden derartige Rücknahmeerklärungen dem Schuldner mit dem Bemerken, daß eine Zurücknahme des Widerspruchs unzulässig sei, zurückzugeben sein.[41])

Der Antrag auf Terminsbestimmung zur mündlichen Verhandlung kann mit der Widerspruchserhebung verbunden werden.[42]) Geht ein solcher Antrag erst nach dem Erlasse des Vollstreckungsbefehls ein, so kann die Terminsbestimmung abgelehnt werden.

Vertreter und Bevollmächtigte bedürfen zur Widerspruchserhebung keiner Vollmacht oder sonstigen Legitimation.[43]) In der Benachrichtigung von dem Widerspruch ist anzugeben, wer den Widerspruch erhoben hat.

VIII. Ordentliches Verfahren. Durch die rechtzeitige Erhebung des Widerspruchs werden die infolge der Zustellung des ZB. eingetretenen Wirkungen der Rechtshängigkeit nicht beseitigt.[44]) Der Rechtsstreit kann nunmehr in das ordentliche Verfahren übergeleitet werden. Dieses ist zu Beginn das gleiche, mag die Klage an sich vor das Amts- oder vor das Landgericht gehören. Grundsätzlich wird in beiden Fällen auf bloßen

---

[35]) §§ 694, 699. [36]) § 695. [37]) § 62. [38]) § 694 Abs. 3. [39]) §§ 233 ff. [40]) § 700. [41]) Wilm.-Levy A. 3. Gaupp A. I. Struckm.-Koch A. 3 zu § 635. AM. Reincke A. 1; Seuff. A. 3 zu § 635. [42]) § 696. [43]) § 703. [44]) § 695.

Antrag der Parteien hin verhandelt und bedarf es keiner besonderen Erhebung einer Klage. Der Zahlungsbefehl vertritt die förmliche Klage.

Es wird angenommen, daß mit der Zustellung des ZB. der Rechtsstreit wie durch Zustellung einer Klage bei dem Amtsgericht anhängig geworden sei.[45]) Es sind also auch die zivil- und prozeßrechtlichen Folgen, die an die Erhebung der Klage geknüpft sind, auf den Zeitpunkt der Zustellung des ZB. zurückzuziehen (vgl. jedoch die oben erwähnte Ausnahme des § 693 Abs. 3). Insbesondere ist der Gerichtsstand des Beklagten bei dem Amtsgericht des ZB. begründet, sofern der Beklagte nicht durch Einrede erweist, daß zur Zeit der Zustellung des ZB. das Amtsgericht zum Erlasse des Befehls nicht zuständig gewesen sei. Abweichungen von dem Inhalt des ZB., abgesehen von den nach § 268 zulässigen Änderungen, sind Klageänderungen, also nur gemäß § 264 statthaft. Eine neue Klage kann nur erhoben werden, nachdem der Kläger durch zugestellten Schriftsatz dem Beklagten angezeigt hat, daß er von dem Mahnverfahren Abstand nehme. In dem letzteren Falle sind die Kosten des Mahnverfahrens von dem Kläger allein zu tragen, da die Ergebnislosigkeit von ihm verursacht ist.

Nach Erhebung des Widerspruchs ruht das Verfahren, bis der Antrag auf Terminsbestimmung gestellt wird. Dieser Antrag steht jeder Partei und zu jeder Zeit zu. In den Antrag wird zweckmäßig auf den Zahlungsbefehl Bezug genommen, doch bedarf es nicht der Erfordernisse einer Klage.

1. Gehört die Sache zur Zuständigkeit der Amtsgerichte, so bedarf es abweichend von den sonstigen Vorschriften für das amtsgerichtliche Verfahren eines solchen Antrags, um die Terminsbestimmung herbeizuführen. Diese Bestimmung erfolgt nicht von Amts wegen. Der Antrag kann schon in dem Gesuch um Erlassung des Zahlungsbefehls gestellt werden.

Die Ladung erfolgt dann aber von Amts wegen. Die Ladungsfrist beträgt mindestens drei Tage,[46]) auch wenn die Einlassungs- oder Ladungsfrist sonst eine kürzere ist, kann aber auf Antrag abgekürzt werden.[47])

Die Verhandlung erfolgt nach den allgemeinen Vorschriften für das ordentliche Verfahren vor dem Amtsgericht. Der Urkundenprozeß ist ausgeschlossen, weil der die Klage vertretende ZB. die Erfordernisse des § 593 nicht erfüllt. Der Erhebung einer Widerklage steht nichts entgegen.

2. Ist ein Anspruch erhoben, der zur Zuständigkeit der Landgerichte gehört, und wünscht eine Partei, daß der Prozeß an das Landgericht übergeleitet wird, so bedarf es auch keiner förmlichen Klage. Vielmehr hat das Amtsgericht, sofern eine Partei vor der Verhandlung zur Hauptsache darauf anträgt, durch Beschluß sich für unzuständig zu erklären und den Rechtsstreit an das Landgericht zu verweisen. Auf diesen Beschluß finden dieselben Vorschriften Anwendung, als wenn das Amtsgericht sich sonst für unzuständig erklärt und eine Sache an das Landgericht verweist (s. S. 102). Der Antrag auf Verweisung kann schon in dem

[45]) § 696. [46]) § 696 Abs. 2. [47]) § 226.

Gesuche um Erlassung des Zahlungsbefehls gestellt oder mit dem Widerspruche verbunden werden. Ist dies der Fall, so kann der Beschluß ohne vorgängige mündliche Verhandlung erfolgen.

Wird die Verweisung beschlossen, so gilt der Rechtsstreit mit der Zustellung des Beschlusses als bei dem Landgerichte anhängig.[48]) Der Prozeß geht dann in den Anwaltsprozeß über. Insbesondere muß schon die zur Terminsbestimmung vorgelegte Ladung von einem Anwalt unterzeichnet sein.

3. Erfolgt auf den Widerspruch ein Versäumnis- oder Anerkenntnisurteil, so kann zur Herstellung des Urteils in abgekürzter Form (s. S. 76) der Zahlungsbefehl an Stelle der Klageschrift benutzt werden.[49])

4. Bei der Entscheidung ist auch über die Kosten des Mahnverfahrens zu befinden. Sie sind als ein Teil der Kosten des Rechtsstreits anzusehen.[50]) Ist bezüglich ihrer in dem Urteil nichts gesagt, so gelten sie als Teil der Prozeßkosten und sind von der Partei zu tragen, der die Prozeßkosten auferlegt sind.[51]) Doch können die Mehrkosten ganz oder teilweise auch der obsiegenden Partei auferlegt werden, wenn der Widerspruch aus irgendwelchen Gründen (Unzulässigkeit des Mahnverfahrens, Unzuständigkeit des Gerichts, Zuvielforderung, Forderung vor der Verfallzeit) begründet war.

IX. Vollstreckungsbefehl (VB.). Er ist auf Antrag zu erlassen, wenn die Frist von einer Woche abgelaufen und Widerspruch nicht erhoben ist.[52]) Der Antrag kann schriftlich oder mündlich gestellt werden. Der Aufnahme eines Protokolls über den mündlichen Antrag bedarf es nur dann, wenn er unzulässig erscheint.[53]) Anderenfalls setzt der Gerichtsschreiber den Vollstreckungsbefehl auf den Zahlungsbefehl. Bevollmächtigte müssen bei der Antragstellung Vollmacht beibringen, die von Amts wegen zu prüfen ist.[54])

Die Prüfungspflicht des Gerichtsschreibers erstreckt sich darauf, ob der ZB. ordnungsmäßig zugestellt, ob die einwöchige Frist des § 692 abgelaufen, ob die sechsmonatige Frist des § 701 noch nicht verstrichen, ob Widerspruch nicht erhoben ist. Auch die Zuständigkeit des Gerichts hat der Gerichtsschreiber zu prüfen.[55])

Bei der Prüfung der Zustellung ist nicht nur die Beobachtung der allgemeinen Zustellungsvorschriften, sondern auch der Umstand zu beachten, ob die Zustellung an dem im ZB. angegebenen Orte erfolgt ist.

Die Widerspruchsfrist von einer Woche beginnt mit dem Tage der Zustellung des ZB. Ihr Lauf wird durch die Gerichtsferien nicht gehemmt.[56]) Die Frist ist eine gesetzliche und kann auf einseitigen Antrag weder verlängert noch verkürzt werden.[57]) Wenn jedoch der Schuldner in glaubhafter Form auf den Ablauf der Frist verzichtet, so steht dem sofortigen Erlasse des VB. nichts entgegen.

Das Recht des Gläubigers auf Erwirkung des Vollstreckungsbefehls dauert nur sechs Monate von dem Ablauf der einwöchigen Zahlungsfrist. Ist die sechsmonatige Frist verstrichen, so verliert der

[48]) § 697. [49]) § 696 Abs. 3. [50]) § 698. [51]) RG. 34 S. 373. [52]) § 699. [53]) § 702. § 22 Abs. 2 Preuß. Gesch.O. f. AG. [54]) §§ 80, 88, 703. [55]) Gaupp § 699 I 1. [56]) GVG. § 204. [57]) § 224 Abs. 2.

Zahlungsbefehl dergestalt seine Kraft, daß auch die Wirkungen der Rechtshängigkeit erlöschen. Dasselbe gilt, wenn die Erlassung des VB. rechtzeitig nachgesucht, das Gesuch aber endgültig und rechtskräftig zurückgewiesen ist.[58]) Die Frist kann weder verlängert noch verkürzt werden.

Will der Gerichtsschreiber dem Gesuche des Gläubigers nicht entsprechen, so hat er das Gesuch dem Gerichte zur Entscheidung vorzulegen.[59]) Wird das Gesuch vom Gericht zurückgewiesen, so wird der zurückweisende Beschluß unter Rückgabe des ZB. dem Gläubiger von Amts wegen zugestellt. Die Zustellung ist zu beurkunden. Dem Schuldner braucht der Beschluß nicht mitgeteilt zu werden. Ist das Gesuch eingegangen, bevor dem Gläubiger der Widerspruch mitgeteilt war, so genügt die Rücksendung des Gesuchs mit der Nachricht von der Erhebung des Widerspruchs. Gegen den abweisenden Beschluß ist nur die sofortige Beschwerde binnen zwei Wochen seit dem Tage der Zustellung des Beschlusses zulässig. Das Amtsgericht darf seine abweisende Verfügung nicht ändern.[60])

In den VB. werden sowohl die entstandenen gerichtlichen Kosten als auch die außergerichtlichen Kosten des Gläubigers, soweit sie noch nicht im ZB. berücksichtigt sind (Anwaltsgebühren, Vollmachtsstempel, Kosten der Nachnahme, Portoauslagen), aufgenommen. Deshalb bedarf es nicht ihrer nachträglichen Festsetzung. Der Gläubiger muß seine Auslagen, soweit sie nicht aus dem ZB. oder den Zustellungsurkunden zu ersehen sind, durch Vorlegung der Beläge nachweisen. Die noch hinterher entstehenden Kosten der Zustellung sind, da sie aus der Zustellungsurkunde hervorgehen, ohne weiteres vollstreckbar.

Soll der VB. nur gegen einzelne von mehreren Schuldnern erlassen werden, so ist dies besonders hervorzuheben. Ebenso wenn die Vollstreckbarkeit nur bezüglich einzelner von mehreren selbständigen Ansprüchen zulässig ist. Hat der Schuldner seit Zustellung des ZB. Abschlagszahlungen geleistet, so darf, wenn der Gläubiger dies anzeigt, der VB. nur wegen der Restforderung erlassen werden. Sind die Teilzahlungen unberücksichtigt geblieben, so muß der Schuldner gegen den VB. Einspruch einlegen, weil nach Eintritt der Rechtskraft des VB. die Gefahr nochmaliger Beitreibung vorliegt, denn in der Zwangsvollstreckungsinstanz können Zahlungen, die vor Zustellung des VB. geleistet sind, nicht geltend gemacht werden.[61]) Dasselbe gilt von Verzichten, Vergleichen, Bewilligung von Teilzahlungen u. dgl.

Hat eine Rechtsnachfolge vor Erlaß des VB. auf Seite des Gläubigers oder Schuldners stattgefunden, so muß auch dies aus dem VB. zu ersehen sein, da jeder vollstreckbare Titel ergeben muß, für und gegen welche Personen die Zwangsvollstreckung stattfinden soll.[62])

Die Zustellung des Vollstreckungsbefehls an den Schuldner erfolgt nicht wie diejenige des Zahlungsbefehls von Amts wegen, sondern auf Betreiben des Gläubigers. Mangels einer entgegenstehenden Erklärung hat aber der Gerichtsschreiber die Zustellung zu vermitteln, sofern nicht der Gläubiger erklärt hat, selbst einen Gerichtsvollzieher mit der Zustellung beauftragen zu wollen.[63])

[58]) § 701. [59]) § 699 Abs. 2. [60]) §§ 699, 577. [61]) § 796 Abs. 2. [62]) § 750 Abs. 1. [63]) § 699 Abs. 1.

Die Zustellung ist erforderlich, damit die Zwangsvollstreckung und die Frist zur Einlegung des Einspruchs,[64]) mit deren Ablauf die Rechtskraft des VB. eintritt, beginnen kann.[65])

Einer Vollstreckungsklausel bedarf der VB. zum Zwecke der Zwangsvollstreckung nur dann, wenn die Zwangsvollstreckung für einen anderen, als den in dem Befehle bezeichneten Gläubiger oder gegen einen anderen, als den in dem Befehle bezeichneten Schuldner erfolgen soll.[66])

X. Einspruch. Der Vollstreckungsbefehl steht einem für vorläufig vollstreckbar erklärten Versäumnisurteile gleich. Gegen ihn steht dem Schuldner nur der Einspruch zu, der binnen einer Woche seit Zustellung des VB. bei dem Gericht, das den Befehl erlassen hat, einzulegen ist und den allgemeinen Vorschriften über den Einspruch[67]) gegen ein amtsgerichtliches Versäumnisurteil unterliegt.[68]) Die Einlegung des Einspruchs hält die Zwangsvollstreckung nicht auf. Doch kann auf Antrag des Schuldners die einstweilige Einstellung der Zwangsvollstreckung gemäß §§ 707, 719 angeordnet werden.

Das Verfahren gestaltet sich ebenso wie nach dem erfolgten Widerspruch. Das Amtsgericht hat Termin anzuberaumen und die Parteien von Amts wegen zu laden. Gehört der Anspruch vor das Amtsgericht, so entscheidet das Amtsgericht sowohl über den Einspruch, als über den Anspruch selbst. Das Verfahren ist genau dasselbe wie nach einem Einspruch gegen ein amtsgerichtliches Versäumnisurteil.

Gehört der Anspruch dagegen vor das Landgericht, so entscheidet das AG. an sich nur über die Zulässigkeit des Einspruchs. Ist der Einspruch unzulässig, so ist er durch Urteil zu verwerfen. Ist er dagegen zulässig, so kann das Verfahren vor dem Amtsgericht fortgesetzt werden und gelten dann dieselben Vorschriften wie für das amtsgerichtliche Verfahren. Doch ist der Rechtsstreit auf Antrag einer Partei ebenso wie nach erfolgtem Widerspruch an das Landgericht zu verweisen. Eine solche Verweisung kann aber nur stattfinden, wenn das Amtsgericht den Einspruch für zulässig erachtet. Das Landgericht ist an die Entscheidung des Amtsgerichts, durch welche der Einspruch zugelassen war, gebunden.[69])

Wird gegen den VB. kein Einspruch eingelegt, so erlangt jener nach Ablauf der Frist die Rechtskraft. Der Gerichtsschreiber erteilt auf Antrag das Attest der Rechtskraft.[70]) Er ist zur Vermittlung von Aufträgen des Gläubigers an den Gerichtsvollzieher behufs Zwangsvollstreckung verpflichtet. Ein rechtskräftiger VB. kann nur durch Wiederaufnahme des Verfahrens beseitigt werden.[71])

Die Frage, ob die Vorschriften über die Unterbrechung und die Aussetzung des Verfahrens[72]) im Mahnverfahren anwendbar sind, ist bestritten. Die Erwägung, daß ein Ausschluß dieser Bestimmungen praktisch schwere Bedenken gegen sich haben würde, muß dazu führen, die allgemeinen Vorschriften der §§ 239 ff. entsprechend anzuwenden, sobald die Rechtshängigkeit eingetreten, also der Zahlungsbefehl zugestellt ist.[73])

[64]) Unter X. [65]) §§ 700, 339. [66]) § 796 Abs. 1. [67]) §§ 338—346. [68]) § 700. [69]) § 700. [70]) 706. [71]) § 584 Abs. 2. [72]) §§ 239 ff. [73]) So Gaupp § 693 IV u. a.

Zehntes Kapitel.

Allgemeine Bestimmungen.

§ 30. Zuständigkeit der Gerichte.

I. Niemand darf seinem gesetzlichen Richter entzogen werden.[1]) Gesetzlicher Richter für die Entscheidung eines Rechtsstreits ist das für diese Entscheidung zuständige Gericht. Die Zuständigkeit der Gerichte der höheren Instanzen folgt dem gesetzlichen Instanzenzuge. Zur Zuständigkeit der Gerichte 1. Instanz gehört das Zusammentreffen der sachlichen und der örtlichen Zuständigkeit. Sachlich zuständig sind die Amtsgerichte und die Landgerichte. Die sachliche Zuständigkeit ist — abgesehen von einigen besonderen Vorschriften — geregelt durch das Gerichtsverfassungsgesetz.[2]) Bei Streitigkeiten über vermögensrechtliche Ansprüche ist deren Gegenstand maßgebend. Wenn der Gegenstand die Summe von 600 Mk.[2a]) nicht übersteigt, ist in der Regel das Amtsgericht, anderenfalls ist das Landgericht zuständig, doch sind in von dem Gesetz (GVG. §§ 23, 70) aufgezählten bestimmten Fällen Amtsgericht und Landgericht auch ohne Rücksicht auf den Wert des Streitgegenstandes zuständig. Die Bestimmungen darüber, welchem von den sachlich zuständigen Gerichten die örtliche Zuständigkeit zukommt, enthalten die über den „Gerichtsstand" gegebenen Vorschriften der ZPO. §§ 12 ff. Sind mehrere Gerichte zuständig, so hat der Kläger die Wahl.[3])

Der bei einem unzuständigen Gericht erhobenen Klage kann der Beklagte die prozeßhindernde Einrede der Unzuständigkeit des Gerichts entgegensetzen.[4])

II. Ein an sich sachlich oder örtlich unzuständiges Gericht 1. Instanz wird aber zuständig, wenn die Parteien die Zuständigkeit vereinbaren: Prorogation. Die Vereinbarung ist an keine bestimmte Form gebunden. Sie kann sowohl ausdrücklich — mündlich oder schriftlich — als auch stillschweigend — durch schlüssige Handlungen — getroffen werden. Vom Gesetze fingiert wird eine stillschweigende Vereinbarung dann, wenn der Beklagte ohne Rüge der Unzuständigkeit zur Hauptsache mündlich verhandelt hat.[5]) Ist dies geschehen, so kann der Kläger überhaupt nicht, der Beklagte aber nur dann die Unzuständigkeit rügen, wenn er glaubhaft macht,

---

[1]) GVG. § 16. [2]) GVG. §§ 23, 70, 100 a, 101, 158. ZPO. §§ 689, 645, 675, 676, 680, 685. [2a]) G. Ges. v. 1. Juni 09 Art. I. [3]) § 35. [4]) § 274 Nr. 1. [5] §§ 38, 39.

daß er ohne sein Verschulden nicht imstande gewesen sei, es früher zu tun.[6]) Die Vereinbarung hat aber nur dann rechtliche Wirkung, wenn sie sich auf einen bestimmten Prozeß oder doch auf die aus einem bestimmten Rechtsverhältnis, z. B. auf alle aus einem bestimmten Versicherungsvertrage entstehenden Streitigkeiten bezieht.[7])

Unzulässig ist die Vereinbarung, wenn der Rechtsstreit andere als vermögensrechtliche Ansprüche betrifft, und bei Rechtsstreitigkeiten über vermögensrechtliche Ansprüche dann, wenn für die Klage nach Vorschrift des Gesetzes ein sachlich oder örtlich ausschließlicher Gerichtsstand ausdrücklich vorgeschrieben ist.[8]) Ist dies geschehen, so bleibt bei ausschließlicher örtlicher Zuständigkeit[9]) nur die Vereinbarung der sachlichen Zuständigkeit, bei ausschließlicher sachlicher Zuständigkeit[10]) nur die Vereinbarung der örtlichen Zuständigkeit gestattet.

Hat der Kläger in einem der Fälle des vorigen Absatzes bei dem unzuständigen Gericht geklagt, so ist die Klage abzuweisen, gleichviel ob der Beklagte die Einrede der Unzuständigkeit, deren Geltendmachung ihm bis zum Schlusse der mündlichen Verhandlung, auf die das Endurteil ergeht, freisteht, erhoben hat oder nicht. Wenn aber bei vermögensrechtlichen Ansprüchen für die Klage ein örtlich ausschließlicher Gerichtsstand begründet, von dem Beklagten, sofern er in 1. Instanz zur Hauptsache mündlich verhandelt hat, die Einrede der Unzuständigkeit nicht erhoben und von dem Gericht 1. Instanz unter der Annahme seiner Zuständigkeit erkannt ist, so darf der Beklagte in der Berufungs- und Revisionsinstanz die Einrede der Unzuständigkeit nur dann erheben, wenn er glaubhaft macht, daß er ohne sein Verschulden außerstande gewesen sei, die Einrede in 1. Instanz vorzubringen; eine Prüfung der Zuständigkeit von Amts wegen findet in der Berufungs- und Revisionsinstanz nicht statt.[11])

III. In den im § 36 aufgeführten sechs Notstandsfällen, in denen der Kläger behindert ist, von dem gesetzlichen Gerichtsstande Gebrauch zu machen, erfolgt die Bestimmung des zuständigen Gerichts durch das im Instanzenzuge zunächst höhere Gericht. Die Bestimmung erfordert einen an das bestimmende Gericht gerichteten, die Voraussetzungen des eingetretenen Notstandsfalles darlegenden, vom Anwaltszwange befreiten Antrag. Bestimmendes Gericht ist im Falle des § 36 Nr. 1, also wenn das an sich zuständige Gericht in dem vorliegenden Falle an der Ausübung des Richteramts rechtlich oder tatsächlich verhindert ist, das dem verhinderten Gerichte vorgesetzte Instanzgericht, in den übrigen Fällen des § 36 dasjenige Gericht, das für die sämtlichen in Frage kommenden Gerichte gemeinsam das zunächst höhere ist. Als zu bestimmendes Gericht kann nur gewählt werden im Falle der Nr. 1 (Verhinderung) ein Gericht, das dem verhinderten gleichartig und im Bezirk des bestimmenden Gerichts gelegen ist, in den Fällen der Nr. 2—4 (Konkurrenz) eines der konkurrierenden Gerichte, in den Fällen der Nr. 5, 6 (Konflikt) das eigentlich zuständige Gericht.

Die Entscheidung ergeht durch Beschluß. „Auf das Gesuch des RA. A.

---

[6]) § 274 Abs. 3. [7]) § 40. [8]) §§ 40 Abs. 2, 24, 802. [9]) §§ 24, 879. [10]) GVG. § 70 Abs. 2, 3. [11]) § 528.

in usw. vom usw. wird auf Grund des § 36 Nr. 4 ZPO. für die Klage des Besitzers B. in C., als Besitzers eines in der Gemarkung C., Amtsgerichtsbezirk D., Landgerichtsbezirk S., gelegenen Grundstücks gegen den Gutsbesitzer E. in F. als Besitzer des Guts G., Amtsgerichtsbezirk H., Landgerichtsbezirk K., wegen einer Grenzstreitigkeit, als zuständiges Gericht das Königl. Landgericht in S. bestimmt. S. d. usw. Königl. Oberlandesgericht usw. Zivilsenat." Vorgängige mündliche Verhandlung oder schriftliche Erklärung des Gegners sind nicht notwendig, aber auch nicht ausgeschlossen. Der zurückweisende Beschluß, sofern er nicht in höchster Instanz ergangen ist, unterliegt der Beschwerde.[12]) Der die Bestimmung aussprechende Beschluß ist unanfechtbar.[13])

Der Kläger beabsichtigt gegen mehrere Personen als Streitgenossen im allgemeinen Gerichtsstande beim Amtsgericht zu klagen. Die einzelnen Streitgenossen haben ihren allgemeinen Gerichtsstand bei verschiedenen Amtsgerichten. Ein gemeinschaftlicher besonderer Gerichtsstand (Gerichtsstand der Erbschaft, des Vertrags usw.) ist nicht begründet. Liegen die Amtsgerichte, bei denen die zu verklagenden Streitgenossen ihren allgemeinen Gerichtsstand haben, sämtlich im Bezirke desselben Landgerichts, so hat der Kläger an dieses seinen Antrag auf Bestimmung des zuständigen Gerichts zu richten. Liegen die Amtsgerichte im Bezirk verschiedener Landgerichte, aber desselben Oberlandesgerichts, so ist bei diesem der Antrag zu stellen. Sind die Amtsgerichte im Bezirk verschiedener Oberlandesgerichte gelegen, so ist der Antrag dem Reichsgericht, in Bayern dem Obersten Landesgericht einzureichen. Der stattgebende Beschluß kann dahin gefaßt werden: „Als das für den Rechtsstreit zuständige Gericht wird das Königl. Amtsgericht in usw. bestimmt." Einer Begründung bedarf nur der zurückweisende Beschluß, weil nur dieser der Anfechtung unterliegt.

§ 31. Ausschließung und Ablehnung der Gerichtspersonen. (§§ 41—49 ZPO.)

Zur Wahrung der Unparteilichkeit der Rechtspflege ist Fürsorge getroffen, daß Richter und Gerichtsschreiber, die dem Rechtsstreit nicht unbefangen gegenüberstehen, von dem Verfahren ferngehalten werden.

I. Kraft Gesetzes ausgeschlossen von der Ausübung ihres Amtes sind Richter und Gerichtsschreiber in den im § 41 aufgeführten, einer analogen Auslegung nicht fähigen sechs Fällen. Liegt ein solcher Ausschließungsgrund vor, so kann ein Richter oder Gerichtsschreiber nicht nur in jedem Abschnitt des Verfahrens von jeder Partei abgelehnt werden, sondern er soll sich auch von selbst ausschließen, oder im Zweifelsfalle die Entscheidung des zuständigen Gerichts herbeiführen. Ist die Ausschließung unterblieben, so kann die verletzte Partei die betreffenden Prozeßhandlungen sowohl durch die ordentlichen Rechtsmittel (Berufung, Revision, Beschwerde), als auch durch die Nichtigkeitsklage anfechten.[1]) Ein Verzicht

[12]) § 567. [13]) § 37.
[1]) §§ 539, 551 Nr. 2, 567, 579 Nr. 2.

der Partei auf die im öffentlichen Interesse aufgestellten Ausschließungsgründe ist unzulässig. Wird aber der Ausschließungsgrund von der Partei nicht geltend gemacht, so bleibt die von der behinderten Gerichtsperson vorgenommene Handlung formell gültig. Die Annahme einer Nichtigkeit von Amts wegen findet im Gesetze keine Stütze.[2])

II. Ein Recht zur Ablehnung eines Richters oder Gerichtsschreibers ist sowohl wegen der gesetzlichen Ausschließungsgründe des § 41, als wegen Besorgnis der Befangenheit gegeben.[3]) Das Ablehnungsrecht steht beiden Parteien, aber nur diesen zu, dem Nebenintervenienten dann, wenn er als Streitgenosse der Hauptpartei gilt,[4]) sonst nur aus der Person der unterstützten Partei und auch nur dann, wenn diese nicht widerspricht oder ihr Ablehnungsrecht verloren hat. Verloren aber ist das Ablehnungsrecht, wenn die Partei bei Kenntnis des Ablehnungsgrundes ohne dessen Geltendmachung in der erkennbaren Absicht, ihn nicht rügen zu wollen, vor der betreffenden Gerichtsperson sich in eine Verhandlung eingelassen oder schriftlich oder mündlich sachliche oder prozessuale Anträge gestellt hat.[5]) Geübt werden kann das Ablehnungsrecht nur gegen einzelne Gerichtspersonen, nicht gegen ein Richterkollegium als solches.

III. Ablehnungsverfahren. Das Ablehnungsgesuch der Partei ist bei dem Gerichte, dem die Gerichtsperson angehört, anzubringen. Es ist immer, auch im Anwaltsprozesse, vom Anwaltszwange befreit, kann also zu Protokoll des Gerichtsschreibers, schriftlich oder in der mündlichen Verhandlung gestellt werden. Der Ablehnungsgrund ist glaubhaft zu machen. Erfolgt die Ablehnung, nachdem die Partei in eine Verhandlung sich eingelassen oder Anträge gestellt hat, so muß auch glaubhaft gemacht werden, daß der Ablehnungsgrund erst später entstanden oder der Partei bekannt geworden ist. Für die Glaubhaftmachung ist § 294 maßgebend, soweit es sich um das Vorhandensein des Ablehnungsgrundes handelt mit der Abweichung, daß zur Versicherung an Eides Statt die Partei nicht zugelassen werden darf, daß dagegen das Zeugnis, d. h. die dienstliche Äußerung der abgelehnten Gerichtsperson zulässig ist.[6])

Sobald das Ablehnungsgesuch gestellt ist, hat die abgelehnte Gerichtsperson bis zur Entscheidung über die Ablehnung ihre Amtstätigkeit auf solche Handlungen zu beschränken, die nach der Lage des Falles keinen Aufschub gestatten. Handlungen, die außerhalb dieser Schranke vorgenommen sind, können angefochten werden, aber nur nach §§ 512, 539, nicht nach §§ 551 Nr. 3, 579 Nr. 3, da diese Vorschriften sich nur auf solche Handlungen beziehen, die vorgenommen sind, nachdem das Ablehnungsgesuch für begründet erklärt war. Die Untersagung der Amtstätigkeit gilt auch für den Fall, daß die Gerichtsperson von einem Verhältnis, das ihre Ablehnung rechtfertigen könnte,[7]) Anzeige macht oder wenn aus anderer Veranlassung, z. B. auf Anregung von Kollegen oder Vorgesetzten Zweifel darüber entstehen, ob eine Ausschließung kraft Gesetzes vorliegt.[8])

---

[2]) Gaupp-Stein § 41 I. A. M. Wach § 27, Planck § 30. [3]) § 42. [4]) § 69. [5]) § 43. JW. 96 S. 2. [6]) § 44. M. S. 71. [7]) §§ 41, 42. [8]) §§ 47, 48.

Zuständig für die Entscheidung ist das Gericht, dem der Abgelehnte angehört. Handelt es sich um die Ablehnung eines Mitgliedes des Landgerichts oder des Oberlandesgerichts, so entscheidet die Kammer oder der Senat, dessen Mitglied der Abgelehnte ist. Wird die Kammer oder der Senat durch Ausscheiden des abgelehnten Mitgliedes beschlußunfähig, so geht die Entscheidung auf das im Instanzenzuge zunächst höhere Gericht (Oberlandesgericht, Reichsgericht) über.[9]) Beschlußunfähigkeit der Kammer oder des Senats tritt ein, wenn die zur Entscheidung erforderliche Zahl von drei und fünf Mitgliedern nicht mehr vorhanden ist, auch im Wege der geordneten Stellvertretung nicht beschafft werden kann.[10])

Wird ein Amtsrichter abgelehnt, so scheidet er, wenn er das Ablehnungsgesuch für begründet erklärt, ohne weiteres aus. Ist ein ordentlicher Stellvertreter vorhanden, so tritt er an die Stelle des Abgelehnten. Anderenfalls hat dieser das Gesuch dem vorgesetzten Landgericht zur Bestimmung des zuständigen Gerichts vorzulegen.[11]) Erklärt der Amtsrichter das Gesuch für nicht begründet, so hat er es dem Landgericht zur Entscheidung zu überreichen.[12])

Über die Ablehnung eines Gerichtsschreibers entscheidet stets das Gericht, bei dem er angestellt ist.[13])

Die Entscheidung ergeht, nachdem die abgelehnte Gerichtsperson sich über den Ablehnungsgrund dienstlich geäußert hat,[14]) durch Beschluß. Dieser kann ohne mündliche Verhandlung oder schriftliches Gehör der Parteien erfolgen. Im Falle des § 48 ist die Entscheidung ohne Verhandlung und ohne Anhörung der Parteien ausdrücklich vorgeschrieben. Entscheidet die höhere Instanz, so kann sie ohne besonderen Antrag gemäß § 36 Nr. 1 sogleich das zuständige Gericht bestimmen.

Ein Rechtsmittel gegen den Beschluß, durch den das Gesuch für begründet erklärt wird, ist ausgeschlossen. Gegen den Beschluß, durch den das Gesuch für unbegründet erklärt wird, findet sofortige Beschwerde statt.[15]) Diese unterliegt im Anwaltsprozesse dem Anwaltszwange.[16])

§ 32. Parteifähigkeit. Prozeßfähigkeit. (§§ 50—58 ZPO.)

I. **Prozeßparteien** sind der Kläger, d. i. derjenige, der durch die Klage ein Urteil begehrt, und der Beklagte, d. i. derjenige, gegen den das Urteil begehrt wird. Im Mahnverfahren, Arrestverfahren und im Zwangsvollstreckungsverfahren werden sie Gläubiger und Schuldner genannt. Auf der einen wie auf der anderen Seite kann eine Mehrheit von Personen stehen: Streitgenossen. Neben den eigentlichen Parteien (Hauptparteien) kommen noch die Nebenparteien in Betracht, das sind diejenigen, die wegen eines eigenen rechtlichen Interesses der einen oder der anderen Hauptpartei zur Unterstützung im Prozesse beitreten. Nebenintervenienten. Hierüber unten S. 215ff.

---

[9]) § 45. [10]) § 45. M. S. 71. GVG. §§ 62, 66, 121, 122, 133. RG. 16 S. 414. JW. 88 S. 405. [11]) M. S. 72. [12]) § 45. [13]) § 49. [14]) § 45 Abs. 3. [15]) § 46. [16]) §§ 78, 569. JW. 91 S. 90.

II. **Parteifähigkeit.** Die **Fähigkeit, zu klagen und verklagt zu werden, ist die Parteifähigkeit.**[1] Sie bestimmt sich nach den Vorschriften des bürgerlichen Rechts. Danach kann Partei (Haupt- und Nebenpartei) nur sein, wer **rechtsfähig** ist,[2] also der Mensch von der Vollendung der Geburt[3] und die juristischen Personen. Daneben ist bestimmten Arten von Personenvereinigungen durch besondere Vorschriften zwar nicht die Rechtsfähigkeit im allgemeinen, aber doch die Parteifähigkeit beigelegt, z. B. den Handelsgesellschaften.[4] Vereinen, die nicht rechtsfähig sind, ist die halbe, nämlich die passive Parteifähigkeit gewährt. Sie können verklagt werden und haben, wenn dies geschieht, in dem Rechtsstreit die Stellung eines rechtsfähigen Vereins.[5] Der Ausdruck „Rechtsstreit“ ist im weitesten Sinne zu verstehen, derart, daß die Widerklage, die Verweisung zum besonderen Verfahren, der Anspruch auf Schadensersatz aus §§ 302, 717, die Wiederaufnahme des Verfahrens,[6] die Einwendungen in der Zwangsvollstreckung und die Kostenbeitreibung darunter fallen.[7] Ein gegen den nicht rechtsfähigen Verein ergangenes Urteil genügt zur Zwangsvollstreckung in sein Vermögen.[8]

Der Mangel der Parteifähigkeit ist von Amts wegen zu beachten.[9] Auch kann die Einrede der mangelnden Parteifähigkeit erhoben werden, die als unverzichtbare, prozeßhindernde Einrede behandelt wird.[10]

III. **Prozeßfähigkeit** ist die **Fähigkeit, einen Prozeß als Partei selbst zu führen** oder durch einen Prozeßbevollmächtigten führen zu lassen.[11] Sie setzt die Parteifähigkeit voraus.[12] Eine Person ist insoweit prozeßfähig, als sie ohne Mitwirkung eines gesetzlichen Vertreters (Vaters, Vormundes, Pflegers, Kurators) selbständig sich durch Verträge verpflichten kann.[13] Prozeßunfähig sind sonach die juristischen Personen, die Geschäftsunfähigen aus § 104 BGB., die Minderjährigen, die das siebente Lebensjahr vollendet haben[14] und diejenigen, die nach § 114 BGB., in Ansehung der Geschäftsunfähigkeit ihnen gleichgestellt sind. Nur ausnahmsweise, nämlich unter der Voraussetzung der §§ 112, 113 BGB., ist den Minderjährigen, die das siebente Lebensjahr vollendet haben, Prozeßfähigkeit beigelegt.

Die **Prozeßfähigkeit einer Frau** wird dadurch, daß sie Ehefrau ist, nicht beschränkt.[15] Die Befugnisse, die dem Ehemanne nach §§ 1380, 1400, 1443, 1525 Abs. 2, 1549 BGB. in Ansehung der das Ehegut betreffenden Rechtsstreitigkeiten zukommen, werden durch diesen Grundsatz nicht berührt.[16]

Die Person, die ohne Beschränkung in der Geschäftsfähigkeit, z. B. wegen Abwesenheit, einen Pfleger erhält, bleibt prozeßfähig. Wenn aber der Pfleger von seinem Rechte, die Vertretung des Pflegebefohlenen im Rechtsstreit zu übernehmen, Gebrauch macht, verliert dieser die Fähigkeit, den Prozeß in eigener Person weiter zu führen.[17]

---

[1] RG. 32 S. 175. [2] § 50. [3] BGB. § 1. [4] HGB. §§ 124, 161 Abs. 2, 210 Abs. 1, 320 Abs. 3. [5] § 50 Abs. 2. RG. 60 S. 96. [6] § 578. [7] § 50. KB. II S. 32. [8] § 735. [9] § 56. [10] § 274. [11] § 51. [12] RG. 32 S. 175. [13] § 52. [14] BGB. § 106. [15] § 52. [16] M. II zu § 51. [17] § 53.

Ein Ausländer, d. i. jeder, der nicht dem Deutschen Reich angehört, gilt als prozeßfähig, wenn ihm nach dem Rechte seines Landes oder nach dem Rechte des Prozeßgerichts 1. Instanz die Prozeßfähigkeit zusteht.[18])

IV. Gesetzliche Vertreter. Für die nicht prozeßfähige Partei hat deren gesetzlicher Vertreter (Vormund, Vorstand) den Prozeß zu führen.[19]) Er hat dabei alle Rechte und Pflichten einer Partei, soweit nicht besondere Ausnahmen festgesetzt sind.

Ob zur Prozeßführung eine besondere Ermächtigung seitens anderer Personen notwendig ist, bestimmt sich nach den Vorschriften des bürgerlichen Rechts. Ist diese Ermächtigung im allgemeinen erteilt, so umfaßt sie ohne weiteres auch das Recht zur Vornahme solcher einzelner Prozeßhandlungen, zu denen nach den Vorschriften des bürgerlichen Rechtes eine besondere Ermächtigung erforderlich ist.[20])

V. Der Mangel der Prozeßfähigkeit, oder der Legitimation eines gesetzlichen Vertreters macht die Prozeßführung ungültig, sofern sie nicht nachträglich von der Partei oder deren wirklich legitimiertem Vertreter genehmigt wird.[21]) Wird diese Genehmigung nicht erteilt, so kann das Urteil von jeder Partei sowohl durch das ordentliche Rechtsmittel (Berufung und Revision), als auch durch die Nichtigkeitsklage angefochten werden.[22]) Der Mangel der Prozeßfähigkeit oder des gesetzlichen Vertreters kann im Wege der prozeßhindernden Einrede geltend gemacht werden,[23]) doch hat das Gericht den vorliegenden Mangel auch von Amts wegen zu berücksichtigen.[24]) Der Nachweis der Prozeßfähigkeit der Legitimation eines gesetzlichen Vertreters oder der Ermächtigung zur Prozeßführung ist aber nur dann zu fordern, wenn im einzelnen Falle ein besonderer Anlaß zu Bedenken vorhanden ist. Insbesondere bedarf es in der Regel nicht der Beibringung eines Nachweises aus dem Handelsregister, wenn eine Firma Partei ist.[25]) Wird der Mangel nicht gehoben, so ist, wenn er bereits der Klageerhebung anhaftet, die Klage ohne sachliche Prüfung abzuweisen. Das Urteil erledigt aber nur den vorliegenden Rechtsstreit und schafft in der Sache selbst keine Rechtskraft.[26]) Tritt der Mangel erst nach Erhebung der Klage in der mündlichen Verhandlung ein, so gilt die nicht prozeßfähige Partei, der nicht legitimierte Vertreter als nicht erschienen und ist auf Antrag des Gegners ein Versäumnisurteil zu erlassen. Bei Gefahr im Verzuge, z. B. bei drohendem Ablauf der Verjährung, kann die prozeßunfähige Partei, der nicht legitimierte Vertreter zur Prozeßführung zugelassen werden. Doch ist dann für die Beseitigung des Mangels eine Frist zu bestimmen. Das Endurteil darf erst nach Ablauf der Frist erlassen werden. Ist alsdann der Mangel nicht gehoben, so ist nach den oben mitgeteilten Grundsätzen zu verfahren.[27])

Soll eine nicht prozeßfähige Partei verklagt werden, die ohne gesetzlichen Vertreter ist, so muß der Vorsitzende des Prozeßgerichtes ihr, falls mit dem Verzuge Gefahr verbunden ist, auf Antrag des Klägers bis zum

---

[18]) § 55. [19]) § 51. [20]) § 54. [21]) §§ 56 (Abs. 2), 551 Nr. 5, 579 Nr. 4. [22]) §§ 551 Nr. 5, 539, 579 Nr. 4. [23]) § 274. [24]) § 56. [25]) Preuß. JMBl. 1896 S. 117. [26]) §§ 274 Nr. 7, 528 Abs. 1, 566. [27]) § 56 Abs. 2.

Eintritt des gesetzlichen Vertreters einen besonderen Vertreter bestellen.[28]) Das Recht zur Bestellung eines solchen Vertreters steht dem Vorsitzenden dann zu, wenn in den Fällen des § 20 eine nicht prozeßfähige Person, selbst wenn sie einen gesetzlichen Vertreter hat und Gefahr mit Verzug nicht verbunden ist, bei dem Gericht ihres Aufenthaltsorts oder Garnisonorts verklagt werden soll.[29])

Soll im Wege der Klage ein **Recht an einem Grundstück** geltend gemacht werden, das von dem bisherigen Eigentümer nach § 928 BGB. aufgegeben und von dem Aneignungsberechtigten noch nicht erworben ist, so ist der Vorsitzende verpflichtet, auf Antrag des Klägers einen Vertreter zu bestellen, dem es obliegt, bis zur Eintragung eines neuen Eigentümers die aus dem Eigentum sich ergebenden Rechte und Pflichten im Rechtsstreit wahrzunehmen.[30])

Die obigen Grundsätze finden auch dann Anwendung, wenn es auf Seite des Klägers an der erforderlichen Ermächtigung zur Prozeßführung fehlt. Fehlt diese Ermächtigung auf seiten des Beklagten, so darf dieser oder der Vertreter zur Prozeßführung nicht zugelassen werden, es ist deshalb Versäumnisurteil gegen ihn zulässig.[31])

VI. Wenn im Laufe des Rechtsstreits eine Partei die **Prozeßfähigkeit verliert** oder der gesetzliche Vertreter einer Partei stirbt oder seine Vertretungsbefugnis aufhört, ohne daß die Partei prozeßfähig geworden ist, so wird das Verfahren unterbrochen, es sei denn, daß vorher ein Prozeßbevollmächtigter bestellt war.[32])

§ 33. Streitgenossenschaft. (§§ 59—63 ZPO.)

I. **Zulässigkeit.** Jede Partei kann aus einer **Mehrheit von Personen** bestehen. Dies ist der Fall der **Streitgenossenschaft**. Man nennt sie eine **aktive**, wenn eine Mehrheit von Klägern, eine **passive**, wenn eine Mehrheit von Beklagten vorhanden ist. Sie kann im Laufe des Rechtsstreits entstehen, z. B. dadurch, daß eine Partei stirbt und mehrere Erben in den Prozeß eintreten. Sie kann aber auch von vornherein, beim Beginne des Rechtsstreits vorhanden sein. Doch ist in diesem Falle die Begründung einer Streitgenossenschaft, also die Erhebung derselben Klage von mehreren Klägern oder gegen mehrere Beklagte, nicht unbedingt, sondern nur dann zugelassen, wenn eine der folgenden Voraussetzungen zutrifft:

1. wenn die mehreren Personen in Ansehung des Streitgegenstandes in Rechtsgemeinschaft stehen. Beispiel: Klage der oder gegen die Miteigentümer;

2. wenn die mehreren Personen aus demselben tatsächlichen und rechtlichen Grunde berechtigt und verpflichtet sind. Beispiel: die Entschädigungsklage der Mehreren, die durch dieselbe Rechtsverletzung geschädigt sind, die Klage gegen Hauptschuldner und Bürgen;[1])

---

[28]) § 57 Abs. 1. [29]) § 57 Abs. 2. [30]) § 58. [31]) §§ 56, 171. [32]) §§ 241, 246.

[1]) RG. 8 S. 366, 59 S. 236.

3. wenn gleichartige und auf einem im wesentlichen gleichartigen tatsächlichen und rechtlichen Grunde beruhende Ansprüche oder Verpflichtungen den Gegenstand des Rechtsstreits bilden. Beispiel: Die Klage mehrerer Bauhandwerker gegen den Unternehmer desselben bestimmten Baues.[2])

Man pflegt die Fälle zu 1 und 2 als **eigentliche**, den Fall zu 3 als **uneigentliche** Streitgenossenschaft zu bezeichnen.

Ist die Streitgenossenschaft gesetzlich zulässig und durch die Klageerhebung herbeigeführt, so muß der beklagte Teil sie sich gefallen lassen, sofern ihm nicht materielle, die aktive oder die passive Sachlegitimation ausschließende Einreden zur Seite stehen. Es steht aber dem Gericht frei, sowohl die durch die Klage herbeigeführte Verbindung durch Zerlegung des einen Prozesses in mehrere aufzuheben, als auch die Verbindung mehrerer bei ihm anhängiger Prozesse derselben oder verschiedener Parteien anzuordnen, wenn die Ansprüche, die den Gegenstand dieser Prozesse bilden, in rechtlichem Zusammenhange stehen oder in Einer Klage hätten geltend gemacht werden können.[3])

II. **Stellung der Streitgenossen.** 1. **Einfache Streitgenossenschaft.** Der Regel nach bewirkt die Streitgenossenschaft nur die gemeinschaftliche Verhandlung und Entscheidung der mehreren Prozesse. Die einzelnen Prozesse selbst bleiben selbständig, die Streitgenossen treten in kein Rechtsverhältnis, stehen vielmehr dem Gegner dergestalt als einzelne gegenüber, daß die Handlungen des einen Streitgenossen dem anderen weder zum Vorteil noch zum Nachteil gereichen.[4]) Kein Streitgenosse vertritt den andern. Von jedem und gegen jeden können besondere Angriffs- und Verteidigungsmittel geltend gemacht werden, ohne daß deren Erfolg auf den Ausfall des Prozesses für oder gegen die anderen Streitgenossen einwirkt. Gegen den Ausbleibenden kann Versäumnisurteil erlassen werden, während mit den anderen Streitgenossen weiter verhandelt wird. Die Fristen laufen für jeden besonders. Der Ausfall des Prozesses kann für die einzelnen Streitgenossen ein verschiedener sein.

Beispiel: Eine Aktiengesellschaft hat durch Beschluß der Generalversammlung von den Mitgliedern Beiträge erfordert und klagt in Einer Klage gegen die sämtlichen, in verschiedenen Gerichtsbezirken wohnenden Restanten auf Zahlung.

2. **Notwendige Streitgenossenschaft.** Besondere Vorschriften gelten in zwei Fällen, nämlich a), wenn das streitige Rechtsverhältnis allen Streitgenossen gegenüber nur einheitlich festgestellt werden kann, b) wenn die Streitgenossenschaft aus sonstigen Gründen eine notwendige ist. Zu a ist an Fälle gedacht, in denen von den mehreren Berechtigten oder gegen die mehreren Verpflichteten geklagt ist, obschon jedem einzelnen von ihnen die alleinige (solidarische) Vertretung des streitigen Rechtsverhältnisses zusteht. Beispiel (für das römische und gemeine Recht): Klagen wegen Grunddienstbarkeiten. Ferner gehören hierher die Fälle, in denen das bürgerliche Recht der Unteilbarkeit des Streitgegenstandes die Wirkung der einheitlichen Feststellung beilegt.[5]) Eine notwendige Streitgenossen-

---

[2]) §§ 59, 60. [3]) §§ 145, 147. [4]) § 61. [5]) M. S. 82. RG. 60 S. 270.

schaft aus sonstigem Grunde (b) liegt z. B. vor, wenn nach dem bürgerlichen Recht eine Klage nur gemeinschaftlich, von allen Berechtigten oder gegen alle Verpflichteten, angestellt werden kann.[6])

Beispiel: Die Miteigentümer eines dem Beklagten verkauften und übergebenen Grundstücks klagen gegen den Beklagten auf Zahlung des Restkaufgeldes gegen Auflassung des Grundstücks. Der Beklagte, auf Gewährsmängel sich berufend, beantragt die Abweisung der Kläger und widerklagend deren Verurteilung zur Zurücknahme des Grundstücks und Zurückzahlung des gezahlten Angeldes. Die Kläger stehen in notwendiger Streitgenossenschaft, denn sowie sie die Auflassung des von ihnen dem Beklagten verkauften Grundstücks nur gemeinschaftlich gewähren konnten, ebenso kann das vom Beklagten geltend gemachte Rücktrittsrecht nur allen Klägern gegenüber einheitlich festgestellt werden.

In den beiden zu 2 bezeichneten Fällen ist die prozeßrechtliche Wirkung der notwendigen Streitgenossenschaft die, daß wenn ein Termin oder eine Frist nur von einzelnen Streitgenossen versäumt wird, die säumigen Streitgenossen als durch die nicht säumigen vertreten angesehen werden und auch in dem späteren Verfahren zuzuziehen sind.[7]) Es liegt nur eine einzige Streitsache vor. Deshalb kann deren Entscheidung für alle Streitgenossen nur dieselbe sein. Ein Versäumnisurteil gegen die Streitgenossen ist nur möglich im Falle der Versäumung des Verhandlungstermins seitens aller Streitgenossen. Bleiben nur einzelne Streitgenossen aus, so wird mit den erschienenen verhandelt und das auf Grund dieser Verhandlung ergehende Urteil gilt auch für die ausgebliebenen Streitgenossen als kontradiktorisches, unterliegt also nicht dem Einspruch. Die säumigen Streitgenossen sind aber auch in dem späteren Verfahren zuzuziehen. Sie sind also zu nicht verkündeten Terminen zu laden, gleichviel ob die Ladung im Parteibetriebe oder von Amts wegen erfolgt, auch sind ihnen die Schriftsätze sowie die gerichtlichen Endscheidungen zuzustellen. Auf dispositive Akte zur Beseitigung des Rechtsstreits (Vergleich, Anerkenntnis, Verzicht) erstreckt sich die Vertretungsbefugnis nicht; sie können nur von den sämtlichen Streitgenossen erklärt werden. Bei sich widersprechenden Erklärungen der Streitgenossen — Gestehen des einen, Leugnen des anderen — tritt freie Beweiswürdigung[8]) ein.[9]) Die Rechtsbehelfe des einen kommen allen zugut. Durch die Urteilszustellung des einen Streitgenossen wird der Lauf der Rechtsmittelfrist auch zugunsten der anderen Streitgenossen eröffnet.[10]) Will aber der Gegner die Rechtsmittelfrist gegen die Streitgenossen in Lauf bringen, so muß er ihnen allen das Urteil zustellen.

Über die Zuschiebung und Zurückschiebung von Eiden sind besondere Bestimmungen ergangen.[11])

III. Betreibung des Prozesses. Sowohl bei der einfachen wie bei der notwendigen Streitgenossenschaft steht das Recht zur Betreibung des Prozesses jedem Streitgenossen zu. Er muß aber, wenn er

---

[6]) Sie liegt nicht vor, wenn zugleich gegen eine Ehefrau auf Leistung, gegen den Ehemann auf Duldung der Zwangsvollstreckung geklagt wird (RG. 59 S. 234).
[7]) § 62. [8]) § 286. [9]) M. S. 83. [10]) RG. 30 S. 345. [11]) § 472.

den Gegner zu einem Termine ladet, auch die übrigen Streitgenossen laden.[12]) Dann wird es so angesehen, als ob der Gegner von allen Streitgenossen geladen ist. Sind die übrigen Streitgenossen nicht geladen, so gilt auch der Gegner nicht als ordnungsmäßig geladen. Eine Ladung von seiten des Gegners ist nur wirksam, wenn alle Streitgenossen geladen sind.

§ 34. Beteiligung Dritter am Rechtsstreit.

I. Hauptintervention. (§§ 64, 65 ZPO.)

Wenn eine Sache oder ein Recht, worüber ein Rechtsstreit anhängig geworden ist, von einem Dritten für sich in Anspruch genommen wird, so ist der Dritte befugt, seinen Anspruch in dem Gerichtsstande des anhängigen Prozesses durch eine gegen beide Parteien gerichtete Klage geltend zu machen.[1]) Der Zweck dieses Verfahrens (Hauptintervention) geht dahin, dem Dritten ein wirksames Urteil gegen beide Parteien zu verschaffen und widersprechende Entscheidungen zu vermeiden.

Voraussetzung des Klagerechts ist, daß der Anspruch des Interventionsklägers ganz oder teilweise den Anspruch des Haupt-Klägers oder -Widerklägers ausschließt. Es muß also, wenn es sich um ein Recht handelt, Identität des Rechtes selbst und dessen Entstehungsgrundes vorliegen, während bei Sachen die Verschiedenheit des Erwerbsgrundes der Intervention nicht entgegensteht.[2]) Das Klagerecht beginnt mit der Anhängigkeit des Hauptstreits und endigt mit dessen endgültiger Erledigung. Ausschließlich zuständig ist das Gericht 1. Instanz des Hauptprozesses, auch wenn dieser schon in höherer Instanz schwebt. Ist der Hauptprozeß bei der Kammer für Handelssachen anhängig, so kann die Interventionsklage bei derselben Kammer nur dann erhoben werden, wenn diese nach § 101 GVG. auch sonst für den Interventionsstreit zuständig ist,[3]) anderenfalls gehört der Interventionsprozeß vor die Zivilkammer. Die Klage muß erhoben werden gegen beide Parteien des Hauptprozesses. Diese werden für den Interventionsprozeß zu Streitgenossen. Ob die Streitgenossenschaft als gewöhnliche oder als notwendige anzusehen ist, hängt von der Lage des Falls ab. Die Vollmacht für den Hauptprozeß umfaßt auch die Vollmacht für das Verfahren über die Hauptintervention. Es hat daher auch die Zustellung der Interventionsklage an die Bevollmächtigten im Hauptprozesse zu geschehen.[4])

Auf den Antrag eines der drei Beteiligten oder von Amts wegen kann der Hauptprozeß bis zur rechtskräftigen Entscheidung über die Hauptintervention ausgesetzt werden.[5]) Die Aussetzung bildet die Regel. Wird der Interventionsprozeß zuerst entschieden und darin der Anspruch des Hauptintervenienten anerkannt, so ist damit der Hauptprozeß erledigt.

---

[12]) § 63. RG. 60 S. 272.

[1]) § 64. [2]) RG. 14 S. 342; Gruch. 29 S. 1055. [3]) GVG. § 108. [4]) §§ 82, 176. RG. 15 S. 429. [5]) §§ 65, 148.

Ist zuerst im Hauptprozesse erkannt, so wird die Vollstreckung dieses Urteils durch die noch schwebende Interventionsklage nicht gehindert. Der Interventionskläger kann sich dann nur durch Erwirkung von Sicherungsmaßregeln helfen.

Der Dritte ist bei der Geltendmachung seines Anspruchs auf die Interventionsklage nicht beschränkt, es steht ihm daneben noch die besondere Klage gegen jede der Parteien in deren ordentlichem Gerichtsstande offen. Auch kann er bei der vom Hauptkläger gegen den Hauptbeklagten erwirkten Zwangsvollstreckung sich der Rechtsbehelfe aus den §§ 771, 805 bedienen.

Hat der Dritte die Sache oder das Recht, die er beanspruchen will, erst im Laufe des Hauptprozesses von einer Partei erworben, so darf er eine Hauptintervention nur mit Zustimmung des Gegners erheben, als Nebenintervenient aber nur zur Unterstützung seines Rechtsvorgängers, nicht als dessen Streitgenosse auftreten.[6])

II. Nebenintervention. (§§ 66—71 ZPO.)

1. Zulässigkeit. Hat jemand ein rechtliches Interesse daran, daß in einem zwischen anderen Parteien anhängigen Rechtsstreit eine dieser Parteien obsiege, so kann er zum Zwecke ihrer Unterstützung dem Rechtsstreit als Nebenpartei beitreten. Ob das Interesse des Dritten Vermögensrechte oder Standesrechte betrifft, ob es dem Privatrecht oder dem öffentlichen Rechte angehört, macht für die Befugnis zum Beitritt keinen Unterschied. Immer aber kommt nur ein „rechtliches Interesse", d. h. ein solches in Betracht, das auf der Besorgnis beruht, es könnte die Entscheidung im anhängigen Prozesse auf ein eigenes Rechtsverhältnis des Dritten nachteilig einwirken, z. B. einen Entschädigungsanspruch des Unterliegenden gegen den Dritten nach sich ziehen.[7]) Ein rein tatsächliches, z. B. durch Verwandtschaft, Freundschaft u. dergl. begründetes Interesse gibt die Befugnis zur Nebenintervention nicht.

2. Verfahren betr. Zulassung der Nebenintervention. Die Nebenintervention ist in jeder Lage des Rechtsstreits bis zu dessen rechtskräftiger Entscheidung oder anderweiter Erledigung zulässig. Der Beitritt, der auch mit der Einlegung des Einspruchs oder eines Rechtsmittels verbunden werden kann,[8]) erfolgt durch Zustellung eines Schriftsatzes,[9]) der den in § 70 Abs. 1 vorgeschriebenen Inhalt haben muß, den allgemeinen Bestimmungen über die vorbereitenden Schriftsätze entsprechen soll und im landgerichtlichen Verfahren dem Anwaltszwange unterliegt. Die Zustellung muß an beide Hauptparteien erfolgen.[10]) Abschrift des Schriftsatzes ist dem Gericht zu überreichen. Erfolgt von keiner der Hauptparteien ein Widerspruch, so ist der Nebenintervenient zuzulassen. Wird der Zulassung von einer der Hauptparteien widersprochen, so ist darüber zwischen dem Intervenienten und den Hauptparteien nach mündlicher Verhandlung durch Zwischenurteil zu entscheiden.

Der in die Form des Antrags auf Zurückweisung der Nebeninter-

---

[6]) §§ 265, 69. [7]) § 66. RG. 14 S. 437, 16 S. 390, 23 S. 343. [8]) § 66.
[9]) S. Formular Nr. 4. [10]) RG. 42 S. 401.

vention zu kleidende **Widerspruch** ist in der ersten mündlichen Verhandlung, an welcher der Intervenient teilnimmt, geltend zu machen; anderenfalls müßte ein stillschweigender Verzicht auf das Widerspruchsrecht angenommen werden.[11]) Ist die Partei in die Verhandlung mit dem Intervenienten eingetreten, so kann sie die hieraus entspringende Vermutung, nicht widersprechen zu wollen, durch den Nachweis eines Irrtums entkräften. Insbesondere ist ihr der Nachweis gestattet, daß sie die nachträglich geltend gemachten Widerspruchsgründe erst nachträglich erfahren habe.[12])

Das **Zwischenurteil** hat **auf Zulassung** oder **auf Zurückweisung der Intervention** zu lauten und kann, auch wenn dem Intervenienten mehrere Gegner gegenüberstehen, immer nur Einen Inhalt haben, also nicht die Intervention gegenüber dem einen zulassen, gegenüber dem andern zurückweisen. Die Zulassung ist auszusprechen, wenn der Intervenient sein Interesse glaubhaft macht. Die durch das Zwischenurteil entstandenen **Kosten** sind im Falle der Zurückweisung des Nebenintervenienten diesem aufzuerlegen. Im Falle der Zulassung ist die Entscheidung des Kostenpunkts dem in der Hauptsache ergehenden Endurteil vorzubehalten.

Das zulässige **Rechtsmittel** gegen das Zwischenurteil ist die sofortige Beschwerde.[13])

Ist die Intervention rechtskräftig zurückgewiesen, so werden die sämtlichen nur von dem Nebenintervenienten vorgenommenen Prozeßhandlungen hinfällig. Die Wiederholung der zurückgewiesenen Intervention ist nur dann statthaft, wenn sie auf ein neues rechtliches Interesse gestützt wird, über das die ergangene Entscheidung nicht befunden hat.[14])

3. **Stellung des Nebenintervenienten im Hauptprozeß.** Solange die Intervention nicht beanstandet, die beanstandete nicht rechtskräftig zurückgewiesen ist, muß der Intervenient nicht nur zur mündlichen Verhandlung zugelassen, sondern auch im Falle einer Vertagung, Unterbrechung oder Aussetzung des Verfahrens zu dem späteren Verfahren zugezogen werden. Er ist also zu allen späteren Terminen zu laden, gleichviel ob die Ladung im Parteibetriebe oder von Amts wegen geschieht.[15])

Die Herrschaft über den Prozeß steht aber regelmäßig [16]) nur der Partei zu. Der **Nebenintervenient** ist lediglich Gehilfe oder Beistand der Partei, bleibt sonach Dritter. Deshalb können ihm Eide weder zugeschoben, noch zurückgeschoben, noch auferlegt werden, während seiner Vernehmung als Zeuge nichts entgegensteht.[17]) Er muß den Prozeß so annehmen, wie er zur Zeit seines Beitritts liegt. **Er darf Angriffs- und Verteidigungsmittel geltend machen** und alle Prozeßhandlungen wirksam vornehmen, aber nur soweit, als seine Erklärungen und Handlungen **mit denen der Partei nicht im Widerspruche stehen.**[18]) Er ist befugt, den Prozeß fortzusetzen, aber nur so lange bis die Hauptpartei auf die Fortsetzung wirksam verzichtet oder dagegen Widerspruch erhebt.[19]) Ist er Beistand des Klägers, so steht ohne dessen Zustimmung ihm nicht frei, die Klage zu

[11]) § 295. [12]) Wach Handbuch 1 S. 635. [13]) § 71. [14]) RG. JW. 89 S. 108. [15]) § 71 Abs. 3. [16]) Ausnahmen: unten 4. [17]) RG. 20 S. 393. [18]) § 67. RG. 42 S. 389. [19]) Seuff. 54 S. 91.

ändern, zu erweitern, zurückzunehmen, auf den Klageanspruch zu verzichten, sich darüber zu vergleichen, die Zwangsvollstreckung zu betreiben, eine Kostenerstattung zu erwirken. Unterstützt er den Beklagten, so ist ihm versagt, eine Widerklage oder eine Inzident-Feststellungsklage anzustellen oder im Wege der Einrede eine Aufrechnung, sei es aus eigenem Rechte, sei es aus dem Rechte des Beklagten geltend zu machen. Er haftet, wenn seine Hauptpartei unterliegt, dem Gegner für die durch die Nebenintervention entstandenen Kosten.[20]) Das Urteil kann, abgesehen vom Kostenpunkt, nur auf den Namen der Hauptpartei lauten. Der Nebenintervenient kann das Urteil dem Gegner zustellen und damit für diesen die Rechtsmittelfrist in Lauf setzen.[21]) Er kann selbständig Rechtsmittel einlegen, aber nicht gegen den Willen seiner Partei, also nicht, wenn diese auf das Rechtsmittel verzichtet hat. Der Partei steht es frei, das vom Nebenintervenienten eingelegte Rechtsmittel zurückzunehmen.

Die Nebenintervention kann jederzeit zurückgenommen werden, auch kann der Intervenient nach Rücknahme der Nebenintervention eine neue Intervention zugunsten des Gegners seiner früheren Hauptpartei erheben.[22])

Für den etwaigen späteren Prozeß zwischen dem Nebenintervenienten und der von ihm unterstützten Partei enthält § 68 materiellrechtliche Vorschriften.

4. Intervenient als Streitgenosse. Die Entscheidung im Hauptprozesse schafft regelmäßig nur unter den Parteien Recht. Ausnahmsweise kann es vorkommen, daß das Urteil sich auch auf den Intervenienten erstreckt. So z. B. wenn im Falle des § 1011 BGB. einer von mehreren Eigentümern einen Anspruch aus dem Eigentum gegen einen Dritten geltend macht und ein anderer Miteigentümer als Nebenintervenient beitritt. Liegt ein solcher Fall vor, so gilt der Nebenintervenient als Streitgenosse der unterstützten Hauptpartei, also als selbständige Partei und ist zu freier Prozeßführung befugt.[23]) Er ist also von der Vernehmung als Zeuge ausgeschlossen, wohl aber können ihm Eide zugeschoben, zurückgeschoben und auferlegt werden. Er kann im eigenen Namen Klaganträge stellen, Anerkenntnisse und Geständnisse abgeben, Verzichte erklären, Widerklagen erheben, Vergleiche schließen. Dagegen gereichen seine Handlungen der Hauptpartei weder zum Vorteil noch zum Nachteil, soweit nicht § 62 Anwendung findet.[24]) Das Urteil hat mit auf seinen Namen zu ergehen. Der Streit darüber, ob dem Nebenintervenienten die Stellung eines Streitgenossen zukommt, ist auf Grund mündlicher Verhandlung zwischen dem Nebenintervenienten und den Hauptparteien durch Zwischenurteil zu entscheiden. Das zulässige Rechtsmittel gegen dieses ist die sofortige Beschwerde.[25])

5. Die Kosten der Nebenintervention sind dem Gegner der Hauptpartei aufzuerlegen, soweit er im Prozesse unterliegt; soweit dies nicht der Fall ist, hat der Nebenintervenient die Kosten zu tragen. Falls eine streitgenössische Nebenintervention (s. unter 4) vorliegt, ist der Nebenintervenient auch bez. der Kosten als selbständige Partei zu behandeln.[26])

---

[20]) § 101 Abs. 1. [21]) RG. 17 S. 409. JW. 91 S. 466. [22]) RG. 56 S. 29. [23]) § 69. [24]) § 61. [25]) Analogie des § 71. [26]) § 101. RG. 56 S. 114.

III. Streitverkündung. (§§ 72—77 ZPO.)

1. **Gewöhnliche Streitverkündung.**[27]) **Wenn eine Partei für den Fall des ihr ungünstigen Ausgangs des Rechtsstreits einen Anspruch auf Gewährleistung oder Schadloshaltung gegen einen Dritten erheben zu können glaubt** oder **den Anspruch eines Dritten besorgt,** so kann sie diesem **Dritten** gerichtlich den **Streit verkünden.** Der Dritte ist zu einer weiteren Streitverkündung berechtigt, gleichviel ob er selbst dem Rechtsstreit beitritt oder nicht.

Die **Streitverkündung** ist zulässig während der ganzen Dauer des Rechtsstreits und **vollzieht sich durch Zustellung eines Schriftsatzes an den Dritten.**[28]) Der Schriftsatz, der nach der Regel des § 78 Abs. 1 nur im Anwaltsprozeß dem Anwaltszwange unterworfen ist, muß den Grund der Streitverkündung und die Lage des Rechtsstreits angeben, doch ist eine allgemeine Angabe — Mitteilung der Instanz, des Verhandlungstermins, einer laufenden Frist — hinreichend, da dem Dritten die Akteneinsicht zusteht. Die abschriftliche Mitteilung des Akteninhalts, die Aufnahme einer Ladung oder der Aufforderung, sich am Rechtsstreit zu beteiligen, sind überflüssig und zu vermeiden.[29]) Abschrift des Schriftsatzes ist dem Gegner mitzuteilen.[30]) Die Mitteilung kann formlos erfolgen. Dagegen bedarf es der Einreichung einer Abschrift für das Gericht nicht, weil der Schriftsatz für den vorliegenden Prozeß bedeutungslos ist. Will der Dritte der Partei nicht beitreten, so genügt sein passives Verhalten; der Rechtsstreit wird alsdann ohne Rücksicht auf ihn fortgesetzt. Will er beitreten, so muß er dies in der für die Nebenintervention vorgeschriebenen Form tun.[31])

Die **Kosten der Streitverkündung** hat der Streitverkünder zu tragen. Über ihre Erstattung seitens des unterliegenden Gegners wird nicht besonders erkannt. Die Erstattungspflicht ist begründet, wenn die Streitverkündung zur zweckentsprechenden Rechtsverfolgung oder Verteidigung notwendig war.[32]) Dem Dritten erwachsen aus der Streitverkündung keine Kosten, es kann also ihm gegenüber eine Kostenentscheidung im Hauptprozesse nicht ergehen.[33]) Tritt er dem Streitverkünder bei, so findet die für die Nebenintervention ergangene Bestimmung des § 101 Anwendung.

Die Streitverkündung sichert den Streitverkünder in dem künftigen Regreßprozesse nach Maßgabe des § 74 Abs. 3 vor der Einrede des unrichtig entschiedenen oder mangelhaft geführten Hauptprozesses und unterbricht die Verjährung des vom Ausgange des Rechtsstreits abhängigen Anspruchs.[34])

Geboten ist die Streitverkündung im Falle des § 841 ZPO.

2. **Streitverkündung mit Entlassung des Schuldners.**[35]) **Wird eine Forderung,** deren Gegenstand hinterlegungsfähig ist, **von mehreren Gläubigern** u. z. von jedem **ausschließlich für sich in Anspruch genommen,** so ist der von einem dieser Gläubiger

---

[27]) §§ 72—74. [28]) S. Formular Nr. 5. [29]) RG. 4 S. 363, 6 S. 392, 10 S. 292. [30]) § 73. [31]) § 74 Abs. 1. [32]) RG. 51 S. 11. [33]) RG. 4 S. 364, 6 S. 391. [34]) BGB. §§ 209 Nr. 4; 215, 478 Abs. 1; 485. RG. 54 S. 354, 56 S. 239, 58 S. 79. [35]) § 75.

verklagte **Schuldner berechtigt, sich durch Hinterlegung des Betrages und durch Zuziehung des zweiten Gläubigers vom Prozesse freizumachen.** So z. B. wenn der Schuldner wegen einer Forderung, deren Abtretung an einen Dritten ihm angezeigt ist, von dem ursprünglichen Gläubiger verklagt wird. Will in solchem Falle der Beklagte, sofern er die Forderung selbst nicht bestreitet, sich der Klage entziehen, so muß er dem zweiten Gläubiger den Streit verkünden. Tritt dieser in den Prozeß nicht ein, so kann der Beklagte, ohne sich dadurch verantwortlich zu machen, den Kläger befriedigen.[36]) Tritt aber der zweite Gläubiger in den Rechtsstreit ein, so ist der Beklagte, wenn er den Betrag der Forderung zugunsten der streitenden Gläubiger unter Verzicht auf das Recht zur Rücknahme[37]) hinterlegt, auf seinen Antrag aus dem Rechtsstreit zu entlassen und dieser zwischen den streitenden Gläubigern allein fortzusetzen.

Der Eintritt des zweiten Gläubigers, obwohl er einer Hauptintervention[38]) gleichkommt,[39]) vollzieht sich in der Form des Eintritts des Nebenintervenienten[40]) mit der Maßgabe, daß der Schriftsatz die Erklärung des zweiten Gläubigers, er trete in den Rechtsstreit ein und beanspruche die Forderung für sich, enthalten muß. Der Kläger kann dem Eintritt widersprechen. Der Streit über die Zulässigkeit ist durch Zwischenurteil zu entscheiden.[41])

Der Antrag des Schuldners auf Entlassung aus dem Rechtsstreit ist in mündlicher Verhandlung zu stellen. Über den Antrag wird durch Urteil entschieden. Dieses ist im Falle der Ablehnung ein Zwischenurteil, im andern Falle ein Teil-Endurteil. In dem letzteren sind dem Beklagten diejenigen Kosten aufzuerlegen, die durch seine vor der Streitverkündung erhobenen unbegründeten Einwendungen veranlaßt sind.

Ist der Schuldner infolge des rechtskräftigen Urteils (oder Vereinbarung),[42]) aus dem Rechtsstreit entlassen, so wird dieser unter den Gläubigern fortgesetzt und der veränderten Sachlage entsprechend der hinterlegte Betrag dem einen oder dem andern zugesprochen. Dem unterliegenden Teile sind die Kosten des Rechtsstreits, einschließlich der Kosten der Hinterlegung aufzuerlegen. Zu den Kosten des Rechtsstreits gehören auch die dem Schuldner selbst erwachsenen, soweit sie ihm nicht in dem Urteil, das seine Entlassung ausspricht, auferlegt sind.

Der bei der Hinterlegung zu erklärende Verzicht auf das Recht zur Rücknahme gilt als nur für den Fall abgegeben, daß der Betrag einem der streitenden Gläubiger zugesprochen wird. Danach bleibt, falls keiner der beiden obsiegen sollte, der hinterlegende Schuldner trotz des Verzichts in der Lage, von ihnen die Einwilligung zur Rücknahme des Betrages zu verlangen.[43])

3. **Benennung des Urhebers** (laudatio auctoris).[44]) **Wer als Besitzer einer Sache verklagt ist,** die er als Nießbraucher, Pfandgläubiger, Pächter, Mieter, Verwahrer, Geschäftsführer ohne Auftrag oder auf Grund eines ähnlichen Verhältnisses besitzt, vermöge dessen ein anderer

---

[36]) Analogie des § 76 Abs. 2. [37]) BGB. §§ 376, 378. [38]) § 64. [39]) RG. 34 S. 403. [40]) §§ 70, 74. S. Formular Nr. 6. [41]) § 71. [42]) RG. 22 S. 393. [43]) BGB. § 1171 Abs. 3. M. II zu § 72. [44]) §§ 76, 77.

mittelbarer Besitzer ist,[45]) wird der Regel nach an dem Ausgange des Rechtsstreits kein eigenes Interesse und daher den Wunsch haben, sich von der Vertretung der Sache zu befreien. Das Mittel hierzu bietet die Benennung des Urhebers.

Will der Beklagte von diesem Mittel Gebrauch machen, so muß er[46])

a) dem Dritten, in dessen Namen er die Sache besitzt, den Streit verkünden und ihn zur Erklärung zu einem vom Vorsitzenden zu bestimmenden Termine laden. Der Schriftsatz unterliegt im Anwaltsprozesse dem Anwaltszwange, muß die Aufforderung enthalten, einen bei dem Prozeßgericht zugelassenen Rechtsanwalt zu bestellen, und ist im Parteibetriebe zuzustellen. Die Ladungsfrist muß innegehalten werden. Übernimmt der Urheber den Prozeß freiwillig, so sind Streitverkündung und Ladung nicht erforderlich.

b) Gleichzeitig hat der Beklagte dem Kläger den Dritten als Urheber zu benennen. Dies geschieht durch Zustellung eines Schriftsatzes, dem zweckmäßig Abschrift des zu a erwähnten Schriftsatzes beigefügt wird.

Beide Handlungen müssen vor der Einlassung des Beklagten auf die Hauptsache erfolgen. Werden sie später vorgenommen, so haben sie nur die Wirkung einer gewöhnlichen Streitverkündung.[47]) Sind sie rechtzeitig vorgenommen, so ist der Beklagte befugt, bis zur Erklärung des Urhebers oder bis zum Schlusse des Termins, in dem der Benannte sich zu erklären hat, die Verhandlung zur Hauptsache zu verweigern.

Wenn der Benannte nicht erscheint oder die Behauptung des Beklagten bestreitet oder sich nicht erklärt, so ist der Beklagte, ohne sich dadurch verantwortlich zu machen, berechtigt, der Klage ohne Urteil zu genügen oder es auf seine Verurteilung ankommen zu lassen.[48])

Erkennt der Benannte die Behauptung des Beklagten als richtig an, ohne in den Prozeß einzutreten, so geht der letztere ohne ihn weiter und ist vom Beklagten fortzuführen. Der Benannte kann aber auch den Prozeß übernehmen. Hierzu bedarf er der Zustimmung des Beklagten immer, der Zustimmung des Klägers soweit, als dieser Ansprüche aus eigenen Handlungen des Beklagten, z. B. Schadensansprüche, geltend macht.[49]) Liegen diese Zustimmungen vor, so ist der Beklagte auf seinen Antrag von der Klage zu entbinden. Die Entscheidung hierüber ergeht im Falle der Ablehnung durch Zwischenurteil, im anderen Falle durch Endurteil. In diesem ist der Kläger auch zur Erstattung der dem Beklagten erwachsenen Kosten zu verurteilen, kann aber deren Ersatz von dem Benannten beanspruchen, wenn er gegen ihn obsiegt. Ist der Beklagte von der Klage rechtskräftig entbunden, so tritt der Benannte statt seiner in den Prozeß. Die Entscheidung ergeht allein auf den Namen des Dritten, ist aber, soweit es sich um die Streitsache selbst handelt, auch gegen den Beklagten wirksam und vollstreckbar.[50])

Die Vorschriften über die Benennung des Urhebers finden auch in den Fällen Anwendung, in denen wegen einer Beeinträchtigung des Eigen-

---

[45]) BGB. § 868. [46]) S. Formular Nr. 7. [47]) Oben S. 218. [48]) § 76 Abs. 2. RG. JW. 84 S. 8. [49]) RG. 32 S. 31. [50]) § 76 Abs. 4.

tums, die in anderer Weise als durch Entziehung oder Vorenthaltung des Besitzes erfolgt[51]) oder wegen Beeinträchtigung eines sonstigen dinglichen Rechtes, insbesondere einer Dienstbarkeit,[52]) Klage erhoben wird. Auch hier kann es vorkommen, daß der Störer unter Berufung auf ein Recht handelt, das nicht ihm, sondern einem Dritten zustehe, und es liegt alsdann im Interesse aller Beteiligten, wenn über die Rechtmäßigkeit der Beeinträchtigung nur einmal und zwar zwischen dem Gestörten und dem angeblich Berechtigten verhandelt und entschieden wird.[53])

§ 35. Prozeßbevollmächtigte und Beistände. (§§ 78—90 ZPO.)

I. Anwaltszwang. Das Verfahren vor den Landgerichten und den Gerichten der höheren Instanzen unterliegt dem Anwaltszwange: Anwaltsprozeß.[1]) Der Grundsatz ist öffentlichen Rechtes, seine Aufhebung durch Privatwillkür ausgeschlossen, seine Aufrechterhaltung vom Gericht von Amts wegen zu überwachen.

1. Der Anwaltszwang gilt für das ganze Verfahren und für alle Akte in dem Verfahren einschließlich der Vollstreckungsinstanz, also nicht nur für die mündliche Verhandlung, sondern auch für vorbereitende Schriftsätze. Er bindet alle Parteien und deren gesetzliche Vertreter, ohne Rücksicht auf ihre persönliche Eigenschaft, gilt also auch für diejenigen, die zum Richteramt oder zur Anwaltschaft befähigt sind, sowie für öffentliche Behörden.[2]) Nur Rechtsanwälte, die bei dem Prozeßgericht zugelassen sind, können sich selbst vertreten, gleichviel ob sie selbst Partei oder gesetzliche Vertreter einer Partei sind.[3])

2. Wirkliche Vertretung, nicht nur Beistandsleistung, ist vorgeschrieben. Nur in der Person des Anwalts kann die Partei erscheinen, nur durch ihn kann sie handeln. Eine Partei, die ohne Anwalt erscheint, gilt als nicht erschienen. Handlungen, welche die Partei allein vornimmt, entbehren der Rechtsgültigkeit.

3. Die Vertretung muß erfolgen durch einen beim Prozeßgericht zugelassenen Rechtsanwalt.[4]) Dieser Grundsatz unterliegt aber einer doppelten Einschränkung:

a) In der mündlichen Verhandlung einschließlich der Beweisaufnahme vor dem Prozeßgericht kann jeder Anwalt die Ausführung der Parteirechte und, falls ihm der als Bevollmächtigter bestellte Anwalt in der Verhandlung persönlich oder durch schriftliche Erklärung[5]) die Vertretung überträgt, auch diese übernehmen.[6]) Für die Rechtsanwälte beim Reichsgerichte gilt dies nur beschränkt.[7])

b) Bei zeitweiser Verhinderung eines Rechtsanwalts kann die Stellvertretung einem Rechtsanwalt, der nicht beim Prozeßgericht zugelassen ist,

---

[51]) BGB. § 1004. [52]) BGB. § 1027. [53]) § 77. M. II zu § 73a.
[1]) § 78. [2]) RG. 14 S. 29. [3]) § 78 Abs. 3. RG. Gruch. 32 S. 1167.
[4]) § 78 Abs. 1. RAO. § 27 Abs. 1. [5]) RG. 3 S. 404. [6]) RAO. § 27 Abs. 2.
[7]) RAO. §§ 98—101. RG. (Pl.) Gruch. 28 S. 265.

einem Gerichtsassessor oder einem seit mindestens zwei Jahren im Vorbereitungsdienst beschäftigten Referendar übertragen werden.[8])

Wenn im Anwaltsprozeß die Partei einen zu ihrer Vertretung geneigten Anwalt nicht findet, so hat ihr das Prozeßgericht auf ihren Antrag einen Rechtsanwalt zur Wahrnehmung ihrer Rechte beizuordnen, sofern die Rechtsverfolgung oder Rechtsverteidigung nicht mutwillig oder aussichtslos erscheint.[9]) Wegen der Beiordnung im Falle der Bewilligung des Armenrechts s. unter „Armenrecht".

4. Ausgeschlossen vom Anwaltszwange sind im Anwaltsprozesse das Zustellungswesen, also der Verkehr der Parteien mit den Zustellungsbeamten,[10]) das Verfahren vor einem beauftragten oder ersuchten Richter, sowie diejenigen Prozeßhandlungen, die vor dem Gerichtsschreiber oder privatschriftlich vorgenommen werden können. In diesen Fällen, sowie im Verfahren vor den Amtsgerichten (Parteiprozeß) kann die Partei allein erscheinen und allein handeln, auch jeder prozeßfähigen Person, insbesondere jedem bei irgendeinem deutschen Gerichte — außer beim Reichsgericht — zugelassenen Rechtsanwalt Prozeßvollmacht oder Vollmacht für einzelne Prozeßhandlungen erteilen.[11])

II. Prozeßvollmacht. 1. Sie kann im Anwaltsprozeß nur auf die ganze Prozeßführung lauten. Ihr Inhalt ist ein gesetzlicher. Sie ermächtigt zu allen Handlungen, die der Verlauf des Prozesses in der Regel mit sich bringt, einschließlich derjenigen, die durch eine Widerklage, eine Wiederaufnahme des Verfahrens und die Zwangsvollstreckung veranlaßt werden, zur Bestellung eines Vertreters, sowie eines Bevollmächtigten für die höheren Instanzen, zur Beseitigung des Rechtsstreits durch Vergleich, Verzichtleistung auf den Streitgegenstand oder Anerkennung des vom Gegner geltend gemachten Anspruchs und zur Empfangnahme der vom Gegner zu erstattenden Kosten. Auch umfaßt die Vollmacht für den Hauptprozeß die Vollmacht für das Verfahren, das eine Hauptintervention, einen Arrest oder eine einstweilige Verfügung betrifft.[12]) Beschränkungen dieses gesetzlichen Inhalts der Vollmacht haben dem Gegner, dem Gericht und Dritten gegenüber nur Wirkung, wenn sie sich auf die Befugnis des Prozeßbevollmächtigten zum Vergleiche, Verzichte und Anerkenntnis beziehen.[13])

Mehrere Bevollmächtigte derselben Partei sind berechtigt, sowohl gemeinschaftlich als einzeln die Partei zu vertreten. Eine abweichende Bestimmung der Vollmacht hat dem Gegner gegenüber keine rechtliche Wirkung.[14])

2. Im Bereiche des Anwaltszwanges hat das Gericht um die Vollmacht sich nicht zu kümmern, muß vielmehr ohne weiteres den Anwalt, der als Bevollmächtigter einer Partei auftritt, als solchen behandeln. Doch steht es dem Gegner frei, in jeder Lage des Rechtsstreits, auch noch in der Vollstreckungsinstanz, den Mangel der Vollmacht zu rügen. Ist die Rüge begründet, so kann das Gericht auf Antrag so-

---

[8]) RAO. § 25. [9]) RAO. § 33. [10]) RG. 17 S. 392 (Pl.), 24 S. 418, 30 S. 389, 33 S. 399. [11]) §§ 79, 83. RAO. § 100. [12]) §§ 81, 82. RG. 52 S. 339, 53 S. 148, 213; 57 S. 362. [13]) § 83 Abs. 1. [14]) § 84.

fort gegen die nicht vertretene Partei das Versäumnisurteil erlassen, es kann aber auch durch unanfechtbaren Beschluß den Prozeßbevollmächtigten gegen oder ohne Sicherheitsleistung für Kosten und Schäden einstweilen ohne Vollmacht zur Verhandlung zulassen, muß aber dann die Entscheidung so lange aussetzen, bis eine vorschriftsmäßige Vollmacht beigebracht[15]) oder die hierzu bestimmte Frist verstrichen ist.[16]) Wird die Vollmacht nicht beigebracht, so kann gegen die betreffende Partei ein Versäumnisurteil erwirkt werden.[17]).

Außerhalb des Bereichs des Anwaltszwanges, also im Verfahren vor einem beauftragten oder ersuchten Richter, sowie bei Prozeßhandlungen, die vor dem Gerichtsschreiber vorgenommen werden können, hat das Gericht den Mangel der Vollmacht im Anwaltsprozesse ebenso wie im Parteiprozesse von Amts wegen zu berücksichtigen.[18]) Doch pflegt die Praxis von der Amtsprüfung abzusehen bei Anwälten, die bereits als Prozeßbevollmächtigte aufgetreten waren, da es sich rechtfertigen läßt, die behauptete Vollmacht so lange als erteilt anzunehmen, bis auf das Rügerecht des Gegners die Nichterteilung festgestellt wird.[19])

3. Die Echtheit der schriftlichen Vollmacht zu prüfen, hat das Gericht kein Recht. Es kann aber der Gegner der Partei, nicht auch das Gericht selbst, bei Vollmachten, die nicht die Eigenschaft öffentlicher Urkunden haben, deren gerichtliche oder notarielle Beglaubigung verlangen. Geschieht dies, so hat das Gericht dem Bevollmächtigten zur Beibringung der beglaubigten Vollmacht eine Frist zu setzen, nach deren fruchtlosem Ablauf gegen die betreffende Partei das Versäumnisverfahren zulässig ist. Bei der Beglaubigung bedarf es weder der Zuziehung von Zeugen noch der Aufnahme eines Protokolls.[20]) Zur Beglaubigung im Auslande sind die Reichskonsuln zuständig.[21])

4. Durch das Auftreten für eine Partei ohne Beibringung oder Nachbringung einer Vollmacht wird die Partei nicht vertreten. Die von dem Nichtbevollmächtigten erhobene Klage ist zurückzuweisen. Tritt der Nichtbevollmächtigte nach ordnungsmäßig erhobener Klage in der mündlichen Verhandlung auf, so ist gegen die unvertreten gebliebene Partei das Versäumnisverfahren zulässig. Das Gericht kann aber jemand auch ohne Vollmacht zur Prozeßführung einstweilen zulassen u. z. gegen oder ohne Sicherheitsleistung für Kosten und Schäden. Es hat aber alsdann für die Beibringung der Genehmigung eine Frist zu bestimmen. Das Endurteil darf erst nach Ablauf dieser Frist erlassen werden. Ist dann die Genehmigung nicht beigebracht, so wird nach den obigen Grundsätzen verfahren. Außerdem ist der einstweilen zur Prozeßführung Zugelassene zum Ersatze der dem Gegner infolge der Zulassung erwachsenen Kosten zu verurteilen. Auch hat er diesem die infolge der Zulassung entstandenen Schäden zu ersetzen.[22])

Die Partei selbst muß die Prozeßführung schon dann gegen sich gelten lassen, wenn sie auch nur mündlich Vollmacht erteilt oder wenn sie die Prozeßführung ausdrücklich oder stillschweigend genehmigt hat.[23])

---

[15]) RG. 57 S. 92. [16]) § 89. [17]) RG. 30 S. 401. [18]) §§ 78 Abs. 2; 88 Abs. 2. [19]) RG. Bolze 1 S. 350. [20]) § 80 Abs. 2. [21]) RGes. v. 8. Nov. 1867 §§ 16ff. [22]) § 89 Abs. 1. [23]) § 89 Abs. 2.

5. Mitwirkung der Partei. Erscheint in der mündlichen Verhandlung neben dem Prozeßbevollmächtigten die Partei selbst, so muß auch sie zur mündlichen Verhandlung zugelassen werden. Beim Widerspruch zwischen den tatsächlichen Anführungen des Prozeßbevollmächtigten und der Partei sind die Anführungen der letzteren maßgebend.[24]) Zur Vornahme der eigentlichen Prozeßhandlungen ist aber auch in diesen Fällen nur der Anwalt ermächtigt. Deshalb können Anträge sowohl in der Hauptsache als bezüglich der Beweisaufnahme nur von dem Anwalt, nicht von der Partei gestellt werden. Dagegen ist die letztere befugt, wegen der persönlichen Natur der Eidesleistung Erklärungen über Eidesannahme und Eidesverweigerung (nicht auch über Eides-Zu- und -Zurückschiebung) abzugeben und wegen der ihr zustehenden Verfügung über den Gegenstand des Rechtsstreits Verzichte und Anerkenntnisse zu erklären.[25])

Das Gericht kann das persönliche Erscheinen der Partei neben dem Prozeßbevollmächtigten anordnen und das Fragerecht gegen sie ausüben, wenn dies zur Aufklärung des Sachverhältnisses zweckdienlich erscheint.[26]) Auch zum Zweck eines Sühneversuchs ist diese Anordnung zulässig.[27]) Sie geschieht durch Beschluß in oder außerhalb der mündlichen Verhandlung. Wird das Erscheinen angeordnet, so ist die Partei von Amts wegen zu laden. Die Ladung ist der Partei selbst zuzustellen, auch wenn sie einen Prozeßbevollmächtigten bestellt hat.[28]) Das Gericht kann jedoch das persönliche Erscheinen der Partei, abgesehen von Ehe-, Familienstands- und Entmündigungssachen,[29]) nicht erzwingen. Es kann nur, wenn die Partei nicht erscheint und der Prozeßbevollmächtigte über die beabsichtigten Fragen keine Auskunft zu geben vermag, diese gemäß § 286 zuungunsten der Partei entscheiden.

6. Beendigung der Vollmacht. Wenn der Vollmachtgeber stirbt oder wenn eine Veränderung eintritt in betreff seiner gesetzlichen Vertretung oder seiner Prozeßfähigkeit, so bleibt nichtsdestoweniger die Vollmacht wirksam und bindet sowohl die Erben des Machtgebers als diesen selbst und den neuen gesetzlichen Vertreter.[30]) Der Bevollmächtigte darf nach wie vor auf Grund der Vollmacht weiter handeln, ohne zur Anzeige von der Veränderung an den Gegner verpflichtet zu sein. Es kann aber der Bevollmächtigte, im Falle des Todes des Machtgebers auch der Gegner, die Aussetzung des Verfahrens erwirken. Geschieht dies, so ist während der Dauer der Aussetzung der Gebrauch der Vollmacht seitens des Bevollmächtigten ausgeschlossen. Will er nach der Aufnahme des Verfahrens weiter handeln, so kann dies nur geschehen auf Grund einer Vollmacht des Nachfolgers im Rechtsstreit.

Die Zulässigkeit der Kündigung der Vollmacht bestimmt sich nach bürgerlichem Recht. Rechtliche Wirksamkeit erlangt die Kündigung nach außen, also dem Gegner und dem Gericht gegenüber, im Anwaltsprozeß erst durch die Anzeige von der Bestellung eines anderen Anwalts, im Parteiprozeß erst durch die Anzeige des Erlöschens der Vollmacht.[31]) Die

---

[24]) § 85. RG. 10 S. 424. [25]) Wach, Handb. 1 S. 609, 610. [26]) § 141. [27]) § 296. [28]) § 141 Abs. 2. [29]) §§ 619, 640, 654. [30]) § 86. [31]) § 87 Abs. 1.

Anzeige im Anwaltsprozeß muß von dem neuen Anwalt durch Zustellung eines Schriftsatzes gemacht werden. Im Parteiprozeß genügt formlose Anzeige durch die Partei selbst.

Kündigt der Anwalt, so bleibt er berechtigt, aber nicht verpflichtet, für den Vollmachtgeber weiter zu handeln, solange bis dieser für die Wahrnehmung seiner Rechte in anderer Weise gesorgt hat.[32])

§ 36. Prozeßkosten. (§§ 91—107 ZPO.)

I. Arten. Die Prozeßkosten, d. h. die den Parteien in Beziehung auf den Rechtsstreit erwachsenen Aufwendungen sind gerichtliche und außergerichtliche.

1. Die gerichtlichen, d. h. der Staatskasse zustehenden Kosten zerfallen in Gebühren und Auslagen (Zeugengebühren usw.). Beide dürfen nur nach Maßgabe des Gerichtskostengesetzes erhoben werden.[1]) Die Gebühren bilden das Entgelt für die gerichtliche Tätigkeit. Ihre Höhe ist durch den Wert des Streitgegenstandes bedingt. Deshalb soll die Partei bei jedem Antrage den Wert des Streitgegenstandes, sofern er nicht in einer bestimmten Geldsumme besteht oder aus früheren Anträgen erhellt, angeben.[2]) Die zum Zwecke der Entscheidung über die Zuständigkeit des Prozeßgerichts oder die Zulässigkeit der Revision erfolgte Festsetzung des Wertes ist für die Berechnung der Gebühren maßgebend.[3]) Wird eine besondere Entscheidung über den Wert des Streitgegenstandes notwendig, so erfolgt sie gebührenfrei, u. z. im Rechtsstreit selbst vom Prozeßgericht, in der Zwangsvollstreckungsinstanz vom Vollstreckungsgericht.[4]) Die Gebührensätze erhöhen sich in der Berufungsinstanz um ein Viertel, in der Revisionsinstanz um die Hälfte.[5])

Über Erinnerungen des Zahlungspflichtigen oder der Staatskasse gegen den Ansatz von Gebühren oder Auslagen entscheidet das Gericht der Instanz gebührenfrei. Sowohl diese Entscheidung als die über die Festsetzung des Werts des Streitgegenstandes unterliegt der Beschwerde nach §§ 567—575, kann aber auch von Amts wegen von dem Gerichte, das sie getroffen hat, sowie von dem Gerichte der höheren Instanz geändert werden.[6])

Die Gebühr wird erhoben: a) für die kontradiktorische mündliche Verhandlung (Verhandlungsgebühr), b) für die Anordnung einer Beweisaufnahme (Beweisgebühr), c) für eine andere Entscheidung (Entscheidungsgebühr). Ist der Wert des Streitgegenstandes bei den einzelnen Prozeßabschnitten verschieden, so muß diese Verschiedenheit im Festsetzungsbeschlusse Ausdruck finden. Ist z. B. bei einem Prozesse, in dem es sich um die Zahlung von 5000 Mk. handelt, über diesen Betrag durch Endurteil entschieden, nachdem über 4000 Mk. kontradiktorisch verhandelt, über 3000 Mk. ein Beweisverfahren angeordnet war, so beträgt

[32]) § 87 Abs. 2.
[1]) GKG. § 1. [2]) GKG. § 14. [3]) GKG. § 15. [4]) GKG. § 16.
[5]) GKG. § 49. [6]) GKG. §§ 4, 16.

der Wert des Streitgegenstandes für die Verhandlungsgebühr 4000 Mk., für die Beweisgebühr 3000 Mk., für die Entscheidungsgebühr 5000 Mk.

Für die Gebühren der Rechtsanwälte kommen in Betracht: a) der Geschäftsbetrieb einschließlich der Information (Prozeßgebühr), b) die mündliche Verhandlung (Verhandlungsgebühr), c) die Mitwirkung bei einem Vergleiche (Vergleichsgebühr), d) die Vertretung im Beweisverfahren (Beweisgebühr).

2. Zu den außergerichtlichen Kosten gehören die Gebühren und Auslagen der Rechtsanwälte, die Zustellungskosten, die Portoauslagen, die Auslage für den Vollmachtsstempel, die Reise- und Aufwandkosten für die Wahrnehmung von Terminen, die Entschädigung für die durch notwendige Reisen oder durch die notwendige Wahrnehmung von Terminen entstandene Zeitversäumnis.[7])

II. Die Kostenpflicht ist durch die Bestimmungen der ZPO. geregelt u. z. durch die §§ 91—107 und zahlreiche Sonderbestimmungen. Alle diese Bestimmungen stehen unter dem allgemeinen Grundsatz, daß die Kosten von dem unterliegenden Teile, wenn beide Teile unterliegen, von beiden nach dem Verhältnis ihrer Sachfälligkeit zu tragen sind. Die Frage, ob eine im Prozeß unterlegene und in die Kosten des Rechtsstreits zu verurteilende Partei Anspruch auf Befreiung von Gebühren habe, ist nicht schon im Urteil, sondern erst bei Aufstellung der Gerichtskosten zu entscheiden.

1. Erstattungspflicht.[8]) Insoweit einer Partei die Kosten des Rechtsstreits auferlegt sind, hat sie auch die dem Gegner erwachsenen Kosten zu erstatten, soweit sie zur zweckentsprechenden Rechtsverfolgung oder Rechtsverteidigung notwendig waren; dazu gehört auch die Entschädigung des Gegners für die durch notwendige Reisen oder durch die notwendige Wahrnehmung von Terminen entstandene Zeitversäumnis. Die Gebühren und Auslagen des Rechtsanwalts der obsiegenden Partei sind immer zu erstatten, Reisekosten eines auswärtigen, d. h. nicht am Sitze des Prozeßgerichts wohnenden, Anwalts aber nur insoweit, als die Zuziehung zur zweckentsprechenden Rechtsverfolgung oder Rechtsverteidigung notwendig war. Bedient die Partei sich mehrerer Rechtsanwälte, so sind die Kosten nur insoweit zu erstatten, als sie die Kosten Eines Rechtsanwalts nicht übersteigen oder als in der Person des Rechtsanwalts ein Wechsel eintreten mußte. Der erste Fall liegt z. B. vor, wenn ein vom prozeßbevollmächtigten Anwalt substituierter Anwalt einen auswärtigen Beweistermin wahrnimmt, sofern die dadurch erwachsenen Kosten nicht mehr betragen als diejenigen, die entstanden wären, wenn der Prozeßbevollmächtigte selbst den Termin wahrgenommen hätte;[9]) ferner bei Zuziehung eines Korrespondenzmandatars, wenn die Partei in Berücksichtigung ihrer Persönlichkeit und der Natur des Rechtsstreits nicht imstande ist, dem prozeßbevollmächtigten Anwalt die zur sachgemäßen Einleitung und Durchführung des Rechtsstreits erforderliche Information brieflich zu erteilen und durch die Reise zum Prozeßanwalt höhere Kosten verursacht werden

---

[7]) § 91. [8]) Es sind hier und zu 2 nur die zur Veranschaulichung des vollständigen Prozeßganges erforderlichen Hauptgrundsätze entwickelt. Das Genauere ergibt „das Kostenfestsetzungsverfahren“ von Willenbücher. [9]) RG. Bolze 2 Nr. 376.

würden.[10]) Der letzte Fall ist z. B. gegeben, wenn der Anwalt stirbt oder bei dem Prozeßgericht gelöscht wird oder wenn er der Partei das Mandat kündigt.

2. Festsetzungsverfahren. Der Anspruch auf Erstattung der Prozeßkosten kann nur auf Grund eines zur Zwangsvollstreckung geeigneten Titels, also insbesondere eines rechtskräftigen oder für vorläufig vollstreckbar erklärten Urteils oder einer mit Beschwerde anfechtbaren Entscheidung, wenn darin über die Verpflichtung zur Tragung der Kosten Bestimmung getroffen ist, geltend gemacht werden.[11]) Der Vollstreckungstitel regelt aber nur die Kostenpflicht. Zur Feststellung des zu erstattenden Betrages bedarf es regelmäßig noch der Erwirkung eines besonderen Festsetzungsbeschlusses. Diesem Zwecke dient das Festsetzungsverfahren.

Im Mahnverfahren bedarf es des Festsetzungsverfahrens nicht, da die von dem Gläubiger dem Betrage nach zu berechnenden Kosten in den Vollstreckungsbefehl aufgenommen werden müssen.[12]) Für die Kosten der Zwangsvollstreckung ist ein Festsetzungsbeschluß entbehrlich, da sie, ihre Notwendigkeit vorausgesetzt, zugleich mit dem zur Zwangsvollstreckung stehenden Anspruche beizutreiben sind.[13]) Doch ist die Befugnis des Gläubigers zur Erwirkung eines Festsetzungsbeschlusses wegen der Kosten der Zwangsvollstreckung nicht ausgeschlossen.[14])

Ausschließlich zuständig für das Festsetzungsverfahren ist das Gericht 1. Instanz.

Das Festsetzungsgesuch ist vom Anwaltszwange befreit, kann also vor dem Gerichtsschreiber zu Protokoll erklärt oder auch privatschriftlich eingereicht werden. Beizufügen sind die Kostenberechnung, eine zur Mitteilung an den Gegner bestimmte Abschrift davon und die zur Rechtfertigung der einzelnen Ansätze dienenden Beläge.[15]) Zur Berücksichtigung eines Ansatzes genügt, daß er glaubhaft gemacht ist.[16]) Der Anbringung eines besonderen Festsetzungsgesuchs bedarf es nicht, wenn die Partei vor der Verkündung des Urteils die Berechnung ihrer Kosten eingereicht hat.[17])

Die Entscheidung erfolgt durch den Gerichtsschreiber ohne vorgängige mündliche Verhandlung.[18]) Der Gerichtsschreiber hat nach freiem Ermessen über die Notwendigkeit der Aufwendung gewisser Kosten zu befinden. Der Gerichtsschreiber übt seine Tätigkeit als Organ des Gerichts.

Der Festsetzungsbeschluß kann auf das Urteil und die Ausfertigungen gesetzt werden, sofern bei Anbringung des Gesuchs eine Ausfertigung des Urteils noch nicht erteilt ist und eine Verzögerung der Ausfertigung nicht eintritt. Die Verbindung des Festsetzungsbeschlusses mit dem Urteile soll aber unterbleiben, sofern dem Festsetzungsgesuche auch nur teilweise nicht entsprochen wird[19]) und wenn die Prozeßkosten ganz oder teilweise nach Quoten verteilt sind.[20])

In dem Festsetzungsbeschlusse ist auch über die Kosten des Festsetzungsverfahrens von Amts wegen zu entscheiden. Die Kostenpflicht bestimmt sich nach den allgemeinen Grundsätzen der §§ 91 ff. Die

[10]) RG. JW. 94 S. 64, 138. [11]) § 103. [12]) §§ 692, 699. [13]) § 788. [14]) RG. JW. 93 S. 561. [15]) § 103. [16]) § 104 Abs. 2. [17]) § 105 Abs. 2. [18]) § 104 Abs. 1. [19]) § 105 Abs. 1. [20]) § 106 Abs. 1.

danach den erstattungspflichtigen Gegner treffenden Kosten sind in dem Festsetzungsbeschluß mit festzusetzen.

Der Festsetzungsbeschluß ist von Amts wegen zuzustellen u. z. dem Prozeßbevollmächtigten 1. Instanz,[21]) dem Gegner des Antragstellers unter Beifügung der Abschrift der Kostenrechnung; diese Abschrift ist in dem Falle, in dem es eines besonderen Festsetzungsgesuchs nicht bedarf, von Amts wegen anzufertigen. Ist der Festsetzungsbeschluß auf das Urteil und die Ausfertigungen gesetzt, so findet eine besondere Ausfertigung und Zustellung des Festsetzungsbeschlusses nicht statt; den Parteien ist dann der festgesetzte Betrag mitzuteilen, dem Gegner des Antragstellers unter Beifügung der Abschrift der Kostenberechnung. Für diese Mitteilung ist eine besondere Form oder eine Beurkundung nicht erforderlich; sie kann daher formlos erfolgen, z. B. durch Postkarte oder einfache Zusendung der mit einem Vermerke versehenen Abschrift der Kostenberechnung oder der erbetenen Ausfertigung des mit dem Beschlusse verbundenen Urteils.

Im landgerichtlichen Prozesse ist die Vollmacht des für eine Partei auftretenden Rechtsanwalts nicht von Amts wegen zu prüfen.[22])

Gegen die Entscheidung des Gerichtsschreibers ist binnen einer Notfrist von zwei Wochen, welche mit der Zustellung der Entscheidung beginnt, die Erinnerung an das Gericht, dessen Gerichtsschreiber den Beschluß erlassen hat, zulässig. Die formlose Mitteilung des festgesetzten Betrages auf dem Urteil (§ 105 Abs. 1) ersetzt nicht die Zustellung und setzt deshalb die Frist nicht in Lauf. Vielmehr muß, um die Frist laufen zu lassen, die Partei das Urteil mit dem darauf gesetzten Festsetzungsbeschluß zustellen lassen.[23]) Die Entscheidung des Gerichts kann ohne mündliche Verhandlung erfolgen. Vor der Entscheidung kann das Gericht anordnen, daß die Vollstreckung des Festsetzungsbeschlusses auszusetzen sei. Gegen die Entscheidung des Gerichts findet sofortige Beschwerde statt.[24])

Die vollstreckbare Ausfertigung des Festsetzungsbeschlusses bildet einen gesetzlichen Schuldtitel, auf Grund dessen der Gläubiger die Zwangsvollstreckung wegen des festgesetzten Betrages verlangen kann.[25]) Die Beschwerde hat keine aufschiebende Wirkung. Nur durch Anordnung des Beschwerdegerichts kann die Vollziehung ausgesetzt werden.[26]) Die Zwangsvollstreckung aus einem auf das Urteil gesetzten Festsetzungsbeschlusse erfolgt auf Grund einer vollstreckbaren Ausfertigung des Urteils; einer besonderen Vollstreckungsklausel für den Festsetzungsbeschluß bedarf es nicht.[27])

Sind die Kosten ganz oder teilweise nach Quoten verteilt, so hat in den Sachen, die in 1. Instanz vor das Landgericht gehören, die Partei, die einen Festsetzungsbeschluß erwirken will, vor Anbringung des Festsetzungsgesuchs den Gegner aufzufordern, die Berechnung seiner Kosten binnen einer einwöchigen Frist bei dem Gerichtsschreiber einzureichen. In den amtsgerichtlichen Sachen ist die Aufforderung nach Anbringung eines Festsetzungsgesuchs von dem Gerichtsschreiber zu erlassen. Kommt der Gegner dieser Aufforderung nach, so hat der Gerichtsschreiber über jede Kostenliquidation zu entscheiden und auf Grund dieser Entscheidungen

---

[21]) § 176. [22]) RG. 9 S. 391. [23]) Mot. zur Nov. v. 1. Juni 1909 S. 27. [24]) §§ 104 Abs. 3, 577. [25]) § 794 Nr 2a. [26]) § 572. [27]) § 795a.

darüber zu befinden, welchen Betrag die zu einer höheren Quote verurteilte Partei ihrem Gegner zu erstatten hat:[28]) Ausgleichungsverfahren. Ist die Kostenberechnung des aufgeforderten Gegners binnen der einwöchigen Frist nicht eingegangen, so erfolgt die Festsetzung der Kosten des Liquidanten ohne Rücksicht auf die Kosten des Gegners. Dem letzteren bleibt das Recht vorbehalten, seinen Erstattungsanspruch nachträglich geltend zu machen. Er haftet aber für die Mehrkosten, die durch das nachträgliche Verfahren entstehen.[29])

Ergeht nach der Kostenfestsetzung eine Entscheidung, durch die der Wert des Streitgegenstandes anders festgesetzt wird, als er bei der Kostenfestsetzung angenommen wurde, so ist auf Antrag die Kostenfestsetzung entsprechend zu ändern. Der vom Anwaltszwange befreite Antrag ist binnen einer Frist von einem Monat anzubringen u. z. immer bei dem Gerichtsschreiber des Gerichts 1. Instanz, auch wenn die Kostenfestsetzung in der Beschwerdeinstanz stattgefunden hat. Die Frist beginnt mit der Zustellung und, wenn es einer solchen nicht bedarf, mit der Verkündung des Wertsfestsetzungsbeschlusses. Die Entscheidung unterliegt der Erinnerung wie der Festsetzungsbeschluß.[30])

§ 37. Sicherheitsleistung. (§§ 108—113 ZPO.)

I. Bewirkung. In gewissen Fällen ist vom Gesetz die Bestellung einer prozessualischen Sicherheit angeordnet.[1]) Sie ist regelmäßig zu bewirken durch Hinterlegung von Geld oder solchen Wertpapieren, die nach § 234 Abs. 1, 3 BGB. zur Sicherheitsleistung geeignet sind oder nach richterlichem Ermessen eine genügende Deckung gewähren. Mit den Wertpapieren sind die Zins-, Renten-, Gewinnanteil- und Erneuerungsscheine zu hinterlegen. Umtausch des hinterlegten Geldes gegen Wertpapiere, der hinterlegten Wertpapiere gegen andere oder gegen Geld ist dem Hinterlegenden gestattet.[2]) Eine andere Art der Sicherheitsleistung, z. B. durch Verpfändung beweglicher Sachen, Bestellung von Hypotheken, Bürgschaft des Prozeßvertreters, ist nur statthaft, wenn die Parteien ein anderes vereinbart haben oder wenn das Gesetz wie im Arrestverfahren[3]) „eine nach freiem Ermessen des Gerichts zu bestimmende Sicherheit" zuläßt.[4])

II. Rückgabe. Ist die Veranlassung für eine Sicherheitsleistung weggefallen, so hat das Gericht auf Antrag der Partei, welche die Sicherheit bestellt hat, dem Gegner eine Frist zu bestimmen, binnen welcher er entweder dem Gerichte gegenüber die Einwilligung in die Rückgabe der Sicherheit zu erklären oder die Erhebung der Klage wegen seiner durch die Sicherheit gedeckten Ansprüche nachzuweisen hat. Zuständig für diese Maßregel ist, abgesehen von den Fällen des Arrestes und der einstweiligen Verfügung,[5]) das Gericht, das die Bestellung der Sicherheit angeordnet

---

[28]) RG. 33 S. 392. [29]) § 106. [30]) § 107.
[1]) So §§ 89, 110—113, 707, 710, 713, 719, 732, 769, 770, 771, 890.
[2]) § 108. BGB. §§ 234 Abs. 2, 235. [3]) §§ 921, 925, 927. [4]) § 108.
[5]) § 943 Abs. 2.

oder zugelassen hat.[6]) Erklärt der Gegner seine Einwilligung oder läßt er die Frist verstreichen, ohne der gerichtlichen Aufforderung nachzukommen, so hat das Gericht auf weiteren Antrag der Partei, welche die Fristbestimmung erwirkt hat, die Rückgabe der Sicherheit anzuordnen. Bis zum Erlasse dieser Anordnung kann jedoch der Gegner die Erhebung der Klage mit der Wirkung nachweisen, daß die Anordnung zu unterbleiben hat.[7]) Eine Verlängerung der Frist ist nach § 224 Abs. 2, 3 statthaft. Die Anträge und die Einwilligung in die Rückgabe der Sicherheit können vor dem Gerichtsschreiber zu Protokoll erklärt, die Entscheidungen können ohne vorgängige mündliche Verhandlung erlassen werden.[8]) Als Rechtsmittel ist nur die sofortige Beschwerde zugelassen und zwar, soweit es sich um den Antrag auf Bestimmung der Frist handelt, lediglich gegen die Ablehnung des Antrags,[9]) hinsichtlich der Entscheidung über den Antrag auf Rückgabe der Sicherheit aber zugunsten des Antragstellers wie des Gegners.[10]) Die Beschwerde gegen den Beschluß, durch den die Rückgabe der Sicherheit angeordnet wird, hat aufschiebende Wirkung.[11])

Neben diesem Verfahren ist aber auch Klage auf Einwilligung in die Rückgabe der Sicherheit zulässig.[12])

In den Fällen der §§ 710, 713 kommt, wenn das für vorläufig vollstreckbar erklärte Urteil demnächst rechtskräftig wird, ein durch die Sicherheitsleistung zu deckender Anspruch des Gegners nicht in Frage. Für diese Fälle ist dem Gericht die Befugnis gewährt, auf Grund eines Zeugnisses über die Rechtskraft des Urteils die Rückgabe ohne weiteres anzuordnen.[13])

Die Befugnis der Hinterlegungsstelle, nach Maßgabe der für sie geltenden Bestimmungen die Sicherheit ohne gerichtliche Anordnung zurückzugeben, wird durch die obigen Verhältnisse nicht berührt.[14])

III. Prozeßkosten-Kaution der Ausländer. 1. Verpflichtung. Ausländer, d. h. alle diejenigen, die nicht die Deutsche Reichsangehörigkeit besitzen, haben, wenn sie als Kläger auftreten, dem Beklagten auf dessen Verlangen wegen der Prozeßkosten Sicherheit zu leisten, sofern nicht einer der in § 110 Abs. 2 vorgesehenen fünf Fälle der Befreiung vorliegt. Die Verpflichtung trifft den Ausländer nur, wenn er als Kläger, als Mitkläger oder als Nebenintervenient des Klägers[15]) auftritt, nicht aber, wenn er als Beklagter in Anspruch genommen wird, auch nicht, wenn er als solcher Widerklage erhebt oder ein Rechtsmittel einlegt, auch nicht, wenn er ein nicht auf Klageerhebung beruhendes Verfahren einleitet, wie Sicherung des Beweises, Arrest, einstweilige Verfügung, Mahnverfahren, Entmündigung. Im Laufe des Rechtsstreits tritt die Kautionspflicht ein, wenn der deutsche Kläger die Eigenschaft des Deutschen verliert oder wenn ein vorhandener Befreiungsgrund fortfällt, in beiden Fällen aber nur dann, wenn nicht ein zur Deckung ausreichender Teil des erhobenen Anspruchs unbestritten ist.[16])

---

[6]) § 109 Abs. 1. [7]) § 109 Abs. 2. [8]) § 109 Abs. 3. [9]) RG. 51 S. 144; Seuff. 58 Nr. 87, 220. [10]) § 109 Abs. 4. [11]) § 572. M. II zu §§ 101 a, b. [12]) Seuff. 57 Nr. 46, 59 Nr. 64. [13]) § 715. [14]) M. II zu §§ 101 a, b. [15]) M. S. 121. [16]) §§ 110, 111.

2. Verfahren. Der Anspruch des Beklagten auf Sicherheitsleistung wird nicht von Amts wegen berücksichtigt. Es ist Sache des Beklagten, ihn durch die prozeßhindernde Einrede aus § 274 Nr. 5 geltend zu machen. Über den Anspruch selbst und die Höhe der zu leistenden Sicherheit ist im Streitfalle durch Zwischenurteil zu entscheiden.[17]) In diesem ist, wenn der Einrede entsprochen wird, die Höhe der Sicherheit festzusetzen und eine Frist zu deren Leistung zu bestimmen. Für die Festsetzung der Höhe waltet freies Ermessen des Gerichts ob. Zugrunde zu legen ist der Betrag der Prozeßkosten, den der Beklagte infolge der Klage wahrscheinlich aufzuwenden haben wird. Dabei kommen in Betracht die gerichtlichen und außergerichtlichen Kosten aller zulässigen Instanzen, bei kontradiktorischer Verhandlung und Beweisaufnahme. Die durch eine Widerklage dem Beklagten erwachsenen Kosten sind nicht zu berücksichtigen. Ist der Betrag zu niedrig bemessen, so kann der Beklagte in jeder Prozeßlage, nötigenfalls wiederholt die Leistung einer weiteren Sicherheit verlangen, sofern nicht ein zur Deckung ausreichender Teil des erhobenen Anspruchs unbestritten ist.[18])

Erkennt der Kläger die beanspruchte Kautionsverbindlichkeit an, so genügt der Beschluß: „Der Kläger hat binnen einer Frist von usw. in Höhe von usw. dem Beklagten Sicherheit für die Prozeßkosten zu bestellen."

Wird die bestimmte Frist vom Kläger versäumt, so ist auf Antrag des Beklagten, wenn die Sicherheitsleistung nicht noch vor der Entscheidung nachgeholt wird, die Klage für zurückgenommen zu erklären oder wenn über ein Rechtsmittel des Klägers zu verhandeln ist, dieses zu verwerfen.[19]) Dies Urteil ist ein im Rechtsmittelwege anfechtbares Endurteil.[20]) Bleibt der Kläger im Verhandlungstermine aus, so hat der Beklagte die Wahl, ein Versäumnisurteil aus § 113 oder die Klageabweisung aus § 330 zu verlangen. In beiden Fällen unterliegt das Versäumnisurteil dem Einspruch des Klägers.[21])

§ 38. Armenrecht. (§§ 114—127 ZPO.)

I. Anspruch auf Bewilligung des Armenrechts haben physische Personen, die außerstande sind, ohne Beeinträchtigung des für sie und ihre Familie notwendigen standesgemäßen Unterhalts die Kosten des Prozesses zu bestreiten, wenn die beabsichtigte Rechtsverfolgung oder Rechtsverteidigung nicht mutwillig oder aussichtslos erscheint. Ausgeschlossen vom Armenrecht sind juristische Personen, andere Personenvereine und Vermögensmassen, ebenso gesetzliche Parteivertreter.[1]) Ausländer haben auf das Armenrecht nur insoweit Anspruch, als durch Staatsverträge oder durch die Gesetze des ausländischen Staates oder durch tatsächliche Übung[2]) die Gegen-

---

[17]) § 275. RG. 24 S. 431, 33 S. 431. [18]) § 112. RG. Bolze 11 Nr. 685. [19]) § 113. [20]) RG. 33 S. 431. [21]) RG. 24 S. 433.

[1]) RG. 33 S. 367; Gruch. 38 S. 1115; Seuff. 57 Nr. 164 (RG). [2]) RG. 7 S. 409.

seitigkeit verbürgt ist. Statthaft ist die Bewilligung des Armenrechts für jedes Verfahren nach der ZPO. und für jeden Prozeßbeteiligten, den Kläger, den Beklagten, den Nebenintervenienten.[3])

II. Das Gesuch um Bewilligung des Armenrechts ist bei dem zuständigen Prozeßgericht anzubringen, also bei dem Gerichte der laufenden Instanz, wenn der Prozeß noch nicht im Gange ist, bei dem Gericht 1. Instanz.[4]) Es ist vom Anwaltszwange befreit und muß das Streitverhältnis unter Angabe der Beweismittel darlegen, soweit der Sachverhalt nicht bereits in den Akten enthalten ist.[5]) Der Anspruch ist derart zu begründen, daß seine Haltlosigkeit nicht auf der Hand liegt.[6]) Zum Nachweise oder zur Glaubhaftmachung der Angabe ist der Antragsteller nicht verpflichtet.

Dem Gesuche ist ein von der obrigkeitlichen Behörde ausgestelltes, dem § 118 Abs. 2 entsprechendes Armutszeugnis beizufügen. Die Bezeichnung der zur Ausstellung dieser Zeugnisse berechtigten Behörden fällt der Verwaltung zu.[7]) Für Personen, die unter Vormundschaft oder Pflegschaft stehen, kann das Zeugnis auch von der vormundschaftlichen Behörde ausgestellt werden. Das Attest ist für den prüfenden Richter keineswegs bindend. Er hat auch hier das Recht der freien Beweiswürdigung, kann also trotz des Attestes die Bedürftigkeit des Antragstellers verneinen. Durch Bezugnahme auf ein zu einer anderen Rechtssache eingereichtes Attest sowie durch Gerichtskunde kann das Attest ersetzt werden. Die höhere Instanz kann von dem Attest der Dürftigkeit absehen, wenn das Armenrecht in der vorigen Instanz bewilligt war. Hat der Gegner der armen Partei das Rechtsmittel eingelegt, so darf die höhere Instanz auch nicht prüfen, ob die Rechtsverfolgung oder Rechtsverteidigung der armen Partei mutwillig oder aussichtslos erscheint. Diese Einschränkung tritt aber nur soweit ein, als das Urteil vom Gegner angegriffen ist. Will die arme Partei im Wege der Anschließung selbst das Urteil angreifen, so ist die Prüfung, ob dies mutwillig oder aussichtslos sei, nicht entbehrlich.[8]) Das Recht, die Bedürftigkeit der armen Partei zu prüfen, steht der höheren Instanz unbeschränkt zu.[9])

III. Entscheidung. Das Verfahren ist vom Anwaltszwange befreit, mündliche Verhandlung ist nicht erforderlich. Die Entscheidung ergeht durch Beschluß. Ergibt die Prüfung die Grundlosigkeit des Anspruchs, so ist der Antrag auf Erteilung des Armenrechts zurückzuweisen. Anderenfalls erfolgt die Bewilligung des Armenrechts. Sie bezieht sich immer nur auf die laufende Instanz,[10]) für die 1. Instanz einschließlich der Zwangsvollstreckung.[11]) Für die Beschwerdeinstanz ist das Armenrecht besonders nachzusuchen;[12]) ebenso für die Zwangsvollstreckung, wenn die Bewilligung des Armenrechts für die höhere Instanz erwirkt wird. Der Beschluß ist dem Antragsteller immer, dem Gegner nur dann bekannt zu machen, wenn das Armenrecht bewilligt wird und dieser Beschluß während

---

[3]) § 114. [4]) § 118. [5]) RG. 4 S. 357. [6]) RG. 4 S. 417. Gruch. 36 S. 1128. [7]) M. S. 125. [8]) RG. (Pl.) 41 S. 400. [9]) RG. 19 S. 428; JW. 94 S. 261. [10]) RG. 2 S. 378; Bolze 7 Nr. 918; JW. 92 S. 369, 95 S. 323; Gruch. 33 S. 124. [11]) § 119. [12]) RG. JW. 89 S. 40.

des Prozesses ergeht, da es vor dem Prozesse an einem Prozeßgegner fehlt. Erfolgt die Beiordnung eines Rechtsanwalts, so ist auch diesem Ausfertigung oder beglaubigte Abschrift des Beschlusses mitzuteilen.

IV. **Wirkung des Armenrechts.** 1. **Die arme Partei erlangt** die **einstweilige Befreiung** von der Berichtigung der rückständigen und künftig erwachsenden **Gerichtskosten** u. z. aller gerichtlichen Kostenvorschüsse,[13]) der Gebühren und Auslagen und der Stempelgebühr, mit Einschluß des Vollmachtsstempels.[14]) Das Gericht hat also Zusendungen an die arme Partei zu frankieren, auch dem Armenanwalt auf dessen Verlangen kostenfreie Abschriften der notwendigen Schriftstücke aus den Prozeßakten zu erteilen oder, wenn dem Anwalt die Anfertigung der Abschriften überlassen wird, die Schreibgebühren aus der Staatskasse zu ersetzen.[15]) Ausländer werden auch von der Prozeßkaution befreit.[16]) Eine Zurückerstattung bereits gezahlter Beträge findet nicht statt.[17])

Auf die Verpflichtung zur Erstattung der dem Gegner erwachsenen Kosten hat die Bewilligung des Armenrechts keinen Einfluß. Wird die arme Partei in die Prozeßkosten verurteilt, so hat sie trotz der Bewilligung des Armenrechts dem obsiegenden Gegner die ihm erwachsenen Kosten zu erstatten.[18]) Auch steht dem obsiegenden Gegner gegen die arme Partei die prozeßhindernde Einrede der mangelnden Kostenerstattung zu.

Die arme Partei erlangt ferner das Recht auf **Beiordnung** eines **Gerichtsvollziehers** sowie in Anwaltsprozessen eines **Rechtsanwalts** unter einstweiliger Befreiung von der Bezahlung ihrer Gebühren und Auslagen.[19]) Ist ihr im Parteiprozeß kein Rechtsanwalt beigeordnet, so kann ihr, wenn sie nicht im Bezirke des Prozeßgerichts wohnt, zur unentgeltlichen Wahrnehmung ihrer Rechte in der mündlichen Verhandlung ein Justizbeamter, der nicht als Richter angestellt ist, oder ein Rechtskundiger, der die erste Prüfung für den Justizdienst bestanden hat, auf Antrag beigeordnet werden. Die dadurch erwachsenden Auslagen werden von der Staatskasse bestritten und als Gerichtskosten in Ansatz gebracht.[20]) Die Auswahl des Anwalts erfolgt aus der Zahl der zugelassenen Anwälte durch den Vorsitzenden.[21])

Eine teilweise Bewilligung des Armenrechts gibt es nicht. Es ist z. B. unstatthaft, das Armenrecht nur bezüglich der Gerichtskosten, nicht auch bezüglich der außergerichtlichen Kosten zu bewilligen. Wohl aber steht es dem Berechtigten frei, die ihm auf Grund des Armenrechts zustehenden Rechte einzuschränken. Er ist befugt, die Zuordnung eines Anwalts zu beanspruchen. Erklärt er, daß er diese Zuordnung nicht beanspruche, so unterbleibt sie.[22]) Ist bereits ein Anwalt zugeordnet und erklärt nachträglich die berechtigte Partei, daß sie die Zuordnung nicht verlange, so verfügt der Vorsitzende:

„a) Der usw. (zugeordnete Anwalt des Klägers) wird von der Verpflichtung zur Vertretung des Klägers entbunden.

b) Vorzulegen dem RA. usw. und dem Prozeßbevollmächtigten des Klägers."

---

[13]) RG. 42 S. 369. [14]) RG. 9 S. 256, 42 S. 368, 54 S. 277. [15]) RG. 7 S. 342. JW. 85 S. 321. [16]) § 110. [17]) RG. 40 S. 421. [18]) § 117. RG. 24 S. 435. [19]) § 115. [20]) § 116. [21]) RAO. § 3. [22]) RG. 12 S. 417, 35 S. 369.

Übrigens hat die Zuordnung des Anwalts nur die Bedeutung, daß der Anwalt verpflichtet ist, die Vertretung der armen Partei zu übernehmen. Der Partei steht es frei, sich des zugeordneten Anwalts nicht zu bedienen. Seine Legitimation zur Prozeßführung erhält er erst durch die Vollmacht der Partei.[23]) Weigert diese die Erteilung der Vollmacht, so darf der Anwalt seine Ernennung als erloschen ansehen, ist aber zur einstweiligen Prozeßführung zuzulassen.[24])

2. Für den Gegner der armen Partei. Wird dem Kläger, dem Berufungskläger oder dem Revisionskläger das Armenrecht bewilligt, so ist damit auch der Gegner von den zu 1 bezeichneten gerichtlichen Kosten befreit. Es sollen also während der Dauer der Instanz von keiner Partei Kosten eingezogen werden, auch dann nicht, wenn der Gegner Widerklage erhebt.[25]) Eine Ausdehnung dieser Bestimmung auf den Fall, daß dem Beklagten das Armenrecht bewilligt ist, zugunsten des Klägers ist ausgeschlossen.[26])

V. Beendigung des Armenrechts Das Armenrecht ist rein persönlich. Es erlischt kraft Gesetzes mit dem Tode der Partei, der es bewilligt ist, muß also von den Erben wieder besonders nachgesucht werden.[27])

Es kann aber auch sowohl auf Antrag eines Beteiligten (des Gegners, des Anwalts, des Gerichtsvollziehers) als von Amts wegen entzogen werden, wenn sich herausstellt, daß eine Voraussetzung der Bewilligung nicht vorhanden war oder nicht mehr vorhanden ist. Zuständig für die Entziehung ist das Gericht 1. Instanz, das Gericht der höheren Instanz nur so lange, als die Sache dort anhängig ist.[28]) Die Entziehung hat keine rückwirkende Kraft, vielmehr nur die Folge, daß die betreffende Partei die Vorteile des Armenrechts für die ferneren Abschnitte des Prozesses nicht mehr genießt.[29]) Verschieden von diesem Beschlusse ist der Beschluß, durch den die Nachzahlung von Kosten angeordnet wird.[30])

VI. Nachträgliche Einziehung der Kosten. 1. Von der armen Partei. Wird sie nachträglich zahlungsfähig oder stellt sich heraus, daß sie auch schon früher zahlungsfähig gewesen ist, so liegt ihr ob nachzuzahlen a) die ihr selbst gestundeten Gerichtskosten sowie die Gebühren der Rechtsanwälte und Gerichtsvollzieher; b) die dem Gegner gestundeten Gerichtskosten, soweit inzwischen die arme Partei kostenpflichtig geworden ist.[31])

Über die Verpflichtung zur Nachzahlung, sei es der Gerichtskosten, sei es der Gebühren des Armenanwalts, soll durch Beschluß entschieden werden. Zuständig zu dieser Entscheidung ist das Gericht der schwebenden Instanz, nach Beendigung des Rechtsstreits das Gericht 1. Instanz.[32]) Eines Antrags bedarf es zum Einschreiten nicht.

2. Von dem Gegner der armen Partei können die von beiden Teilen veranlaßten Gerichtskosten eingezogen werden, sobald dem Gegner rechtskräftig die Kosten des Rechtsstreits auferlegt sind, die von dem Gegner selbst veranlaßten Gerichtskosten auch dann, wenn der Rechtsstreit ohne

[23]) RG. 47 S. 413; Seuff. 56 Nr. 169. [24]) § 89. [25]) § 120. [26]) RG. 6 S. 420, 23 S. 353. [27]) § 122. [28]) RG. 12 S. 417. [29]) § 121. [30]) Seuff. 53 S. 218. [31]) § 125. [32]) RG. 12 S. 416.

Kostenentscheidung beendet ist.[33]) Die Einziehung erfolgt nach Maßgabe der für die Beitreibung rückständiger Gerichtskosten geltenden Vorschriften.[34])

Gerichtsvollzieher und Rechtsanwälte, die der armen Partei zugeordnet sind, können ihre Gebühren und Auslagen von dem erstattungspflichtigen Gegner unmittelbar als eigenen Anspruch beitreiben. Der die Kostenpflicht des Gegners begründende Schuldtitel geht kraft Gesetzes auf sie über.[35]) Sie sind sonach berechtigt, die Kosten auf ihren Namen festzusetzen oder, falls sie bereits für die arme Partei selbst festgesetzt sind, die Vollstreckungsklausel auf ihren Namen zu erwirken. Einreden aus der Person der armen Partei sind dem Gegner versagt, nur die Aufrechnung von Kosten, die dem Gegner nach der in demselben Rechtsstreit über die Kosten erlassenen Entscheidung gegen die arme Partei zustehen, ist gestattet.[36])

VII. Rechtsmittel. Die Bewilligung des Armenrechts ist unanfechtbar. Ebenso die Ablehnung der Entziehung des Armenrechts. Der Beschluß, durch den das Armenrecht verweigert oder entzogen wird, unterliegt der einfachen Beschwerde.[37]) Dem zugeordneten Rechtsanwalt steht die Beschwerde nur insoweit zu, als sie sich gegen die Zuordnung seiner Person richtet. Die Ablehnung der Vertretung wegen Aussichtslosigkeit der Sache ist ihm versagt.[38]) Verweigert der Anwalt die Übernahme der Prozeßvertretung, so steht der armen Partei die Beschwerde an den Vorstand der Anwaltskammer zu.

§ 39. Zustellungen.

Zustellung ist die formgerechte Mitteilung eines Schriftstücks. Gegenstand der Zustellung ist stets das Schriftstück selbst. Die Bewirkung der Zustellung liegt im landgerichtlichen Prozeß regelmäßig den Parteien ob, im Amtsgerichtsprozeß erfolgt sie dagegen in der Regel „von Amts wegen", d. h. im Auftrage des Gerichts. Ausnahmen kommen nach beiden Richtungen vor.

A. Zustellungen auf Betreiben der Parteien. (§§ 166—207 ZPO.)

I. Zustellungsempfänger. 1. Zustellungen zur Anhängigmachung eines Rechtsstreits müssen an die Partei selbst, wenn diese nicht prozeßfähig ist, an einen ihrer gesetzlichen Vertreter, bei parteifähigen Behörden, Gemeinden, Korporationen und anderen Vereinen an einen der Vorsteher erfolgen.[1]) Dem etwaigen Mangel an gesetzlicher Vertretung ist gemäß §§ 57, 241 abzuhelfen.

Die Zustellung für einen Unteroffizier oder Gemeinen des aktiven Heeres oder der aktiven Marine erfolgt an den Chef der zunächst vorgesetzten Kommandobehörde (Chef der Kompagnie, Eskadron, Batterie usw.).[2])

[33]) § 123. RG. 6 S. 418, 23 S. 355. [34]) GKG. §§ 93, 94. [35]) RG. 9 S. 390. [36]) § 124. RG. 15 S. 395. [37]) § 127. RG. 20 S. 419. [38]) RG. 20 S. 419; Gruch. 28 S. 1135.

[1]) § 171. [2]) § 172.

An den Generalbevollmächtigten, sowie in den durch den Betrieb eines Handelsgewerbes hervorgerufenen Rechtsstreitigkeiten an den Prokuristen erfolgt die Zustellung mit gleicher Wirkung wie an die Partei selbst.[3])

2. Ist aber der Rechtsstreit anhängig geworden und ist für die Partei ein Bevollmächtigter bestellt, so müssen alle für die Partei bestimmten Zustellungen an den Prozeßbevollmächtigten erfolgen.[4])

Hat im anhängigen Rechtsstreit die Partei keinen Prozeßbevollmächtigten bestellt oder wohnt der bestellte Prozeßbevollmächtigte nicht innerhalb des Amtsgerichtsbezirks, in dem das Prozeßgericht seinen Sitz hat, so kann ihr, wenn sie selbst gleichfalls nicht in diesem Bezirke wohnt, auf Antrag der Gegenpartei durch unanfechtbaren, vom Gericht ohne mündliche Verhandlung zu erlassenden Beschluß die Bestellung eines daselbst wohnenden Zustellungsbevollmächtigten aufgegeben werden; wohnt aber die Partei nicht im Deutschen Reiche, so ist sie auch ohne Anordnung des Gerichts zur Benennung eines Zustellungsbevollmächtigten verpflichtet. Sowohl in dem einen als in dem anderen Falle hat die Partei den Zustellungsbevollmächtigten bei der nächsten gerichtlichen Verhandlung oder, wenn sie vorher dem Gegner einen Schriftsatz zustellen läßt, in diesem den Zustellungsbevollmächtigten zu benennen. Geschieht dieses nicht, so wird die Post als Zustellungsbevollmächtigter angesehen. Die Zustellung geschieht alsdann durch Aufgabe zur Post, d. h., sie gilt mit der Aufgabe zur Post als bewirkt, selbst wenn die Sendung als unbestellbar zurückkommt.

Die Ermächtigung des Zustellungsbevollmächtigten beschränkt sich auf den Empfang von Zustellungen, umfaßt aber nicht weitere Befugnisse des Prozeßbevollmächtigten.[5]) Für die Beendigung der Zustellungsvollmacht finden die für die Beendigung der Prozeßvollmacht geltenden Vorschriften[6]) entsprechende Anwendung.

Ist der Aufenthalt eines Prozeßbevollmächtigten, der nicht Rechtsanwalt ist, unbekannt, so ist das Prozeßgericht auf Antrag der Partei verpflichtet, die Zustellung an den Zustellungsbevollmächtigten, in Ermangelung eines solchen an den Gegner selbst zu bewilligen. Der Beschluß kann ohne mündliche Verhandlung erlassen werden. Eine Anfechtung des die Zustellung bewilligenden Beschlusses findet nicht statt.[7]) Die Verpflichtung zur Benennung eines Zustellungsbevollmächtigten findet hier ebenso Anwendung, wie wenn ein Prozeßbevollmächtigter überhaupt nicht bestellt worden wäre.[8])

II. Zustellungsort. 1. Die Zustellung kann in jeder Ortschaft (Stadt, Dorf, Gut) erfolgen, wo der Adressat angetroffen wird. Hat er aber in dieser Ortschaft tatsächlich, wenn auch nur vorübergehend (Gasthaus), eine Wohnung oder ein Geschäftslokal, so darf er außerhalb deren die Annahme verweigern.[9]) Die Zustellung in der Wohnung oder in dem Geschäftslokal kann auch dann erfolgen, wenn der Adressat in der Ortschaft nicht anzutreffen ist. Hat er in derselben Ortschaft eine Wohnung

---

[3]) § 173. [4]) §§ 176, 178. [5]) RG. 30 S. 392. [6]) §§ 86, 87. [7]) § 177. [8]) M. II zu §§ 162 a, 164. [9]) § 180.

und außerdem ein besonderes Geschäftslokal, so kann die Zustellung sowohl in der Wohnung als in dem Geschäftslokal erfolgen.

2. Wird der Adressat in der Wohnung oder in dem Geschäftslokal nicht angetroffen, so ist die sog. Ersatzzustellung gestattet.

a) Wird der Adressat in der Wohnung nicht angetroffen, so kann die Zustellung in der Wohnung an einen zu seiner Familie gehörigen erwachsenen Hausgenossen oder an eine in seiner Familie dienende, wenn auch nicht in demselben Hause wohnende erwachsene Person und, wenn eine solche nicht angetroffen wird, an den in demselben Hause wohnenden Hauswirt oder Vermieter erfolgen, wenn diese zur Annahme des Schriftstücks bereit sind.[10])

Scheint diese Art der Ersatzzustellung nicht ausführbar, so kann die Ersatzzustellung in der Weise vorgenommen werden, daß das Schriftstück entweder auf der Gerichtsschreiberei des Amtsgerichts des Bezirks oder am Zustellungsorte selbst bei der Postanstalt oder dem Gemeindevorsteher oder dem Polizeivorsteher niedergelegt und die Niederlegung sowohl durch eine an der Tür der Wohnung zu befestigende schriftliche Anzeige als auch, wenn tunlich, durch mündliche Mitteilung an zwei in der Nachbarschaft wohnende Personen bekannt gemacht wird.[11])

b) Für Gewerbetreibende, die ein besonderes Geschäftslokal haben, kann, wenn sie dort nicht angetroffen werden, die Zustellung an einen darin anwesenden Gewerbegehülfen erfolgen. Wird ein Rechtsanwalt, ein Notar oder ein Gerichtsvollzieher in seinem Geschäftslokal nicht angetroffen, so kann die Zustellung an einen darin anwesenden Gehülfen oder Schreiber vorgenommen werden.[12])

3. Zustellungen an einen gesetzlichen Vertreter oder Vorsteher einer Behörde, einer Gemeinde, einer Korporation oder eines Vereins, dem zugestellt werden soll, sind im Geschäftslokal u. z. während der festgesetzten oder üblichen Geschäftsstunden[13]) auszuführen. Wird der Adressat dort nicht angetroffen oder ist er an der Annahme verhindert, so kann die Zustellung an einen dort anwesenden Beamten oder Bediensteten bewirkt werden. Neben der Zustellung im Geschäftslokal ist auch die Zustellung in der Wohnung des Adressaten, aber nur an diesen selbst gestattet.[14])

4. Die Ersatzzustellung an die zu 2 und 3 bezeichneten Personen ist untersagt, wenn diese Personen an dem Rechtsstreit als Gegner der Partei, an die die Zustellung erfolgen soll, beteiligt sind. Beispielsweise darf die Scheidungsklage des Ehemanns nicht diesem an Stelle der Ehefrau auf Grund des § 181 zugestellt werden.[15])

5. In allen Fällen, in denen eine Zustellung an eine bestimmte Person, gleichviel ob für sie selbst oder für andere, statthaft ist, ist diese Person mit Ausnahme des Hauswirts oder Vermieters[16]) auch zur Annahme verpflichtet. Verweigert sie die Annahme, so ist das zu übergebende Schriftstück am Orte der Zustellung zurückzulassen, womit dann die Zustellung als bewirkt gilt.[17])

---

[10]) § 181. [11]) § 182. [12]) § 183. [13]) RG. 21 S. 389. [14]) § 184. [15]) § 185. M. II zu § 169a. [16]) Oben zu 2. [17]) § 186.

6. Die **Verletzung** der für die Zustellung geltenden **Formvorschriften**, insbesondere der auf den Zustellungsakt selbst bezüglichen, **hat** in der Regel **die Ungültigkeit dieser Rechtshandlung** zur Folge. Ergibt sich aber aus den Erklärungen einer Partei, daß eine unter Verstoß gegen die Formvorschriften der §§ 181—186 zugestellte Ladung in ihre Hände gelangt ist, so ist die Zustellung als mit dem Zeitpunkte bewirkt anzusehen, in dem die Partei nach ihren Erklärungen die Ladung erhalten hat. Wie die Erklärung von der Partei abgegeben wird, ist unerheblich. Insbesondere steht daher der Erlassung eines Versäumnisurteils nichts entgegen, wenn aus den in einem vorbereitenden Schriftsatz enthaltenen Erklärungen sich ergibt, daß die ausgebliebene Partei die Ladung rechtzeitig erhalten hat. Anders als durch die Erklärung der Partei kann der Nachweis, daß die Verletzung einer Formvorschrift für den Erfolg bedeutungslos war, nicht geführt werden. Die Zulassung einer Beweisaufnahme erscheint ausgeschlossen. Auf die Zustellung von Schriftstücken, die eine Ladung nicht enthalten, soll die Vorschrift keine Anwendung finden.[18])

III. **Zustellungszeit.** Zustellungen, die nicht durch Aufgabe zur Post (oben S. 236) bewirkt werden, dürfen zur **Nachtzeit** sowie an **Sonntagen** und Tagen, die nach dem Landesrecht am Zustellungsort als allgemeine **Feiertage** gelten, nur **mit richterlicher Erlaubnis** erfolgen. Die Nachtzeit beginnt um 9 Uhr abends und dauert vom 1. April bis 30. September bis 4 Uhr morgens, vom 1. Oktober bis 31. März bis 6 Uhr morgens.

Die Erlaubnis kann auf formlosen Antrag der betreibenden Partei oder des beauftragten Gerichtsvollziehers von dem Vorsitzenden des Prozeßgerichts oder von dem Amtsrichter, in dessen Bezirk die Zustellung erfolgen soll, und in Angelegenheiten, die durch einen beauftragten oder ersuchten Richter zu erledigen sind, von diesem erteilt werden. Die schriftlich zu erteilende Erlaubnis ist bei der Zustellung abschriftlich mitzuteilen. Die ohne Beobachtung dieser Bestimmungen erfolgte Zustellung ist gültig, wenn die Annahme nicht verweigert ist.[19])

IV. **Zustellungen im Inlande.** 1. **Gerichtsvollzieher.** Zustellungen im Deutschen Reich erfolgen, sofern nicht eine Zustellung von Anwalt zu Anwalt oder eine Zustellung durch öffentliche Bekanntmachung[20]) in Betracht kommt, durch einen von der betreibenden Partei oder ihrem Anwalt schriftlich oder mündlich zu beauftragenden Gerichtsvollzieher, der die Zustellung persönlich ausführt oder durch die Post[21]) bewirken läßt. Zwischen diesen beiden Arten der Zustellung hat die betreibende Partei die Wahl. Ist aber eine Zustellung durch den Gerichtsvollzieher persönlich bewirkt, obwohl sie durch die Post hätte erfolgen können, so hat die zur Erstattung der Prozeßkosten verurteilte Partei die Mehrkosten nicht zu tragen.[22])

2. **Vermittlung des Gerichtsschreibers.** Der Auftrag an den Gerichtsvollzieher kann im Verfahren vor den Amtsgerichten immer, im Anwaltsprozeß für die Zustellungen, durch die eine Notfrist gewahrt werden

---

[18]) § 187. M. II zu § 170a. [19]) § 188. [20]) Unten zu VI. [21]) § 193. [22]) § 197.

soll, durch Vermittlung des Gerichtsschreibers des Prozeßgerichts erteilt werden. Der Gerichtsschreiber hat, wenn seine Vermittlung zulässig ist, ohne weiteres einen Gerichtsvollzieher mit der Zustellung zu beauftragen, sofern nicht die Partei erklärt hat, daß sie selbst einen Gerichtsvollzieher beauftragen wolle. In Anwaltsprozessen ist diese Erklärung nur zu berücksichtigen, wenn sie in dem zuzustellenden Schriftstück enthalten ist. Ist die Zustellung durch den Gerichtsvollzieher bewirkt, so wird bis zum Beweise des Gegenteils angenommen, daß sie im Auftrage der Partei erfolgt sei.[23])

3. Vorbereitung der Zustellung. Die betreibende Partei hat dem Gerichtsvollzieher und, wenn unter Vermittlung des Gerichtsschreibers zuzustellen ist, diesem die Urschrift des zuzustellenden Schriftstücks und eine der Zahl der Personen, denen zuzustellen ist, entsprechende Zahl von Abschriften zu übergeben. Bei Streitgenossen ist jedem einzelnen besonders zuzustellen; eine Zustellung durch Umlauf ist ausgeschlossen.[24]) Für die Zustellung an einen von mehreren Vertretern eines Beteiligten oder an denselben Vertreter mehrerer Beteiligten genügt die Übergabe eines Exemplars.[25])

Dem Zustellungsbevollmächtigten mehrerer Beteiligter sind soviel Exemplare zu übergeben, als Beteiligte vorhanden sind.[26]) Der Gerichtsvollzieher oder der vermittelnde Gerichtsschreiber hat auf der Urschrift und den Abschriften die Zeit der Übergabe zu vermerken und der betreibenden Partei auf Verlangen eine Bescheinigung darüber zu erteilen.[27])

4. Die Zustellung selbst erfolgt bei Zustellung einer Ausfertigung durch deren Übergabe, in den übrigen Fällen durch Übergabe einer beglaubigten Abschrift des zuzustellenden Schriftstücks. Die Beglaubigung geschieht durch den Gerichtsvollzieher, bei den auf Betreiben von Rechtsanwälten oder in Anwaltsprozessen zuzustellenden Schriftstücken durch den Anwalt.[28]) Zur Beglaubigung genügt der unter die Abschrift zu setzende und zu unterschreibende Vermerk „Beglaubigt". Eine Beglaubigung durch Stempeldruck ist zulässig.[29]) Mangel der Beglaubigung macht die Zustellung unwirksam.[30]) Mängel bei der Beglaubigung unterliegen der freien richterlichen Würdigung.[31])

5. Zustellungsurkunde. Über die Zustellung ist eine Urkunde mit dem Inhalte aus § 191 aufzunehmen. Die Beurkundung erfolgt auf der Urschrift des zuzustellenden Schriftstücks oder auf einem damit zu verbindenden Bogen. Die so erweiterte Urschrift ist der betreibenden Partei zu übermitteln. Eine durch den Gerichtsvollzieher beglaubigte Abschrift der Urkunde ist auf das zu übergebende Schriftstück oder einen damit zu verbindenden Bogen zu setzen.[32]) Die unterlassene Mitteilung oder Beglaubigung einer Abschrift der Zustellungsurkunde ist auf die Wirksamkeit der Zustellung ohne Einfluß.[33])

---

[23]) §§ 166—168. [24]) RG. Gruch. 31 S. 1158. [25]) § 189. RG. 24 S. 416. [26]) § 189. [27]) § 169 Abs. 2. [28]) § 170. [29]) RG. 6 S. 363, 7 S. 372; Seuff. 59 Nr. 19. [30]) RG. 6 S. 362, 8 S. 347, 9 S. 413. Seuff. 38 Nr. 173, 344. [31]) RG. 4 S. 433, 9 S. 388; Seuff. 57 Nr. 89. [32]) § 190. [33]) RG. 52 S. 13; Gruch. 27 S. 1082, 1085, 36 S. 468.

Bei der Zustellung durch Aufgabe zur Post [34]) muß die Zustellungsurkunde den Erfordernissen des § 192 entsprechen.

Beschlüsse, die der Zustellung bedürfen, werden zweckmäßig auf ein besonderes Blatt gesetzt, damit auf diesem die Zustellung bescheinigt werden kann. Dagegen gehört die — die Zustellung anordnende — Nebenverfügung auf dasjenige Blatt (Protokoll usw.), das den Beschluß veranlaßt hat, weil es sonst zweifelhaft bleibt, worauf die Zustellung sich bezieht.

6. Bei der **Zustellung durch die Post** hat der Gerichtsvollzieher die zuzustellende Ausfertigung oder die beglaubigte Abschrift des zuzustellenden Schriftstücks in einen durch sein Dienstsiegel verschlossenen, mit der Adresse des Empfängers versehenen und mit einer Geschäftsnummer bezeichneten Briefumschlag zu legen und diesen der Post mit dem Ersuchen zu übergeben, die Zustellung einem Postboten des Bestimmungsorts aufzutragen. Sowohl auf dem bei der Zustellung zu übergebenden Schriftstück als auch in dem die Übergabe an die Post betreffenden Zeugnisse hat der Gerichtsvollzieher die Person, für die zugestellt werden soll, zu bezeichnen.[35])

Der Postbote hat die Zustellung nach Maßgabe der für die Zustellung durch den Gerichtsvollzieher bestimmten Vorschriften[36]) auszuführen, über die Zustellung eine Urkunde (Inhalt: § 195)[37]) aufzunehmen und dem Adressaten mit der Sendung auch eine Abschrift dieser Zustellungsurkunde zu übergeben. Die Zustellungsurkunde selbst wird von dem Postboten der Post, von dieser dem Gerichtsvollzieher übermittelt und von diesem mit der Urschrift des zugestellten Schriftstücks der betreibenden Partei ausgeantwortet.[38]) Für die vom Postboten verschuldete Ungültigkeit einer Zustellung haftet die Post nicht.[39])

Ist eine Zustellung unter Vermittlung des Gerichtsschreibers zulässig,[40]) so kann dieser unmittelbar die Post um Bewirkung der Zustellung ersuchen. In diesem Falle finden die für den Gerichtsvollzieher gegebenen Vorschriften[41]) auf den Gerichtsschreiber entsprechende Anwendung. Die erforderliche Beglaubigung erfolgt durch den Gerichtsschreiber.[42])

7. Eine **Zustellung von Anwalt zu Anwalt** ist nur statthaft, wenn beide Parteien durch Anwälte vertreten und diese, wenn auch nur stillschweigend, über diese Zustellungsart einverstanden sind. Die Zustellung erfolgt dadurch, daß der betreibende Anwalt das zuzustellende Schriftstück dem Anwalt des Gegners übergibt. Auf die Art der Übergabe (mündlich, brieflich oder durch Boten) kommt nichts an. Dem Anwalt sind dessen Vertreter und der Zustellungsbevollmächtigte, aber nur diese, gleichgestellt;[43]) eine Ersatzzustellung ist ausgeschlossen.

Zum Nachweise der Zustellung genügt für den zustellenden Anwalt das datierte[44]) und unterschriebene Empfangsbekenntnis des Anwalts des Gegners, für diesen eine von dem zustellenden Anwalt über die Zustellung erteilte Bescheinigung. Der zustellende Anwalt ist verpflichtet,

---

[34]) § 175. Oben S. 236. [35]) § 194. M. II zu § 177. [36]) §§ 180 bis 186. [37]) RG. Gruch. 36 S. 469. [38]) § 195. [39]) RG. 57 S. 150. [40]) § 196. [41]) §§ 194, 195. [42]) § 196. [43]) RAO. §§ 19, 25. [44]) Unrichtiges Datum: RG. 51 S. 164.

eine solche Bescheinigung auf Verlangen auszustellen.[45]) Der Anwalt, dem zugestellt ist, kann sich auch auf das von ihm ausgestellte Empfangsbekenntnis oder eine beglaubigte Abschrift seines Empfangsbekenntnisses berufen.[46])

V. **Zustellungen im Auslande.**[47]) 1. Zustellungen an **Personen, die sich außerhalb des Deutschen Reiches aufhalten,** erfolgen, wenn sie nicht im Deutschen Reiche einen Zustellungsbevollmächtigten haben oder eine Zustellung durch Aufgabe zur Post statthaft ist, durch Vermittelung des Prozeßgerichts, im Zwangsvollstreckungsverfahren des Vollstreckungsgerichts, das die **zuständige Behörde des fremden Staates** oder den in diesem Staate residierenden **Konsul oder Gesandten des Reichs** um die Zustellung zu ersuchen hat. Die Auswahl der zu ersuchenden Behörde ist reglementarisch geordnet.[48])

2. Zustellungen an Deutsche, die das Recht der **Exterritorialität** genießen, mögen sie im Auslande oder im Inlande (bei einem anderen Bundesstaate) beglaubigt sein, erfolgen an Angehörige von Missionen des Deutschen Reichs und an Vorsteher der Reichskonsulate durch **Ersuchen des Reichskanzlers**, an Angehörige einer bundesstaatlichen Mission durch Ersuchen des Ministers der auswärtigen Angelegenheiten des betreffenden Bundesstaats.[49])

3. Zustellungen an Personen, die zu einem im Auslande befindlichen oder zu einem **mobilen Truppenteile** oder zur Besatzung eines in Dienst gestellten Kriegsfahrzeuges gehören, können durch **Ersuchen der vorgesetzten Kommandobehörde** erfolgen.[50]) Daneben ist die gewöhnliche Zustellung und die Zustellung nach § 199 nicht ausgeschlossen.

4. Die Ersuchungsschreiben in den Fällen zu 1—3 werden von dem Vorsitzenden des Kollegialgerichts, in amtsgerichtlichen Sachen von dem Amtsgerichte erlassen, bei Zustellungen von Amts wegen ohne Antrag, bei Zustellungen im Parteibetriebe auf Ersuchen der Partei. Das Ersuchen unterliegt im Anwaltsprozesse dem Anwaltszwange.[51]) Gegen die Ablehnung des Ersuchens findet Beschwerde statt.[52])

5. Den Nachweis der Zustellung erbringt das schriftliche Zeugnis der ersuchten Behörde oder Beamten, daß die Zustellung erfolgt sei.[53]) Eine Darlegung der Art und Weise der Zustellung ist nicht erforderlich. Das erwähnte Zeugnis, seine Echtheit vorausgesetzt, vertritt die Zustellungsurkunde. Für die Prüfung der Echtheit ist § 438 maßgebend. Das Zeugnis wird bei Zustellungen von Amts wegen zu den Gerichtsakten genommen, bei Zustellungen im Parteibetriebe der betreibenden Partei herausgegeben.[54])

VI. **Öffentliche Zustellung.**[55]) 1. Eine **Zustellung durch öffentliche Bekanntmachung** kann erfolgen, wenn der **Aufenthalt einer Partei unbekannt**, oder wenn eine im **Auslande zu bewirkende** Zustellung unausführbar ist oder (z. B. wegen zu erwartender

---

[45]) § 198. M. II zu § 181. [46]) §§ 418, 435. RG. 15 S. 374, 17 S. 337.
[47]) S. Formular Nr. 2. [48]) § 199. Preußen: JMV. v. 20. Mai 1887 (JMBl. S. 139). [49]) § 200. [50]) § 201. [51]) § 78. [52]) § 567. [53]) § 202.
[54]) § 190 Abs. 4. [55]) S. Formular Nr. 3.

Verweigerung der Rechtshilfe) keinen Erfolg verspricht, endlich wenn an eine der deutschen Gerichtsbarkeit unterliegende Person zugestellt werden soll, deren Wohnung nach §§ 18, 19 GVG. der deutschen Gerichtsbarkeit nicht unterworfen ist. Die letztere Bestimmung ist ergangen, weil nach völkerrechtlichen Grundsätzen ohne Zustimmung des Inhabers eine solche Wohnung zum Zwecke der Zustellung nicht betreten werden darf.[56])

Der Begriff der „Partei" ist im weiteren Sinne der §§ 51—76 zu verstehen, nicht aber auf Dritte (Zeugen, Sachverständige, Drittschuldner) anzuwenden.[57])

Der Beschluß über die Angemessenheit der öffentlichen Zustellung ist vom Prozeßgericht zu erlassen, wobei über den Nachweis des unbekannten Aufenthalts nach freiem Ermessen zu entscheiden ist,[58]) u. z. bei Zustellungen von Amts wegen ohne Antrag, bei Zustellungen auf Betreiben der Partei auf Antrag, der im Anwaltsprozesse dem Anwaltszwange unterliegt. Die Bewilligung erfolgt jedesmal nur für eine bestimmte Zustellung. Gegen die ablehnende Entscheidung findet Beschwerde statt.[59])

2. Ist öffentliche Zustellung beschlossen, so hat deren Ausführung der Gerichtsschreiber des Prozeßgerichts von Amts wegen zu besorgen. Sie erfolgt bei Zustellungen ohne Ladung durch Anheften der zuzustellenden Ausfertigung oder einer beglaubigten Abschrift des zuzustellenden Schriftstücks an die Gerichtstafel. Bei Zustellungen mit Ladung muß außerdem ein Auszug[60]) des Schriftstücks zweimal in dasjenige Blatt, das für den Sitz des Prozeßgerichts zur Veröffentlichung der öffentlichen Bekanntmachungen bestimmt ist, sowie einmal in den Deutschen Reichsanzeiger eingerückt werden. Das Prozeßgericht kann anordnen, daß der Auszug noch in anderen Blättern und zu mehreren Malen abgedruckt werde.[61]) Der Aushang und die Belagsblätter sind bei der Amtszustellung zu den Akten zu nehmen, bei der Parteizustellung dem betreibenden Teile herauszugeben.[62])

3. Die Zustellung gilt als bewirkt bei Schriftstücken ohne Ladung (Urteile, Beschlüsse), wenn seit der Anheftung des Schriftstücks an die Gerichtstafel zwei Wochen verstrichen sind, bei Schriftstücken mit Ladung an dem Tage, an dem seit der letzten Einrückung des Auszuges in die öffentlichen Blätter ein Monat oder, falls vom Prozeßgericht der Ablauf einer längeren Frist für erforderlich erklärt ist, diese längere Frist abgelaufen ist. Eine etwa zu früh erfolgte Entfernung des Schriftstücks von dem Orte der Anheftung hat auf die Gültigkeit der Zustellung keinen Einfluß.[63])

4. Wird auf ein Gesuch, das die Zustellung eines ihm beigefügten Schriftstücks mittels Ersuchens anderer Behörden oder Beamten oder mittels öffentlicher Bekanntmachung betrifft, die Zustellung demnächst bewirkt, gleichviel wann, so treten, insoweit durch die Zustellung eine Frist gewahrt und der Lauf der Verjährung oder einer Frist unterbrochen wird, die Wirkungen der Zustellung bereits mit der Überreichung des Gesuchs ein.[64])

---

[56]) § 203. M. II zu § 186. [57]) RG. 22 S. 408. [58]) RG. 59 S. 265. [59]) § 567. [60]) § 205. [61]) § 204. [62]) Prot. S. 74. [63]) § 206. [64]) § 207 Abs. 1.

5. Bei allen zur Wahrung einer Notfrist[65]) erforderlichen Zustellungen, die unter Vermittelung des Gerichtsschreibers erfolgen, tritt die Wirkung der Zustellung bereits mit der Einreichung des Schriftsatzes bei dem Gerichtsschreiber ein, sofern der Schriftsatz innerhalb einer Frist von zwei Wochen nach der Einreichung zugestellt wird.[66]) Der Übergabe an den Gerichtsschreiber steht die Übergabe an den Richter gleich. Im Falle der Versäumung der zweiwöchigen Frist ist die Wiedereinsetzung gegeben, wenn die sonstigen Voraussetzungen für diese vorliegen.[67])

B. Zustellungen von Amts wegen. (§§ 208—213 ZPO.)

1. Die Vorschriften unter A finden grundsätzlich auch auf die Zustellungen von Amts wegen Anwendung,[68]) doch greifen bei letzteren mehrere Abweichungen Platz, insbesondere tritt an Stelle des Gerichtsvollziehers der Gerichtsschreiber. Dieser, dem auch die Beglaubigung der bei der Zustellung zu übergebenden Abschrift obliegt, hat das zu übergebende Schriftstück[69]) in einem durch das Gerichtssiegel verschlossenen, mit der Adresse der Person, an die zugestellt werden soll, versehenen, mit einer Geschäftsnummer bezeichneten Briefumschlag einem Gerichtsdiener oder der Post zur Zustellung auszuhändigen, wobei auf den Briefumschlag der Vermerk zu setzen ist: Vereinfachte Zustellung. Die auf dem Briefumschlag angegebene Geschäftsnummer ist in den Akten zu vermerken. Die in § 194 Abs. 2 dem Gerichtsvollzieher vorgeschriebenen Vermerke auf dem zuzustellenden Schriftstück und auf der Urschrift fallen fort.

2. Die Beurkundung der Zustellung durch den Gerichtsboten oder den Postboten erfolgt nach den für die Beurkundung bei Zustellungen auf Betreiben der Parteien durch den Postboten gegebenen Vorschriften[70]) mit der Maßgabe, daß eine Abschrift der Zustellungsurkunde nicht zu übergeben, der Tag der Zustellung jedoch auf dem Briefumschlage zu vermerken ist. Die Zustellungsurkunde ist dem Gerichtsschreiber zu übergeben.[71])

3. Bei der Zustellung durch Aufgabe zur Post ist die Aufnahme einer Zustellungsurkunde ausgeschlossen. Der Gerichtsschreiber hat nur in den Akten zu vermerken, wann und unter welcher Adresse die Aufgabe geschehen ist.[72])

4. Da die Rechtsmittel nach dem neuen Verfahren durch Einreichung der Rechtsmittelschrift beim Gericht eingelegt werden und diese dem Gegner von Amts wegen zuzustellen ist, so erhält diese Art der Zustellung eine besondere Bedeutung für die höheren Instanzen. Bez. der Zustellung gilt der Satz, daß die Rechtsmittelschrift dem Prozeßbevollmächtigten derjenigen Instanz, deren Entscheidung angefochten wird, in Ermangelung eines solchen dem Prozeßbevollmächtigten erster Instanz zuzustellen ist. Ist von der Partei bereits ein Prozeßbevollmächtigter für die höhere, zur Verhandlung und Entscheidung über das

---

[65]) S. S. 244. [66]) § 207 Abs. 2. [67]) KB. II S. 75, 76. [68]) § 208. [69]) RG. 68 S. 117. [70]) § 195 Abs. 2. [71]) §§ 208—212. [72]) § 213.

Rechtsmittel zuständige Instanz bestellt, so kann die Zustellung auch an diesen Prozeßbevollmächtigten erfolgen. Ist ein Prozeßbevollmächtigter, dem nach Maßgabe dieser Grundsätze zugestellt werden kann, nicht vorhanden, oder ist sein Aufenthalt unbekannt, so erfolgt die Zustellung an den von der Partei, wenngleich nur für die 1. Instanz, bestellten Zustellungsbevollmächtigten, in Ermangelung eines solchen an die Partei selbst, u. z. durch Aufgabe zur Post, wenn sie einen Zustellungsbevollmächtigten zu bestellen hatte, die Bestellung aber unterlassen hat.[73])

§ 40. Fristen. Aufhebung und Änderung von Terminen. (§§ 217—229 ZPO.)

I. **Fristen.** Die für die prozessualen Parteihandlungen maßgebenden Zeitabschnitte, **Fristen**, sind, je nachdem ihre Wirksamkeit ohne weiteres kraft Gesetzes oder kraft richterlicher Festsetzung eintritt, **gesetzliche oder richterliche**. Der Lauf beginnt bei gesetzlichen Fristen mit dem vom Gesetz bezeichneten Zeitpunkt, bei richterlichen Fristen, sofern nicht bei deren Festsetzung ein anderes bestimmt wird, mit der Zustellung des Schriftstücks, in dem die Frist festgesetzt ist und, wenn es einer solchen Zustellung nicht bedarf,[1]) mit der Verkündung der Frist. In allen Fällen, in denen der Lauf einer Frist, gleichviel, ob sie eine gesetzliche oder eine richterliche ist, von einer Zustellung abhängt, wird bei Zustellungen auf Betreiben der Parteien durch die Zustellung an den Adressaten der Fristenlauf auch für den betreibenden Teil in Bewegung gesetzt, während bei Zustellungen von Amts wegen der Beginn der Frist für jede Partei von der Zustellung an sie abhängt.[2])

Für die Berechnung der Fristen gelten die Auslegungsvorschriften der §§ 187—193 des BGB. Eine Frist, deren Ende auf einen Sonntag oder allgemeinen Feiertag fällt, endigt mit Ablauf des nächstfolgenden Werktages. Bei der Berechnung einer Frist, die nach Stunden bestimmt ist, werden Sonntage und allgemeine Feiertage nicht mitgerechnet.[3])

Die für das Prozeßverfahren in Betracht kommenden Fristen zerfallen in a) **Einlassungsfristen**, d. s. die Fristen, die zwischen Zustellung der ersten Ladung und dem ersten Termin in einer Instanz den Geladenen freigelassen werden müssen;[4]) b) **Ladungsfristen**, d. s. die Fristen, die im Laufe des Verfahrens in der Instanz zwischen der Zustellung der Ladung und dem Termine, zu dem geladen ist, frei zu lassen sind;[5]) c) **Fristen für Zustellung** vorbereitender **Schriftsätze**;[6]) d) **Notfristen**, d. s. diejenigen Fristen, die in der ZPO. als solche bezeichnet sind.[7])

Während der Gerichtsferien[8]) **sollen Fristen** mit Ausnahme der Notfristen und der Fristen in Feriensachen **weder beginnen noch laufen**. Fällt der Anfang der Frist in die Ferien, so beginnt der

[73]) § 210 a.

[1]) § 329. [2]) § 221. [3]) § 222. [4]) §§ 262, 498, 520, 555, 604. [5]) §§ 217, 495, 501, 696. [6]) §§ 132, 272. [7]) §§ 223 Abs. 3, 339, 466, 516, 552, 577, 586, 958, 1044. [8]) 15. Juli bis 15. September. Bez. der Einlassungsfristen Seuff. 58 Nr. 178.

Lauf der Frist erst mit dem Ende der Ferien. Hat der Lauf vor den Ferien begonnen, so wird er durch die Ferien unterbrochen und läuft erst nach den Ferien weiter.[9])

Alle Fristen mit Ausnahme der Notfristen können durch Vereinbarung der Parteien verlängert oder abgekürzt werden. Auf Parteiantrag kann das Gericht, wenn erhebliche Gründe glaubhaft gemacht sind, richterliche und gesetzliche Fristen abkürzen oder verlängern, gesetzliche Fristen aber nur in den besonders bestimmten Fällen, zu denen die Notfristen nicht gehören. Der Antrag kann in der mündlichen Verhandlung, auch außerhalb ihrer schriftlich gestellt werden. Die Entscheidung kann ohne mündliche Verhandlung erfolgen. Soll aber die Abkürzung oder wiederholte Verlängerung bewilligt werden, so muß der Bewilligung mindestens schriftliche Anhörung des Gegners vorausgehen. Die Entscheidung erfolgt durch Beschluß, der im Falle der Zurückweisung des Gesuchs um Verlängerung einer Frist unanfechtbar ist, sonst der Beschwerde aus § 567 unterliegt.[10])

Die verlängerte Frist wird vom Ablauf der ursprünglichen Frist berechnet, sofern nicht durch Vereinbarung oder richterliche Festsetzung etwas anderes bestimmt ist.[11])

Die Abkürzung von Einlassungsfristen, Ladungsfristen, sowie derjenigen Fristen, die für die Zustellung vorbereitender Schriftsätze bestimmt sind, kann auf Antrag auch dann vom Gericht angeordnet werden, wenn erhebliche Gründe nicht glaubhaft gemacht sind. Der Vorsitzende ist befugt, bei Bestimmung des Termins die Abkürzung ohne vorgängiges Gehör des Gegners und des sonst Beteiligten zu verfügen. Diese Verfügung ist dem Beteiligten abschriftlich mitzuteilen.[12])

Die bezüglich der Bestimmung der Fristen dem Gericht und dem Vorsitzenden beigelegten Befugnisse stehen dem beauftragten oder ersuchten Richter in bezug auf die von diesem zu bestimmenden Fristen zu.[13])

II. Aufhebung und Änderung von Terminen.[14]) Es steht den Parteien in allen Instanzen frei, jeden Termin, gleichviel ob er zur Verhandlung oder zur Beweisaufnahme, ob er vor dem Prozeßgericht, vor beauftragtem oder ersuchtem Richter ansteht, durch Vereinbarung aufzuheben. Die Vereinbarung kann im Termine erklärt werden, sie kann auch vor dem Termine erfolgen. Im letzteren Falle ist sie keinem Formzwange unterworfen, soll sie aber bei Gericht Beachtung finden, so muß sie diesem schriftlich, im Anwaltsprozesse durch die Anwälte angezeigt werden. „In Sachen usw. haben die Parteien vereinbart, daß der Rechtsstreit über die Rechtmäßigkeit der einstweiligen Verfügung bis zur rechtskräftigen Entscheidung der bereits anhängigen Hauptsache ruhen soll." Durch die Vereinbarung fällt der Termin ohne weiteres fort. Ein Versäumnisverfahren gegen eine im Termin ausgebliebene Partei ist ausgeschlossen.[15]) Das Gericht hat sich auf die Abbestellung geladener Zeugen und Sachverständigen zu beschränken. Sind beim Eingange der erwähnten Anzeigen die Akten zur Beweisaufnahme verschickt, so wird das Prozeßgericht die Anzeige an das ersuchte Gericht nachsenden „zur Kenntnis-

[9]) § 223. [10]) § 225. [11]) § 224 Abs. 3. [12]) § 226. [13]) § 229.
[14]) §§ 227—229. [15]) RG. JW. 88 S. 21; Gruch. 28 S. 1179.

nahme und Rücksendung der Akten ohne Erledigung des Beweisbeschlusses". Die Aufhebung von Verhandlungsterminen kann auch stillschweigend durch Ausbleiben beider Parteien vereinbart werden.[16])

Dem Antrage beider Parteien auf Verlegung des Termins ist ohne weiteres stattzugeben.

Wird der Antrag auf Aufhebung nur von einer Partei gestellt, so sind erhebliche Gründe glaubhaft zu machen. Handelt es sich um Verschiebung des Termins, so ist der Gegner zu hören. Die Entscheidung steht dem Gericht, nicht dem Vorsitzenden zu.

Die Verlegung eines Termins, die Vertagung einer Verhandlung und die Anberaumung eines Termins zur Fortsetzung der Verhandlung kann auch von Amts wegen erfolgen, wenn erhebliche Gründe diese Anordnung rechtfertigen. Darüber, ob solche Gründe vorliegen, entscheidet das Gericht nach freiem Ermessen.[17]) Eine Beschränkung ist dem Gericht nur auferlegt im Falle der Verhandlung über den Antrag auf Erlaß eines Versäumnisurteils, wo die Vertagung nur aus den bestimmten Gründen des § 337 angeordnet werden darf. Die Anordnung erfordert einen Gerichtsbeschluß, der mit dem vom Vorsitzenden zu bestimmenden neuen Termin, wenn er in der mündlichen Verhandlung gefaßt wird, zu verkünden, anderenfalls den Parteien von Amts wegen zuzustellen und der Anfechtung entzogen ist.[18])

Wenn die Parteien im Termine zur mündlichen Verhandlung nicht erscheinen, so ruht das Verfahren, bis eine Partei eine neue Ladung zustellen läßt.[19]) Wird im Termin neben der Vereinbarung der Aufhebung die Anberaumung eines neuen Termins beantragt, so ist dieser zu verkünden.[20]) Ist in die schriftliche Anzeige von der Vereinbarung der Aufhebung der Antrag auf Ansetzung eines neuen Termins mit aufgenommen, so erfolgt die Terminsbestimmung nach § 216. Beantragen die Parteien übereinstimmend im Verhandlungstermin die Vertagung der Verhandlung, so ist dem Antrage ohne weiteres stattzugeben. Wird dem von einer Partei gestellten Vertagungsantrage vom Gegner widersprochen, so hat das Gericht durch unanfechtbaren Beschluß über die Vertagung zu entscheiden. Ob im Falle der Vertagung sofort ein neuer Termin angesetzt wird oder nicht, richtet sich nach der Sachlage. Wird der Termin sofort bestimmt, so ist er vom Vorsitzenden zu verkünden, anderenfalls ruht die Sache, bis eine neue Ladung erfolgt. In allen Fällen ist die Bestimmung des neuen Verhandlungstermins Sache des Vorsitzenden.

Ist eine Terminsverschiebung durch Verschulden eines Beteiligten veranlaßt, so können ihm dieserhalb gemäß §§ 95, 102 ZPO. und § 48 GKG. Kosten auferlegt werden.

Die bezüglich der Anberaumung, Aufhebung und Änderung der Termine dem Gericht und dem Vorsitzenden beigelegten Befugnisse sind dem beauftragten oder ersuchten Richter für die von ihm zu bestimmenden Termine übertragen.[21])

---

[16]) §§ 227, 251. [17]) § 228. [18]) §§ 228, 567. RG. 15 S. 422. [19]) § 251. [20]) § 218. [21]) § 229.

§ 41. Folgen der Versäumung. Wiedereinsetzung in den vorigen Stand. (§§ 233—238 ZPO.)

I. Folgen der Versäumung. Gänzliche Versäumung einer mündlichen Verhandlung zieht die Zulassung eines Versäumnisurteils gegen den säumigen Teil nach sich.[1]) Unvollständiges Verhandeln äußert seinen Einfluß bei den betreffenden Prozeßverhandlungen, insbesondere hat es die Annahme des Zugeständnisses tatsächlicher Behauptungen,[2]) der Anerkennung von Urkunden,[3]) der Genehmigung bei unterlassener Rüge[4]) zur Folge. Die Folge der Unterlassung einzelner Prozeßhandlungen innerhalb der dafür bestimmten Fristen besteht regelmäßig darin, daß die Partei mit der versäumten Handlung kraft Gesetzes, ohne daß es einer besonderen Androhung bedarf, ausgeschlossen wird.[5]) Die nach früherem deutschen Rechte den Minderjährigen und den ihnen gleichgestellten Personen als solchen zustehende Restitution gegen die Folge prozessualer Versäumung ist beseitigt. Insofern die Aufhebung der Folgen unverschuldeter Versäumung zulässig ist, z. B. in den Fällen der §§ 233 ff., 274, 367, 528 wird eine Versäumnis, die in der Verschuldung des gesetzlichen Vertreters oder des Bevollmächtigten[6]) ihren Grund hat, als eine unverschuldete nicht angesehen.[7]) Die Regel von dem Ausschlusse der Partei mit der versäumten Prozeßhandlung unterliegt zahlreichen Einschränkungen und Ausnahmen; sie sind bei den einzelnen in Betracht kommenden Prozeßhandlungen hervorgehoben.

II. Wiedereinsetzung in den vorigen Stand. 1. Zulässigkeit. Die Verabsäumung einer Notfrist hat den Verlust des an diese Frist geknüpften Rechtsbehelfs zur Folge. Zur Abwendung dieser Folge steht der davon betroffenen Partei in drei Fällen ein Anspruch auf Wiedereinsetzung in den vorigen Stand zu:

a) Höhere Gewalt: Wenn die Partei oder ihr Vertreter alle Sorgfalt, die von ihr nach Lage der Sache vernünftigerweise zu erwarten ist, behufs Einhaltung der Frist angewendet hat, aber durch höhere Gewalt (durch Naturereignisse oder andere unabwendbare Zufälle) an der Einhaltung der Notfrist verhindert ist. Mitverschuldung der Partei oder ihres Vertreters schließt die Wiedereinsetzung aus.[8]) Ein häufig wiederkehrender Fall ist der der verspäteten Bewilligung des Armenrechts.[9])

b) Versäumte Einspruchsfrist: Wenn eine Partei, welche die Einspruchsfrist versäumt hat, von der Zustellung des Versäumnisurteils ohne ihr Verschulden Kenntnis überhaupt nicht, oder erst so spät erhalten hat, daß die Einlegung des Einspruchs unmöglich war. Der Fall kann besonders vorkommen bei der Ersatzzustellung und bei der öffentlichen Zustellung.[10])

---

[1]) §§ 330 ff. [2]) §§ 138, 239, 331, 351. [3]) §§ 427, 439, 441. [4]) §§ 85, 89, 295. [5]) §§ 230, 231. [6]) RG. 10 S. 362. [7]) § 232. [8]) M. S. 172. § 233 Abs. 1. [9]) Beispiele aus der Praxis: RG. 1 S. 278, 2 S. 426, 4 S. 424, 3 S. 421, 4 S. 385, 8 S. 375, 10 S. 362, 12 S. 375, 17 S. 389. JW. 88 S. 406, 91 S. 119, 92 S. 55, 216, 369, 461; 93 S. 341, 94 S. 119, 179, 473; 95 S. 145, 199; 96 S. 334, 97 S. 107, 342, 562, 602; 98 S. 6, 155. [10]) § 233 Abs. 2.

c) Säumnis des Zustellungsbeamten: Wenn das zur Wahrung der Notfrist zuzustellende Schriftstück dem Gerichtsvollzieher oder, falls die Zustellung durch Vermittlung des Gerichtsschreibers erfolgen soll, dem Gerichtsschreiber zum Zwecke der Zustellung spätestens am dritten Tage vor Ablauf der Notfrist übergeben ist. Die Worte „am dritten Tage" bedeuten, daß dem Gerichtsvollzieher oder dem Gerichtsschreiber außer dem Tage der Übergabe noch zwei volle Tage zur Besorgung der Zustellung offen bleiben sollen, einschließlich des Tages, mit dem die Notfrist abläuft.[11]) Voraussetzung der Anwendung dieser Bestimmung ist, daß die Partei mit der Übergabe des zuzustellenden Schriftstücks an den Gerichtsvollzieher alles getan hat, was zur Wahrung der Frist notwendig ist, daß sie insbesondere die erforderliche Anzahl von Abschriften mit übergeben und die zur zweckentsprechenden Ausführung der Zustellung notwendigen Angaben gemacht, also auch den Prozeßbevollmächtigten der Gegenpartei benannt hat.[12]) Ist dies geschehen, so ist der Wiedereinsetzungsantrag begründet, gleichviel ob der Gerichtsvollzieher die rechtzeitige Zustellung ganz unterlassen oder unwirksam ausgeführt hat.[13]) War die zuzustellende Erklärung dem Gericht einzureichen[14]) oder zu Protokoll des Gerichtsschreibers abzugeben,[15]) so fällt der Zeitpunkt der Einreichung oder des Anbringens zu Protokoll mit der Übergabe zusammen, da die Partei mit dieser Erklärung zur Ausführung der Zustellung alles getan hat, was sie tun konnte.[16]) Wird das Schriftstück dem Zustellungsbeamten erst nach dem dritten Tage vor Ablauf der Notfrist zur Zustellung übergeben, so kann sich die Partei, falls die rechtzeitige Zustellung versäumt wird, auf ein Versehen des Zustellungsbeamten nicht berufen. Die Wiedereinsetzung aus a ist ihr auch in diesem Falle nicht versagt.

2. Die Frist für die Wiedereinsetzung beträgt in den Fällen zu a und b zwei Wochen, im Falle zu c einen Monat. Die zweiwöchige Frist beginnt im Falle zu a und b mit der Hebung des Hindernisses. Sie ist keine Notfrist, wird also durch die Gerichtsferien unterbrochen und ist der Verlängerung durch Parteivereinbarung entzogen.[17]) Nach Ablauf eines Jahres seit dem Ende der versäumten Notfrist ist der Antrag auf Wiedereinsetzung überhaupt unzulässig.[18]) Die einmonatige Frist beginnt mit dem Ablauf der versäumten Notfrist, ohne Rücksicht auf die Kenntnis von dem Versehen des Beamten. Verlängerung dieser Frist durch Vereinbarung der Parteien ist — abweichend von § 234 — nicht ausgeschlossen.[19]) Die Wiedereinsetzung kann auch in dem für die mündliche Verhandlung über die versäumte Prozeßhandlung (Einspruch, Berufung, Revision) bestimmten Termin ohne vorgängige Zustellung eines Schriftsatzes beantragt werden, wenn nur die Zustellung der Ladung zu dem Termin innerhalb der Monatsfrist erfolgt ist.[20]) Da die Frist keine Notfrist ist, gibt es gegen ihre Versäumung keine weitere Wiedereinsetzung. Restitutio restitutionis non datur.

---

[11]) RG. 7 S. 315. [12]) RG. 16 S. 364. [13]) RG. 11 S. 375; Gruch. 33 S. 1144. [14]) §§ 340, 518, 553. [15]) § 496. [16]) Reincke, v. Wilm.-Levy, Struckm.-Koch, Gaupp u. Seuff. zu § 235. [17]) Ausnahme von § 224. [18]) § 234. [19]) § 235 Abs. 3. [20]) § 236 Abs. 3.

3. **Verfahren.** a) Die Wiedereinsetzung wird **nur auf Antrag** gewährt.[21]) Die **Form** des Antrags auf Wiedereinsetzung richtet sich nach den Vorschriften, welche für die versäumte Prozeßhandlung gelten. Die Wiedereinsetzung wird also bez. des Einspruchs und der Rechtsmittel durch Einreichung eines Schriftsatzes bei Gericht, bez. der Nichtigkeitsklage der Restitutionsklage und der Anfechtungsklage durch Zustellung eines Schriftsatzes eingelegt. Der Antrag auf Wiedereinsetzung muß enthalten die tatsächliche Begründung der Wiedereinsetzung,[22]) die Angabe der Mittel für deren Glaubhaftmachung[23]) und die Nachholung der versäumten Prozeßhandlung oder, wenn diese bereits nachgeholt ist, die Bezugnahme hierauf.[24]) Im Falle der Versäumung der Notfrist des § 466 ist der Antrag auf Wiedereinsetzung und Abnahme des Eides auch dann bei dem Prozeßgerichte einzureichen, wenn die Abnahme des Eides durch einen beauftragten oder ersuchten Richter erfolgen sollte.[25])

b) **Zuständig zur Entscheidung** ist dasjenige Gericht, das über die versäumte Prozeßhandlung (Einspruch, Berufung, Revision usw.) zu entscheiden haben würde, wenn die Notfrist nicht versäumt wäre.[26])

c) **Verfahren wird über den Antrag** in derselben Weise, als wenn die versäumte Prozeßhandlung rechtzeitig vorgenommen wäre; mündliche Verhandlung ist also nur im Falle der sofortigen Beschwerde entbehrlich. Die Prüfung der Zulässigkeit des Wiedereinsetzungsantrags nach Frist und Form unterliegt der Amtspflicht des Gerichts und erfolgt nach denselben Grundsätzen wie die Prüfung der Zulässigkeit der nachgeholten Prozeßhandlung.[27]) Die Verhandlung über den Antrag ist mit der über die nachgeholte Prozeßhandlung zu verbinden, vorbehaltlich der Befugnis des Gerichts getrennte Verhandlung und Entscheidung über den Wiedereinsetzungsantrag zu beschließen. Wird die Wiedereinsetzung gegen die Notfrist des § 466 beantragt, so ist der Termin zur Verhandlung über die Zulässigkeit der Wiedereinsetzung vor dem Prozeßgericht von Amts wegen zu bestimmen und den Parteien bekannt zu machen. Sollte die Abnahme des Eides vor dem Prozeßgericht erfolgen, so ist der Termin zugleich zur nachträglichen Abnahme des Eides und weiteren mündlichen Verhandlung zu bestimmen.[28])

d) **Die Entscheidung** erfolgt **im Falle der sofortigen Beschwerde durch Beschluß,**[29]) **sonst durch Urteil.**[30]) Letzteres ergeht, wenn gleichzeitig über die nachgeholte Prozeßhandlung entschieden wird, nur über diese, während die Erörterung über die Wiedereinsetzung in den Entscheidungsgründen ihre Stelle findet. Wird über den Wiedereinsetzungsantrag vorab entschieden, so lautet der Tenor auf Zulassung oder Zurückweisung des Antrags. Im Falle der Zurückweisung liegt ein Endurteil vor, das nur durch die ordentlichen Rechtsmittel angegriffen werden kann. Im Falle der Zulassung handelt es sich nur um ein für sich unanfechtbares Zwischenurteil, nach dessen Erlaß das Gericht in die Verhandlung über die nachgeholte Prozeßhandlung und über die Hauptsache einzutreten hat.

---

[21]) § 236. [22]) RG. 16 S. 369, 31 S. 400. [23]) § 294. [24]) § 236 Abs. 1. [25]) § 236 Abs. 2. [26]) § 237. [27]) § 238 Abs. 1. [28]) § 238 Abs. 4. [29]) § 568. [30]) S. Formular Nr. 30.

e) Versäumnisverfahren. Wird der Termin vom Gegner des Antragstellers versäumt und der Wiedereinsetzungsantrag für zulässig und begründet erachtet, so kann gegen den Gegner das Versäumnisurteil in der Hauptsache erlassen werden. Dies Urteil unterliegt dem Einspruch. Ist der Antragsteller säumig, so ist auf Antrag des Gegners der Wiedereinsetzungsantrag durch Versäumnisurteil abzuweisen. Letzteres ist aber nach § 238 Abs. 2 nicht durch Einspruch, sondern nur durch Berufung oder Revision anfechtbar.[31])

f) Die Kosten der Wiedereinsetzung fallen stets dem Antragsteller zur Last, soweit sie nicht durch unbegründeten Widerspruch des Gegners entstanden sind und vorbehaltlich der Anwendung des § 102 für den Fall zu 1 c.[32])

g) Bezüglich der Hemmung oder Beseitigung der Zwangsvollstreckung gelten dieselben Grundsätze wie bei der Wiederaufnahme des Verfahrens.[33])

§ 42. Ruhen, Unterbrechung und Aussetzung des Verfahrens.
(§§ 239—245, 249 ZPO.)

I. Ruhen des Verfahrens tritt ein, wenn es die Parteien vereinbaren. S. hierüber den Abschnitt „Aufhebung und Änderung von Terminen". Oben S. 244.

II. Unterbrechung des Verfahrens. 1. Tod einer Partei.[1])

a) Unterbrechung. Wenn eine Partei, die den Prozeß in Person, nicht durch einen Bevollmächtigten, führt, im Laufe des Verfahrens, also von der Klageerhebung [2]) bis zur Rechtskraft des Urteils, stirbt oder für tot erklärt wird, so tritt mit dem Augenblick des Todes kraft Gesetzes eine Unterbrechung des Verfahrens ein. „Partei" ist auch der Nebenintervenient und der Streitverkündete. Der Tod eines Streitgenossen unterbricht das Verfahren nur gegen ihn selbst, gegen die übrigen Streitgenossen nur im Falle einer notwendigen Streitgenossenschaft.[3]) Dem Tode einer physischen Partei steht das Aufhören eines nicht physischen Rechtssubjekts nur in den seltenen Fällen gleich, daß dieses eine Rechtsnachfolge zuläßt, wie beispielsweise in den Fällen der Fusion usw. von Aktiengesellschaften [4]) (HGB. §§ 303 ff.) und des Anfalls des Vereinsvermögens an den Fiskus (BGB. § 46).

b) Die Aufnahme des unterbrochenen Verfahrens steht zu den Rechtsnachfolgern, d. h. denjenigen, die nach den Grundsätzen des bürgerlichen Rechts von Todes wegen in das streitige Recht oder in die streitige Verbindlichkeit eintreten,[5]) nicht aber Rechtserwerbern unter Lebenden, insbesondere nicht Zessionaren.[6])

---

[31]) § 238 Abs. 2. RG. 32 S. 400. [32]) § 238 Abs. 3. [33]) § 707. Oben S. 165.

[1]) §§ 239, 243, 250. [2]) RG. Gruch. 39 S. 1138; JW. 95 S. 324. [3]) §§ 61, 62. [4]) RG. 56 S. 331. [5]) RG. 26 S. 141, 31 S. 334, 34 S. 430. [6]) Bayr. ObLG. Seuff. 44 Nr. 220.

Herbeigeführt wird die Aufnahme im landgerichtlichen Prozeß durch Zustellung eines Schriftsatzes an den Gegner, worin zugleich zur Hauptsache geladen werden kann, im amtsgerichtlichen Prozeß durch Einreichung eines Antrags auf Terminsbestimmung. Mit der Zustellung hört die Unterbrechung auf, wenn die behauptete Rechtsnachfolge vom Gegner anerkannt, oder im Falle des Bestreitens durch richterlichen Ausspruch festgestellt wird. Bestreitet der Gegner die Rechtsnachfolge, so ist darüber mündlich zu verhandeln. Wird hierbei die von dem Aufnehmenden zu beweisende Rechtsnachfolge als dargetan angesehen, so ist auszusprechen, daß das Verfahren von den Rechtsnachfolgern aufgenommen sei. Die Entscheidung ergeht durch ein für sich nicht anfechtbares Zwischenurteil;[7]) ist aber zugleich in der Hauptsache erkannt, so genügt ein Ausspruch in den Urteilsgründen. Wird die Rechtsnachfolge nicht als erwiesen angesehen, so werden die angeblichen Rechtsnachfolger durch der Berufung unterliegendes Endurteil mit dem Antrage auf Aufnahme abgewiesen und in die Kosten des Aufnahmeverfahrens verurteilt.[8]) Bleiben die Aufnehmenden im Verhandlungstermin aus, so ist auf Antrag des Gegners, wenn er die Rechtsnachfolge anerkennt, Versäumnisurteil in der Hauptsache zu erlassen; wenn er die Rechtsnachfolge bestreitet, auf Zurückweisung des Aufnahmeantrags zu erkennen. Bleibt der Gegner aus, so ist auf Antrag der Aufnehmenden durch Versäumnisurteil auszusprechen, daß das Verfahren von den Rechtsnachfolgern aufgenommen sei, gegebenenfalls auch in der Hauptsache zu erkennen.

c) Verzögern die Rechtsnachfolger die Aufnahme, so kann der Gegner die Beendigung der Unterbrechung dadurch herbeiführen daß er die Rechtsnachfolger zur Aufnahme und Verhandlung der Hauptsache ladet, oder im amtsgerichtlichen Prozeß zu diesem Zweck die Anberaumung eines Termins beantragt. Ist die Verhandlung der Hauptsache ausgeschlossen, so fällt auch die Ladung dazu fort und ist nur zur Aufnahme des Rechtsstreits zu laden. So — beispielsweise —, wenn die Unterbrechung des Verfahrens nur zum Zwecke der Zustellung eines Urteils oder um eine unterbrochene Notfrist in Lauf zu setzen, beendigt werden soll. Die Zustellung der Ladung darf nur an die Rechtsnachfolger selbst, nicht an den Prozeß- oder Zustellungsbevollmächtigten erfolgen, die Ladungsfrist wird vom Vorsitzenden bestimmt. Sind die Geladenen im Termin anwesend, so ist die Unterbrechung des Verfahrens beendigt, wenn sie ihre Verpflichtung zur Aufnahme nicht bestreiten. Bestreiten sie diese Verpflichtung, indem sie die Rechtsnachfolge leugnen oder Gründe geltend machen, die sie von der Aufnahme befreien — z. B. die noch nicht erfolgte Annahme der Erbschaft[9]) —, so ist die Unterbrechung erst beendigt, wenn dieser Zwischenstreit rechtskräftig zu ihrem Nachteil entschieden ist. Ist der Ladende oder Antragsteller im Termin ausgeblieben, so ist gegen ihn auf Antrag der Geladenen, sofern sie die Rechtsnachfolge einräumen und die Aufnahme erklären, Versäumnisurteil zur Hauptsache zu erlassen. Beim Ausbleiben der Geladenen ist auf Antrag des Ladenden durch Ver-

---

[7]) § 303. RG. 11 S. 317, 34 S. 383; JW. 91 S. 7. [8]) RG. 34 S. 383, 429. [9]) BGB. § 1943.

säumnisurteil auszusprechen, daß das Verfahren von den Rechtsnachfolgern aufgenommen sei. War zugleich zur Verhandlung der Hauptsache geladen, so ist das Versäumnisurteil in dieser selbst zu erlassen.[10]) Diese Vorschriften über die Unterbrechung und die Aufnahme des Verfahrens finden entsprechende Anwendung in dem Falle, wenn während des Rechtsstreits zwischen einem Vorerben und einem Dritten die Nacherbfolge über einen ihr unterliegenden Gegenstand eintritt, sofern der Vorerbe befugt war, ohne Zustimmung des Nacherben über den Gegenstand zu verfügen.[11])

d) War die gestorbene Partei durch einen Prozeßbevollmächtigten vertreten, so findet eine Unterbrechung des Verfahrens überhaupt nicht, wohl aber — auf Antrag — eine Aussetzung des Verfahrens statt.[12]) Unten S. 254.

2. Konkurseröffnung.[13]) Wird während der Dauer des Rechtsstreits[14]) über das Vermögen einer Partei im Inlande Konkurs eröffnet, so wird, wenn der Rechtsstreit das Konkursvermögen betrifft, das Verfahren durch die Konkurseröffnung auch dann unterbrochen, wenn im Prozesse eine Vertretung des Gemeinschuldners durch einen Bevollmächtigten stattgefunden hat. Die Unterbrechung dauert, bis das Verfahren gemäß KO. §§ 10, 11, 144 Abs. 2, 146 Abs. 3 aufgenommen[14]) oder das Konkursverfahren aufgehoben wird. Im letzteren Falle kann jede Partei ohne weiteres zur Fortsetzung des Prozesses laden oder im amtsgerichtlichen Prozeß die Anberaumung eines Termins beantragen. Ein etwaiger Streit über die Eröffnung oder Aufhebung des Konkurses ist durch Zwischenurteil zu entscheiden. Diese Bestimmungen finden auch dann Anwendung, wenn nach Unterbrechung des Verfahrens durch den Tod einer Partei[15]) über den Nachlaß Konkurs eröffnet wird.[16]) Durch die Aufhebung des Konkurses werden Prozesse über die Masse aber nicht unterbrochen.[17])

3. Verlust der Prozeßfähigkeit oder Wegfall des gesetzlichen Vertreters.[18]) Wenn im anhängigen Verfahren[19]) eine Partei, die keinen Prozeßbevollmächtigten hat, ihre bisherige Prozeßfähigkeit verliert, z. B. durch Entmündigung,[20]) oder wenn der gesetzliche Vertreter einer prozeßunfähigen, durch einen Prozeßbevollmächtigten nicht vertretenen Partei stirbt oder sonst fortfällt,[21]) z. B. wenn der Vormund entsetzt, entlassen oder handlungsunfähig wird, so erfolgt mit dem Eintritt dieser Tatsachen kraft Gesetzes eine Unterbrechung des Verfahrens. Diese dauert fort, bis der gesetzliche Vertreter oder der neue gesetzliche Vertreter von seiner Bestellung dem Gegner Anzeige macht, oder bis der Gegner seine Absicht, das Verfahren fortzusetzen, dem Vertreter durch Zustellung eines Schriftsatzes anzeigt.[22]) Wird die Bestellung eines Vertreters verzögert, so kann der Gegner nur durch Anträge bei der zuständigen Behörde Abhilfe suchen. Dem Prozeßgericht steht die Befugnis, einen besonderen Vertreter zu bestellen, nicht zu.[23])

---

[10]) § 239. [11]) § 242. [12]) § 220. [13]) § 240. [14]) RG. JW. 95 S. 324. [15]) S. Formular Nr. 23. [16]) § 243. [17]) RG. 58 S. 202. [18]) § 241. [19]) RG. JW. 95 S. 324. [20]) Abwesenheitspflegschaft hat den Verlust der Prozeßfähigkeit nicht zur Folge (RG. 52 S. 224). [21]) RG. 33 S. 92, 413. [22]) § 250. [23]) M. S. 177.

Die Vorschrift findet auch dann Anwendung, wenn nach Unterbrechung des Verfahrens durch den Tod einer Partei ein Nachlaßpfleger bestellt oder ein zur Führung des Rechtsstreits berechtigter Testamentsvollstrecker vorhanden ist.[24]) Entsprechende Anwendung findet die Vorschrift, wenn eine Nachlaßverwaltung angeordnet wird.[25])

4. **Wegfall des Anwalts im Anwaltsprozeß.**[26]) **Wenn im Anwaltsprozeß der Anwalt einer Partei** im Laufe der Instanz, also vor der Zustellung des Endurteils oder im Laufe der Einspruchsfrist **stirbt oder seine Zulassung,** sei es überhaupt, sei es bei dem Prozeßgericht **verliert,** so wird hierdurch **eine Unterbrechung des Verfahrens herbeigeführt.** Sie beginnt im Falle des Todes mit dem Todestage, im Falle der Ausschließung von der Rechtsanwaltschaft durch Urteil mit dessen Rechtskraft, im Falle der Aufgabe oder Zurücknahme der Zulassung mit dem Erlaß des Zurücknahmebescheides oder mit der Löschung in der Liste und dauert fort, bis der bestellte neue Anwalt von seiner Bestellung dem Gegner Anzeige macht.

Wird diese Anzeige verzögert, so hat der Gegner zur Erzwingung der Fortsetzung des Prozesses zwei Rechtsbehelfe: a) Wenn eine Ladung einstweilen nicht erforderlich ist, so fordert er die Partei auf, innerhalb einer Frist, die auf seinen Antrag vom Vorsitzenden zu bestimmen ist, einen neuen Anwalt zu bestellen. Die Aufforderung geschieht im Parteibetriebe durch Zustellung eines Schriftsatzes. Mit dem Ablauf der Frist gilt das Verfahren als aufgenommen, sofern nicht bis dahin die Bestellung eines neuen Anwalts angezeigt ist. b) Bedarf es der Ladung, so ist die Partei selbst zu laden u. z. mit der Aufforderung zur Bestellung eines Anwalts und unter Innehaltung der Ladungsfrist.[27]) Wenn die geladene Partei im Termin sich nicht durch einen Anwalt vertreten läßt, so kann gegen sie sofort ein Versäumnisurteil zur Hauptsache erlassen werden. In beiden Fällen der fingierten Aufnahme können von dem Eintritt bis zur Anzeige der Bestellung eines neuen Anwalts alle Zustellungen an die Partei selbst u. z., sofern sie weder am Orte des Prozeßgerichts noch innerhalb des Amtsgerichtsbezirks wohnt, in dem das Prozeßgericht seinen Sitz hat, durch Aufgabe zur Post erfolgen. Die Zustellung wird mit dieser Aufgabe als bewirkt angesehen, selbst wenn die Sendung als unbestellbar zurückkommt.[28]) Ist ein Zustellungsbevollmächtigter bestellt, so ist die Zustellung an die Partei ausgeschlossen.

Kündigung der Vollmacht im Anwaltsprozeß erlangt erst durch die Anzeige der Bestellung eines neuen Anwalts rechtliche Wirksamkeit, **unterbricht also das Verfahren nicht.**[29]) Im amtsgerichtlichen Prozesse wird durch den Wegfall des Anwalts oder sonstigen Prozeßbevollmächtigten eine Unterbrechung niemals herbeigeführt, da die Partei auch ohne solchen handeln kann.

5. **Gerichtsstillstand.**[30]) **Wenn infolge eines Krieges** oder eines anderen Ereignisses das **Prozeßgericht seine Tätigkeit gänzlich einstellt,** so wird hierdurch das Verfahren bis zur Wieder-

[24]) § 243. BGB. §§ 1975, 1981. [25]) § 24 Abs. 2. [26]) § 244.
[27]) § 217. [28]) § 175. [29]) § 87. [30]) § 245.

aufnahme der Tätigkeit **unterbrochen**. Sowohl der eine wie der andere Zeitpunkt wird zweckmäßig öffentlich bekannt gemacht.

Über die Unterbrechung des Verfahrens für den Fall, daß ein Kompetenzkonflikt zwischen den Gerichten und den Verwaltungsbehörden oder Verwaltungsgerichten entsteht, sind die landesgesetzlichen Vorschriften aufrecht erhalten.[31])

III. **Aussetzung des Verfahrens.**[32]) 1. Fand in den Fällen des Todes oder des Verlustes der Prozeßfähigkeit der Partei, des Wegfalls des gesetzlichen Vertreters, der Anordnung einer Nachlaßverwaltung oder des Eintritts der Nacherbfolge eine Vertretung durch einen Prozeßbevollmächtigten statt, so tritt zwar eine Unterbrechung des Verfahrens nicht ein, das Prozeßgericht muß aber auf Antrag des Bevollmächtigten, in den Fällen des Todes und der Nacherbfolge auch auf Antrag des Gegners die Aussetzung des Verfahrens anordnen. Die Aussetzung wird in derselben Weise beendigt, wie in dem betreffenden Falle die Unterbrechung beendigt werden würde. In den Fällen des Todes und der Nacherbfolge ist der die Ladung enthaltende Schriftsatz auch dem Bevollmächtigten zuzustellen.[33])

2. Befindet sich eine Partei zu Kriegszeiten im Militärdienst, oder hält sie sich an einem Orte auf, der durch obrigkeitliche Anordnung oder durch Krieg oder durch andere Zufälle (z. B. durch Überschwemmung) von dem Verkehr mit dem Prozeßgericht abgeschnitten ist, so kann dieses die Aussetzung des Verfahrens anordnen.[34])

In den Fällen zu 1 und 2 kann das Aussetzungsgesuch vor dem Gerichtsschreiber zu Protokoll erklärt werden, die Entscheidung darüber ohne mündliche Verhandlung erfolgen.[35])

3. Im Falle einer Hauptintervention kann der Hauptprozeß von derjenigen Instanz, bei der er zurzeit anhängig ist, ausgesetzt werden.[36])

4. Über die Aussetzung im Falle, daß die Entscheidung des Rechtsstreits von dem Bestehen oder Nichtbestehen eines Rechtsverhältnisses abhängt, das den Gegenstand eines anderen Rechtsstreits oder eines Verwaltungs- oder eines Strafverfahrens bildet, s. S. 30.

5. Über die Aussetzung im Scheidungsprozesse s. S. 179.

6. **Die Wirkungen der Unterbrechung und der Aussetzung sind die gleichen.**[37])

a) Der Lauf einer jeden Frist, auch der Notfrist, hört auf. Vom Zeitpunkt der Beendigung der Unterbrechung oder Aussetzung beginnt die volle Frist von neuem zu laufen.

b) Gerichtstätigkeit und Parteibetrieb ruhen. Die während der Unterbrechung oder Aussetzung von einer Partei vorgenommenen Prozeßhandlungen sind der anderen Partei gegenüber wirkungslos. Die Unwirksamkeit kann aber durch Verzicht des Gegners, insbesondere durch unterlassene Rüge gemäß § 295 geheilt werden und bezieht sich überhaupt nicht auf

---

[31]) EG. z. ZPO. § 15 Nr. 1. RG. 25 S. 413. (Preußen: V. v. 1. August 1879, GS. S. 573.) [32]) §§ 246—252. S. Formular Nr. 22. [33]) § 246. [34]) § 247. [35]) § 248. [36]) § 65. [37]) § 249.

solche Prozeßhandlungen (Ladungen, Zustellungen, Anzeigen), die nicht zur Verfolgung der Hauptsache, sondern nur zum Zwecke der Wiederaufnahme des Verfahrens vorgenommen werden. Gerichtshandlungen, die während der Unterbrechung oder der Aussetzung vorgenommen sind (z. B. Beweiserhebungen), bedürfen zur Wirksamkeit der Genehmigung beider Teile. Nur die Verkündung der auf Grund einer mündlichen Verhandlung zu erlassenden Entscheidung wird durch die nach dem Schlusse dieser Verhandlung eintretende Unterbrechung nicht gehindert.

7. Rechtsmittel. Gegen die Entscheidung, durch welche die Aussetzung des Verfahrens angeordnet wird, ist die einfache, gegen die Entscheidung, durch welche sie abgelehnt wird, ist die sofortige Beschwerde zulässig.[38]) Dementsprechend ist die Beschwerde auch gegen solche Entscheidungen zugelassen, durch die zwar nicht ausdrücklich die Aussetzung des Verfahrens angeordnet oder abgelehnt, aber doch tatsächlich ein Stillstand des Verfahrens herbeigeführt oder verhindert wird.[39])

[38]) § 252. [39]) RG. 16 S. 340, 359; 32 S. 429. JW. 97 S. 562.

Elftes Kapitel.

§ 43. Schiedsrichterliches Verfahren.[1])

I. Schiedsvertrag. 1. Begriff. Die Parteien sind befugt, durch Vereinbarung ihre Privatrechtsstreitigkeiten den staatlichen Gerichten zu entziehen und anderen Personen, Schiedsrichtern,[2]) zu übertragen.[3]) Während der Geltung der Vereinbarung[4]) darf der ihr unterworfene Streit nicht vor die ordentlichen Gerichte gebracht werden.[5]) Der Schiedsspruch selbst hat unter den Parteien die Wirkungen eines rechtskräftigen gerichtlichen Urteils. Er gewährt auch die Zwangsvollstreckung, doch muß deren Zulässigkeit durch ein gerichtliches Vollstreckungsurteil ausgesprochen sein.[6])

2. Voraussetzung des Schiedsvertrags ist die Befugnis der Parteien, sachlich und persönlich über den Gegenstand des Streits einen Vergleich abzuschließen.[7]) Sachlich also — beispielsweise — kein Schiedsvertrag in Ehe- und Entmündigungssachen. Die persönliche Fähigkeit der Parteien und ihrer Vertreter bestimmt sich nach bürgerlichem Rechte. Die Prozeßvollmacht ermächtigt nur zum Vergleichsschluß im Prozeß,[8]) kann also eine Vollmacht zum Schiedsvertrage nicht ersetzen.

---

[1]) §§ 1025—1048. [2]) Der Schiedsrichter, arbiter, entscheidet über einen Anspruch oder ein Rechtsverhältnis, der Schätzungsmann, arbitrator, nur über Tatfragen, z. B. über einen Schadensbetrag. RG. 6 S. 201, 10 S. 130, 24 S. 411. JW. 91 S. 415. Gruch. 30 S. 1024, 39 S. 695. [3]) Den Gegensatz zu den Schiedsrichtern bilden die durch die staatliche Gesetzgebung bestellten Organe der Rechtspflege, deren Zuständigkeit sich unmittelbar aus dem Gesetz ergibt. RG. JW. 95 S. 296. Deshalb gehört nicht hierher das Verfahren vor staatlichen Schiedsgerichten nach RGew.O. §§ 97⁴, 97aᵇ, Krankenvers.G. v. 15. Juni 1883 § 53, Unfallvers.G. v. 6. Juli 1884 § 46, Invalidenvers.G. v. 13. (19.) Juli 1899 § 56, G. v. 29. Juli 1890 § 61, auch nicht das landesgesetzliche Verfahren vor staatlichen Schiedsmännern zum Vergleich von Rechtsstreitigkeiten, Preuß. Schiedsm.O. v. 29. März 1879. [4]) Vereinbarungen der Parteien untereinander: compromissum; Vereinbarung der Parteien mit dem Dritten, der Richter sein soll: receptum arbitri. [5]) Die Einrede des Schiedsvertrags gehört zu den prozeßhindernden Einreden. § 274 Nr. 3. Durch die Bestellung eines Arbitrators wird die Anrufung des Gerichts nicht gehindert. Doch hat das Gericht das vom Arbitrator festgesetzte Verhältnis seiner Entscheidung zugrunde zu legen. Kohler in Gruch. 31 S. 305. RG. 2 S. 311, 20 S. 402. Die gerichtliche Arrestlegung ist im voraus vorgenommene Zwangsvollstreckung, wird also durch den Schiedsvertrag nicht ausgeschlossen. Dagegen unterliegt die Entscheidung der Streitforderung auch in diesem Falle dem Schiedsgericht, wobei § 926 zur entsprechenden Anwendung kommt. Kohler a. a. O. [6]) §§ 1025, 1040, 1042. [7]) § 1025. BGB. § 779. [8]) § 81.

3. Der **Gegenstand des Schiedsvertrags** muß bestimmt sein. Ein Schiedsvertrag kann also nur über bereits schwebende Rechtsstreitigkeiten, dagegen über künftige Rechtsstreitigkeiten nur soweit geschlossen werden, als sie sich auf ein bestimmtes Rechtsverhältnis beziehen.[9])

4. Die **Form des Schiedsvertrags** folgt dem bürgerlichen Rechte. Wenn dieses eine besondere Form nicht erfordert, genügt stillschweigende Vereinbarung.[10]) Ist ein mündlicher Schiedsvertrag gültig,[11]) so kann jede Partei auf ihre Kosten die Errichtung einer schriftlichen Urkunde über den Vertrag verlangen.[12]) Dies mit Rücksicht auf §§ 1037, 1041 gewährte Recht ist durch Klage und Zwangsvollstreckung[13]) verfolgbar.

II. **Schiedsrichter.** 1. Die **Wahlfähigkeit** ist unbeschränkt.[14]) Auch Frauen, Minderjährige, Taube, Stumme, Personen, denen die bürgerlichen Ehrenrechte aberkannt sind, des Lesens oder Schreibens Unkundige, Ausländer und juristische Personen sind nicht ausgeschlossen.[15]) Ob öffentliche Behörden das Schiedsrichteramt übernehmen dürfen, hängt von dem maßgebenden Verfassungsrecht ab.[16]) Eine Partei selbst darf nicht Schiedsrichter sein, denn der Richter muß über den Parteien stehen.[17]) Urteilsfähigkeit ist Voraussetzung, also die Unfähigkeit von Kindern und Geisteskranken selbstverständlich.

Eine **gesetzliche Verpflichtung** zur Übernahme des Schiedsrichteramts besteht nicht. Wenn jemand aber vertraglich die Fällung eines Schiedsspruchs übernommen hat, so kann jede Partei auf Fällung des Spruchs klagen.[18]) Die rechtlichen Folgen des Rücktritts bestimmen sich nach dem bürgerlichen Recht.

2. Die **Ernennung** unterliegt der freien Vereinbarung der Parteien, kann also auch einer Partei oder einem Dritten überlassen werden, nicht aber einer Behörde, da deren Wirkungskreis durch private Vereinbarung nicht erweitert werden kann.[19]) Fehlt eine Vereinbarung, so steht jeder Partei die Ernennung eines Schiedsrichters zu.[20]) In diesem Falle hat diejenige Partei, die einen Schiedsspruch herbeiführen will, den von ihr ernannten Schiedsrichter der anderen Partei schriftlich mit der Aufforderung zu bezeichnen, binnen einer einwöchigen Frist ein gleiches zu tun. Wenn nicht innerhalb der vom Empfange der Anzeige zu berechnenden Frist von der Gegenpartei die schriftliche Bezeichnung des von ihr ernannten Schiedsrichters der betreibenden Partei behändigt ist, so ist das Ernennungsrecht der Gegenpartei erloschen. Die betreibende Partei erlangt damit die Befugnis, denjenigen Schiedsrichter, dessen Ernennung der Gegenpartei zugestanden hatte, nunmehr von dem zuständigen Gericht ernennen zu lassen. Diese Ernennung erfolgt im Beschlußverfahren.[21]) Die einwöchige Frist kann durch Vereinbarung verlängert oder verkürzt

---

[9]) § 1026. [10]) RG. Gruch. 27 S. 1056. [11]) HGB. § 350. [12]) § 1027. [13]) § 888. [14]) RG. 26 S. 371; JW. 88 S. 330, 92 S. 96. [15]) M. S. 475. RG. 13 S. 407. (Ablehnung: unten 3.) [16]) Wegen des Reichsgerichts: Gesch.O. f. d. RG. §§ 2, 14. [17]) ROHG. 21 S. 84. RG. 55 S. 326. Strieth. 64 S. 55. [18]) RG. 59 S. 251. [19]) RG. 53 S. 3. [20]) § 1028. RG. 33 S. 267. [21]) § 1045.

werden. Die schriftliche Aufforderung und deren Beantwortung sind an keine Form gebunden (Brief). Der Beweis der Behändigung kann in jeder Art geführt werden. Doch bleibt Zustellung anzuraten. Ein Widerruf der Ernennung seitens einer Partei ist nur dann wirksam, wenn er vor der Ernennung oder doch gleichzeitig mit ihr bei dem Gegner eintrifft.[22])

Verträge, nach denen die Schiedsrichter von den Parteien gemeinsam zu ernennen sind, sind wirksam. Ein solcher Vertrag wird erst hinfällig, wenn sich die Kontrahenten über den Schiedsrichter nicht einigen können.[23]) Der Klageweg ist also erst eröffnet, wenn die klagende Partei einen nach ihrer Meinung geeigneten Schiedsrichter in Vorschlag gebracht hat und dieser abgelehnt ist.

3. Ablehnung eines Schiedsrichters. a) Sie kann erfolgen: α) aus denselben Gründen und unter denselben Voraussetzungen, die zur Ablehnung eines Staatsrichters berechtigen.[24]) Hat diejenige Partei, die den Schiedsrichter ernannt hat, den Ablehnungsgrund zur Zeit der Ernennung gekannt, so enthält die Ernennung einen an sich zulässigen Verzicht[25]) auf das Ablehnungsrecht;[26]) β) wenn ein nicht in dem Schiedsvertrag ernannter Schiedsrichter die Erfüllung seiner Pflichten ungebührlich verzögert.[27]) Ob eine ungebührliche Verzögerung vorliegt, ist nach den Umständen zu ermessen. Verzögerungen seitens der im Schiedsvertrag ernannten Richter haben die Aufhebung des Schiedsvertrags zur Folge;[28]) γ) gegen Frauen, Minderjährige, Taube, Stumme und Personen, denen die bürgerlichen Ehrenrechte aberkannt sind.[29])

b) Ablehnungsverfahren. Beim Mangel einer gütlichen Regelung kann über den Ablehnungsgrund nur von dem zuständigen Gericht entschieden werden.[30]) Die Entscheidung ergeht auf Grund eines selbständigen Antrags im Beschlußverfahren.[31]) Ist der Schiedsspruch unter Mitwirkung des abgelehnten Schiedsrichters erlassen, so kann die ablehnende Partei sich der Aufhebungsklage[32]) bedienen, auch der Klage des Gegners auf Erlaß des Vollstreckungsurteils[33]) die Einrede der Unzulässigkeit entgegensetzen.

III. Erlöschen des Schiedsvertrags. Der Schiedsvertrag kann zwar nicht durch einseitigen Widerruf — es müßte denn ein solcher vorbehalten sein — wohl aber durch beiderseitigen Gegenvertrag aufgehoben werden. Auch haben die Parteien es in der Hand, den Schiedsvertrag dadurch außer Kraft zu setzen, daß sie, ohne auf die Schiedsklausel sich zu berufen, den Rechtsweg beschreiten. Abgesehen hiervon, tritt der Schiedsvertrag, sofern nicht für den betreffenden Fall durch Vereinbarung der Parteien Vorsorge getroffen ist, außer Kraft:

1. Wenn in dem Schiedsvertrage bestimmte Schiedsrichter ernannt sind und einer von ihnen stirbt oder aus einem anderen Grunde wegfällt oder die Übernahme des Schiedsrichteramts — berechtigt oder nicht berechtigt — ablehnt oder von dem mit ihm geschlossenen Vertrage zurück-

---

[22]) § 1030. [23]) RG. 33 S. 266. [24]) §§ 1032 Abs. 1, 41—44. [25]) RG. 53 S. 389. [26]) RG. JW. 96 S. 283. [27]) § 1032 Abs. 2. [28]) § 1033. [29]) § 1032 Abs. 3. [30]) RG. 13 S. 351. [31]) § 1045. [32]) § 1041. [33]) § 1042.

tritt oder die Erfüllung seiner Pflichten ungebührlich verzögert.[34]) Als Rücktritt muß auch die Weigerung, den Schiedsspruch zu unterzeichnen, aufgefaßt werden.[35])

2. Wenn die Schiedsrichter den Parteien anzeigen, daß unter ihnen die erforderliche Stimmenmehrheit nicht erreicht sei.[36]) Sofern der Schiedsvertrag nicht ein anderes bestimmt, ist die absolute Mehrheit der Stimmen entscheidend.[37]) Meinungsverschiedenheiten über die Höhe einer zuerkannten Summe sind gemäß GVG. § 198 Abs. 2 auszugleichen. Die Erwählung eines Obmanns ohne Ermächtigung der Partei ist ausgeschlossen.[38])

Tod, rechtliche Unfähigkeit und Konkurs einer Partei heben den Schiedsvertrag nicht auf.[39]) Auch durch eine Rechtsnachfolge wird die Wirksamkeit des Schiedsvertrags nicht berührt. Anerkenntnis des streitigen Anspruchs erledigt den Schiedsvertrag nicht, verpflichtet aber das Schiedsgericht zur Berücksichtigung bei der Entscheidung.[40])

Der Streit über das Erlöschen ist durch gerichtliche Entscheidung zum Austrag zu bringen. Die Entscheidung ergeht im Beschlußverfahren.[41])

Wenn — im Gegensatze zu a — ein nicht im Schiedsvertrag, sondern von einem Dritten oder nachträglich von der Partei oder gerichtlich ernannter Schiedsrichter wegfällt, so bleibt der Schiedsvertrag bestehen; es ist nur ein anderer Schiedsrichter zu ernennen. Das Ernennungsrecht steht zu dem Dritten oder der Partei, die den Weggefallenen ernannt hat oder vor der Ergänzung durch richterlichen Beschluß hätte ernennen können.[42]) Die Ersatzernennung folgt den Regeln zu II.

IV. Verfahren. 1. Die Schiedsrichter sind weder an die Vorschriften des bürgerlichen Rechts noch an die des Prozeßrechts gebunden.[43]) Sie entscheiden nach Billigkeit und bestimmen das Verfahren nach ihrem Ermessen. Etwaige Vereinbarungen der Parteien über das anzuwendende bürgerliche oder Prozeßrecht sind Anweisungen für die Schiedsrichter, doch kann die Verletzung dieser Anweisungen nicht zur Aufhebung des Schiedsspruchs führen.

2. Beschränkt ist das Ermessen des Schiedsgerichts in drei Punkten:

a) Die Parteivertretung muß geprüft werden. Eine Partei, die in dem Verfahren nicht gehörig vertreten war, kann die Aufhebung des Schiedsspruchs beantragen, sofern sie nicht die Prozeßführung ausdrücklich oder stillschweigend genehmigt hat.[44])

b) Die Parteien sind zu hören.[45]) Eine kontradiktorische mündliche Verhandlung beider Parteien vor dem Schiedsrichter ist nicht vorgeschrieben. Es muß aber den Parteien Gelegenheit gegeben werden, dasjenige, was ihnen erforderlich scheint, schriftlich oder mündlich den Schiedsrichtern vorzutragen.[46]) Die Feststellung der Folgen unterbliebener Parteierklärungen unterliegt dem Ermessen des Schiedsgerichts.[47]) Die-

---

[34]) § 1033 Nr. 1. [35]) RG. 18 S. 369. [36]) § 1033 Nr. 2. [37]) § 1038. [38]) RG. JW. 92 S. 96. Gaupp-Stein § 1038 II. [39]) M. S. 475. [40]) RG. JW. 91 S. 272. [41]) § 1045. [42]) § 1031. [43]) RG. 27 S. 376. [44]) § 1041 Nr. 3. [45]) § 1034. [46]) RG. JW. 96 S. 174. [47]) RG. 23 S. 434, 29 S. 389; JW. 88 S. 404.

jenige Partei, die trotz Aufforderung vor den Schiedsrichtern nicht erscheint oder sich nicht erklärt, kann sich nicht beschweren, wenn die Schiedsrichter die Angaben der Gegenpartei für wahr angenommen haben.[48])

c) Der streitige Sachverhalt ist zu ermitteln. Darüber, ob tatsächliche Behauptungen der Parteien für wahr oder für nicht wahr zu erachten sind, entscheidet das Schiedsgericht nach freier Überzeugung. Die uneidliche Vernehmung von Zeugen und Sachverständigen, die freiwillig vor ihnen erscheinen, ist den Schiedsrichtern nicht versagt. Halten sie aber zur Ermittlung des Sachverhalts richterliche Handlungen, die auf staatlicher Zwangsgewalt beruhen, für erforderlich — wie die öffentliche Zustellung, die Zustellung im Auslande, die Vernehmung von Zeugen und Sachverständigen, die Abnahme von Parteieiden, die Einnahme des Augenscheins, die Einholung von Gutachten, die Vorlegung von Urkunden, die Schriftvergleichung —, so müssen sie sich auf eine hierauf gerichtete Erklärung beschränken. Sache der Parteien ist es, die Vornahme der für erforderlich erachteten richterlichen Handlungen bei dem zuständigen Gerichte zu beantragen. Das Gericht entscheidet im Beschlußverfahren.[49]) Erscheint der Antrag zulässig, so ist ein Beschluß dahin zu erlassen, daß die beantragten Beweisverhandlungen vorzunehmen seien, gegebenenfalls vor einem beauftragten oder ersuchten Richter. Der Beschluß ist von Amts wegen den Parteien zuzustellen, sofern er nicht ausnahmsweise in mündlicher Verhandlung verkündet ist. Hierauf hat das Gericht von Amts wegen die Erledigung des schiedsrichterlichen Beschlusses herbeizuführen und zwar mit den den Schiedsrichtern selbst versagten Zwangsbefugnissen gegen Zeugen und Sachverständige. Bei Abnahme eines Parteieides hat sich das Gericht auf die Feststellung der Leistung oder Nichtleistung des Eides zu beschränken.

Die bei Gericht geführten Akten verbleiben dem Gericht. Dieses hat den Parteien auf Antrag Ausfertigungen oder beglaubigte Abschriften der einzelnen Beweisverhandlungen mitzuteilen.

3. Wird Unzulässigkeit der schiedsrichterlichen Entscheidung eingewendet, so können die Schiedsrichter das Verfahren bis zur Entscheidung dieser Frage durch das zuständige Gericht aussetzen oder, wenn sie nach freiem Ermessen die Einrede für hinfällig halten, in der Sache selbst weiter verhandeln und entscheiden.[50]) Die Aussetzung ist durch Beschluß anzuordnen; die Fortsetzung kann ohne weiteres erfolgen.[51]) Der die Einrede der Unzulässigkeit verwerfende Ausspruch des Schiedsgerichts hat aber keine Entscheidungskraft. Der Partei bleibt unbenommen, die Unzulässigkeit durch besondere Klage[52]) oder in dem wegen Erteilung der Vollstreckungsklausel[53]) erhobenen Prozesse zu verfolgen.[54])

V. Schiedsspruch. Zum Zustandekommen des Schiedsspruchs bedarf es, sofern durch Vereinbarung der Parteien nichts Abweichendes festgesetzt ist, der absoluten[55]) Mehrheit der Stimmen.[56]) Wird diese Mehrheit nicht erreicht, so wird der Schiedsvertrag hinfällig. Der Schiedsspruch ist schriftlich abzufassen, mit Gründen zu versehen und

---

[48]) RG. Gruch. 31 S. 451. [49]) §§ 1036, 1045. [50]) § 1037. [51]) RG. 13 S. 349. JW. 91 S. 132, 92 S. 219. [52]) § 1046. [53]) § 1042. [54]) RG. 13 S. 350. [55]) GVG. § 198. [56]) § 1038.

unter Angabe des Tages der Abfassung von den sämtlichen Schiedsrichtern zu unterschreiben. Der Mangel einer Unterschrift macht den Schiedsspruch ungültig.[57] Je eine Ausfertigung, die gleichfalls die Unterschrift aller Richter tragen muß, ist den Parteien oder ihren bevollmächtigten Vertretern durch die Schiedsrichter — nicht im Parteibetriebe — zuzustellen.[58] Die Urschrift ist unter Beifügung der Zustellungsurkunden von den Schiedsrichtern schriftlich oder mündlich auf der Gerichtsschreiberei des zuständigen Gerichts[59] niederzulegen.[60] Eine Beteiligung aller Schiedsrichter an der Niederlegung ist nicht vorgeschrieben; es genügt, wenn die Niederlegung von einzelnen oder einem der Schiedsrichter erfolgt.[61]

Mit der Zustellung erlangt der Schiedsspruch unter den Parteien die Wirkungen eines rechtskräftigen gerichtlichen Urteils,[62] begründet also die Einrede der rechtskräftig entschiedenen Sache. Der vertragsmäßigen Vereinbarung des Rechtsmittels an eine höhere schiedsrichterliche Instanz steht nichts entgegen.[63] Die Anfechtung des Schiedsspruchs durch die Rechtsmittel der ZPO. oder durch die Nichtigkeitsklage des § 579 ist ausgeschlossen, eine darauf gerichtete Vereinbarung nichtig.[64] Die allein zulässigen Rechtsbehelfe sind die Aufhebungsklage und der Einwand gegen die Erlassung des Vollstreckungsurteils.

VI. Die Aufhebungsklage,[65] gerichtet auf Aufhebung des Schiedsspruchs, ist nicht befristet, unterliegt aber der allgemeinen Klageverjährung und folgt dem ordentlichen Verfahren vor dem zuständigen Gericht.[66] Statthaft ist sie nach § 1041 nur:

1. wenn das Verfahren unzulässig war, d. h. wenn entweder Unzulässigkeit des Verfahrens vorlag, oder wenn wesentliche, von den Parteien ausdrücklich vereinbarte Vorschriften des Verfahrens verletzt sind.[67] Besteht der Rechtsstreit aus mehreren trennbaren Punkten, so muß die Unzulässigkeit des Verfahrens bei jedem einzelnen Punkte dargelegt werden;[68]

2. wenn der Schiedsspruch eine Partei zu einer Handlung verurteilt, deren Vornahme verboten oder prozessualisch nicht erzwingbar ist;[69]

3. wenn die Partei nicht gesetzlich vertreten war, sofern sie nicht die Prozeßführung ausdrücklich oder stillschweigend genehmigt hat;

4. wenn der Partei das rechtliche Gehör nicht gewährt war;

5. wenn der Schiedsspruch nicht mit Gründen versehen ist;

6. wenn die Voraussetzungen vorliegen, unter denen in den Fällen des § 580 Nr. 1—6 die Restitutionsklage stattfindet.

Die beiden Aufhebungsgründe zu 4 und 5 können durch Vereinbarung oder einseitigen Verzicht[70] ausgeschlossen werden, nicht aber die übrigen Aufhebungsgründe.[71]

Durch das Vollstreckungsurteil[72] werden die Gründe zur Auf-

---

[57] RG. JW. 87 S. 207. [58] RG. 5 S. 397, 13 S. 431; JW. 89 S. 84. [59] Unten VIII. [60] §§ 1038, 1039. RG. 51 S. 406. [61] RG. JW. 87 S. 207. [62] § 1040. [63] RG. 17 S. 435, 29 S. 390. [64] RG. JW. 94 S. 56. [65] § 1041. [66] Unten VIII. [67] RG. 24 S. 397, 404. [68] RG. 8 S. 377; JW. 92 S. 273. [69] RG. 26 S. 376; JW. 86 S. 113. [70] RG. JW. 96 S. 337. [71] § 1041 Abs. 2. ROHG. 9 S. 178. [72] Unten VII.

hebung des Schiedsspruchs beseitigt. Eine Ausnahme ist gemacht zugunsten des Aufhebungsgrundes zu 6. Wegen dieses kann die Aufhebungsklage auch nach Erlaß des Vollstreckungsurteils erhoben werden, aber a) nur dann, wenn glaubhaft gemacht wird, daß die Partei ohne ihr Verschulden außerstande gewesen sei, den Aufhebungsgrund in dem früheren Verfahren geltend zu machen; b) nur binnen einer Notfrist von 1 Monat (berechnet von dem Tage, an dem die Partei von dem Aufhebungsgrunde Kenntnis erhalten hat, jedoch nicht vor eingetretener Rechtskraft des Vollstreckungsurteils) und niemals nach Ablauf der vom Tage der Rechtskraft des Urteils laufenden zehnjährigen Verjährungsfrist. Wird der Schiedsspruch aufgehoben, so ist zugleich die Aufhebung des Vollstreckungsurteils von Amts wegen auszusprechen.[73])

VII. **Vollstreckungsurteil.**[74]) 1. **Die Zwangsvollstreckung findet** aus dem Schiedsspruch nur statt, wenn **ihre Zulässigkeit durch ein Vollstreckungsurteil ausgesprochen ist.**[75]) Ob der Abschluß des Schiedsvertrags und der Schiedsspruch im In- oder Auslande erfolgt sind, desgleichen, welcher Nationalität die Parteien und die Schiedsrichter angehört haben, macht keinen Unterschied.[76]) Auch wenn der Schiedsspruch in der Hauptsache erfüllt ist, muß gleichwohl wegen der Entscheidung über den Kostenpunkt ein Vollstreckungsurteil vor der Zwangsvollstreckung erlassen werden.[77])

2. **Auf Erlaß des Vollstreckungsurteils ist zu klagen.** Die Klage hat das Vorhandensein eines formgerechten Schiedsspruchs zur Voraussetzung. Dies Erfordernis ist vom Gericht von Amts wegen zu prüfen.[78]) Der Klageantrag ist dahin zu richten: „Die Zwangsvollstreckung aus dem Schiedsspruch für zulässig zu erklären.“ Das Verfahren findet statt vor dem zuständigen Gericht[79]) und ist das des ordentlichen Prozesses. Die Vollstreckbarkeit des Vollstreckungsurteils tritt ein, wenn es rechtskräftig geworden oder für vorläufig vollstreckbar erklärt ist.[80])

Über die Pflicht zur Tragung der **Kosten des schiedsrichterlichen Verfahrens** und die Höhe der Kosten ist im Schiedsspruch zu entscheiden. Ist es nicht im Schiedsspruch geschehen, so hat das Schiedsgericht die Kosten nachträglich festzusetzen.[81]) Wird die Zwangsvollstreckung wegen dieser Kosten begehrt, so ist die Erwirkung des Vollstreckungsurteils unerläßlich.[82])

3. **Das Vollstreckungsurteil ist nicht zu erlassen,** wenn einer der sechs Aufhebungsgründe aus VI vorliegt. Die Gründe müssen, um Berücksichtigung zu finden, eingewendet werden, u. z. die sämtlichen Gründe in demselben Verfahren. Von Amts wegen zu berücksichtigen sind nur die Aufhebungsgründe zu VI 1 und 2, weil sie das öffentliche Interesse berühren.[83]) Statthaft erscheinen auch die Einreden aus einer nach Erlaß des Schiedsspruchs eingetretenen Rechtsnachfolge des Klägers oder

---

[73]) §§ 1043, 1044. [74]) § 1042. [75]) RG. 16 S. 420; JW. 95 S. 225. [76]) RG. 5 S. 397, 30 S. 370; JW. 89 S. 170. [77]) RG. Gruch. 30 S. 1189. [78]) RG. 5 S. 400, 30 S. 369; JW. 89 S. 170. [79]) Unten VIII. [80]) § 704. [81]) RG. 59 S. 150. [82]) RG. 19 S. 406; Gruch. 30 S. 1189. [83]) RG. Gruch. 30 S. 1191.

des Beklagten, sowie Einwendungen des Verurteilten gegen den Anspruch selbst nach § 767, z. B. die Einrede der Tilgung des rechtskräftigen Anspruchs.[84]) Für eine Nachprüfung des Schiedsspruchs selbst bietet das Vollstreckungsurteil keinen Raum.[85])

VIII. Das zuständige Gericht. Die gerichtlichen Entscheidungen über die Ernennung oder Ablehnung eines Schiedsrichters, über das Erlöschen eines Schiedsvertrags oder über die Anordnung der von den Schiedsrichtern für erforderlich erachteten richterlichen Handlungen, können ohne vorgängige mündliche Verhandlung, aber nur nach Anhörung des Gegners erlassen werden. Sie ergehen durch Beschluß, gegen den sofortige Beschwerde stattfindet.

Zuständig für diese Entscheidungen und für die Klagen, welche die Unzulässigkeit des schiedsrichterlichen Verfahrens, die Aufhebung eines Schiedsspruchs oder die Erlassung des Vollstreckungsurteils zum Gegenstande haben, ist

1. dasjenige Amtsgericht oder Landgericht, das in dem schriftlichen Schiedsvertrage oder in einer Nachtragsurkunde zu ihm von den Parteien bezeichnet worden ist. Die Parteien sind in ihrer Wahlfreiheit nicht beschränkt und an die gesetzlichen Bestimmungen hinsichtlich des Gerichtsstandes weder sachlich noch örtlich gebunden. Auch dem ausschließlichen Gerichtsstand gegenüber besteht dieses Wahlrecht in voller Kraft;

2. in Ermangelung der zu 1 erwähnten Bezeichnung das Amtsgericht oder Landgericht, das für die gerichtliche Geltendmachung des dem Schiedsspruch unterstellten Anspruchs, ohne Rücksicht auf inzwischen eingetretene Minderungen,[86]) gesetzlich zuständig sein würde.[87])

Unter mehreren hiernach zuständigen Gerichten ist und bleibt dasjenige zuständig, an das sich zuerst eine Partei oder das Schiedsgericht[88]) gewendet hat. Prorogation auf ein anderes Gericht ist nicht untersagt.

---

[84]) RG. 1 S. 425, 4 S. 415, 9 S. 368. Seuff. 60 Nr. 251. [85]) Wegen der Zulässigkeit der Aufhebungsklage nach Erlaß des Vollstreckungsurteils: oben unter VI. [86]) RG. 30 S. 355; Gruch. 37 S. 763. [87]) § 1046. [88]) § 1047.

Zweiter Abschnitt.

Beispiele.

---

1. Erhebung einer Klage zu Protokoll des Gerichtsschreibers des Amtsgerichts.

Gerichtsschreiberei des Königlichen Amtsgerichts, Abt. 3.

[1] Anlage[n] [1])

Der Termin zur mündlichen Verhandlung wird auf den . . . Vormittags — Angabe des Gerichtslokals — bestimmt.

X., den . . .

Königliches Amtsgericht, Abt. 3.
H.

X., den . . . . .

[Dienstlohnklage]

Es erschien der Tagelöhner A. zu B. und brachte gegen den Ackersmann C. zu D. folgende Klage an:

Ich habe bei dem Beklagten in der Zeit vom 1. bis 13. August täglich mit Ausnahme der beiden in diese Zeit fallenden Sonntage landwirtschaftliche Arbeiten für einen verabredeten Tagelohn von 2 Mk. verrichtet.

Beweismittel: Zeugnis des Tagelöhners E. in B., evtl. Eideszuschiebung.

[Kaufklage]

Es erschien der Kaufmann A. in B. und brachte gegen den Tischler C. in B. folgende Klage an:

Dem Beklagten verkaufte ich die in der hiermit überreichten Rechnung verzeichneten Waren zu den angegebenen Zeiten und vereinbarten, evtl. angemessenen in der Rechnung vermerkten Preisen.

Beweismittel: Eideszuschiebung.

[Für beide Fälle:]

Da ich trotz erfolgter Mahnung bisher Zahlung nicht erhalten habe, beantrage ich, den Beklagten zur Zahlung von 22 Mk. nebst 4 % Zinsen vom Tage der Zustellung der Klage zu verurteilen und das Urteil für vorläufig vollstreckbar zu erklären.

Ich beantrage einen Termin zur mündlichen Verhandlung anzuberaumen.

Vorgelesen, genehmigt, unterschrieben.

A.

F. Gerichtsschreiber.

---

[1]) Eine Anlage befindet sich nur bei der Kaufklage.

2. Zustellung der Klage im Auslande.[1])

a) Zustellung durch Ersuchen der Gerichtsbehörde. Rechtsanwalt A. überreicht dem Landgericht B. eine gegen den Bergmann Stanislaus Z. zu Czelladz in Russisch-Polen gerichtete Klage — und zwar Urschrift, einfache Abschrift für das Gericht und beglaubigte Abschrift für den Beklagten — mit dem Antrag, die Zustellung durch Ersuchen der zuständigen Behörde des Auslands zu bewirken. Der Vorsitzende schreibt auf die Urschrift:

1. Verhandlungstermin den usw.

2. Die Einlassungsfrist wird auf einen Monat bestimmt.

Hierauf erläßt er auf der für das Gericht bestimmten Abschrift oder auf einem besonderen Blatte, jedenfalls nicht auf der Urschrift, die an den Rechtsanwalt A. zurückgeht, folgende Verfügung:

1. An das Kaiserlich russische Bezirksgericht zu Petrikau.

In der bei dem Königl. Landgericht hier anhängigen Prozeßsache des Kaufmanns August K. in M. wider den Bergmann Stanislaus Z. zu Czelladz in Russisch-Polen — Aktenzeichen — ersuchen das usw. wir ergebenst, anliegende beglaubigte Abschrift der Klage, versehen mit der Terminsbestimmung zum usw., dem Beklagten, Bergmann Stanislaus Z. zu Czelladz in Russisch-Polen zuzustellen und uns ein schriftliches Zeugnis darüber, daß die Zustellung durch den zuständigen Beamten erfolgt ist, gefälligst zu übersenden.

Sollte das usw. zur Erledigung dieses Ersuchens nicht zuständig sein, so bitten wir, es an die zuständige Gerichtsbehörde gelangen zu lassen.

2. An den Herrn Rechtsanwalt A. hier.

In der Prozeßsache usw. werden Sie hierdurch benachrichtigt, daß das Kaiserlich russische Bezirksgericht zu Petrikau heute um Zustellung der beglaubigten Abschrift der Klage an den Bekl. Bergmann Stanislaus Z. zu Czelladz ersucht ist.

3. Die äußere Adresse des Schreibens zu 1 ist mit lateinischen Buchstaben zu schreiben.

B., den usw. Königl. Landgericht, II. Zivilkammer. Der Vorsitzende.

b) Zustellung durch Ersuchen des Konsulats.

An das Kaiserlich Deutsche Generalkonsulat in Chicago (Nord-Amerika).

KLG. usw. Zivilkammer. A. den usw.

In Sachen usw. (volles Rubrum), O. usw. übersenden wir dem usw. in der Anlage eine Ladungsschrift des Rechtsanwalts B. in Urschrift und in zwei beglaubigten Abschriften mit dem Ersuchen ergebenst, die Zustellung an 1. den B. in usw., 2. den C. usw. ebenda, bewirken zu lassen und die auf die Urschrift der Ladungsschrift zu setzende Bescheinigung über die erfolgte Zustellung hierher mitzuteilen. Zur Deckung der Kosten ist ein Auslagenvorschuß erfordert.

Der Vorsitzende.

3. Öffentliche Zustellung der Klage.

Der zurzeit verschollene Fabrikarbeiter A., der in der Stadt B. seinen letzten Wohnsitz gehabt hat, verschuldet dem Kaufmann C. daselbst eine Kaufgeldforderung von 350 Mk. C. erhebt durch den Rechtsanwalt D. wegen dieser Forderung gegen

[1]) Pr.JMB. vom 20. Mai 1887 (JMBl. S. 139).

A. Klage bei dem Landgericht zu B. D. überreicht dem Landgericht die Klage — Urschrift, einfache Abschrift für das Gericht und beglaubigte Abschrift zur Zustellung — sowie ein Attest der Stadt-Polizeiverwaltung zu B., worin bescheinigt wird, daß A. daselbst bis zum usw. seinen Wohnsitz gehabt, daß er in der angegebenen Zeit die Stadt verlassen habe — angeblich um sich einer Expedition nach Kamerun anzuschließen — und daß seitdem sein Aufenthalt unbekannt sei, mit dem Antrag auf Zustellung der Klage durch öffentliche Bekanntmachung.

Der Vorsitzende der Zivilkammer vermerkt auf der Urschrift der Klage den — auf etwa 3 Monate hinauszuschiebenden — Termin zur mündlichen Verhandlung und erwirkt einen Beschluß der Kammer über die Bewilligung der öffentlichen Zustellung. Der auf den Antrag des Rechtsanwalts D. auf die für das Gericht bestimmte Abschrift der Klage zu setzende Beschluß kann dahin gefaßt werden:

In Sachen usw. wird die öffentliche Zustellung an den Bekl., Fabrikarbeiter A., dessen Aufenthalt unbekannt ist, bewilligt.

B., den usw. Königl. Landgericht, II. Zivilkammer.

Auf Grund dieses Beschlusses hat der Gerichtsschreiber von Amts wegen die öffentliche Zustellung zu besorgen.

Zu diesem Zwecke setzt er auf die beglaubigte Abschrift der Klage beglaubigte Abschrift der Terminsbestimmung sowie des Beschlusses und heftet sodann die Abschrift an die Gerichtstafel. Dort bleibt sie ausgehängt bis zum Terminstag. Die Tage der Anheftung und der Abnahme sind vom Gerichtsschreiber auf der Abschrift selbst zu bescheinigen.

Ferner erläßt der Gerichtsschreiber die folgende Verfügung:

1. Öffentliche Zustellung.

Der Kaufmann C., hierselbst, Prozeßbevollmächtigter Rechtsanwalt D., hier, klagt gegen den Fabrikarbeiter A., früher hier wohnhaft, jetzt unbekannten Aufenthalts, wegen Kaufgeldforderung mit dem Antrag,

den Bekl. zur Zahlung von 350 Mark nebst 4% Zinsen seit usw. zu verurteilen,

und ladet den Bekl. zur mündlichen Verhandlung des Rechtsstreits vor die zweite Zivilkammer des Königl. Landgerichts in B.

auf den (Terminstag und Stunde)

mit der Aufforderung, einen bei dem bezeichneten Gerichte zugelassenen Anwalt zu bestellen.

Zum Zwecke der öffentlichen Zustellung wird dieser Auszug der Klage bekannt gemacht.

B., den usw. N. N.

Gerichtsschreiber des Königl. Landgerichts.

2. An den Herrn Rechtsanwalt D. hier.

In usw. erhalten Sie anliegend eine Ausfertigung des Beschlusses vom usw. betreffend die Bewilligung der öffentlichen Zustellung an den Beklagten.

3. An die Expedition des Deutschen Reichs- und Königl. Preußischen Staatsanzeigers in Berlin.

In usw. wird die usw. ergebenst um gefällige einmalige Einrückung der anliegenden Urkunde ersucht.

4. An die Königl. Amtsblatts-Expedition in B.

In usw. wird die usw. um gefällige zweimalige Einrückung der anliegenden

Urkunde und zwar von Woche zu Woche, sowie um Zusendung der betreffenden Belagsblätter ergebenst ersucht.

B., den usw. N. N.

Gerichtsschreiber des Königl. Landgerichts.

Wird die öffentliche Zustellung in der Berufungsinstanz bewilligt, so kann der Beschluß dahin gefaßt werden: In Sachen des usw., Klägers und Berufungsklägers, Prozeßbevollmächtigter RA. usw., gegen den usw., früher in usw. wohnhaft gewesen usw., jetzt unbekannten Aufenthalts, wegen Darlehnsforderung von 2100 Mk. nebst 4% Zinsen seit usw. wird auf den Antrag des Klägers die öffentliche Zustellung des die Einlegung der Berufung gegen das Urteil der usw. Zivilkammer des Königl. Landgerichts in usw. enthaltenden Schriftsatzes an den Bekl. bewilligt.

S., den usw. Königl. Oberlandesgericht, usw. Zivilsenat.

4. Nebenintervention. (§§ 66, 246 ZPO.)

A. hat beim Landgericht durch den RA. B. gegen C. eine Forderung eingeklagt. Nach dem Tode des A. ist auf Antrag des RA. B. das Verfahren ausgesetzt. D., ein Gläubiger des A., hat wegen seiner Forderung die eingeklagte Forderung gepfändet und sich zur Einziehung überweisen lassen. Er hat darauf, gleichfalls durch den RA. B., in einem den Erben des Klägers und dem Bekl. zugestellten Schriftsatz erklärt, daß er den Erben des Klägers als Nebenintervenient beitrete, das Verfahren aufgenommen und beide Parteien zur mündlichen Verhandlung geladen. Im Termin sind die Erben des Klägers nicht vertreten gewesen. Der Bekl. hat beantragt, die Nebenintervention als unzulässig zurückzuweisen, da die Aufnahme des Verfahrens nur der Hauptpartei zustehe und der die Beitrittserklärung und Ladung enthaltende Schriftsatz nicht ordnungsmäßig zugestellt sei, weil durch den Tod des A. die von diesem dem RA. B. erteilte Vollmacht nicht aufgehoben sei, die Zustellung also an B. habe erfolgen müssen, dieser aber sich nicht selbst habe zustellen können. Das Landgericht erkennt durch Zwischenurteil:

Die Nebenintervention des D. wird zugelassen.

Die Kosten des Zwischenstreits werden dem Bekl. auferlegt.

Entscheidungsgründe.

Die Vorschrift des § 265 Abs. 2 ZPO. ist auf den Fall der Abtretung einer rechtshängigen Forderung nicht beschränkt, sondern findet auch bei einer im Wege der Zwangsvollstreckung erfolgten Überweisung zur Einziehung Anwendung.[1]) Danach ist der Gläubiger des Klägers berechtigt, neben diesem als Nebenintervenient an dem Prozesse teilzunehmen. Er kann also nach § 67 ZPO. alle Prozeßhandlungen wirksam vornehmen, soweit nicht seine Erklärungen und Handlungen mit Erklärungen und Handlungen des Klägers im Widerspruch stehen. Daraus ergibt sich auch seine Befugnis, das ausgesetzte Prozeßverfahren aufzunehmen. Dem steht nicht entgegen, daß der Kläger als Hauptpartei die Aufnahme des Verfahrens unterlassen hat, denn mit Unterlassungen der Hauptpartei in Widerspruch zu treten, ist dem Nebenintervenienten nicht versagt.

Die Rüge, daß der die Beitrittserklärung und Ladung enthaltende Schriftsatz des Nebenintervenienten nicht ordnungsmäßig zugestellt sei, ist nicht begründet.

---

[1]) RG. 20 S. 420.

Nach § 70 ZPO. erfolgt der Beitritt eines Nebenintervenienten durch Zustellung eines Schriftsatzes. Da es sich hier um Aufnahme des ausgesetzten Verfahrens handelt, sind die dafür bestehenden Vorschriften anwendbar. Nach § 246 Abs. 2 ZPO. richtet sich die Aufnahme des Verfahrens nach den Vorschriften der §§ 239, 241—243 ZPO. Nach § 239 Abs. 3 ist im Falle des Todes einer Partei der die Ladung enthaltende Schriftsatz den Rechtsnachfolgern selbst zuzustellen. Diese für den Fall der Ladung durch den Prozeßgegner gegebenen Vorschriften finden auch hier, wo der Nebenintervenient die Hauptpartei, der er beitritt, ladet, Anwendung. Nach § 86 ZPO. wird durch den Tod des Vollmachtgebers die Vollmacht nicht aufgehoben. Ist nun auch im § 246 Abs. 2 ZPO. bestimmt, daß im Falle des Todes der die Ladung enthaltende Schriftsatz dem Bevollmächtigten zugestellt werden muß, ist hier auch der Bevollmächtigte des verstorbenen Klägers derselbe Anwalt, der als Bevollmächtigter des Intervenienten geladen hat, so kann daraus ein Bedenken gegen eine ordnungsmäßige Zustellung der Ladung nicht hergeleitet werden, weil der Bevollmächtigte des verstorbenen Klägers jedenfalls von der Ladung Kenntnis hatte, was durch die Zustellung bewirkt werden sollte. Den Erben des Klägers ist die Ladung unstreitig zugestellt. Hiernach war die Nebenintervention zuzulassen. Die Entscheidung über die Kosten beruht auf den §§ 101, 91 ZPO.

5. Streitverkündung aus §§ 72, 73 ZPO.

Streitverkündung in dem Rechtsstreit des Arbeiters K. zu B., vertreten durch den Rechtsanwalt K., gegen den Bauunternehmer Daniel O. in R., vertreten durch den Rechtsanwalt S. (Aktenzeichen)

und zwar von seiten des Beklagten

an den Hausbesitzer B. in B.

Kläger hat einen Anspruch auf Gewährung von Alimenten aus Anlaß seiner bei dem Abbruch der sog. „alten Post“ vorgekommenen Beschädigung gegen den Bekl. geltend gemacht. Dieser hat sein Verschulden an dem Unglücksfall in Abrede gestellt und Abweisung der Klage verlangt. Sollte er indessen verurteilt werden, so würde er sich wegen Ersatzes der Hälfte der von ihm an den Kläger zu zahlenden Alimente an den Streitverkündeten halten, weil ausweislich des zwischen dem Postfiskus einerseits und dem Beklagten sowie dem Streitverkündeten andererseits über den Abbruch der „alten Post“ vereinbarten Vertrages vom usw. das vereinbarte Geschäft für gemeinschaftliche Rechnung abgeschlossen und ausgeführt, B. mithin auch mit der Hälfte an allen Unkosten beteiligt und diese zu tragen verpflichtet ist.

In der Sache selbst ist zur Beweisaufnahme durch Vorlegung der Untersuchungsakten wider O. und Gen. des hiesigen Landgerichts und zur weiteren mündlichen Verhandlung ein Termin vor der II. Zivilkammer des hiesigen Landgerichts auf den (Terminstag und Stunde) anberaumt.

B., den usw. S., Rechtsanwalt.

Der Streitverkündete reicht folgenden vorbereitenden Schriftsatz zu den Akten:

Zu der Prozeßsache K. w. O. (Aktenzeichen.)

Streitverkündeter tritt im gegenwärtigen Verfahren dem Beklagten als Nebenintervenient bei und schließt sich allen Anführungen desselben an, ohne jedoch den angekündigten Regreßanspruch anzuerkennen.

Es wird beantragt werden:

den Kläger mit seiner Klage abzuweisen und ihm die Kosten des Rechtsstreits, insbesondere auch diejenigen der Streitverkündung aufzuerlegen.

B., den usw. M., Justizrat.

6. Streitverkündung aus § 75 ZPO.

A. verschuldet dem B. eine Hypothekenforderung von 1000 Mk. B. tritt diese Forderung an C. ab, ohne ihm den Hypothekenbrief zu übergeben. Später läßt sich D. wegen einer gegen B. erstrittenen Forderung diese Hypothek im Wege der Zwangsvollstreckung an Zahlungs Statt überweisen, erwirkt auch die Herausgabe des Hypothekenbriefs.

C. wird auf Grund der Zession gegen A. auf Zahlung klagbar. A. läßt dem D. folgenden Schriftsatz zustellen:

Streitverkündung des A. an den D. in Sachen C. wider A. (Aktenzeichen.)

Kläger hat auf Grund der Abtretungsurkunde vom usw. gegen den Beklagten wegen der auf dessen Grundstück usw. in Abt. III Nr. usw. für den usw. B. eingetragenen Hypothekenforderung von 1000 Mk. nebst 4% Zinsen seit usw. Klage erhoben. In der Sache steht am usw. vor dem Königl. Landgericht zu usw. Verhandlungstermin an. Die eingeklagte Forderung ist nach der Abtretung vom usw., nämlich am usw. dem D. wegen seiner gegen B. erstrittenen Forderung im Wege der Zwangsvollstreckung an Zahlungs Statt überwiesen, dem D. auch der betreffende Hypothekenbrief herausgegeben.

Namens des Beklagten A. verkünde ich deshalb dem D. den Streit.

B., den usw. E., Rechtsanwalt.

Will D. die eingeklagte Hypothekenforderung für sich in Anspruch nehmen, so überreicht er zu den Akten folgenden Schriftsatz zur Terminsbestimmung:

Eintritt in den Streit seitens des usw. D. als Intervenienten in Sachen C. wider A. (Aktenzeichen.)

Intervenient, dem der Beklagte den Streit verkündet hat, nimmt die eingeklagte Forderung von 1000 Mk. für sich in Anspruch, da sie ihm laut Urkunde vom usw. im Wege der Zwangsvollstreckung an Zahlungs Statt überwiesen ist. Diese Überweisung geht der — obwohl älteren — Abtretung an den Kläger um deswillen vor, weil der Hypothekenbrief dem Intervenienten, nicht aber dem Kläger ausgeantwortet ist. Namens des Intervenienten trete ich in den Streit ein, lade die Parteien zur mündlichen Verhandlung des Rechtsstreits vor das Königl. Landgericht zu B. und werde beantragen:

den Beklagten zur Zahlung von 1000 Mk. nebst 4% Zinsen seit usw. an D. zu verurteilen.

B., den usw. F., Rechtsanwalt.

Der Vorsitzende bestimmt denselben Termin wie in der Hauptsache und Rechtsanwalt F. läßt nunmehr den Schriftsatz beiden Teilen zustellen.

Will nun der Beklagte A. aus der Sache herauskommen, so muß er den Betrag der Forderung gerichtlich hinterlegen und kann dann in der mündlichen Verhandlung den Antrag stellen, ihn aus dem Rechtsstreit zu entlassen. Ist der Kläger mit der Entlassung einverstanden, so ist ein Urteil hierüber nicht erforderlich. Widerspricht Kläger der Entlassung, so wird darüber durch Endurteil entschieden. Hat dieses die Rechtskraft beschritten, so wird der Streit zwischen C. und D. fortgesetzt u. z. darüber, welchem von beiden der hinterlegte Betrag zuzusprechen sei.

7. Streitverkündung aus § 76 ZPO.

a) Ein dem Grundbesitzer A. entlaufenes Pferd wird von B. auf dessen Feldmark, wo es Schaden verursacht hat, gepfändet. B. übergibt das Pferd zur Aufbewahrung und Fütterung dem C. A. klagt gegen C. auf Herausgabe des Pferdes. C. überreicht folgenden Schriftsatz zur Terminsbestimmung:

Streitverkündung und Ladung des usw. C. in usw. wider den usw. B in usw. in Sachen A. wider C. (Aktenzeichen.)

Dasjenige Pferd, auf dessen Herausgabe C. von A. verklagt ist, besitzt C. nur im Namen des B. Dieser hat das auf seiner Feldmark frei umherlaufende Pferd, nachdem es daselbst einen beträchtlichen Schaden verursacht hatte, gepfändet und mangels eigener Stallung dem C. zur Aufbewahrung, Wartung und Fütterung übergeben. Deshalb verkünde ich namens des Beklagten C. dem B. den Streit und lade ihn zur Erklärung zu dem anzusetzenden Termin vor das Königl. Landgericht in B. mit der Aufforderung, einen bei diesem Gerichte zugelassenen Rechtsanwalt zu bestellen.

B., den usw. D., Rechtsanwalt.

Auf diesen Schriftsatz beraumt der Vorsitzende Termin auf denselben Tag an, an dem in der Hauptsache Termin ansteht.

Darauf wird von C. dieser Schriftsatz dem B. und dem Vertreter des Klägers der folgende Schriftsatz zugestellt:

In Sachen A. wider C. (Aktenzeichen) hat der Beklagte, der das eingeklagte Pferd im Namen des B. besitzt, diesen auf den usw. laden lassen. Beglaubigte Abschrift der Ladungsschrift liegt bei. — Beklagter wird einstweilen die Verhandlung zur Hauptsache verweigern.

B., den usw. D., Rechtsanwalt.

Wenn im Verhandlungstermin ein Prozeßbevollmächtiger des B. sich nicht meldet oder wenn er bestreitet, daß C. im Namen des B. besitze, so kann C. ohne weiteres das Pferd herausgeben, ohne daß B. in dem Regreßprozesse gegen C. die Herausgabe rügen kann. C. kann aber auch den Prozeß fortsetzen und hat, wenn er unterliegt, die Kosten des Rechtsstreits zu tragen. — Gibt der Prozeßbevollmächtigte des B. zu, daß C. für B. besitze, tritt aber nicht für B. in den Prozeß ein, so bleibt C. Beklagter. Wird dagegen unter Zustimmung des A. und C. der Prozeß von B. übernommen, so ist C. durch Endurteil von der Klage zu entbinden. Er scheidet dann als Partei aus. Der Prozeß wird zwischen A. und B. weitergeführt.

b) A. hat seinen Garten bis zum 1. Mai an B., von da ab an C. verpachtet. B. hat bei der am 1. Mai erfolgten Räumung des Gartens darin eine Menge Ziersträucher zurückgelassen. Diese will er nach dem 1. Mai fortnehmen. C., der inzwischen den Garten in Besitz genommen hat, untersagt die Fortnahme mit der Erklärung, A. habe ihn angewiesen, die Sträucher nicht herauszugeben, da er wegen eines rückständigen Pachtzinses von 500 Mk. sein Pfandrecht an den Sträuchern geltend mache. B. hat gegen C. mit dem Antrage, die Fortnahme der Ziersträucher zu gestatten, Klage erhoben. C. hat dem A. mit der Aufforderung, an Stelle des C. den Prozeß zu übernehmen, den Streit verkündet. Im Verhandlungstermin erkennt A. an, daß C. den Garten und die darin stehenden Sträucher nur in seinem Namen besitze, und erklärt, daß er an Stelle des C. den Prozeß übernehmen wolle. B. und C. haben hierzu ihre Zustimmung erteilt, C. mit dem Antrage, ihn von der Klage zu entbinden.

Das Landgericht erkennt in Sachen B. wider C.:

A. ist berechtigt, an Stelle des Bekl. C. den Rechtsstreit zu übernehmen.

Der Beklagte C. wird von der Klage entbunden.

Die Kosten dieses Verfahrens werden dem Kläger auferlegt.

Das weitere Verfahren setzt sich fort zwischen B. als Kläger gegen A. als Bekl. C. kommt für den ferneren Rechtsstreit nicht mehr in Betracht.

8. Berichtigung eines Beweisbeschlusses.

Es ist ein Beweisbeschluß dahin erlassen: durch Vernehmung des vom Kläger benannten Zeugen, Schneidermeister Albert Mueller zu H., Beweis darüber zu erheben, ob der Brunnen in dem Gehöfte des usw. Mueller seit unvordenklicher Zeit als Gemeindebrunnen besteht und sich im Besitze und in Benutzung der Gemeinde zu H. befindet?

Nachträglich ergibt sich, daß ein Irrtum obwaltet. Der Zeuge Mueller ist nicht Schneidermeister, sondern Schmiedemeister und heißt nicht Albert, sondern Anton mit Vornamen.

Das Prozeßgericht erläßt daher von Amts wegen, ohne mündliche Verhandlung, folgenden

Beschluß.

In Sachen usw. wird der Beweisbeschluß von usw. dahin berichtigt, daß über die Frage, ob der Brunnen in dem Gehöfte des Schmiedemeisters Anton Mueller zu H. seit unvordenklicher — welcher? — Zeit als Gemeindebrunnen besteht und sich in Besitz und Benutzung der Gemeinde zu H. befindet, nicht der Schneidermeister Albert Mueller, sondern der Schmiedemeister Anton Mueller zu H. als Zeuge des Klägers vernommen werden soll.

B., den usw. Königl. Landgericht, II. Zivilkammer.

Ausfertigung dieses Beschlusses wird von Amts wegen den Parteivertretern zugestellt.

9. Protokoll über eine vor beauftragtem Richter an Ort und Stelle stattgehabte Beweisaufnahme. Zuziehung eines Dolmetschers.

Gegenwärtig:
C., Landrichter.
D., Gerichtsschreiber.

Verhandelt H., den usw.
In Sachen usw. steht heute zur Erledigung des Beweisbeschlusses vom usw. hierselbst Termin an.

Beim Aufruf der Sache melden sich:

I. seitens der Parteien
   1. Kläger,
   2. Beklagter,
   3. Der Vertreter des letzteren, Rechtsanwalt B.

II. nachbenannte Zeugen
   1. Schmiedemeister Anton Mueller,
   usw.

Da die unter den Nummern usw. aufgeführten Zeugen nur der polnischen Sprache mächtig sind, so wurde der der polnischen Sprache mächtige Schul=

lehrer N. N. von hier als Dolmetscher zugezogen. Er ist nicht als Dolmetscher vereidigt und leistete deshalb zunächst vorschriftsmäßig den nachstehenden Eid:

Ich schwöre bei Gott dem Allmächtigen und Allwissenden, daß ich in dieser Prozeßsache aus dem Deutschen ins Polnische und aus dem Polnischen ins Deutsche treu und gewissenhaft übertragen werde. So wahr mir Gott helfe!

Unter Zuziehung der sämtlichen Erschienenen wird das Streitstück besichtigt, davon die beiliegende Handzeichnung gefertigt und den Zeugen der Gegenstand ihrer Vernehmung bekannt gemacht, auch an Ort und Stelle erläutert.

Nachdem sodann die Zeugen auf die Bedeutung des Eides hingewiesen waren, wurden sie einzeln und in Abwesenheit der später abzuhörenden Zeugen wie folgt vernommen:

1. Schmiedemeister Anton Mueller von hier, nach Leistung des Zeugeneides (bzw.: unter Aussetzung der Beeidigung, — der die Richtigkeit der Aussage auf den früher geleisteten Eid versichert —)

Zur Person usw.

Vorgelesen, genehmigt.

C. D.

10. Beweisaufnahme im Auslande.

Das Landgericht beschließt, zwei Zeugen, die in Rußland, der eine in Kalisch, der andere in Brest (Gouvernement Grodno), wohnhaft sind, durch Ersuchen der zuständigen Behörde des Auslandes zu vernehmen. Ein unmittelbarer Geschäftsverkehr ist dem Landgerichte nur mit der russischen Justizbehörde in Kalisch gestattet, während das Ersuchungsschreiben bezüglich des Zeugen in Brest auf diplomatischem Wege befördert werden muß.[1])

Der Vorsitzende erläßt folgende Verfügung:

1. An die Kaiserlich Russische Friedensrichter-Versammlung II. Bezirk in Kalisch.[2])

In der Prozeßsache der Zimmervermieterin A. B. in Berlin, Klägerin, vertreten durch den Rechtsanwalt D. hier, wider den Zirkuskünstler E. L. hier, Beklagten, vertreten durch den Rechtsanwalt F. hier, wegen Miet- und Kostgeld, ersuchen die usw. wir ergebenst, den Techniker G. H. in Kalisch — Straße Nr. —, als Zeugen der Klägerin eidlich über folgende Frage zu vernehmen:

Hat der Bekl. während der sechs Monate seines Engagements im Zirkus R. zu Berlin, nämlich vom usw. bis zum usw., von der Klägerin Wohnung, Heizung und Beköstigung erhalten? Ist hierfür zwischen den Parteien eine Vergütung von täglich 2 Mark mündlich verabredet?

Der Zeuge soll, was wir zur Auffrischung seines Gedächtnisses ihm vorzuhalten bitten, während des angegebenen Zeitraums gleichfalls bei der Klägerin gewohnt haben.

Wir bemerken, daß nach den diesseitigen Prozeßgesetzen den Parteien selbst

---

[1]) Preuß. JMV. v. 20. Mai 1887 Nr. 35 (JMBl. S. 139). [2]) Wegen der Frankierung und der Anwendung lateinischer Schriftzeichen für die äußere Adresse: Preuß. JMV. v. 20. Mai 1887 Nr. 5 Abs. 2.

sowie ihren Prozeßvertretern und Beiständen gestattet ist, der Beweisaufnahme beizuwohnen,[3]) und bitten von dem anberaumten Termin uns rechtzeitig zu benachrichtigen, worauf wir die Beteiligten von dem Termin in Kenntnis setzen werden.[3])

Sollte die usw. zur Erledigung dieses Ersuchens nicht zuständig sein, so bitten wir es an die zuständige Gerichtsbehörde gelangen zu lassen.

B., den usw. Königl. Landgericht. Der Vorsitzende der II. Zivilkammer.[3])
N. Landgerichts-Direktor.[4])

2. An das Kaiserlich Russische Bezirks-Gericht in Grodno
Oder an die sonst zustaendige Behoerde.[5])

In usw. (volles Rubrum wie zu 1) ersuchen das usw. wir ergebenst, den Handelsmann J. K. in Brest, — Straße Nr. —, als Zeugen der Klägerin eidlich über folgende Frage zu vernehmen: usw. (wie zu 1 bis zum Schlusse.)

3. Von dem Ersuchungsschreiben zu 2 ist durch den Dolmetscher eine Übersetzung in die russische Sprache anzufertigen.[6])

4. Auf die beiden Ersuchungsschreiben zu 1 und 2, sowie auf die russische Übersetzung von dem Ersuchungsschreiben zu 2 ist neben der für die Unterschrift bestimmten Stelle das Amtssiegel zu drücken.[7])

5. An den Herrn Justizminister[8]) in Berlin.

Betrifft die Vernehmung eines in Rußland wohnenden Zeugen in der Prozeßsache usw. (Aktenzeichen.)

Ohne Auftrag.

Zwei Anlagen.

B., den usw. Königl. Landgericht usw. Zivilkammer.

Nach dem Beschlusse des Prozeßgerichts soll der Handelsmann J. K. in Brest als Zeuge vernommen werden. In dem anliegenden Schreiben vom usw., von dem die gleichfalls anliegende Übersetzung in die russische Sprache angefertigt ist, haben wir das Kaiserlich Russische Bezirksgericht in Grodno um diese Vernehmung ersucht. Euere Exzellenz bitten wir gehorsamst um hochgeneigte weitere Veranlassung.[9])

Der Vorsitzende.

---

[3]) A. a. O. Nr. 3. [4]) A. a. O. Nr. 2. Ist die Adresse der ausländischen Behörde nicht bekannt, so kann sie behufs Ausfüllung durch den Gesandten offen gelassen werden. [5]) A. a. O. Nr. 20. [6]) Die russische Übersetzung wird, falls sie nicht gleichzeitig mit dem Ersuchungsschreiben eingereicht ist, auf Veranlassung des Herrn Ministers der Auswärtigen Angelegenheiten durch die Botschaft in St. Petersburg gegen Erstattung der Übersetzungskosten besorgt. A. a. O. Nr. 35. [7]) A. a. O. Nr. 2. [8]) In eiligen Fällen hat die ersuchende Behörde das Ersuchungsschreiben unmittelbar dem Herrn Minister der Auswärtigen Angelegenheiten unverschlossen mittels Berichtes einzureichen. Dagegen ist die direkte Absendung des Ersuchungsschreibens an den im Auslande beglaubigten diplomatischen Vertreter des Reiches nicht gestattet. A. a. O. Nr. 20. [9]) Ersuchungsschreiben, die von einem Amtsgericht oder von dem Untersuchungsrichter des Landgerichts ausgehen, sind vor dem Abgang dem Präsidenten des Landgerichts vorzulegen. Dieser hat zu prüfen, ob das Schreiben den gegebenen Bestimmungen entspricht und zur Weiterbeförderung geeignet ist; anderenfalls ist von ihm auf die schleunige Beseitigung etwaiger Mängel hinzuwirken. Auf den Bericht, mit dem das Ersuchungsschreiben dem Justizminister oder dem Herrn Minister der Auswärtigen Angelegenheiten eingereicht wird, oder auf das Ersuchungsschreiben selbst, falls es unmittelbar an seine Adresse befördert wird, hat der Präsident zum Zeichen, daß das Gesuch ihm vorgelegen hat und daß es von ihm zur Beförderung für geeignet befunden ist, den Vermerk zu setzen: Gesehen (Datum), der Landgerichtspräsident. Der Unterschrift ist in diesem Falle das Amtssiegel nicht beizufügen. A. a. O. Nr. 4.

11. Festsetzung der Strafe gegen einen ausgebliebenen Zeugen. (§ 380 ZPO.)

Der vor den beauftragten Richter des Prozeßgerichts geladene Zeuge Z. ist nicht erschienen. Der beauftragte Richter erläßt folgenden Beschluß: In Sachen des usw. A. in B., Klägers, gegen den usw. C. in D., Bekl. (Aktenzeichen), wird der usw. Z. in usw., da er zu seiner Vernehmung als Zeuge auf den (Terminstag) ordnungsmäßig geladen, in diesem Termin aber unentschuldigt ausgeblieben ist, auf Grund des § 380 ZPO. zu einer Geldstrafe von 3 Mk., an deren Stelle im Falle der Nichtbeitreibbarkeit ein Tag Haft tritt, sowie in die durch sein Ausbleiben verursachten Kosten verurteilt. S. den usw. Königl. Landgericht usw. Zivilkammer. Der beauftragte Richter. E. Landgerichtsrat. Dazu wird verfügt:

1. Der Beschluß ist dem Z. zuzustellen.
2. Nach 3 Wochen.

Entschuldigt der Zeuge nachträglich sein Ausbleiben, so ergeht vom beauftragten Richter folgender neuer Beschluß: In usw. wird, nachdem der Zeuge Z. sein Ausbleiben im Termin vom usw. unter Vorlegung einer ärztlichen Bescheinigung entschuldigt hat, der Beschluß vom usw. aufgehoben.

Bleibt es bei der Straffestsetzung, so verfügt der beauftragte Richter:

1. Geldstrafe und Kosten von Z. zu erfordern.
2. Nach 6 Wochen.

Der Gerichtsschreiber erläßt nun an Z. folgendes Schreiben: In Sachen usw. sind die nachstehend berechnete Geldstrafe und die Kosten (Schreibgebühren) von zusammen 3,50 Mk. binnen einer Woche nach Empfang dieser Rechnung an die Gerichtskasse, hier, mit Angabe der Geschäftsnummer usw. zu zahlen oder frei einzusenden. Anderenfalls tritt ohne weitere Mahnung die Beitreibung im Zwangsverfahren ein.

Bei der Vorlegung der Akten zeigt die Gerichtsschreiberei an, daß Z. die Ordnungsstrafe von 3 Mk. nicht gezahlt hat. Der beauftragte Richter verfügt:

1. Strafe und Kosten sind von Z. beizutreiben.
2. Nach 4 Wochen.

und vollzieht den Vollstreckungsauftrag an den Gerichtsvollzieher. Bleibt die Zwangsvollstreckung erfolglos, so richtet der beauftragte Richter an die Königl. Staatsanwaltschaft folgendes Schreiben: In Sachen usw. ist der Zeuge usw. Z. in usw. wegen unentschuldigten Ausbleibens in dem zu seiner Vernehmung bestimmten Termine durch den in Ausfertigung beiliegenden Beschluß vom usw. zu einer Geldstrafe von 3 Mk. und für den Fall, daß diese nicht beigetrieben werden kann, zu einer Haftstrafe von einem Tage verurteilt. Die Zwangsvollstreckung wegen der Geldstrafe ist erfolglos geblieben. Die usw. ersuche ich daher ergebenst, die Vollstreckung der Haftstrafe gegen Z. herbeizuführen.

Die Vollstreckung der Haftstrafe wird nun von der Staatsanwaltschaft betrieben. Es versteht sich, daß die Haftstrafe durch Zahlung der Geldstrafe von 3 Mk. abwendbar ist.

12. Zeugnisverweigerung, Entscheidung über deren Berechtigung. (§ 387 ZPO.)

Kläger hat eine ihm zustehende Forderung an den Bekl. abgetreten. Er behauptet, daß die Abtretung nur zu dem Zwecke, die Forderung dem Zugriffe eines — inzwischen befriedigten — Gläubigers des Klägers und mit der Abrede erfolgt sei, daß der Bekl. die Forderung nicht erwerben, sondern nur für den Kläger einziehen solle. Zum Beweise hat er sich auf einen, diese Angaben bestätigenden, mit dem Namen des Bekl. unterzeichneten Brief bezogen und den Sohn des Bekl. als Zeugen darüber benannt, daß dieser Brief entweder von dem Bekl. eigenhändig geschrieben und unterschrieben sei oder daß der Sohn des Bekl. im Auftrage seines Vaters den Brief geschrieben und daß der Vater den Brief genehmigt habe. Der Beweisbeschluß geht dahin, den Sohn des Bekl. über die angegebene Behauptung als Zeugen zu vernehmen. Der Zeuge verweigert die Ablegung des Zeugnisses. Über die Weigerung ergeht das folgende

Zwischenurteil.

In Sachen des A. in B., Klägers, gegen den C. in B., Beklagten hat usw. für Recht erkannt:

> Die Weigerung des Carl C. in B. zur Ablegung seines Zeugnisses ist insoweit, als es die Frage betrifft, ob der Zeuge den Brief vom usw. im Auftrage seines Vaters geschrieben hat oder ob sein Vater den Brief genehmigt hat, nicht gerechtfertigt, im übrigen aber rechtmäßig.
>
> Die Kosten dieses Verfahrens werden dem Carl C. auferlegt.

Tatbestand.

Nach dem Beweisbeschlusse vom usw. sollte Carl C., der Sohn des Bekl., als Zeuge des Klägers, über folgende Streitfrage vernommen werden: Hat der Bekl. den Brief vom usw. eigenhändig geschrieben und unterschrieben oder hat der Sohn des Bekl. den Brief geschrieben; hat er dies im Auftrage seines Vaters getan und hat der Vater den Brief genehmigt? Vor dem ersuchten Richter, dem Königl. Amtsgericht in D., hat Carl B. sein Zeugnis ohne Angabe von Gründen verweigert. Der Kläger hat die Zeugnisverweigerung insoweit nicht als rechtmäßig anerkannt, als der Zeuge darüber vernommen werden sollte, ob er den Brief im Auftrage seines Vaters geschrieben und dieser den Brief genehmigt habe. Der Bekl. hat die Zeugnisverweigerung für gerechtfertigt gehalten. Zur Verhandlung über die Rechtmäßigkeit der Zeugnisverweigerung war Carl C. zum usw. vor das Prozeßgericht geladen, aber nicht erschienen.

Entscheidungsgründe.

Carl C. war als Sohn des Bekl. nach § 383 Nr. 3 ZPO. berechtigt, sein Zeugnis zu verweigern. Nur insoweit stand ihm dies Recht nicht zu, als er über solche sich auf das streitige Rechtsverhältnis beziehende Handlungen vernommen werden sollte, die von ihm selbst als Rechtsvorgänger oder Vertreter einer Partei vorgenommen sind. § 385 Nr. 4 ZPO. Unter diese Bestimmung würde es fallen, wenn er den in der Beweisfrage bezeichneten Brief entweder im Auftrage seines Vaters, des Beklagten, oder ohne vorhergehenden Auftrag, doch mit dessen nachfolgender Genehmigung an den Kläger geschrieben hätte. Liegt einer oder der andere Fall vor, so hat Carl C. insoweit als Vertreter seines Vaters gehandelt. Deshalb ist insoweit auch seine Zeugnisweigerung nicht gerechtfertigt.

Die Entscheidung des Kostenpunkts folgt aus § 91 ZPO. Der Zeuge ist, soweit der Kläger seine Zeugnisverweigerung angegriffen hat, völlig unterlegen.

Auf die von Carl C. eingelegte sofortige Beschwerde ergeht vom Oberlandesgericht folgender Beschluß:

Die Beschwerde wird zurückgewiesen.

Die Kosten der Beschwerdeinstanz werden dem Beschwerdeführer auferlegt.

Gründe.

Der Beschwerdeführer geht von der unrichtigen Voraussetzung aus, daß er über eine rein mechanische Tätigkeit, die er zum Zwecke der Herstellung des Briefes vom usw. ausgeübt habe, als Zeuge habe vernommen werden sollen. Denn nach dem Beweisbeschlusse vom usw. sollte seine Vernehmung darüber erfolgen, ob er das bezeichnete Schriftstück im Auftrage seines Vaters geschrieben und der Vater es genehmigt habe. Es ist also eine eigene geistige Tätigkeit des Zeugen zum Beweise gestellt. Bei dieser würde er aber, wie das Landgericht mit Recht annimmt, als Vertreter des Beklagten, seines Vaters, gehandelt haben, sodaß die Zeugnisverweigerung nach § 385 Nr. 4 ZPO. unberechtigt ist.

13. Ablehnung eines Sachverständigen.

Das Amtsgericht zu A. hatte als ersuchtes Gericht eine vom Landgericht zu B. als Prozeßgericht angeordnete Beweiserhebung durch Vernehmung eines von ihm zu ernennenden Sachverständigen vorzunehmen. Gegen den von ihm ernannten Sachverständigen, Gutsbesitzer M., richtete der Kläger ein Ablehnungsgesuch, das vom Amtsgericht durch Beschluß zurückgewiesen wurde. Darauf suchte der Kläger innerhalb der Frist für die Einlegung der sofortigen Beschwerde die Entscheidung des Prozeßgerichts nach. Letzteres hat das Gesuch dem Oberlandesgericht als Beschwerdegericht in Gemäßheit des § 577 Abs. 4 ZPO. mit dem Bemerken vorgelegt, daß es die Beschwerde nicht für begründet erachte.

Das Oberlandesgericht beschließt:

Die Beschwerde wird zurückgewiesen.

Die Kosten des Beschwerdeverfahrens werden dem Kläger auferlegt.

Gründe.

Die sofortige Beschwerde ist zwar nach § 406 Abs. 5 ZPO. zulässig, aber unbegründet. Das Ablehnungsgesuch gründet sich darauf, daß der Sachverständige mit dem Kläger einen Rechtsstreit gehabt habe, weshalb die Besorgnis der Befangenheit gerechtfertigt sei. Durch die eidesstattliche Versicherung des Inspektors N. ist indessen nur bescheinigt, daß der Kläger mit dem Sachverständigen wegen einer Kuh in Klage gestanden habe. Näheres über die Zeit und den Gegenstand der Klage ist nicht angegeben. Die bloße Tatsache der Klage ist mit Recht vom Amtsgericht nicht für geeignet erachtet worden, die Besorgnis der Befangenheit zu begründen. Im Ablehnungsgesuch ist außerdem bemerkt, daß der Sachverständige mit dem Bekl. befreundet sei. Sowohl der Sachverständige als der Bekl. haben in Abrede gestellt, daß zwischen ihnen ein freundschaftlicher Verkehr stattfinde. Ein sonstiger Beweis ist nicht beigebracht. Danach war die Beschwerde zurückzuweisen.

14. Verweisung des Rechtsstreits vom Amtsgericht an das Landgericht.

a) Die Unzuständigkeit ist von vornherein begründet. (§ 505 ZPO.)

A. hat gegen den Gerichtsvollzieher B. in Berlin bei dem dortigen Amtsgericht auf Zahlung von 50 Mk. unter der Behauptung Klage erhoben, daß B. eine ihm von A. gegen dessen Schuldner aufgetragene Zwangsvollstreckung zu spät ausgeführt und ihn dadurch um 50 Mk. geschädigt habe. Im Verhandlungstermin beruft sich der Beklagte auf die durch § 39 Nr. 3 des Preuß. AG. z. GVG. begründete ausschließliche Zuständigkeit des Landgerichts und beantragt, den Kläger wegen Unzuständigkeit des Amtsgerichts abzuweisen. Kläger stellt den Antrag, den Rechtsstreit an das Landgericht zu verweisen. Das Amtsgericht erläßt einen Beschluß dahin:

Das Amtsgericht ist unzuständig. Der Rechtsstreit wird an das Königl. Landgericht in Berlin verwiesen.

b) Die Unzuständigkeit tritt erst im Laufe des Rechtsstreits ein. (§ 506 ZPO.)

In Sachen des Gasthausbesitzers S. in L., Klägers, Prozeßbevollmächtigter: Rechtsanwalt A. in B., gegen den Ackerbürger P. in L., Beklagten, Prozeßbevollmächtigter: Rechtsanwalt C. in B., wegen Darlehnsforderung, erläßt das Amtsgericht in B. nach mündlicher Verhandlung des Rechtsstreits folgenden Beschluß:

Das Amtsgericht ist unzuständig. Der Rechtsstreit wird an das Königl. Landgericht verwiesen.

Gründe.

Der Kläger, der alleiniger Erbe seines Vaters, des Apothekers S. zu L., geworden ist, hat in dem Nachlaß einen vom usw. datierten Schuldschein des Beklagten über ein von dem Erblasser empfangenes und mit 4% zu verzinsendes Darlehn von 3000 Mk. vorgefunden. Er hat dieses Darlehn dem Beklagten vor länger als drei Monaten gekündigt und macht gegenwärtig einen Teilbetrag von 300 Mk. im Wege der Klage geltend, indem er beantragt:

den Beklagten zur Zahlung von 300 Mk. nebst 4% Zinsen usw. zu verurteilen.

Der Beklagte wendet ein, daß das Darlehn schon vor längerer Zeit an den Erblasser des Klägers zurückgezahlt und die Rückgabe des Schuldscheins nur versehentlich unterblieben sei. Er stellt den Antrag: die Klage abzuweisen und widerklagend den Kläger zu verurteilen, anzuerkennen, daß ihm aus dem Schuldschein vom usw. über 3000 Mk. keine Forderung mehr zustehe.

Kläger hat die eingewendete Zahlung bestritten und die Abweisung der Widerklage verlangt.

Der Beklagte hat unter Erhebung der Einrede der Unzuständigkeit des Gerichts beantragt:

den Rechtsstreit an das Landgericht zu verweisen.

Da Kläger von der angeblich ihm zustehenden Forderung nur einen Teilbetrag von 300 Mk. nebst Zinsen eingeklagt hat, so war das Amtsgericht von vornherein zur Entscheidung des Rechtsstreits zuständig, wurde aber, nachdem Beklagter von dem ihm gemäß § 280 ZPO. zustehenden Rechte der Anstellung einer Präjudizial-Incidentwiderklage über ein Objekt von 3000 Mk. Gebrauch gemacht hat, gemäß § 23¹ GVG. sachlich unzuständig. Es mußte deshalb auf Antrag des Beklagten durch Beschluß die Unzuständigkeit des Gerichts ausgesprochen und gleichzeitig der Rechtsstreit an das zuständige Landgericht verwiesen werden. § 506 Abs. 1 ZPO.

Beide Fälle sind seit der Novelle vom 1. Juni 1909 ganz gleich zu behandeln, eine Entscheidung über die Prozeßkosten ist hier nicht abzugeben. Eine Anfechtung dieser

Beschlüsse findet nicht statt. Mit der Verkündung des Beschlusses gilt der Rechtsstreit als bei dem Landgericht anhängig. Jede Partei kann laden.

15. Berichtigungsverfahren.

a) Berichtigung eines Rechnungsfehlers.

Beschluß.

(Unter der Urschrift des Urteils.)

In Sachen des Altsitzers A. in B., Klägers, gegen den Bauernhofbesitzer C. in D., Beklagten (Aktenzeichen), hat die usw. Zivilkammer des Königl. Landgerichts in usw. in der Sitzung beschlossen:

die Summe, zu deren Zahlung der Beklagte verurteilt ist, wird von 563 Mk. auf 620 berichtigt.

Oder: das vorstehende Urteil wird dahin berichtigt, daß der Beklagte zur Zahlung von 620 Mk. verurteilt wird.

Der berichtigte Rechnungsfehler wird der Regel nach aus der Sachlage ohne weiteres erkennbar und deshalb die Beifügung von Gründen entbehrlich sein. Jedenfalls genügt zur Begründung der Hinweis darauf, daß ein Schreib- oder Rechnungsfehler vorliegt. Z. B. in Sachen des A. in B. und Gen., Kläger, gegen den C. in D., Beklagten (Aktenzeichen), wird das am usw. verkündete Urteil, da der Schlußsatz: „die Kosten des Rechtsstreits werden dem Kläger auferlegt", auf einem Schreibfehler beruht, dahin berichtigt:

die Kosten des Rechtsstreits werden dem Beklagten auferlegt.

Der Beschluß ist jeder Urteilsausfertigung nachzutragen. Ist dies nicht ausführbar, weil die Anwälte bereits Urteilsausfertigungen erhalten haben und nicht zurückgeben, so muß den Anwälten Ausfertigung des Beschlusses von Amts wegen zugestellt werden.

b) Berichtigung der Unterschrift eines Richters.

Die Urschrift des Urteils ist irrtümlich von dem Gerichtsassessor L., statt des wirklichen Beisitzers, Gerichtsassessor M., unterschrieben. In der Berufungsinstanz wird der Schreibfehler bemerkt. Damit steht fest, daß ein erstinstanzliches Urteil noch gar nicht vorhanden ist. Unbillig würde es aber sein, aus dem Versehen des Gerichts Anlaß zu nehmen, die Berufung als unzulässig zu verwerfen. Deshalb empfiehlt es sich, daß das Berufungsgericht auf den Antrag einer Partei oder von Amts wegen die Akten an das Gericht 1. Instanz zur Nachholung der richtigen Unterschrift zurücksendet. Ist die richtige Unterschrift erteilt, so hat der Berufungskläger die Einlegung der Berufung zu wiederholen. In Betracht kommt dann nur die zweite Berufung; die erste bleibt unberücksichtigt.

Das Berichtigungsverfahren selbst kann sich dahin gestalten: Das Gericht 1. Instanz erläßt ohne mündliche Verhandlung und ohne die Parteien zur schriftlichen Erklärung aufzufordern folgenden

Beschluß.

In Sachen usw. wird,

da an der Verhandlung und Beschlußfassung über das Urteil vom 16. November usw. als Richter der Landgerichtsrat M., der Landrichter S. und der Gerichtsassessor M. laut Protokoll und Eingang des Urteils teilgenommen haben; das abgesetzte Urteil aber irrtümlich an Stelle des letztgenannten Richters dem Gerichtsassessor L. zur Unterzeichnung vorgelegt und von diesem auch vollzogen ist,

auf Grund des § 319 ZPO. das Urteil vom usw. dahin berichtigt:

Die Unterschrift „L . . . ." kommt in Wegfall und wird ersetzt durch die Unterschrift „M . . . ."

Der Gerichtsassessor M. holt an dieser Stelle seine Unterschrift für das Urteil nach, indem er zeichnet: M . . . . (Oder: der Gerichtsassessor M. hat seine Unterschrift unter dem Urteil nachgeholt.)

B., den usw. Königl. Landgericht, II. Zivilkammer.

Das Landgericht erteilt Ausfertigung dieses auf die Urschrift des Urteils gesetzten Beschlusses den Anwälten der 1. Instanz.

c) Berichtigung des Rubrums.[1])

1. Im Namen des Reichs.

In Sachen der aus folgenden Gewerken: 1. der Frau Anna B., 2. der verwitweten Frau Kommerzienrat Bertha C., jetzt deren Erben: a) dem Gutsbesitzer Albert C., b) dem Hauptmann a. D. Theodor C., c) dem Fräulein Elisabeth C., d) dem Fräulein Helene C., 3. der Stadtgemeinde B., 4. der brandenburgischen Maschinenbau- und Hütten-Aktiengesellschaft, vormals A. E. F. bestehenden Gewerkschaft des Steinkohlenbergwerks Ottilie, vertreten durch den Repräsentanten, den Geheimen Justizrat W. zu B., Beklagten und Revisionsklägerin, im Prozesse vertreten durch den Justizrat A. in Leipzig,

wider

die brandenburgische Maschinenbau- und Hütten-Aktiengesellschaft, vormals A. E. F. zu B. in Liquidation, jetzt die Konkursmasse der bezeichneten Aktiengesellschaft, vertreten durch den Konkursverwalter, Kaufmann S. in B., Klägerin und Revisionsbeklagte, im Prozesse vertreten durch den Geheimen Justizrat D. in Leipzig,

hat das Reichsgericht, Vierter Zivilsenat, auf die mündliche Verhandlung vom usw. unter Mitwirkung: usw. usw.

für Recht erkannt: usw. usw.

2. Beschluß.

In Sachen der Gewerkschaft des Steinkohlenbergwerks Ottilie zu B., Beklagten und Revisionsklägerin, vertreten durch den Justizrat A.,

wider

die brandenburgische Maschinenbau- und Hütten-Aktiengesellschaft, vormals A. E. F. zu B. in Liquidation, jetzt die Konkursmasse der bezeichneten Aktiengesellschaft, Klägerin und Revisionsbeklagte, vertreten durch den Geheimen Justizrat D.,

hat der vierte Zivilsenat des Reichsgerichts in der Sitzung vom usw. auf das Berichtigungsgesuch der Klägerin und Revisionsbeklagten vom usw. beschlossen:

Das am usw. verkündete Urteil wird wie folgt berichtigt:

1. In der Bezeichnung der beklagten Partei fällt der Gutsbesitzer Albert C.

---

[1]) Der größeren Mannigfaltigkeit halber ist in den Beispielen zu c und d eine Verhandlung in III. bezw. II. Instanz angenommen. Das Verfahren ist in allen Instanzen das gleiche. Beide Beispiele sind also auch für die 1. Instanz anwendbar.

als Miterbe der verwitweten Frau Kommerzienrat Bertha C. und als einer der Gewerken der Gewerkschaft des Steinkohlenbergwerks Ottilie in B. fort.

2. Die Gewerkschaft des Steinkohlenbergwerks Ottilie wird nicht durch den Geheimen Justizrat W., sondern durch den Kommissionsrat M. in B. als Repräsentanten vertreten.

Beklagte und Revisionsklägerin ist also die aus folgenden Gewerken:

1. der Frau Anna B.,
2. der verwitweten Frau Kommerzienrat Bertha C., jetzt deren Erben:
   a) dem Hauptmann a. D. Theodor C.,
   b) dem Fräulein Elisabeth C.,
   c) dem Fräulein Helene C.,
3. der Stadtgemeinde B.,
4. der brandenburgischen Maschinenbau- und Hütten-Aktiengesellschaft, vormals A. E. F.

bestehende Gewerkschaft des Steinkohlenbergwerkes Ottilie in B., vertreten durch den Repräsentanten, den Kommissionsrat M. in B.

Unterschriften.

Je eine Ausfertigung dieses Beschlusses wird den Parteivertretern, Justizrat A. und Geheimen Justizrat D. in Leipzig, zugestellt. Die Zustellungsurkunden werden zu den Akten gebracht.

Auf den Rand der bei den Akten befindlichen beglaubigten Abschrift des Urteils, und zwar neben das Rubrum, setzt der Gerichtsschreiber des Reichsgerichts den folgenden Vermerk:

Das Rubrum der Sache ist bezüglich der Beklagten und Revisionsklägerin berichtigt durch Beschluß des Reichsgerichts IV. Zivilsenat vom usw., der den Parteien zugestellt ist.

B., Kanzleirat, als Gerichtsschreiber.

d) Berichtigung des Tatbestandes.[2])

I. 1. Antrag. In Sachen usw. findet sich in dem Tatbestand des am 10. November 18— verkündeten Urteils des hiesigen Königl. Oberlandesgerichts S. 5 der Ausfertigung die folgende Stelle: „Der Berufungsbeklagte hat bestritten, daß er in der Zeit vom 23. Dezember usw. bis 7. Januar usw. einen allgemeinen Auftrag zur Anbahnung und Vorbereitung eines Vergleichs gegeben habe, und den zugeschobenen Eid angenommen." Das letztere ist nicht zutreffend. Der zugeschobene Eid ist nicht angenommen, sondern dem Kläger zurückgeschoben worden. Hierüber ist bei den beiden Parteivertretern kein Zweifel.

Ich beantrage: den Tatbestand dahin zu berichtigen: „und den zugeschobenen Eid zurückgeschoben".

Zur mündlichen Verhandlung hierüber lade ich den Herrn Vertreter des Berufungsklägers zu dem von dem Herrn Vorsitzenden anzuberaumenden Termine vor das Königl. Oberlandesgericht.

Für den Beklagten und Berufungsbeklagten

An H., Rechtsanwalt.

das Königl. Oberlandesgericht hier.

---

[2]) S. Anm. 1 auf S. 279.

2. In dem vom Vorsitzenden anberaumten Verhandlungstermin wird folgendes Protokoll aufgenommen:

Öffentliche Sitzung des IV. Zivilsenats des Königl. Oberlandesgerichts.

Gegenwärtig:
1. A., Senatspräsident, als Vorsitzender,
2. B., 3. C., 4. D., Oberlandesgerichtsräte als beisitzende Richter,
F., Referendar, als Gerichtsschreiber.

B., den usw.

In Sachen usw. erschien am heutigen, zur Berichtigung des Tatbestandes anberaumten Termine bei Aufruf der Sache:

für den Berufungsbeklagten der RA. H.

Er wies nach, daß der Antrag auf Berichtigung dem Vertreter des Gegners am 28. November d. J. zugestellt worden ist. Aus den Akten wurde festgestellt, daß das Verzeichnis, in dem das Urteil vom 10. November d. J. eingetragen worden, am 23. November d. J. ausgehängt ist.

RA. H. trug den Inhalt des Schriftsatzes vom 26. November usw. mündlich vor.

Es wurde folgender Beschluß verkündet:

In Erwägung, daß der Berichtigungsantrag frist- und formgerecht gestellt, — der Oberlandesgerichtsrat E. durch Krankheit verhindert ist, an der heutigen Sitzung teilzunehmen, die anwesenden Richer aber übereinstimmend die in dem Schriftsatz vom 26. November d. J. vorgetragene Behauptung als richtig anerkennen.

Der Tatbestand des am usw. verkündeten Urteils wird gebührenfrei dahin berichtigt:

daß der vom Berufungskläger über den in der Zeit vom 23. Dezember usw. bis 7. Januar usw. erteilten Auftrag dem Berufungsbeklagten zugeschobene Eid vom Beklagten nicht angenommen, sondern zurückgeschoben ist.

Ausfertigung dieser Verhandlung wird den von den Parteien zurückzufordernden Ausfertigungen des Urteils nachgetragen. Auf den Ausfertigungen der Urteile selbst wird neben den Tatbestand folgender Vermerk gesetzt: Der Tatbestand des Urteils ist durch den in Ausfertigung beigefügten Beschluß vom usw. berichtigt.

B., den usw. K., Gerichtsschreiber des Königl. Oberlandesgerichts.

Der Vermerk auf der Urschrift des Urteils lautet ebenso unter Wegfall der Worte „in Ausfertigung beigefügten".

II. Wenn der berichtigte Tatbestand durch die abgesetzten Entscheidungsgründe nicht gedeckt wird, so sind die letzteren gemäß § 319 von Amts wegen zu ergänzen.

Der Bekl. hat dem Kläger einen Eid zugeschoben. Kl. hat den Eid angenommen. Bei der Beratung des Urteils ist der Eid als unerheblich erachtet. Versehentlich ist weder dieser Entscheidungsgrund in die Gründe noch die Tatsache der Eides-Zuschiebung und -Annahme in den Tatbestand des Urteils aufgenommen. Wird nun vom Bekl. in rechter Form und Frist die Berichtigung des Tatbestandes bezüglich des Eides beantragt, so ist der Beschluß dahin zu fassen:

1. Der Tatbestand des am usw. verkündeten Urteils wird dahin berichtigt, daß am Schlusse hinzugesetzt wird: „Bekl. hat dem Kläger den Eid darüber zugeschoben, daß usw. Der Kläger hat diesen Eid angenommen."

2. Das bezeichnete Urteil wird ferner dahin ergänzt, daß in den Ent-

scheidungsgründen hinter den Worten usw. hinzugefügt wird: usw. (Folgen die Gründe, aus denen der Eid als unerheblich erachtet ist.)

In den Gründen des Beschlusses ist auszuführen: „Dem Berichtigungsantrage war gemäß § 320 ZPO. stattzugeben, da nach der Erinnerung des Gerichts der Eid in der Tat zugeschoben und angenommen und dieser Vorgang irrtümlich im Tatbestande des Urteils nicht angegeben ist.

Gleichzeitig war aber auch auf Grund des § 319 ZPO. das Urteil in den Entscheidungsgründen durch Hinzufügung des Zusatzes zu 2 der Formel dieses Beschlusses von Amts wegen zu berichtigen, da bei der Beratung des Urteils die Erheblichkeit des zugeschobenen Eides mit dem Ergebnis, daß der Eid aus dem im Zusatz 2 angegebenen Grunde unerheblich sei, erwogen und bei der Urteilsfassung die Angabe dieses Entscheidungsgrundes in den Urteilsgründen versehentlich unterblieben ist."

16. Protokolle über die mündliche Verhandlung in 1. Instanz.

1. Eingang.

Öffentliche Sitzung der II. Zivilkammer des Königlichen Landgerichts. B., d. usw.

Gegenwärtig:
1. Landgerichts-Direktor A., als Vorsitzender.
2. Landgerichtsrat B.,
3. Landrichter C., als beisitzende Richter,

D., als Gerichtsschreiber.

In Sachen des Rentiers Hermann Schubert zu B., Klägers, gegen den Kaufmann Albert Friedrich zu B., Beklagten, erschienen bei Aufruf: usw.

2. Versäumnisverfahren gegen den Beklagten.

a) Die Zustellung der Ladung ist im Parteibetrieb erfolgt.

Für den Kläger der Rechtsanwalt A.
Für den Beklagten niemand.

Der Anwalt des Klägers verlas den Antrag aus der Klageschrift, trug das Streitverhältnis vor und beantragte, das Versäumnisurteil gegen den Bekl. zu erlassen. Die Ladung des Bekl. zum heutigen Termin ist durch Vorlegung der Zustellungsurkunde vom usw. nachgewiesen.

Es wurde ein Versäumnisurteil des aus der Anlage ersichtlichen Inhalts verkündet.

b) Die Ladung ist öffentlich zugestellt.

Für den Kläger der Rechtsanwalt A.
Für den Beklagten niemand.

Rechtsanwalt A. verlas den Klageantrag aus der Klageschrift und wies nach, daß der Beklagte durch öffentliche Zustellung geladen ist. Zu diesem Zwecke legte er vor:

a) den Aushang, der nach den darauf befindlichen Bescheinigungen des Gerichtsschreibers am usw. an die Gerichtstafel geheftet und am heutigen Tage von dort abgenommen ist;
b) die Beilage zum Deutschen Reichs- und Königl. Preußischen Staatsanzeiger vom usw.;

c) die öffentlichen Anzeiger des Regierungsamtsblattes zu usw. vom usw. und vom usw. Er verhandelte sodann zur Sache und beantragte den Erlaß eines Versäumnisurteils.

Es wurde usw. — wie zu 2ª.

3. Versäumnisverfahren gegen den Kläger.

Für den Kläger niemand.
Für den Beklagten der Rechtsanwalt B.

Rechtsanwalt B. wies durch Vorlegung der dem Beklagten zugestellten Abschrift der Klage und der darauf gesetzten Abschrift der Zustellungsurkunde vom usw. nach, daß der Beklagte zum heutigen Termine geladen ist, und beantragte das Versäumnisurteil gegen den Kläger.

Es wurde ein Versäumnisurteil des aus der Anlage ersichtlichen Inhalts verkündet.

4. Einspruch des Beklagten gegen das wider ihn ergangene Versäumnisurteil.

a) Der Beklagte ist im Termin vertreten und verhandelt.

Für den Kläger der Rechtsanwalt A.
Für den Beklagten der Rechtsanwalt B.

Der Anwalt des Klägers verlas den Antrag aus der Anlage,[1]) der Anwalt des Bekl. den Antrag aus dem Schriftsatz vom usw.[2])

Rechtsanwalt B. wies die Zustellung des Urteils vom usw. an den Beklagten durch Vorlegung der Zustellungsurkunde vom usw. nach. Die rechtzeitige Einreichung der Einspruchsschrift beim Gericht wurde aus den Akten festgestellt.

Sie verhandelten sodann zur Sache.

Es wurde folgender Beweisbeschluß verkündet usw.

b) Der Beklagte ist im Termine nicht vertreten, oder er verhandelt nicht.

Für den Kläger der Rechtsanwalt A.
Für den Beklagten niemand.

Rechtsanwalt A. verlas den Antrag aus der Anlage.[3]) Er wies nach durch die Zustellungsurkunde vom usw. die Zustellung des Versäumnisurteils vom usw. an den Bekl. Die rechtzeitige Einreichung der Einspruchsschrift wurde aus den Akten festgestellt.

Sodann trug Rechtsanwalt A. das Streitverhältnis vor.

Es wurde ein Versäumnisurteil des aus der Anlage ersichtlichen Inhalts verkündet.

5. Anerkenntnis.

Für den Kläger der Rechtsanwalt A.
Für den Beklagten der Rechtsanwalt B.

---

[1]) „Ich beantrage, das Versäumnisurteil vom usw. aufrecht zu erhalten." [2]) „Ich beantrage, das Versäumnisurteil vom usw. aufzuheben und die Klage abzuweisen." [3]) „Es wird beantragt: Den Einspruch gegen das Versäumnisurteil vom usw. zu verwerfen." (§§ 345, 708³.)

Der Anwalt des Klägers verlas den Antrag aus der Klageschrift und trug das Streitverhältnis vor.

Der Anwalt des Bekl. erkannte den Anspruch an.

Vorgelesen und genehmigt.

Der Anwalt des Klägers beantragte Verurteilung nach dem Anerkenntnisse.

Die Urteilsformel wurde zum Zweck der Verkündung verlesen.

6. Vertagung der Verhandlung.

1. Für den Kläger der Rechtsanwalt A.
2. Für den Beklagten der Rechtsanwalt B.

usw.

Sie verhandelten hierauf zur Sache. Auf ihren Antrag wurde folgender Beschluß verkündet: Zur Fortsetzung der mündlichen Verhandlung wird ein neuer Termin auf den usw. anberaumt. Oder: Die Verhandlung der Sache wird ohne Anberaumung eines neuen Termins vertagt. Oder: Der Anwalt des Bekl. beantragt vor Eintritt in die kontradiktorische Verhandlung Vertagung, da er von seinem Machtgeber keine Information habe erhalten können.

Der Anwalt des Klägers widerspricht.

Es wurde folgender Beschluß verkündet:

1. Die Verhandlung der Sache wird vertagt auf den usw.
2. Von dem Bekl. wird gemäß § 48 des GKG. und des § 95 der ZPO. die volle Gebühr von 20 Mk. erhoben, auch werden ihm die durch die Vertagung verursachten Kosten auferlegt, weil er entgegen § 129 ZPO. die zur Vorbereitung der Verhandlung erforderliche Unterlage durch Einreichung eines Schriftsatzes nicht beschafft, somit die Vertagung verschuldet hat.

7. Es wird Vorlegung einer beglaubigten Vollmacht verlangt.

1. Für den Kläger der Rechtsanwalt A.
2. Für den Beklagten der Rechtsanwalt B.

Rechtsanwalt A. beantragte, dem Vertreter des Bekl. aufzugeben, seine Bevollmächtigung durch eine gerichtlich oder notariell beglaubigte Vollmacht nachzuweisen.

Es wurde folgender Beschluß verkündet:

a) Dem Vertreter des Bekl. wird aufgegeben, im nächsten Verhandlungstermin seine Bevollmächtigung durch eine gerichtlich oder notariell beglaubigte Urkunde nachzuweisen.
b) Zur mündlichen Verhandlung wird ein neuer Termin auf den usw. anberaumt.

8. Vergleich vor dem Prozeßgericht.

1. Für den Kläger der Rechtsanwalt A.
2. Für den Beklagten der Rechtsanwalt B.

Vor Eintritt in die mündliche Verhandlung wurde von den Parteien folgender Vergleich geschlossen:

Der Bekl. erkennt die eingeklagte Forderung in Höhe von 3000 Mk. an. Kläger läßt die Mehrforderung von 1000 Mk. fallen und bewilligt dem Bekl. zur Berichtigung seiner Schuld von 3000 Mk. Teilzahlungen dahin, daß vom (Datum) ab am ersten Tage eines jeden Monats 300 Mk. gezahlt werden.

Wenn eine Teilzahlung nicht am Tage der Fälligkeit entrichtet wird, soll der ganze noch rückständige Betrag fällig sein. Die gerichtlichen Kosten des Rechtsstreits trägt jede Partei zur Hälfte. Die außergerichtlichen Kosten werden gegeneinander aufgehoben.

Vorgelesen und genehmigt.

9. Verhandlung über eine prozeßhindernde Einrede.

1. Für den Kläger der Rechtsanwalt A.
2. Für den Beklagten der Rechtsanwalt B.

Der Anwalt des Klägers verlas den Antrag aus der Klageschrift, der Anwalt des Bekl. den Antrag aus dem Schriftsatz vom usw.

Der Anwalt des Bekl. erhob die prozeßhindernde Einrede der Unzuständigkeit des Gerichtes und beantragte besondere Verhandlung und Entscheidung über diese Einrede.

Es wurde der Beschluß verkündet:

über die prozeßhindernde Einrede der Unzuständigkeit des Gerichts soll besonders verhandelt werden.

Die Parteivertreter verhandelten hierauf über die prozeßhindernde Einrede der Unzuständigkeit des Gerichts.

Es wurde usw.

10. Beschluß auf vorbereitendes Verfahren.

1. Für den Kläger der Rechtsanwalt A.
2. Für den Beklagten der Rechtsanwalt B.

Der Anwalt des Klägers verlas den Antrag aus der Klageschrift, der Anwalt des Bekl. den Antrag aus dem Schriftsatz vom usw.

Sie verhandelten sodann zur Sache.

Es wurde folgender Beschluß verkündet: Über die Erinnerungen gegen das vom Bekl. vorgelegte Nachlaßinventar wird ein vorbereitendes Verfahren angeordnet. Als beauftragten Richter zur Vornahme dieses Verfahrens ernennt der Vorsitzende den usw. Termin zur Erledigung des Beschlusses wird auf d. usw. bestimmt.

11. Verhandlung nach Schluß des vorbereitenden Verfahrens.

1. Für den Kläger der Rechtsanwalt A.
2. Für den Beklagten der Rechtsanwalt B.

Es verlasen Rechtsanwalt A. den Antrag aus dem Protokoll vom usw., Rechtsanwalt B. den Antrag aus dem Protokoll vom usw.

Sie verhandelten sodann zur Sache nach Maßgabe der Verhandlungen vom usw. Es wurde folgender Beschluß verkündet: usw.

12. Verhandlung im Wechselprozeß. Sofortige Abnahme eines Parteieides.

1. Für den Kläger der Rechtsanwalt A.
2. Für den Beklagten der Rechtsanwalt B.
3. Der Kläger in Person.

Der Anwalt des Klägers verlas den Antrag aus der Klageschrift, der Anwalt des Bekl. den Antrag aus dem Schriftsatz vom usw. Sie verhandelten sodann zur Sache. Der Anwalt des Kl. legte den Klagewechsel vom usw. und die Protesturkunde vom usw. vor. Der Anwalt des Bekl. erkennt beide Urkunden an.

Es wurde folgender Eid für den Kläger normiert:

Ich schwöre usw.: Zwischen mir und dem Bekl. ist nicht verabredet, daß der eingeklagte Wechsel nur auf 500 Mk. lauten und erst nach 3 Monaten fällig sein solle. So wahr usw.

Der Kläger erklärt sich bereit, diesen Eid sofort zu leisten.

Es wurde der Beschluß verkündet:

Beweis zu erheben auf Antrag des Bekl. durch sofortige Abnahme vorstehenden Eides vom Kläger.

Der Kläger gab an, daß er usw. heiße, usw. Jahre alt und evangelischer Konfession sei, und leistete nach Verwarnung vor dem Meineide den vorstehenden Eid wörtlich ab.

Die Parteivertreter verhandelten weiter zur Sache.

Es wurde nachstehendes Urteil verkündet: usw.

13. Ausschluß der Öffentlichkeit.

1. Für den Kläger der Rechtsanwalt A.
2. Für den Beklagten der Rechtsanwalt B.

Rechtsanwalt A. beantragt für die Verhandlung, da sie eine Gefährdung der Sittlichkeit besorgen lasse, die Öffentlichkeit auszuschließen.

Es wurde über die Ausschließung der Öffentlichkeit verhandelt — und zwar auf den Antrag des Rechtsanwalts A. in nicht öffentlicher Sitzung — und demnächst — öffentlich — folgender Beschluß verkündet:

Für die Verhandlung wird die Öffentlichkeit ausgeschlossen, weil sie eine Gefährdung der Sittlichkeit besorgen läßt.

In nicht öffentlicher Sitzung wurde weiter verhandelt.

Die Parteivertreter verlasen ihre Anträge, und zwar usw.

Nach Wiederherstellung der Öffentlichkeit wurde nachstehendes Urteil verkündet: usw.

14. Verhandlung über Sicherheitsleistung seitens des klagenden Ausländers.

1. Für den Kläger der Rechtsanwalt A.
2. Für den Beklagten der Rechtsanwalt B.

Der Anwalt des Kl. verlas den Antrag aus der Klageschrift.

Der Anwalt des Bekl. verlas den Antrag aus dem Schriftsatz vom usw.[1]) und erklärte, daß er die prozeßhindernde Einrede der mangelnden Sicherheit für die Prozeßkosten erhebe und die Verhandlung zur Hauptsache verweigere.

Es wurde über die erhobene Einrede von den Parteivertretern verhandelt.

Rechtsanwalt A. erkennt die Kautionspflicht des Klägers in Höhe von 100 Mk. an.

---

[1]) „Ich beantrage, dem Kl. aufzugeben, durch Hinterlegung von 100 Mk. für die Prozeßkosten Sicherheit zu leisten und, falls die Sicherheit nicht geleistet wird, die Klage für zurückgenommen zu erklären."

Es wurde folgender Beschluß verkündet:

a) Der Kläger hat binnen 14 Tagen durch Hinterlegung von 100 Mk. für die Prozeßkosten Sicherheit zu leisten.[2])

b) Termin zur weiteren Verhandlung wird auf den usw. anberaumt.

15. Erlaß des Beweisbeschlusses.

Für den Kläger der Rechtsanwalt A.
Für den Beklagten der Rechtsanwalt B.

usw.

Es wurde folgender Beschluß verkündet:

Es soll Beweis erhoben werden über folgende Fragen:

1. usw.
durch Vernehmung des A., B., C., als Zeugen des Klägers, des D., E., F., als Zeugen des Beklagten.

2. usw.
durch Vernehmung des G. als Sachverständigen.

3. usw.
durch Vorlegung der von beiden Teilen in bezug genommenen Grundakten von usw.

4. Zum Beweise darüber, ob der Bekl. auf das eingeklagte Kaufgeld für ein Pferd von 1200 Mk. an den Kläger 200 Mk. gezahlt hat, soll dem Kläger der folgende Eid abgenommen werden, über dessen Norm und Erheblichkeit die Parteien einig sind:

Ich schwöre bei Gott dem Allmächtigen und Allwissenden: Der Bekl. hat mir auf das eingeklagte Kaufgeld für ein Pferd von 1200 Mk. nichts gezahlt. So wahr mir Gott helfe!

Es soll der Beweis zu 1 durch Ersuchen der zuständigen Amtsgerichte, der Beweis zu 2 durch beauftragten Richter erhoben werden. Als solchen ernennt der Vorsitzende den Landrichter usw.

Zur Erledigung der übrigen Beweisaufnahme und fortgesetzten mündlichen Verhandlung wird ein Termin auf den usw. anberaumt.

Ist der Beschluß auf einer Anlage aufgesetzt, so kann diese dahin gefaßt werden:

Anlage zum Protokoll vom usw. in Sachen A. wider B. (Aktenzeichen.)

Es soll Beweis erhoben werden über folgende Fragen: usw. wie vorstehend bis zum Schluß.

Die Anlage wird entweder von den sämtlichen Richtern oder vom Vorsitzenden und vom Gerichtsschreiber unterschrieben.

Das Protokoll lautet dann: Es wurde der anliegende Beschluß verkündet.

16. Beschluß auf Erfordern eines schriftlichen Gutachtens.

Es wurde folgender Beschuß verkündet:

a) der Sanitätsrat N. N., hier, soll unter Zustellung der Akten ersucht werden, darüber

---

[2]) Wenn Kläger die Verpflichtung zur Sicherheitsleistung bestreitet, so muß darüber durch Zwischenurteil entschieden werden.

ob der Kläger infolge derjenigen Verletzungen, die er bei dem Unfall vom usw. erlitten hat, vollständig erwerbsunfähig geworden ist?
als Sachverständiger ein schriftliches Gutachten zu erstatten und vor dem Beweistermin auf der Gerichtsschreiberei niederzulegen;

b) Termin zur Beweisaufnahme und weiteren mündlichen Verhandlung wird auf den usw. anberaumt;
c) zu diesem Termine ist der Sachverständige N. N. zur Beeidigung seines Gutachtens zu laden.

17. Erledigung des Beweisbeschlusses und weitere mündliche Verhandlung.

1. Kläger in Person.
2. Dessen Vertreter, Rechtsanwalt, A.
3. Für den Beklagten der Rechtsanwalt B.
4. Als Zeugen und Sachverständige usw.

Es wurde in die Beweisaufnahme eingetreten.

Der Zeuge usw. ist nur der polnischen Sprache mächtig. Es wurde deshalb der als polnischer Dolmetscher im allgemeinen beeidete Gerichtssekretär N. N. zugezogen. Er versichert unter Berufung auf den geleisteten Dolmetschereid, daß er treu und gewissenhaft übertragen werde.

Nachdem die Zeugen uud Sachverständigen auf die Bedeutung des Eides hingewiesen waren, wurden die Zeugen einzeln und in Abwesenheit der später abzuhörenden Zeugen im Beisein der Sachverständigen wie folgt vernommen;

1. Zeuge usw.

Zur Person. Ich heiße usw., bin usw. Jahre alt, usw. Religion.
Zur Sache. usw.
Nach der Vernehmung leistete der Zeuge den Zeugeneid.

usw. usw.

Der Kläger erklärt sich bereit, den zur Verhandlung vom usw. für ihn normierten Eid zu schwören. Er wurde auf die Bedeutung des Eides hingewiesen und leistete, nachdem er angezeigt hatte, daß er usw. mit Vornamen heiße, usw. Jahre alt und evangelischer Konfession sei, den bezeichneten Eid vorschriftsmäßig ab.

Nunmehr wurden vorgelegt die Akten des Königl. Landratsamts M., betreffend usw.

Beide Parteivertreter nehmen Bezug auf die Verfügung der Königl. Regierung usw. vom usw Bl. usw.

Ferner beziehen sich Rechtsanwalt A. auf die Verhandlung des Landrats mit dem Bürgermeister vom usw., Bl. usw., Rechtsanwalt B. auf den Bericht des Landrats an die Königl. Regierung vom usw. Bl. usw.

Der Inhalt der in Bezug genommenen Schriftstücke ist vorgetragen.

Die Beweisaufnahme wurde für geschlossen erklärt und zur mündlichen Verhandlung aufgefordert.

Es verlasen Rechtsanwalt A. den Antrag aus der Klageschrift, Rechtsanwalt B. den Antrag aus dem Schriftsatz vom usw.

Sie verhandelten sodann zur Sache.

Es wurde nachstehendes Urteil verkündet: usw.

17. Urteil über die Klageforderung unter Vorbehalt der Entscheidung über eine Aufrechnung. (§ 302 ZPO.)

A. hat gegen B. eine Mietforderung von 500 Mk. eingeklagt, B. im Wege der Einrede zum Zwecke der Aufrechnung eine Warenforderung von gleichem Betrage geltend gemacht. Die Klageforderung erweist sich als rechtmäßig, während die Gegenforderung noch eine Beweisaufnahme erforderlich macht. Das Landgericht erkennt:

„Der Bekl. wird verurteilt, an den Kläger 500 Mk. zu zahlen. Die Kosten des Rechtsstreits werden dem Beklagten auferlegt. Dies Urteil ergeht unter Vorbehalt der Entscheidung über die Gegenforderung des Bekl. von 500 Mk. Dieses Urteil wird gegen Sicherheitsleistung des Klägers in Höhe von 550 Mk. für vorläufig vollstreckbar erklärt."

Die nähere Bezeichnung der Gegenforderung erfolgt in den Gründen. Gegen dies Urteil steht dem Bekl. die Berufung zu. Es wird aber, gleichviel ob er sie einlegt oder nicht, die Verhandlung über die Gegenforderung beim LG. fortgesetzt. Ist die Gegenforderung unbegründet, so erkennt das LG. „das am usw. verkündete Urteil der usw. Zivilkammer des LG. in usw. wird unter Wegfall des Vorbehalts aufrecht erhalten". Ist sie begründet, so wird erkannt: „das usw. Urteil wird aufgehoben und der Kläger mit der Klage abgewiesen. Die Kosten des Rechtsstreits werden dem Kläger auferlegt." Ist sie nur zum Teil, z. B. in Höhe von 400 Mk. begründet, so lautet die Entscheidung: „das usw. Urteil wird insoweit, als der Beklagte zur Zahlung von mehr als 100 Mk. verurteilt ist, sowie im Kostenpunkt aufgehoben und der Kläger mit der Klage in Höhe von 400 Mk. abgewiesen. Im übrigen wird das bezeichnete Urteil unter Wegfall des Vorbehalts aufrechterhalten. Die Kosten des Rechtsstreits werden dem Kl. mit $^4/_5$, dem Bekl. mit $^1/_5$ auferlegt."

18. Zwischenurteil aus § 304 ZPO.

I. B. hat sein Hausgrundstück und den darin betriebenen Bierverlag an A. verkauft. Zwischen diesem Hause und dem Nachbarhause des C. befindet sich ein abgeschlossener Gang, der zur Zeit des Kaufvertrags von B. als Lagerraum für seine Biervorräte benutzt wurde. Nach Abschluß des Kaufvertrags stellte sich heraus, daß der Gang Eigentum des C. ist. Dieser untersagte dem A. die fernere Benutzung des Ganges. A. behauptet, den Gang mitgekauft zu haben und klagt gegen B. auf Zahlung von 1000 Mk. als Ersatz des durch die Entziehung des Ganges eingetretenen Minderwerts des Hauses. Der Beklagte verlangt Abweisung. Nachdem in der mündlichen Verhandlung die Parteianträge verlesen worden, beschließt das Landgericht: „über den Grund des Anspruchs vorab zu verhandeln". Das geschieht. Das Landgericht erkennt nach kontradiktorischer Verhandlung durch Zwischenurteil:

„Der Minderungsanspruch des Klägers ist begründet."

Gegen dies Zwischenurteil legt der Beklagte Berufung ein. Dadurch wird die Verhandlung über den Betrag nicht ausgeschlossen. Dem Kläger steht frei, sofort im Termin nach Verkündung des Zwischenurteils mündlich die Verhandlung über den Betrag zu beantragen. Gibt das Gericht dem Antrage statt, so kann es ohne weiteres in die Verhandlung eintreten, auch einen neuen Termin anberaumen.

Beantragt der Kläger nach dem Termin die Verhandlung über den Betrag, so hat er den Beklagten neu zu laden. Das Landgericht kann in allen Fällen in mündlicher Verhandlung einen Beschluß dahin erlassen und verkünden: „das Verfahren über den Betrag des Minderungsanspruchs wird bis zur Rechtskraft des über den Grund dieses Anspruchs erlassenen Zwischenurteils ausgesetzt." Geschieht dies, so stellt nach Eintritt der Rechtskraft der Kläger dem Beklagten folgenden Schriftsatz zu: „In Sachen usw. hat das Zwischenurteil vom usw. die Rechtskraft beschritten. Ich lade deshalb den Beklagten zu Händen seines Prozeßbevollmächtigten, RA. N., zur Fortsetzung der mündlichen Verhandlung des Rechtsstreits vor das Königl. Landgericht in usw. zu dem hierneben anberaumten Termine. Zur Vorbereitung der mündlichen Verhandlung wird angeführt usw." In dem anberaumten Termin wird über den Betrag des Anspruchs verhandelt.

II. A. hat von B. dessen Haus gekauft. Mitgekauft ist das Recht der Mitbenutzung eines zwischen diesem Hause und dem Nachbarhause des C. gelegenen Ganges. Auf die Klage des C., als des Eigentümers des Ganges, ist dem A. dessen Benutzung untersagt. Jetzt klagt A. gegen B. seinen Minderungsanspruch mit 1000 Mk. ein. Das Landgericht erkennt durch Zwischenurteil: „der Minderungsanspruch des Klägers ist begründet." Gegen dies Zwischenurteil legt B. Berufung ein.

Einen Beschluß dahin, daß das Verfahren über den Betrag bis zur Rechtskraft des Zwischenurteils ausgesetzt werden solle, hat das LG. nicht erlassen. A. ladet deshalb, während die Berufung gegen das Zwischenurteil beim Oberlandesgericht schwebt, den B. zur Verhandlung über den Betrag vor das LG. Dieses erkennt:

> „Der Beklagte wird verurteilt, an den Kläger 1000 Mk. zu zahlen. Die Kosten des Rechtsstreits werden dem Beklagten auferlegt. Dieses Urteil ist gegen Hinterlegung von 1100 Mk. vorläufig vollstreckbar, verliert aber seine Wirksamkeit im Falle der Aufhebung des am usw. verkündeten Zwischenurteils."

Auf Grund dieses Urteils zieht A. die ihm zugesprochenen 1000 Mk. von B. ein. Jetzt wird vom OLG. das Zwischenurteil geändert und erkannt: „der Minderungsanspruch des Klägers ist unbegründet." Damit wird die Wirksamkeit des Endurteils des LG. aufgehoben. B. will aber dies Urteil auch formell beseitigen und einen Schuldtitel für die Erstattung der eingezogenen 1000 Mk. und der Kosten haben. Deshalb ladet er seinerseits den A. vor das LG. und erwirkt bei diesem ein Urteil dahin:

> Das am usw. verkündete Urteil der usw. Zivilkammer des Königl. LG. in usw. wird aufgehoben. Kläger wird mit der Klage abgewiesen und verurteilt, an den Beklagten 1000 Mk zu zahlen.
>
> Die Kosten des Rechtsstreits werden dem Kläger auferlegt.

19. Ergänzung des Urteils. (§ 321 ZPO.)

Der Kläger hatte beantragt, dem Beklagten die Kosten des Rechtsstreits aufzuerlegen, einschließlich derjenigen Kosten, die durch vorangegangene einstweilige Verfügung veranlaßt sind. In dem auf Verurteilung des Beklagten lautenden Urteile sind dem Beklagten nur die Kosten des Rechtsstreits auferlegt.

Der Anwalt des Klägers ladet zur mündlichen Verhandlung vor das Prozeßgericht und kündigt in der Ladungsschrift den Antrag an: „das Urteil vom usw. dahin zu ergänzen, daß dem Beklagten auch die Kosten der einstweiligen Verfügung usw. auferlegt werden."

In der mündlichen Verhandlung verliest der Anwalt des Klägers den angekündigten Antrag. Der Anwalt des Beklagten erklärt, nicht widersprechen zu wollen. Das LG. erkennt: „das am usw. verkündete Urteil usw. wird dahin ergänzt: dem Beklagten werden die Kosten des Rechtsstreits einschließlich der durch die einstweilige Verfügung in Sachen usw. veranlaßten Kosten auferlegt." Hierzu Tatbestand und Gründe. Je eine Ausfertigung dieses Urteils wird mit den den Parteivertretern erteilten, von ihnen zu diesem Zweck zurückgereichten Urteilsausfertigungen verbunden.

20. Bedingtes Zwischenurteil über einen selbständigen Klagegrund. (§ 461 ZPO.)

A., Gläubiger des zahlungsunfähigen B. ficht zur Befriedigung wegen seiner Forderung einen Kaufvertrag an, durch den B. sein Grundstück an C. veräußert hat. In der gegen C. gerichteten Klage macht A. geltend, der Kaufvertrag sei nur zum Schein geschlossen, unterliege auch der Anfechtung nach dem Anfechtungsgesetz. Das Landgericht nimmt an, daß der Klagegrund des Scheingeschäfts zur Auferlegung eines Eides für den Beklagten spruchreif sei, dagegen der Klagegrund aus dem Anf.Ges. noch einer weiteren Verhandlung und Beweisaufnahme bedürfe. Um von der weiteren Verhandlung die Verhandlung über das Scheingeschäft auszuschließen, wird folgendes Zwischenurteil erlassen:

„Dem Beklagten wird folgender Eid auferlegt:

Ich schwöre bei Gott dem Allmächtigen und Allwissenden:

Zwischen mir und B. ist vor oder bei Abschluß des Kaufvertrags vom usw. nicht verabredet, daß das Eigentum des an mich verkauften Grundstücks dem B. verbleiben solle.

So war mir Gott helfe!

Im Falle der Leistung dieses Eides soll der Klagegrund des Scheingeschäfts verworfen, im anderen Fall soll dieser Klagegrund als rechtmäßig angenommen werden."

Ein Rechtsmittel gegen dies Urteil ist ausgeschlossen. Ebenso aber auch die Abnahme des Eides. Es wird vielmehr über den Klagegrund aus dem Anf.Ges. weiter verhandelt. Wird dieser Klagegrund als erwiesen angenommen, so kommt auf den Klagegrund des Scheingeschäfts nichts an und bleibt das Zwischenurteil unberücksichtigt. Ist dagegen der Klagegrund aus dem Anf.Ges. hinfällig, so ist nunmehr der im Zwischenurteil auferlegte Eid in das Endurteil zu übernehmen und die Festsetzung der Folgen nach Maßgabe der im Zwischenurteil angegebenen Grundsätze auszusprechen, also zu erkennen, daß im Falle der Leistung des Eides Kläger mit der Klage abgewiesen, anderenfalls der Beklagte nach dem Klageantrage verurteilt werden soll.

21. Läuterungsverfahren.

Der Kläger hat eine Darlehnsforderung von 4000 Mk. eingeklagt, der Beklagte unter Eideszuschiebung die Einrede der Zahlung erhoben, der Kläger diesen Eid angenommen und das Landgericht in O. erkannt:

„Dem Kläger wird folgender Eid auferlegt:

Ich schwöre bei Gott dem Allmächtigen und Allwissenden:

Der Beklagte hat mir auf die aus dem Schuldschein vom 15. Januar usw. gegen ihn eingeklagte Darlehnsforderung von 4000 Mk. nichts gezahlt.

So wahr mir Gott helfe!

Im Falle der Leistung dieses Eides soll der Beklagte verurteilt werden, an den Kläger 4000 Mk. zu zahlen, im anderen Fall soll der Kläger mit der Klage abgewiesen werden.

Die Kosten des Rechtsstreits sollen, wenn der Eid geleistet wird, dem Beklagten, wenn die Eidesleistung verweigert wird, dem Kläger auferlegt werden."

Das Urteil ist rechtskräftig. Der Prozeßbevollmächtigte des Klägers, RA. M., reicht zu den Prozeßakten folgenden Antrag: „In Sachen usw. überreiche ich die mit Notfristattest versehene Urteilsausfertigung und beantrage, dem im Bezirke des Königl. Amtsgerichts in P. wohnenden Kläger den Eid durch Ersuchen dieses Gerichts abzunehmen. M."

Prozeßbevollmächtigter des Beklagten ist RA. N. Das Landgericht verfügt auf den Antrag: „Herrn RA. N. zur gefälligen Erklärung vorzulegen." RA. N. schreibt darunter: „Einverstanden N."

Bei dem Einverständnisse der Parteien würde ein Beschluß des Landgerichts „dem Kläger den auferlegten Eid durch Ersuchen des Königl. Amtsgerichts in P. abzunehmen", überflüssig sein. Der Vorsitzende verfügt daher „Urschriftlich mit den Akten an das Königl. Amtsgericht in P. mit dem ergebenen Ersuchen, dem Kläger den Eid abzunehmen."

Das AG. setzt Termin zur Eidesleistung an. Zu diesem Termin werden die Bevollmächtigten der Parteien, nicht die Parteien selbst, von dem Gerichtsschreiber des AG. von Amts wegen geladen. Meldet sich der Kläger im Termin und ist er zur Eidesleistung bereit, so wird ihm der Eid abgenommen, über die Eidesleistung oder im Falle der Verweigerung des Eides über diese Erklärung ein Protokoll aufgenommen, dieses mit den Akten an das LG. gesendet, von dem letzteren von Amts wegen Verhandlungstermin anberaumt und in diesem auf Antrag der Eintritt der Folge der Leistung oder Weigerung des Eides durch Urteil ausgesprochen.

Angenommen, im Termin vor dem AG. hat sich Niemand gemeldet. Das AG. registriert dieses und schickt, wenn nicht innerhalb einer Notfrist von einer Woche der Kläger nachträglich die Abnahme des Eides beantragt,[1]) die Registratur mit den Zustellungsurkunden und den Akten an das LG. Hier wird von Amtswegen Termin zur mündlichen Verhandlung anberaumt. Der Gerichtsschreiber des LG. hat zu diesem Termin die Prozeßbevollmächtigten der Parteien zu laden.

Im Verhandlungstermin sind beide Anwälte anwesend. RA. M. überreicht folgende Protokollanlage:

„In Sachen usw. kann Kläger den Eid in der festgesetzten Norm nicht leisten. Das richtige Datum des Schuldscheins ist nicht der 15., sondern der 13. Januar usw. Auch erkennt der Kläger die eingewendete Zahlung in Höhe von 1000 Mk. an. Ich beantrage: den Eid dementsprechend zu ändern."

Vom RA. N. wird folgende Protokollanlage überreicht:

„Nach der Verkündung des bedingten Urteils hat der Beklagte an den

[1]) § 466.

Kläger auf die eingeklagte Forderung 500 Mk. gezahlt. Beweis: der beiliegende Posteinlieferungsschein. Ich beantrage: das bedingte Urteil aufzuheben, den Kläger in Höhe von 1500 Mk. abzuweisen und nur wegen der Restforderung von 2500 Mk. auf einen Eid zu erkennen."

Unter diese Protokollanlage schreibt RA. M.: „Ich beantrage die Zurückweisung dieses Antrags."

Der Inhalt der beiden Protokollanlagen wird mündlich vorgetragen. RA. M. erklärt ferner: „die Zahlung von 500 wird zugegeben. Sie ist aber nicht auf die eingeklagte Forderung geleistet. Ich widerspreche ihrer Berücksichtigung im Läuterungsverfahren."

Das LG. stellt durch Vorlegung des Schuldscheins fest, daß nicht mit Sicherheit erkannt werden kann, ob er vom 15. oder vom 13. Januar datiert ist und erwägt: „die Bezeichnung des Schuldscheins in der Eidesnorm ist entbehrlich und kann fortfallen. Wegen der anerkannten Zahlung von 1000 Mk. ist die Eidesnorm entsprechend einzuschränken. Die eingewendete Zahlung von 500 Mk. kann nur durch Klage aus § 767 ZPO. geltend gemacht werden. Um aber klar zu stellen, daß diese Zahlung von der Eidesleistung nicht betroffen wird, empfiehlt es sich, dies in der Eidesnorm erkennbar zu machen." Auf Grund dieser Erwägungen verkündet das LG. folgenden Beschluß: Der dem Kläger auferlegte Eid soll in folgender Norm abgenommen werden: Ich schwöre usw., der Bekl. hat mir auf die eingeklagte Darlehnsforderung von 4000 Mk. vor dem (Datum des bedingten Urteils) nur 1000 Mk. gezahlt. So wahr usw."

Auf den übereinstimmenden Antrag der Prozeßbevollmächtigten wird zur Eidesleistung und mündlichen Verhandlung ein neuer Termin vor dem Prozeßgericht anberaumt und verkündet.

Vor diesem Termin stellt RA. N. dem RA. M. folgenden Schriftsatz zu: „Kläger ist vor mehreren Jahren vom Schwurgericht in O. wegen Meineids mit 2 Jahren Zuchthaus bestraft. Der Bekl. hat hiervon erst durch die anliegende Anzeige vom gestrigen Tage Nachricht erhalten. Ich widerrufe deshalb den dem Kl. zugeschobenen Eid, benenne als Zeugen über die Zahlung von 4000 Mk. den usw. und beantrage: das bedingte Urteil aufzuheben und den Kläger abzuweisen."

RA. M. antwortet durch Zustellung des folgenden Schriftsatzes: „die Angabe über die Bestrafung des Klägers ist richtig. Auch soll nicht bestritten werden, daß der Beklagte hiervon erst nach dem letzten Verhandlungstermin Kenntnis erhalten hat. Dagegen wird die Zahlung von mehr als 1000 Mk. in Abrede gestellt. Ich beantrage: unter Aufhebung des bedingten Urteils den Kläger nur mit 1000 Mk. abzuweisen und den Bekl. zur Zahlung von 3000 Mk. zu verurteilen."

In dem Termin wird nach Verlesung der neuen Anträge unter Hervorhebung der neuen Anführungen mündlich verhandelt. Das LG. beschließt die Erhebung des vom Bekl. neu angetretenen Beweises und gewinnt in dem nach Erledigung der Beweisaufnahme von Amts wegen anberaumten Termine die Überzeugung, daß die nach Verkündung des bedingten Urteils geleistete Zahlung von 500 Mk. auf die eingeklagte Forderung geleistet, die Zahlung des Restbetrags von 2500 Mk. aber soweit dargetan ist, daß dieserhalb auf einen richterlichen Eid erkannt werden kann. Da dieser Eid dem Beklagten aufzuerlegen und mit der Aufhebung des bedingten Urteils die mit dessen Verkündung eingetretene Beschränkung in der Geltendmachung der Zahlung von 500 Mk. fortgefallen ist, erkennt das LG.:

1. „Das am usw. verkündete Urteil der usw. Zivilkammer des Königl. LG. zu usw. wird aufgehoben.
2. Kläger wird mit der Klage in Höhe von 1500 Mk. abgewiesen.
3. Dem Beklagten wird folgender Eid auferlegt:

Ich schwöre bei Gott dem Allmächtigen und Allwissenden:

Ich habe die eingeklagte Darlehnsforderung von 4000 Mk. dem Kläger im vollen Betrage zurückgezahlt.

So wahr mir Gott helfe.

Im Falle der Leistung dieses Eides soll der Kläger mit der Klage in Höhe von noch 2500 Mk. abgewiesen, im anderen Falle soll der Bekl. zur Zahlung von 2500 Mk. verurteilt werden.

4. Von den Kosten des Rechtsstreits werden $^3/_8$ dem Kläger auferlegt. Die übrigen $^5/_8$ sollen im Falle der Leistung des Eides dem Kläger, im Falle der Verweigerung des Eides dem Beklagten auferlegt werden."

Dieses Urteil ist im Parteibetriebe zuzustellen. Hat es die Rechtskraft beschritten, so wird auf Parteiantrag Termin zur Eidesleistung und mündliche Verhandlung (Läuterung) anberaumt. Angenommen, der Bekl. erklärt im Termin, er wolle nur die Zahlung von 3000 Mk. beschwören. Dann wird ihm auf verkündeten Beschluß des LG. der Eid in folgender Norm abgenommen:

Ich schwöre usw. ich habe auf die eingeklagte Darlehnsforderung von 4000 Mk. dem Kläger 3000 Mk. zurückgezahlt. So wahr usw.

Die Läuterung des Urteils zu 3 und 4 erfolgt alsdann dahin:

Der Bekl. wird verurteilt, an den Kläger 1000 Mk. zu zahlen. Kläger wird mit der Mehrforderung von noch 1500 Mk. abgewiesen. Von den Kosten des Rechtsstreits werden dem Kläger noch $^3/_8$, dem Bekl. $^2/_8$ auferlegt.

Dieses Urteil ist vorläufig vollstreckbar.

22. Aussetzung des Verfahrens im Falle des Todes einer Partei. (§ 246 ZPO.)

Im Laufe des Rechtsstreits stirbt der Bekl. Dessen Anwalt reicht zu den Prozeßakten folgenden Schriftsatz ein:

„In Sachen usw. beantrage ich die Aussetzung des Verfahrens anzuordnen. Nach der auf dem beiliegenden Briefumschlag befindlichen Anzeige des Postboten ist der Bekl. verstorben. Beglaubigte Abschrift hat der Anwalt des Klägers zugestellt erhalten."

Dieser Schriftsatz wird dem Anwalt des Klägers zur Erklärung vorgelegt. Er schreibt darunter: „Ich habe gegen den Antrag nichts zu erinnern." Das Prozeßgericht erläßt folgenden Beschluß: „In Sachen usw. hat usw., nachdem der Bekl. verstorben und von dessen Anwalt die Aussetzung des Verfahrens beantragt ist, gemäß § 246 ZPO. beschlossen: Das Verfahren wird ausgesetzt."

Der Beschluß wird beiden Anwälten zugestellt. Dem Kläger steht dagegen die gewöhnliche Beschwerde zu. Das Verfahren ruht nunmehr. Die Erben können es aufnehmen und den Kläger zur mündlichen Verhandlung laden. Wird in dieser die Erbeneigenschaft bestritten, so ist darüber Beweis zu erheben. Ergibt sich, daß die Aufnehmenden nicht die Erben sind, so sind sie mit dem Aufnahmeantrage kostenpflichtig abzuweisen und zwar durch Endurteil, das durch Berufung angefochten werden kann. Wird die Erbeneigenschaft erwiesen, so erfolgt die Verhandlung in der Sache selbst.

Erfolgt eine Aufnahme seitens der Erben des Beklagten nicht, so reicht der Anwalt des Klägers folgenden Schriftsatz zu den Akten: „In Sachen usw. ist durch Beschluß vom usw. das Verfahren ausgesetzt. Erben des Bekl. sind geworden usw. Da sie das Verfahren noch nicht aufgenommen haben, lade ich sie zur Aufnahme und Verhandlung der Hauptsache vor das Königl. Landgericht usw." Auf die Urschrift schreibt der Vorsitzende:

1. Die Ladungsfrist wird auf drei Wochen bestimmt.
2. Termin zur mündlichen Verhandlung den usw.

Die Ladung läßt der Anwalt des Klägers dem Anwalt des ursprünglichen Beklagten und den benannten Erben zustellen. Erscheinen die Beklagten nicht, so ist auf Antrag des Klägers die Rechtsnachfolge als zugestanden anzunehmen und zur Hauptsache zu verhandeln. Es können also die beklagten Erben durch Versäumnisurteil nach dem Klageantrag verurteilt werden. Gegen das Versäumnisurteil steht dem Beklagten der Einspruch zu. Wird in der auf erhobenen Einspruch anberaumten mündlichen Verhandlung die Rechtsnachfolge zugestanden, so sind die Erben vor der Annahme der Erbschaft zur Fortsetzung des Rechtsstreits nicht verpflichtet.[1] Haben sie die Erbschaft angenommen, so enthält die Erklärung, in der sie dies zugeben, die Aufnahme des Rechtsstreits. Wird die behauptete Erbeneigenschaft bestritten, so ist darüber Beweis zu erheben. Stellt sich dabei heraus, daß die Geladenen nicht die Erben des ursprünglichen Bekl. sind, so ist der Aufnahmeantrag des Klägers durch kontradiktorisches, der Berufung unterliegendes Endurteil auf Kosten des Klägers zurückzuweisen. Wird die Erbeneigenschaft erwiesen, so ist dies durch Zwischenurteil auszusprechen und in der Sache selbst zu verhandeln. Das Zwischenurteil kann von den Erben nur in Verbindung mit dem in der Sache selbst gesprochenen Endurteil, wenn dieses zu ihrem Nachteil ergeht, angefochten werden.

23. Aufnahme des durch Konkurseröffnung unterbrochenen Prozeßverfahrens. (§ 240 ZPO.)

Kläger hat auf Herausgabe einer Landfläche geklagt. Im Laufe des Rechtsstreits wird über das Vermögen des Bekl. Konkurs eröffnet, damit ist das Prozeßverfahren kraft Gesetzes unterbrochen; es bedarf keines Beschlusses, der die Unterbrechung erkennbar macht. Zum Zwecke der Aufnahme überreicht der Prozeßbevollmächtigte des Klägers zu den Prozeßakten folgende Eingabe:

„Über das Vermögen des Bekl. ist Konkurs eröffnet. In dem Prozesse handelt es sich um einen Anspruch des Klägers auf Aussonderung einer Landfläche aus dem Vermögen des Gemeinschuldners. Deshalb lade ich namens des Klägers gemäß § 240 ZPO., § 11 Konk.O. den Konkursverwalter N. zur Aufnahme und mündlichen Verhandlung des Rechtsstreits vor das usw. auf den anzuberaumenden Termin mit der Aufforderung, sich einen bei diesem Gericht zugelassenen Anwalt zu seiner Vertretung zu bestellen. Ich werde den Antrag der Klage, der dahin geht: usw., wiederholen und im Falle des Nichterscheinens des KVerw. ferner beantragen: durch Versäumnisurteil auszusprechen, daß das Verfahren vom KVerw. N. aufgenommen ist."

---

[1] § 239 Abs. 5.

Im Verhandlungstermin bleibt der KVerw. aus. Der Vertreter des Klägers weist die Ladung nach. Auf seinen Antrag ergeht das folgende Versäumnisurteil:

Das Verfahren gilt als von dem Verwalter des über das Vermögen des Bekl. eröffneten Konkurses aufgenommen.

Tatbestand und Entscheidungsgründe.

Über das Vermögen des Bekl. ist Konkurs eröffnet und dadurch das Prozeßverfahren, das den Anspruch des Klägers auf Aussonderung eines Landstreifens aus dem Vermögen des Gemeinschuldners zum Gegenstand hat, unterbrochen. Kläger hat den KVerw. N. zur Aufnahme und mündlichen Verhandlung des Rechtsstreits geladen und beim Nichterscheinen des KVerw. in dem Termine zur mündlichen Verhandlung vom usw. dessen gehörig erfolgte Ladung durch Vorlegung der Urkunde vom usw. nachgewiesen und beantragt durch Versäumnisurteil auszusprechen, daß das Verfahren als von dem Verwalter des über das Vermögen des Bekl. eröffneten Konkurses aufgenommen gilt. — Diesem Antrag war nach §§ 240, 250 ZPO. und § 11 Konk.O. stattzugeben.

24. Verhandlung des Rechtsstreits in der Berufungsinstanz.

Der Königl. Eisenbahnfiskus hat gegen den Spediteur S. eine Forderung von 4000 Mk. nebst 4 % Zinsen seit dem usw. eingeklagt. Das Königl. Landgericht in K., hat den Beklagten zur Zahlung von 2000 Mk. nebst Zinsen verurteilt, die weitergehende Klage dagegen abgewiesen. Gegen dieses Urteil legt der Bekl. wegen seiner Verurteilung Berufung ein; Kläger schließt sich wegen seiner Abweisung der Berufung des Bekl. an.

1. Berufungsschrift des Spediteurs S. in B., Beklagten und Berufungsklägers,

gegen

den Königl. Eisenbahnfiskus, vertreten durch das Betriebsamt B., Klägers und Berufungsbeklagten,

wegen Lagergeld.

Gegen das Urteil der usw. Zivilkammer des Königl. LG. in K. vom usw. lege ich für den Bekl. Berufung ein.

S., den usw. A. Justizrat.

An das Königl. Oberlandesgericht in B.

2. Justizrat A. überreicht Urschrift der Berufungsschrift, beglaubigte Abschrift für den Gegner, einfache Abschrift für das Gericht und Ausfertigung des Urteils der Gerichtsschreiberei des Berufungsgerichts. Der Gerichtsschreiber erfordert die Akten 1. Instanz, legt die Urschrift der Berufungsschrift dem Vorsitzenden zur Terminsbestimmung vor, setzt eine Abschrift der Terminsnote auf die beglaubigte Abschrift der Berufungsschrift und läßt diese an den Prozeßbevollmächtigten des Klägers 1. Instanz zustellen. Die Berufungsfrist ist gewahrt, wenn innerhalb ihrer die Berufungsschrift dem Berufungsgericht eingereicht wird.

Bei der Anberaumung des Verhandlungstermins ist zu beachten, daß die Einlassungsfrist von zwei Wochen freibleiben muß.[1])

3. Nach Zustellung der Berufungsschrift läßt der Kläger dem Bekl. folgenden Schriftsatz zustellen:

---

[1]) §§ 520, 262.

Beantwortung der Berufung und Anschlußberufung
in Sachen
S. gegen Eisenbahnfiscus (Aktenzeichen).
Namens des Klägers werde ich beantragen:
die Berufung des Bekl. zurückzuweisen.
Gleichzeitig schließe ich mich der vom Bekl. eingelegten Berufung an.
S., den usw. B., Rechtsanwalt.

Zur besseren Vorbereitung der mündlichen Verhandlung können die Parteien noch weitere, ihre Anträge und Anführungen enthaltende Schriftsätze wechseln. Diese würden sich wie folgt gestalten:

4. Schriftsatz (des Beklagten)
in Sachen
S. gegen Eisenbahnfiscus wider S. (Aktenzeichen).

Namens des Bekl. werde ich das erste Urteil insoweit anfechten, als es den Bekl. verurteilt, und beantragen:

a) unter Änderung des ersten Urteils die Klage vollständig abzuweisen und
b) die Abschlußberufung des Klägers zurückzuweisen.

(Folgt Begründung.)

S., den usw. A., Justizrat.

5. Schriftsatz (des Klägers)
in Sachen
S. gegen Eisenbahnfiscus (Aktenzeichen).

Sollte die Berufung des Bekl. vor Beginn der mündlichen Verhandlung zurückgenommen werden, so werde ich beantragen: den Bekl. des Rechtsmittels der Berufung für verlustig zu erklären. Insoweit der Bekl. in der mündlichen Verhandlung das erste Urteil nicht anfechten wird, werde ich beantragen: das erste Urteil für vorläufig vollstreckbar zu erklären. Den Antrag der Anschlußberufung werde ich dahin stellen: den Bekl. zu verurteilen, an den Kläger außer dem ihm durch das Urteil 1. Instanz bereits zuerkannten Betrage von 2000 Mk. nebst Zinsen noch 2000 Mk. nebst 4% Zinsen seit usw. zu zahlen.

(Folgt Begründung.)

S., den usw. B., Rechtsanwalt.

6. Das Protokoll über die mündliche Verhandlung lautet:

Öffentliche Sitzung des usw. Zivilsenats des Königl. Oberlandesgerichts.

Gegenwärtig:

1. Senatspräsident A. als Vorsitzender,
2. Oberlandesgerichtsrat B.
3. Oberlandesgerichtsrat C.
4. Oberlandesgerichtsrat D.
5. Oberlandesgerichtsrat E. als beisitzende Richter.

F., Referendar, als Gerichtsschreiber.

S., den usw.

In Sachen des Spediteurs S. in K., Beklagten und Berufungsklägers, gegen den Königl. Eisenbahnfiskus, Kläger und Berufungsbeklagten, erschienen bei Aufruf:

1. für den Berufungskläger der Justizrat A.,
2. für den Berufungsbeklagten der Rechtsanwalt B.

Der Anwalt des Berufungsklägers legte die Urkunden des Gerichtsvollziehers vom usw. und des Postboten vom usw. in beglaubigter Abschrift vor, wonach dem Berufungskläger das Urteil 1. Instanz am usw. zugestellt ist. Die rechtzeitige Einreichung der Berufungsschrift wurde aus den Akten festgestellt.

(Oder: Der Anwalt des Berufungsklägers wies nach, daß das Urteil 1. Instanz am usw. zugestellt ist; daß die Berufungsschrift am usw. eingereicht worden ist, wurde aus den Akten festgestellt.)

Er verlas sodann den Antrag aus dem Schriftsatz vom usw., der Anwalt des Berufungsbekl. den Antrag aus dem Schriftsatze vom usw.

Die Anwälte verhandelten hierauf zur Sache.

Es wurde folgender Beschluß verkündet: usw.

A. F.

25. Verfahren nach erfolgter Zurückweisung durch Revisionsurteil. (§ 565 ZPO.)

Auf die Revision des Klägers hat das Reichsgericht erkannt:

Das Urteil des ersten Zivilsenats des Königl. Preuß. Oberlandesgerichts zu usw. wird aufgehoben und die Sache zur anderweitigen Verhandlung und Entscheidung an das Berufungsgericht (evtl.: zweiten Zivilsenat) zurückverwiesen. Die Entscheidung über die Kosten der Revisionsinstanz bleibt dem künftigen Endurteile vorbehalten.

Das Oberlandesgericht erhält Abschrift des Urteils. Diese wird den Mitgliedern des Senats zur Kenntnisnahme vorgelegt. Weiteres wird von Amts wegen nicht veranlaßt, vielmehr ruht die Sache, bis diejenige Partei, die den Rechtsstreit fortsetzen will, den Gegner ladet. „Durch Urteil des Reichsgerichts vom usw. ist die Sache an das Berufungsgericht zurückverwiesen. Ich lade deshalb den Bekl. zu Händen seines Prozeßbevollmächtigten, RA. B., zur mündlichen Verhandlung des Rechtsstreits vor das Königl. Oberlandesgericht in usw. auf den von dem Vorsitzenden anzuberaumenden Termin. A. (Anwalt des Klägers.)“ Der Vorsitzende bestimmt auf der Urschrift den Verhandlungstermin. Der Gerichtsschreiber des Berufungsgerichts erfordert die Akten von dem Gerichtsschreiber des Landgerichts. Das weitere Verfahren folgt den gewöhnlichen Regeln. Bezüglich der Kosten ist auch über die der Revisionsinstanz zu entscheiden: „Die Kosten des Rechtsstreits einschließlich der Revisionsinstanz werden dem usw. auferlegt.“

Nach Erledigung der Berufung werden die Akten mit beglaubigter Abschrift des Berufungsurteils von dem Gerichtsschreiber des OLG. an den Gerichtsschreiber des Landgerichts zurückgesendet. Dieser hat Abschrift des Berufungsurteils der Gerichtsschreiberei des Reichsgerichts mitzuteilen, damit dort die Kosten berechnet werden können.

26. Rubrum eines Urteils.

a) In erster Instanz.

Im Namen des Königs!

In Sachen des Bauernhofbesitzers August A. und dessen Ehefrau Anna, geborener B. zu C., jetzt der genannten Ehefrau als gütergemeinschaftlicher Witwe, und der Geschwister A.: Martha, großjährig, Fritz und Gustav, minderjährig und bevormundet durch den Büdner E. in F., als Erben des August A., Kläger und Widerbeklagter,

Prozeßbevollmächtigter: Rechtsanwalt G. in S.

gegen den Schmied Julius H. in J., Beklagten und Widerkläger,

Prozeßbevollmächtigter: Rechtsanwalt K. in S.

wegen Eigentums, hat die usw. Zivilkammer des Königl. Landgerichts in S. auf die mündliche Verhandlung vom usw. unter Mitwirkung des Landgerichtspräsidenten L. und der Landrichter M. und N. für Recht erkannt: usw.

b) In zweiter Instanz.

Im Namen des Königs!

In Sachen der Stadtgemeinde zu G., vertreten durch den Magistrat, Klägerin, Widerbeklagter und Berufungsklägerin,

Prozeßbevollmächtigter: Rechtsanwalt A. in S.

gegen I. die Kirchengemeinde zu G., vertreten durch den Gemeindekirchenrat daselbst Beklagte und Widerklägerin, II. die Grundbesitzer des Dorfes und Gutes G., nämlich den Grundbesitzer A., den Gemeindevorsteher B. usw., sämtlich zu G., Nebenintervenienten, zu I und II Berufungsbeklagte,

Prozeßbevollmächtigter: Rechtsanwalt B. in S.

wegen Kirchenbaulast, hat der usw. Zivilsenat des Königl. Oberlandesgerichts in usw. auf die mündliche Verhandlung vom usw. unter Mitwirkung des Oberlandesgerichtspräsidenten H. und der Oberlandesgerichtsräte J., K., L., M., für Recht erkannt: usw.

27. Urteilsformeln in 1. Instanz.

(Wo der Wortlaut nichts anderes ergibt, ist eine Klage auf Zahlung von 4000 Mk. nebst Zinsen unterstellt.)

1. a) Der Bekl. wird als Eigentümer des Grundstücks usw. und unter persönlicher Verhaftung (als Erbe des N. N. unter Vorbehalt der Rechtswohltat des Inventars) verurteilt, an den Kläger 3000 Mk. nebst 4 % Zinsen seit usw. zu zahlen.

b) Mit der Mehrforderung wird der Kläger abgewiesen.

c) Von den Kosten des Rechtsstreits einschließlich derjenigen des voraufgegangenen Mahnverfahrens werden die durch die Anordnung und Erhebung des Beweises veranlaßten dem Kläger, die übrigen dem Bekl. mit $^3/_4$, dem Kläger mit $^1/_4$ auferlegt.

d) Das Urteil zu a) und c) ist gegen eine in Höhe von 3200 Mk. von dem Kläger zu leistende Sicherheit vorläufig vollstreckbar.

Die Tenorierung „die Kosten der Beweisaufnahme werden dem usw. auferlegt", ist nicht empfehlenswert. Die Gerichtskosten werden liquidiert für die Anordnung einer Beweisaufnahme,[1]) die Anwaltskosten für die Vertretung im Beweisverfahren.[2]) Durch das Wort „veranlaßten" wird klargestellt, daß unter die betreffenden Kosten auch die der weiteren mündlichen Verhandlung [3]) fallen, denn diese wäre unterblieben, wenn eine Beweisaufnahme nicht stattgefunden hätte.

2. a) Der Bekl. wird verurteilt, an den Kläger 3000 Mk. nebst 4 % Zinsen seit dem usw. zu zahlen.

b) Dem Kläger wird folgender Eid auferlegt:

Ich schwöre bei Gott dem Allmächtigen und Allwissenden: Der Beklagte hat mir auf das Kapital der eingeklagten Forderung nichts zurückgezahlt.

Im Falle der Leistung dieses Eides soll der Beklagte verurteilt werden, an den Kläger noch 1000 Mk. nebst 4 % Zinsen seit usw. zu zahlen.

---

[1]) GKG. § 18 Nr. 2. [2]) § 13 Nr. 4 GO. f. RA. [3]) § 17 GO. f. RA.

Im anderen Falle soll der Kläger mit der Mehrforderung von 1000 Mk. nebst Zinsen abgewiesen werden.

c) Von den Kosten des Rechtsstreits werden 3/4 dem Bekl. auferlegt, das übrige 1/4 soll im Falle der Eidesleistung dem Bekl., im anderen Falle dem Kläger auferlegt werden.

d) Das Urteil zu a) ist gegen eine in Höhe von 3300 Mk. zu leistende Sicherheit vorläufig vollstreckbar.

Wird neben der durch Eid bedingten Entscheidung eine unbedingte gegeben, so sind beide auseinander zu halten. Dabei ist die unbedingte Entscheidung vorweg zu geben. Es wäre unrichtig gewesen, ohne weiteres auf den Eid zu erkennen und zu sagen, daß der Beklagte im Falle der Leistung zur Zahlung von 4000 Mk., im anderen Falle zur Zahlung von nur 3000 Mk. verurteilt werden solle.

3. Dem Bekl. wird folgender Eid auferlegt: „Ich schwöre b. G. d. A. u. A.: Ich habe das eingeklagte Darlehn vom Kl. nicht erhalten. So wahr m. G. h.!"

Im Falle der Leistung dieses Eides soll Kläger mit der Klage abgewiesen werden.

Im Falle der Verweigerung des Eides soll die Klage als durch die Gegenforderung des Bekl. an den Kläger erloschen abgewiesen werden.

Die Kosten des Rechtsstreits sollen im Falle der Leistung des Eides dem Kläger, im anderen Falle dem Bekl. auferlegt werden.

Kl. hat gegen den Bekl. aus einem Darlehn auf Zahlung von 4000 Mk. geklagt und über die Hingabe des Darlehns dem Bekl. den Eid zugeschoben. Der Bekl. hat den Empfang des Darlehns unter Annahme des Eides bestritten und event. eine Gegenforderung von 4000 Mk. aus einem Kaufvertrage zur Aufrechnung gestellt. Sein Antrag geht auf Abweisung des Klägers. Dieser hat die Gegenforderung anerkannt. Nach der richtigen Theorie[4]) muß zunächst durch die Eidesleistung oder Eidesweigerung festgestellt werden, ob das Darlehn gegeben ist und kommt dann erst die Gegenforderung in Betracht.

4. Der Bekl. wird verurteilt, an den Kläger das im Grundbuche von Z. Band I Bl. usw. eingetragene Grundstück nebst allen Zubehörstücken gegen Zahlung von 10000 Mk. auf die die eingetragenen Schulden zu verrechnen sind, aufzulassen.

5. a) Der Bekl. wird verurteilt, gegen Auflassung der ihm von dem Kläger durch Vertrag vom usw. verkauften Grundstücksparzellen an Kl. 1000 Mk. zu zahlen.

b) Der Kläger (und Widerbeklagte) wird verurteilt, dem Bekl. (und Widerkläger) die ihm durch Vertrag vom usw. verkauften Grundstücksparzellen, wie sie auf der angehefteten N. N'schen Karte verzeichnet stehen, Zug um Zug gegen Zahlung von 1000 Mk. aufzulassen.

6. Der Bekl. wird verurteilt, das am usw. (Datum) von dem Gute A. entfernte lebende und tote Wirtschaftsinventar, wie es in dem diesem Urteil in beglaubigter Abschrift beigefügten Verzeichnisse des Ger.-Vollz. B. unter den Nummern usw. aufgeführt ist, auf das Gut A. zurückzuschaffen und dem Kläger zu übergeben.

7. Die im Grundbuche des dem Bekl. gehörigen Bauernhofes Band I, Bl. Nr. 2 des Grundbuchs von usw. verzeichnete Parzelle Kartenblatt 2, Nr. 134/80 gehört nicht zu diesem Grundstück, sondern zu dem dem Kläger gehörigen Bauernhof Bd. I, Bl. Nr. 3 des bezeichneten Grundbuchs. Der Bekl. wird verurteilt, darein zu willigen, daß diese Parzelle von dem Blatte seines Grundbuchs abgeschrieben und dem Blatte des Grundbuchs des Klägers zugeschrieben wird.

---

[4]) Oben S. 73.

8. Der Bekl. wird verurteilt, dem Kläger gegen schiedsrichterlich festzusetzende Entschädigung die Benutzung eines in der Richtung a, b, c der anliegenden N. N'schen Karte anzulegenden Weges zu gestatten.

9. Die Nord- und Ostgrenze des Grundstücks Band III, Teil 3, Nr. 208 des Grundbuchs von S. wird durch die Linien f r und v s der angehefteten Handzeichnung des Katasterkontrolleurs M. gebildet. Der Landstreifen d f v s x d dieser Handzeichnung ist nicht Eigentum des Bekl.

Der Bekl. wird verurteilt, darein zu willigen, daß die Steuerbuchauszüge und Karten der Grundstücke Nr. 208 und Nr. 226 Band III, Teil 3 des Grundbuchs von S. dementsprechend durch das Königl. Katasteramt zu S. berichtigt werden und die Fläche d f r s x d an den Kläger aufzulassen.

Die Kosten des Rechtsstreits werden dem Bekl. auferlegt.

Vindikation eines Grundstücks gegen den im Grundbuch eingetragenen Eigentümer. Zu dem Urteil ergeht folgende Nebenverfügung: „Von der Handzeichnung des Katasterkontrolleurs M., Bl. usw. der Akten, sind zwei Kopien zu fertigen. Je eine Kopie ist den für die Parteien bestimmten Ausfertigungen anzuhängen.“ Wäre das Urteil in zweiter Instanz ergangen, so müßte auch der Urschrift des Berufungsurteils und der zu den Prozeßakten gehenden beglaubigten Abschrift eine Kopie angehängt werden.

10. Der Bekl. wird verurteilt, beim Befahren der bei seinem Hause usw. Straße Nr. 1 zu St. belegenen Durchfahrt nicht an das Haus und den Vorgarten usw. Straße Nr. 2 zu St. anzustoßen, auch nicht durch andere die Durchfahrt benutzen zu lassen, wenn nicht die Vermeidung des Anstoßens gesichert ist.

Für jeden Fall des Anstoßens wird dem Bekl. eine Strafe von 10 Mk. angedroht.

Die Kosten des Rechtsstreits, einschließlich der durch Anordnung und Vollziehung der einstweiligen Verfügung veranlaßten Kosten, werden dem Bekl. auferlegt.

Eigentumsfreiheitsklage. Der Bekl., Eigentümer einer Fabrik, hat die zu dem Betriebe geleisteten Fuhren eine Durchfahrt passieren lassen, die zu seinem Fabriksgrundstück gehört und an das Haus des Klägers grenzt. Infolge der mangelhaften Beschaffenheit der Durchfahrt ist das Haus des Klägers wiederholt von den Fuhren durch Anstoßen beschädigt. Für die auf die Ausschließung dieser Beeinträchtigung seines Eigentums vom Kläger erhobene Klage kommt in Betracht, daß in dem Klageantrag nur die Unterlassung dieser Beeinträchtigung, nicht aber die Vornahme positiver Handlungen, also auch nicht die Errichtung bestimmter Anlagen zum Schutze gegen die Beeinträchtigung verlangt werden darf.[5])

11. Der Bekl. wird verurteilt, die an seinem Speicher befindliche Winde zum Auf- und Abwinden von Mehl bei Vermeidung einer Strafe von 10 Mk. für jeden Übertretungsfall nicht zu benutzen, sofern nicht Einrichtungen getroffen sind, durch die verhindert wird, daß Staub und Mehl in benachteiligender Weise in das Nachbarhaus des Klägers eindringt.

12. Der Bekl. wird verurteilt, bei Vermeidung einer vom Gericht festzusetzenden Geldstrafe sich in betreff des Wasserstandes und Wasserverbrauchs der Mühle usw. ganz und gar den Anordnungen des Klägers als Besitzers der Mühle in usw. zu unterwerfen.

---

[5]) RG. 37 S. 172, 40 S. 182.

13. Die Auflassung des dem A. in B. gehörigen Grundstücks C. an den Bekl. und der dieser Auflassuug zugrunde liegende Kaufvertrag vom usw. sind dem Kläger gegenüber wegen dessen Forderung an A. von 3000 Mk. unwirksam.

Der Bekl. wird verurteilt, sich wegen der bezeichneten Forderung des Klägers die Zwangsvollstr. in das Grundstück C. gefallen zu lassen.

14. Die Abtretung der in Abt. III, Nr. usw. des Grundbuchs von C. für den A. in B. eingetragenen Forderung von 3000 Mk. an den Bekl. ist dem Kläger gegenüber wegen dessen Forderung an den A. von 3000 Mk. nicht rechtsgültig.

Der Bekl. wird verurteilt, wegen der bezeichneten Forderung des Klägers an A. die Zwangsvollstr. in die erwähnte Hypothek zu dulden.

15. Der Bekl. wird verurteilt, den Nachlaß des N. N. (nach Maßgabe des Vermögensverzeichnisses vom usw. oder nach dessen Berichtigung) eidlich zu offenbaren und den festgestellten Nachlaß mit dem Kläger derart zu teilen, daß der Kläger die Hälfte des Nachlasses erhält.

16. Der Bekl. schuldet zur Nachlaßmasse des Vaters der Parteien, Altsitzers N. N., aus dem Gutsüberlassungsvertrage vom usw. 1000 Mk. und wird verurteilt, diese 1000 Mk. bei der Erbauseinandersetzung mit dem Kläger zur Teilung zu bringen.

17. Dem Kläger steht ein Anspruch gegen die Beklagten in Höhe der Hälfte des Nachlasses seiner Ehefrau Marie geb. N. N. als Pflichtteil zu. Die Bekl. werden verurteilt, den Kläger wegen dieses Anspruchs durch Auskehrung der Hälfte dieses Nachlasses abzufinden.

(Die Bekl. werden verurteilt, dem Kläger von dem Nachlasse des N. N. die Hälfte des in einem besonderen Verfahren zu ermittelnden Wertes herauszugeben.)

18. Geltendmachung einer Geldforderung des Miterben gegen den ungeteilten Nachlaß:

1. Dem Kläger steht an den Nachlaß des N. N. eine Forderung von 4000 Mk. nebst 4% Zinsen seit usw. zu.

2. Die Bekl. werden verurteilt, darein zu willigen, daß zum Zwecke der Befriedigung des Klägers in Höhe der bezeichneten Forderung

a) das im Nachlasse vorhandene bare Geld an den Kläger herausgegeben;

b) soweit das bare Geld zur Befriedigung des Klägers nicht hinreicht, ein entsprechender Teil der Nachlaßsachen versteigert und der Erlös zur Deckung des fehlenden Betrages verwendet wird.

Solange sich die Parteien in ungeteilter Nachlaßgemeinschaft befinden, ist der Miterbe nicht befugt, wegen seiner Nachlaßforderung gegen die Miterben auf Zahlung zu klagen, denn er hat selbst zur Bezahlung der Nachlaßschulden beizutragen. Er kann auch nicht dahin Klage erheben, die Miterben zu verurteilen, in Gemeinschaft mit ihm an ihn Zahlung zu leisten, denn ein solches Urteil würde sich nicht vollstrecken lassen. Vielfach wird er sich auf die Feststellungsklage zu beschränken und seine Befriedigung im Auseinandersetzungsverfahren zu erwirken haben. Es kann aber nicht zugegeben werden, daß ihm ausnahmslos nur die Klage auf Feststellung seines Anspruchs zusteht. Eine solche Benachteiligung des Miterben gegenüber den anderen Nachlaßgläubigern ist durch kein Gesetz begründet. Auch die Billigkeit spricht dagegen. Weshalb — beispielsweise — einem Miterben, der eine Wechselforderung an den unzweifelhaft zahlungsfähigen Nachlaß hat, auf die Auseinandersetzung verweisen, deren Abschluß vielleicht erst nach Jahren zu erwarten ist?

19. Der Kläger hat die von dem Bekl. teilungshalber beantragte Zwangsversteigerung des in Bd. I, Blatt Nr. 6 des Grundbuchs von A. eingetragenen Grundstücks nur gegen Zahlung von 1000 Mk. zu dulden. Sofern die Zwangsversteigerung des bezeichneten Grundstücks nur auf Antrag des Bekl. betrieben wird, ist das durch Beschluß des Königl. Amtsger. in S. eingeleitete Verfahren aufzuheben und der bei dem Grundstück eingetragene Vermerk der Zwangsversteigerung zu löschen.

Die Parteien sind Miteigentümer des Grundstücks A. Zum Zwecke der Auseinandersetzung ist auf Antrag des Bekl. das Zwangsverst.-Verfahren eingeleitet. Kläger hält das Verfahren so lange für unzulässig, bis ihn der Bekl. wegen einer Forderung von 1000 Mk., bezüglich deren ihm das Zurückbehaltungsrecht an dem in seinem Besitze befindlichen Grundstücke zustehe, befriedigt habe. Er beantragt: zu erkennen, daß der Bekl. zum Antrage auf Zwangsverst. nicht berechtigt und daß die eingeleitete Zwangsverst. wieder aufzuheben sei. Wird das geltend gemachte Zurückbehaltungsrecht als begründet anerkannt, so ist zu erwägen, daß der Bekl. erst dann zum Antrage auf Zwangsverst. berechtigt erscheint, wenn er dem Kläger 1000 Mk. gezahlt haben wird, daß also bis dahin die Zwangsverst. und deren Einleitung unzulässig ist, weshalb das vor jener Zahlung eingeleitete Zwangsverst.-Verfahren gänzlich wieder aufgehoben werden muß. Aus dieser Aufhebung folgt von selbst, daß die Einleitung der Zwangsverst. und die damit verbundene Beschlagnahme des Grundstücks sowie die Kundmachung der Einleitung durch den Zwangsverst.-Vermerk rückgängig zu machen ist.

20. Urteile auf den gegen ein in 1. Instanz erlassenes Versäumnisurteil eingelegten Einspruch.

a) Der Einspruch des Bekl. gegen das am usw. verkündete Versäumnisurteil der usw. Zivilkammer des Königl. Landgerichts in usw. wird verworfen.

Die Kosten des Einspruchsverfahrens werden dem Bekl. auferlegt.

b) Auf den Einspruch des Bekl. wird das am usw. verkündete Versäumnisurteil der usw. Zivilkammer des Königl. Landgerichts in usw. aufrecht erhalten.

Die Kosten des Einspruchsverfahrens werden dem Bekl. auferlegt.

c) Auf den Einspruch des Bekl. wird das am usw. verkündete Versäumnisurteil der usw. Zivilkammer des Königl. Landgerichts in usw. aufgehoben.

Kläger wird mit der Klage abgewiesen.

Von den Kosten des Rechtsstreits werden die durch die Säumnis des Bekl. veranlaßten diesem, die übrigen dem Kläger auferlegt.

d) Auf den Einspruch des Bekl. wird das am usw. verkündete Versäumnisurteil der usw. Zivilkammer des Königl. Landgerichts in usw. insoweit, als der Bekl. zur Zahlung von mehr als 3000 Mk. verurteilt ist, und im Kostenpunkte aufgehoben.

Kläger wird mit der Klage in Höhe von 1000 Mk. abgewiesen.

Im übrigen wird das Versäumnisurteil aufrechterhalten.

Von den Kosten des Rechtsstreits werden die durch die Säumnis des Bekl. veranlaßten diesem, die übrigen dem Bekl. mit $^3/_4$, dem Kläger mit $^1/_4$ auferlegt.

Der Bekl. ist durch Versäumnisurteil dem Klageantrage entsprechend zur Zahlung von 4000 Mk. verurteilt, auch sind ihm die Kosten des Rechtsstreits auferlegt. a) Der Einspruch ist unzulässig (z. B. verspätet). b) Der Einspruch ist zulässig, aber unbegründet. c) Der Einspruch ist zulässig und begründet. d) Der Einspruch ist zulässig und in Höhe von 1000 Mk. begründet, im übrigen unbegründet.

28. Urteilsformeln in der Berufungsinstanz.

(Unterstellt ist ein Urteil über eine Klage auf Zahlung von 4000 Mk. nebst Zinsen.)

1. Die Berufung des Bekl. gegen das am usw. verkündete Urteil der usw. Zivilkammer des Königl. Landgerichts in usw. wird als unzulässig verworfen.

Die Kosten der Berufungsinstanz werden dem Bekl. auferlegt.

2. Die Berufung des Bekl. gegen das am usw. verkündete Urteil der usw. Zivilkammer des Königl. Landgerichts in usw. wird unter Wiedereinsetzung des Beklagten in den vorigen Stand für zulässig erklärt.

Die Berufung ist nach Ablauf der Notfrist eingelegt. Der Bekl. hat beantragt, ihm gegen den Ablauf der Notfrist Wiedereinsetzung in den vorigen Stand zu gewähren. Dem Antrage wird durch Zwischenurteil stattgegeben.

3. Der Bekl. ist der Berufung gegen das vom usw. verkündete Urteil der usw. Zivilkammer des Königl. Landgerichts in usw. verlustig.

Die Kosten der Berufungsinstanz werden dem Bekl. auferlegt.

Die Berufung ist zurückgenommen. Kläger haben den Antrag aus § 515 gestellt.

4. Auf die Berufung des Bekl. wird das am usw. verkündete Urteil der usw. Zivilkammer des Königl. Landgerichts in usw. aufgehoben. Die Sache wird zur anderweiten Verhandlung und Entscheidung in die 1. Instanz zurückverwiesen.

Die Entscheidung über die Kosten der Berufungsinstanz wird dem künftigen Endurteil vorbehalten.

Fall der §§ 538, 539.

---

5. Die Berufung der Bekl. gegen das am usw verkündete Urteil der usw. Zivilkammer des Königl. Landgerichts in usw. wird zurückgewiesen.

Die Kosten der Berufungsinstanz werden den Bekl. auferlegt.

Die Berufung ist unbegründet.

6. Auf die Berufung des Bekl. wird das am usw. verkündete Urteil der usw. Zivilkammer des Königl. Landgerichts in usw. dahin geändert:

Der Kläger wird mit der Klage abgewiesen.

Die Kosten des Rechtsstreits werden dem Kläger auferlegt.

Die Berufung ist begründet.

7. Auf die Berufung des Bekl. wird das am usw. verkündete Urteil der usw. Zivilkammer des Königl. Landgerichts in usw. dahin geändert:

Kläger wird mit der Klage in Höhe von 1000 Mk. nebst Zinsen abgewiesen.

Im übrigen wird die Berufung zurückgewiesen.

Die Kosten des Rechtsstreits werden dem Kläger mit $^1/_4$, dem Bekl. mit $^3/_4$ auferlegt.

Die Berufung ist teilweise begründet. Es empfiehlt sich bei teilweiser Änderung des Vorderurteils die Urteilsformel so zu fassen, daß der aufrechterhaltene Teil unverändert bestehen bleibt, im vorliegenden Fall also so, wie vorgeschlagen, zu erkennen, nicht aber dahin: „Der Bekl. wird verurteilt, an den Kläger 3000 Mk. nebst 4% Zinsen seit usw. zu zahlen. Mit der Mehrforderung wird der Kläger abgewiesen." Angenommen, es wäre auf Grund des ersten, für vorläufig vollstreckbar erklärten Urteils eine Vormerkung eingetragen, so würde diese bei vollständiger Aufhebung des ersten Urteils hinfällig werden.

8. Auf die Berufung des Bekl. wird das am usw. verkündete Urteil der usw. Zivilkammer des Königl. LG. in usw. dahin geändert:

Dem Kläger wird folgender Eid auferlegt:

Ich schwöre bei Gott dem Allmächtigen und Allwissenden:

Der Beklagte hat mir auf das Kapital der eingeklagten Forderung nichts zurückgezahlt.

So wahr mir Gott helfe!

Im Falle der Leistung dieses Eides soll der Bekl. verurteilt werden, an den Kläger 4000 Mk. nebst 4% Zinsen seit usw. zu zahlen.

Im anderen Falle soll Kläger mit der Klage abgewiesen werden.

Die Kosten des Rechtsstreits sollen im Falle der Leistung des Eides dem Kläger, im anderen Falle dem Bekl. auferlegt werden.

In 1. Instanz ist der Bekl. unbedingt nach dem Klageantrage verurteilt. In der Berufungsinstanz wird über die von ihm erhobene Einrede der Zahlung dem Kläger ein Eid auferlegt. Unrichtig wäre es, wenn in solchem Falle der Berufungsrichter ohne weiteres auf den Eid und für den Fall der Leistung auf Zurückweisung der Berufung, für den Fall der Weigerung des Eides auf Abänderung des Vorderurteils erkennen wollte. Eine bedingte Entscheidung über ein Rechtsmittel ist der ZPO. fremd.[1])

9. Auf die Berufung des Klägers wird das am usw. verkündete Urteil der usw. Zivilkammer des Königl. LG. in usw. dahin geändert:

Der Bekl. wird verurteilt, an den Kläger 4000 Mk. nebst 4% Zinsen seit usw. zu zahlen.

Die Kosten des Rechtsstreits werden dem Bekl. auferlegt.

Dies Urteil ist gegen eine in Höhe von 4400 Mk. zu leistende Sicherheit vorläufig vollstreckbar.

Kläger ist in 1. Instanz kostenpflichtig abgewiesen. Seine Berufung ist gerechtfertigt.

10. Die Berufung beider Teile gegen das am usw. verkündete Urteil der usw. Zivilkammer des Königl. LG. in usw. wird zurückgewiesen.

Von den Kosten der Berufungsinstanz werden die gerichtlichen jedem Teile zur Hälfte auferlegt, die außergerichtlichen gegeneinander aufgehoben.

Eingeklagt sind 4000 Mk. nebst Zinsen. In 1. Instanz ist Bekl. zur Zahlung von 2000 Mk. nebst Zinsen verurteilt, Kl. mit der Mehrforderung abgewiesen. Die Kosten sind gleichmäßig verteilt. Beide Teile haben Berufung eingelegt, Bekl. mit dem Antrage auf gänzliche Abweisung des Klägers, Kl. mit dem Antrage auf Verurteilung des Bekl. zur Zahlung noch weiterer 2000 Mk. nebst Zinsen. Beide Berufungen sind unbegründet.

11. Die Berufung des Bekl. gegen das am usw. verkündete Urteil der usw. Zivilkammer des Königl. LG. in usw. wird zurückgewiesen.

---

[1]) RG. 64 S. 280.

Auf die Anschlußberufung des Klägers wird das bezeichnete Urteil, soweit darin der Kläger mit der Klage abgewiesen ist, dahin geändert:

Bekl. wird verurteilt, an den Kläger noch weitere 2000 Mk. nebst 4 % Zinsen seit usw. zu zahlen.

Die Kosten des Rechtsstreits werden dem Bekl. auferlegt.

Unterstellt ist der Fall zu 10 mit der Abweichung, daß die (Anschluß-)Berufung des Klägers begründet ist.

12. Auf die Berufung des Bekl. wird das am usw. verkündete Urteil der usw. Zivilkammer des Königl. LG. in usw. dahin geändert:

Kläger wird mit der Klage abgewiesen und verurteilt, an den Beklagten 4150 Mk. zu zahlen.

Die Kosten des Rechtsstreits werden dem Kläger auferlegt.

Bekl. ist in 1. Instanz nach dem Klageantrage zur Zahlung von 4000 Mk. nebst Zinsen verurteilt, auch sind ihm die Kosten auferlegt. Auf Grund des für vorläufig vollstreckbar erklärten Urteils hat Kläger die Urteilssumme mit 4150 Mk. vom Bekl. eingezogen. Bekl. hat Berufung eingelegt mit dem Antrage, den Kläger abzuweisen und zur Rückzahlung des eingezogenen Betrages zu verurteilen. Die Berufung ist begründet.

13. Auf die Berufung des Bekl. wird das am usw. verkündete Urteil der usw. Zivilkammer des Königl. LG. in usw. dahin geändert:

Kläger wird mit der Klage abgewiesen.

Im übrigen wird die Berufung zurückgewiesen.

Die Kosten der Berufungsinstanz werden dem Bekl. auferlegt.

Unterstellt ist der Fall zu 12 mit der Abweichung, daß die Berufung unbegründet ist. Trotz des Unterliegens des Bekl. muß die Klage abgewiesen werden, weil der Kläger befriedigt, also der Rechtsstreit in der Hauptsache erledigt ist. Im Falle gänzlicher Zurückweisung der Berufung würde die vollstreckbare Verurteilung des Beklagten bestehen bleiben, also die nochmalige Vollstreckung des Urteils möglich sein.

14. Auf die Berufung des Bekl. wird das am usw. verkündete Urteil der usw. Zivilkammer des Königl. LG. in usw. dahin geändert:

Auf den Einspruch des Bekl. gegen das am usw. verkündete Versäumnisurteil der usw. Zivilkammer des Kgl. Landgerichts in usw. wird die in diesem Urteil enthaltene Entscheidung, insoweit als der Beklagte zur Zahlung von mehr als 3550 Mk. nebst 4 % Zinsen seit usw. verurteilt ist, aufgehoben und die Klage in Höhe von 50 Mk. nebst Zinsen abgewiesen.

Im übrigen wird die Berufung zurückgewiesen.

Die Kosten der Berufungsinstanz werden bis auf einen zu den gerichtlichen Kosten von dem Kläger zu erfordernden Betrag von usw. dem Bekl. auferlegt.

Das Landgericht hat durch Versäumnisurteil den Bekl. zur Zahlung von 4000 Mk. verurteilt und auf den Einspruch des Bekl. diese Entscheidung aufrechterhalten. Die Berufung ist nur in Höhe von 50 Mk. begründet.

15. Urteile auf den gegen ein in 2. Instanz erlassenes Versäumnisurteil eingelegten Einspruch.

a) Der Einspruch des Bekl. gegen das am usw. verkündete Versäumnisurteil des usw. Zivilsenats des Königl. Oberlandesgerichts in usw. wird als unzulässig verworfen.

Die Kosten des durch den Einspruch veranlaßten Verfahrens werden dem Beklagten auferlegt.

b) Auf den Einspruch des Bekl. wird das am usw. verkündete Versäumnisurteil des usw. Zivilsenats des Königl. Oberlandesgerichts in usw. aufrecht erhalten. (Oder: Auf den Einspruch des Beklagten gegen das am usw. verkündete Versäumnisurteil des usw. Zivilsenats des Königl. Oberlandesgerichts in usw. wird die in diesem Urteil enthaltene Entscheidung aufrecht erhalten.)

Die Kosten des Einspruchsverfahrens werden dem Beklagten auferlegt.

c) Auf den Einspruch des Bekl. wird das am usw. verkündete Versäumnisurteil des usw. Zivilsenats des Königl. Oberlandesgerichts in usw. aufgehoben.

Auf die Berufung des Bekl. wird das am usw. verkündete Urteil der usw. Zivilkammer des Königl. Landgerichts in usw. dahin geändert:

Kläger wird mit der Klage abgewiesen.

Von den Kosten des Rechtsstreits werden die durch die Säumnis des Bekl. in der Berufungsinstanz veranlaßten dem Bekl., die übrigen dem Kläger auferlegt.

d) Auf den Einspruch des Bekl. wird das am usw. verkündete Versäumnisurteil des usw. Zivilsenats des Königl. Oberlandesgerichts in usw. insoweit, als die Berufung des Bekl. gegen seine Verurteilung zur Zahlung von mehr als 3000 Mk. zurückgewiesen ist, sowie im Kostenpunkte aufgehoben.

Auf die Berufung des Bekl. wird das am usw. verkündete Urteil der usw. Zivilkammer des Königl. Landgerichts in usw. dahin geändert:

Kläger wird mit der Klage in Höhe von 1000 Mk. abgewiesen.

Im übrigen wird das Versäumnisurteil des Oberlandesgerichts aufrechterhalten.

Von den Kosten des Rechtsstreits werden die durch die Säumnis des Beklagten in der Berufungsinstanz veranlaßten diesem, die übrigen dem Bekl. mit $^3/_4$, dem Kläger mit $^1/_4$ auferlegt.

In 1. Instanz ist der Bekl. zur Zahlung von 4000 Mk. verurteilt und sind ihm die Kosten des Rechtsstreits auferlegt. Er hat gegen dies Urteil in rechter Form und Frist Berufung eingelegt. Die Berufung ist durch Versäumnisurteil auf Kosten des Bekl. zurückgewiesen. Gegen das Versäumnisurteil ist Einspruch eingelegt.

a) Der Einspruch ist unzulässig (z. B. verspätet). b) Der Einspruch ist zulässig, aber unbegründet. c) Der Einspruch ist zulässig und begründet. d) Der Einspruch ist zulässig und in Höhe von 1000 Mk. begründet, im übrigen unbegründet.

29. Urteil im Wiederaufnahmeverfahren.

In Sachen des Schmiedemeisters A. in B., Beklagten und Restitutionsklägers, Prozeßbevollmächtigter Rechtsanwalt C. in B., gegen den Agenten D. in B., Kläger und Restitutionsbeklagten, Prozeßbevollmächtigter Rechtsanwalt E. in B., wegen Darlehnsforderung hat der usw. Zivilsenat des Königl. Oberlandesgerichts in B. auf die mündliche Verhandlung vom usw. unter Mitwirkung usw. für Recht erkannt:

Die Restitutionsklage des Beklagten wird verworfen. Die Kosten des Verfahrens werden dem Beklagten auferlegt.

Tatbestand.

In dem Prozesse des Klägers D. gegen den Bekl. A. wegen einer Darlehnsforderung von 1000 Mk. hat das im Rubrum bezeichnete Berufungsgericht durch Urteil vom 12. April usw. dem Kläger einen, ihm zugeschobenen und von ihm angenommenen Eid dahin auferlegt, daß er die eingeklagten 1000 Mk. bei der zwischen den Parteien am usw. stattgehabten Vernehmung nicht erstattet erhalten habe. Von der Leistung oder Verweigerung dieses Eides ist die Entscheidung abhängig gemacht. Kläger hat den Eid geleistet und es ist darauf von demselben Gericht unterm 28. Juni usw. der Beklagte zur Zahlung von 1000 Mk. nebst Zinsen seit dem usw. an den Kläger kostenpflichtig verurteilt. In einem demnächst auf Veranlassung des Beklagten gegen den Kläger eingeleiteten Strafverfahren ist dieser auf Grund des die wissentliche Falschleistung jenes Eides bejahenden Spruchs der Geschworenen am 15. Januar v. J. wegen wissentlichen Meineids vom Schwurgericht in B. zu einer zweijährigen Zuchthausstrafe verurteilt, dieses Urteil jedoch in dem nach eingetretener Rechtskraft auf Antrag des Klägers wieder aufgenommenen Verfahren unterm 10. Oktober v. J. von dem Schwurgericht aufgehoben und der Kläger von der Anklage des wissentlichen Meineids rechtskräftig freigesprochen worden.

Vor Erlaß dieser freisprechenden Entscheidung hat der Bekl. mittels einer dem Kläger am usw. zugestellten Klage die Restitution gegen die eingangs erwähnten beiden Urteile des Königl. Oberlandesgerichts v. 12. April und 28. Juni usw. nachgesucht und den mit dieser Klage verbundenen Antrag, unter Aufhebung dieser Urteile, den Kläger, jetzigen Bekl., mit seiner auf Zahlung von 1000 Mk. nebst Zinsen gerichteten Darlehnsklage kostenpflichtig abzuweisen, auch in der auf Erörterung des Grundes und der Zulässigkeit der Restitutionsklage beschränkten mündl. Verhandl. v. usw. aufrecht erhalten, während der Restitutionsbeklagte auf kostenpflichtige Zurückweisung dieser Klage angetragen hat.

Entscheidungsgründe.

Auf der Ableistung des in Rede stehenden Eides beruht allein das Läuterungsurteil vom 28. Juni usw., nicht das ihm zugrunde liegende bedingte Urteil vom 12. April usw. und konnte deshalb durch die Restitutionsklage allein jenes, nicht auch dieses ergriffen werden.[1])

Die Restitutionsklage erscheint aber überhaupt unzulässig, da der ihr allein unterstellte, aus § 580 Nr. 1 ZPO. geschöpfte Restitutionsgrund sich als hinfällig erwiesen hat, vielmehr durch das rechtskräftige schwurgerichtliche Urteil v. 10. Oktober v. J. die Nichtschuld des D. bezüglich der ihm zur Last gelegten Verletzung der Eidespflicht endgültig festgestellt ist.

Hierauf, auf die schließliche Entscheidung der Schuldfrage, kommt es aber allein für die Verfolgbarkeit der Restitutionsklage an; deren Möglichkeit ist mit einer rechtskräftigen Freisprechung nicht vereinbar, auch wenn sie in einem früheren Abschnitt des Strafverfahrens vorhanden war. Der Restitutionskläger stützt sich daher zu Unrecht auf die formale Existenz des gegenwärtig beseitigten verurteilenden Erkenntnisses „zur Zeit der Klageanbringung". Die materielle Aenderung der da-

---

[1]) § 580 Nr. 1 ZPO. RG. 10 S. 382.

maligen Sach- und Rechtslage kann ihm auch bezüglich der Kosten nicht zugute kommen, da er auch dieser den Restitutionsgrund aus § 580 Nr. 1 a. a. O. ausschließenden Änderung gegenüber seinen Antrag aufrecht erhalten hat.

Hiernach war bei der Unzulässigkeit der Klage auf Grund des § 589 ZPO. und des die Kostenpflicht regelnden § 91 a. a. O. wie geschehen zu erkennen.

30. Urteil im Wiedereinsetzungsverfahren.[1])

In Sachen usw. erkennt der usw. Senat des Königl. Oberlandesgerichts zu B. für Recht:

(Der Antrag des Klägers auf Wiedereinsetzung in den vorigen Stand wird zurückgewiesen.)

Die Berufung des Klägers gegen das am 18. Februar usw. verkündete Urteil der usw. Zivilkammer des Königl. Landgerichts in B. wird verworfen.

Die Kosten der Berufungsinstanz werden dem Kläger auferlegt.

Tatbestand.

Gegen das Vorderurteil, das dem Prozeßvertreter des Klägers erster Instanz am 10. März d. J. zugestellt ist, hat Kläger mittels Schriftsatzes vom 9. April Berufung eingelegt. Dieser Schriftsatz ist jedoch erst am 12. April, nach Ablauf der Berufungsfrist, dem Gericht eingereicht. Kläger hat außerdem auch noch den Rechtsanwalt A. mit Einlegung der Berufung behufs Wahrung der Notfrist beauftragt, indessen ist auch diese Berufung erst am 12. April eingelegt worden.

Kläger hat nun in der mündlichen Verhandlung den Antrag auf Wiedereinsetzung in den vorigen Stand gestellt und durch Berufung auf den folgenden, durchweg unstreitigen Sachhergang begründet.

Nachdem dem Kläger am 10. März das Urteil erster Instanz zugestellt worden, hat er durch Schreiben vom 15. März die Bewilligung des Armenrechts für die zweite Instanz nachgesucht, ist aber durch Beschluß des Oberlandesgerichts v. 28. März abschlägig beschieden worden. Durch Antrag v. 3. April, eingegangen beim Reichsgericht am 4. April, hat Kläger gegen diesen Beschluß Beschwerde geführt. Durch reichsgerichtlichen Beschluß v. 7. April ist ihm hierauf das Armenrecht für die zweite Instanz bewilligt und vom Oberlandesgericht am 9. April der Rechtsanwalt B. als Armenanwalt bestellt worden. Dieser hat die Mitteilung von seiner Bestellung erst am 11. April so spät erhalten, daß an demselben Tage die Berufungsschrift nicht mehr eingereicht werden konnte, sodaß deren Einreichung erst am 12. April, also nach Ablauf der Frist, erfolgt ist.

Hiernach meint Kläger die ihm obliegende Sorgfalt nicht verletzt zu haben; die Versäumung sei vielmehr durch von seinem Willen unabhängige Umstände, nämlich durch Verzögerung der Ausfertigung des Beschlusses vom 9. April in der Gerichtsschreiberei veranlaßt worden. Er habe zwar nach Empfang des ablehnenden Bescheides des Oberlandesgerichts den Rechtsanwalt A. mit Einlegung der Berufung beauftragt; allein auch diese sei infolge eines Versehens des Bureauvorstehers des beauftragten Anwalts nicht rechtzeitig, sondern auch erst am 12. April eingelegt worden. Indessen könne ihm dieser Umstand nicht schaden, da er keine Verpflichtung

[1]) Hierzu RG. VI v. 3. Dezember 1888 in JW. 89 S. 18.

gehabt habe, für die Eventualität einer unbegründeten Ablehnung des Gesuchs um Armenrecht Vorsorge durch Annahme eines Prozeßbevollmächtigten zu treffen.

Der Beklagte verneint das Vorhandensein eines unabwendbaren Zufalls und beantragt, den Antrag des Klägers auf Wiedereinsetzung in den vorigen Stand zurückzuweisen.

Demnächst haben beide Parteien über die Zulässigkeit der Berufung verhandelt. Der Kläger hat beantragt, die Zulässigkeit auszusprechen und auf die Sache selbst einzugehen, wogegen der Beklagte den Antrag gestellt hat, die Berufung als unzulässig zu verwerfen.

Entscheidungsgründe.

Die Wiedereinsetzung in den vorigen Stand ist rechtzeitig und formgerecht beantragt.[2]) Das dem Kläger entgegenstehende Hindernis bei Einlegung der Berufung, nämlich die Verweigerung des Armenrechts seitens des Oberlandesgerichts, wurde gehoben durch den Beschluß des Reichsgerichts vom 7. April usw., der das Armenrecht bewilligte, und den Beschluß des Oberlandesgerichts vom 9. April, durch den dem Kläger der Rechtsanwalt A. als Armenanwalt beigeordnet wurde. Da der Wiedereinsetzungsantrag am 17. April eingereicht worden, so ist die zweiwöchige Frist gewahrt.

Dem Antrag selbst konnte indessen nicht stattgegeben werden. Kläger ist nicht durch einen unabwendbaren Zufall an der Einhaltung der Berufungsfrist verhindert worden.[3]) Es ist ihm jedenfalls vor dem 8. April gelungen, einen Anwalt zu finden, der seinen Auftrag, die Berufung einzulegen, angenommen und ausgeführt hat. Ist die Ausführung dieses Auftrags infolge eines Versehens des anwaltlichen Bureauvorstehers zu spät erfolgt und hierdurch die Notfrist versäumt, so treffen den Kläger die Folgen dieser Versäumnis, und es kann daneben nicht noch in Betracht kommen, daß die Berufung des erst später bestellten Armenanwalts durch einen unabwendbaren Zufall zu spät eingelegt ist. Denn an sich war die Wahrung der Notfrist auf jedem der beiden vom Kläger betretenen Wege möglich. Die Einreichung der vom Rechtsanwalt B. vom 8. April datierten Berufungsschrift hätte recht wohl am 10. April erfolgen können, wenn der Bureauvorsteher des B. das Schriftstück nicht aus Versehen hätte liegen lassen. Die Zustellung des Armenanwalts A. hätte ebenfalls rechtzeitig erfolgen können, wenn dessen Zuordnung in der Gerichtsschreiberei des Oberlandesgerichts sofort ausgefertigt und dem A. zugestellt wäre. In dem ersten Falle trägt also der damals noch allein funktionierende erwählte Anwalt, in dem letzteren Falle allerdings das Gericht die Schuld der Versäumnis. Aber bei dieser konkurrierenden Schuld kann die dem Kläger allein zur Last fallende Versäumnis seines Anwalts nicht durch die gleichzeitige des Gerichts geheilt werden. Da nach § 233 ZPO. ausschließlich die durch Naturereignisse oder anderen Zufall herbeigeführte Verhinderung der Partei, die Notfrist einzuhalten, die Wiedereinsetzung rechtfertigt, so kann bei dem konkurrierenden Versehen des Klägers die Voraussetzung des § 233 ZPO. als vorhanden nicht angenommen werden.

Hieraus rechtfertigt sich die Zurückweisung des Wiedereinsetzungsantrags.

Die Kosten fallen nach §§ 97, 238 ZPO. dem Berufungskläger zur Last.

---

[2]) §§ 234, 236 ZPO. [3]) § 233 ZPO.

31. Zurückweisung des Antrags auf Erteilung des Rechtskraftattestes. (§ 705 ZPO.)

Durch Urteil 1. Instanz ist der Bekl. zur Zahlung von 500 Mk. verurteilt. Die Berufung ist zurückgewiesen. Kläger überreicht Ausfertigung des Berufungsurteils der Gerichtsschreiberei des Berufungsgerichts mit dem Antrage, das Attest der Rechtskraft und Vollstreckungsklausel zu erteilen, der Gerichtsschreiber verfügt: „Die Erteilung des Rechtskraftattestes und der Vollstreckungsklausel wird abgelehnt, da die Rechtskraft des Urteils nicht nachgewiesen ist. Urschriftlich nebst Anlage an Herrn Rechtsanwalt A. hier ergebenst zurück." Gegen diese Verfügung ruft RA. A. die Entscheidung des Berufungsgerichts an. Letzteres erläßt folgenden Beschluß:

Der Antrag des Klägers auf Änderung der Entscheidung des Gerichtsschreibers vom usw. und Anordnung der Erteilung des Rechtskraftzeugnisses gemäß dem Antrage vom usw. wird zurückgewiesen.

Die Kosten dieses Verfahrens werden dem Kläger auferlegt.

Gründe.

Nach §§ 705, 706 ZPO. tritt die Rechtskraft des Urteils vor Ablauf der für die Einlegung des zulässigen Rechtsmittels bestimmten Frist nicht ein. Dies gilt auch für Urteile des Berufungsgerichts, bei denen der Wert des Beschwerdegegenstandes den für die Zulässigkeit der Revision nach § 546 ZPO. erforderlichen Betrag von mehr als 2500 Mk. nicht erreicht, weil nach §§ 545—547 Nr. 1 ZPO. auch gegen diese Urteile die Revision an sich, wenn auch auf die in § 547 Nr. 1 ZPO. angegebenen Revisionsgründe beschränkt, zulässig ist. Es tritt deshalb auch bei ihnen die Rechtskraft nicht bereits mit der Verkündung, sondern erst mit Ablauf der Revisionsfrist ein, da die Entscheidung darüber, ob einer der in § 547 Nr. 1 ZPO. vorgesehenen Revisionsgründe vorliegt, nur dem Revisionsgericht, nicht dem für die Erteilung des Rechtskraftattestes zuständigen Gerichtsschreiber oder dem zur Nachprüfung dessen Entscheidung nach § 576 ZPO. zuständigen Prozeßgericht zusteht.[1]) Der Antrag auf Erteilung des Rechtskraftattestes ist daher vom Gerichtsschreiber mit Recht abgelehnt.

Die Entscheidung des Kostenpunktes stützt sich auf § 91 ZPO. und § 45 Abs. 2 GKG.

32. Verwerfung der weiteren Beschwerde.

Beschluß. In Sachen des A. in B., Klägers, gegen den C. in D., Bekl., hat der usw. Zivilsenat des Königl. Oberlandesgerichts in usw. auf die Beschwerde des Bekl. gegen den Beschluß des Königl. Landgerichts in usw. vom usw., in der Sitzung vom usw. beschlossen:

Die Beschwerde wird als unzulässig verworfen.

Die Kosten der weiteren Beschwerde werden dem Bekl. auferlegt.

Gründe.

Durch den jetzt angefochtenen Beschluß ist die Beschwerde des Bekl. gegen den Beschluß des Königl. AG. in usw. vom usw. als unbegründet zurückgewiesen. Da-

[1]) RG. 8 S. 356.

mit ist nach § 568 ZPO. die weitere Beschwerde ausgeschlossen, sofern nicht in der Entscheidung des Beschwerdegerichts ein neuer selbständiger Beschwerdegrund enthalten ist. Diese Voraussetzung trifft hier nicht zu, da beide Entscheidungen sachlich übereinstimmen und daraus, daß das Landgericht seine Entscheidung anders begründet als das Amtsgericht, dem Beschwerdeführer ein Nachteil und folglich ein Grund zu neuer Beschwerde nicht erwächst.

Die Entscheidung des Kostenpunkts gründet sich auf § 97 ZPO.

33. Verfügungen in Ehescheidungssachen.

1. Bei Scheidungsklagen und bei Klagen auf Herstellung des ehelichen Lebens darf regelmäßig der Verhandlungstermin erst nach Vornahme des Sühneversuchs anberaumt werden. Zur Erwirkung des Sühneversuchs bedarf es eines an das nach § 609 zuständige Amtsgericht gerichteten, vom Anwaltszwange befreiten Gesuchs: „Ich beabsichtige gegen meinen Mann, den usw. in usw. wegen grober Mißhandlung auf Ehescheidung zu klagen, beantrage deshalb die Anberaumung eines Sühnetermins. Datum. Unterschrift." Dieses Schreiben mit zwei Abschriften wird dem Amtsgericht überreicht. Das Amtsgericht, seine örtliche Zuständigkeit vorausgesetzt, ist zur Anberaumung des Termins verpflichtet und hat den Ehemann zu dem Termine von Amts wegen zu laden. In dem Termin müssen die Parteien persönlich erscheinen. Beistände können zurückgewiesen werden. Beim Ausbleiben des Klägers oder beider Parteien hat die Klägerin einen neuen Sühnetermin zu beantragen. Wenn die Klägerin erscheint, aber nicht der Beklagte, so ist der Sühneversuch mißlungen. Die Klägerin läßt sich hierüber eine Bescheinigung ausstellen, die der Ehescheidungsklage beizufügen ist.

2. Ausnahmsweise kann der Vorsitzende vom Sühneversuch absehen, wenn eine der Voraussetzungen des § 611 vorliegt. Er vermerkt dies bei der Anberaumung des Verhandlungstermins auf der Urschrift der Klage:

„1. Der Sühneversuch ist nicht erforderlich, da dessen Erfolglosigkeit mit Bestimmtheit vorauszusetzen ist.
2. Verhandlungstermin den usw."

3. Der Bevollmächtigte des klagenden Ehegatten hat sich durch eine Vollmacht zu legitimieren. Der Mangel der Vollmacht ist vom Gericht von Amts wegen zu berücksichtigen.[1]) Die Zustellung der Klage und der vorbereitenden Schriftsätze erfolgt im Parteibetriebe. Von dem Termin ist die Königl. Staatsanwaltschaft durch Vorlegung der Akten oder durch schriftliche Mitteilung des Gerichtsschreibers zu benachrichtigen.[2])

4. Urteile, durch die auf Scheidung oder Nichtigkeit der Ehe erkannt ist, sind von Amts wegen zuzustellen.

1. Ausfertigung des Urteils erhalten:
   a) Für Kläger Rechtsanwalt A.
   b) Für die Beklagte Rechtsanwalt B.
      Zust. gegen Beurk.
2. Mit den 2 Zll. ev. nach 14 Tagen.

5. Auf Vorlegung der Zustellungsurkunden:

1. Die Gerichtsschreiberei des Königl. Oberlandesgerichts zu B. ist zu ersuchen

---

[1]) § 613. [2]) § 607.

um Erteilung eines Notfristattestes,[3]) mit dem Bemerken, daß das am usw. verkündete Urteil den Sachwaltern der Parteien am usw. zugestellt worden ist.

2. N. 14 Tagen.

6. Nach Eingang des zu 5 erwähnten Zeugnisses:

1. Die Akten sind wegzulegen und bis usw. (30 Jahre) aufzubewahren.
2. Der Königl. Staatsanwaltschaft zur gefälligen Kenntnisnahme vorzulegen. Das Erkenntnis ist rechtskräftig geworden.

B., den usw. Königl. Landgericht, II. Zivilkammer.

7. Das Attest der Rechtskraft wird nur auf Antrag der Partei, die zu diesem Zwecke die Urteilsausfertigung zu den Akten zurückzureichen hat, von dem Gerichtsschreiber erteilt.

8. Wird ein Rechtsmittel eingelegt, so ist von der erfolgenden Absendung der Akten an das höhere Gericht die Staatsanwaltschaft durch schriftliche Mitteilung des Gerichtsschreibers zu benachrichtigen.

34. Mahnverfahren.

I. Das Gesuch um Erlaß des Zahlungsbefehls wird zurückgewiesen.

a) Mahngesuch wegen Herausgabe einer Uhr oder Zahlung des Werts mit 30 Mk.

1. Das Mahnverfahren findet nur statt wegen eines Anspruchs, der die Zahlung einer bestimmten Geldsumme oder die Leistung einer bestimmten Quantität anderer vertretbarer Sachen, d. i. solcher, die im Verkehr nach Zahl, Maß oder Gewicht bestimmt zu werden pflegen, zum Gegenstande hat. Nach Inhalt des Mahngesuchs verlangt der Antragsteller die Herausgabe einer Uhr, also einer nicht vertretbaren Sache, das Gesuch wird deshalb kostenpflichtig zurückgewiesen.

2. Urschriftl. an den Herrn Antragsteller zurück.

B., den usw. Königl. Amtsgericht.

Gebühr nach § 37[1] GKG. . . . . 0,50 Mk. Kostenrechnung
Schuldner der Antragsteller. (im Mahnregister).
KR. Nr. 1777.

b) Mahngesuch wegen Zinsen von einer Hypothek, die auf einem im Gerichtsbezirk belegenen Grundstück haftet, dessen Eigentümer im Ausland wohnt.

Der Anspruch gründet sich auf die Eintragung im Grundbuch, nicht auf eine etwaige persönliche Verpflichtung des Schuldners. Das unterzeichnete Gericht, in dessen Bezirke das verhaftete Grundstück liegt, würde daher zuständig sein.[1]) Da aber der Eigentümer des Grundstücks im Ausland wohnt und die Zustellung des Zahlungsbefehls im Ausland erfolgen müßte, so findet das Mahnverfahren nicht statt.[2])

Das Mahngesuch wird deshalb kostenpflichtig zurückgewiesen und geht urschriftlich an den Herrn Antragsteller zurück.

---

[3]) § 706 Abs. 2.

[1]) §§ 689, 24 ZPO. [2]) § 688 Abs. 2 ZPO.

c) Mahngesuch wegen einer persönlichen Forderung. Der Schuldner wohnt außerhalb des Gerichtsbezirks.

Urschriftlich zurück an den Herrn Antragsteller mit dem Erwidern, daß das Gesuch zurückgewiesen werden muß. Denn Buchwalde, wo der Schuldner seinen Wohnsitz hat, gehört nicht zum unterzeichneten Gerichte, sondern zum Amtsgericht O. Dieses Gericht ist daher für den Erlaß des Zahlungsbefehls zuständig.[3]) Der behauptete vorübergehende Aufenthalt des Schuldners am hiesigen Orte vermag nicht die Zuständigkeit des hiesigen Gerichtes zu begründen, da die Voraussetzungen des § 20 ZPO. nicht vorliegen.

Die Kosten sollen im Hinblick auf § 6 GKG. außer Ansatz bleiben.

d) Mahngesuch wegen eines dinglichen Anspruchs. Der Schuldner wohnt im Gerichtsbezirk. Das belastete Grundstück liegt außerhalb des Gerichtsbezirks.

Urschriftlich zurück mit dem Bemerken, daß das unterzeichnete Gericht zum Erlasse des Zahlungsbefehls unzuständig ist. Es handelt sich um einen rein dinglichen Anspruch, nämlich um Grundzins, für den der Grundeigentümer persönlich nicht haftet. Für derartige Ansprüche greift die ausschließliche Zuständigkeit des Amtsgerichts des belegenen Grundstücks Platz.[4]) Das belastete Grundstück liegt aber nicht im Bezirke des hiesigen Gerichtes, sondern im Bezirke des Königl. Amtsgerichts zu H.

Das Gesuch wird deshalb kostenpflichtig zurückgewiesen.

e) Unvollständiges Mahngesuch wegen einer Nachlaßforderung.

Die Antragsteller sind nur als „Balthasar Frey'sche Erben" bezeichnet, ohne nähere Angabe des Namens, Standes und Wohnorts der einzelnen Erben. Auch ist der Grund, aus dem der Erblasser den beanspruchten Betrag von den Beklagten zu fordern hatte (Darlehn oder Kaufgeld?), nicht angegeben. Das Mahngesuch entspricht demnach nicht den Erfordernissen des § 690 ZPO. und wird deshalb kostenpflichtig zurückgewiesen.

Urschriftlich zurück an die Antragsteller zu Händen des Herrn N. N.

2. Zahlungsbefehl mit Vollstreckungsbefehl.

a) Zahlungsbefehl.

Auf Antrag des Rentiers Albert Z. zu B., vertreten durch den Rechtsanwalt F. daselbst, wird dem Gasthausbesitzer R. zu H. aufgegeben:

den ersteren wegen des Anspruchs auf Zahlung von 1000 Mk. (in Buchstaben: eintausend Mark) nebst 4 Prozent Zinsen seit usw. aus der auf dem Grundstück des Schuldners A. Bürgerhaus 38 eingetragenen, am 1. Juli d. J. fällig gewesenen Grundschuld, sowie wegen der unten berechneten Kosten des Verfahrens mit 16,05 Mk. (in Buchstaben: sechzehn Mark fünf Pfennig) binnen einer vom Tage der Zustellung dieses Befehles laufenden Frist von einer Woche bei Vermeidung sofortiger Zwangsvollstreckung in das Pfandgrundstück zu befriedigen oder bei dem unterzeichneten Gerichte Widerspruch zu erheben.

B., den usw. Königl. Amtsgericht.

---

[3]) §§ 689 Abs. 2, 13 ZPO. [4]) §§ 689, 24 ZPO.

b) Vollstreckungsbefehl.

Vorstehender Zahlungsbefehl wird für vorläufig vollstreckbar erklärt rücksichtlich der darin angegebenen Beträge an Hauptforderung, Zinsen und Kosten, der unten berechneten Nachkosten mit acht Mark vierzig Pfennig und der Kosten hierfür mit drei Mark zwanzig Pfennig.

B., den usw. Der Gerichtsschreiber des Königl. Amtsgerichts.

c) Zahlungsbefehl mit eingeschränktem Vollstreckungsbefehl.

α) Zahlungsbefehl.

Auf Antrag der Handlung V. T. zu A. wird

1. dem Kutscher A. T.
2. dem Pferdeknecht C. F.,

beiden zu A., als Gesamtschuldnern,

aufgegeben,

die erstere wegen des Anspruchs auf Zahlung von 3,20 Mk. (in Buchstaben: drei Mark zwanzig Pfennig) nebst 4 % Zinsen seit dem Tage der Zustellung dieses Befehls, Kaufpreis für Waren, welche die Schuldner am usw. gemeinschaftlich entnommen haben, sowie wegen der unten berechneten Kosten des Verfahrens mit 1,50 Mk. (in Buchstaben: einer Mark fünfzig Pfennig), für welche die Schuldner nach Kopfteilen haften, binnen einer vom Tage der Zustellung dieses Befehles laufenden Frist von einer Woche bei Vermeidung sofortiger Zwangsvollstreckung zu befriedigen, oder bei dem unterzeichneten Gerichte Widerspruch zu erheben.

B., den usw. Königl. Amtsgericht.

β) Vollstreckungsbefehl.

Vorstehender Zahlungsbefehl wird für vorläufig vollstreckbar erklärt rücksichtlich des Restbetrages der Hauptforderung mit 1,20 Mk. (i. W.) nebst Zinsen, der umstehend bezeichneten Kosten und der Kosten hierfür mit zwanzig Pfennig.

B., den usw. Der Gerichtsschreiber des Königl. Amtsgerichts.

3. Nachträgliche Aufnahme der Kosten des Mahnverfahrens in den Vollstreckungsbefehl.

Beschluß.

In Sachen des Dr. med. G. zu K., Prozeßbevollmächtigter Rechtsanwalt K. zu B., gegen den Fuhrmann R. K. zu K. hat die usw. Zivilkammer des Königl. Landgerichts in usw. auf die sofortige Beschwerde des Dr. med. G. gegen den Beschluß des Königl. Amtsgerichts in K. vom 20. August usw. in der Sitzung vom usw. beschlossen:

Der angefochtene Beschluß wird aufgehoben. Das Amtsgericht wird angewiesen, den Zahlungsbefehl vom 20. Juli usw. wegen der in dem Antrag des Beschwerdeführers vom 17. August usw. aufgeführten Gebühren und Auslagen für vorläufig vollstreckbar zu erklären. Die Kosten der Beschwerde bleiben außer Ansatz.

Gründe.

Die Ablehnung des Antrags des Beschwerdeführers vom 17. August usw. seitens des Königl. Amtsgerichts beruht auf irrtümlichen Erwägungen. Nach

§ 699 ZPO. sind in den Vollstreckungsbefehl die von dem Gläubiger zu berechnenden Kosten des bisherigen Verfahrens aufzunehmen. Die Bestimmung ist ganz allgemein. Sie umfaßt alle Kosten des Verfahrens, und die einschränkende Auslegung, welche der Beschluß vom 20. August usw. versucht, ist nach dem Wortlaut des Gesetzes nicht berechtigt. Der § 692 ZPO., auf den der Beschluß sich stützt, bestimmt nur, daß in dem Zahlungsbefehl dem Schuldner auch aufzugeben ist, dem Gläubiger die Kosten des Verfahrens zu zahlen. Hiernach hätte zwar der Beschwerdeführer Gebühren und Auslagen, die bereits entstanden waren, in den Zahlungsbefehl mitaufnehmen lassen können, an die Unterlassung aber knüpft das Gesetz keine weiteren Folgen. Es läßt vielmehr in § 699 ZPO. zu, daß, soweit die Kosten in den Zahlungsbefehl nicht aufgenommen sind, sie in den Vollstreckungsbefehl aufgenommen werden sollen.

Es war deshalb gemäß §§ 699, 575 ZPO. wie geschehen zu entscheiden.

Für den Kostenpunkt ist § 6 GKG. maßgebend.

B., den usw. Königl. Landgericht, I. Zivilkammer.

1. Ausf. des Beschlusses erhält RA. K.

2. Begl. Abschrift des Beschl. unter Rücksendung der Akten und der Beschwerde geht an das Gericht I. Instanz.

4. Benachrichtigung von der Erhebung des Widerspruchs gegen einen Zahlungsbefehl und Bescheinigung darüber.

Gegen den auf Antrag des Gastwirts W. B. zu H. an den Handlungsreisenden B. S. zu A. erlassenen Zahlungsbefehl vom 15. November usw. (Mahnregister Nr. 2340) ist vom Justizrat S., hier, rechtzeitig am 20. November usw. Widerspruch erhoben.

A., den usw. Königl. Amtsgericht. N. N., Gerichtsschreiber.

5. Zurückweisung des Antrags auf Erlaß des Vollstreckungsbefehls.

A. 1. In der Mahnsache usw. wird der Antrag des Gläubigers, den Zahlungsbefehl vom 5. Januar usw., der dem Schuldner am 10. Januar usw. zugestellt ist, für vollstreckbar zu erklären, kostenpflichtig zurückgewiesen, weil seit dem Ablauf der im Zahlungsbefehl bestimmten Frist mehr als sechs Monate verflossen sind, der Zahlungsbefehl demnach seine Kraft verloren hat.[1])

2. Ausfertigung unter Rücksendung des Zahlungsbefehls dem Gläubiger. ZU.

B., den usw. Königl. Amtsgericht.

B. 1. Nach Inhalt der dem Zahlungsbefehl angehefteten Zustellungsurkunde wohnt der Schuldner nicht in K., wie im Zahlungsbefehl angegeben ist, sondern in B., also außerhalb des Gerichtsbezirks. Das hiesige Gericht ist demnach unzuständig und es wird deshalb der Antrag des Gläubigers auf Erlaß des Vollstreckungsbefehls kostenpflichtig zurückgewiesen.

2. Ausfertigung des Beschlusses erhält der Gläubiger unter Rücksendung des Zahlungsbefehls. ZU.

B., den usw. Königl. Amtsgericht.

C. 1. In der Mahnsache usw. ist der Zahlungsbefehl dem Schuldner nicht in dessen Wohnung, sondern auf der Eisenbahnstrecke bei H., und nicht dem

[1]) § 701 ZPO.

Schuldner persönlich, sondern in dessen Abwesenheit dem Schachtmeister F. übergeben. Diese Art der Zustellung ist gesetzlich unzulässig[2]) und es muß deshalb der Antrag des Gläubigers, den Zahlungsbefehl für vollstreckbar zu erklären, kostenpflichtig zurückgewiesen werden.

2. Ausfertigung unter Beifügung des Zahlungsbefehls dem Gläubiger. Zu.

B., den usw. Königl. Amtsgericht.

6. Urteil auf Zulässigkeit des Einspruchs.

In dem Mahnverfahren des Zimmermeisters Peter K. zu G., Klägers, Prozeßbevollmächtigter RA. F. zu B., gegen den Maurermeister L. zu B., Beklagten, Prozeßbevollmächtigter RA. T. zu G., hat das Königl. Amtsgericht in usw. auf die mündliche Verhandlung vom usw. durch den Amtsrichter F.,

da der Bekl. gegen den Vollstreckungsbefehl vom 20. März usw., mit dem der gegen ihn auf Antrag des Klägers wegen einer Wechselforderung von 1045 Mk. nebst 6% Zinsen seit dem 21. Dezember usw. unter dem 26. Februar usw. erlassene Zahlungsbefehl versehen ist, unter dem 6. April usw. Einspruch erhoben und in dem zur Verhandlung über den Einspruch auf den 20. April usw. anberaumten Termin nachgewiesen hat, daß der Vollstreckungsbefehl ihm am 24. März zugestellt und die Einspruchsschrift dem Gericht am 30. März usw. eingereicht worden ist,

da die Einspruchsschrift der Vorschrift des § 340 ZPO. entspricht und die Einreichung innerhalb der gesetzlichen Frist erfolgt ist, §§ 339, 508 ZPO.,

in Gemäßheit des § 700 ZPO. für Recht erkannt:

der von dem Bekl. gegen den Vollstreckungsbefehl vom usw. eingelegte Einspruch ist in der gesetzlichen Form und Frist eingelegt.

7. Einstweilige Einstellung der Zwangsvollstreckung nach Einlegung des Einspruchs.

Beschluß.

1. In der Prozeßsache usw. wird auf Antrag des Bekl., der gegen den in der Mahnsache usw. gegen ihn erlassenen Vollstreckungsbefehl vom 12. November d. J. Einspruch eingelegt hat, in Gemäßheit der §§ 707, 719 ZPO. angeordnet:

daß die Zwangsvollstreckung aus dem vorbezeichneten Vollstreckungsbefehl einstweilen einzustellen und der auf den 17. November d. J. anberaumte Versteigerungstermin aufzuheben, wenn der Beklagte durch Hinterlegung von 100 Mk. Sicherheit leistet.

2. Ausf. erhalten:

a) Kläger,

b) Für Beklagten J.A. S.[3])

B., den usw. Königl. Amtsgericht.

35. Beschlüsse betreffend die Bewilligung des Armenrechts.

1. In Sachen des A. in B., Antragstellers, gegen den C. in D., Antragsgegner, hat die usw. Zivilkammer des Königl. Landgerichts zu usw. auf den Antrag

[2]) §§ 180ff. ZPO. [3]) Der Beklagte muß Ausfertigung erhalten wegen § 775 Nr. 2 ZPO.

des A. vom usw., ihm für einen gegen C. anzustellenden Prozeß das Armenrecht zu bewilligen, in der Sitzung vom usw., da die beabsichtigte Rechtsverfolgung aussichtslos erscheint, gemäß § 114 ZPO. und § 6 GKG. beschlossen:

Der Antrag des A. wird zurückgewiesen.

Für diese Entscheidung wird Gebührenfreiheit bewilligt.

2. In Sachen des A. in B., Antragstellers, gegen den C. in D., Antragsgegner, hat der usw. Zivilsenat des Königl. Oberlandesgerichts zu usw. auf die Beschwerde des Antragstellers gegen den Beschluß des Königl. Landgerichts zu usw. vom usw. in der Sitzung vom usw. [da der Annahme des Vorderrichters, daß die beabsichtigte Rechtsverfolgung aussichtslos sei, beigetreten werden muß, gemäß §§ 114, 97 beschlossen:

Die Beschwerde wird zurückgewiesen.

Die Kosten der Beschwerdeinstanz werden dem Antragsteller A. auferlegt.]

Oder, statt der Klammer: Da die beabsichtigte Rechtsverfolgung des Antragstellers für schlechthin aussichtslos nicht erachtet werden kann, während sein Unvermögen, die Kosten des Prozesses zu bestreiten, durch das beigebrachte obrigkeitliche Zeugnis genügend bescheinigt ist, gemäß § 114 ZPO. beschlossen:

Der angefochtene Beschluß wird aufgehoben. Dem Antragsteller wird für die erste Instanz einschließlich der Zwangsvollstreckung das Armenrecht bewilligt.

3. In Sachen usw. beschlossen: dem Kläger wird das für die Berufungsinstanz nachgesuchte Armenrecht wegen Aussichtslosigkeit der weiteren Rechtsverfolgung auf Grund des § 114 ZPO. versagt.

4. In Sachen usw. wird dem Antragsteller A., nachdem ihm durch Beschluß des Königl. Oberlandesgerichts in usw. vom usw. für die erste Instanz einschließlich der Zwangsvollstreckung das Armenrecht bewilligt ist, zur vorläufig unentgeltlichen Wahrnehmung der Rechte der Rechtsanwalt E. und zur vorläufig unentgeltlichen Bewirkung von Zustellungen und von Vollstreckungshandlungen der Gerichtsvollzieher F. in D. beigeordnet.

B., den usw. Königl. Landgericht usw. Zivilkammer. Der Vorsitzende.

5. In Sachen usw. wird der dem Antragsteller A. beigeordnete Rechtsanwalt E. auf dessen Antrag wegen kollidierender Interessen von der Verpflichtung zur Übernahme der Vertretung des Antragstellers entbunden und an dessen Stelle der Rechtsanwalt G. dem Antragsteller zur unentgeltlichen Wahrnehmung seiner Rechte beigeordnet.

B., den usw. Der Vorsitzende der usw. Zivilkammer des Königl. Landgerichts.

Zweiter Teil.

Die gerichtliche Zwangsvollstreckung

in das bewegliche Vermögen.

Erster Abschnitt.

Darstellung des Verfahrens.

(§§ 704—945 ZPO.)

Für das Gebiet der ordentlichen Gerichtsbarkeit ist die **Zwangsvollstreckung in das bewegliche Vermögen** durch die ZPO. erschöpfend geregelt. Vorbehalte zugunsten der landesgesetzlichen Vorschriften sind nur gemacht in § 15 Nr. 3, 4 des EG. z. ZPO. Für die Zwangsvollstreckung in das **unbewegliche** Vermögen hat die ZPO. in den §§ 864 bis 871 Vorschriften gegeben, während im übrigen das Verfahren in dem RGes. v. 24. März 1897 geordnet ist. Die Regelung des Verwaltungszwangsverfahrens ist der Landesgesetzgebung überlassen.[1])

§ 44. Voraussetzungen der Zwangsvollstreckung.

A. Materielle Voraussetzungen (Vollstreckungstitel).

I. **Vollstreckungstitel.** Die Zwangsvollstreckung ist nur statthaft, wenn ein vollstreckbarer Titel (Vollstreckungstitel), d. h. eine Urkunde vorliegt, in welcher der Gläubiger, der Schuldner und der Gegenstand der Zwangsvollstreckung festgestellt sind. Vollstreckungstitel sind nur diejenigen, welche die ZPO. und andere Reichsgesetze[2]) als solche anerkennen. Der Landesgesetzgebung ist die Befugnis beigelegt, die Zwangsvollstreckung noch aus anderen Vollstreckungstiteln zuzulassen.[3])

II. **Die vollstreckbaren Urteile.** Unter den Vollstreckungstiteln kommen in erster Reihe in Betracht die vollstreckbaren Urteile, das sind die von den ordentlichen deutschen Gerichten erlassenen, nach ihrem Inhalt der Vollstreckung fähigen **Endurteile**, sofern sie **rechtskräftig** sind oder die Gerichte sie **für vorläufig vollstreckbar** erklärt haben.

1. a) Als **Endurteile** gelten **auch** die **Vorbehaltsurteile** aus §§ 302 Abs. 3, 540 Abs. 3, 599 Abs. 3. Von **Zwischenurteilen**

[1]) M. S. 392. [2]) ZPO. §§ 704, 794. Konk.O. §§ 164, 194, 206. StPO. §§ 122, 495. ZwVG. §§ 93, 132, 133. Ges. üb. d. freiw. Gerichtsb. §§ 98, 158. RAO. § 97. Reichsbeamt. Ges. v. 31. März 1873 §§ 143, 139, 140. Genoss.Ges. (RGBl. 1898 S. 810) §§ 62, 106—109, 113, 114, 129. Ges. betr. die Gewerbegerichte v. 29. Juli 1890 in der Fassung v. 29. Sept. 1901 §§ 57, 77. [3]) § 801.

unterliegen der Vollstreckbarkeit nur diejenigen, die gegen Dritte ergangen sind.[4]) Endurteile, in denen die Verurteilung von der Leistung eines Eides abhängig gemacht ist, sind von der Vollstreckung ausgeschlossen.[5]) Ebenso die bloßen Feststellungsurteile. Aus Urteilen ausländischer Gerichte findet die Zwangsvollstreckung im Inlande nur statt, wenn ihre Zulässigkeit durch ein Vollstreckungsurteil ausgesprochen ist.[6])

b) Rechtskraft. Der Regel nach tritt die Vollstreckbarkeit der Urteile ein mit ihrer Rechtskraft. Rechtskräftig sind die Urteile, die weder einem Rechtsmittel noch dem Einspruch unterliegen. Mit der Verkündung rechtskräftig sind die Berufungsurteile der Landgerichte mit Ausnahme der dem Einspruch unterliegenden Versäumnisurteile,[7]) ferner die kontradiktorischen und die nicht einspruchsfähigen Urteile des Reichsgerichts.[8]) Alle anderen Urteile können mit einem Rechtsmittel (Berufung, Revision) oder mit dem Einspruch angefochten werden, müssen daher, bevor die Rechtskraft eintreten kann, zugestellt werden, da der Lauf der Rechtsmittelfrist und der Einspruchsfrist erst mit der Zustellung beginnt. Durch rechtzeitige Einlegung des Rechtsmittels oder des Einspruchs wird der Eintritt der Rechtskraft gehemmt.[9]) Läuft die Frist ab, ohne daß ein Rechtsmittel oder der Einspruch eingelegt wird, oder wird das Rechtsmittel oder der Einspruch zurückgenommen, so tritt die Rechtskraft von selbst ein. Dasselbe geschieht schon vor Ablauf der Frist, wenn auf das Rechtsmittel oder den Einspruch verzichtet wird.[10]) Die Einlegung des Rechtsmittels seitens der einen Partei hemmt die Rechtskraft des Urteils auch bezüglich der anderen Partei. Diese kann sich der Berufung und der Revision anschließen, auch wenn sie auf das Rechtsmittel verzichtet hat oder die Einlegungsfrist verstrichen ist.[11])

Zeugnisse über die Rechtskraft der Urteile werden von dem Gerichtsschreiber der ersten Instanz und, solange der Rechtsstreit in einer höheren Instanz anhängig ist, von dem Gerichtsschreiber dieser Instanz erteilt. Hängt die Erteilung des Zeugnisses davon ab, daß gegen das Urteil ein Rechtsmittel nicht eingelegt ist, so genügt das sog. Notfristattest des Gerichtsschreibers des für das Rechtsmittel zuständigen Gerichts. Dasselbe lautet dahin, daß bis zum (Datum) eine Berufungs- usw. schrift nicht eingereicht worden sei. Das Rechtskraftattest lautet dagegen dahin, daß das Urteil die Rechtskraft beschritten habe oder rechtskräftig sei.[12])

2. Vorläufige Vollstreckbarkeit. a) In bestimmten Fällen gestattet das Gesetz eine schon vor der Rechtskraft des Urteils eintretende vorläufige Vollstreckbarkeit. Sie steht in der Wirkung der endgültigen gleich, denn sie dauert nicht nur bis zur Einlegung des Rechtsmittels, sondern bis zu ihrer Beseitigung durch eine entgegenstehende Anordnung und verschafft dem Gläubiger einen Anspruch nicht auf bloße Sicherheit, sondern auf wirkliche, wenngleich nur einstweilige Befriedigung. Sie umfaßt auch, sofern ihr nicht eine Einschränkung beigefügt ist, den vollen Inhalt des Urteils, soweit er vollstreckungsfähig ist, also sowohl die Hauptsache wie

---

[4]) 794 Nr. 3. [5]) § 460. [6]) § 722. Unten S. 327. [7]) §§ 545, 345. [8]) §§ 345, 566. [9]) § 705. [10]) §§ 346, 514, 515, 566. [11]) §§ 521, 556. [12]) § 706.

den Kostenpunkt.[13]) Deshalb kann auch auf Grund eines für vorläufig vollstreckbar erklärten Urteils ein Kostenfestsetzungsbeschluß erlassen und vollstreckt werden.[14])

b) Ausgeschlossen von der Erklärung der vorläufigen Vollstreckbarkeit sind Urteile in Ehesachen und in Rechtsstreitigkeiten, die die Feststellung des Rechtsverhältnisses zwischen Eltern und Kindern zum Gegenstande haben.[15]) Diese Rechtsverhältnisse können ihrer Natur nach nur endgültig in Wirksamkeit gesetzt werden. Soweit für die Dauer des Rechtsstreits besondere Anordnungen erforderlich werden, können sie nur im Wege der einstweiligen Verfügung erfolgen.

c) Beschränkt ist die Wirkung der vorläufigen Vollstreckbarkeit bei den Urteilen, in denen auf Bewirkung einer Eintragung im Grundbuch oder im Schiffsregister erkannt ist. Hier darf das für vorläufig vollstreckbar erklärte Urteil nur in der Weise vollzogen werden, daß die Eintragung in der zur Sicherstellung eines Anspruchs auf Eintragung vorgeschriebenen Form erfolgt. Als Sicherungsmittel kommt die Eintragung einer Vormerkung[16]) und die Eintragung eines Widerspruchs[17]) in Betracht. Die Vormerkung dient zur Sicherung des Anspruchs auf Einräumung oder Aufhebung eines Rechtes an einem Grundstück oder an einem das Grundstück belastenden Rechte oder auf Änderung des Inhalts oder des Ranges eines solchen Rechtes. Der Widerspruch ist dazu bestimmt, denjenigen, dessen dingliches Recht nicht oder nicht richtig eingetragen oder durch die Eintragung einer nicht bestehenden Belastung oder Beschränkung beeinträchtigt ist, gegen die mit dem öffentlichen Glauben des Grundbuchs[18]) verbundenen Gefahren zu sichern. Die Eintragung erfolgt auf den Antrag des Gläubigers, ohne daß es einer weiteren Bewilligung des Schuldners bedarf.[19])

d) Die Erklärung der vorläufigen Vollstreckbarkeit hat in den Fällen des § 708 von Amts wegen, in den Fällen des § 709 auf Antrag zu erfolgen und zwar in der Urteilsformel: „Das Urteil ist vorläufig vollstreckbar." Urteile, die mit der Verkündung die Rechtskraft beschreiten, also die zu 1 b) bezeichneten Berufungsurteile der Landgerichte und Revisionsurteile sind ohne weiteres endgültig vollstreckbar, also nicht für vorläufig vollstreckbar zu erklären.[20])

e) Bedingte Vollstreckbarkeit. Liegen die Fälle der §§ 708, 709 nicht vor, so ist dem Antrage auf Erklärung der vorläufigen Vollstreckbarkeit dann stattzugeben, wenn der Gläubiger α) entweder glaubhaft macht, daß die Aussetzung der Vollstreckung ihm einen schwer zu ersetzenden oder einen schwer zu ermittelnden Nachteil bringen würde oder β) sich erbietet, vor der Vollstreckung Sicherheit für den Schaden zu leisten, der im Falle der Änderung des Urteils für den Schuldner entstehen könnte. Die Mittel der Sicherheitsleistung bestimmt § 108.

f) Urteile der Oberlandesgerichte sind auf Antrag ohne Sicherheitsleistung für vorläufig vollstreckbar zu erklären, wenn die gesetz-

[13]) Zeitschr. f. DZP. 13 S. 406. [14]) Seuff. 47 S. 110. [15]) § 704. [16]) BGB. §§ 883 ff. [17]) BGB. § 899. [18]) BGB. §§ 892, 1138. [19]) § 895. M. II zu § 779 a. GBO. § 13 Abs. 2, § 19. [20]) §§ 704, 705.

lichen Voraussetzungen für die Zulässigkeit der Revision [21]) nach dem Ermessen des Gerichts nicht gegeben sind.[22])

g) Wird gegen ein Urteil 1. oder 2. Instanz, das nicht oder nur bedingt (gegen Sicherheitsleistung) für vorläufig vollstreckbar erklärt ist, **Berufung oder Revision** eingelegt, so muß auf den Antrag der obsiegenden Partei das Gericht der höheren Instanz den unangefochtenen Teil des Urteils für (unbedingt) vorläufig vollstreckbar erklären.[23]) Als unangefochten gilt der Teil des Urteils, der von den in der mündlichen Verhandlung zunächst gestellten Anträgen des Rechtsmittelklägers nicht getroffen wird. Werden später die Anträge eingeschränkt, so kann auch der neu hinzutretende, nicht angefochtene Urteilsteil für vorläufig vollstreckbar erklärt werden. Werden nach der Erklärung der vorläufigen Vollstreckbarkeit die Anträge erweitert, so bleibt dennoch die Vollstreckbarkeitserklärung voll bestehen.

Der Antrag auf Erklärung der vorläufigen Vollstreckbarkeit ist in der mündlichen Verhandlung zu stellen. Zulässig ist der Antrag bis zum Schlusse der Instanz. Über den Antrag ist mündlich zu verhandeln. Die Entscheidung ergeht durch Beschluß, der zu verkünden und gleichviel, ob er stattgebend oder ablehnend ausfällt, unanfechtbar ist.[24])

h) **Schutzbehelfe des Schuldners.** α) Macht der Schuldner glaubhaft, daß die Vollstreckung des Urteils ihm einen schwer oder gar nicht zu ersetzenden Nachteil bringen würde, so muß der Richter in den Fällen des § 708 (Vollstreckbarkeitserklärung von Amts wegen) auf Antrag des Schuldners aussprechen, daß das Urteil nicht vorläufig vollstreckbar sei. In den Fällen der §§ 709, 710 (Vollstreckbarkeitserklärung auf Antrag) ist der Antrag des Gläubigers auf Vollstreckbarkeitserklärung zurückzuweisen.[25])

β) Das Gericht ist befugt, nach freiem Ermessen auf den Antrag des Schuldners die vorläufige Vollstreckbarkeit **von einer vorgängigen Sicherheitsleistung des Gläubigers** abhängig zu machen.[26])

γ) Ist die vorläufige Vollstreckbarkeit des Urteils ohne Sicherheitsleistung des Gläubigers auszusprechen, so ist dem Schuldner auf dessen Antrag nachzulassen, die Vollstreckung durch Sicherheitsleistung oder durch Hinterlegung abzuwenden. Erbietet sich in diesem Falle der Gläubiger vor der Vollstreckung, Sicherheit zu leisten, so ist für ihn im Urteil ein Gegenvorbehalt dahin zu erlassen, daß er durch Sicherheitsleistung die Abwendung der Vollstreckung erwarten dürfe.[27]) „Das Urteil ist vorläufig vollstreckbar. Dem Schuldner wird aber nachgelassen, durch Sicherheitsleistung in Höhe von . . . die Vollstreckung abzuwenden, sofern nicht der Gläubiger ihm vor der Vollstreckung Sicherheit in gleicher Höhe leistet."

i) **Verfahren bezüglich der Vollstreckbarkeitserklärung.** α) **In 1. Instanz.** Die vorläufige Vollstreckbarkeit eines Urteils bildet einen Teil der Hauptsache Darüber kann nur zugleich mit der Hauptsache entschieden und die Entscheidung nur in dem Urteil selbst getroffen werden.[28]) Der

---

[21]) §§ 546, 547. [22]) § 711. Seuff. 56 Nr. 268, 57 Nr. 257. [23]) §§ 534, 560. [24]) § 534. [25]) § 712. [26]) § 713 Abs. 1. [27]) § 713 Abs. 2. [28]) RG. 20 S. 423.

Antrag auf Vollstreckbarkeitserklärung ist vor dem Schlusse der mündlichen Verhandlung zu stellen, auf die das Urteil ergeht. Der in 1. Instanz versäumte Antrag kann in bezug auf das Urteil 1. Instanz in der Berufungsinstanz nur insoweit nachgeholt werden, als das Urteil nicht angefochten worden ist.[29])

Ist der Antrag auf Vollstreckbarkeitserklärung übergangen oder ist in Fällen, in denen ein Urteil von Amts wegen für vorläufig vollstreckbar erklärt werden muß, eine Entscheidung über die vorläufige Vollstreckbarkeit nicht ergangen, so kann die interessierte Partei die Ergänzung des Urteils gemäß § 321 verlangen. Diese Bestimmung erscheint auch dann anwendbar, wenn ein Antrag des Schuldners auf Abwendung der vorläufigen Vollstreckbarkeit übergangen ist, da die Anträge, die die Vollstreckbarkeit betreffen, bezüglich der prozessualen Erledigung den Anträgen in der Hauptsache gleichgestellt sind und das Ergänzungsverfahren des § 321 die übergangenen Anträge beider Teile zum Gegenstande hat.[30])

β) In der Berufungsinstanz. Da die Vollstreckbarkeitserklärung ein Teil des Urteils ist, so kann sie auch allein, ohne die Hauptsache, in die Berufungsinstanz gebracht werden.[31]) Ist aber auch in der Hauptsache Berufung eingelegt, so muß auf Antrag über die vorläufige Vollstreckbarkeit vorab verhandelt und entschieden werden. Dies gilt nicht nur, wenn eine bereits getroffene Entscheidung angefochten wird, sondern auch dann, wenn in der Berufungsinstanz neue Anträge bezüglich der Vollstreckbarkeit gestellt werden. Zu dem Antrage auf Vorabentscheidung ist aber nur die Partei befugt, die Berufung oder Anschlußberufung eingelegt hat, nicht auch die Gegenpartei. Soweit die Verhandlung über die Vollstreckbarkeit in Frage steht, ist die Bestimmung des § 524, wonach die mündliche Verhandlung zu vertagen ist, wenn an dem für sie bestimmten Tage die Berufungsfrist noch nicht verstrichen ist, außer Kraft gesetzt.[32]) Die Entscheidung selbst bildet ein Teilurteil, das durch die folgende Entscheidung zur Hauptsache außer Kraft gesetzt werden kann.[33]) Der Anfechtung durch die Revision ist die Enscheidung entzogen.[34])

k) Aufhebung der vorläufigen Vollstreckbarkeit. *α*) Wird gegen ein Urteil, das unbedingt für vorläufig vollstreckbar erklärt ist, der Einspruch oder ein Rechtsmittel eingelegt, so kann das Gericht der höheren Instanz ohne mündliche Verhandlung auf Antrag des Schuldners anordnen, daß die Zwangsvollstreckung gegen oder ohne Sicherheitsleistung des Schuldners einstweilen eingestellt werde oder daß die Zwangsvollstreckung nur gegen Sicherheitsleistung des Gläubigers stattfinde und daß die erfolgten Vollstreckungsmaßregeln gegen Sicherheitsleistung aufzuheben seien. Die Einstellung der Zwangsvollstreckung ohne Sicherheitsleistung ist nur zulässig, wenn glaubhaft gemacht wird, daß die Vollstreckung einen nicht zu ersetzenden Nachteil bringen würde.[35])

---

[29]) § 534. RG. 55 S. 101. [30]) Struckm. u. Koch A. 2, v. Wilm.-Levy A. 1 zu § 654. A. M. RG. JW. 87 S. 474. Gaupp A. II, Seuff. A. 2, Först. A. 4 zu § 654. [31]) M. S. 399. Prot. S. 344. [32]) § 718 Abs. 2. [33]) § 717 Abs. 1. RG. 20 S. 424, 25 S. 424. JW. 89 S. 287. [34]) § 718 Abs. 3. [35]) § 719.

Dieselben Grundsätze finden Anwendung, wenn die Wiedereinsetzung in den vorigen Stand oder eine Wiederaufnahme des Verfahrens beantragt wird.[36])

β) Wird die Entscheidung in der Hauptsache oder die Vollstreckungserklärung durch ein späteres Urteil aufgehoben oder geändert, so tritt die vorläufige Vollstreckbarkeit insoweit außer Kraft, als die Aufhebung oder Änderung erfolgt ist. Diese Wirkung tritt bei Urteilen, nicht auch bei Beschlüssen, ein mit der Verkündung des späteren Urteils, ohne Rücksicht auf dessen Zustellung und Rechtskraft.[37])

γ) „Wird ein für vorläufig vollstreckbar erklärtes Urteil aufgehoben oder geändert, so ist der Kläger zum Ersatze des Schadens verpflichtet, der dem Beklagten durch die Vollstreckung des Urteils oder durch eine zur Abwendung der Vollstreckung gemachte Leistung entstanden ist. Der Beklagte kann den Anspruch auf Schadensersatz in dem anhängigen Rechtsstreite geltend machen und zwar noch in der Revisionsinstanz;[38]) wird der Anspruch geltend gemacht, so ist er als zur Zeit der Zahlung oder Leistung rechtshängig geworden anzusehen."[39])

Zu dieser Bestimmung ist folgendes zu bemerken. Zu Lasten der in dem späteren Prozeß unterliegenden Partei, gleichgültig ob es der Kläger oder der Beklagte ist,[40]) ist neben der Pflicht zur Erstattung der Bereicherung noch eine Schadensersatzpflicht festgestellt u. z. eine unbedingte, derart, daß ein Verschulden dieser Partei nicht vorzuliegen braucht. Ob das die vorläufig vollstreckbare Entscheidung aufhebende Urteil eine endgültige Entscheidung enthält oder z. B. bloß eine Zurückverweisung an die frühere Instanz, ist gleichgültig.[41]) Die Schadensersatzpflicht tritt nicht ein, wenn die Gegenpartei freiwillig, damit nicht vollstreckt werde, leistet, sondern nur, wenn entweder zur Vollstreckung geschritten oder durch eine nach Verkündung des Urteils erklärte Androhung der Vollstreckung die Leistung herbeigeführt ist. Eingeschränkt wird die Entschädigungspflicht durch die Bestimmung des § 254 BGB. Ob bei der Entstehung des Schadens ein Verschulden des Ersatzberechtigten mitgewirkt hat, ist nach den Umständen des Falles zu beurteilen. Die Frage wird zu bejahen sein, wenn derselbe vorsätzlich oder fahrlässig es verabsäumt hat, von den ihm zu Gebote stehenden Verteidigungsmitteln rechtzeitig Gebrauch zu machen, ferner, wenn er schuldhafterweise es unterlassen hat, die Gegenpartei auf die Gefahr eines mit der Vollstreckung verbundenen ungewöhnlich hohen Schadens aufmerksam zu machen, den dieselbe weder kannte noch kennen mußte.[42]) Der Schaden kann auch durch besondere Klage oder Widerklage[43]) geltend gemacht werden; da es sich aber nicht um eine Haftung für unerlaubte Handlung handelt, nicht im Gerichtsstande der unerlaubten Handlung.[44])

Bezüglich der Vollstreckbarkeit des die Ersatzpflicht aussprechenden Urteils gelten die allgemeinen Regeln. Für die Anwendung der Sonder-

---

[36]) § 707. [37]) RG. 21 S. 380, 23 S. 336, 25 S. 425, 42 S. 370; JW. 96 S. 203. [38]) RG. 34 S. 385. [39]) § 717 Abs. 2. [40]) RG. 49 S. 411. [41]) RG. 64 S. S. 281. Seuff. 58 Nr. 110. [42]) KB. II S. 170—175. [43]) RG. 63 S. 369. [44]) Seuff. 58 Nr. 111.

vorschrift des § 718 Abs. 3, wonach eine Anfechtung der in der Berufungsinstanz über die vorläufige Vollstreckbarkeit erlassenen Entscheidung nicht stattfindet, ist hier kein Raum.[45])

l) Wegen des Verfahrens zum Zwecke der Rückgabe einer prozessualen Sicherheit nach dem Wegfall ihrer Veranlassung siehe oben S. 229.

m) Wird auf Räumung einer Wohnung erkannt, so kann das Gericht, gleichviel ob es sich um ein vorläufig vollstreckbares Urteil handelt oder nicht, auf Antrag des Schuldners diesem eine angemessene Frist zur Räumung gewähren. Der Antrag muß aber vor dem Schlusse der mündlichen Verhandlung, auf die das Urteil ergeht, gestellt werden. Ist er darin übergangen, so ist die Ergänzung des Urteils nach § 321 zulässig.[46])

3. Zwangsvollstreckung aus ausländischen Urteilen.[47]) Aus Urteilen ausländischer Gerichte findet die Zwangsvollstreckung im Inlande nur statt, wenn ihre Zulässigkeit durch ein Vollstreckungsurteil ausgesprochen ist.[48])

Ausländische Gerichte sind diejenigen, die nicht vom Deutschen Reich oder von einem Deutschen Bundesstaat eingesetzt sind. Es gehören also nicht dazu die im Auslande gesprochenen Urteile der Deutschen Konsuln, der Konsulargerichte und der für die Deutschen Schutzgebiete bestellten Gerichtsbeamten.[49]) In Frage kommen nur Endurteile, die in einer Zivilprozeßsache erlassen, der Rechtskraft fähig sind und ihrem Inhalte nach die Zwangsvollstreckung zulassen.[50]) Ausländische Schiedssprüche gehören nicht hierher.[51]) Ebensowenig kann aus anderen vollstreckungsfähigen Entscheidungen des Auslandes, die keine Endurteile sind, die Zwangsvollstreckung in Deutschland zugelassen werden.[52]) Ob die Endurteile des Auslandes vor oder nach dem Inkrafttreten der ZPO. ergangen sind, macht keinen Unterschied.[53])

Die Vollstreckbarkeit der Urteile ausländischer Gerichte tritt nur ein, wenn auf Klage des Gläubigers die Zulässigkeit der Zwangsvollstreckung durch ein inländisches Vollstreckungsurteil ausgesprochen ist. Zuständig für die Klage ist örtlich das Gericht, bei dem der Schuldner seinen allgemeinen Gerichtsstand hat, in Ermanglung eines solchen das Gericht, bei dem gemäß § 23 gegen den Schuldner Klage erhoben werden kann, sachlich je nach dem Gegenstande das Amtsgericht oder das Landgericht. Die Zuständigkeit der Kammer für Handelssachen ist grundsätzlich ausgeschlossen.[54]) Die Zuständigkeit ist eine ausschließliche.

Das Verfahren ist das des ordentlichen Landgerichts- oder Amtsgerichtsprozesses. Gegenstand des Verfahrens ist nur die Prüfung der Zulässigkeit der Zwangsvollstreckung aus dem ausländischen Urteil. Das Urteil kann also nur auf Abweisung des Klägers oder dahin lauten, daß

[45]) RG. 25 S. 423. [46]) § 721. [47]) §§ 722, 723. [48]) § 722.
[49]) RGes. v. 10. Juli 1879 u. v. 15. März 1888. [50]) RG. 9 S. 372, 16 S. 428; Seuff. 46 S. 116. [51]) RG. 5 S. 377, 9 S. 374, 30 S. 369; Gruch. 39 S. 1154.
[52]) A. M. Seuff. zu § 660. [53]) RG. 9 S. 368. [54]) Gaupp-Stein § 722 III 1 und die anderen Kommentare.

die Zwangsvollstreckung aus dem Urteil des usw. Gerichts für zulässig erklärt wird. Die nochmalige Prüfung des Anspruchs selbst ist ausgeschlossen.[55]) Der gesetzmäßige Erlaß des ausländischen Urteils ist der Nachprüfung entzogen. Veränderungen der Rechtslage, sofern sie von den Parteien zum Gegenstande der Verhandlung gemacht werden, sind zu berücksichtigen, so z. B. eine Rechtsnachfolge,[56]) nachträgliche Tilgung oder Stundung,[57]) nachträglich eingetretene Verjährung.[58])

Das Vollstreckungsurteil darf erst erlassen werden, wenn das Urteil des ausländischen Gerichts nach dem für dieses Gericht geltenden Rechte die Rechtskraft erlangt hat. Kläger hat nachzuweisen, daß ein ordentliches Rechtsmittel nicht mehr offensteht.[59]) Der Nachweis wird regelmäßig durch ein Attest des ausländischen Gerichts zu führen sein. Will der Beklagte sich eines außerordentlichen Rechtsmittels bedienen, so hat er dies bei dem ausländischen Gericht einzulegen und, falls das inländische Verfahren aus § 722 bereits anhängig ist, dessen Aussetzung zu erwirken.[60])

Ausgeschlossen ist der Erlaß des Vollstreckungsurteils in den fünf Fällen des § 328, in denen die Anerkennung des Urteils eines ausländischen Gerichts ausgeschlossen ist.[61]) Die Ausschließungsgründe gehören dem öffentlichen Rechte an, sind also der Parteiverfügung entzogen und ohne Geltendmachung von Amts wegen zu berücksichtigen, selbst dann, wenn der Beklagte Versäumnisurteil über sich ergehen läßt.

Die Rechtsmittel gegen das Vollstreckungsurteil sind die gewöhnlichen (Berufung, Revision). Die Vollstreckbarkeit folgt den allgemeinen Regeln, tritt also, wenn die Vollstreckbarkeit ausgesprochen ist, erst nach Eintritt der Rechtskraft des Vollstreckungsurteils ein, sofern nicht das Gericht das Vollstreckungsurteil für vorläufig vollstreckbar erklärt hat. Zum Zwecke der Zwangsvollstreckung ist die Erteilung der Vollstreckungsklausel notwendig.

III. Sonstige vollstreckbare Titel sind nach der Zivilprozeßordnung:[62])

1. Während des Prozesses zwischen den Parteien oder zwischen einer Partei und einem Dritten zur gänzlichen oder teilweisen Erledigung des Prozesses vor einem deutschem Gericht, auch einem beauftragten oder ersuchten Richter, abgeschlossene Vergleiche;

2. Vor der Klagerhebung im amtsgerichtlichen Sühneverfahren abgeschlossene Vergleiche;[62a])

3. Kostenfestsetzungsbeschlüsse;

4 Entscheidungen, gegen welche das Rechtsmittel der Beschwerde stattfindet, soweit die Entscheidung auf eine vollstreckbare Leistung geht, z. B. Kostenfestsetzungsbeschlüsse, Beschlüsse betr. Rückgabe einer Sicherheit usw.;

5. Vollstreckungsbefehle;

6. Gewisse gerichtliche oder notarielle Urkunden über die Zahlung einer bestimmten Geldsumme oder die Leistung einer bestimmten

---

[55]) RG. 16 S. 432. [56]) RG. 9 S. 368. [57]) RG. 13 S. 347. [58]) RG. Gruch. 30 S. 1166. [59]) RG. 16 S. 428; JW. 81 S. 335. [60]) Bayer. Ob.LG. Seuff. 46 S. 118. [61]) § 723 Abs. 2. [62]) § 1042. [62a]) § 510c.

Quantität anderer vertretbarer Sachen oder Wertpapiere, sofern sich der Schuldner in der Urkunde der **sofortigen Zwangsvollstreckung unterworfen** hat.

Aus einem Schiedsspruch findet die Zwangsvollstreckung nur statt, wenn ihre Zulässigkeit durch ein Vollstreckungsurteil ausgesprochen ist.[63])

B. Formelle Voraussetzungen.

I. **Vollstreckbare Ausfertigung.** Der Schuldtitel gibt nur ein Recht auf die Zwangsvollstreckung. Zur Ausführung der Zwangsvollstreckung kann nur auf Grund der vollstreckbaren Ausfertigung des Schuldtitels (**Vollstreckungsklausel**) geschritten werden.[64]) Die Vorschrift gilt allgemein, auch da, wo die Zwangsvollstreckung durch die Gerichte oder unter deren Mitwirkung erfolgt. Sie gilt ferner für alle Schuldtitel mit Ausnahme der Vollstreckungsbefehle im Mahnverfahren, der Arrestbefehle und der einstweiligen Verfügungen. Diese bedürfen der Vollstreckungsklausel nur, wenn auf Seite des Gläubigers oder des Schuldners eine Rechtsnachfolge eingetreten ist.[65]) Die Zwangsvollstreckung aus einem Kostenfestsetzungsbeschlusse, der auf das Urteil gesetzt ist, erfolgt auf Grund einer vollstreckbaren Ausfertigung des Urteils; für den Festsetzungsbeschluß bedarf es dann keiner besonderen Vollstreckungsklausel.[66])

1. Die **zuständige Behörde** zur Erteilung der vollstreckbaren Ausfertigung ist

a) bei Urteilen der Gerichtsschreiber des Gerichts 1. Instanz, solange aber der Rechtsstreit bei einem höheren Gerichte anhängig ist, der Gerichtsschreiber dieses Gerichts.[67]) Das letztere kann vorkommen, wenn ein Teilurteil vorliegt oder beim Zusammentreffen von Streitgenossen.[68]) Die Zuständigkeit des Gerichtsschreibers höherer Instanz beginnt mit der Einreichung der Rechtsmittelschrift bei dem Gerichte höherer Instanz[69]) und dauert solange, bis nach Erledigung des Rechtsmittels die Akten an das Gericht der 1. Instanz zurückgelangt sind. Ist dies geschehen, so hat der Gerichtsschreiber des Gerichts 1. Instanz auch von dem Berufungs- und Revisionsurteil Ausfertigung zu erteilen, wozu er durch die bei den Akten befindliche beglaubigte Abschrift in den Stand gesetzt wird.[70])

b) Bei Vollstreckungsbefehlen, soweit sie überhaupt der Vollstreckungsklausel bedürfen, dasjenige Amtsgericht, dessen Gerichtsschreiber den Vollstreckungsbefehl erlassen hat.[71])

c) Bei sonstigen gerichtlichen Urkunden der Gerichtsschreiber des Gerichts, das die Urkunde verwahrt.[72]) Die Vorschrift gilt allgemein, also auch für Prozeßvergleiche aus § 794.[73])

d) Bei notariellen Urkunden der Notar, der die Urkunde verwahrt. Befindet sich die Urkunde in der Verwahrung einer Behörde, so hat diese die vollstreckbare Ausfertigung zu erteilen.[74])

---

[63]) § 794. [64]) § 724. [65]) §§ 796, 929, 936. [66]) § 795a. [67]) § 724. [68]) RG. 18 S. 424. Seuff. 36 S. 122. [69]) RG. 9 S. 387, 18 S. 424; Seuff. 36 S. 486. [70]) RG. 11 S. 411. [71]) § 796 Abs. 3. [72]) § 797. [73]) RG. 21 S. 347, 37 S. 420. [74]) § 797 Abs. 2.

2. Die Form der vollstreckbaren Ausfertigung ist dahin vorgeschrieben: „Vorstehende Ausfertigung wird dem usw. (Bezeichnung der Partei) zum Zwecke der Zwangsvollstreckung erteilt.“ [75]) Doch enthält diese Formel nur die wesentlichsten Teile. „In diesen Rahmen können alle für den einzelnen Fall noch erforderlichen Zusätze eingefügt werden. Dahin gehört z. B. die Beschränkung auf einen Teil des Streitgegenstandes, die Bezeichnung des Rechtsnachfolgers der einen oder anderen Partei, für oder gegen welche die Vollstreckung stattfinden soll, die Konstatierung der Notorietät,[76]) die Bezeichnung der produzierten öffentlichen Urkunde[77]) oder des in concreto vorliegenden Rechtsnachfolgeverhältnisses (Erbe, Zedent usw.), die Beschränkung der Vollstreckung auf Sicherheitsleistung, die Bezeichnung der Vollstreckung als eine vorläufige oder definitive, falls ein solcher Unterschied von Bedeutung ist.“ [78])

Die Klausel ist der Ausfertigung des Schuldtitels am Schlusse beizufügen, von dem zuständigen Beamten zu unterschreiben und mit dem Amtssiegel zu versehen.

Sind mehrere Schuldner anteilsweise verurteilt, so sind zwar so viele Ausfertigungen zu erteilen, als Schuldner vorhanden sind, doch darf jede Ausfertigung nur mit der Klausel gegen einen Schuldner versehen werden. Dies folgt aus § 757.

Mehrere Gläubiger, denen die Forderung gemeinschaftlich zusteht, bilden eine Partei, erhalten also nur eine vollstreckbare Ausfertigung. Hat jeder einen Anspruch auf einen bestimmten Teil der Forderung, so ist jedem Vollstreckungsklausel für diesen Anspruch zu erteilen.

Die Klausel darf nur auf dasjenige Urteil gesetzt werden, in dem, sei es in erster, sei es in einer späteren Instanz, die Verurteilung ausgesprochen ist. Ist nur Ein Urteil ergangen, das die Rechtskraft beschritten hat, so wird die Klausel auf dies Urteil gesetzt, nachdem das Notfristattest[79]) hinter der Ausfertigungsklausel nachgetragen oder besonders angeheftet ist. Sind mehrere Urteile in derselben Sache ergangen, so werden sie miteinander verbunden und es wird die Vollstreckungsklausel dann auf dasjenige Urteil gesetzt, das die Verurteilung ausspricht, unter Hervorhebung derjenigen Einschränkungen, die etwa dies Urteil in einer späteren Instanz erfahren hat. In 1. Instanz ist der Beklagte zur Zahlung der eingeklagten Summe nebst 4 % Zinsen verurteilt. In 2. Instanz ist Kl. mit dem Zinsenanspruch abgewiesen, im übrigen aber die Berufung zurückgewiesen. Die Revision ist zurückgewiesen. Zur Erteilung der Vollstreckungsklausel werden die drei Urteilsausfertigungen miteinander verbunden und es wird vom Gerichtsschreiber auf die Ausfertigung des Urteils 1. Instanz folgender Vermerk gesetzt: „Vorstehende Ausfertigung wird dem Kl. usw. zum Zwecke der Zwangsvollstreckung erteilt, jedoch mit Ausschluß der 4 % Zinsen, mit welchem Anspruche Kl. durch das Urteil 2. Instanz abgewiesen ist.“

Vor der Aushändigung der vollstreckbaren Ausfertigung ist auf der

---

[75]) § 725. [76]) § 727 Abs. 2. [77]) § 727 Abs. 1. [78]) M. S. 404.
[79]) Unten zu 3.

Urschrift des Schuldtitels zu vermerken, für wen und zu welcher Zeit die vollstreckbare Ausfertigung erteilt ist.[80])

3. Verfahren bei Erteilung der Vollstreckungsklausel. Die vollstreckbare Ausfertigung wird nur auf Antrag erteilt. Der Antrag ist an den Gerichtsschreiber zu richten. Anwaltszwang findet nicht statt. Der Gerichtsschreiber hat die Vollstreckbarkeit auf Grund der Gerichtsakten und, soweit diese nicht ausreichen, auf Grund des vom Gläubiger vorzulegenden Urkundenmaterials — Zustellungsurkunde, Notfristattest, Rechtskraftattest[81]) — festzustellen.

a) Ist die Forderung eine betagte, so kann die Vollstreckungsklausel schon vor dem Eintritt der Fälligkeit erteilt werden. Ebensowenig braucht, wenn die Vollstreckung von einer dem Gläubiger obliegenden Sicherheitsleistung abhängig gemacht ist, die Bestellung dieser Sicherheit abgewartet zu werden. Der Gerichtsschreiber muß ohne Rücksicht darauf die vollstreckbare Ausfertigung erteilen.

b) Auch bei Urteilen, deren Vollstreckung von einer Zug um Zug zu bewirkenden Leistung des Gläubigers an den Schuldner abhängt,[82]) hat der Gerichtsschreiber ohne weiteres vollstreckbare Ausfertigung zu erteilen.[83])

c) Hängt die Vollstreckung des Urteils von einer anderen Tatsache ab als einer Frist, einer Sicherheitsleistung oder einer Zug um Zug zu gewährenden Gegenleistung, und hat der Gläubiger den Eintritt der Tatsache zu beweisen, so darf die vollstreckbare Ausfertigung erst erteilt werden, nachdem dieser Beweis durch öffentliche oder öffentlich beglaubigte Privaturkunden geführt ist.[84]) Von dieser Regel wird auch der Fall beherrscht, wenn der Gläubiger vorzuleisten hat. Gemäß § 322 Abs. 3 BGB. kann aber der Gläubiger in einem solchen Falle auch ohne Bewirkung der ihm obliegenden Leistung zur Zwangsvollstreckung dann gelangen, wenn der Schuldner sich fortdauernd im Verzuge der Annahme befindet und diese Tatsache wird in der Regel schon auf Grund der in dem Urteil enthaltenen Feststellung als nachgewiesen anzusehen sein.[85]) Unter die Regel zu c ist als Ausnahme von der Vorschrift zu b auch der Fall gestellt, wenn die dem Schuldner Zug um Zug obliegende Leistung in der Abgabe einer Willenserklärung besteht, da diese nach § 895 als abgegeben gilt, sobald gemäß §§ 726, 730 eine vollstreckbare Ausfertigung des rechtskräftigen Urteils erteilt ist.[86])

d) Eine vollstreckbare Ausfertigung kann für den Rechtsnachfolger des Gläubigers und, soweit ein Urteil gemäß § 325 noch gegen andere Personen als den Schuldner wirksam ist, gegen diese Personen erteilt werden, sofern die Rechtsnachfolge oder das Besitzverhältnis bei dem Gericht offenkundig ist oder durch öffentliche oder öffentlich beglaubigte Urkunden nachgewiesen wird.[87]) Als Rechtsnachfolger des Gläubigers kommen sowohl die Gesamtnachfolger als die Sondernachfolger in Betracht.

---

[80]) § 734. [81]) § 706. S. oben S. 322. [82]) BGB. §§ 274, 322, 348. [83]) § 726 Abs. 2, M. II zu § 664. [84]) § 726 Abs. 2. [85]) M. II zu § 664. [86]) § 726. [87]) § 727.

Auch macht es keinen Unterschied, ob die Rechtsnachfolge vor oder nach Erlaß des Urteils eingetreten ist.[88])

e) Die Vorschrift zu d findet entsprechende Anwendung auf die Erteilung einer vollstreckbaren Ausfertigung α) für und gegen den Nacherben, wenn ein nach § 326 ihm gegenüber wirksames Urteil gegen den Vorerben ergangen ist; β) für und gegen den Erben, wenn ein nach § 327 ihm gegenüber wirksames Urteil gegenüber einem Testamentsvollstrecker ergangen ist. Die Ausfertigung eines zugunsten des Testamentsvollstreckers ergangenen Urteils kann nach §§ 2211, 2212 BGB. für den Erben erst nach der Beendigung der Verwaltung des Testamentsvollstreckers erteilt werden. Dagegen ist mit Rücksicht auf die Haftung des Erben für die Nachlaßverbindlichkeiten die Erteilung einer vollstreckbaren Ausfertigung gegen ihn auch dann für zulässig erklärt, wenn die Verwaltung noch besteht.[89])

f) Ferner findet die Vorschrift zu d entsprechende Anwendung auf die Erteilung einer vollstreckbaren Ausfertigung α) gegen denjenigen, der gemäß § 419 BGB. das Vermögen eines anderen durch Vertrag mit diesem nach der rechtskräftigen Feststellung einer Schuld des anderen übernommen hat. Das Maß der Haftung des Übernehmers wird auch in diesem Falle durch die Vorschrift des § 419 Abs. 2 BGB. begrenzt; β) gegen denjenigen, der ein unter Lebenden erworbenes Handelsgeschäft unter der bisherigen Firma fortführt, bezüglich derjenigen Verbindlichkeiten, für die er nach § 25 Abs. 1 Satz 1, Abs. 2 des HGB. haftet, sofern sie vor dem Erwerbe des Geschäfts gegen den früheren Inhaber rechtskräftig festgestellt sind.[90])

g) In den Fällen zu c bis f darf die vollstreckbare Ausfertigung nur auf Anordnung des Vorsitzenden, in amtsgerichtlichen Sachen des Amtsrichters, erteilt werden. Auch dann ist die Anordnung des Vorsitzenden (Amtsrichters) notwendig, wenn derselben Partei eine weitere Ausfertigung erteilt werden soll, ohne daß die zuerst erteilte Ausfertigung zurückgegeben wird. Diese Anordnung ist auch erforderlich zur Erteilung einer der Zahl der Verurteilten entsprechenden Zahl vollstreckbarer Ausfertigungen, ebenso beim Zusammentreffen mehrerer Gläubiger, deren jedem der ganze Anspruch zusteht, nicht aber dann, wenn mehrere Beklagte anteilig verurteilt sind, denn in diesem Falle ist die zweite Ausfertigung keine „weitere“, auf denselben Urteilsgegenstand gerichtete, sondern eine selbständige.[91])

Der Vorsitzende (Amtsrichter) ist befugt, vor der Entscheidung den Schuldner zu hören, schriftlich oder mündlich. Die mündliche Erörterung ist aber keineswegs eine mündliche Verhandlung im Sinne des § 128 und unterliegt deshalb auch nicht dem Anwaltszwange. Wird die Anberaumung eines Termins für notwendig erachtet, so ist der Schuldner, erforderlichenfalls auch der Gläubiger, von Amts wegen u. z. vor den Vorsitzenden (Amtsrichter) zu laden. Das Kollegium hat mit dieser Anhörung nichts zu tun.

---

[88]) RG. 7 S. 332, 35 S. 386. [89]) § 728. M. II zu § 665a. [90]) § 729. M. II zu § 665b. [91]) Seuff. 53 S. 110.

Die Prüfung des Vorsitzenden (Amtsrichters) erstreckt sich nur darauf, ob die für die Bestimmungen zu e bis f vorgeschriebenen Erfordernisse oder ob die Voraussetzungen für die Erteilung einer weiteren vollstreckbaren Ausfertigung gegeben sind. In diesen Punkten ist die Anordnung des Vorsitzenden für den Gerichtsschreiber bindend. Alle übrigen Vorbedingungen der Vollstreckbarkeit hat der Gerichtsschreiber ebenso wie sonst festzustellen, denn er allein ist der zuständige Beamte, der über Erteilung oder Versagung der Klausel zu befinden hat. Die Anordnung des Vorsitzenden ist nur eine innere Angelegenheit des Gerichts und bedarf deshalb nicht der Zustellung. Trotz der Anordnung kann der Gerichtsschreiber wegen Mangels der allgemeinen Erfordernisse die Vollstreckungsklausel versagen. Praktisch wird es sich allerdings empfehlen, wenn der Gerichtsschreiber sich zunächst darüber schlüssig macht, ob diese allgemeinen Erfordernisse vorhanden sind, und daß er nur bei Bejahung der Frage das Gesuch dem Vorsitzenden vorlegt, anderenfalls aber ohne weiteres die Erteilung der Klausel ablehnt.

Erteilt der Gerichtsschreiber die Vollstreckungsklausel, so muß darin die Anordnung des Vorsitzenden (Amtsrichters) erwähnt werden, widrigenfalls die Zwangsvollstreckung unzulässig ist. In den Fällen zu d ist, wenn die Rechtsnachfolge oder das Besitzverhältnis bei dem Gericht offenkundig ist, auch dies in der Vollstreckungsklausel zu erwähnen.[92]) Wird der Gerichtsschreiber durch die Anordnung des Vorsitzenden zur Versagung der Klausel veranlaßt, so braucht er davon der Partei keine Mitteilung zu machen.[93])

h) Rechtsmittel. Gegen die Versagung der Vollstreckungsklausel seitens des Gerichtsschreibers, gleichviel ob eine Anordnung des Vorsitzenden vorangegangen ist oder nicht, kann der Gläubiger die Entscheidung des Prozeßgerichts nachsuchen und gegen diese Entscheidung, die der vorgängigen mündlichen Verhandlung nicht bedarf, Beschwerde erheben. Gegen die Entscheidung des Prozeßgerichts, durch die der Antrag, das vom Gerichtsschreiber erteilte Zeugnis der Rechtskraft aufzuheben, zurückgewiesen wird, ist die Beschwerde unzulässig. Solche Entscheidung ist keine, durch die ein das Verfahren betreffendes Gesuch zurückgewiesen wird.[94]) Dem Schuldner steht gegen die erteilte vollstreckbare Ausfertigung die Erhebung von Einwendungen gemäß §§ 732, 768 zu. Eine Beschwerde gegen die Anordnung des Vorsitzenden ist ausgeschlossen.[95])

4. Besondere Fälle. In den Fällen der §§ 735—749 sind für eine Reihe besonderer Fälle Bestimmungen über die Voraussetzungen der Zwangsvollstreckung, sowie über die Erteilung der vollstreckbaren Ausfertigung eines Urteils gegen solche Personen getroffen, die nicht unter die Vorschrift des § 727 fallen. Der § 735 erleichtert die Zwangsvollstreckung in das Vermögen eines nicht rechtsfähigen Vereins, indem die Beschaffung eines vollstreckbaren Titels gegen jedes einzelne Vereinsglied entbehrlich gemacht wird. Der § 736 erfordert zur Zwangsvollstreckung in das Gesellschaftsvermögen einer nach § 705 BGB. eingetragenen Ge-

[92]) §§ 727, 730. RG. Bolze 4 Nr. 1514. [93]) RG. 20 S. 377. [94]) § 567. RG. Beil. Nr. 3 z. Reichsanz. 98 S. 296. [95]) RG. 20 S. 375.

sellschaft ein gegen alle Gesellschafter ergangenes Urteil. Die §§ 737, 738 beziehen sich auf den Nießbrauch an einem Vermögen,[96]) die §§ 739 bis 745 auf die durch das eheliche Güterrecht begründeten Rechtsverhältnisse. In § 746 wird die Zwangsvollstreckung in das der elterlichen Nutznießung unterliegende Kindesvermögen behandelt. Die §§ 747—749 endlich betreffen erbrechtliche Verhältnisse.

5. Klage auf Erteilung der Vollstreckungsklausel. Wenn der Gläubiger in den Fällen der §§ 726 Abs. 1, 727—729 den Beweis durch öffentliche oder öffentlich beglaubigte Urkunden nicht führen kann oder will, so steht es ihm frei, auf Erteilung der Vollstreckungsklausel gegen den Schuldner oder dessen Rechtsnachfolger im ordentlichen Verfahren Klage zu erheben.[97]) Auch Widerklage ist zulässig.[98])

Ausschließlich zuständig ist das Prozeßgericht 1. Instanz.

Der Beklagte kann zu seiner Verteidigung das Vorhandensein der Erfordernisse der Erteilung der Vollstreckungsklausel angreifen, aber auch gemäß § 767 Einwendungen gegen den Urteilsanspruch selbst, z. B. die Einrede der Verjährung, geltend machen.[99])

Wird auf Erteilung der Vollstreckungsklausel erkannt, so ist diese auf Grund des Urteils dem Urteil beizufügen.

Die obige, für Urteile gegebene Vorschrift findet auf andere Schuldtitel entsprechende Anwendung. Die Zuständigkeit für Klagen auf Erteilung der Vollstreckungsklausel bei Vollstreckungsbefehlen regelt § 796 Abs. 3.

II. Zustellung des Schuldtitels. Eine weitere formelle Voraussetzung für den Beginn der Zwangsvollstreckung ist, daß die Personen, für und gegen die sie stattfinden soll (Gläubiger und Schuldner), in dem Schuldtitel oder in der Vollstreckungsklausel namentlich bezeichnet sind, und daß der Schuldtitel bereits zugestellt ist oder bei Beginn der Zwangsvollstreckung zugestellt wird. Ist die Vollstreckung von einer dem Gläubiger obliegenden Sicherheitsleistung abhängig, so darf die Zwangsvollstreckung nur beginnen, wenn die Sicherheitsleistung durch eine öffentliche oder öffentlich beglaubigte Urkunde nachgewiesen und eine Abschrift dieser Urkunde zugestellt ist oder gleichzeitig zugestellt wird.[100]) Hängt die Vollstreckung von einer anderen Vorbedingung ab,[101]) oder handelt es sich um die Vollstreckung für oder gegen Rechtsnachfolger,[102]) so muß außer dem Schuldtitel auch die Vollstreckungsklausel und, sofern diese auf Grund öffentlicher oder öffentlich beglaubigter Urkunden erteilt ist, auch eine Abschrift dieser Urkunden vor Beginn der Zwangsvollstreckung zugestellt sein oder bei Beginn der Zwangsvollstreckung zugestellt werden.

Aus Kostenfestsetzungsbeschlüssen, die nicht auf das Urteil gesetzt sind, und aus den nach § 794 Nr. 5 gerichtlich oder notariell aufgenommenen Urkunden, in denen sich der Schuldner der sofortigen Zwangsvollstreckung unterworfen hat, darf die Zwangsvollstreckung nur beginnen, wenn der Schuldtitel mindestens drei Tage vorher zugestellt ist.[103])

Die Zustellung muß, wenn der Schuldner einen Prozeßbevollmächtigten

---

96) BGB. § 1086. 97) § 731. 98) RG. Gruch. 33 S. 1202. 99) Seuff. 52 S. 369. 100) § 751. 101) § 726 Abs. 1. 102) §§ 729, 738, 742, 745, 749. 103) § 798.

bestellt hat, an diesen geschehen.[104]) Ob die Zustellung von dem Gläubiger an den Schuldner oder von dem Schuldner an den Gläubiger erfolgt, begründet keinen Unterschied; wer zustellt, muß die Zustellung auch gegen sich gelten lassen. In allen Fällen genügt einmalige Zustellung, der nochmaligen Zustellung bei wiederholter Vollstreckung bedarf es nicht.[105])

Das für alle Schuldtitel sowie für alle Arten der Zwangsvollstreckung geltende Erfordernis der Zustellung ist von Amts wegen festzustellen. Eine Vollstreckung ohne Zustellung sowie eine Vollstreckung für oder gegen andere Personen, als die im Schuldtitel oder in der Vollstreckungsklausel bezeichneten, ist abzulehnen und entbehrt, wenn dennoch vorgenommen, der Rechtswirksamkeit.[106])

Bei betagten Ansprüchen kann die Zwangsvollstreckung erst nach Ablauf des Kalendertages beginnen.

Gegen Militärpersonen, die dem aktiven Heere oder der aktiven Marine angehören, darf erst nach Anzeige an die vorgesetzte Militärbehörde zur Zwangsvollstreckung geschritten werden. Die Anzeige kann vom Gläubiger, dem darüber auf Verlangen eine Empfangsbescheinigung zu erteilen ist, oder von dem Vollstreckungsorgan gemacht werden.[107])

§ 45. Organe der Zwangsvollstreckung.

I. Gerichtsvollzieher. 1. Die Zwangsvollstreckung erfolgt der Regel nach nicht durch Vermittlung der Gerichte, sondern durch die ohne Leitung des Gerichts im Auftrage des Gläubigers selbständig handelnden Gerichtsvollzieher. Den Gerichten ist nur zugewiesen die Zwangsvollstreckung wegen Geldforderungen in Forderungen und andere Vermögensrechte und in das unbewegliche Vermögen, sowie die Vollstreckung zur Erwirkung von Handlungen und Unterlassungen.[1]) Außerdem ist den Gerichten eine Mitwirkung bei gewissen, den Gerichtsvollziehern obliegenden Zwangsvollstreckungen, z. B. in den Fällen der §§ 758 Abs. 3, 789 bis 791, 873, 885 Abs. 4, 899, 908, 912, sowie die Entscheidung auf Anrufen Beteiligter eingeräumt.[2])

2. Dem Gläubiger gegenüber hat der Gerichtsvollzieher die Stellung eines Beauftragten. Maßgebend für seine Befugnisse ist der erteilte Auftrag. Dieser kann vom Gläubiger oder dessen Bevollmächtigten unmittelbar oder durch Vermittlung des Gerichtsschreibers desjenigen Amtsgerichts, in dessen Bezirk die Vollstreckung vor genommen werden soll, erteilt werden. Die Vermittlung des Gerichtsschreibers ist in allen Sachen zulässig, erfordert aber stets einen Auftrag des Gläubigers. Die Erteilung des Auftrags kann formlos, selbst stillschweigend erfolgen, auch durch stillschweigende Genehmigung ersetzt werden, ist aber nur dann wirksam, wenn dem Gerichtsvollzieher auch die vollstreckbare Ausfertigung übergeben wird.[3])

---

[104]) RG. in Straff. 16 S. 275. Zeitschr. f. DZP. 7 S. 109, 8 S. 518. [105]) RG. JW. 90 S. 372. [106]) RG. 6 S. 388, 8 S. 429, 11 S. 402, 20 S. 433; Gruch. 28 S. 845, 31 S. 846. [107]) § 752.

[1]) §§ 828, 871, 887—891. [2]) § 766. [3]) § 755.

Innerhalb der Grenzen des Auftrags ist der Gerichtsvollzieher kraft Gesetzes verpflichtet, die aufgetragene Vollstreckung seiner Amtsinstruktion gemäß auszuführen. Infolge des Auftrages gilt er kraft Gesetzes als befugt, Zahlungen oder sonstige Leistungen mit der Wirkung der Befreiung des Schuldners in Empfang zu nehmen, über das Empfangene wirksam zu quittieren und dem Schuldner, wenn dieser seiner Verbindlichkeit genügt hat, die vollstreckbare Ausfertigung auszuliefern.[4]) Auf eine andere Erfüllungsart, Vergleich, Erlaß, Aufrechnung usw. erstreckt sich die gesetzliche Vollmacht nicht.

Der Gläubiger kann die aus dem Auftrag fließende Vollmacht einschränken. Der Auftrag erlischt durch Widerruf seitens des Gläubigers, sowie dann, wenn der Gerichtsvollzieher kündigt und der Gläubiger die Kündigung annimmt. Der Mangel oder die Beschränkung des Auftrags kann aber dem Schuldner und Dritten gegenüber von dem Gläubiger nicht geltend gemacht werden.[5])

Für die **Haftbarkeit des Gerichtsvollziehers dem Gläubiger gegenüber** sind die Grundsätze vom „Dienstvertrag" maßgebend.[6])

3. **Dem Schuldner und Dritten** tritt der **Gerichtsvollzieher als öffentlicher Beamter** kraft des ihm verliehenen Imperiums gegenüber.[7]) Er wird zur Vornahme der Zwangsvollstreckung und der in § 754 bezeichneten Handlungen durch den Besitz der vollstreckbaren Ausfertigung ermächtigt.[8]) Der Schuldner und der Dritte können also mit dem durch den Besitz der Ausfertigung legitimierten Gerichtsvollzieher ohne weiteres die Zwangsvollstreckung rechtswirksam erledigen. Sie sind nicht verpflichtet zu prüfen, ob der Gerichtsvollzieher überhaupt einen Auftrag erhalten hat und ob dieser Auftrag unbeschränkt oder beschränkt erteilt ist. Die Leistung an den Gerichtsvollzieher hat die Befreiung des Schuldners auch dann zur Folge, wenn der Gläubiger nachweist, daß der Gerichtsvollzieher gar keinen oder nur einen — die Empfangnahme der Leistung ausschließenden — beschränkten Auftrag erhalten hat.[9]) Will der Gläubiger sich gegen diesen Nachteil schützen, so mag er sich zur Zwangsvollstreckung zuziehen lassen. Die etwa ihnen bekannten Mängel müssen auch der Schuldner und der Dritte beachten. Das Recht, den Mangel oder die Beschränkung des Auftrags dem Gerichtsvollzieher gegenüber gemäß § 766 geltend zu machen, kann dem Schuldner nicht versagt werden.[10])

4. Die Regelung des **Verfahrens des Gerichtsvollziehers ist den Landesjustizverwaltungen vorbehalten.** Die ZPO. hat nur folgende allgemeine Grundsätze aufgestellt.

Soweit der Zweck der Vollstreckung es erfordert, ist der Gerichtsvollzieher befugt, die Wohnung und die Behältnisse des Schuldners zu durchsuchen und verschlossene Haustüren, Zimmertüren und Behältnisse öffnen zu lassen. Er kann, wenn er Widerstand findet, Gewalt anwenden und zu diesem Zwecke polizeiliche Unterstützung nachsuchen. Ist militärische

---

[4]) § 754. [5]) § 755. [6]) RG. (Pl.) 16 S. 396, 56 S. 90. [7]) RG. 56 S. 89. [8]) § 755. [9]) RG. 14 S. 81. [10]) M. S. 412.

Hilfe erforderlich, so hat er sich an das Vollstreckungsgericht zu wenden. Er muß aber im Falle des Widerstandes zwei erwachsene Personen oder einen Gemeinde- oder Polizeibeamten als Zeugen zuziehen. Dasselbe gilt, wenn bei einer in der Wohnung des Schuldners erfolgenden Vollstreckungshandlung weder der Schuldner noch eine zu seiner Familie gehörige oder in dieser Familie dienende erwachsene Person gegenwärtig ist.[11])

An **Sonntagen** und allgemeinen **Feiertagen** sowie zur **Nachtzeit**[12]) darf eine Vollstreckungshandlung **nur mit Erlaubnis des Amtsrichters**, in dessen Bezirk die Handlung vorgenommen werden soll, und nur nach Vorzeigung dieser Erlaubnis erfolgen.[13])

Jeder Person, die bei dem Vollstreckungsverfahren beteiligt ist, muß der Gerichtsvollzieher auf Begehren Einsicht der Akten gestatten und Abschrift einzelner Aktenstücke erteilen. Er muß über jede Vollstreckungshandlung ein Protokoll aufnehmen.[14])

Aufforderungen und Mitteilungen, die zu den Vollstreckungshandlungen gehören, hat der Gerichtsvollzieher mündlich zu erlassen oder in das Protokoll aufzunehmen. Kann die mündliche Erklärung nicht erfolgen, so hat der Gerichtsvollzieher demjenigen, an den die Aufforderung oder Mitteilung zu richten ist, eine Abschrift des Protokolls zuzustellen[15]) oder, wenn eine solche Zustellung am Orte der Zwangsvollstreckung nicht erfolgen kann, durch die Post zuzusenden. Ist der Aufenthalt unbekannt, so unterbleibt jede Mitteilung.[16])

Wenn die Vollstreckung von einer **Zug um Zug** zu bewirkenden Leistung des Gläubigers an den Schuldner abhängt, so ist der Gläubiger in der Lage, seine Gegenleistung unmittelbar vor der Ausführung der Maßregel dem Schuldner durch den Gerichtsvollzieher anbieten zu lassen. Bietet nun der Schuldner die verlangte Leistung seinerseits nicht an, so kommt er in Verzug der Annahme,[17]) und die Zwangsvollstreckung kann ohne weiteres erfolgen. Der Gerichtsvollzieher hat gemäß §§ 762, 763 den Vorgang in dem von ihm aufzunehmenden Protokoll zu beurkunden und gegebenen Falls Abschrift des Protokolls dem Schuldner zuzustellen.

Zugleich mit dem Anspruche hat der Gerichtsvollzieher die **Kosten** der Zwangsvollstreckung beizutreiben; als Kosten der Zwangsvollstreckung gelten auch die Kosten der Ausfertigung und der Zustellung des Urteils. Die Kosten fallen, soweit sie notwendig waren, dem Schuldner zur Last.[18])

Ist die beizutreibende Leistung erfüllt, so hat der **Gerichtsvollzieher** die **vollstreckbare Ausfertigung** nebst einer Quittung **dem Schuldner auszuliefern**. Bei teilweiser Leistung ist eine Quittung zu erteilen und die Teilleistung auf dem Schuldtitel zu vermerken.[19]) Die letztere Vorschrift wird von der Praxis auch bei Teilleistung von seiten mehrerer Schuldner angewendet, so daß jeder von ihnen nur Anspruch auf eine Quittung, keiner aber einen Anspruch auf Auslieferung der vollstreckbaren Ausfertigung hat.[20]) Der nach bürgerlichem Recht dem Schuldner zustehende Anspruch, nachträglich eine Quittung des Gläubigers selbst zu fordern, ist aufrecht erhalten.[21])

---

[11]) §§ 758, 759. [12]) Oben S. 238 unter III. [13]) §§ 761, 188. [14]) §§ 760, 762. [15]) §§ 172, 181—186. [16]) § 763. [17]) BGB. § 298. [18]) § 788. [19]) § 757. [20]) RG. 4 S. 58. [21]) § 757 Abs. 2.

Protokoll. Über jede Handlung, die zur Ausführung der Vollstreckung gehört, also auch über die Einstellung, Beschränkung und Aufhebung der Zwangsvollstreckung, hat der Gerichtsvollzieher ein Protokoll aufzunehmen. Das Protokoll muß den Erfordernissen des § 762 genügen und hat, wenn dies geschehen ist, die Bedeutung einer öffentlichen Urkunde, liefert also vollen Beweis für die darin bezeugten Tatsachen.[22]) Wenn diese Erfordernisse ganz oder teilweise fehlen, fällt die Beweiskraft des Protokolls fort. Eine anderweite Beweisführung ist nicht ausgeschlossen.

Die Rechtswirksamkeit der Vollstreckungshandlung, sofern diese erwiesen werden kann, ist von der Aufnahme in das Protokoll unabhängig.

II. Vollstreckungsgericht. Soweit die Zwangsvollstreckungen den Gerichten übertragen sind, gehören sie zur Zuständigkeit der Amtsgerichte.

Örtlich zuständig ist als Vollstreckungsgericht dasjenige Amtsgericht, in dessen Bezirke das Vollstreckungsverfahren stattfinden soll oder stattgefunden hat. Sonderbestimmungen enthalten die §§ 828 Abs. 2, 853—855, 873, 899, 902, 930. Die Pfändung einer Sache hat da zu erfolgen, wo sie sich befindet. Sollen mehrere, in verschiedenen Amtsgerichtsbezirken befindliche Sachen gepfändet werden, so ist jedes Amtsgericht bezüglich der in ihm befindlichen Sachen zuständig. Die bei Beginn der Zwangsvollstreckung begründete Zuständigkeit des Amtsgerichts dauert fort bis zur Beendigung des Vollstreckungsverfahrens, sofern nicht die gepfändete Sache durch Wegzug des Schuldners, durch Beseitigung oder sonstwie in einen anderen Amtsgerichtsbezirk gelangt ist.[23])

In den Fällen der §§ 791, 887—891 ist die Vornahme von Vollstreckungshandlungen dem Prozeßgericht 1. Instanz übertragen.

In allen Fällen ist die Zuständigkeit eine ausschließliche.[24])

In dem Verfahren vor den Vollstreckungsgerichten ist der Anwaltszwang ausgeschlossen. Die Entscheidungen können ohne mündliche Verhandlung getroffen werden und ergehen stets in Beschlußform. Das zulässige Rechtsmittel ist die sofortige Beschwerde.[25])

Die Zwangsvollstreckung gegen eine dem aktiven Heere oder der aktiven Marine angehörende Person des Soldatenstandes in Kasernen und anderen militärischen Dienstgebäuden oder auf Kriegsfahrzeugen kann nur durch die zuständige Militärbehörde erfolgen. Das Vollstreckungsgericht hat diese auf Antrag des Gläubigers um die Zwangsvollstreckung zu ersuchen.[26])

Soll die Zwangsvollstreckung in einem ausländischen Staate erfolgen, dessen Behörden im Wege der Rechtshilfe die Urteile deutscher Gerichte vollstrecken, so hat auf Antrag des Gläubigers das Prozeßgericht 1. Instanz die zuständige Behörde des Auslandes um die Zwangsvollstreckung zu ersuchen. Kann die Vollstreckung durch einen Reichskonsul erfolgen, so ist das Ersuchen an diesen zu richten.[27])

[22]) §§ 415, 418. [23]) RG. 12 S. 372; JW. 85 S. 262. OLG. Dresden Seuff. 46 S. 121. [24]) § 802. [25]) §§ 78, 793. [26]) § 790. [27]) § 791.

§ 46. Einwendungen im Vollstreckungsverfahren.

I. Einwendungen gegen die Art der Zwangsvollstreckung.[1] (§ 766 ZPO.)

1. *Alleiniger Rechtsbehelf ist die Vorstellung (Erinnerung).* Diese Vorschrift gilt für alle Beteiligte, den Gläubiger, den Schuldner und Dritte.[2] So beispielsweise für den Gläubiger, wenn er gegen Verzögerung, Hemmung oder Aufhebung der Zwangsvollstreckung Beschwerde führt; für den Schuldner, wenn er Zwangsvollstreckung in unpfändbare Gegenstände,[3] Nichtbeachtung bewilligter Stundung, Pfändung über das zulässige Maß,[4] nicht genehmigte Pfändung zur Nachtzeit oder an Sonn- und Feiertagen[5] rügt;[6] für Dritte, wenn sie als Schuldner behandelt werden, oder Sachen des Schuldners, die sich in ihrem Gewahrsam befinden, gegen ihren Willen[7] gepfändet sind.[8] Die Vorschrift ist nicht beschränkt auf Vollstreckungen, die durch den Gerichtsvollzieher erfolgen; sie umfaßt auch die Vollstreckungen, die durch das Vollstreckungsgericht geleitet werden.[9] In letzterem Falle muß also zunächst gegen das Verfahren des Vollstreckungsgerichts Erinnerung erhoben werden und erst gegen die darauf ergangene Entscheidung ist die sofortige Beschwerde zulässig.[10]

Dem Gerichtsvollzieher steht das Beschwerderecht nicht zu; er hat als Beamter den Anweisungen seiner vorgesetzten Behörde nachzukommen.

2. *Das Verfahren* ist vom Anwaltszwang befreit. Mündliche Verhandlung ist nicht geboten, aber gestattet. Die Entscheidung ergeht durch Beschluß, der, wenn er nicht verkündet wird, den Parteien sowie dem beschwerdeführenden Dritten von Amts wegen zugestellt werden muß. Eine etwa notwendige Benachrichtigung des Gerichtsvollziehers kann formlos, z. B. durch Vorlegung des Beschlusses, bewirkt werden.

Die *Entscheidung* ist vollstreckbar,[11] das zulässige Rechtsmittel dagegen die sofortige Beschwerde.[12] Das Vollstreckungsgericht kann vor der Entscheidung eine *einstweilige Anordnung* nach § 732 Abs. 2 treffen.

Die *Erhebung der Klage* neben dem Rechtsbehelf aus § 766 ist dem Gläubiger und dem Schuldner versagt.[13] Dagegen steht Dritten das Wahlrecht für den Fall zu, daß die Voraussetzungen der §§ 766 und 771 oder 805 gleichzeitig vorliegen. Sind beispielsweise Sachen, die sich in dem Gewahrsam eines Dritten befinden, gegen dessen Willen gepfändet, so kann der Dritte sowohl Einwendungen aus § 766. als auch Klage aus § 771 erheben.[14] Ebenso steht dem Hypothekengläubiger gegenüber der Pfändung von Zubehör dieses Wahlrecht zu.[15]

---

[1]) S. Formular Nr. 6. [2]) RG. 34 S. 380. [3]) RG. 40 S. 366. [4]) § 803. [5]) § 761. [6]) RG. 16 S. 319, 23 S. 366, 25 S. 371, 29 S. 76. [7]) § 809. [8]) RG. 26 S. 399; Gruch. 38 S. 179; JW. 87 S. 113, 93 S. 350; Seuff. 37 Nr. 48, 41 Nr. 158. Bayr. Ob.LG. Seuff. 38 S. 249. [9]) § 764. [10]) RG. 16 S. 319, 18 S. 433; Gruch. 28 S. 1164; JW. 89 S. 515, 92 S. 161. [11]) § 794 Nr. 3. [12]) § 793. [13]) RG. Gruch. 28 S. 1164, 30 S. 739. [14]) RG. 14 S. 361. [15]) RG. 55 S. 207.

II. Einwendungen gegen den durch den Vollstreckungstitel festgestellten Anspruch.[16]) (§ 767 ZPO.)

1. Alleiniger Rechtsbehelf ist die sog. Vollstreckungsgegenklage.[17]) Hierher gehören alle Einwendungen, die darauf abzielen, daß der Gläubiger die begehrte Erfüllung überhaupt nicht oder noch nicht oder nicht in der verlangten Art oder nicht mehr begehren könne. Beispiele dieser Art sind: die Einrede des zu wiederholten Leistungen verurteilten Schuldners, daß der Wiederholungsfall nicht gegeben sei,[18]) die Einrede des zu einer Leistung nach seiner Wahl verurteilten Schuldners, daß er eine andere als die vom Kläger geforderte Leistung gewählt und erfüllt habe,[19]) die Einrede, daß der Titel der Zwangsvollstreckung nicht auf diejenige Leistung gerichtet sei, deren Erzwingung durch die Zwangsvollstreckung beantragt worden,[20]) die Einrede der Stundung, der Zahlung oder sonstigen Leistung, des Erlasses, des Vergleichs, der Hinterlegung, der Hingabe an Zahlungs Statt, der Aufrechnung, der Verjährung.[21])

2. Zeitlich zulässig sind diese Einwendungen gegenüber Urteilen nur dann, wenn sie erst nach dem Schluß derjenigen mündlichen Verhandlung 1. oder 2. Instanz, in der sie geltend zu machen waren, entstanden sind und durch Einspruch nicht mehr geltend gemacht werden können. Eine Einwendung, die durch Einspruch geltend gemacht werden kann, ist auch nach Ablauf der Einspruchsfrist unzulässig.[22]) Im Läuterungsverfahren dürfen sachliche Einreden, wenn sie erst nach der Rechtskraft des bedingten Urteils entstanden sind, nicht berücksichtigt werden.[23]) Ist das Urteil mit Vorbehalt erlassen,[24]) so entscheidet die Schlußverhandlung im Nachverfahren. Ist auf Grund eines vorbereitenden Verfahrens erkannt, so ist der ausschließende Zeitpunkt des § 354 Abs. 2 maßgebend. Bei Revisionsurteilen ist die Schlußverhandlung der Berufungsinstanz entscheidend.

In allen Fällen kommt es nur auf den Zeitpunkt der Entstehung der Einwendung an, nicht auf den Zeitpunkt, in dem sie dem Schuldner bekannt geworden ist.

Fällt die Entstehung der Einwendungen in die Berufungsfrist, so hat der Schuldner die Wahl, ob er die neuen Einwendungen durch Berufung oder durch Klage aus § 767 geltend machen will.[25])

Einem Vollstreckungsbefehl gegenüber sind die Einwendungen nur soweit zulässig, als ihre Gründe nach der Zustellung des Vollstreckungsbefehls entstanden sind.[26]) Anderen vollstreckbaren Titeln gegenüber[27]) ist die Zulässigkeit unbeschränkt.[28]) Ebenso bei gerichtlich abgeschlossenen Vergleichen.[29])

3. Verfahren. Als Kläger hat der Schuldner aufzutreten. Ausschließlich zuständig[30]) ist bei Einwendungen gegen ein Urteil das

[16]) S. Formular Nr. 7. [17]) § 767. [18]) RG. 26 S. 392. [19]) RG. 27 S. 382; JW. 91 S. 148. [20]) RG. 25 S. 362. [21]) RG. 21 S. 379, 23 S. 366, 26 S. 394, 33 S. 379, 52 S. 318. JW. 92 S. 397. [22]) RG. 40 S. 352, 55 S. 187. [23]) RG. 17 S. 341. [24]) §§ 540, 599. [25]) JW. 98 S. 139; Seuff. 47 Nr. 80. [26]) § 796 Abs. 2. [27]) § 794 Nr. 1, 2, 5. [28]) § 797 Abs. 4. [29]) RG. 37 S. 420. [30]) § 802.

Prozeßgericht, das in 1. Instanz erkannt hat, bei Einwendungen gegen einen Vollstreckungsbefehl das Amtsgericht, das ihn erlassen hat, sofern der Anspruch, wegen dessen er erlassen wurde, zur sachlichen Zuständigkeit der Amtsgerichte gehört, anderenfalls das für den Anspruch zuständige Landgericht, bei Einwendungen gegen andere vollstreckbare Urkunden das für den Anspruch sachlich zuständige Gericht, wo der Schuldner im deutschen Reiche seinen allgemeinen Gerichtsstand oder in Ermangelung eines solchen den Gerichtsstand des Vermögens hat.[31])

Die Klage muß alle Einwendungen geltend machen, die dem Schuldner überhaupt zu Gebot stehen.[32]) Nicht geltend gemachte Einwendungen können nicht in einer weiteren Klage geltend gemacht werden. Dagegen ist eine an sich zulässige Änderung der angestrengten Vollstreckungsgegenklage nicht ausgeschlossen.[33])

Die Zulässigkeit der Klage beginnt mit der Existenz der Titel, nicht erst mit dem Beginne der Zwangsvollstreckung und dauert so lange, als die letztere noch nicht zur Befriedigung des Gläubigers geführt hat.[34]) Ist letzteres geschehen, so ist das Recht des Schuldners, seine Einwendungen gemäß § 767 mit der Wirkung der Einstellung oder Aufhebung der Zwangsvollstreckung geltend zu machen, ausgeschlossen. Eine anderweit nach dem bürgerlichen Rechte zulässige Klage auf Rückforderung des Geleisteten (condictio, Entschädigungs-, Bereicherungsklage, actio doli) wird hierdurch nicht berührt.[35]) Der Klageantrag ist zu richten auf Unzulässigkeit, Einstellung oder Aufhebung der Zwangsvollstreckung, kann auch die Erstattung des Geleisteten, die Zusprechung des hinterlegten Betrages zum Gegenstande haben.[36]) Die Vollmacht des Hauptprozesses legitimiert zur Klage. Die Zustellung der Klageschrift muß an den Prozeßbevollmächtigten, der den Gegner im Hauptprozesse in 1. Instanz vertreten hat, erfolgen.[37]) Das Prozeßverfahren ist das gewöhnliche. Das Urteil muß mit formeller Vollstreckbarkeit ausgestattet sein, um der Vollstreckung aus dem ersten Urteil vorzubeugen. Es unterliegt den ordentlichen Rechtsmitteln (Berufung, Revision).

Neben der Klage aus § 767 kann der Schuldner auch eine selbständige Feststellungsklage erheben, daß dem Gläubiger ein Anspruch aus einem rechtskräftigen Urteil gegenüber ihm nicht mehr zustehe.[38]) Ebenso kann der Gläubiger selbst Feststellungsklage erheben, daß dem Schuldner die betreffende Einrede nicht zustehe.[39])

Die Zwangsvollstreckung wird durch die Erhebung der Klage nicht gehemmt. Doch kann das Prozeßgericht auf den vom Schuldner gestellten Antrag, dessen tatsächliche Behauptungen glaubhaft zu machen sind, anordnen, daß die Zwangsvollstreckung gegen oder ohne Sicherheitsleistung seitens des Schuldners eingestellt, oder nur gegen Sicherheitsleistung seitens des Gläubigers fortgesetzt werde und daß die erfolgten Vollstreckungsmaßregeln gegen Sicherheitsleistung aufzuheben seien. Wenn vor Zustellung

---

[31]) §§ 768, 796 Abs. 3, 797 Abs. 5. [32]) §§ 767 Abs. 3, 795. [33]) RG. 55 S. 104. [34]) RG. 32 S. 393, 38 S. 428, 45 S. 343; JW. 95 S. 517. [35]) RG. 8 S. 270; JW. 84 S. 300. [36]) JW. 83 S. 112, 84 S. 300. [37]) §§ 81, 176, 178 [38]) Seuff. 52 Nr. 276; 59 Nr. 43 (RG.). [39]) RG. Bolze 2 Nr. 1745.

der Klage eine solche Anordnung erlassen wird, so ist dafür zu sorgen, daß sie nicht ohne wirkliche Erhebung der Klage in Kraft trete. Eine diesen Zweck erreichende Maßregel ist es, den Vollzug der Anordnung von dem Nachweise der Zustellung der Klage abhängig zu machen.[40]) „Die Zwangsvollstreckung aus dem Urteil vom usw. wird bis zum Erlasse des Urteils über die von dem Beklagten geltend gemachte Einrede der Zahlung für den Fall einstweilen eingestellt, daß von seiten des Beklagten der Nachweis der erfolgten Zustellung der den erwähnten Einwand betreffenden Klage geführt wird." Ist Sicherheitsleistung angeordnet, so bleibt es der Partei überlassen, diese dem Gerichtsvollzieher oder dem Vollstreckungsgericht nachzuweisen.

In dringenden Fällen kann das Vollstreckungsgericht eine gleiche Anordnung erlassen. Darüber, ob Dringlichkeit anzunehmen sei, entscheidet das Vollstreckungsgericht. In der Anordnung ist eine Frist zu bestimmen, innerhalb welcher der Beschluß des Prozeßgerichts beizubringen ist.[41]) Wird dieser Beschluß nicht bis zum Ablauf der Frist vom Schuldner dem Gerichtsvollzieher oder dem Vollstreckungsgericht vorgelegt, so ist die Zwangsvollstreckung fortzusetzen.

Die Entscheidung kann ohne mündliche Verhandlung erfolgen. Wird mündliche Verhandlung beschlossen, so hat der Antragsteller zu laden. Das Gericht soll nach freiem Ermessen ein für beide Teile billiges Ergebnis ins Auge fassen.[42]) Von dem Erfordernisse eines unwiederbringlichen Nachteils für die Einstellung ohne Sicherheitsleistung ist Abstand genommen.

Die Form der einstweiligen Anordnung ist die des Beschlusses, der, wenn er nicht verkündet wird, im Falle der Ablehnung nur dem Antragsteller, im anderen Falle beiden Teilen von Amts wegen zuzustellen ist. Die Benachrichtigung an die Vollstreckungsbehörde bleibt dem Antragsteller überlassen. Das zulässige Rechtsmittel ist die sofortige Beschwerde.[43])

Das Prozeßgericht kann in dem Urteil, durch das über die Einwendungen entschieden wird, die bezeichneten Anordnungen erlassen oder die bereits erlassenen Anordnungen aufheben, ändern oder bestätigen. Über diese Entscheidung ist in der Berufungsinstanz auf Antrag vor der Verhandlung der Hauptsache zu verhandeln und zu entscheiden. Eine Anfechtung der Entscheidung des Berufungsgerichts findet nicht statt.[44])

III. Ansprüche Dritter. Exekutionsintervention.[45]) (§ 771 ZPO.)

1. **Dritter.** Die Zwangsvollstreckung darf sich nur gegen den Schuldner und dessen Vermögen richten. Wird durch die Zwangsvollstreckung in das Vermögen eines Dritten eingegriffen, so kann dieser seinen Widerspruch hiergegen im Wege der Klage (**Exekutionsintervention**) geltend machen. Dritter ist jeder, der nicht Gläubiger und nicht Schuldner ist. Schuldner aber ist derjenige, gegen den das Urteil vollstreckt ist, nicht

[40]) RG. 10 S. 315. [41]) § 769 Abs. 2. [42]) M. S. 410. [43]) § 701. RG. JW. 89 S. 20. [44]) §§ 770, 718. [45]) S. Formular Nr. 8.

der (Mitverpflichtete), gegen den das vollstreckbare Urteil ergangen ist.[46]) Dritter ist also beispielsweise die Ehefrau, die der Pfändung ihres Vermögens wegen einer Schuld des Ehemanns, der Erwerber einer Forderung, welcher der Pfändung einer ihm schon vorher abgetretenen Forderung des Schuldners widerspricht,[47]) der Konkursverwalter, der gemäß § 29 Konk.O. die Pfändung eines Gläubigers anficht.[48]) Befindet sich die Sache in dem Gewahrsam eines Dritten, so bedarf dieser der Klage überhaupt nicht, er kann sich vielmehr darauf beschränken, die Herausgabe zu verweigern und seinerseits die Klage des Gläubigers abzuwarten.

2. Gegenstand der Zwangsvollstreckung im Sinne dieser Vorschrift sind sowohl körperliche Sachen, als Forderungsrechte und andere Vermögensrechte des Schuldners. Ob sie wegen einer Geldforderung des Schuldners durch Zwangsveräußerung verwertet oder dem Gläubiger herausgegeben werden sollen, macht keinen Unterschied. Als Zwangsvollstreckung in dem hier in Rede stehenden Sinne ist auch die Arrestpfändung anzusehen.[49])

3. Klagegrund ist ein dem Intervenienten zustehendes Recht an dem Gegenstande der Zwangsvollstreckung und zwar muß dieses Recht a) ein dingliches sein, da die Klage sich gegen einen Dritten richtet; es muß aber auch b) älter und besser sein als das durch die Pfändung für den Gläubiger erworbene Pfändungspfandrecht. Ob ein derartiges Recht vorliegt, ist nach dem bürgerlichen Gesetze zu beurteilen. Ein persönliches Forderungsrecht des Dritten gegen den Schuldner auf Gewährung einer zum Vermögen des letzteren gehörigen Sache genügt nicht zur Begründung der Interventionsklage. Führt aber der Dritte den Nachweis, daß er seinen Besitz dem gegenwärtigen Besitzer nur auf Grund eines obligatorischen Verhältnisses z. B. durch Auftrag, Leihvertrag, Verwahrungsvertrag übertragen habe, so ist damit auch bewiesen, daß der Dritte als früherer Besitzer im Vergleich zum gegenwärtigen ein besseres Recht zum Besitze habe.[50])

4. Zweck der Klage ist die Beseitigung der Zwangsvollstreckung.

a) Die Klage kann also nur während der Dauer der Vollstreckungsinstanz angestrengt werden und ist gegenstandslos, sobald die letztere abgeschlossen ist. Solange der Erlös nur hinterlegt ist, schwebt die Vollstreckung noch, da sich das Pfandrecht an dem hinterlegten Erlöse fortsetzt.[51]) Wird die Zwangsvollstreckung nach Erhebung der Klage beendigt, so ist dieser Umstand für den Anspruch einflußlos, kann aber eine Änderung des Klageantrages[52]) notwendig machen, so daß beispielsweise statt der früher verlangten Einstellung der Zwangsvollstreckung nunmehr auf Auszahlung des Erlöses, Wiederherausgabe der Sache oder Leistung des Interesses zu klagen ist.

b) Beklagter ist der Gläubiger. Ein Mitrichten der Klage gegen den Schuldner ist nicht notwendig, aber gestattet, sofern der Schuldner

---

[46]) RG. 4 S. 111, 18 S. 394, 30 S. 386; Seuff. 36 Nr. 169. [47]) RG. 4 S. 111. [48]) RG. JW. 87 S. 273. [49]) §§ 928, 930. RG. 4 S. 111. [50]) RG. 18 S. 366, 394; 26 S. 101, 34 S. 362, 424; 36 S. 125. JW. 91 S. 424, 426. [51]) RG. Gruch. 26 S. 836. [52]) § 268 Nr. 3.

aus eigenem Interesse das Recht des Dritten bestreiten sollte. Wird die Klage gegen Gläubiger und Schuldner gerichtet, so sind diese (notwendige) Streitgenossen.[53])

c) **Der Klageantrag** wird durch den Zweck der Klage bestimmt, kann also dahin gerichtet werden, **die Zwangsvollstreckung für unzulässig zu erklären, einzustellen, einzuschränken, in die Freigabe der Sache** an den Kläger **zu willigen**, den hinterlegten Gegenstand dem Kläger zuzusprechen.[54])

d) Einreden des beklagten Gläubigers sind nur insoweit statthaft, als sie auf die Verneinung des geltend gemachten Widerspruchsrechts abzielen. Die Einrede, es sei die Zwangsvollstreckung deshalb berechtigt, weil der Beklagte aus einem anderen Titel als dem Vollstreckungstitel, z. B. aus einem Vertragspfandrecht, ein Recht auf die Sache habe, ist unzulässig.[55])

5. **Zuständig ist dasjenige Amts- oder Landgericht, in dessen Bezirk die Zwangsvollstreckung erfolgt.**[56]) Bei der Pfändung von Forderungen hat dasjenige Gericht zu entscheiden, das den Pfändungsbeschluß erlassen hat.[57]) **Die Zuständigkeit ist eine ausschließliche.**[58])

6. **Das Verfahren** folgt den gewöhnlichen Regeln. Die Zustellung der Klage kann sowohl an den Prozeßbevollmächtigten des Gläubigers im Hauptprozeß,[59]) wie auch an den Gläubiger selbst erfolgen, da die §§ 176, 178 sich nur auf den zwischen den Parteien schwebenden Prozeß, aber nicht auf einen Prozeß mit Dritten beziehen. Bezüglich der Prozeßkosten ist hervorzuheben, daß wenn der Dritte es unterlassen hat, vor Erhebung der Klage von seinem Anspruch den Gläubiger zu benachrichtigen und seinen Anspruch in gewissem Umfange glaubhaft zu machen,[60]) er gemäß § 93 die Kosten dann zu tragen hat, wenn der Gläubiger im ersten Termin den Anspruch anerkennt.

7. Eine **Hemmung der Zwangsvollstreckung** tritt durch die Erhebung der Klage nicht ohne weiteres ein, es kommen vielmehr die Vorschriften der §§ 769, 770 mit der Maßgabe zur Anwendung, daß die Aufhebung auch ohne Sicherheitsleistung zulässig ist.[61])

§ 47. Einstellung oder Beschränkung der Zwangsvollstreckung.

Sie hat auf Verlangen des Gläubigers stets, auf Verlangen des Schuldners oder eines Dritten nur in den fünf Fällen des § 775 zu erfolgen. Die Aufhebung der bereits erfolgten Vollstreckungsmaßregeln in diesen Fällen ist nur nach Maßgabe des § 776 zulässig. Verstöße sind nach § 766 durch Anrufung des Vollstreckungsgerichts zu rügen. Daneben steht dem Schuldner die Klage aus § 767 zu.

Hat der Gläubiger eine bewegliche Sache des Schuldners im Besitz, an der ihm ein Pfandrecht oder ein Zurückbehaltungsrecht für seine

[53]) §§ 771 Abs. 2, 62. [54]) RG. 10 S. 393, 19 S. 299. JW. 90 S. 333. [55]) RG. 3 S. 187. [56]) § 771 Abs. 1. RG. 35 S. 405. [57]) RG. 12 S. 379. [58]) § 802. RG. 31 S. 380. [59]) § 81. [60]) Seuff. 57 Nr. 225, 59 Nr. 244 (RG.). [61]) § 771 Abs. 3.

Forderung zusteht, so kann der Schuldner der Zwangsvollstreckung in sein übriges Vermögen widersprechen, soweit die Forderung durch den Wert der Sache gedeckt ist. Steht dem Gläubiger ein solches Recht an der Sache auch für eine andere Forderung zu, so ist der Widerspruch nur zulässig, wenn auch diese Forderung durch den Wert der Sache gedeckt ist. Das Widerspruchsrecht kann der Schuldner durch Anrufen des Vollstreckungsgerichts [1]) geltend machen.[2])

§ 48. Einfluß des Todes des Schuldners auf die Zwangsvollstreckung. (§§ 779—787 ZPO.)

I. Ist beim Tode des Schuldners das gegen ihn ergangene Urteil noch nicht vollstreckbar (rechtskräftig oder vorläufig vollstreckbar), so tritt gemäß § 239 eine Unterbrechung des Verfahrens ein und es ist Sache des Gläubigers gegen die Erben einen vollstreckbaren Schuldtitel zu erwirken.[1])

II. Wenn das Urteil beim Tode des Schuldners bereits vollstreckbar ist, so wird eine zur Zeit des Todes des Schuldners begonnene Zwangsvollstreckung in den Nachlaß ohne weiteres fortgesetzt. Einer neuen Vollstreckungsklausel bedarf es nicht. Begonnen ist die Zwangsvollstreckung mit der ersten Vollstreckungshandlung, also bei der Vollstreckung wegen Geldforderungen in bewegliche Sachen mit der Pfändung, im Falle des § 845 mit der Benachrichtigung des Schuldners, in den Fällen der §§ 883—885 mit der Wegnahme der Sachen oder der Besitzentsetzung des Schuldners, im Falle des § 886 mit der Pfändung des Anspruchs, in den Fällen der §§ 887—890 mit dem Erlasse der ersten Entscheidung. Bloß vorbereitende Maßregeln, z. B. Zustellung des Urteils und der Vollstreckungsklausel, der Auftrag zur Zwangsvollstreckung, die Benachrichtigung der Militärbehörde, Hinterlegung der Sicherheit, sind kein Beginn der Zwangsvollstreckung, sondern gehen ihr voraus.[2])

Die Vollstreckung darf nur in den Nachlaß fortgesetzt werden. Sie ist also nicht auf die bereits von der Vollstreckung ergriffenen Gegenstände beschränkt, sondern kann auch auf andere Nachlaßsachen ausgedehnt werden, soweit der Nachlaß noch äußerlich als solcher erkennbar vorhanden ist.[3]) Wo es an dieser Erkennbarkeit fehlt, wird der Gläubiger durch den Antrag auf Leistung des Offenbarungseides die Offenlegung des Nachlasses herbeiführen können.

Ist die Zuziehung des Schuldners nötig, wie z. B. nach §§ 808 Abs. 3, 826 Abs. 3, 829 Abs. 2, 844, 875, so ist statt seiner der Erbe zuzuziehen. Ein Ruhen der Erbschaft kennt das BGB. nicht, vielmehr geht nach §§ 1922, 1923, 1936, 1942 ff. BGB. die Erbschaft mit dem Tode des Erblassers, unbeschadet des Rechtes, sie binnen einer bestimmten Frist auszuschlagen, kraft Gesetzes auf den berufenen Erben über. Ist aber die Erbschaft noch nicht angenommen oder ist der Erbe unbekannt oder ist es ungewiß, ob er die Erbschaft angenommen hat, so hat in den

[1]) § 766. [2]) § 777.

[1]) § 727. M. S. 415. [2]) § 750. [3]) M. S. 415.

Fällen, in denen der Erbe statt des Schuldners zugezogen werden muß, das Vollstreckungsgericht auf Antrag des Gläubigers dem Erben einen einstweiligen besonderen Vertreter zu bestellen. Steht die Verwaltung des Nachlasses einem Testamentsvollstrecker zu, so hat, da dieser nach § 2213 BGB. zur Vertretung des Erben gegenüber den Nachlaßgläubigern berufen ist, die Bestellung eines Vertreters zu unterbleiben. Dasselbe gilt, wenn gemäß §§ 1960, 1961 BGB. ein Nachlaßpfleger bestellt ist.[4])

Stirbt der Schuldner vor Beginn der Zwangsvollstreckung, so ist diese nach Erwirkung einer neuen Vollstreckungsklausel[5]) gegen den Erben oder dessen nach dem Grundsatze des vorigen Absatzes zu bestellenden Vertreter auszuführen. Solange der Erbe die Erbschaft nicht angenommen hat, ist die Zwangsvollstreckung nur in den Nachlaß zulässig.[6]).

III. Wenn der Schuldtitel nicht gegen den Schuldner selbst, sondern erst gegen dessen Erben erwirkt ist, gelten folgende Bestimmungen.

1. Nach dem BGB. ist die Errichtung eines Inventars nicht notwendige Voraussetzung für die Abwendung der persönlichen Haftung des Erben. Es haftet vielmehr jeder Erbe nur mit dem Nachlaß u. z. in der Weise, daß es seine Sache ist, diese Beschränkung der Haftung im Wege der Einrede gegen die einzelnen Nachlaßgläubiger geltend zu machen.[7]) Dementsprechend ist bestimmt, daß der als Erbe des Schuldners verurteilte Beklagte die Beschränkung seiner Haftung nur geltend machen kann, wenn sie ihm im Urteile vorbehalten ist.[8]) Ist der Vorbehalt im Urteil übergangen oder verworfen, so hat der Erbe durch Einlegung des Rechtsmittels Abhilfe zu suchen. Die Versäumung des Antrags sowie dessen rechtskräftige Übergehung oder Aberkennung ziehen den Verlust der Rechtswohltat nach sich.

Des Vorbehalts bedarf es nicht, wenn der Fiskus als gesetzlicher Erbe verurteilt wird oder wenn das Urteil über eine Nachlaßverbindlichkeit gegen einen Nachlaßverwalter oder gegen einen Testamentsvollstrecker, dem die Verwaltung des Nachlasses zusteht, erlassen wurde.[9])

2. Bei der Zwangsvollstreckung gegen den Erben des Schuldners bleibt die Beschränkung der Haftung von vornherein unberücksichtigt. Der Gläubiger darf ohne weiteres die Zwangsvollstreckung in das Vermögen des Schuldners vornehmen lassen und der Gerichtsvollzieher hat die Zwangsvollstreckung ohne Rücksicht auf die Eigenschaft des Schuldners als Erben vorzunehmen. Wird aber die Zwangsvollstreckung in das eigene Vermögen des Erben ausgeführt, so steht es diesem frei, gegen die Zwangsvollstreckung Einwendungen zu erheben.[10]) Erledigung dieser Einwendungen unten zu 6.

3. Nach § 2014 BGB. ist der Erbe, der nicht unbeschränkt haftet, berechtigt, die Berichtigung einer Nachlaßverbindlichkeit bis zum Ablauf der ersten drei Monate nach der Annahme der Erbschaft, jedoch nicht über die Errichtung des Inventars hinaus, zu verweigern. Das gleiche Recht hat der Erbe, wenn er den Antrag auf Erlassung des Aufgebots

---

[4]) § 779. M. II zu § 693. [5]) § 727. [6]) § 778. BGB. §§ 1958, 1961, 2213. [7]) BGB. §§ 1975 ff. [8]) § 780 Abs. 1. RG. 59 S. 301. [9]) BGB. §§ 2011, 2012 2205 ff. ZPO. § 780 Abs. 2. [10]) § 781.

der Nachlaßgläubiger innerhalb eines Jahres nach Annahme der Erbschaft gestellt hat und der Antrag zugelassen ist, gemäß § 2015 BGB. bis zur Beendigung des Aufgebotsverfahrens. Nach § 305 ZPO. wird durch die Geltendmachung der dem Erben nach jenen Vorschriften zustehenden Einreden eine unter dem Vorbehalte der beschränkten Haftung ergehende Verurteilung der Erben nicht ausgeschlossen. Der Erbe ist aber nicht befugt, einer Zwangsvollstreckung in den Nachlaß oder in sein eigenes Vermögen auf Grund der Einreden schlechthin zu widersprechen, er kann vielmehr nur verlangen, daß die Zwangsvollstreckung für die Dauer der in den §§ 2014, 2015 BGB. vorgesehenen Fristen auf solche Maßregeln beschränkt wird, die zur Vollziehung eines Arrestes zulässig sind. Wird vor dem Ablauf der Frist die Eröffnung des Nachlaßkonkurses beantragt, so ist auf Antrag die Beschränkung der Zwangsvollstreckung auch nach dem Ablaufe der Frist aufrecht zu erhalten, bis über die Eröffnung des Konkursverfahrens rechtskräftig entschieden ist.[11])

4. Die zu 3 in Ansehung der Nachlaßgegenstände gegebene Befugnis ist dem Erben auch seinen persönlichen Gläubigern gegenüber gewährt worden, sofern er nicht für die Nachlaßverbindlichkeiten unbeschränkt haftet.[12])

5. Ist eine Nachlaßverwaltung angeordnet oder der Nachlaßkonkurs eröffnet, so beschränkt sich nach dem BGB.[13]) die Haftung des Erben für die Nachlaßverbindlichkeiten, abgesehen von gewissen Ausnahmefällen,[14]) auf den Nachlaß. Der Erbe kann deshalb verlangen, daß Maßregeln der Zwangsvollstreckung, die zugunsten eines Nachlaßgläubigers in sein nicht zum Nachlaß gehörendes Vermögen erfolgt sind, aufgehoben werden. Andererseits können die Nachlaßgläubiger beanspruchen, daß unter der bezeichneten Voraussetzung der Nachlaß in erster Linie zu ihrer Befriedigung verwendet werde. Deshalb kann, wenn eine Nachlaßverwaltung angeordnet ist, der Nachlaßverwalter die Aufhebung von Vollstreckungsmaßregeln verlangen, die zugunsten eines anderen Gläubigers als eines Nachlaßgläubigers in den Nachlaß erfolgt sind.[15])

6. Die Erledigung der Einwendungen in den Fällen zu 2 bis 5 erfolgt nach den Bestimmungen der §§ 767, 769, 770, also durch Klage.[16])

7. Auf die beschränkte Haftung des überlebenden Ehegatten bei der fortgesetzten Gütergemeinschaft[17]) finden die Bestimmungen des § 780 Abs. 1 und der §§ 781—785, auf die nach den §§ 419, 1480, 1504, 2187 BGB. eintretende beschränkte Haftung finden die Bestimmungen des § 780 Abs. 1 und der §§ 781, 785 entsprechende Anwendung.[18])

§ 49. Zwangsvollstreckung wegen Geldforderungen.

A. Zwangsvollstreckung in das bewegliche Vermögen.

I. Allgemeine Bestimmungen. (§§ 803—807 ZPO.)

1. **Das bewegliche Vermögen** umfaßt alle Vermögensgegenstände außer den Grundstücken, den Berechtigungen, für welche die sich auf

---

[11]) § 782. M. II zu § 696a. [12]) § 783. M. II zu § 696b. [13]) §§ 1975 ff. [14]) §§ 1994 Abs. 1 Satz 2, 2005 Abs. 1, 2006 Abs. 3, 2013 Abs. 1. [15]) § 784. [16]) § 785. [17]) BGB. § 1489. [18]) § 786.

Grundstücke beziehenden Vorschriften gelten, und den im Schiffsregister eingetragenen Schiffen.[19]) **Die Zwangsvollstreckung in das bewegliche Vermögen erfolgt durch Pfändung.** Sie darf nicht weiter ausgedehnt werden, als zur Befriedigung des Gläubigers und zur Deckung der Kosten der Zwangsvollstreckung erforderlich ist und hat ganz zu unterbleiben, wenn sich von der Verwertung der zu pfändenden Gegenstände ein Überschuß über die Kosten nicht erwarten läßt.[20]) Überschreitungen dieser Beschränkungen können im Wege der §§ 766, 793 gerügt werden.

2. **Pfändungspfandrecht. Durch** die gehörige **Pfändung erwirbt der Gläubiger ein Pfandrecht** an dem gepfändeten Gegenstande.[21]) Ist seitens des Schuldners zur Abwendung der Zwangsvollstreckung eine Sicherheitsleistung oder Hinterlegung erfolgt, so wird dadurch ein Pfandrecht an dem Gegenstande der Sicherheitsleistung oder Hinterlegung begründet.[22]) Geht hinterlegtes Geld kraft Gesetzes oder infolge von Vermischung mit anderem Gelde in das Eigentum des Staats über, so tritt an die Stelle des ursprünglichen Pfandgegenstandes die Forderung gegen den Staat, an der das Pfandrecht des Gläubigers sich fortsetzt.[23])

Das Pfändungspfandrecht steht einem durch Vertrag erworbenen **Faustpfandrecht rechtlich gleich.** Es gewährt, wie dieses, dem Gläubiger im Konkurse des Schuldners ein Absonderungsrecht und geht auch außerhalb des Konkurses solchen Pfand- und Vorzugsrechten vor, die im Konkurse den Faustpfandrechten nicht gleichstehen.[24]) Bei mehrfacher Pfändung geht das durch eine frühere Pfändung begründete Pfandrecht demjenigen vor, das durch eine spätere Pfändung begründet wird.[25]) Wird für mehrere Gläubiger gleichzeitig gepfändet, so haften ihnen die Pfandgegenstände nach Verhältnis der Forderungen.

3. Für die **Rechte Dritter**, denen an der gepfändeten körperlichen Sache ein Pfand- oder Vorzugsrecht zusteht, gelten folgende Grundsätze. a) Hat der Dritte unmittelbaren Besitz, so kann ohne seinen Willen die Pfändung überhaupt nicht erfolgen.[26]) Eingriffe in den Besitz sind durch Beschwerde aus § 766 oder durch Interventionsklage aus § 771 zu beseitigen. Ohne Einwendung des Dritten kann aber das Gericht die Pfändung nicht aufheben.[27]) b) Hat der Dritte mittelbaren Besitz, hat also der Schuldner die Sache für ihn inne, so kann er durch die Interventionsklage aus § 771 der Pfändung mit der Wirkung ihrer Aufhebung widersprechen. c) Hat der Dritte weder unmittelbaren noch mittelbaren Besitz, so muß er sich die Pfändung der Sache und deren Verwertung gefallen lassen und hat nur einen Anspruch auf vorzugsweise Befriedigung aus dem Erlöse.[28]) Hierher gehört beispielsweise das Pfandrecht des Vermieters oder Verpächters an den vom Mieter oder Pächter eingebrachten Sachen und an den Früchten.[29])

Der Anspruch zu c steht dem Dritten zu ohne Rücksicht darauf, ob seine Forderung fällig ist oder nicht, kann aber nur im Wege der Klage und nur so lange die Pfändung noch nicht erledigt, also der Erlös der

---

[19]) § 864. [20]) § 803. [21]) § 804 Abs. 1. [22]) RG. 12 S. 222, 34 S. 356. [23]) RG. 12 S. 396. [24]) § 804. KO. § 49. [25]) § 804 Abs. 3. [26]) § 809. [27]) Seuff. 57 Nr. 232. [28]) § 805. [29]) RG. 8 S. 99. S. Formular Nr. 9.

verwerteten Sache noch nicht an den Gläubiger ausgezahlt ist, geltend gemacht werden. Ob dem Gläubiger noch hinterher eine Klage gegen den Empfänger des Erlöses zusteht (Kondiktion), bestimmt sich nach materiellem Recht.[30]) Prozeßgegner ist der Pfändungsgläubiger. Gegen den Schuldner ist die Klage nur dann mitzurichten, wenn er das Recht des Klägers bestreitet. Wird die Klage gegen den Gläubiger und den Schuldner gerichtet, so sind diese als notwendige Streitgenossen anzusehen.[31]) Zuständig für den Rechtsstreit ist das Vollstreckungsgericht und, wenn der Streitgegenstand zur Zuständigkeit der Amtsgerichte nicht gehört, das übergeordnete Landgericht. Der Klageantrag ist dahin zu richten, den Beklagten zu verurteilen, in die vorzugsweise Befriedigung des Klägers aus dem Pfanderlöse wegen seiner — nach Rechtsgrund und Betrag zu begründenden — Forderung zu willigen. Die Durchführung der Zwangsvollstreckung wird durch den Prozeß nicht aufgehalten. Doch hat der Kläger das Recht, die Hinterlegung des Erlöses zu beantragen. Dem Antrage muß Folge gegeben werden, wenn der Klageanspruch gemäß § 294 glaubhaft gemacht ist. Die Hinterlegung erfolgt nach den nämlichen Vorschriften, die in den §§ 769, 770 für die Einstellung und Aufhebung der Zwangsvollstreckung gegeben sind.[32]) Die Auszahlung an den Gläubiger erfolgt als Vollstreckungshandlung auf Grund der Anweisung des Vollstreckungsgerichts. Die Befugnis, den Erlös dem Kläger oder Gläubiger gegen Sicherheitsleistung auszuzahlen, steht dem Gericht nicht zu.

Wird ein Gegenstand auf Grund der Pfändung veräußert, so steht dem Erwerber wegen eines Mangels im Rechte oder wegen eines Mangels der veräußerten Sache ein Anspruch auf Gewährleistung nicht zu u. z. weder gegen den Gläubiger noch gegen den Schuldner.[33])

II. Zwangsvollstreckung in körperliche Sachen.

1. Pfändungsgegenstände. (§§ 808—811 ZPO.)

a) Der Pfändung unterliegen nur diejenigen nicht dem Gläubiger gehörigen[1]) körperlichen beweglichen Sachen, die sich im Gewahrsam des Schuldners, des Gläubigers oder eines Dritten, der sich dem Gerichtsvollzieher gegenüber zur Herausgabe bereit erklärt, befinden. Weigert der Dritte die Herausgabe so ist die Pfändung unzulässig und, wenn dennoch erfolgt, ohne Wirkung. Der Gläubiger kann sich in solchem Falle nur damit helfen, daß er den Anspruch des Schuldners an den Dritten gemäß §§ 846, 847 pfänden läßt. Im Falle von Gemeinschaften, z. B. bei Eheleuten, bei Miteinwohnern, kann es zweifelhaft sein, ob die Sache sich im Gewahrsam des Schuldners oder des Dritten befindet. In solchem Falle hat der Vollstreckungsbeamte nach der äußeren Sachlage und den gewöhnlichen Lebensverhältnissen zu ermessen, ob der Gewahrsam des einen oder des anderen oder beider an-

---

[30]) RG. 12 S. 30. Seuff. 38 Nr. 483. [31]) §§ 805 Abs. 3, 62. [32]) § 805 Abs. 4. RG. JW. 94 S. 198. [33]) § 806. Vgl. § 56 des Zwangsverst.Ges. v. 24. März 1897.

[1]) Seuff. 58 Nr. 66.

zunehmen ist und demgemäß zu verfahren. Schreitet er zur Pfändung, so ist es Sache des Dritten, seinen Widerspruch zu erklären und im Falle der Erfolglosigkeit nach §§ 766, 771, 805 Abhilfe zu suchen. Steht der Gerichtsvollzieher von der Pfändung ab, so kann der Gläubiger Beschwerde beim Vollstreckungsgericht einlegen oder nach §§ 846 ff. den Anspruch seines Schuldners an den Dritten auf Herausgabe pfänden.[2])

Früchte können, auch bevor sie vom Boden getrennt sind, gepfändet werden, solange nicht ihre Beschlagnahme im Wege der Zwangsvollstreckung in das unbewegliche Vermögen erfolgt ist. Die Pfändung soll nicht früher als einen Monat vor der Zeit der gewöhnlichen Reife[3]) erfolgen. Ein Gläubiger, der ein Recht auf Befriedigung aus dem Grundstücke hat, kann der Pfändung nach Maßgabe des § 771 widersprechen.[4])

b) Unpfändbare Sachen. Aus Billigkeitsrücksichten für den Schuldner sind gewisse Sachen[5]) von der Pfändung ausgeschlossen. Der Gerichtsvollzieher hat diese Beschränkungen von Amts wegen zu beachten. Gegen Verletzung dieser Beschränkungen können der Schuldner und der Gläubiger nach § 766 die Entscheidung des Vollstreckungsgerichts anrufen, der Schuldner, wenn eine nicht pfändbare Sache gepfändet, der Gläubiger, wenn die Pfändung einer pfändbaren Sache als nicht pfändbar abgelehnt ist. Das Vollstreckungsgericht entscheidet durch Beschluß. Mündliche Verhandlung kann angeordnet werden, ist aber nicht notwendig. Gegen den von Amts wegen zuzustellenden Beschluß findet sofortige Beschwerde statt.[6]) Hat der Gerichtsvollzieher gepfändet, so darf er die gepfändete Sache nur mit Zustimmung des Gläubigers oder auf Grund gerichtlicher Entscheidung[7]) freigeben.[8]) Die Pfändung ist nicht nichtig, sondern nur anfechtbar.[9]) Dritte können sich auf die Pfändungsbeschränkungen nicht berufen.[10]) Ob der Schuldner auf diese Beschränkungen verzichten kann, ist streitig. Jedenfalls kann auf die Beschränkungen nicht im voraus durch Vertrag verzichtet werden; das fordert das öffentliche Interesse. Dagegen kann sich der Schuldner freiwillig der Pfändung dieser Sachen unterwerfen.[11])

2. Ausführung der Pfändung. (§§ 808—810 ZPO.) Die Pfändung beweglicher körperlicher Sachen wird dadurch bewirkt, daß der Gerichtsvollzieher sie in Besitz nimmt. Geld, Kostbarkeiten und Wertpapiere hat der Gerichtsvollzieher wegzuschaffen. Andere gepfändete Sachen sind in dem Gewahrsam des bisherigen Inhabers zu belassen, sofern nicht hierdurch die Befriedigung des Gläubigers gefährdet wird. Bleiben die Sachen in dem bisherigen Gewahrsam, so ist die Wirksamkeit der Pfändung dadurch bedingt, daß durch Anlegung von Siegeln oder auf sonstige Weise die Pfändung ersichtlich gemacht ist; erst durch die Ersichtlichmachung der Pfändung ergreift der Gerichtsvollzieher von den Sachen Besitz.[12]) Die Wirksamkeit der Pfändung hört auf, wenn der Gerichtsvollzieher die Siegel oder sonstigen Merkmale wieder

---

[2]) RG. 14 S. 362, 29 S. 363; Gruch. 26 S. 1181, 29 S. 1139. [3]) RG. 42 S. 382. [4]) § 810. [5]) §§ 811—813. [6]) § 793. [7]) § 775. [8]) RG. 16 S. 320, 348; 18 S. 392; JW. 87 S. 415, 89 S. 515; Gruch. 28 S. 1164. [9]) Seuff. 60 Nr. 44. [10]) Zeitschrift f. D.ZP. 15 S. 420. [11]) Gaupp-Stein § 811 I. [12]) RG. 57 S. 325.

beseitigt, oder wenn die Siegel mit Einwilligung des Gläubigers beseitigt werden.[13]) Sonstige Beseitigung der Siegel durch den Schuldner, durch einen Dritten oder durch Zufall hat diese Folge nicht.[14])

3. Verwertung der Pfandstücke. (§§ 814—827 ZPO.) a) Gepfändetes Geld hat der Gerichtsvollzieher dem Gläubiger abzuliefern. Nur in zwei Fällen ist ihm die Hinterlegung des Geldes zur Pflicht gemacht, a) wenn ihm glaubhaft gemacht ist, daß an dem Gelde ein die Veräußerung hinderndes Recht (z. B. Eigentum) eines Dritten bestehe, b) wenn der Schuldner von der ihm nachgelassenen Befugnis, die Vollstreckung durch Sicherheitsleistung oder durch Hinterlegung abzuwenden, keinen Gebrauch gemacht hat.[15]) Im Falle zu a hat aber der Gerichtsvollzieher die Zwangsvollstreckung durch Ablieferung des Geldes an den Gläubiger fortzusetzen, wenn nicht binnen einer Frist von zwei Wochen seit der Pfändung eine Entscheidung des nach § 771 Abs. 1 zuständigen Gerichts über die Einstellung der Zwangsvollstreckung beigebracht wird. Sofern nicht die Hinterlegung zu erfolgen hat, gilt die Wegnahme des Geldes durch den Gerichtsvollzieher als Zahlung.[16])

Der Gläubiger erwirbt an dem Gelde kein Pfandrecht, sondern sofort mit der Wegnahme Eigentum. Eine Anschlußpfändung anderer Gläubiger ist daher unstatthaft.[17]) Der Schuldner wird frei, auch wenn der Gerichtsvollzieher das weggenommene Geld an den Gläubiger nicht abliefert. Gehört das weggenommene Geld nicht dem Schuldner, sondern einem Dritten, so bleibt dessen Recht, der Wegnahme zu widersprechen[18]) oder sie als rechtsunwirksam anzufechten, unberührt.[19]) Soweit der Dritte mit dem Anspruch gegen den Gläubiger durchdringt, tritt eine Befreiung des Schuldners nicht ein. Im Falle der Hinterlegung wird der Gläubiger nicht Eigentümer, sondern erwirbt nur ein Pfandrecht, das sich an der hinterlegten Masse fortsetzt, so daß an dieser eine Anschlußpfändung statthaft ist.

„Geld" umfaßt die im Verkehr üblichen Zahlungsmittel,[20]) also nicht nur die deutschen Reichsmünzen nach dem Münzgesetz v. 9. Juli 1873, sondern auch Reichskassenscheine und Banknoten.

b) Versteigerung. (§§ 814—825 ZPO.) Andere gepfändete Sachen hat der Gerichtsvollzieher zu versteigern. α) Die Versteigerung erfolgt öffentlich, nicht vor Ablauf einer Woche seit dem Tage der Pfändung, in der Gemeinde, in der die Pfändung geschehen ist. Gläubiger und Schuldner können sich über eine frühere Zeit und einen anderen Ort einigen.[21]) Zeit und Ort der Versteigerung sind unter allgemeiner Bezeichnung der zu versteigernden Sachen öffentlich bekannt zu machen.[22])

β) Dem Zuschlage an den Meistbietenden soll ein dreimaliger Aufruf vorausgehen. Ein Gebot erlischt, wenn ein Übergebot abgegeben oder die Versteigerung ohne Erteilung des Zuschlags geschlossen wird.[23]) Ein Recht auf den Zuschlag hat der Meistbietende nicht, vielmehr kann

[13]) RG. 57 S. 326. [14]) RG. 35 S. 336. [15]) § 720. [16]) § 815. [17]) M. S. 429. [18]) § 771. [19]) RG. 14 S. 80, 17 S. 30, 22 S. 267. [20]) RG. 43 S. 180; Seuff. 52 Nr. 25; Gaupp-Stein § 815 I. [21]) RG. Gruch. 38 S. 499. [22]) § 816. [23]) § 817. BGB. § 156.

bis zur Erteilung des Zuschlags sowohl der Gläubiger durch Freigabe des Pfandes oder Stundung, wie der Schuldner durch Zahlung die Aufhebung der Zwangsversteigerung herbeiführen. Dagegen ist die Erteilung des Zuschlags an einen anderen als den Meistbietenden versagt.[24]) Verletzungen dieser Vorschrift können sowohl vom Meistbietenden als vom Gläubiger und Schuldner durch Anrufen des Vollstreckungsgerichts nach § 766 gerügt werden.

γ) Die Ablieferung der zugeschlagenen Sache erfolgt nur gegen bare Zahlung.[25]) Wird diese nicht geleistet, so ist der Zuschlag unwirksam. Die Sache bleibt im Eigentum des Schuldners und wird anderweit versteigert. Der Meistbietende wird zu einem weiteren Gebote nicht zugelassen. Er haftet dem Gläubiger und dem Schuldner für den Ausfall und hat auf den Mehrerlös keinen Anspruch.[26])

δ) Erfolgt kein Gebot, so sind die Pfandstücke dem Schuldner freizugeben,[27]) sofern nicht der Gerichtsvollzieher die Anberaumung eines neuen Versteigerungstermins für angemessen erachtet oder auf Parteiantrag das Vollstreckungsgericht eine Anordnung trifft.[28])

ε) Der Pfandgläubiger und der Eigentümer können mitbieten. Das Gebot des Eigentümers darf zurückgewiesen werden, wenn nicht der Betrag bar erlegt wird. Ebenso das Gebot des Schuldners, sofern das Pfand für eine fremde Schuld haftet.[29]) Wird der Zuschlag dem Gläubiger erteilt, so ist dieser zur Zahlung nur dann verpflichtet, wenn dem Schuldner nachgelassen ist, durch Sicherheitsleistung oder durch Hinterlegung die Vollstreckung abzuwenden. Andernfalls ist er von der Verpflichtung zur Zahlung soweit befreit, als der Reinerlös zu seiner Befriedigung zu verwenden ist. Insoweit gilt der Betrag als von dem Schuldner an den Gläubiger gezahlt.[30])

ζ) Gepfändete ungeerntete Früchte können erst nach der Reife versteigert werden. Die Versteigerung kann nach dem Ermessen des Gerichtsvollziehers vor oder nach der Trennung der Früchte erfolgen. Im letzteren Falle hat der Gerichtsvollzieher die Aberntung bewirken zu lassen.[31])

η) Kostbarkeiten, einschließlich der Sachen, die einen besonderen Kunstwert haben, sind vor der Versteigerung durch einen Sachverständigen zu schätzen, damit sie nicht zu Schleuderpreisen verkauft werden.[32]) Gold- und Silbersachen dürfen nicht unter ihrem Gold- und Silberwerte zugeschlagen werden. Wird ein genügendes Gebot nicht abgegeben, so kann der Verkauf durch eine zur öffentlichen Versteigerung befugte Person zu einem den Gold- oder Silberwert erreichenden Preise erfolgen.[33])

ϑ) Erst durch den Zuschlag kommt der Vertrag zustande.[34]) Die Wirkungen des Zuschlags regelt BGB. § 1242. Sobald der Erlös zur Befriedigung des Gläubigers und zur Deckung der Kosten der Zwangsvollstreckung hinreicht, wird die Versteigerung eingestellt.[35]) Die Wirkung

---

[24]) § 817 Abs. 1. [25]) § 817 Abs. 2. [26]) § 817 Abs. 3. [27]) § 803 Abs. 2. [28]) § 825. [29]) § 816. BGB. § 1239. [30]) § 817 Abs. 4. [31]) § 824. [32]) § 814. RG. 13 S. 36. [33]) § 820. BGB. § 1240. [34]) BGB. § 156. [35]) § 818.

der damit beendeten Zwangsvollstreckung besteht in der Befriedigung des Gläubigers, denn die Empfangnahme des Erlöses durch den Gerichtsvollzieher gilt als Zahlung von seiten des Schuldners, sofern dem letzteren nicht nachgelassen ist, durch Sicherheitsleistung oder durch Hinterlegung die Vollstreckung abzuwenden.[36])

ι) In allen Fällen kann auf Antrag des Gläubigers oder des Schuldners vom Vollstreckungsgericht[37]) eine Abweichung von den gesetzlichen Vorschriften über die Verwertung von Pfandstücken angeordnet werden, soweit Art und Ort (nicht aber die Zeit) der Verwertung oder die Person des Versteigerers in Frage stehen.[38]) Vorgängige Anhörung des anderen Teils ist nicht erforderlich, aber zulässig. Das Vollstreckungsgericht kann die Versteigerung auch einem Auktionator übertragen mit der Befugnis, den Erlös in Empfang zu nehmen und gültig zu quittieren. Doch wird dadurch die Befugnis des Gerichtsvollziehers nach § 819 nicht berührt.[39])

c) Freihändiger Verkauf der Pfandstücke findet nur statt: α) wenn das Vollstreckungsgericht gemäß § 825 den freihändigen Verkauf an Stelle der Versteigerung angeordnet hat; β) bei Gold- und Silbersachen, wenn bei der Versteigerung ein den abgeschätzten Metallwert erreichendes Gebot nicht erzielt ist;[40]) γ) bei Wertpapieren, wenn sie einen Börsen- oder Marktpreis haben. Wertpapiere, die einen solchen Preis nicht haben, sind in gewöhnlicher Weise, also durch Versteigerung zu versilbern.[41]) Sowohl in dem letzteren Falle wie bei freihändigem Verkauf soll der Gerichtsvollzieher bei Wertpapieren auf Namen die Umschreibung auf den Namen des Käufers, bei außer Kurs gesetzten Inhaberpapieren die Wiederinkurssetzung erwirken und die hierzu erforderlichen Erklärungen an Stelle des Schuldners abgeben. Zu diesem Zwecke bedarf er der Ermächtigung des Vollstreckungsgerichts. Diese muß ihm auf seinen Antrag, der unter Einreichung des Schuldtitels zweckmäßig noch vor dem Verkaufstermin gestellt wird, in Form einer öffentlichen Urkunde erteilt werden.[42])

Als Wertpapiere im Sinne dieser Vorschrift gelten nur diejenigen, die Träger der Forderung sind, bei denen der Erwerb des Vermögenswerts sich mit dem Erwerbe des Papiers vollzieht, z. B. Schuldverschreibungen des Reiches, von Bundesstaaten oder Kommunen, Aktien, Pfandbriefe, Rentenbriefe, Lotterielose. Solche Papiere dagegen, die nur Beweisurkunden über Forderungswerte darstellen — Schuldscheine, Hypotheken- und Grundschuldbriefe, Polizen, Sparkassenbücher — gehören nicht hierher; ihre Pfändung und Verwertung erfolgt nach den Vorschriften über die Zwangsvollstreckung in Forderungen, also die Verwertung durch Überweisung. Bez. der Pfändung von Wechseln und anderen indossabeln Papieren s. S. 357.

4. Mehrfache Pfändung derselben Sache. (§§ 826, 827 ZPO.) a) Gleichzeitige Pfändung.[43]) Hat der Gerichtsvollzieher vor Ausführung der Pfändung von mehreren Gläubigern Pfändungsaufträge erhalten, so gelten diese Aufträge, auch wenn sie zu verschiedenen

---

[36]) § 819. [37]) § 764. [38]) § 825. [39]) Gaupp-Stein § 825. [40]) § 820. [41]) § 821. [42]) §§ 822, 823. [43]) § 827 Abs. 3.

Zeiten erteilt sind, als gleichzeitige. Er hat deshalb auch für alle Auftraggeber gleichzeitig zu pfänden und über diese Pfändung nur Ein Protokoll aufzunehmen, das die Feststellung der gleichzeitigen Pfändung für die mehreren Auftraggeber enthalten muß. Die gleichzeitige Pfändung erzeugt gleichen Rang. Ist der Erlös unzureichend, so sind die einzelnen Gläubiger nach Verhältnis ihrer Forderungen zu befriedigen. Beim Widerspruch eines Gläubigers findet das Verteilungsverfahren statt.

b) Anschlußpfändung.[44]) Ist eine Sache formell tadellos gepfändet, so kann sie, solange sie noch dem Schuldner gehört, wegen einer anderen Geldforderung für denselben oder einen anderen Gläubiger des nämlichen Schuldners nachgepfändet werden. Die Anschlußpfändung kann in der Form des § 808 durch Besitznahme vorgenommen werden,[45]) es genügt aber die in das Protokoll aufzunehmende Erklärung des Gerichtsvollziehers, daß er die Sache für seinen Auftraggeber pfände. Ist die Pfändung durch einen anderen Gerichtsvollzieher geschehen, so ist ihm eine Abschrift des Protokolls zuzustellen. Auch der Schuldner soll von den weiteren Pfändungen benachrichtigt werden. Doch ist weder diese Benachrichtigung noch die Zustellung an den zuerst pfändenden Gerichtsvollzieher für die Wirksamkeit der Anschlußpfändung wesentlich.[46])

Der Auftrag des nachpfändenden Gläubigers geht kraft Gesetzes auf den Gerichtsvollzieher über, von dem die erste Pfändung bewirkt ist, sofern nicht das Vollstreckungsgericht auf Antrag eines beteiligten Gläubigers oder des Schuldners einen anderen Gerichtsvollzieher ernennt. Dieser Eine Gerichtsvollzieher tritt allein in Tätigkeit. An ihn haben die übrigen Gerichtsvollzieher die Schuldtitel und die weiteren zugehörigen Schriftstücke abzugeben.

Ist der Erlös zur Deckung aller Forderungen ausreichend, so verteilt ihn der Gerichtsvollzieher. Reicht der Erlös nicht, so befriedigt der Gerichtsvollzieher die Gläubiger nach der Reihenfolge der Pfändungen. Erhebt ein Gläubiger gegen die Ausführung der Befriedigung Widerspruch und verlangt er ohne Zustimmung der übrigen eine andere Verteilung, so tritt das Verteilungsverfahren ein.

Ausgeschlossen ist die Anschlußpfändung bei gepfändetem Gelde und nach Empfangnahme des Auktionserlöses seitens des Gerichtsvollziehers, da in beiden Fällen der Gläubiger das Eigentum erwirbt.

III. Zwangsvollstreckung in Forderungen und andere Vermögensrechte. (§§ 828—863 ZPO.)

1. Zwangsvollstreckung in Geldforderungen. (§§ 829 bis 845 ZPO.) a) Zulässigkeit. Auch die dem Schuldner zustehenden Geldforderungen kann der Gläubiger zum Gegenstande seiner Befriedigung machen. Das Befriedigungsrecht erstreckt sich auf alle Geldforderungen des Schuldners gegen seinen Schuldner (Drittschuldner).

Das Wort „Drittschuldner“ legt die Auffassung nahe, daß er eine

---

[44]) §§ 826, 827 Abs. 1, 2. [45]) M. II zu § 727. [46]) RG. 13 S. 415.

dritte, von den Streitteilen verschiedene Person sein müsse. Dies ist aber die Meinung des Gesetzes nicht. Es kann vielmehr der Drittschuldner auch mit der Person des Gläubigers sowohl wie des Schuldners zusammenfallen. Ersteres liegt vor, wenn der Gläubiger wiederum Schuldner seines Schuldners ist, also eine gegen sich selbst zustehende Forderung pfänden läßt, woran er trotz der Befugnis zur Aufrechnung ein Interesse haben kann, da die Aufrechnung an bestimmte gesetzliche Voraussetzungen gebunden ist, während das Recht zur Pfändung weiter reicht.[47]) Letzteres trifft zu, wenn die für den Schuldner auf seinem eigenen Grundstück haftenden Hypotheken oder Grundschulden gepfändet werden.[48])

Auf den Rechtsgrund der Geldforderung kommt ebensowenig etwas an, als auf die Person und den Wohnort des Drittschuldners[49]) und die Art der Zahlung. Es können also auch bedingte, betagte und bestrittene, sowie solche Forderungen, deren (Dritt-) Schuldner im Auslande wohnt, zum Gegenstande der Zwangsvollstreckung gemacht werden. *Forderungen, die nicht übertragen werden können, können auch nicht gepfändet werden.* Nicht übertragen werden kann eine Forderung, wenn die Leistung an einen anderen als den ursprünglichen Gläubiger nicht ohne Veränderung ihres Inhaltes erfolgen kann oder wenn die Übertragung durch Vereinbarung mit dem Schuldner ausgeschlossen ist.[50]) Ist aber der geschuldete Gegenstand der nicht übertragbaren Forderung der Pfändung unterworfen, so ist auch die Pfändung der Forderung zulässig.[51]) Ferner erklärt das Gesetz in § 850 eine Reihe von Forderungen, Arbeits- und Dienstlohn, Alimentenforderungen usw. für unpfändbar. Ist der Charakter der Forderung bei Stellung des Pfändungsantrages klar, so muß er von Amts wegen berücksichtigt werden, andernfalls muß der Schuldner oder sonstige Berechtigte die Unzulässigkeit der Pfändung durch Erinnerung,[52]) Beschwerde,[53]) oder Klage geltend machen.

Der Pflichtteilsanspruch ist der Pfändung nur unterworfen, wenn er durch Vertrag anerkannt oder rechtshängig geworden ist. Das gleiche gilt für den nach § 528 BGB. dem Schenker zustehenden Anspruch auf Herausgabe des Geschenkes.[54])

b) *Vollzogen wird die Zwangsvollstreckung durch Pfändung und Überweisung.* Die Überweisung kann ausnahmsweise durch Verkauf ersetzt werden. Forderungen aus Wechseln und anderen indossabeln Papieren unterliegen besonderen Vorschriften.[55])

Das Verfahren unterliegt dem Selbstbetriebe der Parteien. Das Gericht hat nur den Beschluß der Pfändung und Überweisung zu erlassen. Die Zustellung des Beschlusses und der weitere Betrieb ist Sache des Gläubigers.

α) *Die Pfändung erfolgt durch Zustellung des Pfändungsbeschlusses.*

aa) *Zuständig* für den Erlaß des Pfändungsbeschlusses ist dasjenige *Amtsgericht (Vollstreckungsgericht)*, bei dem der Schuldner im

[47]) RG. 20 S. 365. [48]) RG. 7 S. 331, 20 S. 371, 33 S. 291; JW. 92 S. 85. Gruch. 37 S. 761. [49]) Bezeichnung: RG. 42 S. 408, 325. [50]) BGB. § 399. [51]) § 851. [52]) § 766. [53]) § 793. [54]) § 852. [55]) § 831.

Deutschen Reiche seinen allgemeinen Gerichtsstand hat,[56]) in Ermangelung eines solchen dasjenige Amtsgericht, bei dem gemäß § 23 gegen ihn Klage erhoben werden kann, also das Amtsgericht, in dessen Bezirk der Drittschuldner seinen Wohnsitz hat und wenn für die Forderung eine Sache haftet, auch das Amtsgericht des Orts, wo die Sache sich befindet. Ist Vermögen des Schuldners im Bezirke mehrerer Amtsgerichte vorhanden, so steht dem Gläubiger die Wahl zu. Das gewählte Amtsgericht wird auch bezüglich derjenigen Vermögensstücke zuständig, die sich außerhalb seines Bezirks befinden, sei es im Inlande, sei es im Auslande.[57]) Bei Vollstreckung gegen mehrere Schuldner regelt sich die Zuständigkeit gegen jeden einzelnen nach obigen Bestimmungen; die für Klagen erlassene Bestimmung eines gemeinschaftlichen Gerichtsstandes[58]) versagt.[59]) Die Zuständigkeit ist eine ausschließliche. Vollstreckungshandlungen anderer Gerichte sind also wirkungslos.[60])

bb) Das **Pfändungsgesuch** ist vom Anwaltszwange befreit, muß die zu pfändende Forderung nach der Person des Gläubigers und Schuldners sowie nach Rechtsgrund und Betrag bezeichnen und durch Beifügung des mit der Zustellungsurkunde versehenen Schuldtitels und durch den urkundlichen Nachweis der Erfordernisse aus §§ 751, 752 begründet werden. Des Nachweises des Bestehens der Forderung bedarf es nicht.[61]) Die Anhörung des Schuldners vor der Pfändung ist untersagt.[62]) Ist das Gesuch unbegründet, so wird es zurückgewiesen. Gegen den zurückweisenden Beschluß steht dem Gläubiger die sofortige Beschwerde zu.[63]) Ist der Antrag begründet, so erfolgt die Anordnung des **Pfändungsbeschlusses**. Dieser setzt sich zusammen aus dem **Verbote an den Drittschuldner, dem Schuldner zu zahlen** (inhibitorium) und **dem Gebote an den Schuldner, sich jeder Verfügung**, insbesondere der Einziehung **zu enthalten** (prohibitorium).

cc) **Zustellung.** Der Pfändungsbeschluß wird dem Gläubiger formlos ausgehändigt. Seine Sache ist es, den Beschluß dem Drittschuldner zustellen zu lassen. Erfolgt die Zustellung durch den Gerichtsvollzieher, so hat dieser sofort nach der Ausführung den Beschluß mit einer Abschrift der Zustellungsurkunde persönlich oder durch die Post auch dem Schuldner zuzustellen. Ist die Zustellung an den Drittschuldner auf unmittelbares Ersuchen des Gerichtsschreibers durch die Post erfolgt, so hat der Gerichtsschreiber die Zustellung an den Schuldner in gleicher Weise zu veranlassen. Ist für den Schuldner ein Prozeßbevollmächtigter bestellt, so hat die Zustellung an diesen zu erfolgen.[64]) Die an den Schuldner im Auslande zu bewirkende Zustellung erfolgt durch Aufgabe zur Post. Würde eine öffentliche Zustellung an den Schuldner erforderlich sein, so kann sie ganz unterbleiben. Ist die Zustellung an den Drittschuldner im Auslande zu bewirken, so liegt die Zustellung an den Schuldner dem Gläubiger ob.[65]) Eine öffentliche Zustellung an den Drittschuldner ist unzulässig und wirkungslos.[66])

---

[56]) §§ 13—19. [57]) § 828. Prot. S. 397. RG. 9 S. 364, 12 S. 381. [58]) § 36 Nr. 3. [59]) RG. 27 S. 404. [60]) § 802. RG. Gruch. 77 S. 1125. [61]) RG. Gruch. 29 S. 1140. [62]) § 834. [63]) § 793. [64]) §§ 176, 178. [65]) § 829. [66]) RG. 22 S. 408. Gaupp-Stein § 829 III.

dd) Bei der **Pfändung eingetragener Forderungen** ist zu unterscheiden zwischen der **Briefhypothek** und der **Buchhypothek**. Zur Pfändung der Briefhypothek, auch der Eigentümerbriefhypothek und -grundschuld,[67]) ist außer dem Pfändungsbeschlusse die Übergabe des Hypothekenbriefs an den Gläubiger erforderlich, es sei denn, daß der Gläubiger den Brief schon besitzt.[68]) Die Übergabe ist auf Antrag des Gläubigers auf Grund des Pfändungsbeschlusses im Wege der Zwangsvollstreckung zu erwirken. Geschieht dies, so gilt sie als erfolgt, wenn der Gerichtsvollzieher den Brief zum Zwecke der Ablieferung an den Gläubiger wegnimmt. Bei der Buchhypothek, auch der Eigentümerbuchhypothek und -grundschuld,[69]) bedarf es außer dem Pfändungsbeschlusse der Eintragung der Pfändung in das Grundbuch. Die Eintragung erfolgt auf den vom Gläubiger an das Grundbuchamt zu stellenden, durch Einreichung des Pfändungsbeschlusses zu begründenden Antrag. Durch Eintragung einer Vormerkung kann der Anspruch auf Pfändung einer Buchhypothek nicht gesichert werden.[70]) Für beide Fälle gilt die Vorschrift, daß wenn der Pfändungsbeschluß vor der Übergabe des Hypothekenbriefs oder der Eintragung der Pfändung dem Drittschuldner zugestellt wird, die Pfändung diesem gegenüber mit der Zustellung bewirkt ist.[71])

Zur Pfändung **rückständiger Zinsen von eingetragenen Forderungen**[72]) bedarf es weder der Übergabe des Hypothekenbriefs noch der Eintragung. Dasselbe gilt bei der Pfändung der Hauptforderung einer Sicherungshypothek, wenn diese aus einer Schuldverschreibung auf den Inhaber, aus einem Wechsel oder aus einem anderen Papiere, das durch Indossament übertragen werden kann,[73]) bestellt ist.[74])

ee) Bei Forderungen aus **Wechseln und anderen indossabeln Papieren**[75]) ist der Schuldner zur Erfüllung nur **gegen Vorlegung des indossabeln Papiers** verpflichtet. Der Gläubiger, der solche Forderungen seines Schuldners zum Gegenstande der Befriedigung machen will, muß also in die Lage gesetzt werden, bei Einforderung der Leistung von dem Drittschuldner diesem das Papier vorzulegen. Deshalb soll die Pfändung solcher Forderungen nicht, wie bei gewöhnlichen Forderungen, durch einen Beschluß des Vollstreckungsgerichts, sondern wie bei körperlichen Sachen, durch Besitznahme des Papiers seitens des Gerichtsvollziehers bewirkt werden. Der Gerichtsvollzieher handelt unmittelbar im Auftrage des Gläubigers.[76]) Die Form der Besitznahme folgt den gewöhnlichen Regeln. Die Anwendung des § 808 Abs. 2, wonach die Papiere im Gewahrsam des Schuldners oder des Dritten belassen werden können, ist ausgeschlossen, weil das Papier vorgelegt werden muß.

Von der Besitznahme sind Gläubiger und Schuldner zu benachrichtigen, der Gläubiger unter Mitteilung einer Abschrift des Pfändungsprotokolls.[77]) Das Zahlungsverbot an den Drittschuldner unterbleibt. Das Verfügungsverbot an den Schuldner ist zulässig und auf Antrag vom Vollstreckungsgericht zu erlassen.[78])

---

[67]) RG. 56 S. 186, 59 S. 316. [68]) Seuff. 59 Nr. 278. [69]) RG. 55 S. 378, 56 S. 13, 185. [70]) RG. 56 S. 14. [71]) § 830 Abs. 1, 2. [72]) BGB. § 1159. [73]) BGB. § 1187. [74]) § 830 Abs. 3. [75]) BGB. § 1187. [76]) § 831. RG. 35 S. 374. [77]) §§ 808 Abs. 3, 763. [78]) M. S. 433.

ff) Erklärungspflicht des Drittschuldners. Auf Verlangen des Gläubigers hat der Drittschuldner, wenn er durch den Gerichtsvollzieher bei der Zustellung des Pfändungsbeschlusses dazu aufgefordert wird, innerhalb zweier Wochen seit der Zustellung dem Gläubiger zu erklären: a) ob und inwieweit er die Forderung als begründet anerkenne und Zahlung zu leisten bereit sei; b) ob und welche Ansprüche andere Personen an die Forderung machen; c) ob und wegen welcher Ansprüche die Forderung bereits für andere Gläubiger gepfändet sei. Die gestellte Aufforderung ist in die Zustellungsurkunde aufzunehmen, ebenso die vom Drittschuldner etwa sofort abgegebene Erklärung. Letztere ist dem Drittschuldner zur Unterschrift vorzulegen. Holt der Drittschuldner seine Erklärung innerhalb der nächsten zwei Wochen nach, so kann dies geschehen gleichfalls zum Protokoll des Gerichtsvollziehers oder durch Einreichung einer privatschriftlichen Erklärung an diesen oder an den Gläubiger selbst. Der Gerichtsvollzieher hat die ihm abgegebene Erklärung sogleich dem Auftraggeber zu übermitteln. Nach Ablauf der zweiwöchigen Frist darf der Gerichtsvollzieher sich nicht mehr mit der Sache befassen.[79])

Kommt der Drittschuldner der Verpflichtung zur rechtzeitigen Abgabe der bezeichneten Erklärungen nicht nach, so haftet er dem Gläubiger für denjenigen Schaden (Prozeßkosten, Verlust anderer Zwangsvollstreckungsgegenstände), der nachweisbar mit dieser Nichterfüllung ursächlich zusammenhängt, aber nur falls die Aufforderung zur Erklärung in die Zustellungsurkunde aufgenommen worden ist.[80]) Ein anderer Rechtsnachteil, insbesondere der eines Anerkenntnisses der Schuld, ist an die Unterlassung nicht geknüpft.[81]) Hat aber der Drittschuldner die Erklärung abgegeben, daß er die Forderung anerkenne und Zahlung zu leisten bereit sei, so muß er diese Erklärung als ein rechtswirksames Anerkenntnis mit Zahlungsversprechen gegen sich gelten lassen.[82])

gg) Wirkung. Die Pfändung wird vollzogen mit der Zustellung des Pfändungsbeschlusses an den Drittschuldner. Diese Regel gilt ausnahmslos, also auch dann, wenn der Gläubiger oder der Schuldner selbst Drittschuldner ist. Im ersten Falle hat also der Gläubiger sich selbst zustellen zu lassen. Im zweiten Falle ist die einmalige Zustellung des Beschlusses an den Schuldner um deswillen ausreichend, weil der Beschluß das für den Drittschuldner bestimmte Verbot und das an den Schuldner gerichtete Gebot in sich vereinigt. Der § 857 Abs. 2, wonach, wenn kein Drittschuldner vorhanden ist, die Pfändung mit dem Zeitpunkt als bewirkt anzusehen ist, in welchem dem Schuldner das Gebot, sich jeder Verfügung über das Recht zu enthalten, zugestellt ist, gilt nur für solche Rechte des beweglichen Vermögens, die nicht zu den Geldforderungen und den Ansprüchen auf Herausgabe oder Leistung einer körperlichen Sache gehören.[83])

Mit der Zustellung des Pfändungsbeschlusses an den Drittschuldner entsteht ein Pfandrecht des Gläubigers an der gepfändeten Forderung mit dem Inhalt und den Wirkungen des durch Vertrag erworbenen Faustpfandrechts.[84]) Der Drittschuldner darf an den Schuldner nicht mehr

---

[79]) § 840 Abs. 3. [80]) RG. 60 S. 331. [81]) § 840 Abs. 2. M. S. 434.
[82]) RG. 41 S. 419. [83]) RG. 20 S. 365. [84]) § 829 Abs. 3.

Zahlung leisten. Diese Wirkung tritt sofort mit der Zustellung ein, auch wenn sie im Wege der Ersatzzustellung erfolgt, nicht erst mit dem Zeitpunkt der erlangten Kenntnis des Drittschuldners.

Die Zustellung an den Schuldner ist für die Wirksamkeit der Pfändung unwesentlich, aber zu dem Zwecke notwendig, um die Kenntnis des Schuldners von der Pfändung nachweisbar zu vermitteln.[85])

bb) Der Umfang des Pfändungspfandrechts bestimmt sich durch den Inhalt des Pfändungsbeschlusses. Die Pfändung einer Gehaltsforderung oder einer Forderung, die fortlaufende, zum Lebensunterhalt des Schuldners dienende Bezüge (Pensionen, Leibrenten, Alimentenforderungen, Altenteile) zum Gegenstande hat, ergreift das Bezugsrecht selbst, also auch die nach der Pfändung fällig werdenden Beträge.[86]) Durch die Pfändung des Diensteinkommens wird auch das Einkommen betroffen, das der Schuldner, gleichviel ob seine Anstellung auf öffentlichen oder auf Privatdienstverhältnissen beruht, infolge der Versetzung in ein anderes Amt, der Übertragung eines neuen Amts, einer Gehaltserhöhung oder was er im Falle der Pensionierung oder umgekehrt bei einer Wiederanstellung zu beziehen hat. Dagegen verliert die Pfändung ihre Wirksamkeit beim Wechsel des Dienstherrn.[87]) Die Pfändung von Mietzinsen ist nur insoweit wirksam, als sie sich auf den Mietzins für das laufende und das folgende Kalendervierteljahr bezieht.[88])

β) Überweisung von Geldforderungen. Die Verwertung gepfändeter Geldforderungen zum Zwecke der Befriedigung des Gläubigers erfolgt durch Überweisung, ausnahmsweise durch Verkauf. Die Überweisung geschieht durch Beschluß des Vollstreckungsgerichts auf den Antrag und nach Wahl des Gläubigers zur Einziehung oder an Zahlungs Statt.[89]) Der vorgängigen Anhörung des Schuldners bedarf es nicht. Der Antrag ist formfrei. Er kann mit dem Pfändungsgesuche verbunden werden. Ist in dem Antrage keine Wahl unter beiden Arten getroffen, so muß die Überweisung zur Einziehung als gewollt gelten, weil sie mit dem geringeren Risiko verbunden ist.

aa) Die Überweisung zur Einziehung[90]) gibt dem Gläubiger das Recht, die überwiesene Forderung an Stelle des Schuldners für eigene Rechnung einzuziehen. (Procurator in rem suam. Jus exigendi.) Zu anderen Verfügungen über die Forderung ist er nicht berechtigt.[91]) Das Forderungsrecht selbst bleibt dem bisherigen Gläubiger. Dieser ist in der Verfügung über die Forderung nicht behindert, nur darf eine solche Verfügung nicht zum Nachteil des pfändenden Gläubigers gereichen. Dem letzteren gegenüber ist jede Verfügung, die seine durch die Pfändung begründeten Rechte zu beeinträchtigen imstande war, unwirksam.[92]) Die Pflichten des Drittschuldners dürfen durch die Überweisung nicht erschwert werden. Deshalb bleiben ihm alle Einreden, die ihm vor der Pfändung gegen den Schuldner zustanden. Eine Tilgung der vollstreckbaren Forderung wird durch die Überweisung nur insoweit herbeigeführt,

---

[85]) RG. 8 S. 420. [86]) § 832. [87]) § 833. M. S. 433. [88]) BGB. § 573. RG. 58 S. 181, 59 S. 177. [89]) § 835. [90]) § 835. [91]) BGB. § 1282. [92]) RG. 21 S. 366.

als die überwiesene Forderung eingezogen wird. Im übrigen bleibt die vollstreckbare Forderung unberührt. Der Gläubiger kann auf die Überweisung verzichten und anderweite Vollstreckung erwirken.[93]) Der Verzicht wird wirksam vollzogen durch die im Parteibetriebe herbeizuführende Zustellung einer schriftlichen Erklärung an den Schuldner.[94]) Die daneben vorgeschriebene Zustellung an den Drittschuldner ist unwesentlich; ihre Unterlassung kann nur die zivilrechtliche Haftbarkeit gegen die Beteiligten nach sich ziehen. Eine Aufhebung des Pfändungs- und Überweisungsbeschlusses seitens des Gerichts ist nicht notwendig, aber auch nicht unzulässig.[95])

Dem Rechte des Gläubigers zur Einziehung entspricht seine Pflicht zur gehörigen und rechtzeitigen Einziehung. Die Verabsäumung dieser Pflicht nötigt ihn, selbst den Ausfall zu tragen, der nachweislich durch diese Verabsäumung entstanden ist.[96])

bb) Die **Überweisung an Zahlungs Statt gilt als Befriedigung.** Die überwiesene Forderung geht in das Eigentum des Gläubigers über. Die vollstreckbare Forderung ist durch die Überweisung bis zum Nennwert der überwiesenen Forderung getilgt. Es steht dem Gläubiger also nicht frei, einseitig von dieser Zwangsvollstreckung wieder abzugehen und eine andere zu wählen. Einen bei der Beitreibung der überwiesenen Forderung erlittenen Ausfall hat er selbst zu tragen. Nur soweit fällt die Wirkung der Befriedigung fort, als die überwiesene Forderung nicht zu Recht besteht, gleichviel ob sie von vornherein nicht entstanden ist oder zur Zeit der Pfändung nicht mehr bestand oder dem Schuldner nicht mehr zustand. In solchem Falle kann der Gläubiger wegen seiner nicht getilgten Forderung eine anderweite Zwangsvollstreckung vornehmen. Etwa hierbei entstehende Streitigkeiten sind gemäß §§ 766, 767 zum Austrage zu bringen.

Erstreckt sich diese Überweisung nur auf einen Teil der Forderung, so ist dem Gläubiger auf Antrag das Vorzugsrecht vor dem Überrest zu erteilen. Wird ein solcher Antrag nicht gestellt, so teilt sich die Forderung durch die Überweisung in zwei selbständige Forderungen mit unverändertem, also gleichem Range. Anders allerdings M. S. 434, die dem Überweisungsgläubiger auch ohne Antrag den Vorzug einräumen.

Da die Überweisung zum Nennwert erfolgt, ist sie nur bei Geldforderungen, bei Rechten auf wiederkehrenden Geldbezug nur hinsichtlich einzelner Beträge, nicht hinsichtlich des Rechtes selbst zulässig.[97])

Ist gemäß § 713 Abs. 2 dem Schuldner nachgelassen, durch Sicherheitsleistung oder durch Hinterlegung die Vollstreckung abzuwenden, so findet die Überweisung gepfändeter Geldforderungen nur zur Einziehung und nur mit der Wirkung statt, daß der Drittschuldner den Schuldbetrag zu hinterlegen hat.[98])

cc) Der **Überweisungsbeschluß** kann auf Antrag mit dem Pfändungsbeschluß vereinigt werden. Er ist in jedem Falle, auch wenn

---

[93]) RG. 7 S. 238, 8 S. 279, 11 S. 51, 17 S. 292, 18 S. 398, 20 S. 422, 21 S. 366, 27 S. 294. JW. 88 S. 118, 91 S. 415. Seuff. 38 S. 330. [94]) § 843. [95]) RG. Gruch. 37 S. 427. [96]) § 842. [97]) § 835. [98]) § 839.

er selbständig für sich erlassen ist, ebenso wie der Pfändungsbeschluß dem Drittschuldner und hierauf dem Schuldner zuzustellen. Die Wirksamkeit der Überweisung tritt ein mit der Zustellung an den Drittschuldner.[99])

Die Überweisung ersetzt die förmlichen Erklärungen des Schuldners, von denen nach den Vorschriften des bürgerlichen Rechtes die Befugnis zur Einziehung der Forderung abhängt.[100])

Ist der Überweisungsbeschluß mit Unrecht erlassen, z. B. weil es an einer Voraussetzung der Zwangsvollstreckung fehlt oder weil die gepfändete Forderung der Pfändung nicht unterworfen ist, so gilt er dennoch zugunsten des Drittschuldners dem Schuldner gegenüber so lange als rechtsbeständig, bis er aufgehoben und die Aufhebung zur Kenntnis des Drittschuldners gelangt ist.[101])

Der Schuldner ist verpflichtet, dem Gläubiger die zur Geltendmachung der Forderung nötige Auskunft zu erteilen und ihm die über die Forderung vorhandenen Urkunden herauszugeben. Die Herausgabe kann von dem Gläubiger im Wege der Zwangsvollstreckung[102]) erwirkt werden.[103]) Wird nur ein Teil einer Forderung überwiesen, so hat der Schuldner nach Beitreibung des dem Gläubiger überwiesenen Betrages Anspruch auf Rückgabe der Schuldurkunde.[104]) Befindet sich die Urkunde im Besitze eines Dritten, der zur Herausgabe nicht bereit ist, so hat der Gläubiger gegen ihn Klage zu erheben.[105])

Klagt der Gläubiger die überwiesene Forderung ein, so ist er verpflichtet, dem Schuldner den Streit zu verkünden, sofern nicht eine Zustellung im Auslande oder eine öffentliche Zustellung erforderlich wird.[106]) Durch Unterlassen der Streitverkündung macht sich der Gläubiger für den dadurch entstandenen Schaden dem Schuldner verantwortlich.[107])

Zur Überweisung einer gepfändeten Briefhypothek genügt die Aushändigung des Überweisungsbeschlusses an den Gläubiger. Die Übergabe des Hypothekenbriefs wird schon zur Pfändung erfordert. Soll eine Buchhypothek überwiesen werden, so ist zur Überweisung an Zahlungs Statt die Eintragung in das Grundbuch erforderlich, während bei der Überweisung zur Einziehung die Aushändigung des Überweisungsbeschlusses an den Gläubiger genügt.[108])

Zur Überweisung rückständiger Zinsen von eingetragenen Forderungen[109]) bedarf es weder der Übergabe des Hypothekenbriefs noch der Eintragung. Dasselbe gilt bei der Pfändung der Hauptforderung einer Sicherungshypothek, wenn diese aus einer Schuldverschreibung auf den Inhaber, aus einem Wechsel oder aus einem anderen Papiere, das durch Indossament übertragen werden kann,[110]) bestellt ist.[111])

Eine Forderung, für die gemäß § 1190 BGB. eine Sicherungshypothek in der Weise bestellt ist, daß nur der Höchstbetrag bestimmt ist, bis zu dem das Grundstück haften soll, kann, sofern der Gläubiger nur die Überweisung der Forderung ohne die Hypothek beantragt, ohne Ein-

---

[99]) § 835 Abs. 3. [100]) § 836 Abs. 1. [101]) § 836 Abs. 2. [102]) § 883. [103]) § 836 Abs. 3. BGB. § 402. [104]) RG. 21 S. 368. [105]) § 809. [106]) § 841. [107]) § 841. [108]) § 837 Abs. 1. Seuff. 59 Nr. 85. [109]) BGB. § 1159. [110]) BGB. § 1187. [111]) § 837 Abs. 2.

tragung in das Grundbuch gepfändet und an Zahlungs Statt überwiesen werden. Soll dagegen die Forderung mit der Hypothek an Zahlungs Statt überwiesen werden, so bedarf es sowohl zur Pfändung als auch zur Überweisung an Zahlungs Statt der Eintragung in das Grundbuch.[112])

Wird eine durch ein Pfandrecht an einer beweglichen Sache gesicherte Forderung überwiesen, so kann der Gläubiger nach § 1251 Abs. 1 BGB. vom Schuldner die Herausgabe des Pfandes verlangen. Mit der Erlangung des Besitzes tritt[113]) der Gläubiger an Stelle des Schuldners in die mit dem Pfandrecht verbundenen Verpflichtungen gegen den Verpfänder[114]) ein. Erfüllt er diese Verpflichtungen nicht, so haftet gemäß § 1251 Abs. 2 Satz 2 BGB. für den von ihm zu ersetzenden Schaden der Schuldner wie ein Bürge, der auf die Einrede der Vorausklage verzichtet hat. Da die Überweisung der Forderung nicht auf dem Willen des Schuldners beruht, so ist ihm die Befugnis gewährt, die Herausgabe des Pfandes zu verweigern, bis ihm Sicherheit für die Haftung geleistet wird.[115])

γ) Verwertung gepfändeter Forderungen durch Verkauf.[116]) Ist die gepfändete Forderung eine bedingte oder betagte oder ist ihre Einziehung wegen der Abhängigkeit von einer Gegenleistung oder aus anderen Gründen (Konkurs, Entfernung, Unsicherheit des Schuldners) schwierig, so kann das Vollstreckungsgericht auf Antrag des Gläubigers oder Schuldners an Stelle der Überweisung eine andere Art der Verwertung, z. B. öffentliche Versteigerung oder freihändigen Verkauf anordnen.[117]) Nach erfolgter Überweisung an Zahlungs Statt ist solche Anordnung unzulässig, da durch diese Überweisung der Gläubiger befriedigt ist. Durch die Überweisung zur Einziehung wird die Anordnung nicht ausgeschlossen, doch muß vorher die Überweisung aufgehoben und die Urkunde zurückgereicht werden.

Wird der Antrag für begründet erachtet, so muß das Gericht den Gegner mündlich oder schriftlich hören, sofern nicht eine Zustellung im Auslande oder eine öffentliche Zustellung erforderlich wird. Die Entscheidung ergeht durch Beschluß. Ist dieser auf Anhörung des Gegners ergangen, so ist er beiden Teilen von Amts wegen zuzustellen, falls er nicht verkündet ist. Der ohne Anhörung des Gegners ergangene, auf Abweisung des Antrags lautende Beschluß ist nur dem Antragsteller zuzustellen. Wird gleichzeitig die Aufhebung einer früheren Überweisung zur Einziehung angeordnet, so empfiehlt sich die Zustellung des Beschlusses an den Drittschuldner.[118]) Rechtsmittel: sofortige Beschwerde.

δ) Außergerichtliche Vorpfändung.[119]) Gerichtliche Pfändungen von Forderungen können durch den Geschäftsgang bei Gericht verzögert werden. Deshalb gestattet das Gesetz dem Gläubiger die außergerichtliche Vorpfändung. Sie besteht darin, daß der Gläubiger durch den Gerichtsvollzieher dem Drittschuldner und dem Schuldner die Benachrichtigung, daß die Pfändung bevorstehe, zustellen läßt, dem Drittschuldner

---

[112]) § 837 Abs. 3. RG. 51 S. 115. [113]) BGB. § 1251 Abs. 2 Satz 1. [114]) BGB. §§ 1215 ff. [115]) § 838. N. II zu § 737 b. [116]) § 844. [117]) § 844. RG. 25 S. 412. [118]) § 843. [119]) § 845. S. Formular Nr. 10.

mit der Aufforderung, nicht an den Schuldner zu erfüllen, dem Schuldner mit der Aufforderung, sich jeder Verfügung über die Forderung zu enthalten. Die Vorpfändung kann nur vorgenommen werden auf Grund eines vollstreckbaren Schuldtitels. Der vorherigen Erteilung einer vollstreckbaren Ausfertigung und der Zustellung des Schuldtitels bedarf es nicht. Die Benachrichtigung an den Drittschuldner hat die Wirkung eines Arrestes.[120]) Diese Wirkung ist aber an die aufschiebende Bedingung geknüpft, daß die Pfändung der Forderung innerhalb drei Wochen, berechnet vom Tage der Zustellung an den Drittschuldner, bewirkt wird. Geschieht dies, so wird das Pfandrecht auf den Zeitpunkt der Benachrichtigung zurückbezogen, so daß inzwischen geleistete Zahlungen des Drittschuldners an den Schuldner unwirksam bleiben. Anderenfalls gilt mit Ablauf der Frist das Arrestpfandrecht als nicht entstanden.[121])

2. Zwangsvollstreckung in Ansprüche auf Herausgabe oder Leistung körperlicher Sachen. (§§ 846—849 ZPO.) Ansprüche des Schuldners, welche die Herausgabe bestimmter oder die Leistung vertretbarer Sachen zum Gegenstande haben, unterliegen der Zwangsvollstreckung nach den für die Zwangsvollstreckung in Geldforderungen geltenden Grundsätzen mit folgenden Besonderheiten.

a) Bei der Pfändung eines Anspruchs, der eine bewegliche Sache betrifft,[122]) muß dem Pfändungsbeschluß die Anordnung hinzutreten, die gepfändete Sache an einen vom Gläubiger zu beauftragenden Gerichtsvollzieher herauszugeben; nur dadurch wird die Pfändung wirksam.[123]) Der Gerichtsvollzieher ist in allen Fällen, auch wenn nur ein mündlicher Auftrag vorliegt, durch den Besitz des vollstreckbaren Schuldtitels zur Empfangnahme der Sache ermächtigt.[124]) Handelt es sich um den Anspruch auf eine Sache, die dem Schuldner und einem Dritten gehört, so ist die Pfändung nur auf den ideellen Anteil des ersteren und die Anordnung nur auf gemeinschaftliche Empfangsberechtigung des Gerichtsvollziehers und des Dritten zu richten.[125])

Lehnt der Drittschuldner die Herausgabe der Sache ab, so hat der Gerichtsvollzieher sich mit der Angelegenheit nicht weiter zu befassen, sondern nur dem Gläubiger die Weigerung des Drittschuldners anzuzeigen. Dem Gläubiger bleibt es alsdann überlassen, sich den Anspruch auf Herausgabe der Sache überweisen zu lassen und auf Grund dieser Überweisung gegen den Drittschuldner auf Herausgabe der Sache zu klagen. Der Überweisungsbeschluß muß erkennbar machen, daß die Sache nicht an den Gläubiger selbst, sondern an den von diesem zu beauftragenden Gerichtsvollzieher herauszugeben sei.

Durch die Pfändung des Anspruchs entsteht ein Pfandrecht an dem gepfändeten Anspruch. Das Pfandrecht ergreift aber mit der Herausgabe der Sache auch diese selbst.[126]) Bei dem Zusammentreffen mehrerer Gläubiger entscheidet daher der Zeitpunkt der Pfändung, so daß der

---

[120]) § 930. [121]) RG. 8 S. 421, 17 S. 331, 26 S. 427. Gruch. 37 S. 114.
[122]) S. Formular Nr. 11. [123]) A. M. Seuff. 60 Nr. 88. [124]) §§ 754, 755.
[125]) RG. 13 S. 170. [126]) §§ 808 Abs. 1, 804.

Gläubiger, der schon vor der Herausgabe hat pfänden lassen, allen vorgeht.[127])

Die Verwertung geschieht nach Maßgabe der Vorschriften über die Verwertung gepfändeter Sachen.[128])

b) Bei der Pfändung eines Anspruchs, der eine unbewegliche Sache betrifft, ist anzuordnen, daß die Sache an einen Sequester herauszugeben sei. Der Sequester ist auf Antrag des Gläubigers vom Amtsgericht, in dessen Bezirk die Sache liegt, zu bestellen. Ist der Anspruch auf Übertragung des Eigentums gerichtet, so hat die Auflassung an den Sequester als Vertreter des Schuldners zu erfolgen. Durch diese Auflassung geht das Eigentum auf den Schuldner über. Damit erlangt der Gläubiger eine Sicherungshypothek für seine Forderung. Die Bewilligung der Eintragung der Sicherungshypothek in das Grundbuch liegt dem Sequester ob. Die Zwangsvollstreckung in die herausgegebene Sache erfolgt nach den Vorschriften über die Zwangsvollstreckung in das unbewegliche Vermögen, also nach dem Ges. v. 24. März 1897.[129])

c) In beiden Fällen kann die Überweisung nur zur Einziehung, nicht an Zahlungs Statt erfolgen, da dem überwiesenen Anspruch der Nennwert fehlt.[130])

3. Mehrfache Pfändungen desselben Anspruchs. (§§ 853 bis 856 ZPO.) a) Wird derselbe Anspruch gleichzeitig oder nacheinander für mehrere Gläubiger gepfändet, so darf der Drittschuldner nicht die Gefahr übernehmen, möglicherweise an den nicht bestberechtigten Gläubiger zu zahlen oder die gepfändete Sache herauszugeben.[131]) Deshalb ist in diesen Fällen der Drittschuldner zur Hinterlegung berechtigt. Er hat sich aber einer Vereinbarung sämtlicher pfändenden Gläubiger über die Reihenfolge ihrer Ansprüche zu fügen.[132]) Hat sich ein Gläubiger den Anspruch überweisen lassen, so ist auf sein Verlangen der Drittschuldner zur Hinterlegung verpflichtet und zwar unter denselben Voraussetzungen, unter denen er seinem Gläubiger gegenüber zur Erfüllung verpflichtet ist.

Durch die Hinterlegung wird der Drittschuldner befreit. Weitere Pfändungen der Forderung sind ausgeschlossen. An die Stelle der Forderung tritt der Anspruch des Schuldners auf die hinterlegte Masse an die Hinterlegungsstelle. Dieser Anspruch bleibt bis zur Herausgabe an die Gläubiger Eigentum des Schuldners, belastet mit den Pfandrechten der pfändenden Gläubiger, und weiteren Pfändungen zugänglich.

b) Bei gepfändeten Geldforderungen hat der Drittschuldner die Forderungssumme zu hinterlegen. Ort und Art der Hinterlegung bestimmt sich nach dem Landesgesetz.[133])

Bei der Hinterlegung hat der Drittschuldner demjenigen Amtsgericht, dessen Pfändungsbeschluß ihm zuerst zugestellt ist, die Sachlage anzuzeigen und die ihm zugestellten Pfändungsbeschlüsse auszuhändigen. Das Amtsgericht prüft, ob das hinterlegte Geld zur Befriedigung der sämtlichen

---

[127]) § 845. RG. 13 S. 343, 25 S. 187. JW. 93 S. 235. Rassow in Gruch. 29 S. 133. [128]) § 847 Abs. 2. [129]) § 848. [130]) § 849. [131]) M. S. 436. [132]) Seuff. 57 Nr. 25. [133]) Preußen: Hinterlegungsordnung vom 14. März 1879.

Gläubiger hinreicht oder nicht. Im ersteren Falle wird das Geld an die Gläubiger verteilt und ein etwaiger Restbetrag dem Schuldner ausgezahlt. Im letzteren Falle wird das Verteilungsverfahren angeordnet.[134])

c) Sind Ansprüche auf Herausgabe beweglicher körperlicher Sachen gepfändet, so hat der Drittschuldner unter Aushändigung der ihm zugestellten Beschlüsse und unter Anzeige der Sachlage die Sachen an den Gerichtsvollzieher herauszugeben, der in dem ihm zuerst zugestellten Pfändungsbeschluß bezeichnet ist. Fehlt eine solche Bezeichnung, so hat der Drittschuldner bei dem Amtsgericht des Orts, wo die Sachen herauszugeben sind, die Ernennung eines Gerichtsvollziehers zu beantragen.

Der Gerichtsvollzieher hat die an ihn herausgegebenen Sachen im gewöhnlichen Wege zu verwerten. Ist der Erlös zur Deckung aller Forderungen nicht ausreichend und verlangt der Gläubiger, für den die zweite oder eine spätere Pfändung erfolgt ist, ohne Zustimmung der übrigen beteiligten Gläubiger eine andere Verteilung, als nach der Zeitfolge der Zustellungen der einzelnen Pfändungen, so hat der Gerichtsvollzieher unter Hinterlegung des Erlöses die Sachlage demjenigen Amtsgericht anzuzeigen, dessen Beschluß dem Drittschuldner zuerst zugestellt ist. Dieser Anzeige sind die auf das Verfahren sich beziehenden Schriftstücke beizufügen.[135]) Vom Amtsgericht wird alsdann das Verteilungsverfahren angeordnet.

d) Bei der mehrfachen Pfändung des Anspruchs auf eine unbewegliche Sache hat der Drittschuldner die Sache unter Anzeige der Sachlage und Aushändigung der ihm zugestellten Beschlüsse an den vom Amtsgericht der belegenen Sache ernannten oder auf seinen Antrag zu ernennenden Sequester herauszugeben.[136])

e) Verweigert der Drittschuldner die Herausgabe oder Hinterlegung, so kann jeder Gläubiger, der die Überweisung zur Einziehung oder an Zahlungs Statt erlangt hat, gegen den Drittschuldner auf Erfüllung dieser Verpflichtung klagen.[137]) Jeder Gläubiger, für den der Anspruch gepfändet ist, auch der Arrestgläubiger, kann sich dem Kläger in jeder Lage des Rechtsstreits als Streitgenosse anschließen.[138]) Die Anschließung erfolgt durch Erklärung in der mündlichen Verhandlung. Zustellung eines Schriftsatzes ist weder notwendig noch ausreichend, da keine Nebenintervention, sondern der Eintritt eines Mitklägers vorliegt. Die beigetretenen Gläubiger sind dem Kläger gegenüber dessen Streitgenossen im Sinne der §§ 62, 69, dem Drittschuldner gegenüber Mitkläger.

Sämtliche pfändende Gläubiger, welche die Klage nicht erhoben und dem Kläger sich als Streitgenossen nicht angeschlossen haben, hat der Drittschuldner zur mündlichen Verhandlung zu laden.[139]) Die Pflicht zur Ladung beginnt mit der Zustellung der Klage und dauert bis zur rechtskräftigen Entscheidung der Sache, ist aber erfüllt durch einmalige Beiladung. Die Ladung muß auch dann erfolgen, wenn die Zustellung im Auslande oder öffentlich zu bewirken ist u. z. unter Wahrung der Ladungsfrist nach den Formen der Streitverkündung.[140]) Klagen mehrere Gläubiger in verschiedenen Prozessen, so kann der Drittschuldner der zweiten und

---

[134]) Unten S. 369. §§ 853, 827 Abs. 2. [135]) § 854. [136]) § 855. [137]) § 856 Abs. 1. [138]) § 856 Abs. 2. [139]) § 856 Abs. 3. [140]) M. S. 96.

ferneren Klage den Einwand der Rechtshängigkeit entgegensetzen, falls nicht vom Gericht gemäß § 147 die Verbindung der Klagen angeordnet wird.

An Einreden kann der Drittschuldner vorbringen sowohl diejenigen, die ihm gegen den Klageanspruch selbst (aus der Person des Schuldners), als auch diejenigen, die ihm nur gegen einzelne Gläubiger, auch wenn sie nicht beigetreten sind, zustehen.[141]) Bezüglich der ersteren Einreden kann die Entscheidung gegen alle Gläubiger nur eine einheitliche sein. Die letzteren Einreden beziehen sich nur auf die einzelnen Gläubiger und können nur deren Abweisung nach sich ziehen. Soweit nicht eine solche Abweisung einzelner Gläubiger erfolgt ist, kommt die Verurteilung des Drittschuldners allen Gläubigern zugute, die vor der Klage gepfändet haben oder bis zur Rechtskraft noch pfänden lassen, auch wenn sie vom Drittschuldner nicht beigeladen sind oder an dem Rechtsstreit nicht teilgenommen haben. Zur Erteilung der Vollstreckungsklausel genügt der Nachweis der Pfändung. Siegt der Drittschuldner ob, so kommt ihm diese Entscheidung gegen alle Gläubiger zustatten, die er beigeladen hat, auch wenn sie sich auf den Prozeß nicht eingelassen haben. Klagt ein solcher Gläubiger von neuem, so kann ihm der Drittschuldner die Einrede der rechtskräftig entschiedenen Sache entgegensetzen. Dagegen muß er sich die neue Klage eines Gläubigers, der in dem früheren Prozesse weder als Kläger aufgetreten, noch beigeladen gewesen ist, gefallen lassen, ohne sich auf die ihm günstige Entscheidung berufen zu können.[142])

4. Zwangsvollstreckung in andere Vermögensrechte des beweglichen Vermögens. (§ 857 ZPO.) Auf die Zwangsvollstreckung in solche Rechte des beweglichen Vermögens, die nicht zu den Geldforderungen und den Ansprüchen auf Herausgabe oder Leistung einer körperlichen Sache gehören,[143]) finden die obigen Grundsätze[144]) mit der Maßgabe Anwendung, daß wenn ein Drittschuldner nicht vorhanden, die Pfändung mit dem Zeitpunkt als bewirkt gilt, in dem dem Schuldner das Gebot, sich jeder Verfügung über das Recht zu enthalten, zugestellt ist.[145]) Die Überweisung kann nur zur Einziehung erfolgen, da das gepfändete Recht keinen Nennwert hat.

Unveräußerliche Rechte sind der Pfändung insoweit unterworfen, als, wie z. B. beim Nießbrauch, die Ausübung einem andern überlassen werden kann. Bei der Zwangsvollstreckung in derartige Rechte kann das Gericht besondere Anordnungen erlassen. Es kann insbesondere bei der Zwangsvollstreckung in Nutzungsrechte eine Verwaltung anordnen. Alsdann wird die Pfändung durch Übergabe der zu benutzenden Sache an den Verwalter bewirkt, sofern sie nicht durch Zustellung des Pfändungsbeschlusses an den Drittschuldner oder in Ermangelung eines solchen an den Schuldner bewirkt ist. Ist die Veräußerung des Rechtes selbst zulässig, wie z. B. bei Patentrechten, so kann auch diese Veräußerung von dem Gericht angeordnet werden.[146])

Die Zwangsvollstreckung in eine Reallast, eine Grundschuld

---

[141]) M. S. 437. [142]) § 856 Abs. 5. [143]) § 857. S. Formular Nr. 12. [144]) S. 354. [145]) § 857. [146]) § 857 Abs. 3, 4, 5, vgl. dazu auch RG. 52 S. 230.

oder eine Rentenschuld regelt sich nach den Vorschriften über die Zwangsvollstreckung in eine Forderung, für die eine Hypothek besteht.[147])

Besondere Vorschriften sind ergangen für die Zwangsvollstreckung in den Anteil an einem im Schiffsregister eingetragenen Schiffe (Schiffspart), in den Anteil eines Gesellschafters einer Gesellschaft aus § 705 BGB., in den Anteil an dem Gesamtgut bei der Gütergemeinschaft, in das Verwaltungs- und Nutzungsrecht des Ehemanns, des Vaters und der Mutter, in die dem Vorerben zustehenden Nutzungen der Erbschaft.[148])

B. Zwangsvollstreckung in das unbewegliche Vermögen. (§§ 864—871 ZPO.)

Die Zwangsvollstreckung in das unbewegliche Vermögen zum Zwecke der Beitreibung einer Geldforderung (Liegenschaftsvollstreckung) ist in der Zivilprozeßordnung nur zum Teil geregelt. Im übrigen vgl. das Reichsges. v. 24. März 1897 über die Zwangsversteigerung und Zwangsverwaltung, welches hier nicht mitbehandelt ist.

I. Gegenstände dieser Zwangsvollstreckung sind: 1. Grundstücke, 2. die im Schiffsregister eingetragenen Schiffe, 3. die Berechtigungen, für welche die auf Grundstücke sich beziehenden Vorschriften gelten. Es sind dies: das Erbbaurecht,[1]) das Erbpachtrecht mit Einschluß des Büdner- des Häuslerrechts,[2]) das Recht zur Gewinnung eines den bergrechtlichen und Vorschriften nicht unterliegenden Materials[3]) und die durch Landesgesetze innerhalb ihrer Zuständigkeit dazu bestimmten Berechtigungen, namentlich das Bergwerkseigentum, die Fischereiberechtigungen und die an Grundstücken bestehenden vererblichen und übertragbaren Nutzungsrechte.[4])

In Bruchteile eines Grundstücks oder einer Berechtigung ist die Zwangsvollstreckung im Einklang mit dem BGB.[5]) nur zulässig, wenn der Bruchteil in dem Anteil eines Miteigentümers besteht, oder wenn der Anspruch des Gläubigers sich auf ein Recht (Hypothek, Grundschuld, Rentenschuld, Reallast) gründet, mit dem der Bruchteil als solcher belastet ist.[6]) Der letztere Fall ist gegeben, wenn ein Miteigentum nicht mehr besteht, ein früherer Miteigentümer aber zu der Zeit, in der Miteigentum noch bestand, seinen Anteil mit einem Rechte der bezeichneten Art belastet hat.[7]) Der Anteil an einem im Schiffsregister eingetragenen Schiffe (Schiffspart) unterliegt der Zwangsvollstreckung in bewegliches Vermögen.[8]) Ebenso der Anspruch des Schuldners auf die Herausgabe eines Grundstücks oder eines eingetragenen Schiffes. Bez. der Zwangsvollstreckung in solcher Anspruch s. S. 364.

II. Von beweglichen Gegenständen umfaßt die Zwangsvollstreckung in das unbewegliche Vermögen auch diejenigen, auf die sich bei Grundstücken und Berechtigungen die Hypothek erstreckt.[9]) Hierher ge-

---

[147]) § 857 Abs. 6; s. oben S. 357. [148]) §§ 858—863.

[1]) BGB. § 1017 Abs. 2. [2]) EG. z. BGB. Art. 63. [3]) EG. z. BGB. Art. 68 Satz 2. [4]) EG. z. BGB. Art. 67, 69, 196. [5]) §§ 1106, 1114, 1192, 1199. [6]) § 864. [7]) M. II zu § 757. [8]) § 858. [9]) § 865 Abs. 1.

hören: 1. die dem Grundeigentümer gehörigen Zubehörstücke;[10]) 2. die von dem Grundstücke getrennten Erzeugnisse und sonstigen Bestandteile, soweit sie mit der Trennung in das Eigentum des Eigentümers oder des Eigenbesitzers des Grundstücks gelangen und solange sie nicht veräußert und von dem Grundstück entfernt werden;[11]) 3. wenn das Grundstück vermietet oder verpachtet ist: die Miet- oder Pachtzinsforderung;[12]) 4. die mit dem Eigentum des Grundstücks verbundenen Rechte auf wiederkehrende Leistungen;[13]) 5. falls Gegenstände, die der Hypothek unterliegen, für den Eigentümer oder den Eigenbesitzer des Grundstücks unter Versicherung gebracht sind: die Forderung gegen den Versicherer.[14])

Soweit diese Gegenstände Zubehörstücke sind,[15]) ist die Mobiliarzwangsvollstreckung überhaupt ausgeschlossen. Einer gegen dies Verbot erfolgten Pfändung können die Hypothekengläubiger gemäß § 766 widersprechen, auch im Wege der Klage.[16]) Soweit die Gegenstände Zubehöreigenschaft nicht haben, können sie gepfändet werden, aber nur bis zur Beschlagnahme im Wege der Liegenschaftsvollstreckung[17]) und auch dann hat der Gläubiger noch das Widerspruchsrecht aus §§ 771, 810.

Für die im Schiffsregister eingetragenen Schiffe gelten diese Bestimmungen mit der Maßgabe, daß bei ihnen die Zwangsvollstreckung auch die Gegenstände umfaßt, auf die sich bei Schiffen das eingetragene Pfandrecht erstreckt.[18])

III. Vollstreckungsmaßregeln. Die Zwangsvollstreckung in ein Grundstück oder in eine Berechtigung kann erfolgen durch Eintragung einer Sicherungshypothek für die Forderung, durch Zwangsversteigerung und durch Zwangsverwaltung. Der Gläubiger kann verlangen, daß jede dieser Maßregeln allein oder neben den übrigen ausgeführt werde. Die Zwangsvollstreckung in ein eingetragenes Schiff kann nur durch Zwangsversteigerung erfolgen.[19])

Die ZPO. regelt nur die Zwangsvollstreckung durch Eintragung einer Sicherungshypothek. Die Zwangsversteigerung und die Zwangsverwaltung sind geregelt durch das Reichsges. v. 24. März 1897.

IV. Eintragung einer Sicherungshypothek. Eine Sicherungshypothek (Zwangshypothek) darf auf Grund jedes vollstreckbaren Schuldtitels, auch eines im Mahnverfahren erlassenen Vollstreckungsbefehls, eingetragen werden, aber nur für eine fällige[20]) Forderung, die ohne die Nebenforderungen wegen Zinsen, Schäden und Kosten den Betrag von 300 Mk. übersteigt.[21]) Dabei ist die Zusammenrechnung mehrerer in demselben Schuldtitel vereinigter Forderungen, nicht aber die Zusammenrechnung mehrerer durch verschiedene Schuldtitel vollstreckbar gewordener, in Einem Eintragungsantrage verbundener Forderungen zulässig.[22]) Die Eintragung einer Vormerkung zur Sicherung der Eintragung einer Zwangshypothek ist nicht zulässig.[23])

---

[10]) BGB. §§ 97, 98, 1120. [11]) BGB. §§ 1120—1122. [12]) BGB. §§ 1123—1125. [13]) BGB. § 1126. [14]) BGB. §§ 1127—1130. [15]) BGB. §§ 97, 98. [16]) RG. 55 S. 207. [17]) § 865 Abs. 2. Seuff. 59 Nr. 169. [18]) BGB. §§ 1265, 1268. ZPO. § 865 Abs. 1. [19]) §§ 866, 870. [20]) Seuff. 59 Nr. 139. [21]) § 866. [22]) RG. 48 S. 244; Seuff. 56 Nr. 189, 190. [23]) RG. 56 S. 15.

Die Eintragung erfolgt auf Antrag des Gläubigers und soll auf dem vollstreckbaren Titel vermerkt werden. Den Antrag hat der Gläubiger an das Grundbuchamt zu richten.[24]) Die sonst gemäß § 873 BGB. zur Entstehung einer Hypothek erforderliche Einigung zwischen dem Gläubiger und dem Eigentümer sowie die im § 19 der Grundb.O. bezeichnete Eintragungsbewilligung des Eigentümers wird durch den vollstreckbaren Titel ersetzt. Zur Entstehung der Hypothek genügt daher die Eintragung. Das Grundstück haftet auch für die dem Schuldner zur Last fallenden Kosten der Eintragung.

Hat der Schuldner mehrere Grundstücke, die mit der Hypothek belastet werden sollen, so ist der Betrag der Forderung nach der Bestimmung des Gläubigers auf die einzelnen Grundstücke zu verteilen, wobei es gleichgültig ist, ob auf ein einzelnes Grundstück ein 300 Mk. nicht übersteigender Betrag entfällt.[25])

Wird gemäß §§ 775 Nr. 1—3, 776 unter Aufhebung der vorgenommenen Vollstreckungsmaßregeln die Zwangsvollstreckung eingestellt, so fällt das Recht des Gläubigers aus der Sicherungshypothek fort. Die Hypothek geht, entsprechend den Vorschriften des BGB. über die Eigentümerhypothek,[26]) auf den Eigentümer des Grundstücks über.

V. Die **Zwangsvollstreckung in Bahneinheiten** ist der landesgesetzlichen Regelung überlassen.[27])

C. Verteilungsverfahren. (§§ 872—882 ZPO.)

Wenn bei der Zwangsvollstreckung in das bewegliche Vermögen wegen Geldforderungen vom Gerichtsvollzieher oder Drittschuldner **ein Geldbetrag hinterlegt** ist, der zur Befriedigung der beteiligten Gläubiger **nicht hinreicht**, so tritt, falls diese über ihre Rangordnung[1]) uneinig sind, **das Verteilungsverfahren ein.**[2]) Es unterliegt dem Amtsbetriebe des Gerichts, ist vom Anwaltszwange befreit und gestaltet sich wie folgt.

I. Das nach §§ 827, 853, 854 mit der Sache zu Recht[3]) befaßte Amtsgericht richtet an **die beteiligten Gläubiger die Aufforderung**, binnen 2 Wochen eine Berechnung der Forderung an Kapital, Zinsen und Nebenforderungen einzureichen. Die Aufforderung erfolgt ohne Androhung eines Rechtsnachteils durch Zustellung von Amts wegen.

1. **Beteiligte Gläubiger sind diejenigen, für die gepfändet ist.** Eine Überweisung der gepfändeten Forderung ist unwesentlich.[4]) Ob die Pfändung im Wege der Zwangsvollstreckung oder der Arrestvollziehung erfolgt ist, macht keinen Unterschied. Doch sind die auf Arrestgläubiger fallenden Anteile nicht auszuzahlen, sondern besonders zu hinterlegen. Gläubiger, für die nicht gepfändet ist, bleiben im Verteilungsverfahren unberücksichtigt. Insbesondere können diejenigen, welche ein die Veräußerung

---

[24]) GBO. § 13. [25]) § 867. Seuff. 57 Nr. 97. [26]) BGB. § 1163. [27]) § 871. EG. z. Zw.VGes. v. 24. März 1897 § 2. EG. z. BGB. Art. 112.

[1]) § 804 Abs. 3. [2]) § 872. [3]) RG. 36 S. 360. [4]) RG. Gruch. 27 S. 1124.

hinderndes Recht oder ein Vorzugsrecht geltend machen, dieses Recht nur durch Klage gemäß §§ 771, 805 verfolgen.

2. Die Berechnung kann schriftlich oder zu Protokoll des Gerichtsschreibers eingereicht werden. Sie ist zu beschränken auf den Betrag der Forderung zur Zeit der Pfändung. Nur bei den Kosten dürfen neue Posten zugefügt werden.

3. Die zweiwöchige Frist ist eine gesetzliche, wird berechnet vom Tage der Zustellung und kann nur durch Vereinbarung der Beteiligten, nicht auch auf einseitigen Antrag, verlängert oder verkürzt werden.[5]) Auch nach Ablauf der Frist ist die Einreichung und Ergänzung von Anmeldungen zulässig, aber nur bis zur Fertigstellung des Teilungsplans. Nach dessen Aufstellung findet eine Ergänzung von Forderungen seitens der ordnungsmäßig aufgeforderten Gläubiger nicht mehr statt.[6])

II. Nach Ablauf der Frist wird vom Gericht ein Teilungsplan angefertigt.[7]) In verwickelten Sachen kann die Anfertigung einem Rechnungsverständigen übertragen werden.[8]) Die Unterlagen für den Plan ergeben die Anmeldungen und, wo solche nicht eingegangen sind, die Anzeigen des Gerichtsvollziehers oder des Drittschuldners.[9]) Die dem Gläubiger durch das Verfahren erwachsenden Kosten gehören zu den „Nebenforderungen"[10]) und sind mit in die Berechnung aufzunehmen. Ebenso die Zinsen, deren Lauf durch das Verteilungsverfahren nicht unterbrochen wird. In dem Plane ist zunächst die Aktivmasse zu berechnen. Die gerichtlichen Kosten des Verteilungsverfahrens sind vorweg von der Masse abzuziehen.[11]) Die ermittelte Teilungsmasse ist auf die Forderungen der einzelnen Gläubiger zu verteilen. Dabei hat das Gericht nur zu prüfen, ob für die angemeldete Forderung das Pfand haftet. Soweit das nicht zutrifft, ist die Forderung von der Aufnahme in den Teilungsplan auszuschließen. Die Ausschließung kann durch Widerspruch gegen den Teilungsplan angefochten werden.[12]) Ein weitergehendes Prüfungsrecht steht dem Gericht nicht zu, vielmehr müssen die sämtlichen Liquidate mit den vollen liquidierten Beträgen in den Teilungsplan eingestellt werden. Sind Forderungen von Arrestgläubigern angemeldet, so empfiehlt es sich, auch eine eventuelle, für den Fortfall der Arrestforderungen berechnete Verteilung zu entwerfen.[13])

Die Rangordnung, mag sie angemeldet sein oder nicht, folgt den gesetzlichen Bestimmungen.[14]) Die Geltendmachung besonderer Vorrechte kann auch noch im Verhandlungstermin erfolgen, wird aber zweckmäßig mit der Anmeldung verbunden.

III. Nach Fertigung des Plans hat das Gericht **einen Termin zur Erklärung über den Plan sowie zur Ausführung der Verteilung** anzuberaumen.[15]) Zu dem Termin sind von Amts wegen **zu laden:**

1. **Die beteiligten Gläubiger**, wenn Bevollmächtigte bestellt sind, diese. Ist der Aufenthalt des durch einen Bevollmächtigten nicht ver-

---

[5]) § 224. [6]) § 874 Abs. 3. [7]) § 874 Abs. 1. [8]) Preuß. JMV. v. 30. Sept. 1879 (JMBl. S. 391). [9]) § 874 Abs. 1, 3. [10]) § 873. [11]) § 874 Abs. 2. [12]) §§ 876, 877. [13]) Prot. S. 409. [14]) §§ 804, 827, 829, 845, 853, 854, 913. [15]) § 875 Abs. 1.

tretenen Gläubigers unbekannt, so erfolgt die Ladung durch öffentliche Zustellung.[16])

2. Der Schuldner. Doch ist dessen Ladung dann nicht erforderlich, wenn sie durch Zustellung im Auslande oder durch öffentliche Zustellung erfolgen müßte.[17])

Drei Tage vor dem Termin ist der Teilungsplan auf der Gerichtsschreiberei zur Einsicht der Beteiligten niederzulegen.[18]) Ist diese Frist oder die dreitägige Ladungsfrist[19]) nicht innegehalten, so ist der Termin auf Antrag zu vertagen. Für die ordnungsmäßig geladenen Beteiligten genügt die Verkündung des neuen Termins, während die übrigen besonders geladen werden müssen.

Zur Ausführung der Verteilung hat das Gericht die Teilungsmasse im Termin bereit zu halten.

IV. Verfahren im Verteilungstermin. Wird ein Widerspruch gegen den Plan nicht erhoben, so ist dieser zur Ausführung zu bringen.[20]) Die Erhebung des Widerspruchs kann erfolgen sowohl in als vor dem Termin, letzterenfalls schriftlich oder zu Protokoll des Gerichtsschreibers. Diejenigen, die im Termin sich nicht erklären oder ausbleiben, ohne vorher ihren Widerspruch erklärt zu haben, gelten als zustimmend.[21]) Ein Widerspruch des Schuldners ist nur zu beachten, wenn er mit den gegen die Zwangsvollstreckung überhaupt zulässigen Rechtsbehelfen — Erinnerung, Beschwerde, Klage[22]) — vorgebracht ist. Ein Widerspruch des Gläubigers unterliegt der Berücksichtigung, wenn er die Teilungsmasse (z. B. die Höhe der Massekosten) oder die Rechte der Beteiligten, sei es die Richtigkeit, die Rangordnung oder die sofortige Auszahlung der Forderungen, betrifft. Unbestimmte Widersprüche, wenn sie bei Ausübung des Fragerechts nicht klargestellt werden, bleiben unberücksichtigt.[23]) Über den bestimmten und zulässigen Widerspruch hat auf die Aufforderung des Richters jeder anwesende Gläubiger sich sofort zu erklären. Gegen diejenigen, die keine Erklärung abgeben, sowie gegen abwesende Gläubiger wird angenommen, daß sie den Widerspruch nicht als begründet anerkennen.[24])

Wird der Widerspruch von den Beteiligten als begründet anerkannt oder kommt eine Einigung zustande, so ist der Plan zu berichtigen und danach die Verteilung vorzunehmen. Wird ein Widerspruch nicht erledigt, so erfolgt die Ausführung des Planes insoweit, als er durch den Widerspruch nicht betroffen wird.[25]) Im übrigen ist die Masse wieder in Verwahrung zu nehmen. Im Protokoll ist festzustellen, wogegen der Widerspruch gerichtet ist und welche Gläubiger dabei beteiligt sind.

Ausgefallene Gläubiger, die ausdrücklich oder stillschweigend mit dem Plan einverstanden gewesen sind, bleiben von der verteilten Masse, einschließlich des streitig gebliebenen Betrages, auch dann ausgeschlossen, wenn das Prozeßgericht ein anderes Verteilungsverfahren anordnet.[26]) Eine Kondiktion gegen die befriedigten Gläubiger wird von der vorherrschenden

---

[16]) §§ 203 ff. [17]) § 875 Abs. 2. [18]) § 875 Abs. 1. [19]) § 217. [20]) § 876. [21]) § 877 Abs. 1. [22]) §§ 766, 793, 767. [23]) RG. 25 S. 304. [24]) § 877. [25]) §§ 876, 877. [26]) § 878 Abs. 2. RG. 26 S. 423; JW. 91 S. 391.

Praxis nur dann zugelassen, wenn Willensmängel mit Bezug auf das Einverständnis vorliegen.[27]) Dagegen schließt die bloße Nichterhebung eines Widerspruchs nicht aus, daß ein nicht befriedigter Gläubiger im Wege der Klage gegen befriedigte Gläubiger auf Grund seines angeblich besseren Rechts mit Klage vorgeht.[28])

V. Die Widerspruchsklage. Ist infolge eines Widerspruchs der Plan ganz oder teilweise unerledigt geblieben, so muß der widersprechende Gläubiger ohne vorherige Aufforderung binnen einer Frist von einem Monat dem Gerichte nachweisen, daß er gegen die beteiligten Gläubiger Klage erhoben habe.[29]) Die Frist läuft vom Terminstage, ist eine gesetzliche und kann durch Vereinbarung der Parteien, aber nicht auf einseitigen Antrag verlängert oder abgekürzt werden.[30]) Der Nachweis ist zu führen durch Einreichung der mit Terminsbestimmung versehenen Klage und der Zustellungsurkunde. Wird der Nachweis nicht oder nicht rechtzeitig erbracht, so erfolgt von Amts wegen die Ausführung des Planes ohne Rücksicht auf den Widerspruch. Der säumige Gläubiger wird mit dem Widerspruch im Verteilungsverfahren ausgeschlossen.[31]) Die Befugnis, ein besseres Recht gegen den nach Maßgabe des Verteilungsplans befriedigten Gläubiger im Wege der Klage geltend zu machen, wird durch die Versäumung der Frist nicht berührt.[32])

VI. Gegenstand der Klage ist der erhobene Widerspruch im vollen Umfange, also nicht nur der Vorrang und die sofortige Befriedigung, sondern auch die Rechtsbeständigkeit der Forderung, die beispielsweise auf Grund des Anfechtungsgesetzes angegriffen werden kann.[33]) Eine etwaige Begründung des Widerspruchs ist für die Klage ohne Einfluß; sie kann auch auf solche Gründe gestützt werden, die in dem Widerspruch nicht geltend gemacht sind.

VII. Ausschließlich zuständig ist dasjenige Amtsgericht, bei dem das Verteilungsverfahren schwebt, auch wenn es an sich für das Verteilungsverfahren nicht zuständig war,[34]) oder, wenn der Streitgegenstand zur Zuständigkeit des Amtsgerichts nicht gehört, das übergeordnete Landgericht. Sind mehrere Widersprüche nicht zur Erledigung gelangt, von denen die einen vor das Amtsgericht, die anderen vor das Landgericht gehören, so ist das Landgericht für sämtliche Klagen zuständig, sofern seine Zuständigkeit auch nur in betreff einer Klage begründet ist, mag sie erhoben werden oder nicht. Doch steht es den beteiligten Gläubigern frei, im Verteilungstermin oder später — schriftlich — die Vereinbarung zu treffen, daß das Verteilungs-(Amts-)Gericht über alle Widersprüche entscheiden solle.[35])

Die Kondiktionsklage aus § 878 Abs. 2 gehört nicht zum Verteilungsverfahren, unterliegt also dem ordentlichen Gerichtsstande.[36])

VIII. In dem Urteil ist nicht nur über den Widerspruch zu ent-

---

[27]) RG. 26 S. 423; Gruch. 32 S. 402. AM. RG. JW. 91 S. 391. [28]) RG. 39 S. 379, 58 S. 158. [29]) § 878 Abs. 1. [30]) § 224. [31]) RG. JW. 91 S. 302. [32]) § 878. [33]) RG. 27 S. 304; JW. 90 S. 295. [34]) RG. 52 S. 312. [35]) §§ 879, 802. [36]) RG. 21 S. 358; Gruch. 29 S. 121, 32 S. 402, 38 S. 185.

scheiden, sondern es sind gleichzeitig die daraus sich ergebenden Folgen festzusetzen, durch die Bestimmung, an welche Gläubiger und in welchen Beträgen der streitige Teil der Masse auszuzahlen sei. Erscheint dies nicht angemessen, so ist die Anfertigung eines neuen Planes und ein anderweites Verteilungsverfahren in dem Urteil anzuordnen.

Das Versäumnisverfahren folgt dem Regelrecht mit der Maßgabe, daß beim Ausbleiben des widersprechenden Gläubigers (Kl.) das Versäumnisurteil dahin zu erlassen ist, daß der Widerspruch als zurückgenommen anzusehen sei. Damit verwirkt denn auch der Gläubiger das Recht zur Kondizierung.[37])

IX. Auf Grund des rechtskräftigen Urteils wird die Auszahlung oder das anderweite Verteilungsverfahren vom Verteilungsgericht angeordnet.[38]) Die Rechtskraft ist von derjenigen Partei, die an der Fortsetzung des Verfahrens ein Interesse hat, nachzuweisen, da die Zustellung in der Hand der Parteien liegt. Ist dieser Nachweis geführt, so gehört die weitere Anordnung zur Amtspflicht des Gerichts. Die Auszahlung kann nur erfolgen, wenn endgültig feststeht, an welche Gläubiger und in welchen Beträgen die Streitmasse auszuzahlen ist. Sonst ist ein anderweites Verteilungsverfahren anzuordnen. Dieses folgt den obigen Regeln. Die bis dahin erfolgten Vereinbarungen, Ausschließungen und Urteile bleiben in Kraft. Ein Widerspruch steht nur noch denjenigen Gläubigern zu, die an dem neuen Verteilungsverfahren beteiligt sind.[39])

§ 50. Zwangsvollstreckung zur Erwirkung der Herausgabe von Sachen und zur Erwirkung von Handlungen oder Unterlassungen. (§§ 883—898 ZPO.)

I. Leistung einer Menge vertretbarer Sachen oder Wertpapiere (§ 884 ZPO.). Ist der Schuldner zur Herausgabe oder Lieferung einer bestimmten Menge von nur der Gattung nach bestimmten, vertretbaren Sachen verurteilt, — z. B. von einem Schock Eier, von 3000 Mk. 3 % pommerschen Pfandbriefen — so hat der Gerichtsvollzieher nach Sachen der bezeichneten Gattung beim Schuldner zu suchen und, falls er sie findet, ihm die im Urteil bestimmte Menge wegzunehmen und dem Gläubiger zu übergeben. Treten Zweifel darüber hervor, ob die vorgefundenen Sachen dem Schuldtitel entsprechen, so kann der Gerichtsvollzieher Sachverständige zuziehen. Die dadurch veranlaßten Kosten gehören zu den Kosten der Zwangsvollstreckung. Einwendungen bezüglich der Judikatmäßigkeit der weggenommenen Sachen sind ebenso wie in dem S. 380, 381 behandelten Falle des § 883 zum Austrage zu bringen. Bleibt die Zwangsvollstreckung erfolglos, so hat der Gläubiger nur die Klage auf das Interesse. Der Offenbarungseid ist ausgeschlossen.

Handelt es sich um Leistung oder Lieferung nicht vertretbarer, aber auch nicht individuell bestimmter Sachen — z. B. von Maschinen für eine

---

[37]) §§ 881, 878. [38]) § 882. [39]) RG. 26 S. 420.

bestimmte Fabrik —, so kann, da anderweite Vorschriften nicht gegeben sind, nur die Klage auf das Interesse angestellt werden.[1])

II. Überlassung oder Räumung von Grundstücken und bewohnten Schiffen (§ 885 ZPO.). Hat der Schuldner ein Grundstück oder ein bewohntes Schiff herauszugeben, zu überlassen oder zu räumen (Exmission des Pächters, Mieters), so hat der vom Gläubiger zu beauftragende Gerichtsvollzieher den Schuldner aus dem Besitze zu setzen und den von ihm zuzuziehenden Gläubiger oder dessen Bevollmächtigten in den Besitz einzusetzen. Auch auf einzelne Teile eines Gebäudes, z. B. ein einzelnes Zimmer, findet die Vorschrift Anwendung.

Bewegliche Zubehörstücke teilen juristisch das Schicksal der Hauptsache, sind also dem Gläubiger mit zu übergeben, soweit sie nicht im Schuldtitel ausgeschlossen sind. Streit über die Zubehöreigenschaft ist im Wege der Beschwerde nach § 766 zum Austrage zu bringen.[2])

Bewegliche Sachen, die nicht Zubehör der unbeweglichen Sache sind, werden von dem Gerichtsvollzieher weggeschafft und dem Schuldner oder, wenn dieser abwesend ist, seinem Bevollmächtigten oder einer zur Familie des Schuldners gehörigen oder in dieser Familie dienenden erwachsenen Person übergeben oder zur Verfügung gestellt. Ist weder der Schuldner noch eine der bezeichneten Personen anwesend, so hat der Gerichtsvollzieher die Sachen auf Kosten des Schuldners in das Pfandlokal zu schaffen oder anderweit in Verwahrung zu bringen. Verzögert der Schuldner die Abforderung, so kann das Vollstreckungsgericht auf Antrag des Gerichtsvollziehers, eines Beteiligten oder von Amts wegen den Verkauf der Sachen und die Hinterlegung des Erlöses anordnen.[3]) Der Verkauf erfolgt, sofern vom Gericht keine abweichende Bestimmung getroffen wird, nach den für die Veräußerung von Pfandstücken geltenden Grundsätzen. Der zu hinterlegende Erlös gehört dem Eigentümer der verkauften Gegenstände.

III. Sachen im Gewahrsam Dritter (§ 886 ZPO.). Wenn die herauszugebende Sache sich nicht bei dem Schuldner, sondern im Gewahrsam eines Dritten (Pächters, Verwahrers, Nießbrauchers) befindet, der zur Herausgabe nicht bereit ist, so kann gegen diesen eine Zwangsvollstreckung nicht stattfinden. Doch ist dem Gläubiger auf seinen Antrag der Anspruch des Schuldners auf Herausgabe der Sache nach den Vorschriften, welche die Pfändung und Überweisung einer Geldforderung betreffen, vom Vollstreckungsgericht zur Einziehung zu überweisen.

IV. Zwangsvollstreckung zur Erwirkung von Handlungen des Schuldners (§§ 887, 888 ZPO.). Für bestimmte Arten von Handlungen, zu denen der Schuldner verurteilt worden, ist die Zwangsvollstreckung besonders geregelt. So im Falle der Verurteilung zu einer Geldzahlung,[4]) zur Herausgabe oder Leistung von Sachen,[5]) zur Abgabe einer Willenserklärung.[6]) In allen übrigen Fällen, in denen der Schuldner zu einer Handlung verpflichtet ist, folgt die Zwangsvollstreckung den nachstehenden Vorschriften.

---

[1]) RG. 58 S. 160. [2]) Abweichend die Preuß. Gesch.A. f. Ger.Vollz. § 95 Abs. 3. Danach erfolgt die Übergabe von Zubehör und Inventarienstücken an den Gläubiger nur insoweit, als der Schuldtitel auf diese Sachen mitlautet. [3]) Prot. S. 412. [4]) §§ 803 ff. S. 347. [5]) §§ 883 ff. S. 373, 380. [6]) § 894 S. 377.

1. **Erwirkung vertretbarer Handlungen.** (§ 887 ZPO.)[7]) Erfüllt der Schuldner die Verpflichtung nicht, **eine Handlung** vorzunehmen, **deren Vornahme durch einen Dritten erfolgen kann** (vertretbare Handlung), so ist der Gläubiger auf Antrag zu ermächtigen, die Handlung auf Kosten des Schuldners vornehmen zu lassen. Ob eine Handlung dadurch, daß ein Dritter sie vornimmt, keine Einbuße in ihrem Wert erleidet, sondern vollgültigen Ersatz einer vom Schuldner selbst ausgehenden Urteilserfüllung darstellt, ist Tatfrage. Daß dem Schuldner aus der Vornahme der Handlung durch einen Dritten Nachteile erwachsen, ist unerheblich.[8]) Im Zweifel kann nach § 144 das Gutachten eines Sachverständigen eingeholt werden. Beispiele vertretbarer Handlungen sind mechanische und gewerbliche Leistungen, die Befreiung eines Bürgen oder eines Mitschuldners,[9]) die Verpflichtung, eine Auflassung vorzunehmen,[10]) eine Hypothek zur Löschung zu bringen.[11]) Dagegen sind Rechnungslegung, Aufstellung eines Nachlaßinventars und Ableistung des Offenbarungseides nicht vertretbare Handlungen, weil sie wegen ihrer persönlichen Natur nur von dem Schuldner selbst vorgenommen werden können.

Ausschließlich zuständig für die Ermächtigung des Gläubigers ist nicht das Vollstreckungsgericht, sondern **das Prozeßgericht 1. Instanz**, „weil die zu treffende Entscheidung wesentlich auf einer fortgesetzten Beurteilung des Hauptrechtsstreits beruht".[12]) Es soll also die Ermächtigung einen Nachtrag zum Urteil bilden. Deshalb erscheint im Falle des amtsgerichtlichen Sühneverfahrens[13]) das Amtsgericht, das den Vergleich aufgenommen hat, als die zuständige Behörde.

Je nachdem das Prozeßgericht ein Amtsgericht oder ein Landgericht ist, ist der Antrag formfrei oder dem Anwaltszwang unterworfen,[14]) stets aber durch Beifügung des vollstreckbaren Schuldtitels zu begründen.

Die Entscheidung kann ohne mündliche Verhandlung erfolgen und ergeht immer, auch wenn mündlich verhandelt ist, durch Beschluß.[15]) Vor der Entscheidung muß der Schuldner schriftlich oder mündlich gehört werden.[16]) Der Beschluß ist nach Zustellung sofort vollstreckbar.[17]) Die Zustellung ist, wenn der Beschluß nicht verkündet ist, von Amts wegen, andernfalls von der Partei zu bewirken.[18])

Will der Gläubiger die Kosten nicht vorstrecken, so kann er bei dem nämlichen Gerichte den Antrag stellen, den Schuldner zur Vorauszahlung derjenigen Kosten zu verurteilen, die durch die Vornahme der Handlung entstehen werden, unbeschadet des Rechts auf Nachforderung, wenn die Vornahme der Handlung einen größeren Kostenaufwand verursacht. Der Kostenbetrag ist vom Gericht nach freier Überzeugung zu ermitteln und durch Beschluß festzusetzen. Auf Grund des mit der Vollstreckungsklausel versehenen Beschlusses kann der Gläubiger den festgesetzten Betrag durch Zwangsvollstreckung einziehen.[19])

---

[7]) S. Formular Nr. 13. [8]) RG. 55 S. 59. [9]) RG. 18 S. 436. [10]) RG. 55 S. 59. [11]) RG. 21 S. 377; JW. 86 S. 272. [12]) M. S. 445. RG. 18 S. 360, 34 S. 174. [13]) § 794 Nr. 2. [14]) RG. JW. 93 S. 501. [15]) RG. 18 S. 360. [16]) § 891. [17]) § 794 Nr. 3. [18]) § 329 Abs. 3. [19]) §§ 794, 795, 724.

Die erteilte Ermächtigung gibt dem Gläubiger die Befugnis, die Handlung auf Kosten des Schuldners selbst vorzunehmen oder durch einen von ihm zu wählenden Dritten vornehmen zu lassen. Wird ihm hierbei ein Widerstand entgegengesetzt, so kann er zu dessen Beseitigung einen Gerichtsvollzieher zuziehen.[20]) Hat der Gläubiger selbst die Kosten verauslagt, so steht es ihm frei, die Festsetzung nach § 788 zu erwirken.[21])

Gegen den ablehnenden Beschluß steht dem Gläubiger die sofortige Beschwerde zu. Als Schutzmittel gegen den erlassenen Beschluß hat der Schuldner, wenn er sich durch die Art und Weise der Vollstreckung verletzt fühlt, die sofortige Beschwerde aus § 793, wenn er Einwendungen gegen den Anspruch selbst erheben will, die Klage aus § 767.[22])

Nach Erledigung der Sache hat der Gläubiger dem Schuldner Rechnung zu legen. Die Rechnungslegung sowie die Rückzahlung des nicht verbrauchten Kostenbetrages kann nur im ordentlichen Rechtswege erzwungen werden.

2. Erwirkung nicht vertretbarer Handlungen. (§ 888 ZPO.)[23]) Kann eine Handlung durch einen Dritten nicht vorgenommen werden (nicht vertretbare Handlung), so ist zu unterscheiden, ob sie ausschließlich von dem Willen des Schuldners abhängt oder nicht. Im letzten Falle ist jeder auf Vornahme der Handlung selbst gerichtete Zwang unzulässig und der Gläubiger auf die Geltendmachung des Interesses beschränkt. Im ersten Falle ist auf Antrag ein Beschluß dahin zu erlassen, daß der Schuldner zur Vornahme der Handlung durch Geldstrafen bis zum Gesamtbetrage von 1500 Mk. oder durch Haft anzuhalten sei.

Ob eine Handlung ausschließlich vom Willen des Schuldners abhängt, ist Tatfrage. Beispiele solcher Handlungen sind: Auskunftserteilung, Rechnungs-, Inventar- und Bilanzlegung, Vollmachtsausstellung, Leistung des zivilrechtlich gebotenen Offenbarungseides im Gegensatze zum prozessualischen Offenbarungseide.[24]) Nicht ausschließlich vom Willen des Schuldners abhängig ist jede Handlung, die auch nur teilweise durch einen anderen Umstand als den Willen des Schuldners, z. B. wie bei der Herstellung eines literarischen Werks durch dessen besondere Fähigkeiten oder bei der Herausgabe von Kindern durch gewisse äußere Umstände bedingt ist.[25]) Der Mangel an Geldmitteln entzieht zwar die Handlung der ausschließlichen Willensbestimmung des Schuldners, fällt aber fort, sobald der Gläubiger die Geldmittel vorschießt. Dadurch, daß der Schuldner zur Vornahme der Handlung der Mitwirkung einer Behörde bedarf (Verschaffen einer Erbbescheinigung), wird die Handlung noch nicht dem ausschließlichen Willen des Schuldners entzogen. Letzteres liegt nur dann vor, wenn die Behörde auf den begründeten Antrag des Schuldners die begehrte Tätigkeit ablehnt.[26])

Zuständig zum Erlaß des Beschlusses ist das Prozeßgericht 1. Instanz.[27]) Vor dem Beschlusse ist der Schuldner zu hören.

---

[20]) § 892. [21]) RG. 18 S. 360; Gruch. 30 S. 1170. [22]) RG. 21 S. 379, 23 S. 364, 26 S. 394, 27 S. 385, 32 S. 379. [23]) S. Formular Nr. 14. [24]) S. 380. BGB. §§ 259, 260, 2006, 2028, 2057. [25]) M. S. 443. Seuff. 60 Nr. 113 (RG.). [26]) RG. 39 S. 418. [27]) RG. 34 S. 408.

Geldstrafe und Haft haben hier die Natur gerichtlicher Zwangsmittel, nicht der Strafe.[28]) Das Gericht ist also bei der Wahl an den Antrag des Gläubigers nicht gebunden, wird aber regelmäßig keinen Anlaß haben, sich mit dem Antrage in Widerspruch zu setzen oder über den Antrag hinauszugehen. Die Geldstrafe ist in bestimmter Höhe festzusetzen, kann aber auf neuen Antrag bis zum Gesamtbetrage von 1500 Mk. wiederholt werden. Sie wird auf Betreiben des Gläubigers, nicht von Amts wegen zur fiskalischen Kasse eingezogen.[29]) Der Gegenpartei ist auf Antrag die Vollstreckungsklausel zu dem die Strafe aussprechenden Beschluß zu erteilen. Die Umwandlung der Geldstrafe in Haft ist unstatthaft. Die Haft wird nur allgemein angeordnet und kann ohne weiteres bis zur Dauer von 6 Monaten vollstreckt werden.[30]) Die Vollstreckung erfolgt auf Betreiben des Gläubigers nach Maßgabe der allgemeinen Vorschriften der §§ 904 ff. Auf Geldstrafe und Haft kann nicht nebeneinander, wohl aber nacheinander erkannt werden, so jedoch, daß das höchste Maß von 1500 Mk. Geldstrafe und 6 Monaten Haft nicht überschritten wird.[31])

Das zulässige Rechtsmittel gegen den Beschluß ist die sofortige Beschwerde.[32]) Will der Schuldner gegen den Anspruch selbst Einwendungen erheben, so steht ihm nur die Klage aus § 767 offen.

Die Strafen selbst sind keine eigentlichen Strafen, sondern Zwangsmittel zur Durchführung des zuerkannten Anspruchs. Die Verfügung über die Vollstreckung der Strafen liegt in der Hand des Gläubigers; eine Begnadigung ist nicht zulässig, da sie in das Recht des Gläubigers eingreifen würde.[33])

Urteile, wie auch einstweilige Verfügungen auf Eingehung einer Ehe, auf Herstellung des ehelichen Lebens und auf Leistung von Diensten aus einem Dienstvertrage[34]) sind von der zwangsweisen Vollstreckbarkeit ausgeschlossen. Die Verurteilung gewährt nur dem obsiegenden Teile im ersten und letzten Falle einen Anspruch auf Schadensersatz, im zweiten Falle ein Recht auf Ehescheidung.[35])

3. Verurteilung zur Vornahme einer Handlung im amtsgerichtlichen Verfahren. Ist bei der Verurteilung zur Vornahme einer Handlung im amtsgerichtlichen Verfahren zugleich ein Urteil auf Zahlung einer Entschädigung ergangen, so ist die Zwangsvollstreckung in Gemäßheit der Vorschriften unter 1 und 2 ausgeschlossen. Es kann dann nur die Entschädigung beigetrieben werden. S. hierüber oben S. 102.

V. Erwirkung einer Willenserklärung. (§§ 894—896 ZPO.) 1. Ist der Schuldner rechtskräftig zur Abgabe einer Willenserklärung verurteilt, so fällt eine Zwangsvollstreckung, als überflüssig, ganz fort. Die Willenserklärung wird durch das Urteil mit dem Zeitpunkt seiner Rechtskraft ersetzt.[36]) Die Vorschrift bezieht sich nur auf Urteile,

---

[28]) M. S. 444. [29]) StPO. § 495. RG. 1 S. 233, 53 S. 183. [30]) § 913. [31]) RG. 7 S. 358. [32]) § 793. [33]) RG. 38 S. 323, 53 S. 182. Seuff. 57 Nr. 133. [34]) Seuff. 58 Nr. 68. [35]) BGB. § 1567 Nr. 1. ZPO. § 888. [36]) § 894. Dies findet keine Anwendung auf Willenserklärungen, zu deren Abgabe sich jemand in einem vollstreckbaren Vergleich verpflichtet hat (RG. 55 S. 58).

nicht auch auf andere Vollstreckungstitel, gilt aber für alle rechtsgeschäftlichen Erklärungen (Auflassung, Abtretung, Bewilligung einer Eintragung oder Löschung), ohne Rücksicht auf die für das Rechtsgeschäft vorgeschriebene Form.[37]) Ist die Willenserklärung von einer vorgängigen oder gleichzeitigen Gegenleistung abhängig gemacht, so gilt sie nicht schon mit der Rechtskraft des Urteils, sondern erst mit der Erteilung einer vollstreckbaren Ausfertigung des Urteils als abgegeben. Diese Ausfertigung darf erst dann, wenn der Gläubiger die Erfüllung der Gegenleistung durch eine öffentliche oder öffentlich beglaubigte Urkunde nachgewiesen hat und nur auf Anordnung des Vorsitzenden erteilt werden.[38])

Im Falle der Verurteilung zur Eingehung einer Ehe finden diese Bestimmungen keine Anwendung, überhaupt ist hier jedes Zwangsmittel ausgeschlossen.

Steht dem Schuldner nach dem Urteil die Wahl zwischen der Abgabe einer Willenserklärung und einer anderen Leistung zu, so findet § 894 keine Anwendung. Ist z. B. der Beklagte verurteilt, dem Kläger ein bestimmtes Grundstück aufzulassen oder 1000 Mk. zu zahlen, so wird durch das Urteil die Auflassungserklärung des Beklagten nicht ersetzt. Kläger kann aber beantragen, die Auflassung an ihn auf Kosten des Beklagten vornehmen zu lassen.[39]) Das Wahlrecht des Schuldners geht jedoch durch seinen Verzug oder die Vollstreckbarkeit des Urteils nicht auf den Kläger über. Der Schuldner kann vielmehr auch nach der Rechtskraft des Urteils von seinem Wahlrecht Gebrauch machen. Er kann aber durch die Wahl der einen Alternative die auf die andere gerichtete Zwangsvollstreckung des Gläubigers nur abwenden, wenn er der getroffenen Wahl gemäß leistet. Er kann also dem Antrage des Klägers entgegenstellen, daß er die Zahlung gewählt und erfüllt habe. Diese Einrede ist von ihm nach § 767 im Wege der Klage geltend zu machen.[40])

2. Durch ein nur vorläufig vollstreckbares Urteil, durch das der Schuldner zur Abgabe einer Willenserklärung verurteilt ist, wird die Willenserklärung nicht ersetzt. Handelt es sich aber um eine Willenserklärung, auf Grund deren eine Eintragung in das Grundbuch oder in das Schiffsregister erfolgen soll, so gilt je nach Lage der Sache die Eintragung einer Vormerkung[41]) oder eines Widerspruchs[42]) als bewilligt. Die Eintragung erfolgt also auf den Antrag des Gläubigers, ohne daß es einer weiteren Bewilligung des Schuldners bedarf.[43])

3. Soll auf Grund eines Urteils, das eine Willenserklärung des Schuldners ersetzt,[44]) eine Eintragung in ein öffentliches Buch oder Register vorgenommen werden, so ist der Gläubiger befugt, an Stelle des Schuldners die Erteilung solcher Urkunden (z. B. eines Erbscheins), die diesem auf Antrag von einer Behörde, einem Beamten oder einem Notar zu erteilen sind, insoweit zu verlangen, als er der Urkunden zur Herbeiführung der Eintragung bedarf.[45]) In Betracht kommen hier außer dem

---

[37]) RG. 27 S. 384, 31 S. 360. [38]) §§ 726, 730. [39]) § 887. [40]) RG. 27 S. 384. [41]) BGB. §§ 883 ff. [42]) BGB. § 899. [43]) § 895. Grundb.O. §§ 13, 19. [44]) Oben zu 1 und 2. [45]) § 896.

Grundbuch und dem Schiffsregister noch die Patentrolle, das Reichsschuldbuch und das Staatsschuldbuch.[46])

4. Die Vorschriften, welche über den Schutz des gutgläubigen Erwerbers, der Rechte von einem Nichtberechtigten herleitet, im bürgerlichen Rechte für den Erwerb durch Rechtsgeschäft gegeben sind,[47]) gelten auch bei dem Erwerbe, der sich nach § 894 vollzieht.[48])

VI. **Zwangsvollstreckung zur Erwirkung von Unterlassungen oder Duldungen.** (§§ 890, 891 ZPO.)[49]) Ist dem Schuldner die Verpflichtung auferlegt, eine Handlung zu unterlassen oder die Vornahme einer Handlung zu dulden, ist er z. B. verurteilt, das Befischen des einem anderen gehörigen Sees zu unterlassen oder das Befischen des ihm selbst gehörigen Sees durch einen anderen zu dulden, so besteht das alleinige Mittel, die Erfüllung dieser Verpflichtung zu erzwingen, darin, daß dem Schuldner eine Strafe angedroht und daß er, wenn er dennoch die Zuwiderhandlung begeht, zu Strafe verurteilt wird. Zulässig ist für jede Zuwiderhandlung eine Geldstrafe bis zu 1500 Mk. oder eine Haftstrafe bis zu sechs Monaten. Die Strafandrohung wird zweckmäßig in das die Verpflichtung aussprechende Urteil aufgenommen. Ist dies nicht geschehen, so ist sie auf Antrag des Gläubigers nach Anhörung des Schuldners von dem Prozeßgericht erster Instanz durch Beschluß zu erlassen. Der Beschluß unterliegt der sofortigen Beschwerde.[50]) Im Falle des § 794 Nr. 2 ist für den Erlaß des Beschlusses das Amtsgericht zuständig, vor dem das Sühneverfahren stattgefunden hat. Die Strafandrohung kann ganz allgemein „bei Vermeidung der in § 890 vorgesehenen Strafe für jede Zuwiderhandlung" gefaßt werden. Die Androhung einer Geldstrafe kann durch Androhung einer Haftstrafe ersetzt werden, sobald sich herausstellt, daß die Androhung einer Geldstrafe wegen Vermögenslosigkeit des Schuldners nutzlos erscheint.[51])

Handelt der Schuldner nach Androhung der Strafe der Verpflichtung zuwider, so ist er auf Antrag des Gläubigers nach Anhörung des Schuldners vom Prozeßgericht erster Instanz wegen einer jeden Zuwiderhandlung zu der angedrohten Strafe zu verurteilen. Handelt es sich um die gleichzeitige Bestrafung mehrerer Zuwiderhandlungen, so darf das Maß der Gesamtstrafe zwei Jahre Haft nicht übersteigen. Ist der Schuldner wegen einer Zuwiderhandlung bestraft, so kann er auf Antrag des Gläubigers zur Bestellung einer Sicherheit für den durch fernere Zuwiderhandlung innerhalb einer bestimmten Zeit entstehenden Schaden verurteilt werden. Ist die Sicherheit bestellt, so hat der Gläubiger als Mittel zur Geltendmachung seines Schadens die Klage auf Leistung des Interesses.

Über die Natur der Strafen gelten die zu S. 377 ausgeführten Grundsätze.

Leistet der Schuldner Widerstand gegen die Vornahme einer Handlung die er nach den §§ 887 oder 890 zu dulden hat, so kann der Gläubiger zur Beseitigung dieses Widerstandes einen Gerichtsvollzieher zuziehen, der dann nach §§ 758 Abs. 3, 759 zu verfahren hat.

---

[46]) N. II zu § 779 b. [47]) BGB. §§ 892, 893, 932 ff., 1242. HGB. §§ 366, 367. [48]) § 898. [49]) S. Formular Nr. 15. [50]) RG. (Pl.) 42 S. 419. [51]) Seuff. 54 Nr. 70.

§ 51. Offenbarungseid und Haft. (§§ 807, 883, 899—915 ZPO.)

I. Zulässigkeit. Ist dem Schuldner auf Grund seiner zivilrechtlichen Verpflichtung[1]) ein Offenbarungseid auferlegt, ist er z. B. verurteilt, den Nachlaß eines Verstorbenen eidlich zu offenbaren, so erfolgt die Eidesleistung vor dem Prozeßgericht erster Instanz. Bleibt der Schuldner im Termine aus oder verweigert er die Eidesleistung, so kommen die Vorschriften über die Erwirkung von Handlungen[2]) zur Anwendung.[3]) Handelt es sich dagegen um eine prozeßrechtliche Verbindlichkeit des Schuldners zur Leistung des Offenbarungseides, so findet ein besonderes Verfahren statt. Hierher gehören die beiden Fälle der §§ 807 und 883. In prozessualer Beziehung unterscheidet sich das Verfahren dadurch, daß wenn der Offenbarungseid vor dem Prozeßgericht abzuleisten und dieses ein Kollegialgericht ist, die Ladung im Parteibetriebe erfolgt, während beim Vorliegen einer prozeßrechtlichen Verbindlichkeit das Amtsgericht zur Abnahme des Eides zuständig ist und der Gläubiger lediglich Anberaumung eines Termins zu beantragen hat, worauf das Weitere von Amts wegen geschieht. Hier wird nur der letztere Fall behandelt.

1. Offenbarungseid wegen Geldforderungen.[4]) Wenn die Pfändung zu einer vollständigen Befriedigung des Gläubigers nicht geführt hat oder wenn dieser glaubhaft macht, daß er aus dem bekannten beweglichen Vermögen des Schuldners durch Pfändung seine Befriedigung nicht vollständig werde erlangen können, so ist der Schuldner auf Antrag verpflichtet, dem Gericht ein Verzeichnis seines Vermögens vorzulegen und den Offenbarungseid dahin zu leisten: „Daß er nach bestem Wissen sein Vermögen so vollständig angegeben habe, als er dazu imstande sei." Das Verzeichnis muß das vollständige Aktivvermögen des Schuldners enthalten, einschließlich des unbeweglichen Vermögens und der von der Pfändung gesetzlich ausgeschlossenen Vermögensstücke.[5]) Die ausstehenden Forderungen sind nach Rechtsgrund und Beweismitteln derart zu bezeichnen, daß der Gläubiger zu beurteilen vermag, ob er Pfändungsanträge mit Nutzen stellen könne.[6]) Der Eid erstreckt sich nur auf den zurzeit vorhandenen Zustand. Das Versprechen der Anzeige von nachträglich ermittelten Vermögensstücken und die Verneinung arglistiger Veräußerung sind in die Eidesformel absichtlich nicht aufgenommen.[7])

Hat der Schuldner den Eid geleistet, so kann er, sei es von demselben, sei es von einem anderen Gläubiger, zur nochmaligen Leistung erst nach Ablauf von fünf Jahren, vorher aber nur dann gezwungen werden, wenn glaubhaft gemacht wird, daß er später Vermögen erworben habe.[8]) Die Befreiung von der Eidespflicht hat der Schuldner durch Widerspruch[9]) geltend zu machen.

2. Zwangsvollstreckung auf Herausgabe beweglicher Sachen.[10]) Hat der Schuldner eine bestimmte bewegliche Sache oder

---

1) BGB. §§ 259, 260, 2006, 2028, 2057. 2) § 888 S. 376. 3) § 889. 4) § 807. S. Formular Nr. 17. 5) RG. StS. 4 S. 374, 6 S. 205. 6) M. S. 426. 7) M. S. 426. 8) § 903. 9) S. 382 4 b. 10) § 883. S. Formular Nr. 18.

von bestimmten beweglichen Sachen eine Menge (z. B. zehn Hektoliter von dem da und da liegenden Roggen) herauszugeben oder eine bestimmte Menge vertretbarer Sachen oder Wertpapiere zu leisten, so sind ihm die Sachen vom Gerichtsvollzieher abzunehmen und dem Gläubiger zu übergeben. Was von Sachen gilt, gilt auch von Personen, soweit sie nach bürgerlichem Rechte der Herausgabe unterliegen (unselbständige Personen, Kinder).[11]) Wird die Sache oder Person im Gewahrsam des Schuldners nicht vorgefunden, so ist der Schuldner verpflichtet, auf Antrag den Offenbarungseid dahin zu leisten: „Daß er die Sache nicht besitze, auch nicht wisse, wo die Sache sich befinde." Diese Eidesformel spricht nicht die Verpflichtung des Schuldners aus, alles was ihm über den Verbleib der Sache bekannt ist, anzugeben.[12]) Deshalb kann das Gericht eine der Lage der Sache entsprechende Änderung der Eidesnorm beschließen, wenn es dem Gläubiger darauf ankommt, die Wissenschaft des Schuldners von dem gegenwärtigen Verbleibe der Sache festzustellen.

Eine Wiederholung dieses Offenbarungseides ist nicht ausgeschlossen.[13]) Gegen arglistige Anträge auf wiederholte Eidesleistung hat der Richter den Schuldner in Schutz zu nehmen, also die Eidesabnahme zu versagen, sofern der Antrag des Gläubigers nicht durch Darlegung eines bestimmten Interesses begründet wird. Gegen die zurückweisende Verfügung steht dem Gläubiger die sofortige Beschwerde zu.

II. Zuständig für die Abnahme des Offenbarungseides in den beiden Fällen zu I ist dasjenige Amtsgericht, in dessen Bezirk der Schuldner zur Zeit der Zustellung der Ladung zur Eidesleistung im Deutschen Reiche seinen Wohnsitz oder in Ermangelung eines solchen seinen wenn auch nur vorübergehenden Aufenthalt hat, als Vollstreckungsgericht.[14]) Die Zuständigkeit ist eine ausschließliche.[15]) Hat also der Schuldner nur im Auslande seinen Wohnsitz oder Aufenthalt, so ist das Verfahren ausgeschlossen.

III. Das Verfahren beginnt mit dem Antrage des Gläubigers auf Bestimmung eines Termins zur Leistung des Offenbarungseides. Für den nicht prozeßfähigen Schuldner hat dessen gesetzlicher Vertreter zu schwören; die für den Beweiseid gegebene Vorschrift des § 473 findet keine Anwendung.[16]) Mehrere gesetzliche Vertreter müssen auf Antrag sämtlich schwören.

1. Der Antrag auf Terminsbestimmung kann formlos — schriftlich oder zu Protokoll des Gerichtsschreibers — gestellt werden. Beizufügen sind der Vollstreckungstitel und die sonstigen Urkunden, aus denen sich die Verpflichtung des Schuldners zur Leistung des Eides ergibt, namentlich eine beglaubigte Abschrift des Protokolls über das Ergebnis der Zwangsvollstreckung. Diese Abschrift kann durch eine anderweite Bescheinigung der bezüglichen Tatumstände ersetzt werden.

Im Falle des § 807 genügt, daß „zur Leistung des Offenbarungseides" Terminsansetzung beantragt wird, da hierin der Antrag auf Vor-

[11]) Prot. S. 414. Seuff. 46 Nr. 152, 59 Nr. 140, 60 Nr. 113. Preuß. Gesch.A. f. Ger.Vollz. § 96. [12]) M. S. 441. [13]) M. S. 445. [14]) § 899. [15]) § 802. [16]) M. S. 426.

legung eines Vermögensverzeichnisses mit enthalten ist. Im Falle des § 883 muß der Antrag diejenigen Sachen, auf deren Herausgabe sich der Offenbarungseid beziehen soll, bezeichnen und etwa gewünschte Abweichungen von der Regelnorm erkennbar machen. In allen Fällen enthält der Antrag auf Terminsbestimmung zur Leistung des Offenbarungseides stillschweigend für den Fall, daß der Schuldner die Verpflichtung zur Eidesleistung bestreiten sollte, den Antrag auf Terminsbestimmung zur Verhandlung über diesen Widerspruch.

2. Der Anberaumung eines Termins seitens des Gerichts muß eine Prüfung vorausgehen, da der Antrag den Beginn eines besonderen Vollstreckungsverfahrens enthält. Die Prüfungspflicht hat sich zu erstrecken auf das Vorhandensein eines vollstreckbaren Schuldtitels, auf die Zustellung des Schuldtitels und der übrigen Urkunden, deren Zustellung gemäß §§ 750, 751 notwendig ist, sowie auf das Vorhandensein der besonderen Voraussetzungen der §§ 807, 883.

Erweist sich der Antrag als unbegründet, so wird die Terminsanberaumung abgelehnt. Der zurückweisende Beschluß ist dem Gläubiger von Amts wegen zuzustellen. Ist der Antrag begründet, so hat der Richter Termin anzuberaumen, u. z. unter Beobachtung der Ladungsfrist nach § 217.

3. Die Ladung erfolgt von Amts wegen, wie sonst im amtsgerichtlichen Verfahren.

4. Das Verfahren im Termine folgt den Regeln des Amtsgerichtsprozesses, ist also vom Anwaltszwange befreit. Die Anwesenheit des Gläubigers in dem Termin ist nicht erforderlich.[17]) Die Prüfungspflicht des Richters erneuert sich. Er kann auch jetzt, sei es auf Grund neu hervorgetretener Tatumstände, sei es auf Grund einer abweichenden Rechtsansicht, den Antrag auf Abnahme des Eides durch Beschluß zurückweisen.

a) Liegt ein Anstand nicht vor, so ist dem Schuldner, wenn er erscheint und zur Eidesleistung bereit ist, der Eid abzunehmen. Steht der Leistung des Eides ein zeitiges Hindernis in der Person des Schuldners entgegen, z. B. Mangel oder Unvollständigkeit des Vermögensverzeichnisses, so kann der Termin von Amts wegen verlegt werden.[18]) Der neue Termin ist nur zu verkünden. Einer Ladung an den ausgebliebenen Gläubiger bedarf es nicht.

b) Bestreitet der Schuldner die Verpflichtung zur Eidesleistung,[19]) so kann er seinen Widerspruch sowohl im Termin mündlich als vor dem Termin schriftlich oder zu Protokoll des Gerichtsschreibers erklären. Der Widerspruch, als Einrede gegen die Zwangsvollstreckung, kann nur dann berücksichtigt werden, wenn er sich darauf gründet, daß die Voraussetzungen der §§ 807, 883, 903 nicht vorhanden seien. Einwendungen dagegen, die den durch das Urteil festgestellten Anspruch selbst betreffen, z. B. die Einrede der Erfüllung, können nur nach Maßgabe der §§ 767, 768, also nur durch Klage bei dem Prozeßgericht erster Instanz geltend gemacht werden.[20]) Über den Widerspruch ist durch Beschluß zu entscheiden. Der

---

[17]) § 900 Abs. 2. [18]) § 228. [19]) S. Formular Nr. 19. [20]) § 900 Abs. 3.

Beschluß unterliegt der sofortigen Beschwerde.[21]) Die Abnahme des Eides erfolgt auf neuen Antrag des Gläubigers erst nach Rechtskraft des den Widerspruch verwerfenden Beschlusses, werden aber Einwendungen gegen den Anspruch selbst erhoben, so findet eine Aussetzung des Verfahrens bis zu deren Erledigung nicht statt.[22]) Das Vollstreckungsgericht kann aber die Eidesleistung vor Eintritt der Rechtskraft anordnen, wenn in demselben Verfahren bereits ein früherer Widerspruch rechtskräftig verworfen ist.[23])

IV. Haft, Anordnung. 1. Wenn der Schuldner in dem zur Leistung des Offenbarungseides bestimmten Termine ohne genügende Entschuldigung nicht erscheint oder die Leistung des Eides ohne Angabe eines Grundes oder nach rechtskräftiger Verwerfung seines Widerspruchs gegen die Verpflichtung zur Eidesleistung verweigert, so hat das Gericht gegen ihn zur Erzwingung der Eidesleistung auf Antrag des Gläubigers die Haft anzuordnen.[24])

Der Antrag kann in oder nach dem Termin, auch als ein eventueller schon vor dem Termin gestellt werden. Die Anordnung der Haft erfolgt ohne mündliche Verhandlung durch Beschluß, der beiden Teilen von Amts wegen zuzustellen und durch sofortige Beschwerde anfechtbar ist.[25]) Mit der Anordnung der Haft ist der Erlaß des Haftbefehls zu verbinden, der den Gläubiger, den Schuldner und den Grund der Verhaftung sowie den Inhalt des zu leistenden Offenbarungseides bezeichnen muß. Die Urschrift bleibt bei den Akten. Ausfertigung ist dem Gläubiger formlos auszuhändigen.

2. Die Vollstreckung der Haft unterliegt dem Parteibetriebe. Es ist Sache des Gläubigers, mit der Ausführung des Haftbefehls einen Gerichtsvollzieher zu beauftragen. Wegen Erteilung des Auftrags kann er die Mitwirkung des Gerichtsschreibers bei dem Amtsgericht, bei dem der Gerichtsvollzieher bestellt ist, in Anspruch nehmen.[26]) Dem Gerichtsvollzieher ist außer dem Haftbefehl auch die vollstreckbare Ausfertigung des Schuldtitels auszuhändigen. Der Gerichtsvollzieher hat den Schuldner zu verhaften, wo er ihn antrifft und der Gefängnisverwaltung des Bezirks, in dem die Verhaftung erfolgt ist, zu übergeben. Bei der Verhaftung ist dem Schuldner der Haftbefehl vorzuzeigen und auf Begehren abschriftlich mitzuteilen. Über jede Verhaftung hat der Gerichtsvollzieher ein Protokoll aufzunehmen. Im einzelnen ist die Amtstätigkeit des Gerichtsvollziehers der reglementarischen Ordnung vorbehalten.

3. Die durch die Haft entstehenden Kosten hat der Gläubiger von Monat zu Monat vorauszubezahlen. Die Aufnahme des Schuldners in das Gefängnis ist unstatthaft, wenn nicht mindestens für einen Monat die Zahlung geleistet ist.[27]) Daher muß sich der Gerichtsvollzieher von dem Gläubiger vor der Verhaftung die Kassenquittung über die Einzahlung des erforderlichen Betrages oder diesen Betrag selbst zur Abführung an die Kasse aushändigen lassen. Wird die Zahlung nicht spätestens bis zum Mittag des letzten Tages, für den sie geleistet ist, erneuert, so wird der

---

[21]) § 793. Seuff. 57 Nr. 134. [22]) Seuff. 56 Nr. 23. [23]) § 900 Abs. 3. Seuff. 60 Nr. 114. [24]) § 901. [25]) § 793. [26]) § 753 Abs. 2. [27]) § 911.

Schuldner von Amts wegen aus der Haft entlassen.[28]) Ist einer Partei das Armenrecht bewilligt, so wird ihr die einstweilige Befreiung von den Haftkosten nicht zu versagen sein und werden diese vorläufig der Staatskasse auferlegt werden müssen.

4. Wegen desselben Schuldtitels darf die Haft die Dauer von 6 Monaten nicht übersteigen. Nach Ablauf dieser Zeit wird der Schuldner von Amts wegen aus der Haft entlassen. Auf Grund eines anderen Schuldtitels ist die Anordnung einer neuen Haft im Falle des § 883 immer, im Falle des § 807 dagegen erst nach Ablauf von fünf Jahren, vorher aber nur dann zulässig, wenn vom Gläubiger glaubhaft gemacht wird, daß der Schuldner später Vermögen erworben habe.[29])

Zur Beseitigung von Schikanen des Gläubigers durch willkürliche Unterbrechungen der Haft ist angeordnet, daß wenn die Haft wegen Nichterneuerung des Kostenvorschusses oder auf einseitigen Antrag des Gläubigers, ohne Einwilligung des Schuldners unterbrochen ist, auf Antrag desselben Gläubigers oder dessen Rechtsnachfolgers aus dem früheren Haftgrunde eine Erneuerung der Haft nicht stattfindet.[30])

5. Gegen einen Schuldner, dessen Gesundheit durch die Vollstreckung der Haft einer nahen und erheblichen Gefahr ausgesetzt wird, darf, solange dieser Zustand dauert, die Haft nicht vollstreckt werden. Der Schuldner hat die Aussetzung zu beantragen und durch das Gutachten eines Sachverständigen, dessen Auswahl dem Gericht überlassen bleibt, zu begründen. Die Entscheidung über die Aussetzung wird vom Gerichte des Haftorts getroffen.[31])

6. Wegen der Verhaftung von Beamten, Geistlichen, Lehrern, Militärpersonen, Seeschiffern und Mitgliedern einer deutschen gesetzgebenden Versammlung sind besondere Vorschriften ergangen.[32])

7. Solange die angeordnete Haft noch nicht ausgeführt ist, kann der Schuldner die Eidesabnahme nur dadurch erwirken, daß er den Gläubiger zu einem Termine laden läßt. Durch diese Ladung erlangt der Schuldner zwar nicht das Recht, die Aufhebung des Haftbefehls zu erzwingen, wohl aber die Befugnis, die einstweilige Aussetzung der Verhaftung ohne oder gegen Sicherheitsleistung zu erwirken.

8. Ist der Schuldner in Haft genommen, so kann er zu jeder Zeit bei dem Amtsgericht des Haftorts beantragen, ihm den Eid abzunehmen. Dem Antrag ist ohne Verzug und ohne vorherige Benachrichtigung des Gläubigers stattzugeben. Nach Leistung des Eides wird der Schuldner von dem Gericht, das den Eid abgenommen hat, aus der Haft entlassen und der Gläubiger hiervon in Kenntnis gesetzt.[33])

9. Gegen eine in Untersuchungs- oder Strafhaft befindliche Person kann die Vollziehung der Schuldhaft erst nach Beendigung der Untersuchungs- oder Strafhaft erfolgen. Der Gerichtsvollzieher hat sich in einem solchen Falle mit dem Vorstande des Gefängnisses in Verbindung zu setzen.

---

[28]) § 911. [29]) §§ 913, 914. [30]) § 911. M. S. 447. [31]) § 906. [32]) §§ 910, 912. [33]) § 902. Verfahren bei unzulänglichem Offenbarungseid: Seuff. 58 Nr. 112.

10. Soll die weitere Verhaftung eines zum Zwecke der Zwangsvollstreckung bereits verhafteten Schuldners (Nachverhaftung) erfolgen, so hat der Gerichtsvollzieher den Schuldner im Gefängnis aufzusuchen, ihn anderweit für verhaftet zu erklären und den zuständigen Gefängnisbeamten, unter Aushändigung des Haftbefehls, um Fortsetzung der Haft, sobald die erst verhängte Haft beendet sein werde, zu ersuchen.[34])

11. Nach Leistung des Eides muß der Gläubiger den Haftbefehl dem Schuldner aushändigen. Die Erfüllung dieser Pflicht kann auf Antrag des Schuldners durch Entscheidung des Vollstreckungsgerichts erzwungen werden.

12. Das Vollstreckungsgericht hat ein Verzeichnis derjenigen Personen zu führen, die vor ihm den Offenbarungseid nach § 807, also darum geleistet haben, weil ihnen gegenüber die Pfändung zu einer vollständigen Befriedigung des Gläubigers nicht geführt hat oder gegen die wegen Verweigerung des Eides die Haft angeordnet ist. Die Vollstreckung einer Haft ist in dem Verzeichnisse zu vermerken, wenn sie sechs Monate gedauert hat. Sind seit dem Schlusse des Jahres, in welchem die Eintragung in das Verzeichnis bewirkt ist, fünf Jahre verstrichen, so ist die Eintragung dadurch zu löschen, daß der Name unkenntlich gemacht oder das Verzeichnis vernichtet wird.[35]) Die Einsicht des Verzeichnisses ist jedem gestattet, auch hat der Gerichtsschreiber auf Antrag über das Bestehen oder Nichtbestehen einer Eintragung Auskunft zu erteilen.

§ 52. Sicherung der Zwangvollstreckung. (§§ 916—945 ZPO.)

Zur Sicherung künftiger Zwangsvollstreckung dienen der Arrest und die einstweilige Verfügung, der Arrest wegen Geldforderungen,[1]) die einstweilige Verfügung wegen Individualleistungen (Handlungen oder Unterlassungen).[2]) Daneben ist die einstweilige Verfügung auch zur Regelung eines einstweiligen Zustandes in bezug auf ein streitiges Rechtsverhältnis zugelassen.[3]) Können Ansprüche auf eine Individualleistung in einen Anspruch auf Interesseleistung, also auf eine Geldforderung übergehen, so hat der Gläubiger die Wahl, ob er wegen der Individualleistung eine einstweilige Verfügung oder wegen der Interesseleistung einen Arrestbefehl erwirken will. Auch die Verbindung beider Schutzmittel wird nicht zu versagen sein, wenn nur dadurch dem Zwecke genügt werden kann.

A. Arrest. (§§ 916—934 ZPO.)

I. Voraussetzungen des Arrestes. (§§ 916—918 ZPO.)

1. Eine zu sichernde Geldforderung oder ein Anspruch, der in eine Geldforderung übergehen kann, gleichviel ob er schon eingeklagt ist oder nicht. Auch wegen betagter und bedingter Ansprüche ist der Arrest statthaft. Betagte Ansprüche sind diejenigen, bezüglich deren eine bestimmte

[34]) Preuß. Gesch.A. f. Ger.Vollz. § 99. [35]) § 915.
[1]) § 916. [2]) § 935. [3]) § 940.

Zeit dergestalt beigefügt ist, daß mit ihrem Ablauf die Ausübung des Rechtes ihren Anfang nehmen soll. Bedingt im Sinne dieser Vorschrift ist ein Anspruch auch dann, wenn die Bedingung bereits eingetreten, das Ergebnis aber noch nicht bekannt ist. Wenn der bedingte Anspruch wegen der entfernten Möglichkeit des Eintritts der Bedingung einen gegenwärtigen Vermögenswert nicht hat, so ist die Zulässigkeit des Arrestes ausgeschlossen.[4])

2. Möglichkeit der Zwangsvollstreckung. Also kein Arrest bei Feststellungsansprüchen[5]) oder zur Sicherung prozessualer Zwecke, insbesondere der Einleitung und Fortsetzung des Rechtsstreits.[6]) Ist die Zwangsvollstreckung selbst zulässig, so bleibt für den Arrest kein Raum. Hat also der Gläubiger einen vollstreckbaren Schuldtitel erwirkt, so kann der Arrest nur dann Platz greifen, wenn trotz des Schuldtitels der Zwangsvollstreckung Hindernisse im Wege stehen, die sich nicht sogleich beseitigen lassen.

3. Ein Arrestgrund. Danach sind zwei Arten des Arrestes zu unterscheiden, der dingliche Arrest und der persönliche (Sicherheits-)Arrest.

a) Der dingliche Arrest richtet sich gegen das gesamte bewegliche und unbewegliche Vermögen des Schuldners. Er findet statt, „wenn zu besorgen ist, daß ohne dessen Verhängung die Vollstreckung des Urteils vereitelt oder wesentlich erschwert werden würde".[7]) Hierzu genügt weder die ungünstige Vermögenslage des Schuldners noch der drohende Zugriff seitens anderer Gläubiger, es muß vielmehr die Gefahr vorliegen, daß vom Schuldner oder unberechtigten Dritten Handlungen vorgenommen werden, welche die künftige Befriedigung des Gläubigers vereiteln oder erschweren (z. B. Beseitigung von Vermögensstücken).[8])

Als zureichender Arrestgrund soll es angesehen werden, wenn ohne den Arrest das Urteil im Auslande vollstreckt werden müßte.[9]) Hierbei erscheint es gleichgültig, ob der Schuldner Inländer oder Ausländer oder im Auslande zu verklagen ist. Ist die Gewährung der Rechtshilfe durch Staatsverträge verbürgt, so ist dieser Arrestgrund ausgeschlossen,[10]) es sei denn, daß die Besorgnis vorliegt, es werde die tatsächliche Durchführung der verbürgten Rechtshilfe Schwierigkeiten begegnen. Unbedingt ausgeschlossen ist nach völkerrechtlichen Grundsätzen der Arrest gegen inländisches Vermögen fremder Staaten.[11])

b) Der persönliche (Sicherheits-)Arrest, gerichtet gegen die persönliche Freiheit des Schuldners (Haft, Hausarrest, Beschlagnahme von Reisepässen u. dgl.), ist nur dann zulässig, wenn der dingliche Arrest zur Erlangung der Sicherheit unzureichend ist und nur als Sicherungsmittel für die Zwangsvollstreckung in das Vermögen, er ist also ausgeschlossen bei der Zwangsvollstreckung gegen die Person des Schuldners.[12]) Der Arrestgrund ist gegeben, sobald die folgenden Voraussetzungen zusammentreffen:

---

[4]) § 916. M. II zu § 796. [5]) § 256. [6]) M. S. 448. § 13 Nr. 1 EG. z. ZPO. [7]) § 917 Abs. 1. [8]) RG. 3 S. 416, 9 S. 359, 26 S. 400; Gruch. 24 S. 947; JW. 90 S. 113. [9]) § 917 Abs. 2. [10]) M. S. 449. [11]) Gruch. 36 S. 289. [12]) § 888.

α) Der Schuldner muß Vermögensstücke besitzen — im Inlande oder Auslande —, die der Zwangsvollstreckung unterliegen. Die Vermögensstücke sind zu bezeichnen; des Nachweises, daß sie zur Befriedigung des Gläubigers hinreichen, bedarf es nicht.[13])

β) Es müssen Umstände obwalten, welche die Zwangsvollstreckung in das Vermögen gefährden. Für den Begriff der „Gefährdung" gelten die oben [14]) angegebenen Grundsätze.

γ) Der persönliche Arrest muß notwendig sein, um diese Gefährdung abzuwenden. Es muß also die Gefahr vorliegen, daß der Schuldner seine persönliche Freiheit zur Vereitelung oder wesentlichen Erschwerung der Zwangsvollstreckung benutzen werde.[15]) Danach wird der persönliche Arrest Anwendung finden, wenn es sich darum handelt, den Schuldner zur Offenlegung seines Vermögens anzuhalten oder an der Beiseiteschaffung von Deckungsmitteln zu verhindern, nicht aber zu dem Zwecke, um den Schuldner zur Herbeischaffung auswärts befindlicher Deckungsmittel zu veranlassen.[16])

II. Anordnung des Arrestes. (§§ 919—923 ZPO.) 1. Arrestgericht. Zuständig ist a) das Gericht der Hauptsache, d. i. dasjenige Gericht, das für den zu sichernden Hauptanspruch gesetzlich oder kraft Vereinbarung zuständig ist.[17]) Solange der Hauptanspruch noch nicht anhängig, ist stets das Gericht 1. Instanz zuständig; unter mehreren zuständigen Gerichten hat der Gläubiger die Wahl. Nach Anhängigkeit der Hauptsache ist das Gericht des Hauptprozesses auch für den Arrest maßgebend und zwar das Gericht 1. Instanz, wenn der Prozeß in der ersten oder in der Revisionsinstanz schwebt, das Gericht 2. Instanz, wenn der Prozeß in der Berufungsinstanz verhandelt wird.[18]) Die Anhängigkeit bei dem Berufungsgericht dauert bis zur Zustellung des Berufungsurteils.[19])

b) Dasjenige Amtsgericht, in dessen Bezirk der mit Arrest zu belegende Gegenstand oder die in ihrer persönlichen Freiheit zu beschränkende Person zur Zeit der Anordnung des Arrestes sich befindet.[20]) Diese Zuständigkeit ist auch dann begründet, wenn die Hauptsache bereits anhängig ist und wird dadurch nicht ausgeschlossen, daß der Wert des Hauptanspruchs oder des zu arrestierenden Gegenstandes die Sachzuständigkeit des Amtsgerichts überschreitet.[21])

Zwischen den Gerichtsständen zu a) und b) hat der Gläubiger die Wahl. Diese beiden Gerichtsstände (Arrestgericht) sind aber ausschließliche und ist deshalb die Vereinbarung der Parteien über die Zuständigkeit eines anderen Gerichts ausgeschlossen.[22]) Schiedsrichtern ist die Anordnung des Arrestes versagt, da diese stets einen staatlichen Zwangsakt voraussetzt.[23])

c) Wird ein Arrestgesuch, das eine mündliche Verhandlung nicht erfordert, bei einem Land- oder Oberlandesgericht angebracht, so kann der Vorsitzende, wenn nach seinem Ermessen der Fall so dringend ist, daß der

---

[13]) M. S. 451. Prot. S. 425. [14]) S. 386. [15]) M. S. 450. [16]) M. S. 450. [17]) RG. 4 S. 407, 7 S. 323, 35 S. 351. [18]) § 943. [19]) RG. 39 S. 398. [20]) § 919. [21]) GVG. § 23 Nr. 1. [22]) § 802, 707. [23]) Zeitschr. f. D.ZP. 15 S. 528.

Beschluß des Gerichts zu spät kommen würde, allein entscheiden, gleichviel, ob er dem Gesuche stattgeben oder es zurückweisen will.[24]) Gegen die Entscheidung des Vorsitzenden finden dieselben Rechtsbehelfe statt, wie gegen die Entscheidung des Gerichts. Eine Beschwerde über den Vorsitzenden bei dem Prozeßgericht ist unstatthaft.

2. Das Arrestgesuch ist in allen Fällen, auch vor Kollegialgerichten, vom Anwaltszwange befreit. Es ist stets besonders, nie mit der Klage verbunden einzureichen, da das Arrestverfahren ein selbständiges ist. Sind dennoch Arrestanträge in die Klageschrift aufgenommen, so müssen die Verfügungen auf solche Anträge stets auf besonderen Bogen erlassen werden, die zur Anlegung von Arrestakten zu benutzen oder zu den Sammelakten zu nehmen sind. Die Vollmacht für das Hauptverfahren legitimiert auch für das Arrestverfahren.

Das Arrestgesuch soll enthalten die Bezeichnung des Anspruchs nach seinem Rechtsgrunde und Geldbetrage und die Bezeichnung des Arrestgrundes. Sowohl der Anspruch wie der Arrestgrund sind gemäß § 294 glaubhaft zu machen.[25]) Die Glaubhaftmachung kann in dringenden Fällen nach richterlichem Ermessen durch Sicherheitsleistung zugunsten des Schuldners ersetzt werden.[26]) Die Bezeichnung des zu arrestierenden Gegenstandes ist entbehrlich beim dinglichen Arreste, da dieser das ganze Vermögen umfaßt,[27]) notwendig aber zur Begründung der Zuständigkeit des Amtsgerichts der belegenen Sache.

3. Verfahren. Der Regel nach ist auf den einseitigen Antrag des Gläubigers zu entscheiden, ohne daß eine Mitteilung an den Schuldner oder dessen Anhörung stattfindet. Unterliegt die Entscheidung Bedenken, so kann das Gericht ausnahmsweise die vorgängige Anhörung des Schuldners oder mündliche Verhandlung durch Beschluß anordnen. Wird die Anhörung beschlossen, so ist der Schuldner mit oder ohne Fristbestimmung aufzufordern, sich über das Gesuch schriftlich oder zu Protokoll des Gerichtsschreibers zu erklären und es erfolgt die Entscheidung, mag eine Erklärung eingehen oder nicht, nach Lage der Sache. Wird mündliche Verhandlung angeordnet, so hat das Gericht den Anordnungsbeschluß zu erlassen. Ob die Ladung von Amts wegen oder im Parteibetriebe zu erfolgen hat, ist bestritten. Die vorherrschende Praxis hat sich mit Recht für den Parteibetrieb entschieden, weil er die Regel bildet, von der nur auf Grund gesetzlicher Vorschrift, nicht aber schon dann abgewichen werden darf, wenn die Veranlassung zur Verhandlung vom Gericht ausgeht. Der Anordnungsbeschluß wird also dem Arrestkläger zugestellt. Diesem bleibt es überlassen, die Anberaumung eines Termins zu erwirken und den Schuldner unter Beifügung einer Abschrift des Beschlusses und des Arrestgesuchs zu laden. Ist der Anordnungsbeschluß von einem Kollegialgericht ergangen, so waltet Anwaltszwang ob. Kläger hat also einen Anwalt zu bestellen und die Ladung des Beklagten mit der Aufforderung zu verbinden, einen beim Prozeßgericht zugelassenen Anwalt zu bestellen.

Hat mündliche Verhandlung nicht stattgefunden, so er-

---

[24]) § 944. [25]) § 920 Abs. 2. [26]) § 921. [27]) § 917.

folgt die Entscheidung durch Beschluß. Eine Entscheidung über den Kostenpunkt unterbleibt. Der Gläubiger hat die Kosten vorzuschießen [28]) und kann den Anspruch auf Erstattung im Prozeßwege verfolgen, durch Verbindung mit der Hauptklage oder durch besondere Klage. Einen Schuldtitel für die Erstattung der Prozeßkosten enthält der Arrestbeschluß nicht.

Ist mündliche Verhandlung angeordnet, so unterliegt das Verfahren den gewöhnlichen Regeln und Wirkungen der mündlichen Verhandlung. Dies gilt auch für das Versäumnisverfahren.[29]) Wenn der Kläger ausbleibt oder nicht verhandelt, so ist er auf Antrag des Beklagten mit seinem Gesuche abzuweisen. Wenn der Beklagte ausbleibt oder nicht verhandelt, so ist auf Antrag des Klägers der Arrest soweit anzuordnen, als die für glaubhaft gemacht anzunehmenden Anführungen den Arrest rechtfertigen. Wenn beide Teile ausbleiben oder nicht verhandeln, ruht das Verfahren. Für eine Widerklage ist kein Raum. Die Entscheidung ergeht durch Endurteil, das von Amts wegen über die Kosten des Arrestverfahrens Entscheidung zu treffen hat.[30])

4. Die Entscheidung kann gehen a) auf Zurückweisung des Arrestgesuchs, b) auf Erfordern einer Sicherheitsleistung, c) auf Anordnung des Arrestes.

a) Zurückweisung des Arrestgesuchs erfolgt, wenn das Gericht die Voraussetzungen des Arrestgesuchs nicht für vorliegend und insbesondere den Ersatz der Glaubhaftmachung durch Sicherheitsleistung nicht für angemessen erachtet.

b) Das Erfordern einer Sicherheitsleistung verfolgt den Zweck, den Gegner wegen der ihm aus dem Arreste drohenden Nachteile zu sichern und kann getroffen werden sowohl zum Ersatze als zur Verstärkung der Glaubhaftmachung des Anspruchs und des Arrestgrundes oder eines von beiden, nicht aber zum Ersatze des mangelnden Anspruchs oder des mangelnden Arrestgrundes. Die Höhe der Sicherheit wird regelmäßig mit der Höhe des Gläubigeranspruchs, einschließlich der Kosten, zusammenfallen. Die Art der Sicherheit ist nach freiem Ermessen des Gerichts zu bestimmen, ist also nicht beschränkt auf die Hinterlegung von Geld oder Wertpapieren, sondern kann auch anderweit, z. B. durch Bürgschaft, Verpfändung oder Eintragung geleistet werden.[31])

In solchem Falle kann zunächst dem Antragsteller aufgegeben werden, eine Sicherheit zu leisten und, wenn das geschehen ist, der Arrest angeordnet werden; oder es kann ein sog. bedingter Arrestbefehl erlassen, d. h. die Vollziehung des Arrestes an die Bedingung der Sicherheitsleistung geknüpft werden. Ein derartiger bedingter Arrest ist vom Gesetze zwar nicht erwähnt, aber auch nicht ausgeschlossen und wird deshalb von der Praxis zugelassen.[32]) Zur Vollziehung des bedingten Arrestbefehls bedarf es des Nachweises der Erfüllung der Bedingung gemäß § 751 Abs. 2.[33]) Das Gericht kann aber auch einen Beschluß erlassen, durch den der Erlaß des Arrestbefehls von der Leistung einer — zu bestimmenden — Sicherheit abhängig gemacht wird. Der Beschluß ist dem Gläubiger von Amts

---

[28]) GKG. § 89. [29]) M. S. 453. [30]) § 922. JW. 88 S. 271. [31]) RG. 7 S. 380. [32]) Seuff. 59 Nr. 24. [33]) RG. 12 S. 367.

wegen zuzustellen. Die Anordnung des Arrestes erfolgt erst nach Eingang der Sicherheit.

c) Sind die Voraussetzungen des Arrestgesuchs erfüllt, wird eine Sicherheitsleistung nicht für erforderlich erachtet oder ist die erforderte Sicherheit als geschehen nachgewiesen, so erfolgt der Erlaß des Arrestbefehls.

Den Inhalt des dinglichen Arrestbefehls ergeben die §§ 917, 923. Beim persönlichen Sicherheitsarrest ist diejenige Maßregel auszudrücken, die zur Beschränkung der persönlichen Freiheit gewählt worden ist.

Das Recht, von der Befugnis zur Hinterlegung Gebrauch zu machen, steht nur dem Schuldner zu[34]) und hat den Sinn, daß dem Arrestgläubiger gegenüber die Haftbarkeit des Arrestgegenstandes aufgehoben und die Haftbarkeit des hinterlegten Geldbetrages neu begründet wird. Diese neue Haftbarkeit ist eine selbständige, so daß der Arrestgläubiger aus dem hinterlegten Gelde im vollen Betrage und nicht nur insoweit Befriedigung verlangen kann, als der Arrestgegenstand ihm solche gewährt haben würde.[35])

Nicht verkündete Arrestbefehle sind dem Arrestgläubiger von Amts wegen zuzustellen. Ihm bleibt es überlassen, die Zustellung an den Arrestschuldner herbeizuführen.[36]) Hierzu kann er sich, wenn der Arrestbefehl von einem Amtsgericht ausgegangen ist, der Mitwirkung des Gerichtsschreibers bedienen.[37]) Muß die Zustellung an den Arrestschuldner im Auslande erfolgen, so finden die §§ 199, 202, 207 Anwendung. Die erforderlichen Ersuchungsschreiben hat der Vorsitzende des Prozeßgerichts zu erlassen.

Der Beschluß, durch den das Arrestgesuch zurückgewiesen oder vorgängige Sicherheitsleistung erfordert wird, ist dem Gegner nicht mitzuteilen.[38]) Wird der Arrestgläubiger mit einem Teile seines Arrestantrages zurückgewiesen, so ist der zurückweisende Beschluß besonders abzusetzen und dem Arrestgläubiger getrennt vom Arrestbeschlusse zuzustellen.

Endurteile über den Arrestantrag unterliegen der Zustellung im Parteibetriebe und den gewöhnlichen Rechtsmitteln. Gegen die Urteile der Oberlandesgerichte ist die Revision auch dann das zulässige Rechtsmittel, wenn das Oberlandesgericht als Gericht der Hauptsache in erster Instanz oder wenn es auf Beschwerde über die Ablehnung des Arrestes erkannt hat.[39]) Gegen Versäumnisurteile findet der Einspruch statt.

5. Rechtsbehelfe gegen Beschlüsse in Arrestsachen. a) Beschwerde. Wird das Arrestgesuch zurückgewiesen oder vorgängige Sicherheitsleistung erfordert, so hat der Gläubiger gegen diesen Beschluß die gewöhnliche Beschwerde.[40])

b) Widerspruch. Ist der Arrest angeordnet, so bleibt dem Schuldner sowohl die Beschwerde als die Klage versagt. Sein alleiniger Rechtsbehelf ist der Widerspruch. Dieser ist an keine Zeit gebunden, kann also schon vor der Zustellung des Arrestbeschlusses an den Schuldner und noch nach der Arrestvollziehung erhoben werden,[41]) hemmt aber nicht die Arrestvollziehung.

---

[34]) RG. 20 S. 397, 39 S. 399. [35]) RG. 20 S. 396. [36]) § 922 Abs. 2. [37]) § 166 Abs. 2. [38]) § 922 Abs. 3. [39]) RG. 5 S. 430, 50 S. 342, 52 S. 270. [40]) § 567. [41]) RG. 14 S. 391, 16 S. 324, 18 S. 376, 29 S. 396. Gruch. 30 S. 163. JW. 89 S. 232, 92 S. 59.

α) Zuständig für die Entscheidung des Widerspruchs ist dasjenige Gericht, das den Arrest angeordnet hat, oder hätte anordnen sollen,[42]) also wenn die Anordnung auf Beschwerde von dem Beschwerdegericht erfolgt ist, nicht dieses, sondern das zuerst angerufene Instanzgericht.[43]) Die Zuständigkeit ist sachlich und örtlich eine ausschließliche.[44])

β) Verfahren. Der Arrestschuldner hat den Arrestgläubiger, wenn das Arrestgericht ein Land- oder Oberlandesgericht ist, zur mündlichen Verhandlung über den Widerspruch vor das Gericht zu laden. Die Ladung erfolgt im Parteibetriebe durch Zustellung eines Schriftsatzes. Dieser muß die Erklärung enthalten, daß Widerspruch erhoben werde. Die Angabe der Widerspruchsgründe kann in die Widerspruchserklärung mit aufgenommen, aber auch in der mündlichen Verhandlung nachgeholt werden. Es findet Anwaltszwang statt und muß in der Ladung die Aufforderung zur Bestellung eines Anwalts enthalten sein.[45])[46]) Ist dagegen das Arrestgericht ein Amtsgericht, so ist der Widerspruch unter Angabe der Gründe schriftlich oder zum Protokolle des Gerichtsschreibers zu erheben. Die Terminsbestimmung und die Ladung der Parteien erfolgt alsdann von Amts wegen nach den für das amtsgerichtliche Verfahren gegebenen Bestimmungen.

Die Parteirollen bleiben unverändert. Kläger ist der Gläubiger, Beklagter der Schuldner.

Gegenstand der Verhandlung und Entscheidung ist nur die Rechtmäßigkeit des Arrestes.[47]) Es ist also nur festzustellen, ob zur Zeit der Arrestanordnung deren Erfordernisse vorhanden gewesen sind. Mit der Hauptsache hat das Verfahren nichts zu tun. Deshalb ist auch eine Widerklage auf Aberkennung des Hauptanspruchs unstatthaft.[48])

Die mündliche Verhandlung folgt den gewöhnlichen Regeln. Der Arrestgläubiger ist auf die im Arrestgesuche vorgebrachten Anführungen nicht beschränkt.[49]) Anführungen des Arrestschuldners sind nur soweit erheblich, als sie das Vorbringen des Arrestgläubigers erschüttern. Die erheblichen streitigen Anführungen sind glaubhaft zu machen, auch die des Arrestschuldners.[50]) Jede Beweisaufnahme, die nicht sofort erfolgen kann, ist unstatthaft.

Die Entscheidung ergeht durch Endurteil. Das Gericht kann den Arrestbeschluß ganz oder teilweise bestätigen, ändern oder auf heben, auch diese Maßregeln von einer Sicherheitsleistung des Gläubigers oder des Schuldners abhängig machen.[51]) Die Entscheidung hat sich gemäß § 308 auch auf den Kostenpunkt zu erstrecken.

Im Falle des Versäumnisverfahrens ist beim Ausbleiben des Gläubigers auf Antrag des Schuldners das Arrestgesuch abzuweisen, beim Ausbleiben des Schuldners auf Antrag des Gläubigers der Arrest zu bestätigen, soweit er nach dem als zugestanden anzunehmenden Vorbringen des

---

[42]) §§ 924, 804. [43]) RG. 29 S. 396, 37 S. 369; Seuff. 56 Nr. 122. [44]) RG. 18 S. 361, 374. [45]) §§ 78, 215. [46]) Ladungsfrist: § 217. [47]) § 925. [48]) R. S. 453. RG. 4 S. 400, 7 S. 322. [49]) RG. 5 S. 364, 24 S. 372, 27 S. 427. [50]) RG. 27 S. 427. Seuff. 45 S. 116. JW. 89 S. 108. [51]) § 925.

Gläubigers gerechtfertigt ist. Beim Ausbleiben beider Teile ruht das Verfahren.

Soweit das Urteil den Arrest aufhebt, ist es von Amts wegen für vorläufig vollstreckbar zu erklären.[52]) Alsdann finden die §§ 712, 713 entsprechende Anwendung. Soweit der Arrest bestätigt wird, bedarf es der Erklärung der vorläufigen Vollstreckbarkeit nicht, da der Arrestbefehl schon kraft Gesetzes vollstreckbar ist.[53])

Das Urteil ist im Parteibetriebe zuzustellen und unterliegt den ordentlichen Rechtsmitteln, Berufung und Revision. Gegen das Versäumnisurteil ist der Einspruch zulässig.

III. Aufhebung der Arrestanordnung. 1. Der Arrest kann aufgehoben werden: a) Wegen unterlassener Anstellung der Hauptklage. (§ 926 ZPO.) α) Solange die Hauptsache noch nicht anhängig ist, steht es dem Schuldner frei, beim Arrestgericht[54]) den Antrag zu stellen, eine Klagefrist anzuordnen, gleichviel ob der Arrest durch Beschluß oder Urteil angeordnet oder auf Widerspruch bestätigt ist. Ist das Arrestgericht ein Land- oder Oberlandesgericht, so findet Anwaltszwang statt.

Der Antrag erfordert zu seiner Begründung nur die Behauptung, daß die Hauptsache noch nicht anhängig sei. Die Entscheidung erfolgt durch Beschluß. Mündliche Verhandlung ist ausgeschlossen, vorgängige Anhörung des Gläubigers gestattet. In dringenden Fällen kann der Vorsitzende statt des Gerichts entscheiden. Wird der Antrag zurückgewiesen, so ist der Beschluß nur dem Schuldner zuzustellen, dem dagegen die gewöhnliche Beschwerde zusteht.[55]) Wird dem Antrage stattgegeben, so ist die Frist nach den Umständen des Falles zu bemessen. Ist der Anspruch betagt oder bedingt, so genügt es, wenn die Frist für die Feststellungsklage ausreicht. Die festgesetzte Frist kann auf Vereinbarung der Parteien oder auf Antrag einer Partei vom Gericht verlängert oder abgekürzt werden.

Der Beschluß, der die Klagefrist anordnet oder die angeordnete Frist nachträglich ändert, ist von Amts wegen beiden Teilen zuzustellen.[56]) Der Schuldner hat gegen eine zu weite Befristung die gewöhnliche Beschwerde, dem Gläubiger, dem die Frist zu kurz erscheint, steht dieserhalb kein Rechtsmittel zu.[57])

β) Wird innerhalb der bestimmten Frist die Klage nicht erhoben, so ist auf Antrag die Aufhebung des Arrestes durch Endurteil auszusprechen.[58]) Zu diesem Zwecke hat der Schuldner, der damit die Rolle des Klägers übernimmt, den Gläubiger als Beklagten zur mündlichen Verhandlung vor das Arrestgericht zu laden oder, falls das Arrestgericht ein Amtsgericht ist, Antrag auf Terminsanberaumung zu stellen. In dem Termine hat der Gläubiger die Klageerhebung nachzuweisen. Darauf, ob die Klage bei dem zuständigen Gericht erhoben ist, kommt nichts an. Ist vertragsmäßig ein Schiedsgericht vereinbart, so genügt der Nachweis der Anrufung des Schiedsgerichts.[59]) Als rechtzeitig erhoben gilt die Klage

---

[52]) § 708 Nr. 5. [53]) § 929. [54]) S. 387. [55]) § 567. [56]) § 329. [57]) § 252. [58]) § 926 Abs. 2. [59]) RG. 30 S. 319, 31 S. 370.

nicht nur, wenn sie innerhalb der angeordneten Frist, sondern auch wenn sie bis zum Schlusse der der Entscheidung vorhergehenden mündlichen Verhandlung erhoben ist.[60]) Doch hat im letzteren Falle der Gläubiger die Kosten zu tragen. Eine zwar erhobene aber wieder zurückgenommene Klage gilt als nicht angestellt.

Beim Ausbleiben des Schuldners (Klägers) ist auf Antrag des Gläubigers (Beklagten) der Aufhebungsantrag abzuweisen, beim Ausbleiben des Gläubigers ist die Behauptung des Schuldners, daß nicht rechtzeitig geklagt sei, für zugestanden zu erachten und auf Aufhebung des Arrestes zu erkennen. Beim Ausbleiben beider Teile ruht die Sache.

Die Urteilsformel ist zu fassen auf Abweisung des Aufhebungsantrags oder auf — gänzliche oder teilweise — Aufhebung des Arrestes. Die Entscheidung hat sich auch auf den Kostenpunkt zu erstrecken. Soweit die Aufhebung des Arrestes erfolgt, ist das Urteil von Amts wegen für vorläufig vollstreckbar zu erklären.[61]) Gegen das Urteil sind die ordentlichen Rechtsmittel, Berufung und Revision zulässig; das Versäumnisurteil unterliegt dem Einspruch. Die Aufhebung bezieht sich nur auf den vorliegenden Arrest und steht der Anbringung eines neuen Arrestgesuchs nicht entgegen.

b) Wegen veränderter Umstände. (§ 927 ZPO.) Jeder Arrestbefehl, auch der durch rechtskräftiges Urteil angeordnete, ist auf Antrag des Schuldners wegen veränderter Umstände aufzuheben.

α) Veränderte Umstände sind alle nach dem Arrestbefehl entstandenen Änderungen der Arrestvoraussetzungen, also der Wegfall des Anspruchs oder des Arrestgrundes. Beispielsweise liegt ein Wegfall des Anspruchs vor, wenn die durch den Arrest gesicherte Forderung, wenn auch noch nicht rechtskräftig,[62]) für nicht begründet erklärt oder getilgt ist, oder wenn in der Hauptsache rechtskräftig die Unzuständigkeit des Gerichts festgestellt wird.[63]) Ein Wegfall des Arrestgrundes würde vorliegen, wenn nachträglich die Zwangsvollstreckung im Inlande möglich wird.[64]) Den veränderten Umständen ist die Sicherheitsleistung seitens des Schuldners gleichgestellt.

β) Verfahren. Zuständig ist dasjenige Gericht, das den Arrest angeordnet hat, wenn die Hauptsache anhängig ist, auch das Gericht der Hauptsache,[65]) nicht aber das für den Arrestanspruch vereinbarte Schiedsgericht.[66]) Vor dieses Gericht hat der Schuldner als Kläger den Gläubiger als Beklagten zu laden, falls die Sache vor ein Kollegialgericht gehört.[67]) In diesem Falle findet Anwaltszwang statt. Ist das Gericht ein Amtsgericht, so ist der Antrag auf Terminsbestimmung zu stellen und vollzieht sich die Ladung dann von Amts wegen. Der Nachweis der Veränderung oder Sicherheitsleistung liegt dem Schuldner ob. Die Entscheidung erfolgt durch Endurteil. Sie lautet auf Abweisung des Antrags, auf unbedingte — gänzliche oder teilweise — Aufhebung des Arrestes oder auf Aufhebung des Arrestes gegen eine nach freiem Ermessen zu bestimmende Sicherheitsleistung. Soweit das Urteil auf Aufhebung des Arrestes lautet,

---

[60]) § 231 Abs. 2. [61]) § 708 Nr. 5. [62]) RG. JW. 91 S. 10. [63]) RG. 50 S. 342. [64]) M. S. 454. [65]) § 927 Abs. 2. [66]) RG. 30 S. 319, 31 S. 370. [67]) RG. 20 S. 383.

ist es von Amts wegen für vorläufig vollstreckbar zu erklären.[68]) Rechtsmittel: die ordentlichen, Berufung und Revision. Beim Versäumnisurteil ist Einspruch statthaft.

2. Erweist sich die Anordnung eines Arrestes als von Anfang an ungerechtfertigt oder wird er wegen Nichterhebung der Klage aufgehoben, so ist der Arrestausbringer verpflichtet, dem Gegner den Schaden zu ersetzen, der ihm aus der Vollziehung des Arrestes oder dadurch entsteht, daß er Sicherheit leistet, um die Vollziehung abzuwenden oder die Aufhebung der Maßregel zu erwirken.[69]) Dieser Schadensersatzanspruch ist mit der Aufhebung des Arrestes ohne weiteres gegeben; das über den Schadensersatzanspruch erkennende Gericht hat die Rechtmäßigkeit des Arrestes oder seiner Aufhebung nicht nachzuprüfen.[70]) Der Arrest ist schon dann von Anfang an ungerechtfertigt, wenn eine den Hauptanspruch beseitigende Einrede zur Zeit des Erlasses des Arrestes als glaubhaft erscheinen mußte. Ein Verschulden des Arrestausbringers setzt die Entschädigungspflicht nicht voraus, doch kann diese Pflicht auf Grund von BGB. § 254 durch ein Verschulden des Arrestgegners ausgeschlossen werden.[71])

Der Schadensersatzanspruch kann nicht im Verfahren über den Arrest, sondern nur im Hauptprozeß oder in besonderem Verfahren geltend gemacht werden.[72])

IV. Vollziehung des Arrestes. Die Arrestvollziehung ist die Zwangsvollstreckung aus dem Arrestbefehl. Sie ist dem Betreiben des Gläubigers überlassen. Bezüglich der Form und des Gegenstandes finden die Vorschriften über die Zwangsvollstreckung insoweit Anwendung, als die Natur des Arrestes, der nicht zur Befriedigung, sondern nur zur Sicherstellung des Gläubigers führen soll, dies gestattet.

Hervorzuheben sind folgende Bestimmungen.

1. Zeitliche Schranken der Vollziehung. Arrestbefehle sollen der Rechtskraft vorgreifen. Sie sind also sofort vollstreckbar, unabhängig von ihrer Rechtskraft.[73]) Einer Vollstreckungsklausel bedürfen sie nur, wenn die Vollziehung für einen anderen als den im Befehl bezeichneten Gläubiger oder gegen einen anderen als den im Befehl bezeichneten Schuldner erfolgen soll.[74])

Die Vollziehung ist nur statthaft innerhalb einer gesetzlichen Frist von einem Monat. Die Frist beginnt, wenn die Verkündung des Arrestbefehls in mündlicher Verhandlung stattgefunden hat, mit der Verkündung, wenn der Arrestbefehl ohne mündliche Verhandlung beschlossen ist, mit dessen Zustellung an den Gläubiger. Nach Ablauf dieser Frist haben die Vollziehungsorgane die Vollziehung des Arrestes abzulehnen. Der den noch vollzogene Arrest entbehrt der Rechtswirkung.

Die Vollziehung kann schon vor der Zustellung des Arrestbefehls an den Schuldner wirksam stattfinden, verliert aber ihre Wirksamkeit, wenn die Zustellung nicht innerhalb einer Woche nach der Vollziehung und außerdem innerhalb der vorerwähnten Frist von einem Monat erfolgt.

---

[68]) § 708 Nr. 5. [69]) § 945. [70]) RG. 59 S. 358. [71]) RG. 54 S. 347. [72]) RG. 51 S. 41, 54 S. 347, 58 S. 239. [73]) RG. 40 S. 383. [74]) § 929

Ist also der Arrestbefehl dem Gläubiger am 2. Januar zugestellt und hat er am 3. Januar den Arrestbefehl durch Pfändung vollzogen, so muß der Arrestbefehl spätestens am 10. Januar dem Schuldner zugestellt werden. Erfolgt die Vollziehung des Arrestbefehls am 29. Januar, so bleibt dem Gläubiger zur Zustellung des Arrestbefehls an den Schuldner nur noch der Rest der Frist von einem Monat, die Zustellung muß also spätestens am 2. Februar erfolgen.[75]) Bei öffentlichen Zustellungen oder Zustellungen im Auslande wird die Frist durch die Überreichung des Zustellungsgesuchs gewahrt, sofern demnächst die Zustellung erfolgt. Ergibt sich aber die Unausführbarkeit der Zustellung, so ist mit dem Ablauf der Frist die Vollstreckung wirkungslos geworden.[76])

Der Fortfall der Rechtswirkung im Falle nicht rechtzeitiger Zustellung des Arrestbefehls kann vom Schuldner sowohl wie von beteiligten Dritten gemäß § 766 oder durch Klage geltend gemacht werden.[77])

2. Die Arrestvollziehung selbst darf über ihren Zweck, die Sicherstellung des Gläubigers herbeizuführen, nicht hinausgreifen. Innerhalb dieser Grenze folgt sie den Vorschriften über die Zwangsvollstreckung. Es kann also auch dem Arrestgläubiger nicht das Recht versagt werden, vom Arrestschuldner den Offenbarungseid zu verlangen, denn der Zweck der Sicherstellung des Gläubigers steht dem Offenbarungseide nicht entgegen.

Im einzelnen ist folgendes zu bemerken.

a) Die Vollziehung des Arrestes in bewegliches Vermögen geschieht wie die Zwangsvollstreckung durch Pfändung mit der Abweichung, daß für die Pfändung einer Forderung hier das Arrestgericht als Vollstreckungsgericht zuständig ist.[78]) Über die Pfändung hinaus geht diese Zuständigkeit nicht. Die spätere Zwangsvollstreckung, insbesondere die Überweisung, gehört zur Zuständigkeit des eigentlichen in § 828 bezeichneten Vollstreckungsgerichts. Die Pfändung erzeugt ein unbedingtes Pfandrecht mit den vollen Wirkungen des § 804. Durch die Entscheidung des Hauptprozesses wird das Pfandrecht nicht berührt. Wenn im Hauptprozeß der Gläubiger obsiegt, so erhält er das Recht zur Verwertung des Pfandes. Wird der Gläubiger abgewiesen, so ist der Schuldner berechtigt, die Aufhebung des Arrestes zu beantragen.

Die Veräußerung der gepfändeten Sache ist der Regel nach ausgeschlossen. Das Vollstreckungsgericht[79]) kann aber auf Antrag anordnen, daß eine bewegliche körperliche Sache, wenn sie der Gefahr einer beträchtlichen Wertsverringerung ausgesetzt ist oder wenn ihre Aufbewahrung unverhältnismäßige Kosten verursachen würde, versteigert werde. Wertpapiere stehen den körperlichen Sachen gleich. Die Entscheidung des Vollstreckungsgerichts kann ohne mündliche Verhandlung erfolgen und unterliegt der sofortigen Beschwerde.[80]) Der Erlös der versteigerten Sachen, desgleichen gepfändetes Geld, ist zu hinterlegen und tritt an die Stelle der Pfandstücke, unterliegt also demselben Pfandrechte, das dem Gläubiger an diesen zustand.[81]) Forderungen und sonstige Vermögensrechte unterliegen nicht der Verwertung. Sogar die Überweisung zur Einziehung

---

[75]) § 929. [76]) § 207. [77]) RG. 26 S. 396; JW. 89 S. 232. [78]) § 930.
[79]) § 828 Abs. 2. [80]) §§ 764, 793. [81]) § 930.

mit der Wirkung, daß der Drittschuldner den Schuldbetrag hinterlege, ist unstatthaft.[82])

Die Vollziehung des Arrestes in ein Schiff, das im Schiffsregister eingetragen ist, ist im § 931 besonders geregelt.

b) **Die Vollziehung des Arrestes in ein Grundstück** oder in eine Berechtigung, die ein Blatt im Grundbuche erhalten hat, erfolgt durch **Eintragung einer Sicherungshypothek**.[83]) Als Höchstbetrag ist der nach § 923 im Arrestbefehl festgestellte Geldbetrag einzutragen, durch dessen Hinterlegung die Vollziehung des Arrestes gehemmt wird. Als Zeitpunkt der Vollziehung ist derjenige anzusehen, in dem das Eintragungsgesuch bei dem Grundbuchamt eingeht. Der Antrag auf Eintragung ist unmittelbar an das Grundbuchamt zu richten. Er kann in privatschriftlicher Form sowohl von dem aus dem Arrestbefehl oder der Vollstreckungsklausel sich ergebenden Gläubiger, als von dessen Prozeßbevollmächtigtem gestellt werden. Zur Legitimation des letzteren genügt es, wenn er im Arrestbefehl als Vertreter des Gläubigers aufgeführt ist. Anderenfalls hat der Bevollmächtigte dem Grundbuchamt den Nachweis der Vollmacht für den Prozeß zu führen oder eine besondere Vollmacht des Berechtigten, die der Beglaubigung nicht bedarf, beizubringen. Für den Inhalt des Arrestbefehls genügt die Anlegung des dinglichen Arrestes im allgemeinen; einer Bezeichnung der Grundstücke bedarf es nicht. Einem durch Sicherheitsleistung bedingten Arrestbefehl kann das Grundbuchamt erst entsprechen, wenn ihm durch öffentliche Urkunden die Sicherheitsleistung nachgewiesen ist. Die Eintragung des Arrestes ist nur zulässig, wenn der Arrestschuldner als Eigentümer des Grundstücks eingetragen ist.

Soll die Eintragung auf mehrere Grundstücke des Schuldners erfolgen, so ist der Betrag der Forderung auf die einzelnen Grundstücke zu verteilen. Die Größe der Teile bestimmt der Gläubiger. Die Eintragung ist auf dem Arrestbefehl zu vermerken.

Wird durch eine vollstreckbare Entscheidung der Arrest aufgehoben oder die Vollziehung des Arrestes mit der Wirkung eingestellt, daß die bereits erfolgten Vollstreckungsmaßregeln aufzuheben sind oder erfolgt die zur Abwendung der Vollstreckung nachgelassene Sicherheit oder Hinterlegung, so erwirbt der Eigentümer des Grundstücks die Hypothek.[84])

c) **Die Vollziehung des persönlichen Sicherheitsarrestes** erfolgt nach Maßgabe der im Arrestbefehl getroffenen Anordnung. Ist eine solche Anordnung unterblieben, so muß der Gerichtsvollzieher die Vollstreckung ablehnen und den Antragsteller an das Arrestgericht verweisen. Letzteres hat alsdann über die Vollstreckungsart eine besondere Anordnung zu treffen. Ist Haft angeordnet, so gelten die gewöhnlichen Grundsätze.[85]) In den Haftbefehl ist der nach § 923 festgestellte Geldbetrag aufzunehmen. Auch für die sonstigen Beschränkungen der persönlichen Freiheit (Beschlagnahme von Pässen oder anderen Legi-

[82]) RG. 33 S. 421. [83]) § 932. [84]) §§ 932, 867, 868. [85]) S. 383 ff.

timationspapieren, Stadt- oder Hausarrest, Vorenthaltung von Reisemitteln usw.) finden die §§ 904—913 Anwendung.[86])

Die Aufhebung des vollzogenen Arrestes kann erfolgen a) wenn der Schuldner den im Arrestbefehl festgestellten Geldbetrag hinterlegt, b) wenn die Fortdauer besondere Aufwendungen erfordert — z. B. Auslagen für Haft oder Aufbewahrung — und der Gläubiger der Aufforderung zur Vorschußleistung nicht nachkommt.[87])

In beiden Fällen erfolgt die Aufhebung vom Vollstreckungsgericht, im Falle zu a auf den durch Beifügung der Hinterlegungsurkunde zu begründenden schriftlichen Antrag des Schuldners, im Falle zu b auch von Amts wegen. Mündliche Verhandlung oder schriftliche Erklärung des Gläubigers sind nicht notwendig, aber statthaft. Die Entscheidung erfolgt in allen Fällen durch Beschluß, der von Amts wegen zuzustellen ist. Gegen den aufhebenden Beschluß findet sofortige Beschwerde statt.[88]) Dasselbe wird auch von dem ablehnenden Beschlusse gelten müssen, da eine Entscheidung im Zwangsvollstreckungsverfahren in Frage steht.[89])

Will der Schuldner den hinterlegten Geldbetrag zurückerlangen, so hat er gemäß §§ 924—927 die Aufhebung des Arrestbefehls zu erwirken.

B. Einstweilige Verfügung. (§§ 935—945 ZPO.)

Während der Arrest nur bei vermögensrechtlichen Ansprüchen zulässig und nur zur Sicherung von Geldforderungen bestimmt ist, sind einstweilige Verfügungen bei allen Rechtsstreitigkeiten, auch bei nicht vermögensrechtlichen (Ehe- und Statussachen) statthaft, und nicht nur zur Sicherung des Streitgegenstandes,[1]) sondern auch zur einstweiligen Regelung eines streitigen Rechtsverhältnisses.

Die Anwendbarkeit der einstweiligen Verfügungen ist nicht auf die Dauer des Rechtsstreits beschränkt. Es wird nicht erfordert, daß der Rechtsstreit in der Hauptsache bereits anhängig sei.[2]) Auch in der Zwangsvollstreckungsinstanz können einstweilige Verfügungen erlassen werden, insbesondere zum Schutze des Schuldners. So beispielsweise, wenn ihm Einwendungen gegen ein rechtskräftiges Urteil erwachsen sind oder wenn ein nur vorläufig vollstreckbares Urteil in Frage steht.

I. Voraussetzungen. 1. Einstweilige Verfügungen zur Sicherung des Streitgegenstandes[3]) erfordern a) einen auf eine Individualleistung gerichteten Anspruch, d. h. einen Anspruch auf Herausgabe von Sachen oder auf Erwirkung von Handlungen oder Unterlassungen;[4]) b) die Besorgnis, daß durch eine Veränderung des bestehenden Zustandes das Recht einer Partei auf die Individualleistung vereitelt oder wesentlich erschwert werden könnte. Wie beim Arrest können auch hier nur solche Umstände in Frage kommen, die sich auf Handlungen und Verfügungen des Schuldners oder unberechtigter Dritter zurückführen

[86]) § 933. [87]) § 934. [88]) § 934 Abs. 4. [89]) § 793.

[1]) § 935. [2]) RG. 4 S. 400. Seuff. 36 S. 125. [3]) § 935. [4]) §§ 883 bis 894.

lassen.[5]) Darüber, ob solche Umstände vorhanden sind, entscheidet das richterliche Ermessen.

2. **Einstweilige Verfügungen zur Sicherung eines einstweiligen Zustandes** bezüglich eines streitigen Rechtsverhältnisses (provisorium, interimisticum)[6]) haben zur Voraussetzung: a) einen Anspruch, der zur Geltendmachung in einem Rechtsstreit geeignet ist. Die Art des Rechtsverhältnisses ist gleichgültig. Der Regel nach werden allerdings dauernde Rechtsverhältnisse in Frage stehen. Beispiele: Einstweilige Regelung des Besitzstandes, der Alimentierung während eines Ehescheidungsprozesses; b) die Notwendigkeit einer einstweiligen Regelung. Darüber, ob Umstände vorhanden sind, welche die Notwendigkeit bedingen, entscheidet das richterliche Ermessen.[7]) Als Beispiele führt das Gesetz auf: die Abwendung wesentlicher Nachteile und die Verhinderung drohender Gewalt.[8])

3. Endlich sind einstweilige Verfügungen in den **besonderen Fällen** zulässig, in denen sie durch Vorschriften der ZPO.[9]) oder durch Vorschriften des bürgerlichen Rechts[10]) für zulässig erklärt sind.[11])

II. **Verfahren.** 1. **Zuständig ist das Gericht der Hauptsache.** Die Entscheidung ist regelmäßig auf Grund mündlicher Anordnung zu erlassen. Das Gericht beschließt, daß über den Antrag auf Grund mündlicher Verhandlung entschieden werden soll. Dieser Beschluß wird dem Antragsteller zugestellt.[12]) Seine Sache ist es dann, einen Termin zu erwirken und dazu, falls das Gericht ein Kollegialgericht ist, den Gegner zu laden. Für das weitere Verfahren finden die Grundsätze der ZPO. über mündliche Verhandlung, insbesondere auch die Vorschriften über das Versäumnisverfahren Anwendung. Die Entscheidung ergeht durch Endurteil. Beim Nichtverhandeln des Antragstellers ist der Antrag auf Erlaß der einstweiligen Verfügung durch Versäumnisurteil zurückzuweisen.[13])

Nur in dringenden Fällen kann die Entscheidung ohne mündliche Verhandlung durch Beschluß erfolgen.[14]) In solchen Fällen kann auch der Vorsitzende anstatt des Gerichts entscheiden.[15]) Ferner kann **in dringenden Fällen das Amtsgericht**, in dessen Bezirk sich der Streitgegenstand befindet, eine einstweilige Verfügung erlassen. Es muß aber gleichzeitig **eine Frist bestimmen**, innerhalb deren der Gegner zur mündlichen Verhandlung über die Rechtmäßigkeit der einstweiligen Verfügung vor das Gericht der Hauptsache zu laden ist. Für den Erlaß einer einstweiligen Verfügung, auf Grund deren eine Vormerkung oder ein Widerspruch gegen die Richtigkeit des Grundbuchs eingetragen werden soll,[16]) ist das Amtsgericht, in dessen Bezirk das Grundstück belegen ist, auch dann zuständig, wenn der Fall für dringlich nicht erachtet wird. In diesem Falle hat die Bestimmung einer Frist zur Ladung vor das Gericht der Hauptsache[17]) nur auf Antrag des Gegners zu erfolgen. Nach fruchtlosem Ablaufe der Frist hat das Amtsgericht auf Antrag des Gegners die erlassene Verfügung wieder

---

[5]) RG. 3 S. 416. [6]) § 940. [7]) RG. JW. 93 S. 268, 94 S. 143. [8]) § 940. [9]) §§ 627, 672, 679 Abs. 4, 684 Abs. 4. [10]) BGB. §§ 489, 885, 899 Abs. 2, 1716. [11]) EG. z. ZPO. § 16 Nr. 3. [12]) Keine Beschwerde, wenn das Gericht entgegen dem Antrag mündliche Verhandlung anberaumt (RG. 54 S. 348). [13]) §§ 937, 922. RG. 40 S. 425. [14]) § 937. [15]) § 944. [16]) BGB. §§ 885, 899, 1263. [17]) Seuff. 60 Nr. 21.

aufzuheben. Die Entscheidung des Amtsgerichts sowohl über die Erlassung wie über die Aufhebung der einstweiligen Verfügung kann ohne mündliche Verhandlung erfolgen.[18])

2. Der Inhalt der Anordnung ist in das Ermessen des Gerichts gestellt. Dieses hat sich, ohne an die Anträge der Parteien gebunden zu sein, durch Zweckmäßigkeitsrücksichten und die Lage der Sache leiten zu lassen. Die Anordnungen können, wenn notwendig, bis zur äußersten Grenze der Zwangsvollstreckung gehen. Insbesondere kann die einstweilige Verfügung auch in einer Sequestration beweglicher und unbeweglicher Sachen, sowie darin bestehen, daß dem Gegner eine Handlung geboten oder verboten, insbesondere die Veräußerung, Belastung oder Verpfändung eines Grundstücks untersagt wird.[19])

3. Im übrigen finden auf die Anordnung einstweiliger Verfügungen und das Verfahren bezüglich deren Aufhebung und Vollziehung die Vorschriften über das Arrestverfahren entsprechende Anwendung.[20]) Dies gilt insbesondere wegen des Widerspruchs gegen die durch Beschluß erfolgte Erlassung einer einstweiligen Verfügung, sowie wegen der Aufhebung der einstweiligen Verfügung wegen nicht rechtzeitiger Erhebung der Klage bezüglich des Hauptanspruchs und wegen veränderter Umstände und der Entschädigungspflicht des Arrestausbringers gegenüber dem Gegner,[21]) endlich auch wegen der über die Vollziehung in § 929 gegebenen Fristbestimmungen. Hierbei ist zu bemerken, daß, wenn die einstweilige Verfügung in einem Gebot oder Verbot besteht, die Vollziehung bereits in der Zustellung der einstweiligen Verfügung an den Gegner oder seinen für den Hauptprozeß bestellten Bevollmächtigten[22]) enthalten ist.[23]) Die Zustellung enthält ebenfalls die Vollziehung, wenn die einstweilige Verfügung durch Urteil angeordnet wird.[24])

Wie der Arrest ist auch die einstweilige Verfügung sofort vollstreckbar und kann weder durch Anordnung nach § 719 noch durch einstweilige Verfügung außer Kraft gesetzt werden.[25])

Die Aufhebung einer einstweiligen Verfügung gegen Sicherheitsleistung soll nur unter besonderen Umständen, also nur dann gestattet werden, wenn der Schuldner glaubhaft macht, daß durch die Sicherheit in Geld auch die Individualleistung hinreichend gesichert werde.[26])

Hat auf Grund der einstweiligen Verfügung eine Eintragung in das Grundbuch oder in das Schiffsregister zu erfolgen, so kann das Gericht das Grundbuchamt oder die Registerbehörde um die Eintragung ersuchen.[27])

---

[18]) § 942. [19]) § 938. [20]) § 936. [21]) § 945. [22]) § 82. [23]) RG. 21 S. 418, 39 S. 417. [24]) RG. 51 S. 132. [25]) RG. 40 S. 383; Seuff. 54 S. 122. [26]) § 939. [27]) § 941. § 39 GBO. § 110 Ges. über die Angelegenheiten der freiw. Gerichtsbarkeit v. 17. Mai 1898. BGB. §§ 885, 899.

Zweiter Abschnitt.

Beispiele.

1. Einstellung der Zwangsvollstreckung nach Einlegung der Berufung. (§§ 719, 707 ZPO.)

1. Antrag auf Einstellung der Zwangsvollstreckung in Sachen des A. in B., Beklagten und Berufungsklägers, gegen den C. in D., Kläger und Berufungsbeklagten (Aktenzeichen).

Der Bekl. ist durch das für vorläufig vollstreckbar erklärte Urteil der usw. Zivilkammer des K. Landgerichts in usw. verurteilt, an den Kläger 300 Mk. zu zahlen. Gegen dies Urteil hat der Bekl., vertreten durch den unterzeichneten Anwalt, Berufung eingelegt, wie sich aus den Akten (Aktenzeichen) ergibt. Verhandlungstermin vor dem K. Oberlandesgericht am usw. Auf Grund der §§ 719, 707 beantrage ich: anzuordnen, daß die Zwangsvollstreckung gegen den Bekl. nur gegen Sicherheitsleistung seitens des Klägers stattfinde, ev. gegen gleiche Sicherheit seitens des Bekl. einstweilen eingestellt werde.

S., d. usw. Der Rechtsanwalt E.

2. Beschluß. In Sachen usw. hat der usw. Zivilsenat des K. Oberlandesgerichts in usw. in der Sitzung vom usw., nachdem der Bekl. gegen das am usw. verkündete Urteil der usw. Zivilkammer des K. Landgerichts in usw. Berufung eingelegt und sodann beantragt hat, anzuordnen, daß die Zwangsvollstreckung gegen den Bekl. aus dem bezeichneten, für vorläufig vollstreckbar erklärten Urteil nur gegen Sicherheitsleistung von seiten des Klägers stattfinde, ev. doch gegen gleiche Sicherheit von seiten des Bekl. einstweilen eingestellt werde, gemäß §§ 719, 707, 713 ZPO. unter Ablehnung des weitergehenden, nach Lage der Sache nicht gerechtfertigten Antrages beschlossen:

Die Zwangsvollstreckung aus dem am usw. verkündeten Urteil der usw. Zivilkammer des K. Landgerichts in usw. ist gegen Sicherheitsleistung seitens des Bekl. durch Hinterlegung von 300 Mk. einstweilen einzustellen.

2. Vollstreckungsurteil bei Urteilen ausländischer Gerichte. (§§ 722, 723, 328 ZPO.)

In Sachen des Kaufmanns A. in Ung. H., Klägers, Prozeßbevollmächtigter: RA. C. in B., gegen den Kaufmann D. in B., Beklagten, Prozeßbevollmächtigter: RA. E. in B. wegen Erlassung eines Vollstreckungsurteils, hat die usw. Zivilkammer des K. Landgerichts in usw. auf die mündliche Verhandlung vom usw. unter Mitwirkung usw. für Recht erkannt:

Kläger wird mit der Klage abgewiesen.

Die Kosten des Rechtsstreits werden dem Kläger auferlegt.

Tatbestand.

Der Bekl. kaufte und empfing vom Kläger eine Quantität Rotklee zum vereinbarten Preise von 1500 Mk. Auf Zahlung dieses Betrages nebst Zinsen erhob der Kläger Klage bei dem k. k. Kreisgericht in Ung. H. und erwirkte auch am usw. ein Versäumnisurteil dieses Gerichtes, wodurch der Bekl. zur Zahlung von 1500 Mk. nebst 4 % Zinsen seit usw. verurteilt wurde. Zur Begründung seiner Zuständigkeit führt das genannte Gericht aus, daß der Bekl. mit der Warensendung eine Faktura mit dem Vermerke „Zahlbar in Ung. H." erhalten, diese Faktura unbeanstandet angenommen und sich damit der Entscheidung des k. k. Kreisgerichts in H., als des Gerichtes des Erfüllungsorts für den Bekl., unterworfen habe.

Nunmehr erhebt der Kläger Klage auf Vollstreckbarkeitserklärung für das ergangene Urteil und beantragt:

das Urteil des k. k. Kreisgerichts zu Ung. H. vom usw., ergangen in Sachen A. wider D., in Höhe von 1500 Mk. nebst 4 % Zinsen seit usw. für vollstreckbar zu erklären.

Der Bekl. verlangt die Abweisung der Klage. Er gibt zwar zu, daß die Faktura den von ihm nicht bemängelten Vermerk „Zahlbar in Ung. H." enthalten habe, bestreitet aber, daß hieraus die Zuständigkeit des k. k. Kreisgerichts zu Ung. H. zu folgern sei.

Entscheidungsgründe.

Für die Zwangsvollstreckung aus einem ausländischen Urteil im Inland gelten die §§ 722, 723, 328 ZPO. Während § 722 allgemein ihre Zulässigkeit von einem Vollstreckungsurteil abhängig macht, bezeichnen §§ 723, 328 die Fälle, in denen ein solches Vollstreckungsurteil zu versagen ist. Dies ist nach § 328 Nr. 1 dann der Fall, wenn die Gerichte des Staates, denen das ausländische Gericht angehört, nach den deutschen Gesetzen nicht zuständig sind. Diesem Wortlaut des Gesetzes gegenüber kann es keinem Zweifel unterliegen, daß der inländische Richter sowohl in tatsächlicher wie in rechtlicher Beziehung zu untersuchen hat, ob, nach den Vorschriften des inländischen Rechtes beurteilt, ein ausländischer Gerichtsstand begründet ist.

Es kommt deshalb darauf an zu prüfen, ob die Zuständigkeit des österreichischen Gerichtes nach deutschem Rechte sich ergibt, das heißt für den vorliegenden Fall, ob aus der Tatsache, daß der Bekl. eine Faktura mit der Bezeichnung „Zahlbar in Ung. H." unbeanstandet angenommen hat, zu folgern ist, daß der Beklagte Erfüllung in Ung. H. versprochen hat.

Diese Frage muß verneint werden. Der Kläger hatte nicht das Recht, nachdem der Vertrag zwischen den Parteien zustande gekommen war, einseitig vorzuschreiben, daß Käufer in Ung. H. zu erfüllen habe und der Käufer hatte keine Veranlassung, gegen jene Notiz Widerspruch zu erheben, nachdem der Vertrag vor der Warensendung abgeschlossen war. Dies gilt um so mehr, als der erwähnte Vermerk sehr wohl dahin verstanden werden kann, daß er sich nur auf die Verbindlichkeit des Käufers beziehen sollte, die Zahlung auf seine Rechnung und Gefahr dem Verkäufer an dessen Wohnsitz zu übermitteln.[1])

Es bleibt sonach bei der gesetzlichen Regel des § 269 BGB., daß der Bekl. da zu erfüllen hatte, wo er zur Zeit des Vertragsabschlusses seine Handelsniederlassung hatte, also in B.

Das k. k. Kreisgericht in Ung. H. war mithin nach deutschem Rechte nicht zuständig. Hieraus folgt die Abweisung der Klage, während der Kostenpunkt in § 91 ZPO. seine Erledigung findet.

3. Urteil auf Erteilung der Vollstreckungsklausel. (§ 731 ZPO.)

A. hat durch Berufungsurteil des Oberlandesgerichts gegen B. eine Forderung von 500 Mk. erstritten und diese Forderung durch privatschriftliche Urkunde an den C. abgetreten. B. ist verstorben. Seine Erben sind D., E. und F. geworden. C. kann den Nachweis der Rechtsnachfolge durch öffentliche Urkunden nicht führen, muß also bei dem Landgericht, das in erster Instanz über die Forderung des A. an B. erkannt hat, auf Erteilung der Vollstreckungsklausel gegen D., E. und F. Klage erheben. Das dem Klageantrage stattgebende Urteil lautet:

> Zu dem in Sachen des A. gegen den B. ergangenen Urteil des K. OLG. in usw. vom usw., lautend auf Verurteilung des B. zur Zahlung von 500 Mk., ist dem Kläger als Rechtsnachfolger des Gläubigers A. gegen die Beklagten als Rechtsnachfolger des Schuldners B. die Vollstreckungsklausel zu erteilen.
>
> Die Kosten des Rechtsstreits werden den Beklagten auferlegt.
>
> (Das Urteil ist gegen Hinterlegung von 550 Mk. vorläufig vollstreckbar.)

Auf Grund dieses Urteils hat der Gerichtsschreiber, sobald ihm die Rechtskraft (oder die vorläufige Vollstreckbarkeit) nachgewiesen wird, die Vollstreckungsklausel zu erteilen.

4. Entscheidung des Vollstreckungsgerichts im Wege der Gegenvorstellung. (§ 766 ZPO.)

Durch Beschluß des K. Amtsgerichts in B. ist im Wege der Zwangsvollstreckung für den Gläubiger, Kaufmann B. in K., in Höhe der von ihm durch vollstreckbares Urteil des K. Landgerichts in B. vom usw. gegen den Privatförster L. erstrittenen Forderung von 1600 Mk. derjenige Pensionsanspruch gepfändet, der dem Schuldner L. mit jährlich 600 Mk. gegen den R.'schen Privat-Pensionsverein zusteht.

Der Schuldner will diese Pfändung als eine unzulässige anfechten.

Zu diesem Zwecke steht ihm nicht die sofortige Beschwerde, die als unzulässig verworfen werden müßte,[2]) sondern nur die Gegenvorstellung aus § 766 ZPO. zu. Er reicht sie bei dem Vollstreckungsgericht, dem K. Amtsgericht in B., ein und stützt sich dabei auf das von ihm überreichte Statut des R.'schen Privat-Pensionsvereins, aus dem er die Unpfändbarkeit der Forderung gemäß § 850 Nr. 4 ZPO. darzutun sucht.

Das Amtsgericht erläßt folgenden

---

[1]) HGB. § 270. ROHG. 5 S. 32, 22 S. 144. RG. 1 S. 444. [2]) RG. 16 S. 317.

Beschluß.

In Zwangsvollstreckungssachen des Kaufmanns B. in K., Gläubigers, vertreten durch den Rechtsanwalt S. in B., gegen den Privatförster L. in E., Schuldner, wird auf die Gegenvorstellung des Schuldners vom usw. beschlossen:

1. der Pfändungsbeschluß des unterzeichneten Amtsgerichts vom usw. wird aufgehoben;
2. der Antrag des Gläubigers vom usw. auf Pfändung der dem Schuldner gegen den R.'schen Privat-Pensionsverein zustehenden Pensionsforderung von jährlich 600 Mk. wird zurückgewiesen;
3. die Kosten dieses Verfahrens werden dem Gläubiger auferlegt.

Gründe.

Die Gegenvorstellung des Schuldners gegen den Beschluß vom usw. ist begründet.

Nach § 1 des Statuts vom usw., das am usw. von dem Ober-Präsidenten bestätigt ist, verfolgt der R.'sche Privat-Pensionsverein den Zweck, den ihm beigetretenen Privatbeamten bei eintretender Invalidität eine lebenslängliche Pension, in Krankheitsfällen eine Unterstützung, den hinterbliebenen Witwen und Kindern eine Pension und den Hinterbliebenen eine einmalige Unterstützung zu gewähren. Diese Kasse ist daher für eine Kranken-, Hilfs- und Sterbekasse im Sinne des § 850 Nr. 4 ZPO. zu erachten. Nach der Auskunft des Direktoriums des genannten Vereins bezieht der seit mehreren Jahren in den Ruhestand getretene Schuldner die gepfändete Pension wegen Invalidität. Es erscheint sonach die erfolgte Pfändung nach § 850 Nr. 4 ZPO. unzulässig.

Die Kostenentscheidung beruht auf § 91 ZPO.

B., den usw. Königl. Amtsgericht.

Ausfertigung dieses Beschlusses ist von Amts wegen dem Gläubiger, dem Schuldner und dem Drittschuldner — d. i. dem R.'schen Privat-Pensionsverein — zuzustellen.

Gegen den Beschluß steht dem Gläubiger die sofortige Beschwerde zu.

5. Sofortige Beschwerde gegen die Entscheidung des Vollstreckungsgerichts. (§§ 766, 793 ZPO.)

Durch vollstreckbares Urteil des Landgerichts B. hat der Wirt L. gegen den Krugbesitzer Carl H. eine Forderung von 500 Mk. erstritten. Es ist ihm dieserhalb im Wege der Zwangsvollstreckung die Hypothekenforderung des H. an den Schiffer Friedrich B. von 600 Mk. zur eigenen Einziehung überwiesen. Die überwiesene Forderung von 600 Mk. war bei der Zwangsversteigerung des B.'schen Grundstücks zu einer Carl und Auguste, geb. M., H.'schen Vermögensauseinandersetzungsmasse genommen.

L. reichte die Überweisungsurkunde zu den Zwangsversteigerungsakten mit dem Antrag auf Zahlung des überwiesenen Betrags aus der bezeichneten Vermögensauseinandersetzungsmasse.

Der Zwangsversteigerungsrichter lehnte diese Zahlung ab und verwies den L. an das Vollstreckungsgericht, um bei diesem die Ausdehnung des Überweisungsbeschlusses gegen die geschiedene Ehefrau des H. zu erwirken.

Das Amtsgericht O. als Vollstreckungsgericht wies die verlangte Ausdehnung des Überweisungsbeschlusses durch Beschluß zurück, weil ein Titel zur Zwangsvollstreckung nur gegen den H., nicht auch gegen dessen geschiedene Ehefrau, vorlag.

Gegen diesen Beschluß legt L. rechtzeitig sofortige Beschwerde ein, indem er ausführt, daß seine gegen den Ehemann H. ausgeurteilte Forderung aus der Zeit vor der Trennung der Ehe der H.'schen Eheleute, die in Gütergemeinschaft gelebt, entstanden sei, daß also eine gütergemeinschaftliche Schuld vorliege und hiernach das Urteil einen Schuldtitel gegen die überwiesene Forderung, die ein gütergemeinschaftliches Vermögensstück sei, bilde.

Nach Einsicht der H.'schen Ehescheidungsakten ergeht folgender

Beschluß.

In Sachen usw. hat die usw. Zivilkammer des Königl. Landgerichts zu usw. auf die sofortige Beschwerde des Gläubigers gegen den Beschluß des Königl. Amtsgerichts zu usw. vom usw. in der Sitzung vom usw. beschlossen:

Die Beschwerde wird zurückgewiesen.

Die Kosten der Beschwerdeinstanz werden dem Gläubiger auferlegt.

Gründe.

Die Ehe der H.'schen Eheleute ist durch das Urteil des früheren Kreisgerichts in O. vom usw. rechtskräftig geschieden, bestand also nicht mehr, als der Prozeß L. wider H., in dem die Klage erst am usw. zugestellt ist, anhängig wurde. Das den vollstreckbaren Schuldtitel darstellende Urteil vom usw. ist nur gegen den Ehemann H. ergangen. Die Gütergemeinschaft hat mit der Ehetrennung aufgehört. Die seitdem etwa noch bestehende Gemeinschaft ist den gütergemeinschaftlichen Befugnissen des Ehemanns nicht mehr unterworfen. Die Masse haftet zwar nach wie vor für die gütergemeinschaftlichen Schulden, ob aber eine Schuld eine gütergemeinschaftliche sei, kann nach Trennung der Ehe nicht mehr ohne Zuziehung der früheren Ehefrau festgestellt werden. Zu dieser Feststellung bedarf es eines besonderen Prozesses gegen die Ehefrau. Auf Grund des Urteils in dem vorliegenden Prozesse ist die Erteilung der Vollstreckungsklausel gegen die frühere Ehefrau unzulässig.

6. Einwendung in der Zwangsvollstreckung nach § 766, erhoben im öffentlichen Interesse von der zuständigen Behörde.

In Sachen des Rentiers A. zu B., Gläubigers, Prozeßbevollmächtigter: RA. C. in S., gegen den Apothekenbesitzer D. zu E., Schuldner, hat die usw. Zivilkammer des Königl. Landgerichts zu usw. auf die Beschwerde des Königl. Regierungspräsidenten zu F. gegen den Beschluß des Königl. Amtsgerichts zu usw. vom usw. in der Sitzung vom usw. beschlossen:

Der bezeichnete Beschluß wird dahin geändert: Die durch den Gerichtsvollzieher H. am usw. bei dem Schuldner bewirkte Pfändung wird nur bezüglich folgender in dem damals aufgenommenen Pfändungsprotokoll verzeichneter Gegenstände: 4 Bilder, 98 Flaschen Rotwein, 19 Flaschen Zeltinger aufrecht erhalten, im übrigen aber aufgehoben;

die Kosten des Verfahrens werden dem Gläubiger auferlegt.

Gründe.

Der Schuldner betreibt seit usw. in E. eine ihm damals konzessionierte Apotheke. Diese ist am usw. auf Anordnung des Königl. Regierungspräsidenten in usw. wegen persönlicher Unfähigkeit des Besitzers für so lange geschlossen, bis er einen geprüften und vereideten Administrator für sie beschafft haben würde. Letzteres ist inzwischen geschehen und ist der präsentierte Administrator seitens der Verwaltungsbehörde angenommen.

Der Wiedereröffnung der Apotheke, die nunmehr erfolgen soll, steht die Pfändung entgegen, die der Gerichtsvollzieher H. am usw. im Auftrag des Gläubigers bei dem Schuldner auf Grund des dem letzteren an demselben Tage zugestellten, den dinglichen Arrest wider ihn auf Höhe von 3000 Mk. Kaufgeldforderung und Kosten verhängenden Arrestbefehls des Königl. Amtsgerichts in G. vom usw. vorgenommen hat. H. hat damals folgende Sachen gepfändet:

1. die gesamte — im Pfändungsprotokoll verzeichnete — Apothekeneinrichtung — darunter 4 Bilder — im ungefähren Werte von 2500 Mk.;
2. im Keller verschiedene Apothekerwaren, sowie 98 Flaschen Rotwein und 19 Flaschen Zeltinger, im Werte von etwa 500 Mk.

Die sämtlichen Sachen sind an ihrem bisherigen Orte gelassen; die Pfändung ist durch Anlegung von Siegeln und Siegelmarken, die den Pfändungsvermerk tragen, ersichtlich gemacht.

Nachdem der Antrag des Schuldners auf Aufhebung dieser Pfändung vom Königl. Amtsgericht in G. durch — inzwischen rechtskräftig gewordenen — Beschluß vom usw. zurückgewiesen war, erhob der Präsident der Königl. Regierung in usw. bei dem genannten Gerichte gegen die Pfändung Einwendungen. Unter der Darlegung, daß die Schließung der Apotheke vorübergehend erfolgt sei und unter Hinweis auf § 811 Nr. 9 ZPO. beantragte er, den dem Gerichtsvollzieher H. erteilten Auftrag rückgängig zu machen. In dem darauf ergangenen Beschluß führte das Amtsgericht aus, daß nach rechtskräftiger Zurückweisung der gegen die Pfändung von dem Schuldner erhobenen Einwendungen die Sache endgültig entschieden und die Geltendmachung von Einwendungen seitens eines Dritten nicht zu berücksichtigen sei.

Hiergegen richtet sich die Beschwerde vom usw. Sie bemerkt, daß die Beibehaltung und alsbaldige Wiedereröffnung der Apotheke aus Gründen des öffentlichen Interesses notwendig sei, und begehrt, „die Freigabe der gepfändeten Gegenstände herbeizuführen".

Die Beschwerde ist an sich zulässig, weil der Bescheid vom usw., wie aus seiner Begründung und der Anziehung des § 766 ZPO. hervorgeht, ein den Antrag materiell prüfender Beschluß des Vollstreckungsgerichts ist. Der Umstand, daß die Zustellung des Beschlusses noch nicht stattgefunden hat, steht der wirksamen Einlegung der sofortigen Beschwerde nicht entgegen, da die Zustellung nur den Lauf der Notfrist beginnen läßt.[1])

Die Beschwerde ist auch großenteils begründet.

Der Vorderrichter gibt dem § 766 ZPO. eine zu enge Auslegung, indem er seine Anwendbarkeit hinsichtlich des Kreises der erinnerungsberechtigten Personen auf die Schuldner beschränkt. Daß eine derartige Beschränkung nicht zutreffend ist, ergibt eine Vergleichung des § 766 mit den §§ 732, 767 ZPO., die ebenfalls von

[1]) ZPO. § 577.

Einwendungen im Zwangsvollstreckungsverfahren handeln. Während die letztgenannten Paragraphen ausdrücklich von „Einwendungen des Schuldners" sprechen, enthält der § 766 eine solche Einschränkung nicht. Er ordnet ganz allgemein an, daß „über Anträge, Einwendungen und Erinnerungen, welche die Art und Weise der Zwangsvollstreckung oder das bei derselben vom Gerichtsvollzieher zu beobachtende Verfahren betreffen", das Vollstreckungsgericht entscheidet. Eben weil er seine Anwendbarkeit betreffs der Erinnerungsberechtigten nicht wie §§ 732, 767 beschränkt, fallen unter ihn nicht bloß Einwendungen des Schuldners, sondern auch Anträge und Erinnerungen des Gläubigers, überhaupt eines jeden, den das beobachtete Verfahren berührt.

Im vorliegenden Falle gehört zu diesen Dritten der Beschwerdeführer. Zwar macht er nicht ein eigenes Recht geltend. Allein das erfordert der § 766 auch nicht. Er spricht schlechthin von „Anträgen, Einwendungen und Erinnerungen", läßt also dahin gestellt, ob die Befugnis oder Verpflichtung dazu auf eigenen oder auf fremden von Einwendenden vertretenen oder wahrzunehmenden Rechten und Interessen beruht, desgleichen, ob sie dem privaten oder dem öffentlichen Rechte entspringt. Auf Normen der letzteren Art stützt sich das Einspruchsrecht des Beschwerdeführers. Der Präsident der Königl. Regierung führt die Aufsicht über die Apothekenbesitzer und Apotheken seines Regierungsbezirks.[1]) Demnach ist er berechtigt und verpflichtet, im Interesse des öffentlichen Wohles darauf zu achten, daß in den Apotheken nach Maßgabe der erlassenen Vorschriften die zum Apothekenbetriebe erforderlichen Geräte, Gefäße und Waren angeschafft werden und vorrätig bleiben. Ein Ausfluß dieser Verpflichtung ist seine Befugnis und seine Pflicht, bei einer unzulässigen Pfändung solcher Gegenstände selbständig, ohne Rücksicht auf die Entschließung des Apothekenbesitzers, die zur Beseitigung der Pfändung nötigen Schritte zu tun. Er ist zur selbständigen Geltendmachung des § 811 Nr. 9 ZPO. um so mehr befugt, da diese (im Entwurfe des Bundesrats nicht enthaltene) Bestimmung lediglich „im öffentlichen Interesse" von der Reichstagskommission und demnächst vom Reichstage aufgestellt und angenommen ist.[2]) Sind aber Sachen „im öffentlichen Interesse" für unpfändbar erklärt, so muß dem staatlichen Organe, dem dessen Wahrnehmung obliegt, auch ein selbständiges Einspruchsrecht gegen unzulässige Pfändung gegeben werden.

Dies vorausgeschickt fragt sich, da die Schließung der Apotheke nur vorübergehend angeordnet war und nunmehr ihre Wiedereröffnung erfolgen soll, weiter, ob der Gerichtsvollzieher dem § 811 Nr. 9 ZPO. zuwider gehandelt, m. a. W. ob er zum Apothekenbetrieb unentbehrliche Geräte, Gefäße und Waren gepfändet hat. Hinsichtlich der Bilder ist das zweifellos nicht der Fall; sie sind zu dem genannten Zwecke nicht unentbehrlich und darum pfändbar. Dasselbe gilt — nach dem eingeholten Gutachten des Kreisphysikus Dr. J. — von dem Rot- und Zeltinger-Wein. Alle übrigen Pfandstücke sind dagegen zum ordnungsmäßigen Betriebe der Apotheke unentbehrlich.

Hieraus folgt die Entscheidung. Bei Bestimmung des Kostenpunkts ist berücksichtigt, daß der Wert der Pfandstücke, betreffs deren die Beschwerde unbegründet erscheint, im Verhältnisse zu demjenigen der übrigen geringfügig ist.[3])

Ausfertigung des Beschlusses ist

---

[1]) v. Roenne, Staatsrecht 4. Aufl. Bd. 4 §§ 313 314. [2]) Hahn, Mat. z. ZPO. S. 841, 937, 1027. [3]) ZPO. § 97.

a) dem Prozeßbevollmächtigten des Gläubigers,
b) dem Schuldner,
c) dem Reg.-Präsidenten
zuzustellen. Beurkundung.

7. Einwendungen, die den durch das Urteil festgestellten Anspruch selbst betreffen. (§ 767 ZPO.)

A. und B. sind Eigentümer zweier aneinanderstoßender Grundstücke. Die Grenze bildet ein Fahrweg. Auf die Klage des A. ist B. rechtskräftig verurteilt, einen Graben wiederherzustellen, der neben dem Fahrwege beginnend durch seine Feldmark führt und bisher das über den Weg gelaufene Wasser von dem Grundstück des A. abgeleitet hat.

Der Anwalt des A. stellt zu den Akten folgenden Antrag:

„Zwangsvollstreckungsantrag in Sachen A. wider B. Der Bekl. hat dem Urteile vom usw. nicht genügt. Ich beantrage: den Kläger zu ermächtigen, auf Kosten des Bekl. die Wiederherstellung des Grabens auszuführen und dem Bekl. die Vorschießung der voraussichtlich entstehenden Kosten von 500 Mk. aufzugeben."

Das Prozeßgericht verfügt: „Abschrift dem Anwalt des Bekl. zur Erklärung binnen einer Woche."

Der Anwalt des Bekl. erwidert: „Der streitige Graben ist dem Urteile entsprechend wiederhergestellt. Sollte Kl. dies nicht anerkennen, so würde Bekl. genötigt sein, aus § 767 ZPO. Klage zu erheben."

Diese Eingabe wird dem Anwalt des Klägers zur Erklärung vorgelegt. Er erwidert darauf: „Die Wiederherstellung des Grabens ist bisher nicht erfolgt. Ich beantrage, dem Zwangsvollstreckungsverfahren Fortgang zu geben."

Jetzt erhebt B. Klage gegen A. Er beruft sich auf Zeugen und Sachverständige darüber, daß er der ihm auferlegten Verbindlichkeit zur Wiederherstellung des Grabens genügt habe und beantragt: „die Zwangsvollstreckung aus dem Urteile vom usw. einzustellen und das Urteil gegen Sicherheitsleistung für vorläufig vollstreckbar zu erklären."

In der mündlichen Verhandlung führt A. aus, daß die Verpflichtung des B. dahin gehe, den Graben derartig wiederherzustellen, daß er geeignet ist, das von der Feldmark des A. bis an den Grenzweg ablaufende Wasser erst über den Weg und dann durch das Grundstück des B. abzuleiten. In dieser Weise sei der Graben noch nicht hergestellt. Der Weg sei an der betreffenden Stelle so hoch, daß das Wasser erst hinüberfließe, wenn es bis zu einer bestimmten Höhe angestaut sei. A. beantragt: die Klage abzuweisen und widerklagend: „den B. zu verurteilen, den Grenzweg derartig tiefer zu legen oder in diesem Wege einen Durchlaß derartig anzulegen, daß durch den am Grenzwege beginnenden Graben das aus dem Grundstück des A. kommende Wasser ablaufen kann."

B. beantragt die Widerklage abzuweisen.

Das Prozeßgericht erhebt Beweis über die Beschaffenheit des Grabens und erkennt demnächst:

1. Die Zwangsvollstreckung aus dem Urteile des Königl. Landgerichts in usw. in Sachen usw. wird eingestellt.

2. Der Bekl. wird mit der Widerklage abgewiesen.
3. Die Kosten des Rechtsstreits werden dem Bekl. und Widerkläger auferlegt.
4. Das Urteil zu 1 ist gegen Hinterlegung von 500 Mk. vorläufig vollstreckbar.

Entscheidungsgründe.

Die Klage ist nach § 767 ZPO. zulässig. Sie ist auch begründet. Durch das im Vorprozeß ergangene Urteil ist dem jetzigen Kläger nur die Verpflichtung auferlegt, den bezeichneten Graben, soweit er durch seine Feldmark führt, wiederherzustellen. Das Urteil regelt aber nicht die Wasserleitung über den Weg, beschäftigt sich vielmehr nur mit dem Wasser, das von dem Grenzwege nicht aufgehalten wird, sondern über ihn frei abfließt, sofern es sich vor dem Wege auf mehr als 0,30 m Höhe angestaut hat. Dieses Wasser von dem Wege ab-, durch die Feldmark des B. weiterzuleiten, soll der von B. wiederherzustellende Graben bestimmt und geeignet sein.

Die Beweisaufnahme hat ergeben, daß der Kläger an der Stelle, an der sich der frühere Graben befunden, von neuem einen Graben gezogen hat, der das aus der Feldmark des A. kommende und bei einer Stauhöhe von mehr als 0,30 m über den Grenzweg abfließende Wasser nach dem Grundstück des Klägers abzuleiten imstande ist und tatsächlich ableitet. Damit hat der Kläger seiner durch das Urteil vom usw. auferlegten Verpflichtung genügt. Der Bekl. hat also kein Recht mehr, die Zwangsvollstreckung aus diesem Urteil nachzusuchen und, da er dies dennoch getan hat, ist der vom Kläger auf Grund des § 767 ZPO. im Wege der Klage geltend gemachte Anspruch auf Einstellung der Zwangsvollstreckung begründet. Damit fällt aber auch die Widerklage des Bekl. Denn soweit sie sich auf das Urteil vom usw. gründet, ist sie unhaltbar, weil dieses, wie dargetan, dem Kl. und Widerbeklagten die Verpflichtung, den Weg tiefer zu legen oder in ihm einen Durchlaß anzubringen, nicht auferlegt hat. Soweit sie aber die Verpflichtung des Klägers und Widerbeklagten zur Herstellung einer solchen Anlage ohne Rücksicht auf das zwischen den Parteien ergangene rechtskräftige Urteil aus den allgemeinen gesetzlichen Bestimmungen herleiten will, ist sie formell und materiell unzulässig, formell, weil sie einen neuen Anspruch geltend macht, der mit dem in der Klage geltend gemachten Anspruch in keinem rechtlichen Zusammenhange steht,[1]) materiell, weil der mit ihr verfolgte Anspruch auf Herstellung einer Entwässerungsanlage geht und deshalb nach dem Preuß. Ges. v. 15. November 1811[2]) im ordentlichen Rechtswege nicht verfolgt werden kann.

Die Entscheidung des Kostenpunkts beruht auf § 91 ZPO.

8. Einstellung der Zwangsvollstreckung auf Antrag des Intervenienten. (§§ 771, 769 ZPO.)

I. Antrag des Intervenienten an das Prozeßgericht.

In der Prozeßsache des Gastwirts Oswald H. in B. gegen den Kaufmann Theodor Z., hier, hat der Gerichtsvollzieher H., hier, wegen der vollstreckbaren Forderung des Klägers von 300 Mk. nebst Zinsen und Kosten nach dem in Abschrift beiliegenden Pfändungsprotokoll vom usw. dem Schuldner Z., meinem Ehemann, nachstehende Gegenstände abgepfändet:

---

[1]) § 33 ZPO. [2]) GS. S. 352.

ein Büffet von Kirschbaumholz mit Marmorplatte, Wert . . . 180 Mk.
einen eisernen Geldschrank, Wert . . . . 60 „
zusammen 240 Mk.

Zum Verkaufe der gepfändeten Gegenstände steht am usw. Termin an.

Die gepfändeten Sachen sind mein Eigentum.

Dies ergibt der beiliegende Ehevertrag vom usw., in dem meinem Vermögen die Eigenschaft des Vorbehaltenen beigelegt ist. In dem dem Vertrage angehefteten Vermögensverzeichnis sind die gepfändeten Sachen unter Nr. 23 und 35 aufgeführt. Daß die gepfändeten Sachen dieselben sind, die ich in die Ehe eingebracht habe, wird durch die beigefügte eidesstattliche Versicherung meines Hauswirts N. N. vom heutigen Tage glaubhaft gemacht.

Ich erhebe deshalb gegen die Zwangsvollstreckung Widerspruch und beantrage:

die Zwangsvollstreckung einzustellen, den am usw. anstehenden Verkaufstermin aufzuheben, auch anzuordnen, daß die Versteigerung der am usw. gepfändeten Gegenstände bis nach der Austragung des Interventionsprozesses ausgesetzt bleibt.

Zur Anstellung der Interventionsklage bitte ich mir eine angemessene Frist zu gewähren, da meine Aufforderung an den Gläubiger meines Ehemannes, sich über die Freigabe der Sachen zu erklären, noch nicht beantwortet und die dazu gestellte Frist noch nicht abgelaufen ist.

B., den usw. Anna Z. geb. D.

II. Einstellungsbeschluß in Sachen der Frau Anna Z. geb. D. in B., Klägerin, gegen den Gastwirt Oswald H. in B., Beklagten.

Gegen die auf Grund des Urteils des unterzeichneten Gerichts vom usw. in der Prozeßsache des Bekl. gegen den Kaufmann Theodor Z. in B. durch den Gerichtsvollzieher H. von hier am usw. vorgenommene Zwangsvollstreckung hat die Klägerin Widerspruch erhoben. Zur Begründung ist geltend gemacht, daß die Klägerin die folgenden gepfändeten Gegenstände:

ein Büffet von Kirschbaumholz mit Marmorplatte und einen eisernen Geldschrank

bei ihrer Verheiratung mit Theodor Z. als eigenes vorbehaltenes Vermögen in die Ehe eingebracht habe.

Diese Behauptungen sind durch Vorlegung 1. des Pfändungsprotokolls des Gerichtsvollziehers H., 2. des Ehevertrages, 3. der eidesstattlichen Versicherung des Hauswirts N. N. vom usw. glaubhaft gemacht.

Auf Antrag der Klägerin wird daher angeordnet:

1. Die Zwangsvollstreckung in die bezeichneten Gegenstände ist bis zur Erlassung des Urteils einzustellen. Die erfolgten Vollstreckungsmaßregeln sind aufzuheben.
2. Wenn nicht binnen einer Frist von zehn Tagen, von heute ab gerechnet, die Klage erhoben wird, so wird auf Antrag des Bekl. die Aufhebung des Beschlusses erfolgen.

B., den usw. Königl. Amtsgericht.

III. Nebenverfügung zu II.

1. Ausfertigung des Beschlusses ist der Antragstellerin zuzustellen.
2. Herrn Gerichtsvollzieher H. zur Kenntnisnahme vorzulegen.
3. Vorzulegen nach 14 Tagen.

IV. Nach Ablauf der zehntägigen Frist (zu II, 2) zeigt die Gerichtsschreiberei an, daß die Klage nicht eingegangen ist.

Hierauf wird zweckmäßig zunächst verfügt:

1. Herrn Gerichtsvollzieher H. zur Erklärung darüber vorzulegen, ob die gepfändeten Sachen inzwischen von dem Gläubiger freigegeben sind.
2. Nach 24 Stunden.

Ergeht die Anzeige dahin, daß die Freigabe der Sachen erfolgt ist, so ist die Angelegenheit erledigt; die Anzeige wird zu den Akten geschrieben. Sind die Sachen nicht freigegeben, so ergeht der folgende

Beschluß.

Der auf den Antrag der verehel. Kaufmann Anna Z. geb. D. in B. vom usw. in der Zwangsvollstreckungssache des Gastwirts Oswald H. in B. gegen den Kaufmann Theodor Z. in B. von dem unterzeichneten Amtsgericht erlassene Beschluß vom usw. wird, nachdem die Antragstellerin den ihr aufgegebenen Nachweis der Einklagung ihrer Eigentümer-Ansprüche an den vom Gerichtsvollzieher H. am usw. bei dem Kaufmann Theodor Z. gepfändeten Gegenständen innerhalb der festgesetzten Frist nicht geführt hat, aufgehoben.

B., den usw. Königl. Amtsgericht.

Nebenverfügung wie zu III 1, 2.

In der Praxis wird es vielfach vorgezogen, nach Einstellung des Verkaufs die Sache lediglich in der Hand des Gerichtsvollziehers zu lassen. Bedenken gegen dieses Verfahren liegen mit Rücksicht auf die selbständige Stellung des Gerichtsvollziehers nicht vor. Der Einstellungsbeschluß (zu II) wird alsdann wie folgt zu fassen sein:

1. Der Verkauf der bezeichneten Gegenstände wird vorläufig eingestellt.
2. Die Klägerin hat dem Gerichtsvollzieher H. bis zum usw. nachzuweisen, daß der Bekl. H. in die Freigabe der gepfändeten Sachen an sie gewilligt oder daß sie ihm die Klage auf Freigabe der Sachen zugestellt hat, widrigenfalls der Gerichtsvollzieher H. den Verkauf mit kürzester Frist vorzunehmen hat.

Von diesem Beschlusse wird den Beteiligten Ausfertigung zugestellt, dem Gerichtsvollzieher Abschrift erteilt.

9. Regulierung der Hinterlegung des Erlöses, wenn der Vermieter sein Pfandrecht geltend macht. (§§ 805, 769, 770 ZPO.)

Beschluß. In Zwangsvollstreckungssachen des A. in B., Gläubigers, gegen den C. in D., Schuldner, hat das Königl. Amtsgericht in usw., nachdem auf Antrag des Gläubigers wegen einer vollstreckbaren Forderung der Gerichtsvollzieher E. in F. bei dem Schuldner am usw. die folgenden Sachen usw. gepfändet und die Hauseigentümerin G. in D. als Vermieterin derjenigen Räume, in denen sich die gepfändeten Sachen befinden, wegen einer rückständigen Mietforderung von usw. aus der Zeit vom usw. bis usw. das Recht auf vorzugsweise Befriedigung aus dem Pfanderlöse in Anspruch genommen, den Anspruch auch durch Vorlegung des Mietvertrages vom usw. glaubhaft gemacht hat, auf Grund der §§ 805, 769, 770 der ZPO. und des § 559 des BGB., wonach der Vermieter ein Pfandrecht an den eingebrachten Sachen des Mieters hat, beschlossen:

1. Der Gerichtsvollzieher hat den Verkaufserlös im (oder bis zum) Betrage von usw. bei der Regierungshauptkasse zu hinterlegen.
2. Wenn die Vermieterin G. nicht binnen 14 Tagen nach Empfang dieses Beschlusses nachgewiesen hat, daß der Gläubiger A. ihr Recht auf vorzugsweise Befriedigung anerkannt, oder sie die Klage auf Anerkennung ihres Rechtes erhoben hat, wird auf Antrag des Gläubigers A. die Auszahlung an diesen beschlossen.
3. Die Kosten dieses Beschlusses werden der Hauseigentümerin G. auferlegt.

D., den usw. Königl. Amtsgericht.

Von diesem Beschlusse wird den drei Beteiligten Ausfertigung zugestellt, dem Gerichtsvollzieher Abschrift erteilt.

10. Außergerichtliche Vorpfändung nach § 845 ZPO.

In der Prozeßsache des Hausbesitzers A. in B., Klägers, gegen den Fleischermeister C. in B., Beklagten, (Aktenzeichen) benachrichtige ich Sie, daß wegen derjenigen Forderung von 50 Mk., die dem Kläger nach dem vollstreckbaren Urteile des Königl. Amtsgerichts in B. vom usw. gegen den Beklagten zusteht, die Pfändung der angeblichen Forderung des Beklagten an den Schwarzviehhändler D. in B. aus einem ihm im Jahre usw. gegebenen Darlehen von 100 Mk. für die Klägerin bevorsteht. Ich fordere Sie auf u. z.

Sie, den Drittschuldner, Schwarzviehhändler D. in B., die bezeichnete Forderung in Höhe von 50 Mk. nicht an den Beklagten zu zahlen;

Sie, den Beklagten, Fleischermeister C. in B., sich in Höhe von 50 Mk. jeder Verfügung über die Forderung, insbesondere deren Einziehung, zu enthalten.

B., den usw. Der Rechtsanwalt E., Prozeßbevollmächtigter des Hausbesitzers A. in B.

Je ein Exemplar dieses Schreibens läßt Rechtsanwalt E. dem Drittschuldner D. und dem Schuldner C. zustellen. Die Zustellung an den Drittschuldner hat die Wirkung eines Arrests, sofern innerhalb drei Wochen die gerichtliche Pfändung der Forderung bewirkt wird.[1])

11. Pfändung eines Anspruchs, der eine bewegliche körperliche Sache betrifft. (§ 847 ZPO.)

Pfändungsbeschluß in der Zwangsvollstreckungssache des Schneidermeisters L. in G., Gläubigers, Prozeßbevollmächtigter: Rechtsanwalt C. daselbst, gegen den Werkmeister Z. in B., Schuldner, Prozeßbevollmächtigter: Rechtsanwalt D. in G.

Nach dem vollstreckbaren Urteil des Königl. Amtsgerichts in G. vom usw. steht dem Gläubiger gegen den Schuldner eine Forderung von 20 Mk. nebst 4% Zinsen seit usw. zu.

Wegen dieser Forderung und der unten berechneten 1 Mk. 50 Pf. Kosten für diesen Beschluß sowie der Kosten der Zustellung dieses Beschlusses †, wird der angebliche Anspruch des Schuldners gegen den Uhrmacher St. in G. auf Herausgabe einer bronzenen Stutzuhr gepfändet.

---

[1]) § 845 Abs. 2. † S. Nr. 12.

Der Uhrmacher St. hat die bezeichnete Uhr nicht mehr an den Schuldner, sondern an den von dem Gläubiger bevollmächtigten Gerichtsvollzieher H. in G. herauszugeben.

Der Schuldner hat sich jeder Verfügung über den Anspruch, insbesondere durch Abforderung und Annahme der erwähnten Uhr von dem Uhrmacher St. zu G. zu enthalten.

B., den usw. Königl. Amtsgericht.

12. Pfändung und Überweisung eines Vermögensrechts nach § 857 ZPO.

A. Wenn ein Drittschuldner vorhanden ist.

Eingang wie bei Nr. 11 bis †. Sodann: wird der angebliche Anspruch, der dem Schuldner als gütergemeinschaftlicher Ehemann der Frau Elise J. geb. M. auf den Nachlaß des zu K. verstorbenen Sekretärs M. kraft deren gesetzlichen Erbrechts zusteht, gepfändet.

Die Inhaber des Nachlasses des Sekretärs M., nämlich a) die Königl. Regierung, Hinterlegungsstelle in K., b) der Gerichtsvollzieher M. in B., c) der Hausbesitzer L. in K. dürfen den Nachlaß an den Schuldner nicht herausgeben.

Der Schuldner hat sich jeder Verfügung über den gepfändeten Anspruch zu enthalten.

Zugleich wird dem Schneidermeister L. in G. der bezeichnete Anspruch in Höhe des erwähnten Betrages zur Einziehung überwiesen.

B., den usw. Königl. Amtsgericht.

B. Wenn ein Drittschuldner nicht vorhanden ist.

Der Gläubiger beantragt, ein seinem Schuldner zustehendes Förderungsrecht im Wege der Zwangsvollstreckung zu pfänden und den Gerichtsvollzieher mit der Veräußerung dieses Rechts zu beauftragen.[1])

Eingang wie bei Nr. 11 bis †. Sodann: wird der angebliche Anteil des Schuldners an dem auf dem Grundstück Gr. D. Nr. 23 in Abt. II Nr. 11 eingetragenen Eisenerzförderungsrecht gepfändet.

Der Schuldner hat sich jeder Verfügung über das gepfändete Recht zu enthalten.

B., den usw. Königl. Amtsgericht.

Nebenverfügung.

1. An den Herrn Werkmeister Z. in B.

In usw. erhalten Sie anliegend eine Abschrift des von dem Vertreter des Gläubigers gestellten Antrags vom usw. mit der Aufforderung, sich über die darin verlangte Veräußerung bis zum usw. zu erklären. Geht bis zu dem bezeichneten Zeitpunkt eine Erklärung von Ihnen nicht ein, oder sollten die von Ihnen zu erhebenden Einwendungen nicht für begründet erachtet werden, so wird der Gerichtsvollzieher T. mit der Veräußerung des durch Beschluß vom heutigen Tage gepfändeten Förderungsrechts beauftragt werden.

2. Vorzul. den usw. Dec. usw.

Eine Gegenerklärung geht nicht ein. Auf Wiedervorlegung der Akten wird verfügt:

---

[1]) §§ 857, 844

1. Beschluß.

In der Zwangsvollstreckungssache usw. wird auf den Antrag des Gläubigers vom usw. der Gerichtsvollzieher T. in B. gemäß §§ 844, 857 ZPO. beauftragt, die Veräußerung des dem Schuldner zustehenden Anteils an dem Eisenerzförderungsrecht, der durch Beschluß des unterzeichneten Gerichts vom usw. gepfändet ist, wegen der in jenem Beschlusse aufgeführten Forderungen des Gläubigers im Betrage von usw. im Wege der Zwangsversteigerung zu veranlassen.

2. Ausfertigung des Beschlusses ist
   a) dem Gerichtsvollzieher T.,
   b) dem Werkmeister Z. in B., letzterem mit Zust. v. A. w.

zu erteilen.

3. Herrn Justizrat R. zur Kenntnisnahme vorzulegen.

B., den usw. Königl. Amtsgericht.

13. Zwangsvollstreckung zur Erwirkung einer Handlung, deren Vornahme durch einen Dritten erfolgen kann. (§ 887 ZPO.)

Der Beklagte B. ist rechtskräftig verurteilt, die in dem von ihm neu erbauten Hause des C. nach dem Vorplatze des Klägers A. hin angelegte Tür und die ebenda angelegten zwei Fenster zuzumauern. Der Anwalt des A. stellt bei dem Landgericht als dem Prozeßgericht den Antrag, den Kläger zu ermächtigen, auf Kosten des B. Tür und Fenster durch einen Dritten zumauern zu lassen. Das Landgericht beschließt: mündliche Verhandlung. Der Anwalt des A. erwirkt einen Termin und ladet zu diesem den Anwalt des B. zu Verhandlung über den Zwangsvollstreckungsantrag. Auf Grund der Verhandlung erläßt das Landgericht folgenden Beschluß: „Kläger wird ermächtigt, auf Kosten des Beklagten durch den Maurermeister D. die in dem Hause des C. nach dem Vorplatze des Klägers hin angelegte Tür und die ebenda angelegten zwei Fenster zumauern zu lassen. Zugleich wird der Beklagte verurteilt, dem Kläger die durch Vornahme der bezeichneten Handlung entstehenden Kosten vorauszuzahlen. Der Betrag dieser Kosten wird vorläufig auf 200 Mk. festgesetzt."

Auf die sofortige Beschwerde des Beklagten ergeht folgender Beschluß des Oberlandesgerichts:

1. Der angefochtene Beschluß wird aufgehoben.
2. Kläger wird mit dem Antrage vom usw., betreffend die Zwangsvollstreckung wegen Handlungen aus dem am usw. verkündeten Urteile der usw. Zivilkammer des Königl. Landgerichts in usw., zurückgewiesen.
3. Die Kosten des Vollstreckungs- und Beschwerdeverfahrens werden dem Kläger auferlegt.

Gründe.

Die Zwangsvollstreckung aus § 887 ZPO. ist unzulässig, weil die Handlung, zu deren Vornahme der Beklagte rechtskräftig verurteilt ist, nämlich die Zumauerung einer Tür und zweier Fenster, nicht auf dem ihm gehörigen Grundstücke, sondern in dem neuerbauten Hause des C. vorgenommen werden soll und C. in die Zumauerung weder eingewilligt hat, noch einzuwilligen verpflichtet ist. Solange nicht die Einwilligung des C. erbracht ist, kann die Handlung überhaupt nicht, also auch nicht durch einen Dritten, vorgenommen werden. Der Beklagte kann auch durch

Zwangsvollstreckungsmaßregeln nicht angehalten werden, diese Einwilligung zu beschaffen, weil sie von der freien Entschließung des C. abhängt und jedes Maß für die Aufwendungen fehlen würde, die notwendig sind, um die Einwilligung des C. zu erlangen, so daß schließlich deren Höhe seiner Willkür preisgegeben sein würde.[1]) Dieser Auffassung kann auch nicht entgegengehalten werden, es sei zunächst abzuwarten, ob C. gegen die Zumauerung überhaupt Widerspruch erheben werde, und gegebenenfalls, ob sich der Widerspruch nicht im Wege gütlicher Verhandlung beseitigen lasse. Denn die Zumauerung, die der Beklagte vornehmen soll, darf ohne Zustimmung des Grundstückseigentümers nicht vorgenommen werden und deshalb muß diese Zustimmung vorher erteilt sein, bevor im Wege der Zwangsvollstreckung die Zumauerung veranlaßt werden kann; anderenfalls würde die Zwangsvollstreckung sich von vornherein als ein Eingriff in die Rechte eines Dritten darstellen. Dem Kläger bleibt hiernach nur übrig, sein Interesse an der Nichterfüllung der dem Beklagten auferlegten Verpflichtung geltend zu machen.

Die Entscheidung des Kostenpunkts gründet sich auf § 91 ZPO.

14. Zwangsvollstreckung zur Erwirkung einer Handlung, die durch einen Dritten nicht vorgenommen werden kann. (§ 888 ZPO.)

Die Beklagten sind durch das auf Antrag der Kläger erlassene, mit dem Zeugnisse der Rechtskraft und der Vollstreckungsklausel versehene Urteil des Königl. Landgerichts zu usw. vom usw. verurteilt, über den Nachlaß des verstorbenen N. N. Rechnung zu legen. Die Kläger haben beim Prozeßgericht gemäß § 888 beantragt, die Beklagten durch Geldstrafen zur Rechnungslegung anzuhalten. Die Beklagten haben auf den ihnen zur Erklärung vorgelegten Antrag geltend gemacht, daß sie ihrer Verpflichtung durch Übersendung einer Rechnung bereits nachgekommen seien und haben eine Abschrift dieser Rechnung zu den Akten überreicht. Vom Prozeßgericht ist die Eingabe der Beklagten mit der Rechnungsabschrift den Klägern zur Erklärung vorgelegt. Die Kläger haben ihren Antrag auf Zwangsvollstreckung mit der Begründung aufrecht erhalten, daß die übersandten Schriftstücke eine ordnungsmäßige Rechnung nicht enthielten.

Das Prozeßgericht erläßt[2]) folgenden Beschluß:

> Die Beklagten sind zur Vornahme der durch das Urteil vom usw. ihnen auferlegten Verpflichtung, über den Nachlaß des N. N. Rechnung zu legen, durch Geldstrafen in Höhe von 20 Mk. anzuhalten.

Gründe.

Die vom Schuldner in der Zwangsvollstreckungsinstanz erhobene Einrede der Erfüllung betrifft den durch das Urteil festgestellten Anspruch selbst. Es ist daher für den Fall, daß der Gläubiger den Empfang der vom Schuldner behaupteten Erfüllung leugnet, in der Praxis daran festgehalten, daß die Einrede der Erfüllung in der Zwangsvollstreckungsinstanz nicht zu beachten, vielmehr durch eine besondere Klage aus § 767 ZPO. zu verfolgen ist.

Das Reichsgericht hat allerdings diese Praxis in den Fällen durchbrochen, in denen der Gläubiger zugesteht, daß der Schuldner die von ihm zu leistende Handlung zu erfüllen unternommen habe, und nur auf Vervollständigung oder Ver-

---

[1]) RG. 31 S. 412; JW. 93 S. 350, 561; 94 S. 315. [2]) §§ 888, 891.

besserung der nach seiner Meinung unvollständigen oder ungenügenden Leistung dringt. Das Reichsgericht verlangt, daß in diesen Fällen der Prozeßrichter, ehe er den Anträgen auf Vollstreckung stattgibt, eine Prüfung dahin vornehmen solle, ob der Gläubiger noch einen über die Leistung hinausgehenden Anspruch hat oder ob die geleistete Handlung bereits dem entspricht, was der Gläubiger auf Grund seines Vollstreckungstitels verlangen kann. [1])

Diesen Standpunkt des Reichsgerichts teilt das Prozeßgericht für den vorliegenden Fall nicht. Nur eine dem Sinn des Vollstreckungstitels entsprechende Handlung kann als eine Erfüllung der dem Schuldner obliegenden Verpflichtung angesehen werden. Wenn daher der Gläubiger die Ordnungsmäßigkeit der Leistung leugnet, steht er nicht anders da, als der Gläubiger, der die Leistung überhaupt bestreitet. In beiden Fällen bestreitet der Gläubiger, wegen des ihm aus dem Vollstreckungstitel zustehenden Anspruchs befriedigt zu sein. In beiden Fällen ist die Einrede der Erfüllung in der Zwangsvollstreckungsinstanz nicht zu beachten. Die vom Reichsgericht gewünschte Prüfung in der Vollstreckungsinstanz erscheint auch untunlich. Ganz abgesehen davon, daß eine derartige Prüfung den der Vollstreckung gezogenen Rahmen überschreitet, liegt in ihr eine ungerechtfertigte Benachteiligung des Gläubigers. Während dieser gegen einen in der Vollstreckungsinstanz ergehenden, ihm ungünstigen Beschluß nur das Rechtsmittel der Beschwerde hat, steht ihm, falls der Schuldner zu einer Klage aus § 767 ZPO. gezwungen wird, gegen ein ungünstiges Urteil erster Instanz das weit wirksamere Rechtsmittel der Berufung zu.

Im vorliegenden Falle ist außerdem eine Prüfung nach gegenwärtiger Lage der Sache unausführbar. Die Kläger haben sich nicht darüber erklärt, ob die überreichte Abschrift mit den ihnen übersandten Schriftstücken übereinstimmt. Es kann daher nicht ohne weiteres festgestellt werden, welcher Art die Leistung ist und ob sie dem Sinne des Vollstreckungsurteils entspricht. Zudem ist nicht erkennbar, ob und wie den Klägern die Beläge zur Rechnung zugängig gemacht sind.

15. Zwangsvollstreckung zur Erwirkung der Verpflichtung des Schuldners, eine Handlung zu unterlassen. (§ 890 ZPO.)

Der Beklagte ist rechtskräftig verurteilt:

a) den Steig a b der Handzeichnung in einer Breite von 2 Metern dem Kläger und dessen Rechtsnachfolgern als Fußsteig zum Zwecke der Gartenbenutzung liegen zu lassen;

b) die Benutzung dieses Steiges als Bleichplatz zu unterlassen.

Für den Fall der Zuwiderhandlung ist eine Strafandrohung in dem Urteil nicht enthalten. Kl. reichte zu den Prozeßakten eine Eingabe ein, in der er unter der Behauptung, daß der Beklagte dem Urteil zuwiderhandle, gemäß § 890 Abs. 2 die Androhung einer Strafe von 500 Mk. beantragte. Das Prozeßgericht ordnete mündliche Verhandlung an. In dieser bestritt der Bekl. die behauptete Zuwiderhandlung und widersprach der Strafandrohung. Das Prozeßgericht stellte durch Beweisaufnahme fest, daß eine Zuwiderhandlung vorgekommen sei und erließ einen Beschluß dahin:

Dem Beklagten wird, wenn er der in dem Urteil usw. vom usw. ihm auferlegten Verpflichtung (folgt der oben angegebene Inhalt des Urteils zu a

[1]) RG. 37 S. 407. JW. 93 S. 184.

und b zuwiderhandelt, eine Geldstrafe von 100 Mk. für jeden Fall des Zuwiderhandelns angedroht.

Die Kosten dieses Verfahrens werden dem Beklagten auferlegt.

Der Beklagte legte gegen diesen Beschluß sofortige Beschwerde ein und trat zu deren Begründung Beweis darüber an, daß die vorgekommenen Zuwiderhandlungen nicht von ihm ausgegangen seien. Das Oberlandesgericht als Beschwerdegericht beschließt:

Der angefochtene Beschluß wird dahin geändert: Die angedrohte Strafe wird für jeden Fall der Zuwiderhandlung auf 30 Mk. herabgesetzt.

Im übrigen wird die Beschwerde zurückgewiesen.

Die Kosten der Beschwerdeinstanz werden dem Beklagten auferlegt.

Gründe.

Ob eine Zuwiderhandlung gegen das Urteil vom usw. durch den Beklagten bereits verschuldet ist, was der angefochtene Beschluß auf Grund der Beweisaufnahme annimmt, der Beschwerdeführer aber zu widerlegen sucht, ist unerheblich. Dieser Beweisaufnahme hätte es nicht bedurft, denn die Strafandrohung aus § 890 Abs. 2 ZPO. war ohne weiteres auf Antrag des Klägers zu erlassen, da sie in dem Urteil vom usw. nicht enthalten ist.[1]) Die Erörterung, ob eine Zuwiderhandlung erfolgt sei, wird erst erforderlich, wenn die Strafandrohung sowie die Zustellungen aus § 750 a. a. O. erfolgt sind und wegen einer nach Vollendung dieser Tatsachen erfolgten Zuwiderhandlung Verurteilung zu Strafe verlangt wird. Begründet erscheint die Beschwerde nur hinsichtlich der Höhe der anzudrohenden Strafe. Es erschien der Betrag von 30 Mk. ausreichend, da ein erheblicher Rechtsnachteil des Klägers nicht in Frage kommt und im Falle wiederholter Zuwiderhandlungen eine angemessene Änderung der gegenwärtigen Strafandrohung durch einen neuen Beschluß aus § 890 Abs. 2 erfolgen kann. In der Hauptsache aber bleibt die Beschwerde ohne Erfolg. Daher hat der Beschwerdeführer die Kosten zu tragen. Die Kosten der ersten Instanz sind ihm zutreffend deshalb auferlegt, weil er zu Unrecht dem Antrage aus § 890 Abs. 2 ZPO. widersprochen hatte.

16. Abnahme eines durch Urteil auferlegten Offenbarungseides. (§ 889 ZPO.)

Durch rechtskräftiges Erkenntnis des Landgerichts B. ist auf die Klage des Händlers Felix K. der Gemeindevorsteher Michael K. verurteilt: den Nachlaß des am usw. verstorbenen Küsters Matthias K. eidlich zu offenbaren. Kläger ladet den Beklagten zur Leistung des Offenbarungseides vor das Prozeßgericht. In dem Termin wird wie folgt verhandelt:

Es erschienen bei Aufruf der Sache:

1. Für den Kläger: Rechtsanwalt A.
2. Der Beklagte in Person.
3. Dessen Prozeßbevollmächtigter, Rechtsanwalt B.

Eine Norm des zu leistenden Offenbarungseides liegt noch nicht vor.

Der Beklagte erklärt sich bereit, das bei den Akten befindliche Inventar vom usw. als richtig zu beschwören. Es wurde dies Inventar mit ihm durchgegangen; er erkennt es in allen Punkten als richtig an.

---

[1]) RG. 20 S. 385.

Darauf wurde für den zu leistenden Eid folgende Norm festgesetzt:
Ich schwöre bei Gott dem Allmächtigen und Allwissenden: In dem Verzeichnisse vom usw. habe ich die zum Nachlasse des Küsters Matthias K. gehörigen Sachen vollständig und richtig angegeben und wissentlich nichts verschwiegen. So wahr mir Gott helfe!

Die Parteivertreter sind mit der Norm des Eides einverstanden.

Der Beklagte hat, vor dem Meineide verwarnt, nachdem er angegeben, daß er Michael K. heiße, 64 Jahre alt und katholischer Konfession sei, den vorstehenden Eid geleistet.

17. Leistung des Offenbarungseides wegen Unpfändbarkeit. (§§ 807, 900 ZPO.)

1. Antrag auf Abnahme des Eides.

An das Königl. Amtsgericht in B.

Antrag auf Abnahme des Offenbarungseides in der Zwangsvollstreckungssache des Kaufmanns Moritz R. in B., Gläubigers, gegen die minderjährigen Geschwister Emil und Minna S. in B., vertreten durch ihren Vormund, den Schneider Emil S. in B., Schuldner, Prozeßbevollmächtigter Rechtsanwalt F. in B.

Nach dem Urteile des Königl. Landgerichts in B. vom usw., das ich hiermit in vollstreckbarer Ausfertigung nebst der Zustellungsurkunde überreiche, steht mir eine Forderung von 500 Mk. gegen die Schuldner zu.

Die Pfändung hat zu meiner Befriedigung nicht geführt. Dies ergibt sich aus dem hiermit gleichfalls überreichten Pfändungsprotokoll des Gerichtsvollziehers G. vom usw.

Die Schuldner sind minderjährig und werden bevormundet durch den Schneider Emil S. in H. Dies ergeben die Vormundschaftsakten des Amtsgerichts.

Der Vormund ist daher verpflichtet, ein vollständiges Verzeichnis des Vermögens der Schuldner vorzulegen und den Offenbarungseid zu leisten. Das Vermögensverzeichnis muß insbesondere enthalten:

1. sämtliche den Schuldnern gehörige Gegenstände, auch diejenigen, die nicht gepfändet werden können;
2. sämtliche ausstehenden Forderungen unter Bezeichnung des Grundes und der Beweismittel.

Ich beantrage, einen Termin zur Leistung des Offenbarungseides abseiten des Vormundes anzuberaumen.

B., den usw. O.

Die Ladung ist dem Prozeßbevollmächtigten der Schuldner, Rechtsanwalt F. in B., von Amts wegen zuzustellen.

2. Abnahme des Offenbarungseides.

Königl. Amtsgericht. B., den usw.

Gegenwärtig: Amtsrichter A. als Richter.
Aktuar B. als Gerichtsschreiber.

In der Zwangsvollstreckungssache des Kaufmanns Moritz R. in B., Gläubigers, gegen die minderjährigen Geschwister Emil und Minna S. in B., vertreten durch ihren Vormund, den Schneider Emil S. in B., Schuldner, erschienen bei Aufruf

1. der Gläubiger,
2. der Vormund der Schuldner.

Der Vormund legte das dieser Verhandlung beigefügte Vermögensverzeichnis vor.

Zu dessen Vervollständigung bemerkte er: außer den darin aufgeführten Gegenständen besitzen meine Mündel noch ein Sparkassenbuch der hiesigen Kreissparkasse über 10 Mk. Dies Sparkassenbuch ist aber dem Kaufmann N. hier für eine gleich hohe Warenschuld verpfändet und kann nicht ausgelöst werden. Deshalb habe ich es nicht mitverzeichnet.

Der Vormund der Schuldner wurde auf die Bedeutung des Eides hingewiesen und leistete, nachdem er angezeigt, daß er Emil mit Vornamen heiße, 38 Jahre alt und evangelischer Konfession sei, folgenden Eid:

> Ich schwöre bei Gott dem Allmächtigen und Allwissenden, daß ich das Vermögen meiner Mündel Emil und Minna S. vollständig angegeben und wissentlich nichts verschwiegen habe.

A. B.

18. Abnahme des Offenbarungseides wegen Herausgabe beweglicher Sachen.
(§ 883 ZPO.)

1. Antrag. B., den usw.

Der Schmiedemeister Carl P. in C. schuldet der unterzeichneten Gerichtskasse in Sachen usw., aus dem vollstreckbaren Urteil vom usw., an Kosten 207,70 Mk. Zur Deckung dieser Schuld ist nach fruchtlosem Ausfall der Zwangsvollstreckung die für den Schuldner P. im Grundbuch von R. Nr. 7 in Abt. III Nr. 5 eingetragene Kaufgelderforderung von 1000 Mk. nebst 4% Zinsen durch Beschluß des Königl. Amtsgerichts zu B. vom usw. gepfändet und der unterzeichneten Gerichtskasse zur eigenen Einziehung überwiesen.

Zur Ausführung der Pfändung sollte dem Schuldner P. der über die gepfändete Kaufgelderforderung gebildete Hypothekenbrief zwangsweise abgenommen werden. Der Hypothekenbrief hat aber nach dem Berichte des Gerichtsvollziehers nicht vorgefunden werden können. Der Schuldner P. weigert jede Auskunft über den Verbleib. Das Königl. Amtsgericht ersuchen wir deshalb:

> einen Termin anzuberaumen, in welchem dem Schmiedemeister P. in C. in Gemäßheit des § 883 ZPO. der Offenbarungseid dahin abzunehmen ist, daß er den bezeichneten Hypothekenbrief nicht besitze, auch nicht wisse, wo er sich befindet, ihn auch eidlich seine Wissenschaft über den Verbleib des Hypothekenbriefs angeben zu lassen.

Sollte der Schuldner im Termin nicht erscheinen oder die Eidesleistung verweigern, so beantragen wir, gemäß § 901 ZPO., behufs Erzwingung der Eidesleistung die Haft anzuordnen.

Die Richtigkeit unserer sämtlichen Angaben wird erwiesen durch die beifolgenden P.'schen Kassenpiecen.

Königl. Gerichtskasse.

2. Verhandlung.

Königl. Amtsgericht. B., den usw.

Gegenwärtig:
Amtsrichter A., als Richter.
Aktuar B., als Gerichtsschreiber.

In der Zwangsvollstreckungssache der Königl. Gerichtskasse hier, Gläubigerin, gegen den Schmiedemeister Carl P. in C., Schuldner, erschien bei Aufruf nur für die Gläubigerin der Gerichtskassen-Rendant W. von hier.

Es wurde aus den Akten festgestellt, daß der Schuldner gehörig geladen worden ist. Rendant W. beantragte Anordnung der Haft zur Erzwingung der Eidesleistung wegen des Besitzes und Verbleibes des Hypothekenbriefs über die im Grundbuche von R. 7 in Abt. III Nr. 5 eingetragene Kaufgelderforderung von 1000 Mk. nebst 4% Zinsen.

Es wurde ein Beschluß des aus der Anlage ersichtlichen Inhalts verkündet.

A. B.

3. Haftbefehl.

In der Zwangsvollstreckungssache der Königl. Gerichtskasse in B., Gläubigerin, gegen den Schmiedemeister Carl P. in C., Schuldner, wird auf Antrag der Gläubigerin gegen den Schuldner, um die Leistung des Offenbarungseides gemäß § 883 ZPO. wegen Herausgabe der Hypothekenurkunde über die im Grundbuch von R. Nr. 7 in Abt. III. Nr. 5 für den Schuldner eingetragene Kaufgelderforderung von 1000 Mk. nebst 4% Zinsen zu erzwingen, die Haft angeordnet.

Auf Grund dieses Haftbefehls und eines Auftrags der Gläubigerin ist der Schuldner durch einen Gerichtsvollzieher zu verhaften.

B., den usw. Königl. Amtsgericht.

5. Die Königl. Gerichtskasse zu B. erwirkt eine Ausfertigung des Haftbefehls und beauftragt den Gerichtsvollzieher S. mit der Verhaftung des P. S. führt die Verhaftung aus und führt auf Verlangen des P. diesen dem Königl. Amtsgericht zu B. vor. Von dem letzteren wird folgende Verhandlung aufgenommen.

Königl. Amtsgericht. B., den usw.

Gegenwärtig: usw. In der Zwangsvollstreckungssache der Königl. Gerichtskasse hier, Gläubigerin, gegen den Schmiedemeister Carl P. in C., Schuldner,

meldet sich heute der vom Gerichtsvollzieher S. vorgeführte Schuldner Carl P. und erklärt:

Ich bin nunmehr bereit, den mir abverlangten Offenbarungseid zu leisten. Ich selbst besitze den Hypothekenbrief nicht, habe ihn vielmehr vor mehreren Jahren meinem Sohne, dem Schlossergesellen Theodor P. in K., an den ich gleichzeitig die Forderung selbst abtrat, übergeben. Wo der Hypothekenbrief sich gegenwärtig befindet, insbesondere ob mein genannter Sohn ihn noch gegenwärtig im Besitz hat, weiß ich nicht. Dies kann ich beschwören.

Es wurde für den Schuldner folgender Eid normiert:

Ich schwöre bei Gott dem Allmächtigen und Allwissenden, daß ich den Hypothekenbrief über die für mich in Abteilung III Nr. 5 des Grundbuchs von R. 7 eingetragene Kaufgelderforderung von 1000 Mk. nebst 4% Zinsen nicht besitze, daß ich vielmehr diesen Hypothekenbrief vor mehreren Jahren meinem Sohne, dem Schlossergesellen Theodor P. in K., bei Abtretung der betreffenden Forderung an ihn übergeben und über das weitere Verbleiben des Hypothekenbriefs seit jener Zeit nichts in Erfahrung gebracht habe. So wahr mir Gott helfe!

Diesen Eid hat der Schuldner, nachdem er auf die Bedeutung des Eides hingewiesen war und angezeigt hatte, daß er 49 Jahre alt und evangelischer Konfession sei, abgeleistet. Der Gerichtsvollzieher S. reicht auf Aufforderung des Richters den gegen den Schuldner erlassenen Haftbefehl zurück.

A. B.

Beglaubigte Abschrift dieser Verhandlung wird unter Beifügung der P.'schen Kassenpiecen der Gläubigerin übersendet.

19. Der Schuldner bestreitet die Verpflichtung zur Leistung des Offenbarungseides. Verhandlung und Entscheidung hierüber. (§§ 900, 903 ZPO.)

Königl. Amtsgericht.
Gegenwärtig: Amtsrichter A., als Richter.
Aktuar B., als Gerichtsschreiber.

B., den usw.

In der Zwangsvollstreckungssache des Kaufmanns Louis K. in G., Gläubigers, gegen den Handelsmann Johann D. in L., Schuldner, erschienen bei Aufruf der Sache

1. der Gläubiger,
2. der Schuldner.

Es wurde dargelegt, daß der heutige Termin zur Leistung des Offenbarungseides wegen einer bisher uneinziehbaren Geldforderung des Gläubigers aus dem Urteil des Königl. Amtsgerichts zu B. vom usw. von 258,40 Mk. bestimmt sei.

Der Schuldner erklärt: Ich gebe zu, daß ich wiederholt fruchtlos ausgepfändet bin, bestreite aber gleichwohl meine Verpflichtung zur Leistung des Offenbarungseides, weil ich bereits am 14. Juni v. J. auf Antrag des Kaufmanns Adolf K. in R. den Offenbarungseid geleistet habe. Zum Beweise beziehe ich mich auf die Zwangsvollstreckungsakten — M. 185 — des hiesigen Amtsgerichts.

Der Gläubiger bestreitet diese Angabe, behauptet, daß der Schuldner nach dem 14. Juni v. J. Vermögen erworben habe, und beantragt:

den Widerspruch des Schuldners gegen seine Verpflichtung zur Eidesleistung zu verwerfen.

Der Schuldner bestreitet den späteren Vermögenserwerb.

Auf verkündeten Beschluß wurden die Zwangsvollstreckungsakten — M. 185 — des hiesigen Amtsgerichts vorgelegt. Sie ergeben, daß der Schuldner Johann D. auf den Antrag des Kaufmanns Adolf K. in R. wegen dessen Forderung von 50 Mk. zur Verhandlung vom 14. Juni v. J. den Offenbarungseid geleistet hat.

Gläubiger befragt, ob und in welcher Weise er glaubhaft machen könne, daß der Schuldner nach dem 14. Juni v. J. Vermögen erworben habe, erklärt: Ich schiebe hierüber dem Schuldner den Eid zu. Andere Beweismittel habe ich nicht.

Der Schuldner hält die Eideszuschiebung für unzulässig.

Es wurde folgender Beschluß verkündet:

Der Schuldner ist nicht verpflichtet, den Offenbarungseid zu leisten.
Die Kosten dieses Verfahrens werden dem Gläubiger auferlegt.

Gründe.

(Es wird die Darstellung der Sachlage gegeben. Sodann:)

Die Weigerung des Schuldners zur Leistung des Offenbarungseides erscheint gerechtfertigt. Denn nachdem der Schuldner auf Antrag des Kaufmanns Adolf K. in R. am 14. Juni v. J. den Offenbarungseid geleistet hatte, würde er zur nochmaligen Leistung des Eides dem Kaufmann Louis K. gegenüber nur dann verpflichtet sein, wenn Louis K. glaubhaft macht, daß der Schuldner nach dem 14. Juni v. J. Vermögen erworben habe. § 903 ZPO. Zur Glaubhaftmachung dieser von ihm aufgestellten Behauptung hat sich der Gläubiger aber nur der Eideszuschiebung, also eines Beweismittels bedient, das für die Glaubhaftmachung einer tatsächlichen Behauptung versagt ist. § 294 ZPO.

Die hieraus folgende Sachfälligkeit des Gläubigers zieht seine Verurteilung in die Kosten des Verfahrens nach sich. § 91 ZPO.

A. B.

20. Arrestbefehl und Pfändungsbeschluß. (§§ 916 ff., 830 ZPO.)

In Sachen des Hauseigentümers Gottfried A. in S., Kaiserstraße 11, Gläubigers, Prozeßbevollmächtigter: Rechtsanwalt C. in S., gegen den Rentier Adolf B. in S., Königsstraße 23, Schuldner (Prozeßbevollmächtigter: usw.)

Der Gläubiger hat geltend gemacht, daß ihm gegen den Schuldner aus dem über das Grundstück des Gläubigers S. Kaiserstraße 11 abgeschlossenen Kaufvertrage vom 4. Juni usw. ein Anspruch auf 6000 Mk., bei der Auflassung zu zahlendes Kaufgeld zustehe und daß die Vollstreckung wegen dieses Anspruchs gefährdet sei, weil Schuldner geäußert habe, er werde sein einziges Vermögensobjekt, die für ihn auf dem Grundstücke des Gasthofsbesitzers D., S. Marienstraße 1 in Abt. III Nr. 3 des Grundbuchs eingetragene Forderung von 7000 Mk. beiseite schaffen. Er hat diese Behauptung glaubhaft gemacht durch Vorlegung des Kaufvertrags vom 4. Juni usw. und der eidesstattlichen Versicherung des Agenten E. von usw.

Wegen des bezeichneten Anspruchs wird daher der dingliche Arrest auf Höhe von 6000 Mk. (Buchst.) und eines Kostenpauschquantums von 300 Mk. in das Vermögen des Schuldners angeordnet. Die bezeichnete Hypothekenforderung wird im angegebenen Betrage gepfändet. Der Gläubiger wird ermächtigt, einen Gerichtsvollzieher zu beauftragen, das Dokument über die gepfändete Hypothekenforderung zum Zwecke der Übergabe an ihn, den Schuldner, abzunehmen.

Durch Hinterlegung von 6300 Mk. (in Buchst.) wird die Vollziehung dieses Arrestes gehemmt und der Schuldner zu dem Antrage auf Aufhebung des vollzogenen Arrestes berechtigt.

Der Gasthofsbesitzer D. in S. darf an den Schuldner nicht mehr zahlen.

Der Schuldner hat sich jeder Verfügung über die Forderung, insbesondere deren Einziehung, zu enthalten.

S., den usw. Königl. Landgericht usw. Zivilkammer.

Ausfertigung dieses Beschlusses erhält der RA. C. Seine Sache ist es, Abschriften des Beschlusses dem Drittschuldner und dem Schuldner zuzustellen. Die Zwangsvollstreckung zur Erwirkung der Herausgabe des Hypothekenbriefs kann auf Grund einer vollstreckbaren Ausfertigung des Schuldtitels und einer Ausfertigung des Beschlusses betrieben werden. Ist die Erteilung eines Hypothekenbriefs ausgeschlossen, so ist die Eintragung der Pfändung in das Grundbuch erforderlich. Der Antrag auf Eintragung ist vom Gläubiger an das Grundbuchamt zu richten und durch Einreichung des Pfändungsbeschlusses zu begründen.

21. Einstweilige Verfügung. (§§ 940—942 ZPO.)

Beschluß. Auf den Antrag des A. wird gegen den B. und C. im Wege der einstweiligen Verfügung angeordnet:

1. Die Beklagten sind bis zur rechtskräftigen Entscheidung des von dem

Kläger anzustrengenden Prozesses betreffend die Anfechtung des von dem Erblasser der Parteien N. N. errichteten, am usw. eröffneten Testaments ohne Einwilligung des Klägers nicht berechtigt, das zum Nachlasse des N. N. gehörige Gut D. zu veräußern.

2. In Abteilung II des Grundbuchblattes von D. soll eine entsprechende Vormerkung eingetragen werden.

3. Dem Kläger wird eine Frist von usw. Wochen, beginnend von dem Tage der Zustellung dieses Beschlusses, bestimmt, innerhalb deren er die Beklagten zur mündlichen Verhandlung über die Rechtmäßigkeit der einstweiligen Verfügung vor das Gericht der Hauptsache zu laden hat.

4. Die Kosten dieses Beschlusses werden dem Kläger auferlegt.

S., den usw. Königl. Amtsgericht.

Ausfertigung dieses Beschlusses ist von Amts wegen dem Gläubiger zuzustellen, und mit dem Ersuchen um Eintragung zu den Grundakten zu geben. Die zur Wahrung der Frist des § 942 erforderliche Zustellung des Beschlusses an den Schuldner liegt dem Gläubiger ob.[1])

Zum Nachweise der Rechtshängigkeit der Sache überreicht der Anwalt des Klägers dem Amtsgericht die Ladungsschrift mit der Zustellungsurkunde oder wenn das zuständige Gericht ein Amtsgericht ist, den Antrag auf Terminsbestimmung. Das Amtsgericht vermerkt dies und gibt die Schriftstücke dem Anwalt zurück.

Wird die Ladung bzw. Beantragung der Terminsanberaumung innerhalb der bestimmten Frist nicht nachgewiesen, so hat das Amtsgericht auf Antrag die erlassene Verfügung aufzuheben und die Löschung der Vormerkung im Grundbuch herbeizuführen.

---

[1]) §§ 936, 922.

A. Gesetzesregister.

I. Zivilprozeßordnung.

§§	Seiten
3 ff.	122
4	19, 122
5	122
12 ff.	204
13	314
13 ff.	356
15	177
20	314
23	327, 356
24	195, 205, 253, 313, 314
29	15, 195
30	165
33	8, 24, 408
35	204
36	163, 195, 205, 356
37	8, 195, 206
38	88, 204
38 ff.	95
39	19, 38, 88, 204
40	29, 205
41	207
41 ff.	206, 258
42, 43	207
44	8, 207
45, 46	208
47, 48	207
49, 50 ff.	208
50	209
51	70, 86, 209, 210
52	196, 209
53	59, 209
54, 55	210
56	29, 209, 210, 211
57	17, 192, 211, 235
58	211
59	13, 146, 194, 212
59 ff.	211
60	13, 146, 194, 212
61	86, 106, 108, 212, 217, 250
62	47, 87, 106, 108, 146, 184, 199, 213, 217, 250, 344, 349, 365
63	108, 214
64	214, 219
65	214, 254
66	215, 267
66 ff.	215
67	106, 216, 267
68	217
69	69, 106, 207, 215, 217, 365
70	215, 219, 268
71	82, 216, 219
72, 73	218, 268
72 ff.	218
74	138, 218, 219
75	69, 106, 218, 269
76	69, 106, 219, 220, 270
77	219, 220
78	8, 98, 208, 218, 221, 223, 241, 338, 391
78 ff.	221
79	8, 96, 98, 222
80	98, 201, 223
81	49, 165, 222, 256, 341, 344
82	214, 222, 399
83	99, 197, 222
84	222
85	28, 88, 224, 247
86	224, 236, 268
87	99, 224, 225, 236, 253
88	29, 88, 96, 98, 197, 201, 223
89	98, 223, 229, 234, 247
90	99
91	81, 118, 226, 268, 275
91 ff.	76, 173, 225
92	81
93	344
95	21, 24, 246, 284
97	118, 149, 406
99	108, 121
101	69, 217, 218, 268
102	82, 246, 250
103	227
104	8, 227, 228
105	128, 227, 228
106	227, 229
107	229
108	229, 323

§§	Seiten
108 ff.	229
109	134, 230
110	167, 169, 230, 233
110 ff.	17, 229
111	230
112	231
113	231
114	17, 232, 318
114 ff.	231
115—117	233
118	8, 232
119	232
120—122, 125	234
123, 124, 127	235
128	5, 83
128 ff.	25
129	5, 21, 97, 284
130	8, 16, 21, 96, 109
131	16, 21, 96
132	17, 21, 24, 244
133	22
134	21, 169
135	21, 82, 169
136	28, 29, 31, 113
137	6, 28
138	35, 56, 247
139	29, 156
140	29
141	29, 41
142	26, 30, 58, 224
143	30
144	26, 43, 51, 375
145	30, 109, 115, 212
145 ff.	33
146	25, 30, 63, 83, 90
147	30, 122, 128, 212, 366
148	30, 156, 214
149	30
150	31
151 ff.	31
156	31
157	29, 99
158	25, 88, 99
159	33
160	33, 34, 44, 50, 101
161	34, 50
162	35
164	35
165	25
165 ff.	235
166	7, 77, 239, 390
167—170	239
171	211, 235
172	235, 337
173	236
175	240, 253
176	90, 99, 214, 228, 236, 341, 344, 356
177	236
178	236, 341, 344, 356
180	236
180 ff.	240
181	237
181 ff.	238, 337
182—186	237
187	238
188	238, 337
189	239
190	239, 241
192	240
193	238
194, 195	240, 243
196	240
197	238
198	241
199	241, 390
200, 201	241
202	241, 390
203	242, 371
204	128, 242
205, 206	242
207	242, 243, 390, 395
208	243
208 ff.	243
210	97
210 a	244
212	4
213	243
214	7, 18, 43, 66, 89, 127, 131
215	98, 164, 391
216	16, 246
217	98, 170, 172, 244, 371, 391
217 ff.	244
218	29, 31, 246
220	28, 31, 246, 252
221	108, 244
222	244
223	191, 244, 245
224	55, 197, 201, 230, 245, 248, 370, 372
225	55, 245
226	16, 17, 89, 98, 200, 245
227	245, 246
228	95, 245, 246, 382
229	43, 245
230	44, 247
231	247, 393
232	247
233	191, 247, 310
233 ff.	64, 199, 247
234	248
235	163, 248
236	248, 249
237	64, 249
238	64, 249, 250, 310
239	69, 106, 203, 247, 250, 252, 268
239 ff.	250
240	252, 295
241	86, 211, 235, 252, 268
242	252, 268
243	250, 252, 253, 268
244, 245	253
246	86, 211, 254, 267, 268, 294
247	254
248	8, 254
249	108, 254
250	250, 252
251	86, 93, 246
252	179, 255, 392
253	11, 12, 16, 88, 96
253 ff.	8
254	12
255	13

§§	Seiten
256	14, 167, 386
257, 258	13
259	13, 74
260	13, 194
261	16, 18, 24, 128
262	16, 24, 89, 170, 174, 244, 296
263	18, 118, 172, 195
264	18, 19, 172, 280
265	69, 70, 106, 215, 267
266	69, 106
267	195
268	8, 15, 18, 114, 200, 343
269	19, 38
270	19
271	19, 20, 25, 70, 91, 120, 170, 172, 198
272	21, 24, 111, 244
272 ff.	20
274	18, 19, 22, 23, 83, 88, 92, 100, 115, 169, 204, 205, 209, 210, 231, 247, 256
275	23, 82, 83, 107, 114, 115, 121, 137, 169, 231
276	103, 107
277	92
278	7, 28, 68, 118
279	7, 28, 117, 180
280	8, 16, 102, 167, 277
281	8, 20, 24, 25, 87
283	68
284	164
285	68
286	29, 41, 58, 180, 213, 224
287	65
288	35, 114
293	38
294	39, 122, 207, 249, 349, 388, 421
295	23, 94, 114, 126, 169, 216, 247
296	8, 31, 177, 224
297	5, 28, 33
298	33, 34
299	67, 117
300	30, 81, 107
301	12, 24, 30, 81
301 ff.	6
302	82, 107, 114, 121, 209, 289, 321
303	23, 43, 69, 82, 105, 112, 251
304	83 f., 88, 107, 114, 121, 289
305	11, 347
306	81, 107, 170
307	81, 107, 181
308	7
309 ff.	69
310	32, 64, 105
311	32, 82
312	31, 76, 105
313	69, 70, 75, 76, 83, 132, 136, 142
315	69, 70, 132
316	76
317	76, 77, 101, 117
318	77, 127, 173
319	69, 77, 78, 79, 279, 281, 282
320	78, 282
321	13, 81, 107, 109, 113, 117, 172, 290, 325, 327
322	15, 80
323, 324	80
325	80, 331
326, 327	80, 332
2 8	80, 328, 400, 401
329	32, 66, 77, 82, 89, 92, 105, 132, 166, 244, 375, 392
330	87, 88, 93, 119, 127, 231.
330 ff.	64, 68, 86, 180, 247
331	9, 87, 88, 93, 127, 165, 180, 247
332	87
334	114
335	17, 21, 24, 88, 89, 91, 95, 119
336	89, 132
337	246
338	29, 107, 120
338 ff.	203
339	76, 90, 203, 244, 317
340	90, 248, 317
340 a	90
341	90, 91
342	91, 169
343, 344	91
345	91, 107, 322
346	92, 322
347	82, 87
348	8
348 ff.	92
349	92
350	33, 92, 93
351	93, 247
352	93
354	56, 92, 93, 94, 340
355	85
356	41, 55
358	41
359	41, 53
360	40, 68
361	8
362	8, 56, 85
365	43
366	43, 82
367	44, 68, 119, 247
370	33, 67, 68, 86, 119
371	43, 44
372	8, 41, 43, 44
373 ff.	44
374	7, 45, 69
375	8, 41, 45
376	46
377—379	45
380	46, 47, 134, 274
381	46
382	41
383	47, 275

§§	Seiten
384	47
385	275
386	8
386 ff.	47
387	47, 48, 82, 274
388	47
389	48
390	48, 49, 134
391, 392	49
393	44, 49, 52
394	49
395	50, 140
396, 397, 399	50
398	50, 52
400	43, 46
402	8, 41, 51, 52, 69, 82
402 ff.	50
403	51
404	51, 52
405	41, 51
406	8, 43, 51, 276
407	51
408	51, 52
409	52, 53, 134
410	52
412	51, 53
413, 414	53
415	54, 57, 168, 338
415 ff.	53
416	58
417	57, 119
418	56, 57, 241, 338
419	168
420	54
421	55
422, 423	54
424 ff.	55
426	54
427	88, 247
428—431	55
432	56
433	56, 69
434	8, 41, 54, 55
435	241
436	57
437	56

§§	Seiten
438	56, 241
439	56, 88, 247
440	57
441	57, 247
442	57
443	58
444	57
445	59, 60, 61, 65, 119, 168
445 ff.	58
446	58, 60, 160
447	59
448	60, 61
449—451	61
452	60, 88
453, 455, 456	60
454, 457	61, 86
458, 459	61
460	62, 84, 86, 107, 322
461	63, 85, 141, 291
462	84, 85, 107
463	58
464	58, 88
465	88
465 ff.	63, 64
466	244, 249, 292
469	64
470, 471	86
472	88, 213
473	59, 381
475	65, 84
476	65
477	65, 84, 86, 107
478 ff.	49
479	8, 41, 63, 85
481	63
485	66
485 ff.	65
486	8, 66
487—490	66
491—494	67
495	244
495 ff.	94
496	22, 96, 97, 98, 101, 248
497	96

§§	Seiten
498	97, 174, 214
499	96
500	8, 94
501	5, 100, 244
502	5, 92, 100, 101
503	97, 101
504	100, 101
505	102, 103, 104, 107, 129, 276
506	18, 95, 102, 103, 104, 107, 127, 129, 276
507	92, 101
508	77, 97, 102, 103, 317
509	100
510	56, 101
510 a	33, 101
510 b	102
510 c	8, 95, 328
511 ff.	106
512	54, 82, 107, 121, 207
513	91, 107, 121
514	120, 135, 165, 322
515	92, 120, 322
516	76, 108, 109, 244
517	109
518	248
519	109
520	89, 110, 244, 296
521	110, 111, 121, 322
522	111
523	111, 119, 127
524	112, 325
525	127
526	6, 112, 119
527	114, 149
528	115, 205, 210, 247
529	24, 41, 94, 108, 110, 113, 114, 115, 127
530	114, 116
531	60, 114, 152
532	114, 152
533	114
534	114, 324, 325

§§	Seiten
535	29, 109, 112, 118, 119, 163
538	116, 121, 163, 304
539	116, 121, 163, 206, 207, 210, 304
540	121, 321, 340
541	118
542	118, 119, 165
543	147
544	117
545	121, 322
545 ff.	121, 311
546	117, 121, 122, 311, 324
547	117, 122, 311, 324
549	123, 124
550	123
551	27, 116, 124, 126, 162, 163, 206, 207, 210
552	124, 244
553	124, 248
553a	124
554	123, 126
554a	122, 125
555	89, 125, 244
556	125, 127, 322
558	126, 168
559	125
560	126, 324
561	123, 126
562	29, 126
563, 564	126
565	126, 127, 298
566	121, 124, 126, 127, 210, 322
567	18, 67, 81, 85, 89, 92, 128, 190, 192, 206, 241, 242, 245, 246, 333, 390, 392
567 ff.	128, 225
568	128, 132, 133, 249, 312
569	8, 129, 130, 208
570	129
571	130
572	46, 48, 52, 135, 179, 228, 230
573	131
574	130
575	132, 316
576	46, 134, 311
577	82, 89, 132, 134, 202, 228, 244, 276
578	162, 209
578 ff.	162
579	162, 163, 164, 206, 207, 210, 261
580	162, 163, 164, 261, 308
581, 582	162
583	163
584	121, 163, 164, 203
585	165
586	163, 244
587, 588	164
589	164, 309
591	165
592	166
592 ff.	166
593	168, 200
594	169
595	55, 63, 168, 169
596	169, 174
597	145, 168, 170
598	168, 171, 173
599	107, 121, 171, 172, 321, 340
600	171, 172, 173
601	169
602 ff.	173
603	174
604	16, 174, 244
605	174
606	177, 178
607	185, 312
608	18, 177
609	177, 312
611	177, 312
613	185, 312
614	178
615	179
616	178
617	7, 49, 52, 55, 56, 58, 180, 181, 185, 192
618	16, 181, 185, 192
619	8, 29, 134, 179, 185, 224
620, 621	179
622	7, 180, 185, 192
623, 624	180
625	77, 108, 182, 185
626	180, 185
627	182, 398
628	75, 182, 185
629	80, 182
630	182
632	184
633, 634	183
635	184, 185
636	184
637	183
638	183, 184
640	7, 16, 19, 55, 58, 77, 185, 224
640 ff.	185
641	7, 16, 19, 55, 185, 186
642	186
643	80, 186
644	186
645	204
645 ff.	187
646, 647	187
648—651	188
652	189
653	188
654	189, 192, 224
655	189, 192
656	134, 189
657	188
658	193
659	77, 189
660, 661	190
663	190
664	190, 191
666, 667	191
668	190
669	6, 191

§§	Seiten
670	7, 16, 49, 52, 55, 57, 58, 191, 192
671	188, 192
672	192, 398
673	193
674	192
675	204
676	188, 189, 204
677	193
678	77, 134, 190
679	7, 16, 49, 55, 57, 193, 398
680	187, 188, 204
681	189
682	193
683	190
684	7, 16, 49, 55, 57, 190, 191, 193, 398
685	190, 204
686	7, 16, 49, 55, 57, 77, 193
687	77
688	195, 313
688 ff.	194
689	195, 204, 313, 314
690	195, 196, 314
691	196
692	196, 201, 227, 316
693	95, 195, 197, 198, 200
694	198, 199
695	95, 199, 299
696	76, 95, 97, 199, 200, 201, 244
697, 698	201
699	199, 201, 202, 227, 316
700	198, 199, 203, 317
701	201, 202, 316, 342
702	196, 197, 198, 201
703	196, 197, 199, 201
704	174, 181, 262, 321, 323
705	77, 311, 322, 323
706	203, 311, 313, 322, 331
707	135, 166, 171, 203, 229, 250, 317, 326, 387, 400
708	33, 86, 91, 169, 170, 171, 172, 323, 324, 392, 393, 394
708 ff.	76
709	323, 324
710	229, 230, 324
711	117, 324
712	324, 392
713	229, 230, 324, 360, 392, 400
714	79
715	230
716	79
717	209, 325, 326
718	325, 327, 342
719	171, 203, 229, 317, 325, 399, 400
720	351
721	327
722	322, 327, 328, 400, 401
723	327, 328, 400, 401
724	329, 375
725	330
726	331, 334, 378
727	330, 331, 333, 346
727 ff.	334
728	332
729	332, 334
730	331, 333, 378
731	334, 402
732	134, 229, 333, 339, 405, 406
734	331
735	209, 333
735 ff.	333
736	333
737, 738	334
739 ff., 742	334
745, 746, 747 ff., 749	334
750	48, 77, 202, 345, 382, 416
751	334, 382, 389
752	335
753	383
754	336, 363
755	38, 335, 336, 363
757	330, 337
758	335, 337, 379
759	337, 379
760	337
761	337, 339
762	337, 338
763	337, 357
764	339, 353, 395
766	335, 336, 339, 344, 345, 348, 350, 352, 355, 360, 371, 374, 402, 403, 404
767	13, 17, 85, 263, 334, 340, 341, 344, 347, 360, 371, 376, 377, 378, 382, 405, 406, 407, 408, 414
768	333, 341, 382
769	13, 229, 342, 344, 347, 349, 408, 410
770	229, 342, 344, 347, 349, 410
771	215, 229, 339, 342, 344, 348, 350, 351, 368, 370, 408
775	317, 344, 350, 369
776	345, 369
777	345
778	346
779 ff.	345, 346
780	346, 347
781	346, 347
782—786	347
788	227, 337, 376
789 ff.	335
790	338
791	338
793	134, 338, 339, 348, 350, 355, 356, 371, 376,

§§	Seiten
	377, 383, 395, 397, 403
794	95, 228, 321, 322, 329, 334, 339, 340, 375, 379
795	341, 375
795a	228, 329
796	202, 203, 329, 334, 340, 341
797	329, 340, 341
798	334
801	321
802	205, 338, 340, 344, 356, 372, 381, 387
803	339, 348, 352, 374
803 ff.	347
804	348, 363, 369, 370, 391, 395
805	17, 215, 339, 348, 349, 350, 370, 410
806	349
807	380, 381, 382, 384, 385, 417
808	345, 354, 357, 363
808 ff.	349
809	339, 348, 361
810	350, 368
811	350, 405, 406
812, 813	350
814	352
814 ff.	351
815	351
816	351, 352
817	351, 352
818	352
819	353
820	352, 353
821—823	353
824	352
825	352, 353
826	345, 353, 354
827	353, 354, 365, 369, 370
828	335, 338, 356, 395
828 ff.	355
829	345, 356, 358, 370
830	357, 421
831	355, 357
832, 833	359
834	356
835	359, 360, 361
836	361
837	361, 362
838	362
839	360
840	358
841	218, 361
842	360
843	360, 362
844	345, 362, 412, 413
845	345, 362, 364, 370, 411
846	349
846 ff.	350, 363
847	349, 364, 411
848, 849	364
850	355, 402, 403
851	355, 356
852	355, 356
853	365, 369, 370
853 ff.	338, 364
854	365, 369, 370
855	365
856	365, 366
857	358, 366, 367, 412, 413
858 ff.	367
864	348, 367
864 ff.	321, 367
865	367, 368
866	368
867	369, 396
868	396
870	368
871	335, 369
872 ff.	369
873	335, 338, 370
874	370
875	345, 370, 371
876, 877	370, 371
878	371, 372, 373
879	205, 372
881, 882	373
883	361, 373, 380, 382, 384, 418
883 ff.	345, 373, 374, 397
884	373
885	335, 374
886	345, 374
887	102, 374, 375, 378, 379, 413
887 ff.	335, 338, 345
888	12, 102, 257, 374, 376, 377, 380, 386, 414
888a	102
889	12, 380, 416
890	229, 379, 415, 416
891	375, 379
892	376
894	374, 377, 378, 379
894 ff.	377
895	323, 331, 378
896	378
898	379
899	335, 338, 381
899 ff.	380
900	382, 383, 417, 420
901	383, 418
901 ff.	48
902	338, 384
903	380, 382, 420
904	377, 397
904 ff.	46
906	384
908	335
910	384
911	383, 384
912	49, 335, 384
913	49, 370, 377, 384
914	384
915	385
916	385, 386
916 ff.	385, 421
917	386, 388, 390
919	387
919 ff.	387
920	8, 388

§§	Seiten	§§	Seiten	§§	Seiten
921	229, 388	937	398	1030	258, 395
922	389, 390, 398,	938, 939	399	1031	259
	422	940	385, 398	1032	258
923	390, 396	940 ff.	421	1033	258, 259
924	391	941	399	1034	259
924 ff.	397	942	399, 422	1036	260
925	229, 391	943	121, 229, 387	1037	257, 260
926	256, 392	944	388, 398	1038	259, 260, 261
927	229, 393	945	394, 399	1039	77, 261
928	343	947	8	1040	256, 261
929	329, 392, 394, 399	952	132	1041	257, 258, 259, 261
930	338, 343, 363	958	244	1042	256, 258, 260, 262
931, 932	396	976	80	1043	262
933, 934	397	1025	256	1044	244, 262
935	183, 385, 397	1025 ff.	256	1045	257, 258, 259, 260
935 ff.	397	1026—1028	257	1046	260, 263
936	8, 329, 399, 422	1029	395	1047	263

II. Einführungsgesetz z. ZPO.

3	3	7, 8	125	15	254, 321
5	3, 121	13	3, 173, 386	16	398
6	123	14	3	18 ff.	4

III. Gerichtsverfassungsgesetz.

12	4	104	104	175, 176	27
15	178	105	104, 105	180, 182	134
16	204	105a	104	183	129, 134
18, 19	4, 242	106, 107	105	184	34
20	4	108	214	186	25
22 ff.	94	108a	105	187	26
23	4, 204, 387	109, 110	104	188	27
62	208	121	4, 78, 208	189	28
63	4	122	208	192	26
64	78	133	4, 78, 208	193	26, 51
66	208	135	128	194	25
70	4, 123, 204, 205	138	88	194 ff.	31
71	94, 110, 128	140	128	195	28
77	25, 110, 128	157 ff.	4, 94, 130	197	32
100 ff.	104	158	204	198	32, 259, 260
100a	104, 110, 204	159	42	199	31
101	104, 110, 204, 214	160	129, 134	202	174
102	94	170—172	27	204	197
103	104, 105	174	27, 181		

IV. Einführungsgesetz z. GVG.

5	3, 121	8	4

B. Alphabetisches Sachregister.

Die Zahlen bezeichnen die Seiten.

A.

Abfassung des Urteils 69, des Votums 161.
Abgekürzte Urteilsform 76.
Abgesonderte Verhandlung über prozeßhindernde Einreden 23.
Abkürzung von Fristen 245.
Ablehnung der Gerichtspersonen 206 ff., des Sachverständigen 51, des Schiedsrichters 258, der Terminsbestimmung 17, des Versäumnisurteils 88.
Abnahme des Eides 62.
Abschrift, beglaubigte 239.
Abstimmung des Gerichts 31, 105.
Abtretung des rechtshängigen Anspruchs 69, einer Forderung 302.
Abweisung der Klage, angebrachtermaßen, zur Zeit 75.
Abwendung der vorläufigen Vollstreckbarkeit 324.
Aktive Streitgenossenschaft 211.
Aktivlegitimation, Prüfung der 157.
Alimente, Pfändung von 359.
Alternative Anträge 14.
Amtsbetrieb 7.
Amtsgerichtlicher Sühneversuch 95.
Amtsgerichtliches Verfahren 94 ff.
Änderung des Beweisbeschlusses 68, der Eidesnorm 64, der Klage 19, in der Berufungsinstanz 114, von Terminen 245.
Anerkenntnis, Feststellung zum Protokoll 33.
Anfechtung der Ehe 175, 178, der Entmündigung 190.
Anlagen des Sitzungsprotokolls 34.
Annahme des Eides 60.
Anschlußberufung 108, 110, -pfändung 354, -revision 125.
Ansprüche, Verbindung von 14, auf Herausgabe 363.
Anträge in der Klage 10, neben der Klage 17, alternative, eventuell kumulative 14, Protokollierung und Verlesung 34.
Anwalt 8, 21, Wegfall als Unterbrechungsgrund 252, Zustellung von A. zu A. 240.
Anwaltsprozeß 221.
Anwaltszwang 7, 221.
arbiter, arbitrator 256.
Armenrecht 231 ff., Anspruch 231, Armutszeugnis 232, Beendigung 233, Beschlüsse 232, 317, Gesuch 232, Wirkung 233.
Arrest 385 ff., Anordnung 387, Arrestgericht 387, Arrestgesuch 388, Arrestgrund 386, Aufhebung 392, Verfahren bei Anordnung 388, Vollziehung 394 ff., Voraussetzungen 385, Widerspruch 390, Arrestbefehl 421.
Attest der Rechtskraft 322.
auctoris laudatio 219.
Aufenthalt, unbekannter, öffentliche Zustellung 241.
Aufhebung des Arrestes 392, 397, des Schiedsspruchs 261, von Terminen 245.
Aufklärungsrecht des Gerichts 29.
Auflassung von Grundstücken 300, 302.
Auflösende Bedingung, Beweislast 37.
Aufnahme des unterbrochenen oder ausgesetzten Verfahrens 250, 295.
Aufrechnungseinrede 73, 81, 114, 289.

Aufschiebende Bedingung, Beweislast 37.
Aufschiebende Wirkung der Rechtsmittel 106.
Augenschein, gerichtlicher 43.
Ausbleiben der Parteien im Verhandlungstermin 86, des Klägers 86, des Beklagten 87, im Beweistermin 68, des Einsprechenden 91, des Schwurpflichtigen 63, im Verteilungsverfahren 371, im Termin zur Leistung des Offenbarungseides 383, der Sachverständigen 52, der Zeugen 47.
Auseinandersetzungen, Verfahren in 92, von Miteigentümern 303.
Ausfertigung der Urteile 69, vollstreckbare 328.
Aushang, bei öffentl. Zustellung 242, der Urteile 76.
Auskunft von Behörden 52.
Auslagen, gerichtliche 225.
Ausland, als Arrestgrund 386, Aufenthalt des Beklagten in Ehesachen 176, Beweisaufnahme im 43, 273, Einlassungsfrist 17, Einspruchsfrist 90, Mahnverfahren 195, Zustellung im 241, 265, Zwangsvollstreckung im 338.
Ausländer, Armenrecht 231, Prozeßfähigkeit 210, Sicherheitsleistung 230.
Ausländisches Recht, Beweis 38, A. Urteile, Rechtskraft, Vollstreckbarkeit 80, 327, 401.
Auslegung der Rechtssätze 159.
Ausschließung der Gerichtspersonen 206 ff.
Ausschluß der Oeffentlichkeit 27, 286.
Aussetzung des Verfahrens 31, 250 ff., 254, 294, in Ehesachen 179, der Verkündung von Entscheidungen 32.
Aussetzungsrecht des Gerichts 30.
Außergerichtliche Kosten 226, Vorpfändung 362, 411.

B.

Bahneinheiten, Zwangsvollstreckung in 369.
Bayrisches Oberstes Landesgericht 125.
Beamte, als Sachverständige 52, als Zeugen 45, Haft 384.
Beauftragter Richter 41 f., im vorbereitenden Verfahren 92.
Bedingte Ansprüche, beim Arreste 385, im Mahnverfahren 194, bei der Zwangsvollstreckung 331.
Bedingtes Urteil 84, 291, Erledigung 85.
Beeidigung der Zeugen 49, der Sachverständigen 52.
Beendigung der Vollmacht 224.
Befreiung vom Beweise 35.
Beglaubigung der Vollmacht 223, bei der Zustellung 239.
Begutachtung, Form 53.
Beiordnung eines Anwalts, eines Gerichtsvollziehers in Armensachen 233.
Beistände vor Gericht 28, 98, 221 ff.
Beitritt des Nebenintervenienten 216, des Streitverkündeten 218.
Bekanntmachung, öffentliche, Zustellung durch 241.
Benennung des Urhebers 219.
Beratung des Gerichts 31.
Bergrecht, Bergwerkseigentum, Zwangsvollstreckung in 367.
Bericht (Referat) 151.
Berichtigung, des Beweisbeschlusses 68, 271, von Schreibfehlern im Urteile 77, 278, des Tatbestandes 78, 280.
Berufung 106 ff., Anschlußberufung 108, 110, Einlegung 108, Gericht 110, neue Verhandlung vor dem Berufungsgericht 127, Urteil in der Berufungsinstanz 304, Verfahren vor dem Berufungsgericht 111, 296, Verwerfung der Berufung 112, Verzicht, Zurücknahme 120, Zulässigkeit 106.
Beschwerde 128 ff., einfache 128, sofortige 128, 132, weitere 128, 132, Beschwerdegericht 128, 130, Einlegung 129, Verwerfung 311, Zulässigkeit 128, Zurücknahme, Verzicht 135.
Beschwerdegegenstand in der Revisionsinstanz 122.
Besetzung des Gerichts 25.
Besitzklage 14.
Besitznahme gepfändeter Sachen 350.
Bestehen oder Nichtbestehen der Ehe 175.
Bestimmung des zuständigen Gerichts 206.

Bestreiten, motiviertes 37.
Betagte Forderungen, Zwangsvollstreckung 331.
Beteiligung Dritter am Rechtsstreit 214.
Bevollmächtigte vor Gericht 8.
Bewegliche Sachen, Herausgabe von 365.
Beweis, Befreiung 35, Beschluß 39, 160, 271, 287, Änderung des Beschl. 68, Berichtigung des Beschl. 68, 271.
Beweiserhebungstheorie bei Aufrechnung 73, 300.
Beweisgebühr 225.
Beweislast, Beweispflicht 36.
Beweisverfahren 35 ff.
Beweiswürdigung 41, 74.
Briefhypothek, Pfändung 357.
Buchhypothek, Pfändung 357.

C.

compromissum 256.

D.

Darlehnsklage 13, 300.
Devolutiveffekt 106, 113.
Dienstbehörde, Genehmigung zur Vernehmung von Beamten 45, 52.
Diensteinkommen, Pfändung 359.
Dienstlohnklage 264.
Diffessionseid 57.
Dingliche Klage, Antrag 11, d. Arrest 386.
Dispensation vom Sühneversuch in Ehesachen 176.
Dolmetscher 26, 271, 288.
Dritte, Beteiligung am Rechtsstreit 214, Zwangsvollstreckung gegen 374.
Drittschuldner 354, 366, Erklärungspflicht des 358.
Duldungen als Gegenstand der Zwangsvollstreckung 379.
Duplik 25.
Durchsuchungsrecht des Gerichtsvollziehers 336.

E.

Echtheit der Urkunden 56.
Edition von Urkunden 54.
Editionseid 54.
Ehebruch, Scheidung wegen 180.
Ehemann, Verwaltungs- und Nutzungsrecht 367.
Ehesachen, Verfahren in 175 ff., Begriff 175, Beweiswürdigung 181, Klageänderung 178, Klageinhalt 178, Nichtigkeitsklage 183, Prozeßfähigkeit 175, Staatsanwaltschaft 177, Sühneversuch 176, Tod eines Ehegatten 182, Urteil 181, 323, Verfügungen 182, 312, Zuständigkeit 177.
Eid der Parteien, Beweis durch 58 ff., Norm 61, richterlicher 65, 160, Schiedseid 58, Überzeugungs-, Wahrheitseid 61, Zuschiebung, Zurückschiebung 59.
Eidesformel, der Sachverständigen 52, der Zeugen 49.
Eidesnorm 61, Änderung 64.
Eigentumfreiheitsklage 301.
Einfache Streitgenossenschaft 212.
Eingetragene Forderungen, Pfändung 357.
Einlassungsfrist 16, 96, 244, im Wechselprozeß 174.
Einrede 22 (exceptiones), 24, 71, prozeßhindernde 22, im Vollstreckungsverfahren 339 ff.
Einspruch gegen Versäumnisurteile 90 ff., 283, im Mahnverfahren 203.
Einspruchsfrist, versäumte 247.
Einspruchsschrift 90.
Einstellung der Zwangsvollstreckung 345, 400, 408.
Einstweilige Verfügungen 385, 397 ff., 421, Gericht 398, Inhalt 399, Verfahren 398, Voraussetzungen 397.
Eintragung des Arrestes oder der einstweiligen Verfügung im Grundbuch 396.
Eintritt in den Streit nach § 75 ZPO. 219.
Einwendungen in der Zwangsvollstreckung 339 ff., 404 f.
Einziehung, Überweisung zur 359.
Endurteile 81, 321, bedingte 84, 291, rechtskräftige 322, vollstreckbare 321.
Entlassung des Schuldners bei Streitverkündung 219.
Entmündigungssachen, Verfahren in 187 ff., Anfechtung 190, Antragsberech-

tigung 187, Entscheidung 189, Verfahren 188, Zuständigkeit 187.
Entscheidung, abgesonderte über prozeßhindernde Einreden 23.
Entscheidungsgebühr 225, 226.
Entscheidungsgründe des Urteils 70.
Entschuldigung, des Sachverständigen 52, des Zeugen 46.
Entziehung des Armenrechts 234.
Erbbaurecht, Zwangsvollstreckung in 367.
Erben des Schuldners, Zwangsvollstreckung gegen 346.
Erbpachtrecht, Zwangsvollstreckung in 367.
Erbschaftsklage 11.
Ergänzungsrichter 25.
Ergänzungsurteil 79, 109, 290.
Erhebung der Klage 8 ff.
Erinnerungen, gegen Kosten 228, im Vollstreckungsverfahren 339, 404 f.
Erklärung über Eide 60.
Erklärungspflicht des Drittschuldners 358.
Erlaß des Urteils 32, des Zahlungsbefehls 196.
Ersatzzustellung 237.
Erscheinen, persönliches der Parteien 29, 179, 224.
Ersuchter Richter 41.
Erweiterung des Klageantrags 17, in der Berufungsinstanz 114.
Erwirkung von Handlungen in der Zwangsvollstreckung 373 ff., 413 ff.
Eventualmaxime 7, 93.
Eventuelle Anträge 14.
Exekutionsintervention 342.
Exmission des Pächters, Mieters 374.
Exterritoriale Gerichtsbarkeit 4, Zustellung 241.

F.

Fachbehörde, Gutachten 52.
Fälligkeit, als Voraussetzung der Klage 12.
Feiertage, Frist 244, Zustellung 238, Zwangsvollstreckung 337.
Ferien, Gerichts- 244.
Festsetzung der Prozeßkosten 227 f.
Feststellungsklage 14, 75, Urteile 322.
Firma im Prozesse 9.
Fischereirecht, Zwangsvollstreckung in 367.
Forderungen, Zwangvollstreckung in 354 ff.
Fragerecht in der Verhandlung 29.
Frau, Prozeßfähigkeit 209, als Schiedsrichter 257.
Freihändiger Verkauf der Pfandstücke 353.
Fristen 244, Verlängerung und Abkürzung 245.
Früchte, Pfändung 350, 352.

G.

Gebühren, gerichtliche 225.
Gegenforderung, Geltendmachung durch Widerklage oder Einrede 73, 80, 81, 102, 114, 300.
Gegenleistung, beim Mahnverfahren 194, bei der Zwangsvollstreckung 331.
Gegenseitigkeit im Ausland, beim Armenrecht 231, bei der Rechtskraft der Urteile 80, bei der Sicherheitsleistung 230.
Gehalt, Pfändung 359.
Geisteskrankheit, Entmündigung 187, Scheidung 180.
Geistesschwäche, Entmündigung 187.
Geld, Pfändung von 350 f.
Geldbetrag, hinterlegter im Arrestverfahren 395.
Geldforderungen, Offenbarungseid wegen 380, Zwangsvollstreckung in 354 ff.
Geldrenten, Klage auf 13.
Geldstrafe, zur Erwirkung von Handlungen 376, von Unterlassungen 379, gegen Zeugen 46, gegen Sachverständige 52, im Eheprozeß 179.
Geltungsgebiet der ZPO. 3.
Gerichte, Besetzung der 4, 25.
Gerichtsbarkeit 4.
Gerichtsferien, Lauf der Fristen 244.
Gerichtshöfe, Aussprüche der höchsten 159.
Gerichtspersonen, Ausschließung und Ablehnung 206 ff.
Gerichtsschreiber, Ablehnung 208, Erteilung von Urteilsausfertigungen 76, Aushang des Urteils 76, Erteilung von Rechtskraftzeugnissen 322, von Voll-

streckungsklauseln 329 ff., 402, im Mahnverfahren 201, bei der Kostenfestsetzung 227, bei der Zustellung 238, 243, bei der Zwangsvollstreckung 335.
Gerichtssprache 25.
Gerichtsstillstand 253.
Gerichtstafel, Anheftung 242.
Gerichtsvollzieher 335 ff., Zustellung durch 238.
Gesamtgut, Zwangsvollstreckung in 367.
Gesellschaftsanteil, Zwangsvollstreckung in 367.
Gesetzliche Vertreter 210, 252.
Geständnis, gerichtliches 35 ff.
Gewahrsam, des Schuldners bei der Zwangsvollstreckung 349.
Gewalt, höhere 247.
Gewohnheitsrecht 38.
Glaubhaftmachung 38.
Gleichzeitige Pfändung 353.
Gold- und Silbersachen, Versteigerung 352.
Grenzscheidungsklage 11.
Grund des Anspruchs, Vorabentscheidung 83, 116, 146.
Grundbucheintragung in der Zwangsvollstreckung 323, 396.
Grundschuld, Zwangsvollstreckung in 366.
Grundstücke, Arrest in 396, Überlassung und Räumung von 374, Zwangsvollstreckung in 367.
Gutachten, von Sachverständigen 53, im Prozeß 154 ff., 287.

H.

Haft, zur Erwirkung von Handlungen 376, von Unterlassungen 379, beim Offenbarungseid 383, gegen Zeugen 46.
Haftbefehl 383.
Haftkosten 383.
Handelsgesellschaft als Prozeßpartei 9, Fortführung einer 332.
Handelssachen, Kammer für 25, 104.
Handlungen, Erwirkung von, in der Zwangsvollstreckung 373 f., 413 ff., vertretbare 375, nicht vertretbare 376.
Hannoversches Königshaus, Zuständigkeit 3.
Hauptintervention 214.
Hauswirt, Zustellung an 237.
Hemmung der Zwangsvollstreckung 344.
Herausgabe von Sachen, Zwangsvollstreckung zur 373, 380.
Herstellung des ehelichen Lebens 175, 178, 179.
Hindernis der Beweisaufnahme 41.
Hinterlegung gepfändeter Forderungen 369.
Hohenzollern-Familie, Zuständigkeit 3.
Höhere Gewalt 247.
Holsteinisches Fürstenhaus, Zuständigkeit 3.
Hypotheken, Pfändung 357.

J.

Individualisierungstheorie 9.
Indossable Papiere, Pfändung 357.
Inhaberpapiere, Pfändung 353, 357.
inhibitorium 356.
Intervenient als Streitgenosse 217.
Interventionsklage 342.
Inventar, Rechtswohltat des 346.
Inzidentfeststellungsklage u. -widerklage 15.
iudicium rescindens 165, **i. rescissorium** 165.
Justizrat, Geheimer, als Instanz 3.

K.

Kammer für Handelssachen 25, 104.
Kaufklage 264.
Kaution für Prozeßkosten 230.
Klage 8 ff., im amtsger. Verfahren 96, Zurücknahme 20.
Klageänderung 19, in der Berufungsinstanz 114, -stheorie 73.
Klageantrag 10, kumulative 14.
Klagebeantwortung 22.
Klagegegenstand 9.
Klagegrund 9.
Klagenhäufung 13, 146.
Klagenkonkurrenz 146.
Klageschrift, Inhalt 8, 96, 264.
Klageverneinung 24.
Kompensationseinrede 73, 81, 114, 289.

Konkurs, Unterbrechung des Verfahrens 252.
Konsuln, Zustellung durch 241, Zwangsvollstreckung durch 338.
Kostbarkeiten, Pfändung, Versteigerung 350, 352.
Kostenfestsetzungsbeschlüsse 227, 328, -verfahren 227 ff.
Kostenpflicht 226 f.
Kostenpunkt, Anfechtung des 108.
Krieg, Unterbrechung des Verfahrens 253.
Kumulative Anträge 14.
Kündigung der Anwaltsvollmacht 253.
Künftige Leistungen, Klage auf 13.
Kurhessisches Fürstenhaus, Zuständigkeit 3.

L.

Ladung, des Beklagten 8, 96, öffentliche 241 f., durch Gerichtsschreiber 240, von Zeugen und Sachverständigen 45, der Parteien von Amts wegen 96.
Ladungsfrist 244.
Landesherr, Zuständigkeit 3.
laudatio auctoris 220.
Läuterung des bedingten Endurteils 84, 145, 291.
Leibrenten, Klage auf 13.
Leistungen, wiederkehrende 13, künftige 13.
Leistungsklagen 10.
Leitung der Verhandlung 28.
Litisdenunziation (Streitverkündung) 218.
Litiskontestation, negative 24.

M.

Mahnverfahren, Gegenstand 194, Zuständigkeit 195, Erlaß des Zahlungsbefehls 196, Zustellung 197, Widerspruch 198, Übergang ins ordentliche Verfahren 199, Vollstreckungsbefehl 201, Einspruch 203, Beispiele 313 ff.
Mangel der Prozeßfähigkeit oder der gegesetzlichen Vertretung 210, 252.
Manifestationseid s. Offenbarungseid.
Materialien der Gesetze 159.
Mehrfache Pfändung 353.
Meß- und Marktsachen, Einlassungsfrist 16.
Mietzinsforderungen 368.
Militärbehörde, vorgesetzte, bei der Zeugenvernehmung 45, bei der Zwangsvollstreckung 335, 338.
Militärpersonen, Zustellung 235, 241, Zwangsvollstreckung gegen 338.
Miteigentümer, Auseinandersetzung von 303.
Mobiliarpfändung 347.
Mündliche Verhandlung 24 ff.
Mündlichkeit, Prinzip der 5.
Mutter, Verwaltungs- und Nutznießungsrecht 367.

N.

Nacheid 49.
Nacherbe, Zwangsvollstreckung gegen 332.
Nachlaß, Klage der Miterben gegen 302, Zwangsvollstreckung in 346.
Nachtzeit 238, 337.
Nachverfahren bei der Läuterung des Urteils 84, im Urkundenprozeß 172, in der Berufungsinstanz 118.
Nachverhaftung 385.
Nachzahlung von Kosten seitens der armen Partei 234.
Nassauisches Fürstenhaus, Zuständigkeit 3.
Naturereignisse als Wiedereinsetzungsgrund 247.
Nebenintervention 215 ff., 267.
Negative Litiskontestation 24.
Neue Ansprüche in der Berufungsinstanz 114.
Nichtigkeitsklage 162, im Eheprozeß 175, 183.
Nichtpfändbare Sachen 350, Forderungen 355.
Nichtverhandeln der Parteien 88, 246.
Nichtwissen, Erklärung mit 28.
Nießbrauch, Pfändung von 366.
Notfrist 243, 244, 247.
Notfristattest 322.
Notwendige Streitgenossenschaft 212.
novum judicium in der Berufungsinstanz 113.
Nutzungsrecht des Ehemanns 367.
Nutzungsrecht an Grundstücken 367.

O.

Oberlandesgerichte 110, 323, Revision 121.
Oberstes Landesgericht, Bayrisches 125.
Offenbarungseid 380 ff., 416, 417 ff.
Offenkundigkeit von Tatsachen 34.
Öffentliche Urkunden 54, 56.
Öffentliche Zustellung 241, 265.
Öffentlichkeit der Verhandlung 27, 286, in Ehesachen 179.
Ordentliche Gerichte 4.
Örtliche Zuständigkeit 204.

P.

Pachtzinsforderungen 368.
Papiere, indossable, Pfändung 357.
Parteibetrieb 7.
Parteien, Bezeichnung in der Klage 8, im Urteil 69, persönliches Erscheinen der 29, 179, 224, in Ehesachen 179, Vertretung der 96, 210, Tod 250.
Parteifähigkeit 22, 209, 210.
Parteiprozeß 8, 98.
Passive Streitgenossenschaft 211.
Passivlegitimation, Prüfung 157.
Pension, Pfändung 359.
Persönlicher Arrest 386, 393.
Pfand- und Vorzugsrechte Dritter 348.
Pfandrecht des Vermieters 410.
Pfändung von körperlichen Sachen 349 ff., von Geldforderungen und Vermögensrechten 354 ff., von Wechseln 357, von Ansprüchen auf Herausgabe 362, gleichzeitige, mehrfache 353, außergerichtliche 362, Wirkung 348.
Pfändungsbeschluß 356, 421.
Pfändungsgegenstände 349.
Pfändungspfandrecht 348, 359.
Post, Zustellung durch 240.
Präsidium des Landgerichts 4.
praesumtiones 38.
Privaturkunden 54, 56.
prohibitorium 356.
Prorogation 204.
Protokoll über mündliche Verhandlung vor dem Landgericht (Sitzungsprotokoll) 33, 35, vor dem Amtsgericht 101, des Gerichtsschreibers 96, in der Zwangsvollstreckung 338.
Prozeßbevollmächtigte s. Prozeßvollmacht.
Prozesse, Trennung 30, Verbindung 30, Aussetzung 30.
Prozeßfähigkeit 22, 209, Verlust 252.
Prozeßgebühr 226.
Prozeßhindernde Einreden 22, 83, 115, 146, 285.
Prozeßkosten 225.
Prozeßvollmacht 99, 221 ff., 284, Umfang 222, Echtheit 223, Beendigung 224.
Punktensachen 139, 145.

Q.

Quittungsleistung des Gerichtsvollziehers 337.

R.

Rangordnung der Pfandgläubiger 358.
Räumung von Grundstücken oder Schiffen, Zwangsvollstreckung 374.
Räumungsklagen 13.
Reallast, Zwangsvollstreckung 366.
receptum arbitri 256.
Rechnungsfehler im Urteil 77.
Rechnungslegung, Klage auf 12, Zwangsvollstreckung auf 375.
Rechnungssachen, vorbereitendes Verfahren 92.
Rechtsanwalt, als Bevollmächtigter 8, 221 ff., Zuordnung an arme Partei 233, Wegfall im Prozesse 253.
Rechtshängigkeit 18, 22, Einrede der 22.
Rechtshilfe 4.
Rechtskraft des Urteils 79, 322, R.-attest 311, 322.
Rechtsmittel, Begriff 106.
Rechtsnachfolger, Ladung 250 f., Zwangsvollstreckung 331.
Rechtsnorm, revisible 123.
Rechtsverhältnisse zwischen Eltern und Kindern 185 f.
Rechtsvermutungen 38.
Rechtsweg, Einrede der Unzulässigkeit 22.
Rechtswohltat des Inventars 346.
Referat 151 ff.

reformatio ultra petitum oder **in pejus** 116.
Reichsanzeiger, öffentliche Ladung durch 242.
Rentenschuld, Zwangsvollstreckung 367.
Replik 25.
Restitutionsklage 162.
Revision 121 ff., Zulässigkeit 121, Revisionssumme 121, Beschwerdegegenstand 122, Revisionsgrund 123, Revisibles Recht 123, Revisionsfrist 124, Revisionsbegründung 124, Revisionsgericht 124, Anschlußrevision 125, Verfahren bei der Revision 125, neue Verhandlung vor dem Berufungsgericht 127, 298.
Richterlicher Eid 65, 160.
Rubrum des Urteils 69, 298 ff.
Rückgabe geleisteter Sicherheit 229.
Ruhen des Verfahrens 246, 250 ff.

S.

Sachen, Zwangsvollstreckung in körperliche 349, in unbewegliche 367, auf Herausgabe von 362, 373.
Sachliche Zuständigkeit 204.
Sachverständige 50 ff., S.-pflicht, Ablehnung 51, 276, Eid 52, sachv. Zeugen 53, Gebühren 53.
Schadensersatz bei vorläufiger Vollstreckung 326, beim Vorbehaltsurteil 82, im Nachverfahren der Berufungsinstanz 118.
Schätzungseid 65.
Scheidungsklage 175, 178.
Schiedseid 58.
Schiedsrichterliches Verfahren 256 ff., 259.
Schiedsspruch 260.
Schiedsvertrag, Gegenstand 257, Form 257, Erlöschen 257, Schiedsrichter 258, Ablehnung 258.
Schiffe, Zwangsvollstreckung 367, Überlassung oder Räumung 374.
Schiffspart, Zwangsvollstreckung 367.
Schiffsregister 323.
Schreibfehler im Urteil 77.
Schriftsätze, vorbereitende 20, 97.
Schriftvergleichung 57.
Schuldtitel 321, Zustellung 334.
Schuldübernahme 332.
Schwurtermin 63.
Sequester 364.
Sicherheit, mangelnde, für Prozeßkosten 22.
Sicherheitsarrest 386, 396.
Sicherheitsleistung 229 ff., 286, bei Arrest 389.
Sicherung, des Beweises 65 ff., der Zwangsvollstreckung 385.
Sicherungshypothek 368.
Siegel, Anlegung von 350.
Silbersachen, Versteigerung 352.
Sitzungsprotokoll, Inhalt 33, 282, als öffentliche Urkunde, Beweiskraft 35.
Sofortige Beschwerde 128, 132.
Sonntag, Frist 244, Zustellung 238, Zwangsvollstreckung 337.
Staatsanwaltschaft, im Eheprozeß 177, 183, in Entmündigungssachen 187, 190.
Staatsbeamte, als Zeugen 45, als Sachverständige 52.
Strafandrohung, bei Erwirkung von Handlungen 376, von Unterlassungen 379.
Strafvollstreckung, gegen Zeugen 48, gegen Sachverständige 52.
Streitgenossenschaft 211 ff., eigentliche, uneigentliche 212, einfache 212, notwendige 212.
Streitverkündung 218, 268 ff.
Stumme, Verhandlung mit 26.
Substantiierungstheorie 9.
Sühneversuch 31, 95, im Eheprozeß 176, 312, Vergleich im Sühnetermin 328.
Suspensiveffekt 106, 114, 134, 165.

T.

Tatbestand des Urteils 136 ff., Berichtigung 78.
Taube Personen, Verhandlung mit 27.
Teilungsplan 370.
Teilurteil 81, 144.
Tenor des Urteils 75.
Termine 244, Bestimmung 16, 96, Aufhebung und Änderung 245, im Verteilungsverfahren 370.
Terminsvollmacht 99.
Titel der Zwangsvollstreckung 321.

Tod der Partei als Unterbrechungsgrund 250, 294, des Anwalts 253, des Schiedsrichters 258, des Schwurpflichtigen 86, des gesetzlichen Vertreters 252, des Schuldners in der Zwangsvollstreckung 345.
Trennungsrecht des Gerichts 30.
Trunksucht, Entmündigung wegen 187.
Truppenteile, mobile, Zustellung 241.

U.

Übergehung von Ansprüchen im Urteil 79.
Überweisung gepfändeter Forderungen 355, 359, 412.
Überweisungsbeschluß 360.
Überzeugung, richterliche 41, 74.
Überzeugungseid 61.
Unbeeidigte Zeugenvernehmung 49.
Unbewegliche Sachen, Herausgabe von 364 f., Zwangsvollstreckung in 367 f., Vollziehung von Arresten 396.
Unmittelbarkeit, Grundsatz der 4.
Unpfändbare Sachen 350, Forderungen 355.
Unpfändbarkeit 417.
Unterbrechung des Verfahrens 250 ff.
Unterhaltsrenten 13.
Unterlassungen, Erwirkung von 373, 379, 415.
Unveräußerliche Rechte, Pfändungen 366.
Unzulässigkeit des Rechtsweges 22.
Unzuständigkeit des Gerichts, Einrede 22, 276 ff., des Amtsgerichts 102, des Landgerichts 103.
Urheber, Benennung des 219.
Urkundenbeweis 53 ff., öffentliche, private U. 54, Beweiskraft der U. 57, Vorlegung der U. 54.
Urkundenprozeß 167 ff., Zulässigkeit 167, Umleitung in das ordentliche Verfahren 169, Urteile im U. 170, Nachverfahren 172.
Urteil 69 ff., Rubrum 69, Entscheidungsgründe 70, Tatbestand, -sberichtigung 78, Formel, Tenor 75, 298 ff., abgekürzte Urteilsform 76, Aushang 76, Zustellung 76, Berichtigung von Schreibfehlern usw. 77, Ergänzung 79, Rechtskraft 79, End-, Teil-, Vollurteile 81, Zwischenurteile 82, bedingte Urteile 83, Versäumnisurteil 86 ff., 118, 127, 145, 282, 303, Einspruch hiergegen 90, vollstreckbare U. 321.

V.

Vater, Verwaltungs- und Nutzungsrecht 367.
Veränderte Umstände beim Arrest 393.
Veräußerung der Streitsache 69.
Verbindung von Klagen 30.
Verbot an den Drittschuldner 356.
Verfügung, einstweilige 385, 397 ff., 421.
Vergleich vor dem Prozeßgericht 33, 284, Zwangsvollstreckung aus 328.
Vergleichsgebühr 226.
Verhaftung s. Haft.
Verhandlung, Gang der 28.
Verhandlungsgebühr 225, 226.
Verhandlungsmaxime 7.
Verkauf der Pfandstücke 353.
Verkündung der Entscheidung 32.
Verlesung der Anträge 28.
Vermieter, Zustellung an 237.
Vermieterpfandrecht 410.
Vermögensverzeichnis, Vorlegung 12, 302, 380.
Vermutungen 38.
Vernehmung s. Parteien, Sachverständige, Zeugen.
Versäumnisurteil 86 ff., 118, 127, 145, 282, 303, Einspruch 90.
Versäumung von Terminen 86, 247, des Schwurtermins 63.
Verschwendung, Entmündigung 187.
Versicherer, Forderung gegen 368.
Versteigerung in der Zwangsvollstreckung 351.
Vertagung der Verhandlung 245.
Verteilungsverfahren 369 ff., Verteilungstermin 371, Ausführung der Verteilung 370 f.
Vertretbarkeit der Handlungen 375, der Sachen 194, 373.
Vertretung, gesetzliche 22, 210, Wegfall 252.
Verwaltungsrecht des Ehemanns 367

Verweigerung der Verhandlung zur Hauptsache 23, des Zeugnisses 48.
Verweisung des Rechtsstreits an das Amtsgericht 103, an die Kammer für Handelssachen 104, an das Landgericht 102, 276.
Verwerfung der Berufung 112, der Revision 125.
Verwertung der Pfandstücke 353, von Forderungen 362.
Verzeichnis, der Urteile 76, über Offenbarungseide 385.
Verzicht, auf Berufung 120, auf Beschwerde 135, auf Einspruch 91, auf Zeugen 50, auf deren Beeidigung 49, Protokollierung von 33.
Verzögerung der Aufnahme des Rechtsstreits 251.
Vindikation eines Grundstücks 301.
Vollmacht im Parteiprozeß 96, im Anwaltsprozeß 222 ff., beglaubigte 284.
Vollstreckbare Ausfertigung 329.
Vollstreckbare Titel 328.
Vollstreckbare Urteile 321.
Vollstreckbarkeit 321, vorläufige 322 ff., bedingte 323, Aufhebung 325.
Vollstreckbarkeitserklärung 324 f.
Vollstreckungsbefehl im Mahnverfahren 201 ff., 314 ff., 328, Einspruch 203.
Vollstreckungsgegenklage 340.
Vollstreckungsgericht 338, 402 ff.
Vollstreckungsklausel 329, 402.
Vollstreckungsorgane 335 ff.
Vollstreckungstitel 321 ff., Zustellung 334.
Vollstreckungsurteil, bei ausländischen Urteilen 328, 400, beim Schiedsspruch 262.
Vollurteile 81.
Vollziehung des Arrestes 394, des Protokolls 35.
Vorabentscheidung über den Grund des Anspruchs 83.
Vorbehalt, der Ausführung der Rechte im Urkundenprozeß 171, von Verteidigungsmitteln in der Berufungsinstanz 118, der Rechtswohltat des Inventars 346, der Aufrechnung 81.
Vorbereitende Schriftsätze 20, 97.
Vorbereitendes Verfahren 92, 285.
Vorerbe, Zwangsvollstreckung gegen 367.
Vormerkung im Grundbuch 323.
Vorpfändung, außergerichtliche 362, 411.
Vorsitzender, Terminsbestimmung 16, Leitung der Verhandlung 28, Erlaß der Ersuchungsschreiben 42, Entscheidung über Arrestanträge 387, über einstweilige Verfügungen 398, Anordnung der Erteilung der Vollstreckungsklausel 332.
Vorstellung im Vollstreckungsverfahren 339.
Vorzugsrechte Dritter an gepfändeten Sachen 343.
Votum (Gutachten) 154 ff.

W.

Wahlrecht in der Zwangsvollstreckungsinstanz 378.
Wahrheitseid 61.
Wechsel, Pfändung von 357.
Wechselprozeß 167, 173 f., 285.
Weitere Beschwerde 128, 132, weitere vollstreckbare Ausfertigung 332.
Wertpapiere, in der Zwangsvollstreckung 353.
Widerklage, Zulässigkeit, Zuständigkeit 24, Versäumnisurteil 87.
Widerruf der Eides-Zu- und Zurückschiebung 61.
Widerspruch gegen Arrest 390, gegen Zahlungsbefehl 198, im Verteilungsverfahren 372, gegen Offenbarungseid 382, 420.
Widerstand bei der Zwangsvollstreckung 336.
Wiederaufnahme des Verfahrens 162 ff., Zulässigkeit 162, Frist 163, Zuständigkeit 163, Verfahren 164, Urteil 307, aufschiebende Wirkung 165.
Wiedereinsetzung in den vorigen Stand 247 ff., Frist 248, Verfahren 249, Urteil 309.
Wiedereröffnung der Verhandlung 31, 68.
Wiederinkurssetzung durch den Gerichtsvollzieher 353.
Wiederkehrende Leistungen 13.

Willenserklärung, Erwirkung einer 377 f.
Wohnung, Räumung 327.

Z.

Zahlungsbefehl 194, 314.
Zahlungsstatt, Überweisung einer Forderung 360.
Zeugenbeweis 44 ff., Ladung 45, Beeidigung 49, Pflicht 46, Zeugnisverweigerung 47, Gebühren 50, sachverständige Zeugen 53, Bestrafung ausgebliebener Zeugen 274.
Zeugnis der Rechtskraft 311, 322.
Zinsen von Forderungen, Pfändung 357.
Zubehörstücke von Grundstücken 368.
Zufälle, unabwendbare, bei der Wiedereinsetzung 247.
Zug um Zug, Leistung 73, Zwangsvollstreckung 331, 337.
Zurückbehaltungsrecht 74.
Zurücknahme der Klage 20, der Berufung 120, der Beschwerde 135.
Zurückschiebung des Eides 59.
Zurückverweisung in die Berufungsinstanz 117, 126.
Zurückweisung von Verteidigungsmitteln 28, 117, der Berufung 115, der Beschwerde 132.
Zuschiebung des Eides 59.
Zuschlag in der Zwangsvollstreckung 351 f.
Zuständigkeit der Gerichte 204 ff.
Zustellung der Klage 18.
Zustellungen 235 ff., Empfänger 235, an Militärpersonen 235, an Bevollmächtigte 236, an Behörden, Korporationen usw. 237, Ort 236, Zeit 238, Urkunde 239, im Auslande 241, 265, öffentliche 241, 265, von Amts wegen 243.
Zustellungsbevollmächtigter 236.
Zwangshypothek 368.
Zwangsversteigerung, -verwaltung 368.
Zwangsvollstreckung 321 ff., Voraussetzungen, materielle 321, formelle 329, aus ausländischen Urteilen 327, Organe 335 ff., Gericht 338, im Auslande 338, Einwendungen 339 ff., Intervention 342, Hemmung 344, Tod des Schuldners 345, wegen Geldforderungen 347 ff., in körperliche Sachen 349 ff., in Geldforderungen 354 ff., in Ansprüche auf Sachen 363 f., in unbewegliches Vermögen 367, Verteilungsverfahren 369 ff., zur Herausgabe von Sachen 373, 380, zur Räumung von Grundstücken 327, 374, gegen Dritte 374, zur Erwirkung von Handlungen 374 ff., von Unterlassungen und Duldungen 379, von Willenserklärungen 377.
Zwischenstreit 43, 82.
Zwischenurteile 82, 144, 289, 291, 322.

Lippert & Co. (G. Pätz'sche Buchdr.), Naumburg a. S.

Kolibri 360 GmbH
Ferdinand-Jühlke-Straße 7
99095 Erfurt, Deutschland
produktsicherheit@kolibri360.de